EUROPA-FACHBUCHREIHE
für elektrotechnische
und elektronische Berufe

Informatik und Informationstechnik
für Gymnasien und höhere Bildungsgänge im beruflichen Schulwesen

3. Auflage

Bearbeitet von Lehrern und Ingenieuren an beruflichen Schulen und
berufspädagogischen Seminaren (siehe Rückseite)

Ihre Meinung interessiert uns!
Teilen Sie uns Ihre Verbesserungsvorschläge, Ihre Kritik aber auch Ihre Zustimmung zum Buch mit.

Schreiben Sie uns an die E-Mail-Adresse: **lektorat@europa-lehrmittel.de**

Die Autoren und der Verlag Europa-Lehrmittel
Sommer 2017

VERLAG EUROPA-LEHRMITTEL · Nourney, Vollmer GmbH & Co. KG
Düsselberger Straße 23 · 42781 Haan-Gruiten

Europa-Nr.: 30047

Autoren:

Ralf Bär	Prof.	Offenburg
Gerhard Bischofberger	Dipl.-Ing.	Ellwangen (Jagst)
Elmar Dehler	Studiendirektor	Laupheim, Ulm
Nikolai Hammer	Dipl.-Ing., OStR	Singen
Bernd Schiemann	Dipl.-Ing.	Durbach (Ortenau)
Thomas Wolf	Prof.	Stuttgart

Bildentwürfe: Die Autoren

Fotos: Autoren und Firmen (Verzeichnis der Firmen Seite 329)

Bildbearbeitung: Zeichenbüro des Verlages Europa-Lehrmittel, 73760 Ostfildern
Grafische Produktionen Jürgen Neumann, 97222 Rimpar

Lektorat und Leitung des Arbeitskreises: Bernd Schiemann

3. Auflage 2017
Druck 5 4 3 2 1

Alle Drucke derselben Auflage sind im Unterricht einsetzbar, da sie bis auf die Behebung von Druckfehlern untereinander unverändert sind.

ISBN 978-3-8085-3499-1

Satz: Grafische Produktionen Jürgen Neumann, 97222 Rimpar
Umschlag: Idee: Bernd Schiemann; Umsetzung: Atelier PmbH, 35088 Battenberg
Umschlagfoto: G. Bischofberger
Druck: M. P. Media-Print Informationstechnologie GmbH, 33100 Paderborn

Vorwort zur 3. Auflage

Das Fachbuch ist in der 3. Auflage an neue Entwicklungen aus der Technik und der Unterrichtsentwicklung angepasst worden.

Informatik und Informationstechnik beeinflussen nahezu alle gesellschaftlichen Bereiche unseres Lebens. Fast alle berufliche Aktivitäten und Prozesse werden durch diese Technologien maßgeblich unterstützt oder vollzogen.

Dieses Buch vermittelt informationstechnische Grundlagen, fördert die Problemlösungskompetenz und unterstützt das Training wissenschaftlichen Arbeitens in Bildungsgängen, die durch Vermittlung allgemeinbildender und berufsbezogener Unterrichtsinhalte zur Allgemeinen Hochschulreife führen.

Leitideen:

- Modellbilden als zentrales Element des Problemlösens,
- Problemlösen durch Implementieren von Algorithmen in Programmiersprachen,
- Arbeitsteiliges Zusammenwirken und Gestalten im Team,
- Verantwortungsbewusst mit Informatiksystemen umgehen,
- Vernetztes Denken erlernen durch inhaltliche Verbindungen.

Methodische Schwerpunkte:

- Kompaktes Lehr- und Übungsbuch, das neben Faktenwissen prinzipielle Zusammenhänge zeigt und durch zahlreiche anschauliche Anwendungsbeispiele vertieft.
- Großer Wert wird auf gut verständliche und anschauliche Darstellung insbesondere auch von komplexen Sachverhalten gelegt.
- Durch methodisch ausgewogene Inhalte ist das Buch gut zum selbstständigen Lernen geeignet.
- Zur Vorbereitung auf Klassenarbeiten und Abschlussprüfungen stehen am Ende vieler Kapitel Prüfungsaufgaben und Vertiefungsaufgaben mit Lösungen auf der CD zur Verfügung.
- Die Aufgaben und Lösungen sind in ein Fachkompetenzraster mit drei farbig gekennzeichnete Kompetenzstufen unterteilt, so dass der Lernende selbst die erworbene Kompetenz prüfen kann.

Inhaltliche Schwerpunkte:

Kompetenzen

„Kompetenzen bezeichnen die Fähigkeit und Bereitschaft des Einzelnen, Kenntnisse und Fertigkeiten sowie persönliche, soziale und methodische Fähigkeiten zu nutzen, und sich durchdacht, sowie individuell und sozial verantwortlich zu verhalten. Kompetenz wird in diesem Sinne als Handlungskompetenz verstanden."

Quelle: DQR

Im Buch verwenden wir zum Prüfen der Fachkompetenzen ein einheitliches dreistufiges Raster. Jede Aufgabe ist ist mit der entsprechenden Kompetenzstufe gekennzeichnet.

Fachkompetenzenraster für die Aufgaben im Buch

Kompetenz	Stufe	Beispiel
Berechnen	①	Wandeln Sie die Zahlen in eine Dezimalzahl um: a) 10112 b)111112 a) $1011_2 = 11_{10}$ b) $11111_2 = 31_{10}$
Ermitteln	②	Prüfen Sie, ob die folgende Codekombination eines 8-4-2-1-Codes mit gerader Parität fehlerbehaftet ist: 00001 01010 11010. 00001 ↑ Parität ungerade 01010 ↑ Parität gerade 11010 ↑ Parität ungerade
Auswerten funktionaler Zusammenhänge	③	Weshalb ist mit einem einzelnen Paritätsbit keine Fehlerkorrektur möglich? Zur Fehlerkorrektur muss die Position des fehlerhaften Bits bestimmt werden. Dies ist mit einem einzelnen Paritätsbit nicht möglich.

Auszug aus dem Deutschen Qualitätsrahmen für lebenslanges Lernen (DQR) der KMK:

Handlungskompetenz	**Kompetenzarten**	
	Fachkompetenz	
	1	Wissen Fertigkeiten
	Überfachliche Kompetenzen	
	1	Lernkompetenz (mit Reflexion)
	2	Methodenkompetenz – Grundsätze der Visualisierung (Gestaltungsmerkmale)
	3	Kommunikationskompetenz (Sprachliche Kompetenz)
	4	Sozialkompetenz (Selbstkompetenz)

Inhaltsverzeichnis

Erwerbbare Kompetenzen

Kapitel 1	Begriffe und Gebiete der Informatik	
	Stufe	**Fachkompetenz**
	1	Ich kann das Zusammenwirken von Mathematik, Physik und Nachrichtentechnik in der Informatik beschreiben.
	1	Ich kenne geschichtliche Zusammenhänge zur Informatik.
	1	Ich kann Anwendungen der IT-Technik aufzählen.

Kapitel 2	Digitale Informationsverarbeitung	
	Stufe	**Fachkompetenz**
	2	Ich kann den dezimalen Zahlenwert einer Hexadezimalzahl berechnen.
	3	Ich kann den vollständigen Zahlenraum einer n-stelligen Dualzahl angeben.
	2	Ich kann Zahlen unterschiedlicher Zahlensysteme in deren Stellenwerte zerlegen.
	2	Ich kann den dezimalen Zahlenwert von Zahlen unterschiedlicher Zahlensysteme berechnen.
	1	Ich kann die Basis eines unbekannten Zahlensystems aus einer gegebenen Ziffernfolge und dem dezimalen Zahlenwert einer Zahl bestimmen.
	3	Ich kann binäre Zahlenfolgen in unterschiedlichen Zahlensystemen interpretieren.
	3	Ich kann in unterschiedlichen Zahlensystemen zählen.
	2	Ich kann den Zahlenraum verschiedener Zahlensysteme angeben.
	2	Ich kann Dezimalzahlen in Dual-, 8-4-2-1-BCD- und Hexadezimalzahlen umrechnen.
	2	Ich kann den dezimalen Zahlenwert von Zahlen unterschiedlicher Zahlensysteme errechnen.
	3	Ich kann im hexadezimalen Zahlensystem zählen.
	1	Ich kann die Stellenwerte binär codierter Codewörter ermitteln, wenn lediglich deren dezimaler Zahlenwert bekannt ist.
	3	Ich kann eine binäre Folge als Zahlenwert unterschiedlicher Zahlensysteme interpretieren.
	2	Ich kann mithilfe der Codewörter eines Codes dessen Redundanz errechnen.
	2	Ich kann die Parität eines binären Codewortes bestimmen und dadurch Fehler feststellen.
	1	Ich kann das Prinzip für eine Fehlerkorrektur erläutern und die benötigte Anzahl von Prüfbits begründen.
	3	Ich kann die Korrigierbarkeit eines Codes durch Ermittlung der Minimaldistanz bewerten.
	3	Ich kann durch Ermittlung der Minimaldistanz bewerten, ob ein Code eine Fehlerkorrektur bzw. eine Fehlererkennung zulässt.
	2	Ich kann die Minimaldistanz eines Codes bestimmen und beurteilen, ob eine Fehlererkennung bzw. eine Fehlerkorrektur möglich ist.
	2	Ich kann eine fehlerbehaftete Nachricht analysieren und korrigieren.
	1	Ich kann die Notwendigkeit einer Code-Ergänzung durch Kontrollbits erläutern und daraus die Anzahl der benötigten Kontrollbits ableiten.
	2	Ich kann das Prinzip der Blockparitätssicherung anwenden.

Welche Fachkompetenzen werden hier visualisiert?

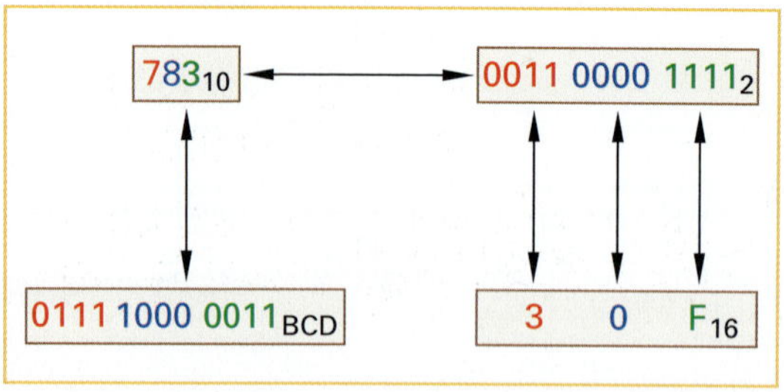

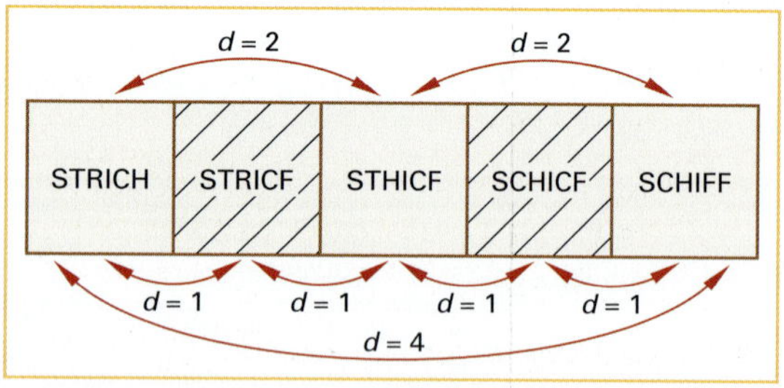

1 Begriffe und Gebiete der Informatik

1.1 Grundlagen und Bereiche der Informatik

Informatik von **Informa**tion und Mathema**tik**.
Engl.: *computer science or information systems*

Die Wurzeln der Informatik sind die Naturwissenschaften Mathematik, Physik und der nachrichtentechnische Teil der Elektrotechnik. Der Name Informatik ist von Information und Mathematik abgeleitet. Im Englischen sind die Begriffe computer science und information systems geläufig.

Zur Informatik gehören theoretische Grundlagen und technische Grundlagen.

Theoretische Grundlagen

Die theoretischen Grundlagen sind mit den folgenden Begriffen verbunden (**Bild 1**).

- Algorithmusbegriff und Automatentheorie (Turing, 1936),
- Theorie rekursiver Funktionen (Gödel, 1930),
- Informationstheorie (Shannon, 1949) und die
- Theorie der formalen Sprachen (Chomsky, Ginsburg, 1955).

Technische Grundlagen

Wichtigste technische Grundlage der Computertechnik ist die Mikroelektronik.

- Erster Transistor (Shockley, Bardeen, Brattain, 1949; **Bild 2**) und
- Erster Integrierter Schaltkreis (integrated circuit, IC, Kilby 1958; **Bild 3**).

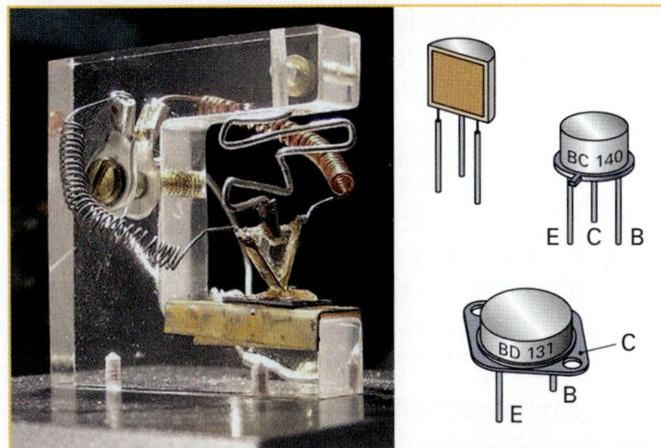

Bild 2: Nachbau des ersten Transistors und Bauarten

Bild 3: Erstes IC von Jack Kilby und IC-Bauarten

Informatik und andere Wissenschaften

- **Wirtschaftsinformatik** beschäftigt sich mit den Geschäftsprozessen und der Buchhaltung in Datenbanksystemen.
- **Computerlinguistik** untersucht die Verarbeitung natürlicher Sprache.
- **Medieninformatik** beschäftigt sich mit der Schnittstelle Mensch-Maschine.
- **Bioinformatik** befasst sich z. B. mit der Analyse biologischer Daten, z. B. bei der DNA-Analyse.
- **Chemoinformatik** verbindet Informatik mit Chemie.
- **Geoinformatik** beschäftigt sich z. B. mit Geodaten in räumlichen oder ebenen Darstellungen. Sie ist die Grundlage für Geoinformationssysteme GIS.

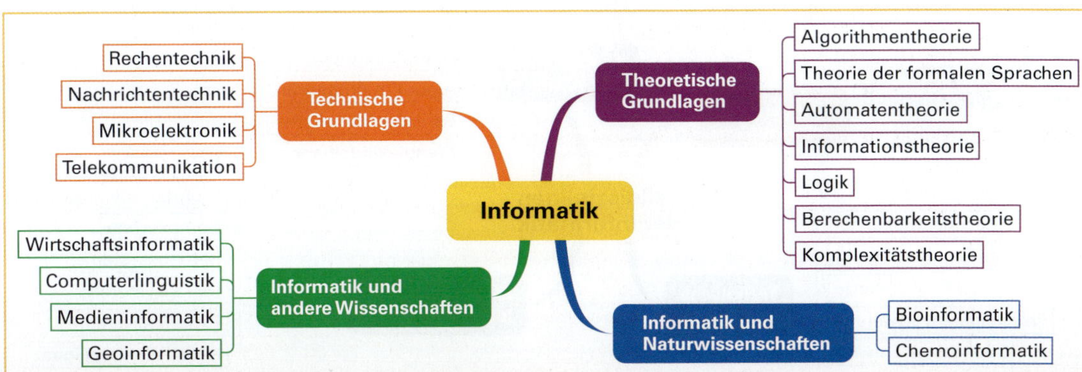

Bild 1: Grundlagen der Informatik

1.2 Teildisziplinen der Informatik

Die Informatik wird meist in vier Teilbereiche gegliedert (**Bild 1**). Die einzelnen Bereiche überschneiden sich teilweise, sodass sich einzelne Bereiche nur schwer voneinander abgrenzen lassen (**Bild 2**). Die Bereiche Theoretische, Praktische und Technische Informatik werden oft auch als Kerninformatik bezeichnet.

Theoretische Informatik

Sie beschäftigt sich mit dem Algorithmus-Begriff, untersucht die Leistungsfähigkeit von Algorithmen und erforscht die Grenzen des Computers beim Lösen von Problemen.

Praktische Informatik und KI

Aufgabe ist die Formulierung von Algorithmen für Programme in Abhängigkeit von der Rechentechnik. Teil der praktischen Informatik ist die Programmiermethodik und Entwicklung von Programmierumgebungen. Auch die Entwicklung von Betriebssystemen ist Teil der praktischen Informatik.

Technische Informatik

Die technische Informatik befasst sich mit dem Entwurf von Rechentechnik, Geräten und Schaltungen. Dazu gehören die Computerhardware und die zugehörigen Eingabe- und Ausgabegeräte.

Angewandte Informatik

Bezeichnet das Durchdringen von Wissenschaften und Gesellschaftsbereichen durch die Kerninformatik. Es werden z. B. wirtschaftliche Abläufe auf ihre Automatisierbarkeit durch Computer untersucht.

Künstliche Intelligenz KI und Expertensysteme

Die künstliche Intelligenz wird durch die Logik, Linguistik, Neurophysiologie und Kognitivpsychologie beeinflusst. Die KI gibt die Lösungsbeschreibungen nicht vor. Das Finden von Lösungen wird dem Computer selbst überlassen. Expertensysteme verwenden KI, z. B. in der Sensorik und Robotertechnik.

Expertensysteme erfassen, verwalten und wenden Regeln zu einem bestimmten Gegenstand an.

Algorithmus
Ein **Algorithmus** ist eine genau definierte Handlungsvorschrift zur Lösung von Problemen in endlich vielen Schritten.

Kerninformatik
- Sammelbegriff für theoretische, praktische und technische Informatik.
- **Künstliche Intelligenz**
  Automatisierung intelligenten Verhaltens. Engl.: artificial intelligence, AI.

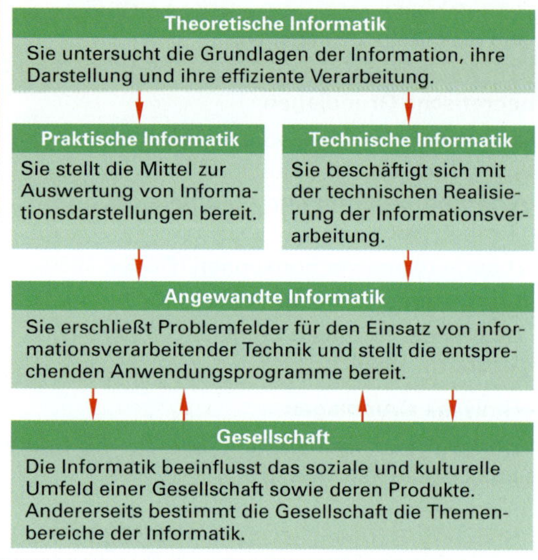

Bild 2: Teildisziplinen der Informatik und ihre gesellschaftliche Anbindung

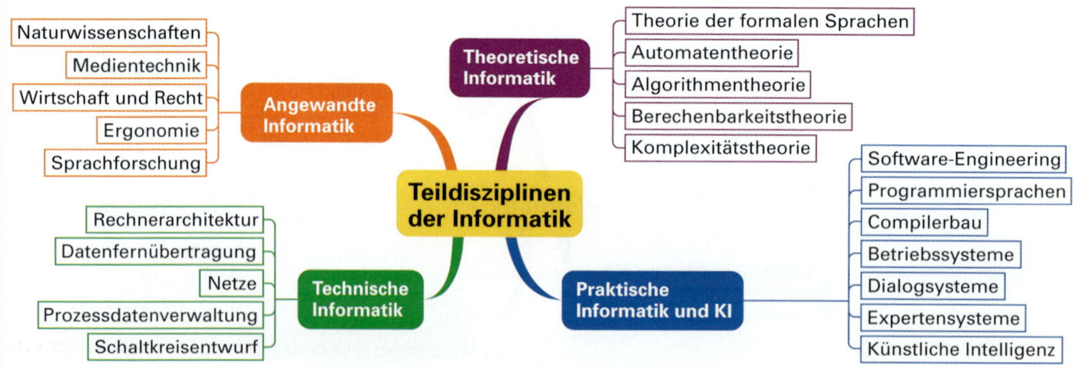

Bild 1: Teildiziplinen der Informatik und deren gesellschaftliche Anbindung

1.3 Geschichtliches zur Informatik

Anfänge der Wissenschaft

Die Informatik hat sich aus der Mathematik, der Physik und dem Teilgebiet Nachrichtentechnik der Elektrotechnik entwickelt. Arbeitsgebiete der Informatik sind die theoretische Informatik und die technische Informatik.

Als Überbegriff für die Informationsverarbeitung und die entsprechenden Berufe hat sich der Begriff Informationstechnik (IT) eingebürgert.

Mathematische Grundlagen

Im 17. Jahrhundert beschäftigte sich Leibniz bereits mit binären Zahlensystemen. George Boole arbeitete 1847 die nach ihm benannte Bool´sche Algebra aus.

Rechenmaschinen

Ein einfaches Rechengerät ist der Abakus (**Bild 1**). Im 17. und 18. Jahrhundert entstanden mechanische Rechenmaschinen mit Zahnrädern für die vier Grundrechenarten. Durch Steuern der Rechenoperationen mittels Lochkarten konnte Hermann Hollerith ab 1866 seine Zählmaschinen kommerziell nutzen (**Bild 2**). Eine bis in die 60er Jahre des 20. Jahrhunderts verwendete Rechenmaschine ist der Rechenstab (**Bild 3**).

Computer

Konrad Zuse baute 1937 die noch rein mechanisch arbeitende Rechenmaschine Z1 (**Bild 4**). Die relaisgesteuerte Z3 (1941) hatte bereits getrennte Befehlsspeicher und Datenspeicher sowie ein Ein-/Ausgabepult. Howard Aiken baute 1944 mit dem Mark I den ersten Computer der USA. Nächster Schritt war der Rechner mit Elektronenröhren ENIAC (Electronic Numerical Integrator and Calculator) von Eckert und Mauchly im Jahr 1946.

Im Jahr 1945 veröffentlichte John von Neumann sein Computermodell. Dies sieht einen gemeinsamen Speicher für Befehle und Daten vor.

Bei der Harvard-Architektur werden Daten und Befehle getrennt gespeichert und die Rechenwerke über getrennte Busse angesteuert.

> Mikrocomputersysteme, Kapitel 5

Moderne Mikroprozessoren verwenden meist eine Mischung aus Von-Neumann-Architektur und Harvard-Architektur.

Mikroelektronik

Die Erfindung des Transistors durch Brattain gab den Anstoss für die wissenschaftlich-technische

> Die Informatik ist aus der Mathematik, der Physik und der Nachrichtentechnik entstanden.

Bild 1: Römischer Abakus

Bild 2: Lochkarte (Hollerithkarte)

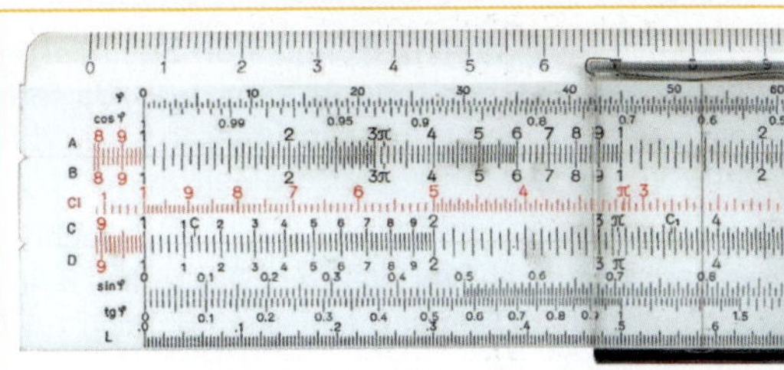

Bild 3: Rechenstab

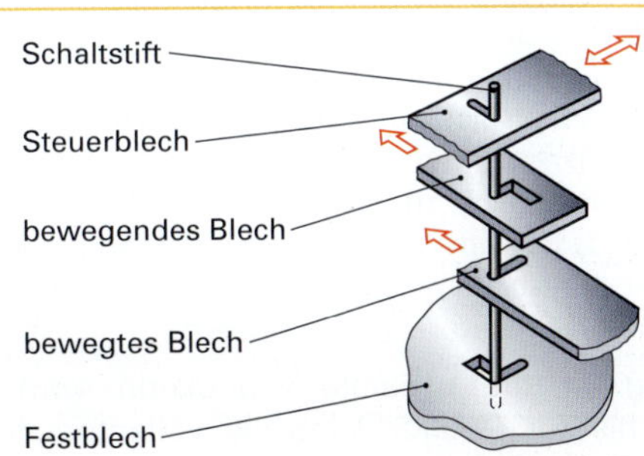

Bild 4: Mechanisches Speicherelement der Z1

> 12.8.1981 Vorstellung des IBM-PC

Revolution ab Mitte des 20. Jahrhunderts. Mit der Erfindung der integrierten Schaltung durch Kilby folgte die Miniaturisierung der Computer.

1.4 Anwendungsgebiete informationsverarbeitender Technik (IT)

Mitte des 20. Jahrhunderts begann die wissenschaftlich-technische Revolution durch den Einsatz der informationsverarbeitenden Technik. Durch die Übertragung automatisierbarer geistiger Tätigkeiten auf Maschinen erreicht die industrielle Produktion einen hohen Automatisierungsgrad in der Fertigung.

Der Mensch gewinnt durch die Automatisierung Zeit für schöpferisches Denken und Handeln.

Gleichzeitig erleichtert, beschleunigt und verbilligt der Einsatz der informationsverarbeitenden Technik den Zugang zum vorhandenen Wissen der Menschheit. Dadurch war ein exponentielles Anwachsen der Informationen zu beobachten. Es scheint, dass die Zunahme des Wachstums auch bei der Informationsexplosion erreicht wird (**Bild 1**).

Grenzen der Anwendung

- Es gibt Probleme, deren Lösungen nicht mit einem Computer möglich sind, d.h. zu denen kein Algorithmus konstruierbar ist. Dazu gehören z. B. zwischenmenschliche Beziehungen.
- Bei manchen Problemen sind der Speicherbedarf und die Bearbeitungszeit sehr groß, da sehr viele Möglichkeiten durchzuprobieren sind, z. B. Wettervorhersagen für größere Zeiträume.
- Entscheidungen trifft der Mensch, die Technik kann nur Lösungshilfsmittel sein. Das trifft z. B. im sozialen, moralischen und ethischen Bereich zu.

Gesellschaftliche Auswirkungen

Beruf und Alltag ändern sich durch die Informatik und den Einsatz der Computertechnik.

Rationalisierung infolge der Automatisierung verändert Arbeitsplätze und berufliche Qualifikationen.

Dies kann auch zu schwerwiegenden sozialen Folgen, z. B. dem Verlust von Arbeitsplätzen führen. Andererseits erhöht sich der Lebensstandard durch den Einsatz von Computern.

Häufig ist die gesamte Produktion vom Entwurf bis zur Qualitätskontrolle vollautomatisiert (**Tabelle 1**). Die Kennzeichnung von Waren mit dem EAN-Code oder RFID-Plaketten dient zur automatischen Erkennung und Abrechnung, z. B. mit Barcode- oder NFC-Lesern an Kassen. Im Bankwesen erfolgt der Zahlungsverkehr, z. B. die Gehaltszahlung elektronisch. Buch- und Zeitungsdruck erfolgen mit Digitaldruck.

Dadurch sind z. B. kleinere Buchauflagen nach Kundenwünschen schnell und kostengünstig fertigbar.

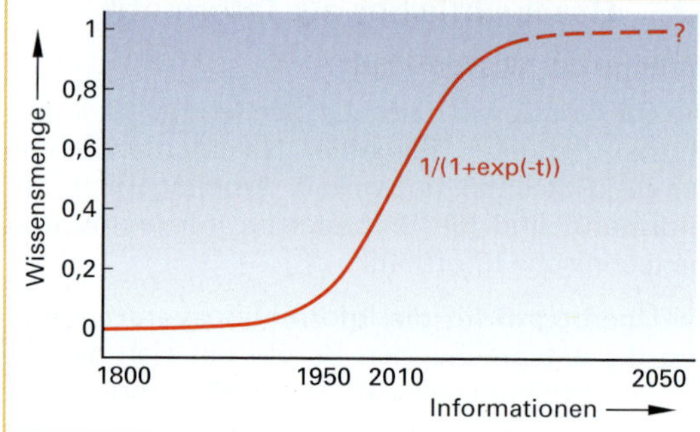

Bild 1: S-Kurve des Informationswachstums

Gesellschaftliche Einschränkungen der Computernutzung durch **ethische, soziale, ökologische und rechtliche Grenzen.**

Tabelle 1: Anwendungen informationsverarbeitender Technik (IT)

Gebiete	Begriffe, Anwendungen
Produktion	• CAM. Computer aided manufacturing = computerunterstützte Fertigung, • CAD. Computer aided design = computer-unterstützter Entwurf, • CAP. Computer aided planning = computerunterstützte Arbeitsvorbereitung, • CNC. Computerized numerical control = numerische Steuerung mit dem Computer, • CAQ. Computer aided quality control = computerunterstützte Qualitätskontrolle
Handel	• EAN-Code. Europäische Artikelnummerierung, • RFID. Radio Frequency Identification = Radiofrequenzkennung, z. B. mit NFC. Near Field Communication
Bankwesen	Elektronischer Zahlungsverkehr z. B. Homebanking oder Kreditkarten mit NFC-Funktion
Verlagswesen	Digitaldruck, Book on demand = Buch auf Anforderung
Freizeit	Multimedia mit TV, PC, Soundsystem, Computerspiele, Keyboards
Verkehr	Verkehrsleitsysteme, Transportlenkung bei LKW mit GPS
Internet	E-Mail, WWW, FTP, Chatten

Multimediasysteme, elektronische Keyboards und Computerspiele sind ohne IT nicht denkbar.

Verkehrsleitsysteme und Transportlenkung sparen Zeit und schonen die Umwelt. Das Internet verbindet uns weltweit, stellt uns Informationen zur Verfügung und erlaubt den Transport riesiger Datenmengen.

2 Digitale Informationsverarbeitung

2.1 Analoge, digitale und binäre Informationen

- analog (griech.) = stufenlos, kontinuierlich
- digital von lat. digitus = Finger, Ziffer, Einheit
- binär von lat. bini = je zwei

Informationen werden mithilfe von Signalen übertragen. Beispiele hierfür sind Lichtsignale, Tonsignale und elektrische Signale. Die eigentliche Information ist in der Änderung des Signals enthalten.

Gesichtspunkte bei der Wahl der Signalform sind die Störsicherheit, Speicherbarkeit und die Möglichkeit zur Weiterverarbeitung der enthaltenen Informationen.

Zur Regelung der Raumtemperatur soll die Temperatur über einen Sensor gemessen werden (**Bild 1**). Der Sensor liefert eine Signalgröße, z. B. ein elektrisches Spannungssignal, das im Idealfall proportional zur Raumtemperatur ist. Mithilfe einer elektronischen Regelung kann der Temperaturverlauf ausgewertet und beeinflusst werden.

Ein Spannungssignal ist ein analoges Signal, wenn innerhalb eines bestimmten Bereiches jeder beliebige Spannungswert auftreten kann (**Bild 2**).

Soll die Regelung z. B. über einen Mikrocontroller erfolgen, muss das Signal digitalisiert werden, damit eine Verarbeitung stattfinden kann.

Die Digitalisierung führt zu einer Reduzierung der ursprünglichen Information, da nur bestimmte Zwischenwerte zulässig sind (**Bild 3**).

Ein Vorteil digitaler Signale liegt darin, sie in Form von binären Signalen unterschiedlicher Wertigkeiten darstellen zu können.

Binäre Signale bestehen lediglich aus zwei Zeichen, z. B. den Zuständen 0 und 1.

Binäre Zeichen lassen sich besonders einfach speichern. Ihnen können beliebige physikalische Zustandsgrößen und Wertigkeiten zugeordnet werden, z. B. hell-dunkel bei Lichtsignalen, Reflexion-keine Reflexion bei optischen Datenträgern, High-Low in elektronischen Systemen (**Bild 4**). Für die eindeutige Zuordnung eines Signals zu einem der beiden Zustände werden zulässige Wertebereiche festgelegt. Dadurch ergibt sich auch eine Unempfindlichkeit der binären Information gegenüber Störungen. Der Informationsgehalt des binären Signals wird nur verändert, wenn der betroffene Wertebereich verlassen wird. Liegt ein Signal außerhalb der zulässigen Bereiche, ist keine eindeutige Zuordnung möglich. Eine Störung des analogen Signals verändert die ursprüngliche Information (**Bild 5**).

Bild 1: Messwerterfassung eines analogen Signals

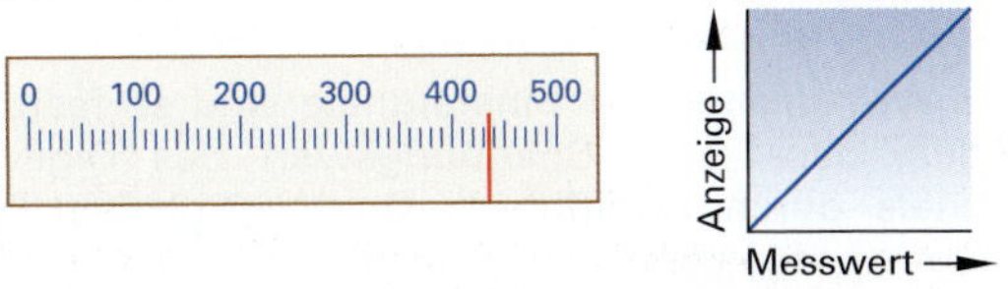

Bild 2: Analoge Darstellung eines Zeigerinstruments

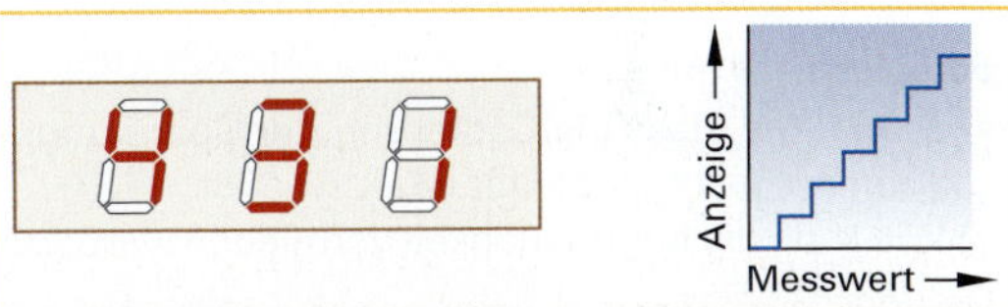

Bild 3: Digitale Darstellung mit 7-Segment-Anzeigen

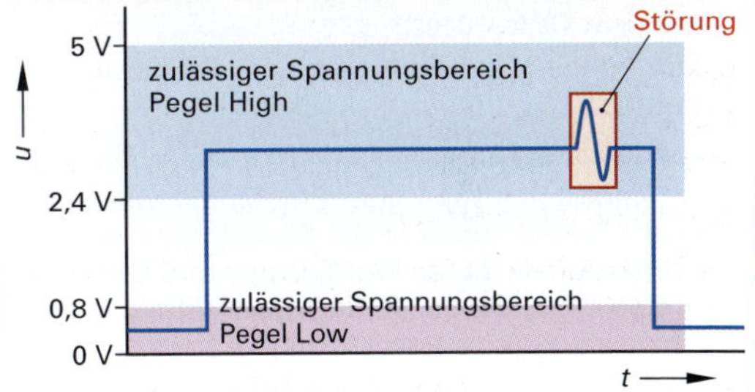

Bild 4: Binäres Spannungssignal mit Störung

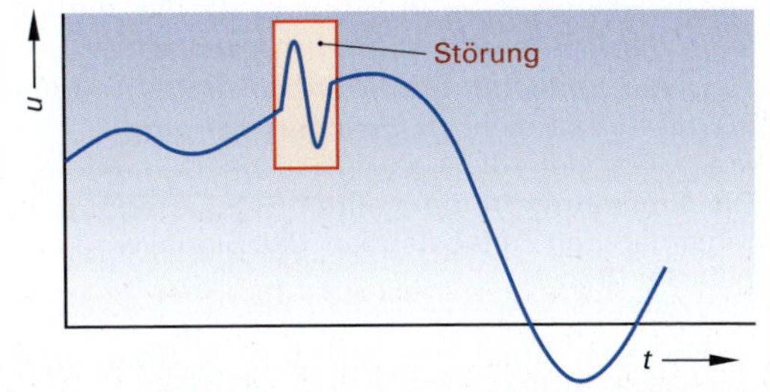

Bild 5: Analoges Spannungssignal mit Störung

2.2 Vom Digitalsignal zum Binärsignal

Über einen Temperatursensor wird der Temperaturverlauf in einem Gewächshaus gemessen. Das analoge Spannungssignal *u* soll digitalisiert werden (**Bild 1**). Es werden fünf Schaltschwellen festgelegt, die den Wertebereich des Digitalsignals in sechs Spannungsstufen unterteilen (**Tabelle 1**).

> Ein Digitalsignal kann mithilfe von Binärsignalen unterschiedlicher Wertigkeit codiert werden (codiert von lat. codex = Schreibtafel, Buch, Verzeichnis).

Die Wertigkeiten der Binärsignale sind so festzulegen, dass jeder Spannungswert des Digitalsignals durch Addition dieser Wertigkeiten erzeugt werden kann.

In Bild 1 wird die Spannungsstufe 4 V über ein 1-Bit des Signals C (Wertigkeit 3 V) und über ein 1-Bit des Signals A (Wertigkeit 1 V) dargestellt.

Beispiel 1:

a) Zeigen Sie, dass die Codierung der Spannungsstufe 3 V nicht eindeutig ist.

b) Wie kann die Mehrdeutigkeit vermieden werden?

Lösung:

a) Die in Bild 1 gewählte Codierung mit den Wertigkeiten 1 V, 2 V und 3 V ist nicht eindeutig. Die Spannungsstufe 3 V kann über zwei unterschiedliche Bitfolgen dargestellt werden (CBA = 100 bzw. CBA = 011).

b) Eindeutige Zuordnung beim Codieren vornehmen.

> Das Digitalsignal kann vom Empfänger wiederhergestellt werden, wenn er die Anzahl der eingesetzten Binärsignale, deren Wertigkeiten und deren Reihenfolge innerhalb der vorliegenden Bitfolge kennt.

2.3 Digitalisieren ohne Informationsverlust

Die Signale A, B und C in Bild 1 sind genaugenommen keine binären Signale, da die zeitliche Länge der 0-Bits und 1-Bits unterschiedlich groß ist. Diese zeitliche Information kann in einem binären Signal nicht gespeichert werden.

> Die Umsetzung in die binären Signale erfolgt in regelmäßigen Zeitabständen, das Signal wird abgetastet (**Bild 2**).

Der bei jeder Abtastung gewonnene Spannungswert wird entsprechend dem Verfahren nach Bild 1 digitalisiert. Möchte man aus den so gewonnenen Spannungswerten wieder das ursprüngliche Signal herstellen, muss die Abtastfrequenz (sampling rate) hoch genug sein. Sie kann über das Nyquist-Shannon-Abtasttheorem ermittelt

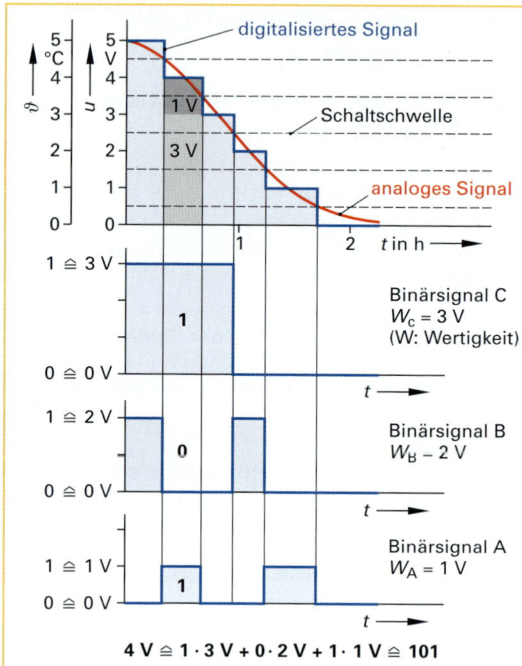

Bild 1: Digitalisiertes Temperatursignal

Tabelle 1: Wertebereiche der digitalisierten Spannung

Analoge Spannungsbereiche	Digitalisierte Spannung
0 V bis 0,5 V	0 V
0,5 V bis 1,5 V	1 V
1,5 V bis 2,5 V	2 V
2,5 V bis 3,5 V	3 V
3,5 V bis 4,5 V	4 V
4,5 V bis 5 V	5 V

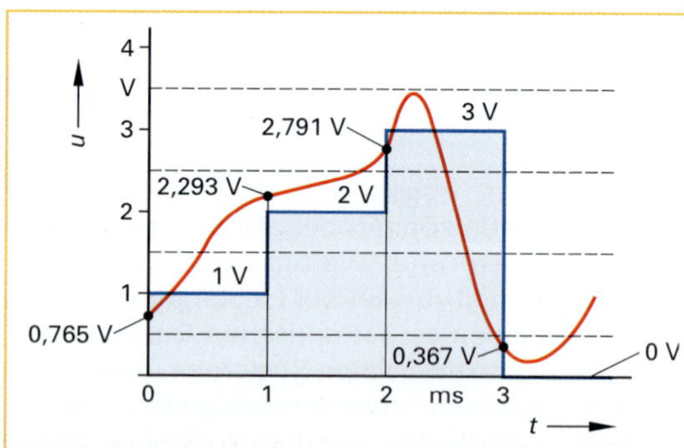

Bild 2: Abtasten eines analogen Signals

werden. Es besagt, dass ein sinusförmiges Signal der Frequenz f_S mindestens mit der doppelten Frequenz $2 \cdot f_S$ abgetastet werden muss, damit das Ursprungssignal ohne Informationsverlust exakt rekonstruiert werden kann. Musiksignale und Sprachsignale sind meist nicht sinusförmig. Sie enthalten aber eine Vielzahl sinusförmiger Signale unterschiedlicher Frequenz. In diesem Fall ist die höchste Frequenz f_{smax} für die Höhe der Abtastfrequenz maßgeblich.

Bei der Digitalisierung einer Musikaufnahme in CD-Qualität ergibt sich bei der üblichen Abtastfrequenz von 44100 Hz eine Maximalfrequenz f_{smax} von 22050 Hz. Damit ist der Frequenzumfang des menschlichen Gehörs (ca. 20 Hz bis 20 kHz) abgedeckt. Bei der Telefonqualität verringert sich die Abtastrate auf 8 kHz. Damit können Frequenzen bis höchstens 4 kHz erfasst werden, was eine deutliche Verfälschung des urspünglichen Signals zur Folge hat. Dennoch kann der Zuhörer den Sprecher noch eindeutig an seinem Sprachbild identifizieren.

Bild 1 verdeutlicht den Einfluss der Abtastfrequenz auf das digitalisierte Signal.

Das Abtasttheorem bildet die Grundlage zahlreicher digitaler Übertragungssysteme. Beim PCM-30-System werden z. B. 30 digitale Sprachkanäle mit einer Bitrate von jeweils 64 kbit/s, also 64 · 1000 bit pro Sekunde gesendet.

Beispiel 1:
Auf welche Weise lassen sich 30 verschiedene Signale über eine Leitung übertragen?
Lösung: Sie werden zeitlich nacheinander (Zeitmultiplex) übertragen **(Bild 2)**.
Die Abtastung der einzelnen Signale erfolgt innerhalb eines vorgegebenen Zeitrahmens **(Bild 3)**.

Neben der Abtastfrequenz bestimmt die Anzahl der möglichen Spannungsstufen die Qualität der digitalisierten Messgröße.

Bei ausreichend hoher Abtastfrequenz und synchroner Zuordnung von Sendern und Empfängern wird die Abtastung bei den Empfängern nicht mehr wahrgenommen.

Bei der Digitalisierung in CD-Qualität erfolgt die Darstellung eines Spannungswertes über eine Bitfolge mit 16 Bit. Mit jeder Abtastung wird also eine Bitfolge mit einem Umfang von 16 Bit zur Codierung des vorliegenden Spannungswertes erzeugt. Mit n Bits können 2^n Spannungsstufen beschreiben werden:

Bit n ... Bit 3 Bit 2 Bit 1
$2 \cdot \ldots \cdot 2 \cdot 2 \cdot 2 = 2^n$

Mit jedem zusätzlichen Bit verdoppelt sich die Anzahl der Spannungsstufen. Der notwendige zusätzliche Speicherplatz erhöht sich aber nur anteilmäßig. So führt der Übergang vom 8-Bit-Datenformat zum 16-Bit-Datenformat zu einer 256-fach größeren Anzahl an Spannungsstufen. Der Speicherplatz verdoppelt sich dabei lediglich.

$$f_A \geq 2 \cdot f_{smax}$$

f_A Abtastfrequenz in Hertz (Hz), 1 Hz = 1/s
f_{smax} Höchste Signalfrequenz

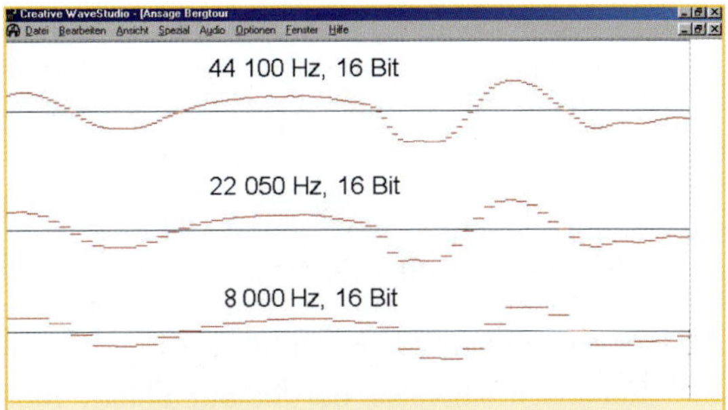

Bild 1: Abgetastetes Audiosignal in CD-, Radio- und Telefonqualität

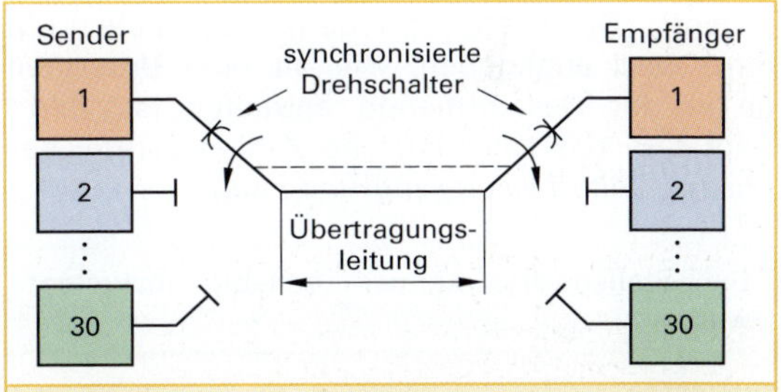

Bild 2: Prinzip des Zeitmultiplexverfahrens PCM-30

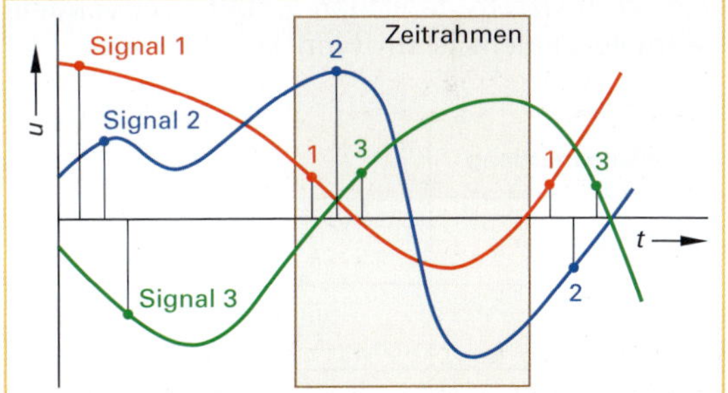

Bild 3: Abtastung in einem Zeitrahmen

Beispiel 2:
Moderne Anrufbeantworter speichern die eingehenden Textnachrichten in digitalisierter Form. Der Frequenzumfang der Aufnahme ist auf f_{smax} = 10 kHz begrenzt. Verwendet wird ein 12-Bit-Analog-Digital-Umsetzer. Die Speichergröße beträgt 1 GiB. Wie groß ist die maximale Aufnahmedauer (mono)?
Lösung:

$$t = \frac{1 \cdot 1024 \cdot 1024 \cdot 1024 \cdot 8\ \text{bit}}{12\ \text{bit} \cdot 10000\ 1/\text{s} \cdot 2} = 35791\ \text{s} = \mathbf{10\ h}$$

2.4 Zahlensysteme

Mithilfe der Digitaltechnik werden Informationen zahlenmäßig erfasst und verarbeitet. Dazu wird ein Zahlensystem benötigt, das sich für die maschinelle Abarbeitung von Rechenoperationen eignet. Ein Zahlensystem ist ein System von Zeichen zur Kennzeichnung einer Menge. Die Menge „eintausendachthundertundneun" wird in **Bild 1** in unterschiedlichen Zahlensystemen dargestellt.

Das komplizierte, weil nicht konsequent additive Bildungsgesetz des römischen Zahlensystems sowie die fehlende Nullmenge führten zum Scheitern dieses Zahlensystems. Das Vorhandensein einer Nullmenge ist eine Voraussetzung für Zahlensysteme mit Stellenschreibweise.

Die Stellenschreibweise beruht auf einem multiplikativen Bildungsgesetz. Die darzustellende Gesamtmenge (Zahl) wird dabei in Gruppen unterschiedlicher Untermengen (Stellenwerte) zerlegt. Durch verschiedene Symbole (Ziffern) wird angegeben, wie oft eine Untermenge in der Gesamtmenge enthalten ist. Bild 1 zeigt z. B. das kalendarische Zahlensystem, das unserer Zeiterfassung zugrunde liegt.

> Die Stellenwerte können beliebig festgelegt werden.

2.4.1 Dezimalsystem

Das in unserem täglichen Leben verwendete dezimale Zahlensystem (von lat. decimus = der Zehnte) besitzt exponentiell gestufte Stellenwerte. Zwischen den Stellenwerten besteht eine feste Beziehung, das erleichtert eine maschinelle Verarbeitung von Zahlen. Die Wahl der Basis 10 geht vermutlich auf die 10 Finger des Menschen zurück.

> In einem Stellenwertsystem bestimmt die Basis auch die Anzahl der erlaubten Ziffern und Zeichen im Zahlensystem.

2.4.2 Dualsystem

Einfache und zuverlässige Datenspeicher bilden die Voraussetzung für die maschinelle Verarbeitung und Speicherung großer Datenmengen. Eine technisch einfache Möglichkeit ist die binäre Speicherung der Daten. Deren Darstellung erfolgt dann über zwei Zustände einer physikalischen Zustandsgröße (z. B. Spannung – keine Spannung). Das zugehörige duale Zahlensystem verfügt damit über die Basis 2.

Übliche Schreibweisen:

0b10111101 oder 10111101_2.

Der Übergang vom Dezimalsystem zum Dualsystem führt zu einer starken Erhöhung der Stellenanzahl und hat große Zahleneinheiten zur Folge. Zur Verbesserung der Übersichtlichkeit werden jeweils 8 Bits einer Dualzahl zu einem Byte (B) zusammengefasst. $1024 = 2^{10}$ Bytes ergeben ein Kilobyte (KiB). Als weitere Einheiten sind das Megabyte (1 MiB = 1024 KB), Gigabyte (1 GiB = 1024 MB) und das Terabyte (1 TiB = 1024 GB) gebräuchlich (siehe Kapitel 14).

Zahlendarstellung		Bildungsgesetz	Zahlenschreibweise
Abzähldarstellung		$\underbrace{1+1+1\ldots\ldots+1+1+1}_{1809\cdot 1} = 1809$	IIIIII ··· IIIII
5er-Bündelung		$\underbrace{5+5+5\ldots\ldots+5+5}_{361\cdot 5} + \underbrace{1+1+1+1}_{4\cdot 1} = 1809$	𝍸 ··· 𝍸 IIII
Römische Zahlendarstellung		$\underbrace{M}_{1000} + \underbrace{D}_{500} + \underbrace{C + C + C}_{(100+100+100)} + \underbrace{IX}_{(10-1)} = 1809$	MDCCCIX
Allgemeine Stellenschreibweise		$\underbrace{1\ \text{Tag}}_{1\cdot 24\cdot 60} + \underbrace{6\ \text{Stunden}}_{6\cdot 60} + \underbrace{9\ \text{Minuten}}_{9\cdot 1} = 1809\ \text{Minuten}$	169
Exponentiell gestufte Stellenwerte	Hexadezimalsystem	$\underbrace{7\cdot 16^2}_{7\cdot 256} + \underbrace{1\cdot 16^1}_{1\cdot 16} + \underbrace{1\cdot 16^0}_{1\cdot 1} = 1809$	711
	Dezimalsystem	$\underbrace{1\cdot 10^3}_{1\cdot 1000} + \underbrace{8\cdot 10^2}_{8\cdot 100} + \underbrace{0\cdot 10^1}_{0\cdot 10} + \underbrace{9\cdot 10^0}_{9\cdot 1} = 1809$	1809
	Oktalsystem	$\underbrace{3\cdot 8^3}_{3\cdot 512} + \underbrace{4\cdot 8^2}_{4\cdot 64} + \underbrace{2\cdot 8^1}_{2\cdot 8} + \underbrace{1\cdot 8^0}_{1\cdot 1} = 1809$	3421
	Dualsystem	$1\cdot 2^{10} + 1\cdot 2^9 + 1\cdot 2^8 + 0\cdot 2^7 + 0\cdot 2^6 + 0\cdot 2^5 + 1\cdot 2^4 + 0\cdot 2^3 + 0\cdot 2^2 + 0\cdot 2^1 + 1\cdot 2^0 = 1809$	11100010001

Bild 1: Zahlensysteme und ihre Bildungsgesetze

2.4.3 Hexadezimalsystem

Das Hexadezimalsystem bietet mit der Basis 16 eine kompakte Darstellung von Zahlenwerten. Bei diesem Zahlensystem werden insgesamt 16 Ziffern bzw. Zeichen benötigt. Es kommen hier neben den Ziffern 0...9 die Buchstaben A...F zum Einsatz (**Tabelle 1**).

Übliche Schreibweisen: 0×A4, $A4_{16}$, A4h.

Tabelle 1: Ziffern und Zeichen des Hexadezimalsystems

hexadezimal	dezimal	hexadezimal	dezimal
0 ... 9	0 ... 9	**D**	13
A	10	**E**	14
B	11	**F**	15
C	12	**10**	16

2.5 Codierung und Code

Die Codierung einer Nachricht erfolgt durch Zuordnung eines Zeichenvorrats zu anderen Zeichenvorräten, mit denen dieselben Informationen dargestellt werden können. Der umgekehrte Vorgang wird Decodierung genannt. Die Decodierung gelingt nur, wenn die Zuordnungsvorschrift (Code) bekannt ist. **Tabelle 2** zeigt einen Ausschnitt aus dem ASCII-Code, der zur Codierung von Buchstaben und Ziffern in Computern verwendet wird.

Tabelle 2: Buchstaben A, B und C im ASCII-Code

Schriftzeichen	Dezimal	Hexadezimal	Binär
A	65	0×41	0b1000001
B	66	0×42	0b1000010
C	67	0×43	0b1000011

ASCII von **A**merican **S**tandard **C**ode for **I**nformation **I**nterchange

Bild 1 zeigt unterschiedliche Darstellungsformen für den Begriff „BERG". Über die Codierungsvorschrift (Sprache) werden die Zeichen zu Zeichenverbänden (Worten) kombiniert.

Bild	Wort	Codierungsvorschrift	
		Sprache	Alphabet
	**BERG**	Deutsch	Lateinisch
	HILL	Englisch	Lateinisch
	ΓΟΡΑ	Russisch	Kyrillisch
	杖	Chinesisch	Chinesisch
	ΟΡΟΣ	Griechisch	Griechisch

Bild 1: Codierung des Begriffs „BERG"

Sind sowohl die Anzahl der Zeichen als auch deren Anordnung zu berücksichtigen, liegt ein Anordnungscode vor.

2.5.1 Entscheidungsgehalt

Die Nachrichtenmenge eines Binärsignals ist 1 bit. Damit lassen sich z. B. die Ziffern 0 und 1 darstellen. Bei der Messwerterfassung erweitert sich die Nachrichtenmenge erheblich. Nach der Digitalisierung werden die Messwerte durch eine mehrstellige Dualzahl dargestellt. Die Anzahl der benötigten Stellen n hängt vom Informationsgehalt H ab.

Beispiel 1:

Wieviele Bits sind zur binären Codierung der 10 Ziffern des Dezimalsystems notwendig?

Lösung: $H = \text{lb } 10 = 3{,}3$, denn $2^{3{,}3} = 10$

2.5.2 Informationsgehalt und Redundanz

Der im Beispiel 1 errechnete Informationsgehalt ist technisch nur über eine ganzzahlige Nachrichtenmenge H_0 darstellbar, also über 4 bit. Damit ergibt sich ein Überschuss von 0,7 bit, der Redundanz R (von lat. redundantia = Überfülle) genannt wird.

Die Redundanz von Codes kann zur Fehlererkennung und Fehlerkorrektur eingesetzt werden.

$$H = \text{lb } n$$

$$R = H_0 - H$$

R Redundanz in Shannon Sh oder bit
n Anzahl der benötigten/vorhandenen Bits
H_0 größtmöglicher Informationsgehalt
H durchschnittlicher Informationsgehalt

Ein Code mit einer Redundanz $R = 0$ Sh wird als vollständiger Code bezeichnet.

Aufgaben

① Welchem dezimalen Zahlenwert entspricht die Hexadezimalzahl $30CF_{16}$?

② Das deutsche Alphabet enthält 26 Buchstaben. Wieviele Bits benötigt man mindestens zur Übertragung eines Buchstabens?

2.5.3 Wort- und Zifferncodierung

In einen Taschenrechner wird die Dezimalzahl 783 eingegeben. Würde die nach jeder Eingabe angezeigte Dezimalzahl in eine Dualzahl codiert und dem Rechenwerk zugeführt werden, enthielte dieses nacheinander die in **Bild 1** dargestellten Dualzahlen. Sie stehen in keinem erkennbaren Zusammenhang. Nach jeder Eingabe einer weiteren Stelle müsste bei dieser Wortcodierung der duale Zahlenwert der aktuellen Dezimalzahl neu ermittelt werden.

Eine Eingabe von neuen Ziffern verschiebt aber nur die Wertigkeiten der bisherigen Ziffern. Aus diesem Grund bietet sich hier eine ziffernweise Codierung in Form von binär codierten Dezimalen an (8-4-2-1-BCD-Code, **Bild 2**). Jede einzelne Ziffer wird dabei binär mit den Wertigkeiten 8, 4, 2 und 1 codiert.

Diese Codierung ist schneller als die vollständige, wortweise Codierung nach Bild 1.

Eine besondere Bedeutung gewinnt die Zifferncodierung bei der Konvertierung von Dualzahlen in Hexadezimalzahlen und umgekehrt. In ähnlicher Weise wie beim BCD-Code lassen sich die einzelnen Ziffern einer Hexadezimalzahl jeweils durch 4-Bit-Dualzahlen codieren (**Bild 3**). Damit können z. B. die vielstelligen und unübersichtlichen Bitmuster eines Mikroprozessorsystems über gut lesbare Hexadezimalzahlen dargestellt werden.

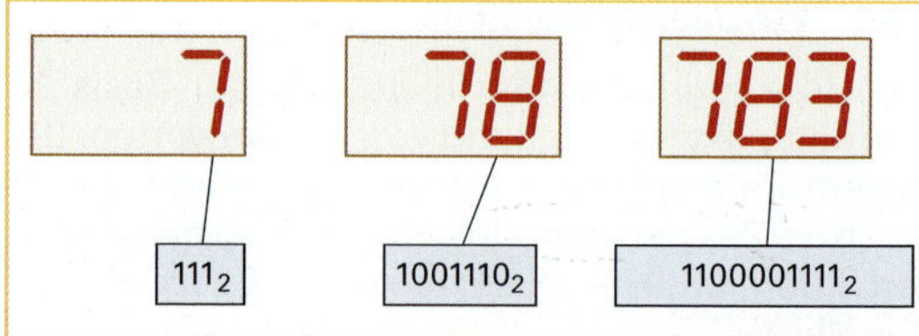

Bild 1: Duale Wortcodierung der Dezimalzahl 783

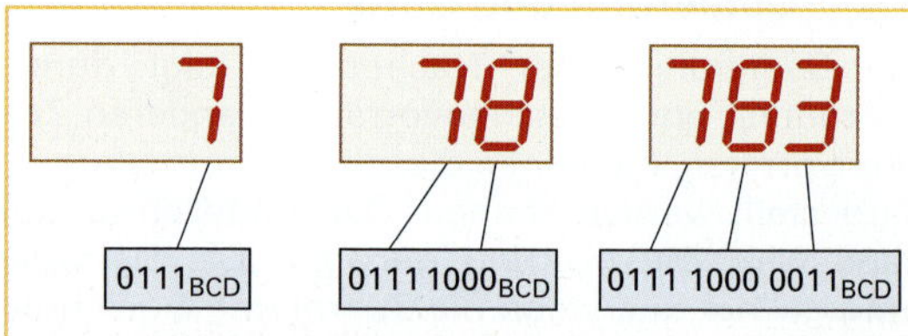

Bild 2: BCD-Zifferncodierung der Dezimalzahl 783

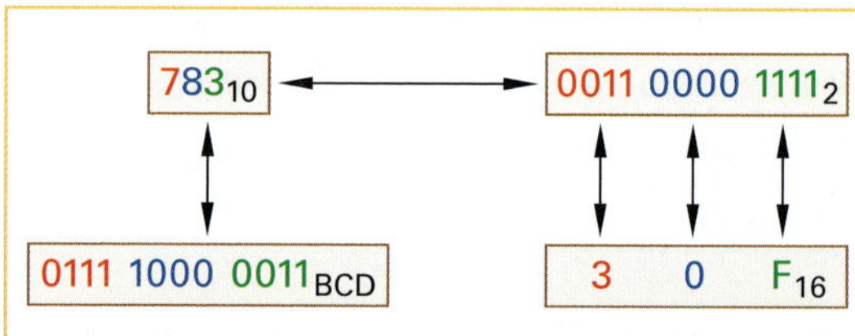

Bild 3: Hexadezimale Zifferncodierung einer Dualzahl

Aufgaben

① Schreiben Sie die angegebenen Zahlen in Form der allgemeinen Stellenschreibweise.
a) 110_2 b) $1CA05F_{16}$ c) 7773_8 d) 111042_5.

② Welcher Dezimalzahl entspricht die Zahl?
a) 1234_5 b) 1234_8 c) 1234_{12} d) 1234_{16}
e) CDE_{16} f) $4A1_{12}$ g) 101101_2

③ Bestimmen Sie aus den Gleichungen die Basis B des Zahlensystems.
a) $31_{10} = 133_B$ b) $73_{10} = 201_B$ c) $79_{10} = 142_B$
d) $111_{10} = 133_B$

④ Ermitteln Sie den dezimalen Zahlenwert der binäre Folge 1011001011100000 1000100, wenn diese Folge
a) eine Dualzahl ist. b) eine 8-4-2-1-BCD-Zahl ist.

⑤ Schreiben Sie die ersten 16 Zahlen zur Basis 5.

⑥ Wieviele Zahlenwerte lassen sich mit *n* Stellen darstellen, wenn das Zahlensystem die folgende Basis B besitzt?
a) B = 2 b) B = 10 c) B = 16

⑦ Wandeln Sie die Dezimalzahl 100 in eine Dualzahl, in eine 8-4-2-1-BCD-Zahl und in eine Hexadezimalzahl um.

⑧ Wandeln Sie die Zahlen in eine Dezimalzahl um:
a) 1011_2 b) 11111_2 c) 110_2 d) 271_8 e) 2277_8
f) 271_{16} g) BB_{16} h) $D2F_{16}$ i) AB_{12} j) 222_3

⑨ Ab welchem dezimalen Zahlenwert ergibt sich zum ersten Mal eine Stelleneinsparung durch den Übergang zum Hexadezimalsystem?

⑩ Im folgenden sind die Codewörter eines BCD-Codes dargestellt. Rekonstruieren Sie die Wertigkeiten der einzelnen Stellen des Codes.

dezimal	Codewort	dezimal	Codewort
0	0000	**5**	0110
1	0010	**6**	1000
2	0101	**7**	1010
3	0111	**8**	1101
4	0100	**9**	1111

⑪ Interpretieren Sie die binäre Folge 1100110 auf mindestens 3 verschiedene Weisen.

2.6 Übertragung digitaler Informationen

2.6.1 Übertragung von binär codierten Dezimalzahlen

Die Übertragung von digitalen Informationen soll schnell und fehlerfrei erfolgen. Dabei sind technische Randbedingungen, wie z. B. die Zahl der zur Verfügung stehenden Übertragungskanäle zu beachten.

Zur Übertragung von binär codierten Dezimalzahlen sind zwei Übertragungsverfahren üblich (**Bild 1**). Die Übertragungsgeschwindigkeit und die Anzahl der Übertragungskanäle stehen dabei in einem direkten Zusammenhang. So ermöglicht die parallele Übertragung der Daten die größte Übertragungsgeschwindigkeit (**Bild 1a**). Der technische Aufwand hinsichtlich der benötigten Übertragungskanäle ist hoch. Bei der seriellen Übertragung hingegen ist nur ein Übertragungskanal notwendig. Entsprechend hoch ist damit die Anzahl der notwendigen Übertragungstakte (**Bild 1b**).

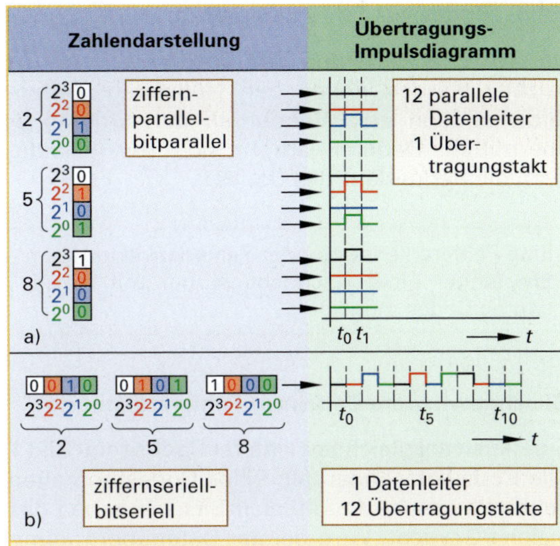

Bild 1: Übertragungsverfahren für binär codierte Dezimalzahlen

> **Bitparallele** Übertragung ist schnell, benötigt aber eine große Anzahl Datenleiter.
>
> **Bitserielle** Übertragung ist langsam, benötigt nur einen Datenleiter.

2.6.2 Fehlererkennung und Fehlerkorrektur

Bei der Übertragung von digitalen Informationen können Fehler durch äußere Einflüsse oder durch die physikalischen Eigenschaften des Übertragungskanals zustande kommen. So kann bei der drahtgebundenen Datenübertragung der zeitliche Verlauf der übertragenen Signale durch elektromagnetische Störfelder von außen oder durch eine zu hohe Datenrate des Senders verfälscht werden. Der Wirksamkeit technischer Gegenmaßnahmen, wie z. B. die Abschirmung von Leitungen oder deren geometrische Optimierung hinsichtlich Leitungsführung und Form, sind allerdings Grenzen gesetzt. Geht man davon aus, dass Fehler nicht vermeidbar sind, ergibt sich die Notwendigkeit, diese zu erkennen und zu korrigieren.

Timo und Simone verabreden sich per E-Mail. Die serielle Datenübertragung erfolgt über eine Telefonleitung, die in der Nähe der Stromleitung der Werkstatt von Simones Vater verlegt wurde (**Bild 2**). Während der Datenübertragung schaltet der Vater die Kreissäge ein und aus. Durch die elektromagnetischen Impulse wird die abgeschickte Information verändert.

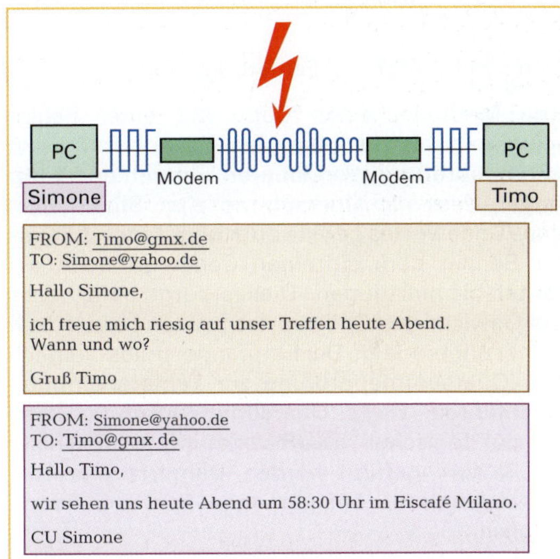

Bild 2: Gestörte Datenübertragung mit E-Mail

> **Beispiel 1:**
>
> Weshalb wird der Fehler sofort erkannt?
>
> *Lösung*: Die empfangen Uhrzeit 58:30 ist nicht zulässig.

Eine empfangene Information ist nur dann einleuchtend, wenn sie einem zulässigen Wertebereich, z. B. einer sinnvollen Uhrzeit oder einem gültigen Wortschatz, z. B. Duden, zugeordnet werden kann.

Ist dies nicht der Fall, wird ein Übertragungsfehler erkennbar. Ist eine empfangene Information aber sinnvoll, kann eine Absicherung der Fehlerfreiheit nur durch zusätzliche Maßnahmen erfolgen.

> Die mehrfache Anforderung einer Information erhöht die Wahrscheinlichkeit der Fehlerfreiheit.

2.6.3 Codes zur Fehlererkennung

Durch die Erweiterung der Codewörter mit Zusatzbits werden neben den Nutzdaten weitere Informationen vom Sender an den Empfänger übermittelt. Dadurch erhöht sich zwangsläufig auch die Redundanz des Codes.

> Eine Fehlererkennung oder Fehlerkorrektur beim Empfänger einer Nachricht ist nur mit redundanten Codes möglich.

> **Parität** ist die Eigenschaft einer Zahl (hier das Gewicht eines Codewortes), gerade oder ungerade zu sein.
> - **gerade** Parität (gP): **odd** parity
> - **ungerade** Parität (uP): **even** parity
>
> **Gewicht** eines Codewortes entspricht der Anzahl der im Codewort enthaltenen 1-Bits.

Gleichgewichtete Codes zur Fehlererkennung

Eine Auswahl gleichgewichteter Codes zeigt **Bild 1**. Alle Codeworte innerhalb eines Codes enthalten dabei die gleiche Anzahl an 1-Bits, sie haben das gleiche Gewicht. Wird bei der Datenübertragung ein einzelnes Bit verfälscht, kann dies beim Empfänger durch Prüfung des Gewichts leicht festgestellt werden.

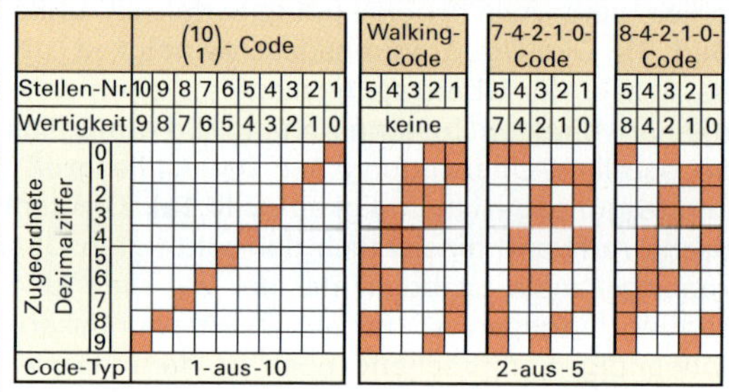

Bild 1: Gleichgewichtete Codes zur Fehlererkennung

Codes mit Prüfbit zur Fehlererkennung

Eine Methode, einen Code mit einer Fehlererkennung auszustatten, beruht auf der Quersummenprüfung. Vereinbaren Sender und Empfänger, dass die Quersumme aller Binärstellen eines Codewortes gerade oder ungerade ist, muss der Sender dem einzelnen Codewort noch ein Paritätsbit hinzufügen. Dieses sorgt dafür, dass das Gewicht des Codewortes immer gerade bzw. immer ungerade ist. Der Empfänger muss lediglich eine Quersummenprüfung zur Fehlererkennung durchführen. Diese Quersummenprüfung kann mit der logischen EXOR-Verknüpfung (Exklusiv-ODER) durchgeführt werden. Damit ist eine rein digitaltechnische Lösung ohne Rechenaufwand möglich.

Bild 2 zeigt als Beispiel die Paritätsprüfung des Empfängers, der ein Codewort im 8-4-2-1-BCD-Code mit ungerader Parität (**Bild 3**) empfangen hat. Doppelfehler lassen sich bei diesem Beispiel in keinem Fall erkennen, da durch sie das Gewicht nicht verändert wird.

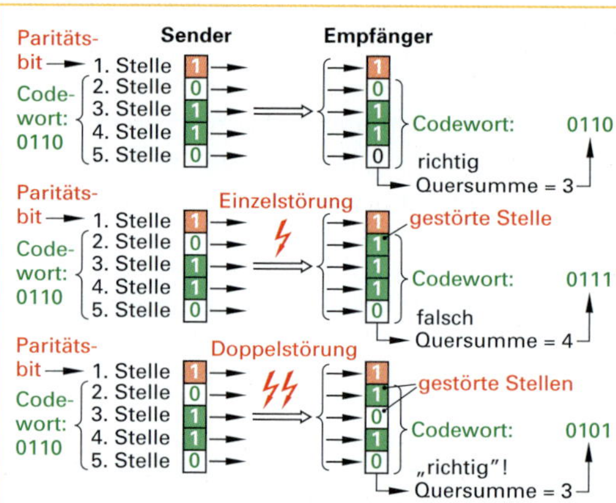

Bild 2: Prüfung der Parität durch den Empfänger

		8-4-2-1-Code				P (Paritätsbit)
Stellen-Nr.		5	4	3	2	1
Wertigkeit		8	4	2	1	0
Zugeordnete Dezimalziffer	0	0	0	0	0	1
	1	0	0	0	1	0
	2	0	0	1	0	0
	3	0	0	1	1	1
	4	0	1	0	0	0
	5	0	1	0	1	1
	6	0	1	1	0	1
	7	0	1	1	1	0
	8	1	0	0	0	0
	9	1	0	0	1	1

Bild 3: 8-4-2-1-BCD-Code mit ungerader Parität

Aufgaben

① Ermitteln Sie die Redundanzen der in Bild 1 abgebildeten Codes.

② Prüfen Sie, ob die folgende Codekombination eines 8-4-2-1-Codes mit gerader Parität fehlerbehaftet ist: 00001 01010 11010.

③ Weshalb ist mit einem einzelnen Paritätsbit keine Fehlerkorrektur möglich?

2.6.4 Codes zur Fehlerkorrektur

Ziel der Fehlerkorrektur ist es, die ursprüngliche Information mit Hilfe der vom Sender übermittelten Zusatzinformationen rekonstruieren zu können. Das Hamming-Verfahren zur Ähnlichkeitsdecodierung lässt Rückschlüsse auf das Fehlerkorrekturvermögen und das Fehlererkennungsvermögen eines Codes zu.

In **Bild 1** ist ein Datenfeld dargestellt, in das neben den beiden gültigen Codewörtern „STRICH" und „SCHIFF" drei weitere ungültige Codewörter eingetragen sind. Zwischen zwei Datenfeldern ist nur ein Buchstabe verändert, die Hamming-Distanz $d = 1$. Zwischen den beiden gültigen Codewörtern ist $d = 4$, da sie sich in vier Buchstaben unterscheiden.

Beispiel 1:

Zeigen Sie mit der Hamming-Distanz, welche Fehler a) korrigierbar b) nicht korrigierbar sind.

Lösung: a) Tritt nun bei der Datenübertragung ein Einfachfehler auf, so ergeben sich z. B. die Codewörter in den schraffierten Feldern. In diesem Fall ist aufgrund der Ähnlichkeit zu den gültigen Codeworten sowohl eine Fehlererkennung als auch eine Fehlerkorrektur möglich. b) Tritt durch einen Doppelfehler (zwei Buchstaben werden verfälscht) das Codewort „STHICF" auf, ist eine Fehlererkennung möglich, eine Fehlerkorrektur jedoch nicht. Die Distanz zu den beiden gültigen Codewörtern ist gleich groß und beträgt jeweils 2. Bei einem Dreifachfehler wird der Korrekturbereich eines anderen Codewortes erreicht. Eine Korrektur ist dadurch nicht mehr möglich.

Beispiel 2:

Ermitteln Sie zu den beiden gültigen Codewörter in Bild 1 jeweils ein weiteres Codewort (deutscher Wortschatz), zu dem genau eine Distanz $d = 4$ besteht.

Lösung: Strich-S<u>child</u>, Schiff-S<u>tumpf</u>

Zur Einschätzung eines Codes müssen alle gültigen Codewörter im Hinblick auf deren Distanzen untereinander untersucht werden (**Bild 2**). Erst die Minimaldistanz d_{min} lässt eine Aussage bezüglich der Erkennung und Korrektur von Fehlern zu.

Beispiel 3:

Ermitteln Sie die Minimaldistanz zwischen den Codewörtern in Bild 2 und machen Sie eine Aussage hinsichtlich der Möglichkeit einer Fehlererkennung oder einer Fehlerkorrektur.

Lösung: Als Minimaldistanz ergibt sich $d_{min} = 2$. Damit ist eine Fehlererkennung von Einfachfehlern möglich, deren Korrektur aber nicht.

Hamming-Distanz *d*

Sie beschreibt die Anzahl der Stellen, die jeweils geändert werden müssen, um ein Codewort in das andere zu überführen.

Minimaldistanz d_{min}

Sie ist die kleinste Hamming-Distanz zwischen zwei beliebigen gültigen Codewörtern.

Fehlererkennung

$d_{min} = e + 1$ e: Anzahl der zu erkennenden Fehler

Fehlerkorrektur

$d_{min} = 2k + 1$ k: Anzahl der zu korrigierenden Fehler

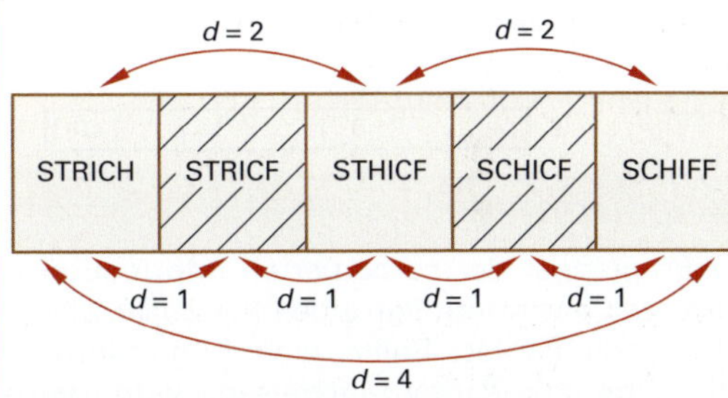

Bild 1: Datenfeld mit Korrekturbereich

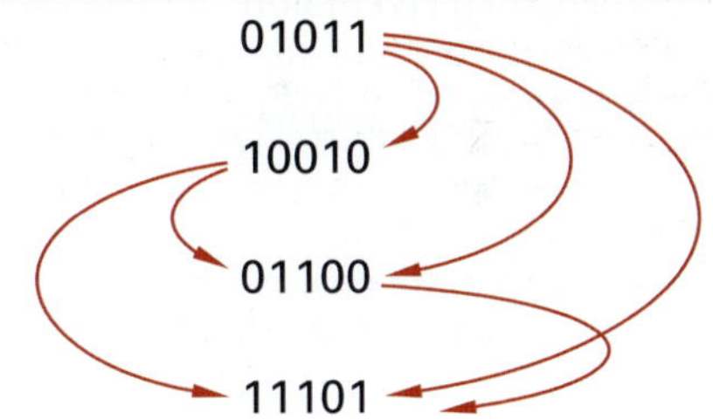

Bild 2: Ermittlung aller Distanzen zwischen den gültigen Codewörtern

Aufgaben

① Bestätigen Sie durch Ermittlung der Minimaldistanz d_{min}, dass ein 8-4-2-1-BCD-Code mit gerader Parität keine Fehlerkorrektur zulässt.

② Lässt der folgende Code eine Fehlererkennung oder Fehlerkorrektur zu? Ermitteln Sie hierzu die Minimaldistanz zwischen den Codewörtern.

dez.	Codewort	dez.	Codewort
0	10101100	5	01001100
1	01110000	6	00011100
2	01101010	7	00111001
3	01100101	8	00110110
4	11011000	9	00010101

2.6.4.1 BCD-Code 8-4-2-1 mit Hamming-Ergänzung zur Fehlerkorrektur

Codes mit Hamming-Ergänzung werden als Hamming-Codes bezeichnet. Mithilfe eines Hamming-Codes (**Bild 1**) ist es möglich, bei der Übertragung aufgetretene Einfachfehler zu erkennen. Darüber hinaus kann auch das fehlerhafte Bit des Datenworts bestimmt und korrigiert werden.

Neben den vier Informationsbits 2^0 bis 2^3 werden zusätzlich drei Kontrollbits $K_0 \dots K_2$ benötigt. Diese Kontrollbits können vom Empfänger durch Bildung von Kontrollgruppen ermittelt werden (**Bild 2**). Jedes Kontrollbit ergänzt die zugehörige Kontrollgruppe auf gerade Parität.

Beispiel 1:

Ermitteln Sie das Kontrollbit K_0 für die Dezimalziffer 6:

Lösung:

	K_0		2^3		2^2		2^0
6	1		0		1		0

Der Empfänger der so codierten Information ergänzt nun jede Kontrollgruppe über Zusatzbits Z_n auf gerade Parität. Sollte eine Kontrollgruppe eine ungerade Parität aufweisen, wird dieser Fehler über $Z_n = 1$ signalisiert. Nach Überprüfung aller Kontrollgruppen können die Zusatzbits zu einem Korrektor Z zusammengesetzt werden (**Bild 3**) und ergeben so eine dreistellige Dualzahl. Deren dezimaler Wert gibt die Nummer des fehlerhaften Bits an.

Beispiel 2:

Decodieren Sie die Bitfolge 0001011 im 8-4-2-1-Hamming-Code (gerade Parität) und überprüfen Sie diese auf Fehler.

Lösung:

Kontrollgruppe 0: 0001011 → Z0 = 1

Kontrollgruppe 1: 0001011 → Z1 = 0

Kontrollgruppe 2: 0001011 → Z2 = 1

$= 1 \quad 0 \quad 1_2$

$= 5_{10}$

Das 5. Bit ist fehlerhaft (0001011). Die Korrektur ergibt demnach das Codewort 0001111, das nach der Streichung der Kontrollbits zur 8-4-2-1-BCD-Zahl 0001111_{BCD} und damit zur Dezimalzahl 7 führt.

Der geringe Aufwand an zusätzlichen Kontrollbits auch bei einer sehr großen Anzahl an Datenbits (**Tabelle 1**) und die schnell und einfach zu realisierende Quersummenprüfung haben zu einer weiten Verbreitung von fehlerkorrigierenden Codes auf Basis des Hamming-Codes geführt.

Bit-Nr.		1	2	3	4	5	6	7
Wertigkeiten		K_0	K_1	2^3	K_2	2^2	2^1	2^0
Dezimalziffern	0	0	0	0	0	0	0	0
	1	1	1	0	1	0	0	1
	2	0	1	0	1	0	1	0
	3	1	0	0	0	0	1	1
	4	1	0	0	1	1	0	0
	5	0	1	0	0	1	0	1
	6	1	1	0	0	1	1	0
	7	0	0	0	1	1	1	1
	8	1	1	1	0	0	0	0
	9	0	0	1	1	0	0	1

Bild 1: 8-4-2-1-Hamming-Code mit gerader Parität

Kontrollgruppe 0	K_0		2^3		2^2		2^0
Kontrollgruppe 1		K_1	2^3			2^1	2^0
Kontrollgruppe 2				K_2	2^2	2^1	2^0

Bild 2: Bildung der Kontrollgruppen

Fehlermeldung der Kontrollgruppe	Korrektor			Nummer des fehlerhaften Bits
	Z2 2^2	Z1 2^1	Z0 2^0	
K0	0	0	1	1
K1	0	1	0	2
K0 und K1	0	1	1	3
K2	1	0	0	4
K2 und K0	1	0	1	5
K2 und K1	1	1	0	6
K2, K1 und K0	1	1	1	7

Bild 3: Korrektor zur Bestimmung des fehlerhaften Bits beim 8-4-2-1-Hamming-Code (gP)

Tabelle 1: Anzahl der benötigten Kontrollbits

Datenbits *m*	Kontrollbits *k*	Datenbits *m*	Kontrollbits *k*
1 ... 4	3	27 ... 57	6
5 ... 11	4	58 ... 120	7
12 ... 26	5	121 ... 247	8

Aufgaben

① Bestätigen Sie durch Ermittlung der Minimaldistanz, dass der 8-4-2-1-BCD-Hamming-Code (gerade Parität, Bild 1) eine Fehlererkennung und Fehlerkorrektur zulässt.

② Die folgende Nachricht wurde im 8-4-2-1-BCD-Hamming-Code (gerade Parität) übertragen. Stellen Sie fest, um welche Dezimalzahl es sich dabei handelt:

1000001000000111011000001111

③ Begründen Sie die Anzahl der in Tabelle 1 aufgeführten Kontrollbits.

2.6.4.2 Fehlerkorrektur durch Blockparitätssicherung

Durch die Zusammenfassung mehrerer Codewörter zu Datenblöcken und einer erweiterten Paritätsprüfung ist ebenfalls eine Fehlererkennung und Fehlerkorrektur möglich.

Beispiel 1:
In einer E-Mail vom Lehrer an die Schüler kommt die Zeichenkette „ITG11/3" vor (**Bild 1**). Die Übertragung der Zeichen erfolgt als Datenblock im 7-Bit-ASCII-Code mit gerader Parität gP. Bei der Übertragung tritt ein Fehler auf. Lokalisieren Sie den Fehler und korrigieren Sie ihn.

Lösung: **Bild 1**

Jede Zeile des Datenblocks enthält den Zeichencode und ein Paritätsbit, das jede Zeile auf gerade Parität ergänzt.

In gleicher Weise sichert der Sender die einzelnen Spalten des Datenblocks. Die sich ergebende Blocksicherung wird gemeinsam mit den Codewörtern an den Empfänger versandt.

Der Empfänger führt eine Paritätsprüfung innerhalb aller Zeilen und Spalten durch. Ein einfacher Fehler führt zu einer falschen Zeilenparität, z. B einer ungeraden Parität uP. Gleichzeitig ergibt sich in einer Spalte eine Differenz zur vom Sender übermittelten Blocksicherung. Dort wo sich die betroffene Zeile und Spalte schneiden, befindet sich das fehlerhafte Bit, das damit korrigiert werden kann.

Beispiel 2:
Bei der Datenübertragung in Bild 1 werden an folgenden Positionen Bits falsch übertragen:

1. Zeile 5, Spalte 3
2. Zeile 1, Spalte 8 und Zeile 6 Spalte 4
3. Zeile 4, Spalte 3 und Zeile 4, Spalte 6

In welchen Fällen können die Fehler nicht nur erkannt sondern auch korrigiert werden?

Lösung: Im Fall 1 liegt ein Einfachfehler vor, der korrigiert werden kann. Doppelfehler, wie sie in den Fällen 2 und 3 auftreten, sind nur in Ausnahmen (Fall 3) korrigierbar.

Aufgaben

① Der Empfänger einer E-Mail empfängt die folgenden Datenblöcke. Die Sicherung der ASCII-Zeichen erfolgte beim Sender durch Ergänzung auf gerade Parität.

a) Datenblock 1:
0×E5, 0×D2, 0×C6, 0×F1, 0×E8, 0×D2, 0×CF.
Die Blocksicherung lautet: 0×D5.

b) Datenblock 2:
0×A1, 0×E4, 0×DE, 0×E5, 0×D8, 0×DA, 0×DB.
Die Blocksicherung lautet: 0×97.

c) Datenblock 3:
0×02, 0×E4, 0×C5, 0×DA, 0×D2, 0×E8.
Die Blocksicherung lautet: 0×53.

Ermitteln Sie jeweils das übertragene Wort.

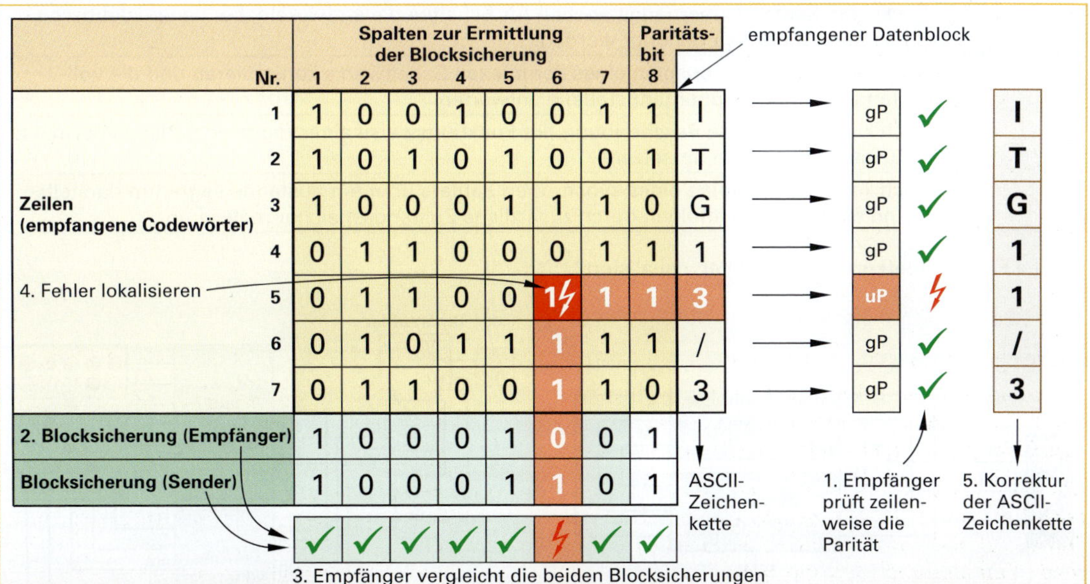

Bild 1: Blockparitätssicherung

Erwerbbare Kompetenzen

Kapitel 3	Digitaltechnik	
	Stufe	**Fachkompetenz**
	1	Ich kann eine vollständige Wertetabelle aufgrund einer Problembeschreibung entwickeln.
	3	Ich kann erläutern, weshalb mit einer kombinatorischen Logik keine speichernden Funktionen realisiert werden können.
	3	Ich kann aufgrund einer Problemstellung der Steuerungstechnik geeignete Ein- und Ausgangsvariablen zuordnen.
	3	Ich kann redundante Eingangskombinationen in einer Wahrheitstabelle identifizieren.
	2	Ich kann aus einer Schaltfunktion strukturiert den zugehörigen Funktionsplan entwerfen.
	2	Ich kann aus einem Funktionsplan die zugehörigen Schaltfunktionen und die Wertetabelle entwickeln.
	3	Ich kann durch Anwendung der Kürzungsregel vereinfachte Schaltfunktionen in der ODER-Normalform aufstellen.
	2	Ich kann mithilfe digitaler Grundverknüpfungen komplexe Schaltnetze strukturiert entwerfen.
	3	Ich kann eine digitale Rechenschaltung unter Anwendung der Rechenregeln der Algebra analysieren.
	2	Ich kann Impulsdiagramme analysieren und arithmetische Rechenoperationen mit Dualzahlen durchführen.
	1	Ich kann ein komplexes Schaltnetz entwerfen.
	1	Ich kann eine Ansteuerschaltung für eine Matrixanzeige zur Darstellung eines beliebigen Zeichens konstruieren.
	2	Ich kann nachweisen, dass sich eine UND-Grundverknüpfung in eine ODER-Grundverknüpfung überführen lässt.
	2	Ich kann mithilfe von RS-Kippstufen komplexe Steuerungsaufgaben realisieren.
	2	Ich kann die verbale Beschreibung einer Ablaufsteuerung in einen Funktionsplan umsetzen und neben der Konstruktion der Ablaufkette auch die Merker zu Ausgangssignalen verknüpfen.
	2	Ich kann die Zählfolge eines synchronen Zählers durch Analyse des Rückkopplungsnetzwerks bestimmen.
	1	Ich kann Zustandsübergangstabellen für Schaltwerke entwickeln, bei denen identische Zustände mehrfach benötigt werden.
	2	Ich kann den Funktionsplan eines komplexen Schaltwerks konstruieren und die vollständige Zustandsübergangstabelle entwerfen.
	3	Ich kann die verbale Beschreibung der Funktionsweise eines digitalen Schaltwerks in ein Zustandsdiagramm umsetzen.
	3	Ich kann die Zählfolge eines synchronen Zählers über ein Zustandsdiagramm darstellen und eindeutige Zählfolgen durch zusätzliche Zustandsspeicher realisieren.

Welche Fachkompetenzen werden hier visualisiert?

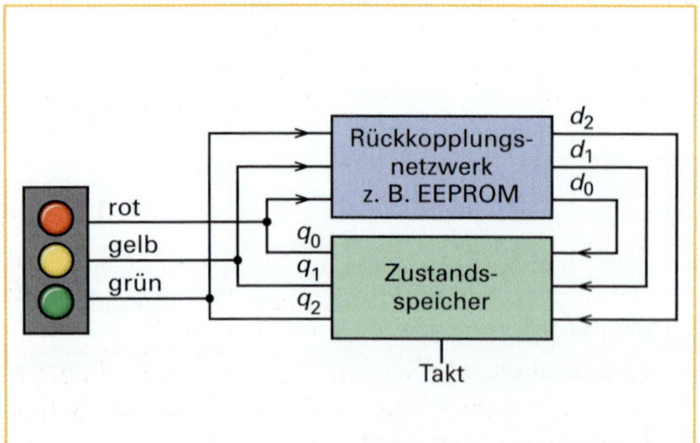

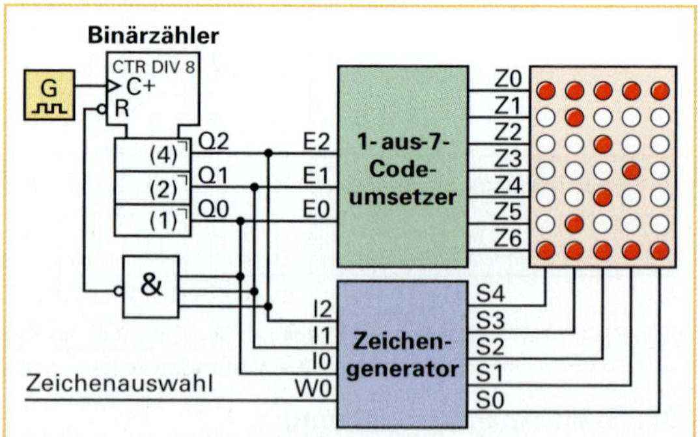

3 Digitaltechnik

3.1 Kombinatorische Logik

3.1.1 Vollständige Beschreibung

Für den Entwurf digitaler Steuerungen ist eine eindeutige und vollständige Beschreibung der zugrundeliegenden Aufgabenstellung und aller Randbedingungen notwendig.

Beispiel 1:

Auf einem Bauernhof wird Milch zunächst in einem großen Vorratsbehälter gesammelt und von dort in einen Kleinbehälter gepumpt (**Bild 1**). Aus diesem Kleinbehälter entnehmen die Kunden im Hofladen die gewünschte Menge Milch. Wie können die Füllstände innerhalb der Behälter überwacht werden?

Lösung: Zur Überwachung des Füllstandes sind in beiden Behältern Schwimmschalter angebracht.

Mithilfe einer digitalen Steuerung kann nun der Füllstand in den beiden Behältern überwacht und über die Pumpe gesteuert werden.

Die Bedingungen für das Ein- und Ausschalten der Pumpe verbal zu formulieren, z. B.

„Die Pumpe läuft, wenn die Schwimmschalter S1 und S2 betätigt sind, gleichzeitig aber S3..."

ist unübersichtlich. Die binäre Beschreibung der Schaltzustände von Schwimmschaltern und Pumpe über binäre Variablen ist eindeutig, erfasst alle Zustände und ist unabhängig von den elektrischen Eigenschaften der verwendeten Geräte (**Bild 2**). Die Zuordnung elektrischer Größen zu den binären Schaltzuständen 1 und 0 kann in beliebiger Weise erfolgen.

Will man alle Kombinationen dieser binären Variablen erfassen, so ist dies über eine Wertetabelle möglich (Bild 2). Sie ordnet jeder Eingangskombination einen bestimmten binären Zustand der Ausgangsvariablen zu.

Mit n binären Eingangsvariablen lassen sich 2^n verschiedene Eingangskombinationen beschreiben.

Unter Einhaltung der gewünschten Randbedingungen kann die vollständige Wertetabelle erstellt werden (Bild 2). Dabei kann es vorkommen, dass bestimmte Eingangskombinationen in der Praxis nicht möglich oder unerwünscht sind.

Die Pumpe wird nach den Festlegungen in **Bild 3** eingeschaltet, sobald der Füllstand den Schaltpegel von S4 unterschreitet. Dies führt wieder zum Überschreiten des Schaltpegels von S4 und zum Abschalten der Pumpe. Die Pumpe wird durch

Signale werden mit kleinen Buchstaben bezeichnet, z. B. s, p, Namen von Anschlüssen mit großen Buchstaben, z. B. S1, S2, S3, S4, P.

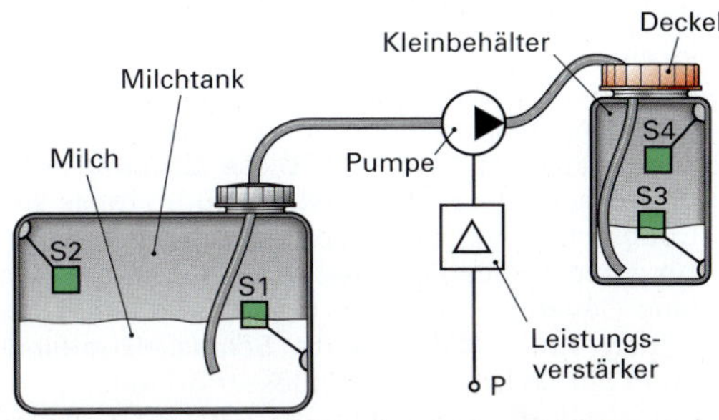

Bild 1: Milchbehälter mit Schwimmschaltern

Schalter nicht betätigt:
$s = 0$

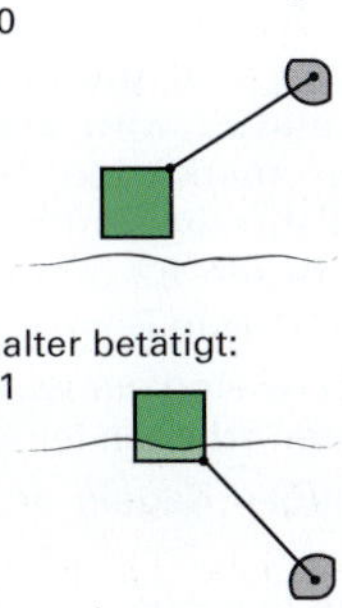

Schalter betätigt:
$s = 1$

Pumpe ein:
$p = 1$

S4	S3	S2	S1	P
0	0	0	0	0
0	0	0	1	1
0	0	1	0	0
0	0	1	1	1
0	1	0	0	0
0	1	0	1	1
0	1	1	0	0
0	1	1	1	1
1	0	0	0	0
1	0	0	1	0
1	0	1	0	0
1	0	1	1	0
1	1	0	0	0
1	1	0	1	0
1	1	1	0	0
1	1	1	1	0

Bild 2: Wertetabelle der Milchanlage mit binären Variablen

- Die Pumpe darf nicht leer laufen.
- Der Mindestfüllstand im Kleinbehälter darf nicht unterschritten werden.
- Erreicht der Füllstand im Vorratsbehälter seinen Höchststand, muss der Kleinbehälter vollständig gefüllt werden.

Bild 3: Randbedingungen der Milchanlage

dieses häufige Schalten stark belastet. Das Milchvolumen des Kleinbehälters kann nur zu einem kleinen Teil ausgenutzt werden.

Eine Wertetabelle kann keine bedingten Abläufe beschreiben.

Aufgaben

① Ergänzen Sie die Wertetabelle in Bild 2 durch einen Alarmausgang Alarm, der eine Fehlfunktion der Schalter meldet (Fehler: Alarm = 1).

② Unter welcher Bedingung könnte das häufige Ein- und Ausschalten der Pumpe durch die Schaltpegel von S4 vermieden werden?

③ Schließanlage

In einem Wohnhaus werden elektrische Schlösser installiert, die über Codekarten geöffnet werden können (**Bild 1**). Folgende Schlösser werden eingebaut: Wohnung 1, Garage 1, Büro 1, Wohnung 2, Garage 2, Haustür HT. Für jede Tür gibt es eine Codekarte, die nur diese Tür öffnen kann. Außerdem gibt es Codekarten, die alle die zur Wohnung gehörenden Türen öffnen (Gruppenkennzeichnung 1 oder 2). Diese Gruppenkarten öffnen auch die Haustür. Für das Büro muss eine Codekarte vorgesehen werden, die nur die Bürotür und die Haustür öffnen kann. Außerdem steht eine Generalkarte zur Verfügung, die alle Türen öffnen kann. Nichtbelegte Schlüsselkombinationen dürfen keines der Schlösser öffnen.

Entwerfen Sie die vollständige Wertetabelle der Schließanlage.

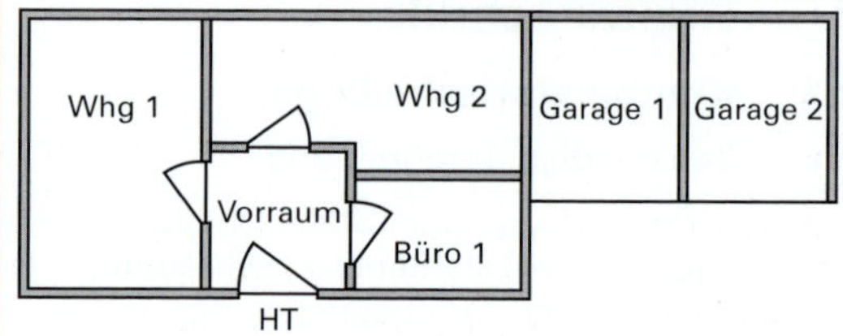

Bild 1: Grundriss des Gebäudes

④ Busbucht

Zur Verkehrsregulierung werden an einer Busbucht drei Verkehrsampeln A1, A2 und A3 eingesetzt (**Bild 2**). (a = 0: rot, a = 1: grün). Über die Induktionsschleifen I1 und I2 wird erkannt, wenn sich Fahrzeuge in den markierten Ampelbereichen aufhalten (i = 1: Fahrzeug vorhanden). Busse können über die Sensoren E2 und E3 erkannt werden (e = 1: Bus, e = 0: kein Bus).

Der Sensor E2 und die Ampel A2 sind nur wirksam für Linksabbieger. Die Sensoren arbeiten fehlerfrei.

Der Verkehr soll nach folgenden Regeln geleitet werden:

1. Busse haben grundsätzlich Vorfahrt.
2. Linksabbieger müssen warten.
3. Die Hauptverkehrsstraße ist möglichst freizuschalten.

Entwerfen Sie die vollständige Wertetabelle zur Steuerung der Ampeln A1…A3.

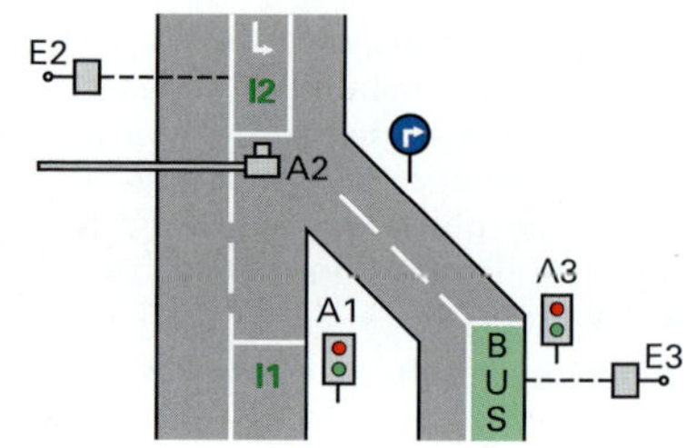

Bild 2: Busbucht

⑤ Aufzug

Ein Aufzug verbindet die Stockwerke UG, EG, 1. Stock und 2. Stock. Über eine 7-Segment-Anzeige in der Aufzugkabine soll der momentane Standort des Aufzugs angezeigt werden (**Bild 3**). Die Erfassung des Standorts erfolgt über zwei binäre Sensoren I1 und I2.

Entwerfen Sie die vollständige Wertetabelle für die Segmente a bis g zur Anzeige der gewünschten Stockwerkinformation.

Stockwerk	i_1	i_2	Anzeige
UG	0	0	U
EG	0	1	E
1. Stock	1	0	1
2. Stock	1	1	2

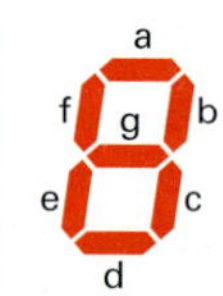

Bild 3: Stockwerkcodierung und 7-Segment-Anzeige

⑥ Zugsteuerung

Es soll die Steuerung für zwei Signale S_A und S_B an einer Gleisanlage entworfen werden (**Bild 4**). Die Gleisanlage kann nur in einer Richtung befahren werden, und zwar – bezogen auf das Bild – von unten nach oben. Die Stellung der Weiche W_A kann nicht beeinflusst werden.

Durch die Streckenmelder M_A und M_B kann die Art der Züge erkannt werden. Der Streckenmelder M_B erkennt Personen-, Güter- und Schnellzüge. Auf der Strecke A sind lediglich Güterzüge unterwegs. M_A erkennt daher auch nur diesen Zugtyp.

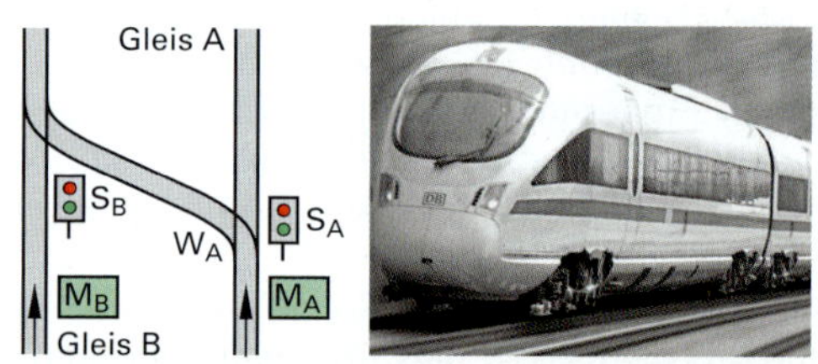

Bild 4: Gleisanlage

Für die Steuerung der Signale gelten folgende Bedingungen:

1. Fährt kein Zug auf ein Signal zu, so steht es grundsätzlich auf rot.
2. Kommt ein Zug, so geht das zugehörige Signal immer dann auf grün, wenn es keine Kollision geben kann.
3. Kommen auf beiden Gleisen Züge und besteht durch die Weichenstellung Kollisionsgefahr, hat der Zug mit der höheren Priorität Vorrang. Die Rangfolge lautet: Schnellzug vor Personenzug vor Güterzug.
4. Sind zwei Güterzüge auf Kollisionskurs, hat der Zug auf Gleis A Vorrang.
   a) Legen Sie für die Streckenmelder M_A und M_B geeignete binäre Variablen fest.
   b) Erstellen Sie die vollständige Wertetabelle.

3.1.2 Von der Wertetabelle zur digitalen Schaltung

Zur Umsetzung der Wertetabelle in eine digitale, elektronische Schaltung werden integrierte Schaltkreise (IC) eingesetzt. Die Darstellung der logischen Zustände 1 und 0 erfolgt dabei über unterschiedliche elektrische Spannungspegel, z. B. 5 V und 0 V. **Bild 1** zeigt als eine Möglichkeit der Realisierung ein EEPROM als Tabellenspeicher. Hierbei wird über ein Programmiergerät die gesamte Wertetabelle in den Speicher kopiert.

Eine weitere Möglichkeit besteht in der Kombination standardisierter logischer Grundverknüpfungen (**Bild 2**), die als integrierte Einzelbausteine oder als Massenbausteine, die tausende solcher Grundverknüpfungen enthalten, geliefert werden können.

Bei Betrachtung der Wertetabelle der bekannten Pumpensteuerung wird deutlich, dass die Pumpe nur in vier Fällen eingeschaltet wird (**Bild 3**). Zunächst soll nur einer dieser vier Fälle betrachtet werden. Die Pumpe wird bei dieser reduzierten Wertetabelle nur in einem einzigen Fall eingeschaltet. Der Versuch, diese Tabelle mit einer der in Bild 2 dargestellten Grundverknüpfungen abzubilden, misslingt. Allerdings besteht eine Gemeinsamkeit mit der UND-Verknüpfung: Es gibt nur eine Eingangskombination, die eine 1 am Ausgang liefert.

> Die UND-Verknüpfung liefert nur in einem Fall eine logische 1 am Ausgang. In diesem Fall haben alle Eingangsvariablen gleichzeitig den Zustand 1.

Damit die UND-Verknüpfung auch mit anderen Eingangskombinationen der Wertetabelle darstellbar wird, bedient man sich der NICHT-Verknüpfung.

> Die NICHT-Verknüpfung (Negation, Invertierung) ändert den logischen Zustand des Eingangssignals.

> **EEPROM** (**E**lectrically **E**rasable **P**rogrammable **R**ead **O**nly **M**emory)
> Elektrisch lösch- und programmierbarer Nur-Lese-Speicher, der seinen Inhalt auch nach Abschalten der Versorgungsspannung behält.

S4	S3	S2	S1	P
0	0	0	0	0
0	0	0	1	1
0	0	1	0	0
0	0	1	1	1
0	1	0	0	0
0	1	0	1	1
0	1	1	0	0
0	1	1	1	1
1	0	0	0	0
1	0	0	1	0
1	0	1	0	0
1	0	1	1	0
1	1	0	0	0
1	1	0	1	0
1	1	1	0	0
1	1	1	1	0

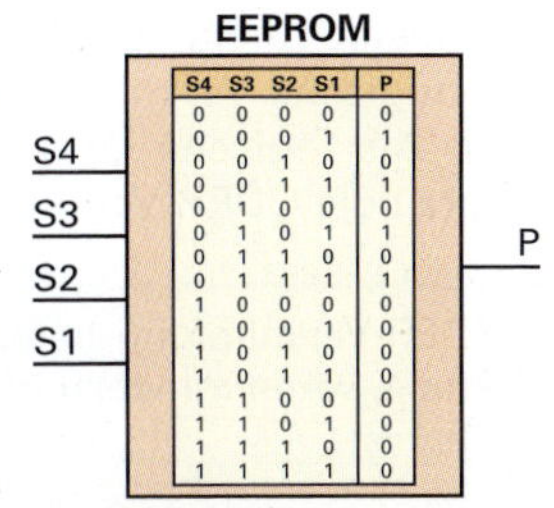

Bild 1: EEPROM als Tabellenspeicher

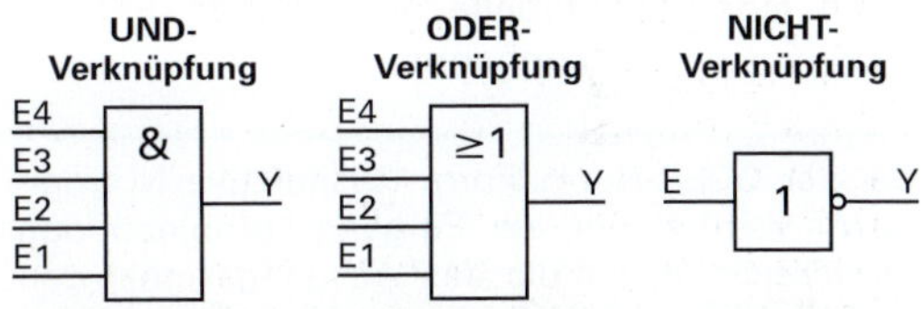

E4	E3	E2	E1	Y
0	0	0	0	0
0	0	0	1	0
0	0	1	0	0
0	0	1	1	0
0	1	0	0	0
0	1	0	1	0
0	1	1	0	0
0	1	1	1	0
1	0	0	0	0
1	0	0	1	0
1	0	1	0	0
1	0	1	1	0
1	1	0	0	0
1	1	0	1	0
1	1	1	0	0
1	1	1	1	1

E4	E3	E2	E1	Y
0	0	0	0	0
0	0	0	1	1
0	0	1	0	1
0	0	1	1	1
0	1	0	0	1
0	1	0	1	1
0	1	1	0	1
0	1	1	1	1
1	0	0	0	1
1	0	0	1	1
1	0	1	0	1
1	0	1	1	1
1	1	0	0	1
1	1	0	1	1
1	1	1	0	1
1	1	1	1	1

E	Y
0	1
1	0

Bild 2: Schaltzeichen und Wertetabellen logischer Grundverknüpfungen

Damit ist es nun möglich, die reduzierte Wertetabelle mit logischen Grundverknüpfungen darzustellen (Bild 3). Dieser Funktionsplan stellt die funktionellen Zusammenhänge übersichtlich dar.

Vollständige Wertetabelle

	S4	S3	S2	S1	P
	0	0	0	0	0
I	0	0	0	1	1
	0	0	1	0	0
II	0	0	1	1	1
	0	1	0	0	0
III	0	1	0	1	1
	0	1	1	0	0
IV	0	1	1	1	1
	1	0	0	0	0
	1	0	0	1	0
	1	0	1	0	0
	1	0	1	1	0
	1	1	0	0	0
	1	1	0	1	0
	1	1	1	0	0
	1	1	1	1	0

Reduzierte Wertetabelle

S4	S3	S2	S1	P
0	0	0	0	0
0	0	0	1	1
0	0	1	0	0
0	0	1	1	0
0	1	0	0	0
0	1	0	1	0
0	1	1	0	0
0	1	1	1	0
1	0	0	0	0
1	0	0	1	0
1	0	1	0	0
1	0	1	1	0
1	1	0	0	0
1	1	0	1	0
1	1	1	0	0
1	1	1	1	0

Funktionsplan

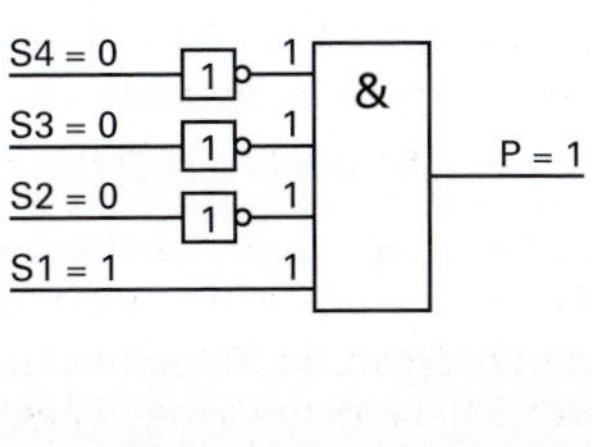

Bild 3: Wertetabellen und Funktionsplan

Die Betrachtung der drei anderen Fälle in gleicher Weise führt zur Schaltung in **Bild 1**. Nun stehen vier unabhängige Pumpensignale P_I bis P_{IV} zur Verfügung, die zum gewünschten Pumpensignal P zusammengefasst werden. Eine direkte elektrische Verbindung der vier Ausgänge P_I bis P_{IV} ist unzulässig. Sie würde bei elektrischen Schaltkreisen zu Kurzschlüssen führen. Deshalb ist eine logische Verknüpfung der Ausgänge notwendig. Als logische Grundverknüpfung eignet sich hierzu die ODER-Verknüpfung.

Die ODER-Verknüpfung liefert am Ausgang eine logische 1, wenn mindestens einer der Eingänge logisch 1 ist.

Das am Beispiel der Pumpensteuerung dargestellte Verfahren zur Schaltungsentwicklung ist auf jede Wertetabelle übertragbar und wird ODER-Normalform genannt.

Bei der ODER-Normalform (Disjunktive Normalform) werden nur die Eingangskombinationen berücksichtigt, für die das Ausgangssignal den logischen Zustand 1 annimmt. Diese Fälle bilden Teilfunktionen, die über eine ODER-Verknüpfung zur Gesamtfunktion verknüpft werden.

Die Beschreibung über die ODER-Normalform ist vollständig.

3.1.3 Die schaltalgebraische Funktionsgleichung

Die mathematische Darstellung einer digitaltechnischen Problemstellung in Form einer schaltalgebraischen Funktionsgleichung ist die kompakteste aller Beschreibungsarten. Zugleich ist diese Darstellung die Grundlage für eine rechnerische Bearbeitung einer Aufgabenstellung. Zur Darstellung der Verknüpfungsart werden in der Schaltalgebra die Verknüpfungszeichen ∨ (ODER) und ∧ (UND) verwendet. Die NICHT-Verknüpfung wird durch einen Querstrich über der Eingangsvariablen dargestellt (**Bild 2**).

In Anlehnung an die Rechenregeln der linearen Algebra („Punkt vor Strich") gelten in der Schaltalgebra folgende Prioritäten, die bei der Klammerung von Variablen zu beachten sind:

Invertierung vor UND vor ODER

Beispiel 1:

Der Funktionsplan der Pumpensteuerung (Bild 1) soll als schaltalgebraische Funktionsgleichung dargestellt werden.

Lösung: **Bild 3**

ODER-Verknüpfung, auch als Disjunktion bezeichnet, von lat. disiungere = trennen, unterscheiden, nicht vermengen.

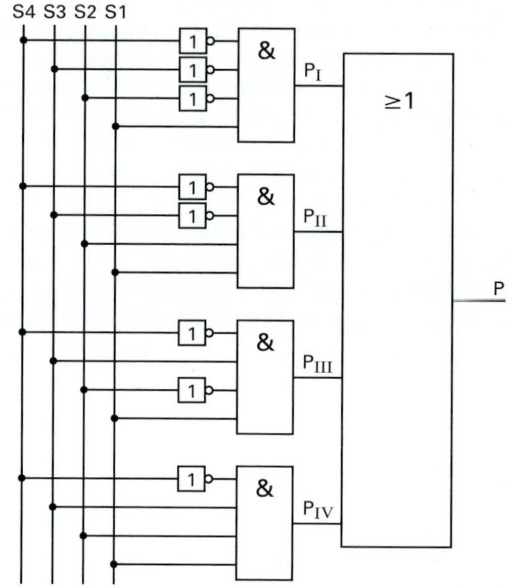

Bild 1: Zusammenfassung der Pumpensignale P_I ... P_{IV}

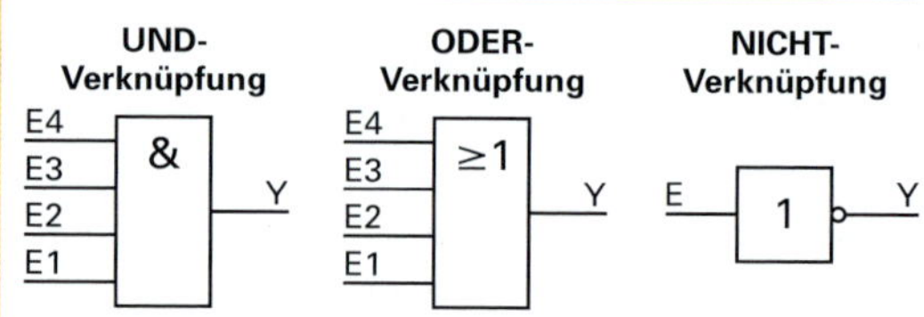

$Y = E4 \wedge E3 \wedge E2 \wedge E1$ $Y = E4 \vee E3 \vee E2 \vee E1$ $Y = \overline{E}$

Bild 2: Schaltalgebraische Darstellung der Grundverknüpfungen

$$
\begin{aligned}
P = \; & (\overline{S4} \wedge \overline{S3} \wedge \overline{S2} \wedge S1) \\
\vee \; & (\overline{S4} \wedge \overline{S3} \wedge S2 \wedge S1) \\
\vee \; & (\overline{S4} \wedge S3 \wedge \overline{S2} \wedge S1) \\
\vee \; & (\overline{S4} \wedge S3 \wedge S2 \wedge S1)
\end{aligned}
$$

Bild 3: Funktionsgleichung der Pumpensteuerung

Aufgabe

① Stellen Sie die Funktionsgleichung als Funktionsplan dar: $Z = \overline{A} \wedge B \vee \overline{\overline{\overline{A} \wedge B} \wedge C}$

3.1.4 Vereinfachung digitaler Schaltungen

Die aus der vollständigen Wertetabelle entwickelte ODER-Normalform führt immer zu einer richtigen, meistens aber nicht zur einfachsten Schaltfunktion. Mit den elementaren Rechen- und Kürzungsregeln der Schaltalgebra (**Tabelle 1**), können erhebliche Vereinfachungen bei der Auswertung der Wertetabelle erzielt werden.

> Betrachtet man zwei Eingangskombinationen einer Wertetabelle, die sich nur in einer Variablen unterscheiden, so hat genau diese Variable keinen Einfluss auf die ODER-Verknüpfung der beiden Eingangskombinationen (Kürzungsregel ①).

Beispiel 1:
Wenden Sie die Kürzungsregel ① auf die Wertetabelle der Milchanlage an.
Lösung: **Bild 1**.

Es ergeben sich die dargestellten 1-0-X-Bitmuster, deren Reihenfolge der Anordnung der binären Eingangsvariablen entspricht. Eine mit „X" markierte Position kennzeichnet eine Variable, die keinen Einfluss auf das Ergebnis der jeweiligen UND-Verknüpfung hat (don`t-care-Position). Die mehrfache Anwendung der Kürzungsregel ① auf diese Zwischenergebnisse führt letztlich zur stark vereinfachten Schaltfunktion.

KV-Tafel zur systematischen Vereinfachung von Wertetabellen

Die Kürzungsregeln können auf eine beliebige Anzahl von Eingangsvariablen angewendet werden. Für kleinere Wertetabellen bis vier Eingangsvariablen kann eine systematische Vereinfachung durch die Anwendung einer KV-Tafel erfolgen. Die Mathematiker Karnaugh und Veitch erkannten unabhängig voneinander, dass sich alle Eingangskombinationen einer vollständigen Wertetabelle so in die Felder einer Tafel einordnen lassen, dass sich benachbarte Felder nur in einer Variablen unterscheiden. Damit ist die Grundlage zur Anwendung der Kürzungsregel vorhanden. Benachbarte Felder lassen sich unter Kürzung der entsprechenden Variablen zu Blöcken zusammenfassen. Dieses grafische Verfahren führt unmittelbar zu einfachen Schaltfunktionen.

Beispiel 2:
Die vier Zeilen der disjunktiven Normalform in Bild 1 wurden in eine KV-Tafel übernommen (Bild 2). Wie erhält man die vereinfachte Schaltfunktion?
Lösung: Betrachtet man die von dem Vierer-Block berücksichtigten Eingangsvariablen, ergibt sich eine Kürzung entsprechend Bild 1.

Tabelle 1: Rechenregeln der Schaltalgebra

Bezeichnung der Regel	Rechenregel
Kommutativgesetz	$A \wedge B \wedge C = A \wedge C \wedge B = B \wedge C \wedge A$ ... $A \vee B \vee C = A \vee C \vee B = B \vee C \vee A$ ...
Assoziativgesetz	$A \wedge B \wedge C = (A \wedge B) \wedge C = (B \wedge C) \wedge A$ $A \vee B \vee C = (A \vee B) \vee C = (B \vee C) \vee A$
Distributivgesetz	$A \wedge (B \vee C) = (A \wedge B) \vee (A \wedge C)$ $A \vee (B \wedge C) = (A \vee B) \wedge (A \vee C)$
de Morgan'sche Regeln	$\overline{A \wedge B} = \overline{A} \vee \overline{B}$ „Break the line, $\overline{A \vee B} = \overline{A} \wedge \overline{B}$ change the sign"
Kürzungsregeln	$A \vee (A \wedge B) = A$ $A \wedge (A \vee B) = A$ $A \vee (\overline{A} \wedge B) = A \vee B$ $A \wedge (\overline{A} \vee B) = A \wedge B$ $(A \wedge B) \vee (A \wedge \overline{B}) = A$ ① $(A \vee B) \wedge (A \vee \overline{B}) = A$
Bildungsregel	UND vor ODER ( ) vor UND Negation vor ( )

	S4	S3	S2	S1	P
	0	0	0	0	0
I	0	0	0	1	1
	0	0	1	0	0
II	0	0	1	1	1
	0	1	0	0	0
III	0	1	0	1	1
	0	1	1	0	0
IV	0	1	1	1	1
	1	0	0	0	0
	1	0	0	1	0
	1	0	1	0	0
	1	0	1	1	0
	1	1	0	0	0
	1	1	0	1	0
	1	1	1	0	0
	1	1	1	1	0

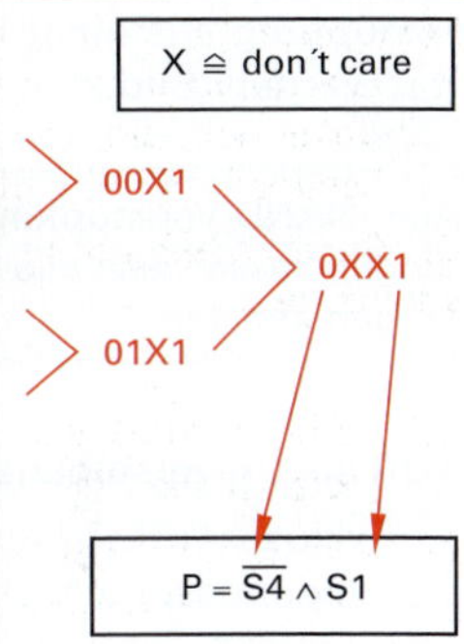

Bild 1: Anwendung der Kürzungsregel ① auf eine Wertetabelle

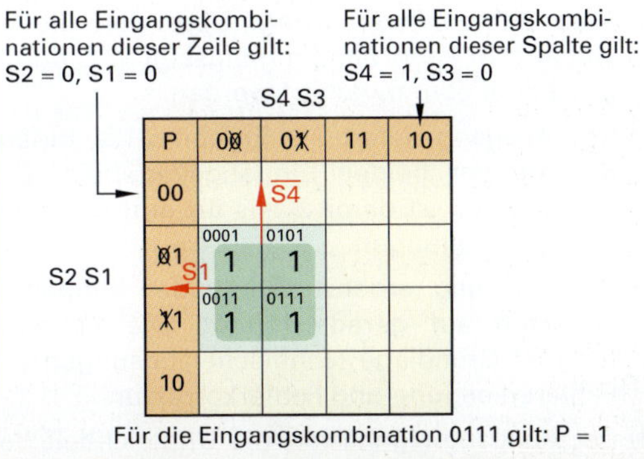

Bild 2: Vereinfachung mit KV-Tafel

3.1.5 Abgeleitete Grundfunktionen

Aus den logischen Grundverknüpfungen UND, ODER und NICHT lassen sich weitere Verknüpfungen ableiten, die dem Schaltungsentwickler in Form von Standardbauelementen zur Verfügung stehen (**Bild1**).

Universalbauelemente NAND und NOR

Die Bedeutung der NAND- und NOR-Bauelemente erschließt sich durch die Betrachtung der de Morgan'schen Regeln sowie deren Wertetabellen.

> Verbindet man alle Eingänge von NAND-Verknüpfungen oder NOR-Verknüpfungen, so entsteht eine NICHT-Verknüpfung.

Die de Morgan'schen Regeln (**Tabelle 1**, vorhergehende Seite) weisen auf die Verwandtschaft zwischen den Grundverknüpfungen hin. So kann eine UND-Verknüpfung aus einer NOR-Verknüpfung durch Invertierung der Eingänge des NORs erzeugt werden. In gleicher Weise kann eine OR-Verknüpfung aus einer NAND-Verknüpfung abgeleitet werden (**Bild 2**).

> Aus NAND-Verknüpfungen und NOR-Verknüpfungen lassen sich alle logischen Grundverknüpfungen ableiten.

EXOR als Universalbauelement

Das Exklusiv-ODER (auch Antivalenz) entspricht dem umgangssprachlichen Gebrauch der „oder"-Formulierung. Die Frage „Möchten Sie Tee oder Kaffee?" schließt die Antwort "Tee und Kaffee" aus.

Besonders bemerkenswert ist die Vielzahl der Anwendungen innerhalb der Digitaltechnik, die sich direkt aus dieser Verknüpfung ergeben (**Bild 3**).

a) Abschaltbare Invertierung: Über den Steuereingang St kann das Eingangssignal E durchgeschaltet oder invertiert werden.

b) Der Ausgang liefert als Ergebnis die binäre Summe der beiden Eingangsvariablen. Die Verknüpfung ist damit Basis für arithmetische Rechenschaltungen.

c) Der Ausgang ergänzt die beiden Eingangsvariablen auf gerade Parität. Die Verknüpfung ist Grundlage technischer Lösungen zur Fehlererkennung und Fehlerkorrektur.

d) Der Ausgang signalisiert die Ungleichheit der beiden Eingangsvariablen. Die Verknüpfung ist damit Basis für logische Rechenschaltungen.

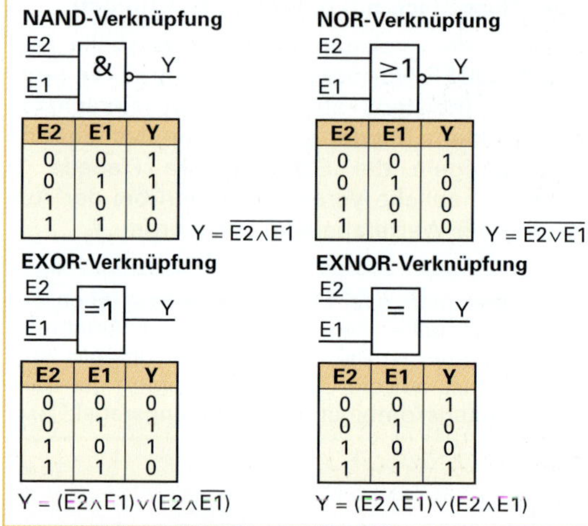

NAND:

E2	E1	Y
0	0	1
0	1	1
1	0	1
1	1	0

$Y = \overline{E2 \wedge E1}$

NOR:

E2	E1	Y
0	0	1
0	1	0
1	0	0
1	1	0

$Y = \overline{E2 \vee E1}$

EXOR:

E2	E1	Y
0	0	0
0	1	1
1	0	1
1	1	0

$Y = (\overline{E2} \wedge E1) \vee (E2 \wedge \overline{E1})$

EXNOR:

E2	E1	Y
0	0	1
0	1	0
1	0	0
1	1	1

$Y = (\overline{E2} \wedge \overline{E1}) \vee (E2 \wedge E1)$

Bild 1: Abgeleitete Grundfunktionen

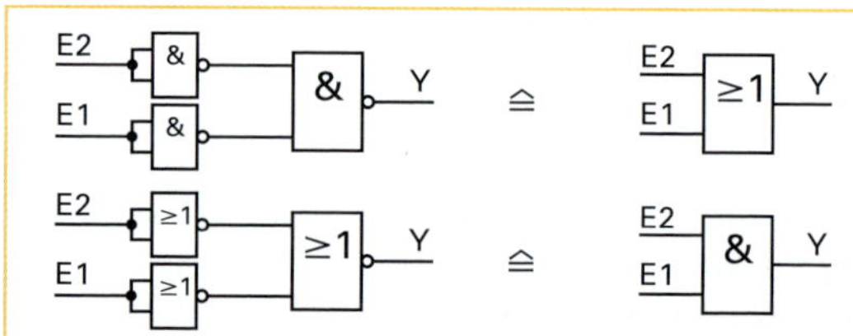

Bild 2: Verwandtschaft der Grundverknüpfungen

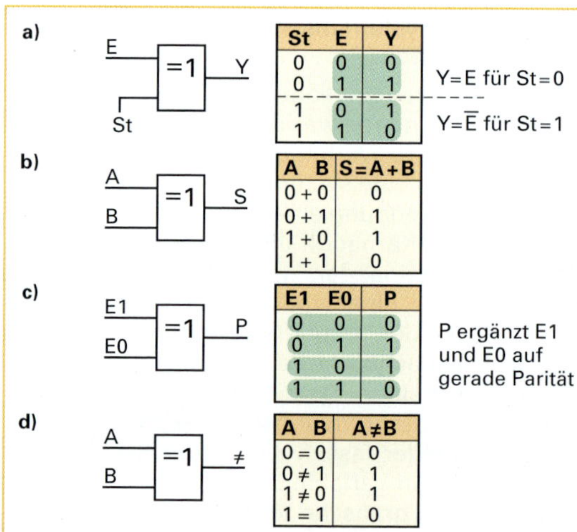

a)

St	E	Y
0	0	0
0	1	1
1	0	1
1	1	0

Y=E für St=0

Y=$\overline{E}$ für St=1

b)

A B	S=A+B
0+0	0
0+1	1
1+0	1
1+1	0

c)

E1	E0	P
0	0	0
0	1	1
1	0	1
1	1	0

P ergänzt E1 und E0 auf gerade Parität

d)

A B	A≠B
0=0	0
0≠1	1
1≠0	1
1=1	0

Bild 3: Anwendungen des Exklusiv-ODER

Aufgaben

① Zeigen Sie, dass die Exklusiv-Oder-Verknüpfung die aus der Schaltungstechnik bekannte Wechselschaltung digitaltechnisch nachbildet.

② Entwerfen Sie eine Schaltung zur Erzeugung des Paritätsbits für einen 8-4-2-1-Binärcode mit gerader Parität.

3.1.6 Kombinatorische Schaltnetze

Ein kombinatorisches Schaltnetz besteht aus elementaren logischen Grundverknüpfungen (**Bild 1**). Diese kombinieren die binären Eingangsvariablen zu einer oder mehreren Ausgangsvariablen, entsprechend den Vorgaben einer Schaltfunktion oder einer Wertetabelle.

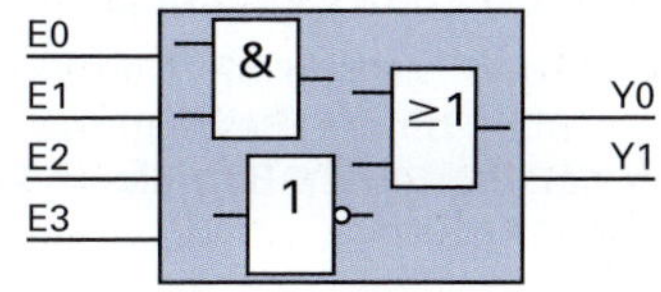

Bild 1: Schaltnetz mit Grundverknüpfungen

> Ein Schaltnetz enthält keine speichernden Elemente.

Veränderungen der Eingangsvariablen wirken sich damit unmittelbar auf die Ausgangsvariablen aus. In der Praxis ergeben sich aber technologisch bedingte Verzögerungszeiten im Bereich von Nanosekunden.

> Schaltnetze enthalten keine Verbindungen von der Ausgangsseite zur Eingangsseite (Rückkopplungen).

3.1.6.1 Codeumsetzer

Codeumsetzer werden benötigt, wenn ein Übergang zwischen unterschiedlichen Zahlensystemen oder Codierungen erforderlich ist. **Bild 2a** zeigt einen „Punkteknecht". Dieses Gerät ermöglicht auf Knopfdruck die Umrechnung von Verrechnungspunkten in die 15-Punkte-Notenskala der Abiturprüfung (z. B. 90-Punkteschlüssel). Das Blockschaltbild in **Bild 2b** zeigt den prinzipiellen Aufbau der Anzeigeeinheit (Anzeigebereich 0 bis 15).

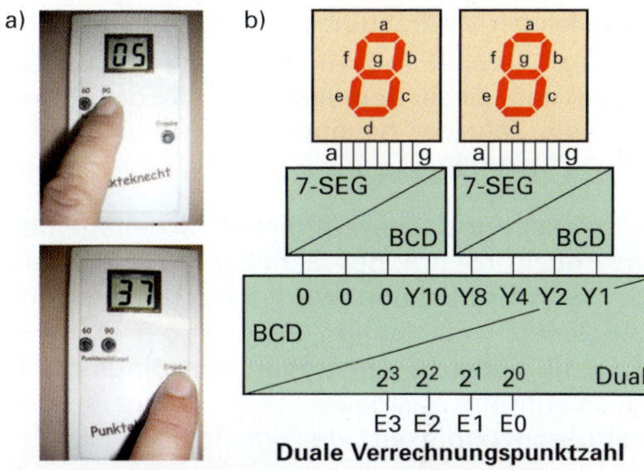

Bild 2: Zweistellige Anzeige mit drei Codeumsetzern und „Punkteknecht"

Beispiel 1:
Erläutern Sie die jeweilige Funktion der drei Codeumsetzer in Bild 2a.

Lösung: Der Dual/BCD-Codeumsetzer zerlegt die duale Verrechnungspunktzahl (E3...E0) in eine binär codierte Einerstelle (Y8...Y1) und eine binär codierte Zehnerstelle (Y10). Die beiden BCD/7-Segment-Codeumsetzer ermöglichen nun die Darstellung der Stellenwerte über 7-Segmentanzeigen. Die Verrechnungspunktzahl wird somit dezimal dargestellt.

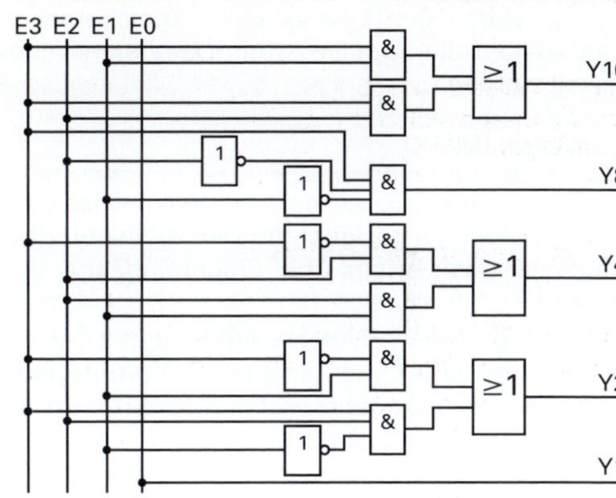

Bild 3: Schaltnetz des Dual/BCD-Codeumsetzers

Bild 3 zeigt das Schaltnetz des Dual/BCD-Codeumsetzers aus dem Beispiel 1.

Aufgaben

① a) Ermitteln Sie mithilfe von Bild 3 die vollständige Wertetabelle des Dual/BCD-Codeumsetzers und bestätigen Sie so seine korrekte Funktion.

b) Welchen Umfang hat die Wertetabelle des Codeumsetzers, wenn der 90-Punkteschlüssel darstellbar sein soll?

② Entwickeln Sie ein Schaltnetz für den BCD/7-Segment-Codeumsetzer in Bild 2.

a) Erstellen Sie dessen vollständige Wertetabelle.

Stockwerke	i_1	i_0	Anzeige
UG	0	0	U
EG	0	1	E
1. Stock	1	0	1
2. Stock	1	1	2

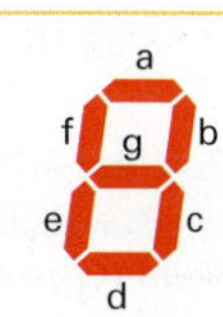

Bild 4: Codierung der Stockwerke

b) Ermitteln Sie möglichst einfache Schaltfunktionen für die Segmente a bis g.

③ An einem Aufzug wird die Stockwerknummer über eine 7-Segmentanzeige dargestellt (**Bild 4**). Die Stockwerknummer liegt über die Signale i_1 und i_0 binärcodiert vor. Entwerfen Sie die vollständige Wertetabelle des Codeumsetzers.

3.1.6.2 Multiplexer und Demultiplexer

In einem Gebäude werden die Räume nach Betriebsschluss über binäre Bewegungs- und Türmelder von der Pforte des Betriebsgeländes aus überwacht (**Bild 1**).

Beispiel 1:
Durch die große Anzahl von Meldern kann die Verbindung mit der Pforte nicht direkt erfolgen. Wie lässt sich der Verdrahtungsaufwand reduzieren?
Lösung: Durch Einsatz eines Multiplexers im Gebäude und eines Demultiplexers in der Pforte kann die Zahl der benötigten Verbindungsleiter reduziert werden.

Multiplexer und Demultiplexer arbeiten nach dem Prinzip rotierender Schalter (**Bild 2**). Durch eine Synchronisation wird jeder Eingang des Multiplexers mit einem bestimmten Ausgang des Demultiplexers verbunden, allerdings nur für eine bestimmte Zeitdauer. Diese hängt von der „Drehgeschwindigkeit" der Schalter ab.

Beispiel 2:
Ein aktiver Melder liefert in der Pforte lediglich Impulse. Gewünscht wird dort aber ein Dauersignal.
Lösung: Durch den Einsatz einer Speicherschaltung können die Impulse in ein Dauersignal umgesetzt werden.

Multiplexer (MUX)

Multiplexer ermöglichen den Zugriff auf eines von mehreren Eingangssignalen. Die Auswahl des Eingangssignals erfolgt über Steuereingänge.

Bild 3 zeigt die Wertetabelle eines 4-zu1-Multiplexers. Über die binären Steuereingänge S1 und S0 wird der entsprechende Eingang mit dem Ausgang Y verbunden.

Beispiel 3:
Mithilfe der Tabelle in **Bild 3** soll das Schaltnetz eines 4-zu-1-Multiplexers entworfen werden.
Lösung: **Bild 4**

Beispiel 4:
Im Bürogebäude aus Beispiel 1 sind 102 binäre Melder im Einsatz. Wie viele Verbindungsleiter werden zwischen MUX und DMUX benötigt?
Lösung: Es werden 9 Leiter benötigt: Masse, Datenleiter und mindestens 7 Steuerleiter für $2^7 = 128$ „Schalterstellungen".

Demultiplexer (DMUX, DX)

Demultiplexer verbinden das Eingangssignal mit einem ausgewählten Ausgang. Die Auswahl erfolgt über Steuereingänge.

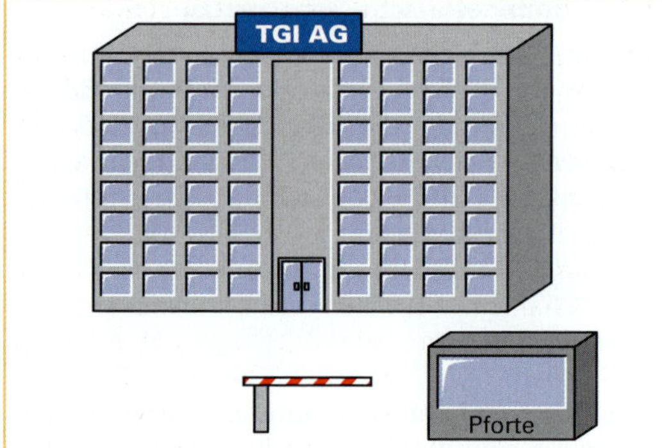

Bild 1: Überwachung eines Gebäudes

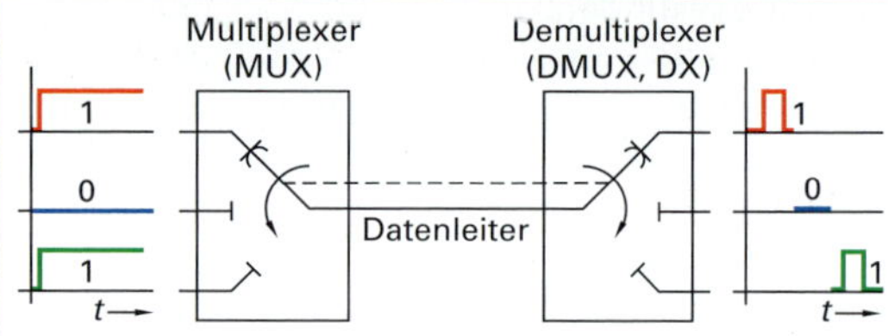

Bild 2: Multiplexer und Demultiplexer

Eingänge						Ausgang
s_1	s_0	e_3	e_2	e_1	e_0	y
0	0	X	X	X	0	0
0	0	X	X	X	1	1
0	1	X	X	0	X	0
0	1	X	X	1	X	1
1	0	X	0	X	X	0
1	0	X	1	X	X	1
1	1	0	X	X	X	0
1	1	1	X	X	X	1

Bild 3: Wertetabelle eines 4-zu-1-Multiplexers

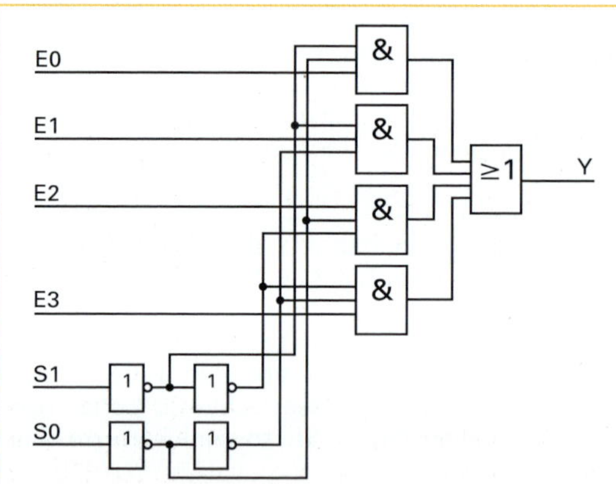

Bild 4: Schaltnetz eines 4-zu-1-Multiplexers

Aufgabe

① Entwerfen Sie die Wertetabelle und das Schaltnetz eines 1-zu-4-Demultiplexers.

3.1.6.3 Schaltnetz als digitaler Vergleicher

In einem digitalen System erfolgt die Kommunikation zwischen Systemkomponenten häufig über ein Bussystem (von lat. omnibus = für alle). Typische Bestandteile eines solchen Bussystems sind der Daten-, Adress- und Steuerbus. An das Bussystem sind alle Busteilnehmer angeschlossen. **Bild 1** zeigt den Ausschnitt eines Adressbusses mit vier Teilnehmern. Jeder Teilnehmer verfügt über eine eigene Adresse. Durch eine digitale Vergleicherschaltung wird festgestellt, ob diese mit der aktuellen Adresse auf dem Adressbus übereinstimmt. Soll die Kommunikation lediglich mit einem Teilnehmer stattfinden, ist die Gleichheit der Adressen erforderlich. Soll eine ganze Gruppe angesprochen werden, ist eine Vergleicherschaltung mit Größer-Kleiner-Aussage erforderlich.

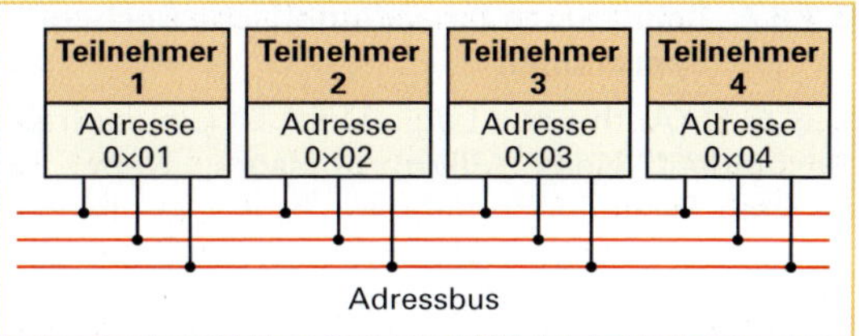

Bild 1: Adressierung über Adressbus

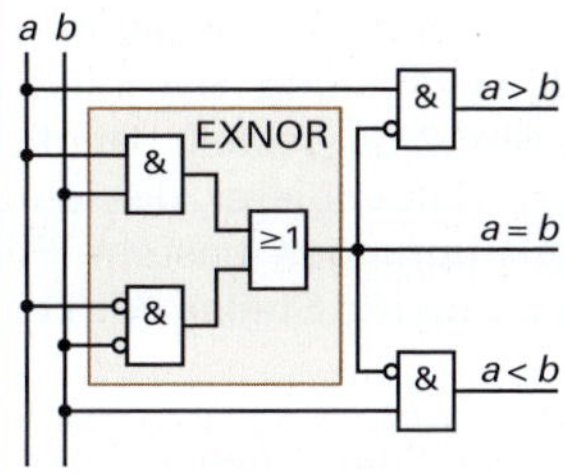

a	b	a>b	a=b	a<b
0	0	0	1	0
0	1	0	0	1
1	0	1	0	0
1	1	0	1	0

Bild 2: Schaltnetz eines 1-Bit-Vergleichers

1-Bit-Vergleicher

Für den Vergleich einstelliger Dualzahlen wird zunächst ein 1-Bit-Vergleicher benötigt. Die Gleichheit der beiden Eingänge A und B lässt sich am einfachsten über die EXNOR-Grundverknüpfung feststellen (**Bild 2**). Für einen Größer-Kleiner-Vergleich muss das Schaltnetz erweitert werden.

Beispiel 1:
Stellen Sie die Wertetabelle für den 1-Bit-Vergleicher (Bild 2) auf.
Lösung: **Bild 2**

Mehrstellige Dualzahlen vergleichen

Für Mehr-Bit-Vergleicher müssen alle Stellen berücksichtigt werden.

Beispiel 2:
Die beiden Dualzahlen A = 100110 und B = 100100 sollen stellenweise miteinander verglichen werden. Auf welche Weise kann der Vergleich erfolgen?
Lösung: Der Vergleich erfolgt von der höchstwertigsten zur niederwertigsten Stelle. Diejenige Stelle entscheidet über das Gesamtergebnis, bei der zuerst ein Unterschied zwischen den beiden Stellenwerten auftritt.

Eine Mehr-Bit-Vergleicherschaltung setzt 1-Bit-Vergleicher voraus, die Vergleichsergebnisse höherwertigerer Stellen berücksichtigen (**Bild 3**). Dafür sind Übertragseingänge vorgesehen. Ein Größer-Kleiner-Ergebnis einer höherwertigeren Stelle muss die Vergleichsergebnisse der niederwertigeren Stellen „überschreiben". Die Gleichheit höherwertiger Stellen gibt andererseits die Vergleicher von niederwertigeren Stellen frei.

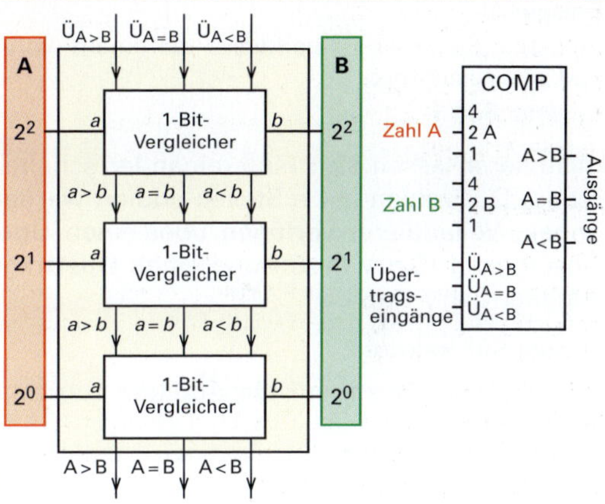

Bild 3: Prinzipschaltung und Schaltsymbol für einen 3-Bit-Vergleicher

Aufgaben

① Entwerfen Sie das Schaltnetz für den 1-Bit-Vergleicher, der in Bild 3 zum Vergleich mehrstelliger Dualzahlen eingesetzt wird.

② Wie müssen die Übertragseingänge in Bild 3 an der höchstwertigsten Stelle beschaltet werden?

③ Wie wirkt sich ein versehentliches Vertauschen der höchst- und niederwertigsten Stellen in der Schaltung nach Bild 3 aus? Geben Sie zwei Beispiele an.

④ Entwerfen Sie mithilfe eines 3-Bit-Vergleichers ein Schaltnetz für die Teilnehmer 3 und 4 in Bild 1, das dafür sorgt, dass diese beiden Teilnehmer als Gruppe über die Adressen 3 oder 4 adressiert werden können.

3.1.6.4 Schaltnetze für arithmetische Rechenoperationen

Die ALU (Arithmetic Logic Unit) ist ein zentraler Bestandteil eines Mikroprozessors. Neben logischen Rechenoperationen, z. B. vergleichen, schieben, logisch verknüpfen, invertieren, sind auch arithmetische Rechenoperationen möglich, z. B. Addition, Subtraktion, Multiplikation.

Digitale Addition

Bild 1 zeigt die stellenweise Addition zweier Dualzahlen. Die Wertetabelle und das zugehörige Schaltnetz für die Addierschaltung der niederwertigsten Stelle ist in **Bild 2** dargestellt. Hierbei handelt es sich um einen Halbaddierer, der lediglich aus zwei Grundverknüpfungen besteht. Für die Addition der höherwertigeren Stellen wird ein Volladdierer benötigt.

> Ein Volladdierer berücksichtigt neben den Summanden auch den Übertrag vorausgegangener Stellen.

Beispiel 1:
Schalten Sie zwei Halbaddierer zu einem Volladdierer zusammen.
Lösung: **Bild 3**

Volladdierer lassen sich hintereinander schalten, so dass Dualzahlen mit *n* Stellen addiert werden können. Volladdierer verfügen über einen Übertragseingang (Carry In, CI) und einen Übertragsausgang (Carry Out, CO).

Digitale Subtraktion

Die Subtraktion kann auf die Addition zurückgeführt werden.

Beispiel 2:
Zwei einstellige Dezimalzahlen sollen durch Addition subtrahiert werden (**Bild 4**).
Lösung: Zunächst wird das Neunerkomplement (Ergänzung auf 9, da 9 die größte einstellige Dezimalzahl ist) des Subtrahenden gebildet, um 1 erhöht (Zehnerkomplement) und zum Minuenden addiert. Die Zehnerstelle 1 der Summe zeigt an, dass das Vorzeichen positiv ist, die Einerstelle enthält den Betrag der gesuchten Differenz.
Bei einem negativen Ergebnis (Zehnerstelle = 0) führt eine erneute Zehner-Komplementbildung zum richtigen Ergebnis.

Das Prinzip der Subtraktion durch Komplementbildung lässt sich auch auf das duale Zahlensystem anwenden (**Bild 5**). Dazu wird vom Subtrahenden das Einerkomplement gebildet, um 1 erhöht (Zweierkomplement) und zum Minuenden addiert. Bei negativem Ergebnis ist eine erneute Zweier-Komplementbildung notwendig.

```
              1101
            + 1001
Überträge   + 1001-
             10110
```

Bild 1: Addition zweier Dualzahlen

a	*b*	*s*	*ü*
0	0	**0**	**0**
0	1	**1**	**0**
1	0	**1**	**0**
1	1	**0**	**1**

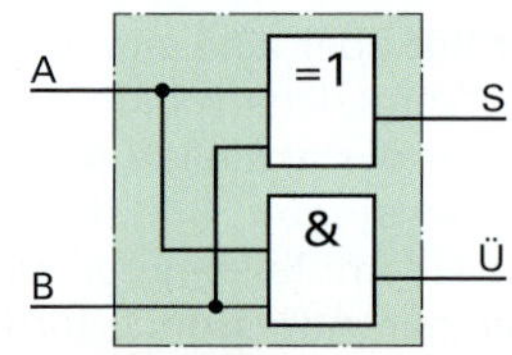

Bild 2: Wertetabelle und Schaltnetz eines Halbaddierers

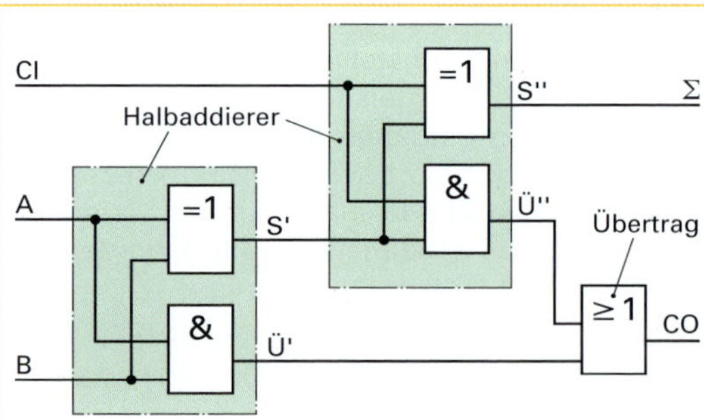

Bild 3: Schaltnetz eines Volladdierers

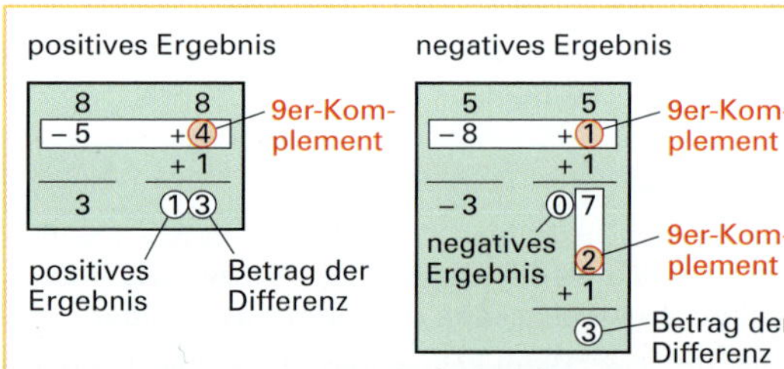

Bild 4: Subtraktion durch Komplementbildung im Dezimalsystem

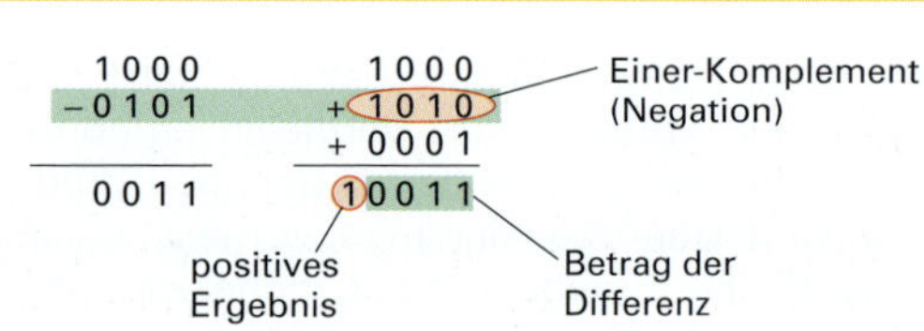

Bild 5: Subtraktion durch Komplementbildung im Dualsystem

Das Einerkomplement einer Dualzahl lässt sich durch deren stellenweise Negation erzeugen. Die Subtraktion von Dualzahlen ist im Vergleich zur Addition mit einem geringen schaltungstechnischen Mehraufwand möglich.

Beispiel 1:

Konstruieren Sie mit 4-Bit-Volladdierern Subtraktionsschaltungen für positive und negative Rechenergebnisse.

Lösung: **Bild 1a, Bild 1b**

Die Bildung des Zweierkomplements bei positivem Ergebnis wird durch Addition von 1 über den CI-Eingang realisiert (**Bild 1a**). Die zweimalige Bildung des Zweierkomplements bei negativem Rechenergebnis entspricht der zweimaligen Bildung des Einerkomplements. Die Addition von 1 auf der Eingangs- und Ausgangsseite des Addieres kann entfallen ($c_I = 0$, **Bild 1b**).

Multiplizierer

Die Multiplikation zweier einstelliger Dualzahlen lässt sich über eine logische UND-Verknüpfung realisieren, wie die Wertetabelle in **Bild 2** zeigt. Bei der Multiplikation mehrstelliger Dualzahlen ist, wie im Dezimalsystem üblich, eine stellenversetzte Addition der einzelnen Produkte erforderlich. Dies wird meist über Schieberegister realisiert, die eine bitweise Verschiebung von Dualzahlen ermöglichen.

Aufgaben

① Das Impulsdiagramm in **Bild 3** zeigt den Signalverlauf bei der Addition zweier 4-Bit-Dualzahlen A und B. Überprüfen Sie die einzelnen Signale auf Fehler, indem Sie die vollständige Rechnung durchführen. Hinweis: Die beiden Zahlen A und B sowie das Carry-In-Signal c_0 der niederwertigsten Stelle sind fehlerfrei.

② Führen Sie folgende Rechnungen im dualen Zahlensystem durch, wenn lediglich 1-Bit-Volladdierer und Inverter zur Verfügung stehen:
a) 125-102 b) 102-125.

③ Beschalten Sie einen 4-Bit-Volladdierer so, dass eine Subtraktion sowohl mit positivem als auch negativem Ergebnis möglich ist.

④ Entwickeln Sie mithilfe der Baugruppen in **Bild 4** eine digitale Schaltung, die das Prinzip der Stationstasten bei Rundfunkempfängern nachbildet. Bei Betätigung der Stationstasten S0 bis S3 stellt sich der BCD-Zähler automatisch auf die im Speicher abgelegten Werte ein. Der BCD-Zähler kann mit Taktimpulsen des Generators G vorwärts (T+) oder rückwärts (T-) zählen. Neben den dargestellten Baugruppen müssen lediglich Grundverknüpfungen ergänzt werden.

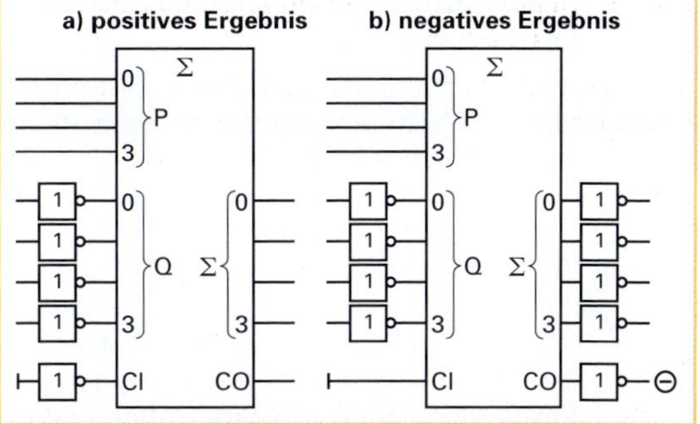

Bild 1: Subtraktionsschaltungen mit 4-Bit-Volladdierern

a	*b*	*a · b*
0	0	0
0	1	0
1	0	0
1	1	1

```
10 · 11
     10
+    10
-------
    110
```

Bild 2: UND-Verknüpfung zur Multiplikation

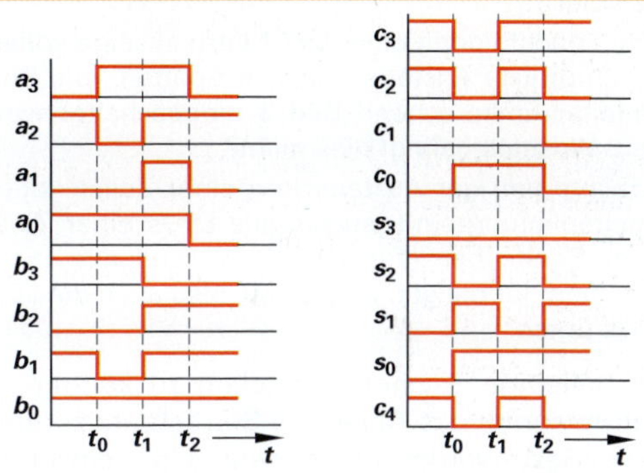

Bild 3: Signalverläufe an einem 4-Bit-Addierer

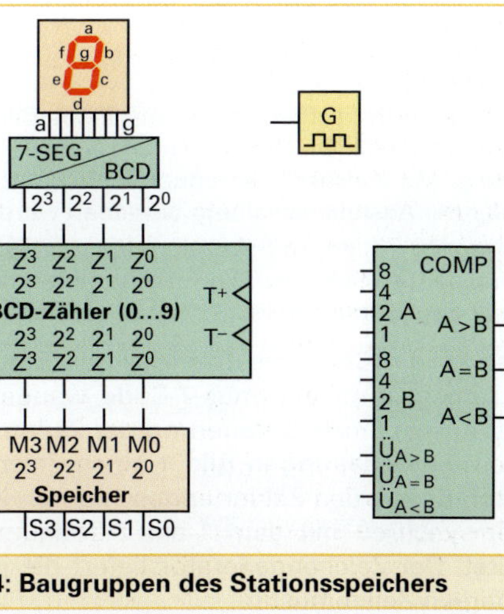

Bild 4: Baugruppen des Stationsspeichers

3.1.6.5 Realisierung komplexer Schaltnetze mit Festwertspeichern

Umfangreiche Schaltnetze sind meist mit einem erheblichen Schaltungsaufwand verbunden. Auch Vereinfachungsverfahren führen hier nur teilweise zu einer Reduzierung der notwendigen Verknüpfungen. Mit zunehmender Größe und Komplexität des Schaltnetzes wird es unwahrscheinlicher, dass sich einfache Zusammenhänge zwischen Ein- und Ausgangsvariablen ableiten lassen. Aus diesem Grund wird in solchen Fällen auf Festwertspeicher zurückgegriffen, deren Grundprinzip sich bis in die Technologie programmierbarer Logikbausteine erstreckt. Am Beispiel einer Punktmatrixanzeige soll dabei das zugrundeliegende Matrixprinzip verdeutlicht werden.

Punktmatrixanzeige

Mit Hilfe von Punktmatrixanzeigen lassen sich im Gegensatz zu 7-Segmentanzeigen beliebige Zeichen darstellen (**Bild 1**). Die Bezeichnung „Matrix" leitet sich aus der spaltenweisen und zeilenweisen Schaltung der Leuchtdioden ab (**Bild 2**).

Beispiel 1:

Drei Leuchtdioden einer 5x7-Matrixanzeige sollen durch direkte Ansteuerung von Spalten- und Zeilenleiter entsprechend **Bild 3** eingeschaltet werden. Weshalb gelingt dies nicht?

Lösung: Von der Ansteuerung einer Zeilen- oder Spaltenleitung sind jeweils alle LEDs einer Zeile oder Spalte betroffen. Damit werden alle LEDs leuchten, für die gilt: $z = 1$, $s = 0$, also auch die LED links unten.

Um beliebige Zeichen darstellen zu können, ist es notwendig, das Auge des Betrachters zu überlisten. Dazu werden nacheinander die einzelnen, voneinander unabhängigen Zeilenmuster des Zeichens angezeigt. Erfolgt dies schnell genug, entsteht beim Betrachter der Eindruck eines vollständigen Zeichens.

Beispiel 2:

Damit beim Betrachter ein flimmerfreies Bild entsteht, ist eine Bildwiederholfrequenz von 70 Hz notwendig. Mit welcher Taktfrequenz muss dazu der Zähler der Ansteuerschaltung betrieben werden?

Lösung: 70 Bilder pro Sekunde erfordern 490 Zeilenmuster pro Sekunde. Die Taktfrequenz des Zählers beträgt damit 490 Hz.

Neben einem Codeumsetzer, der den Binärcode des Zählers in einen 1-aus-7-Code wandelt und damit für die Einzelansteuerung der Zeilen sorgt, enthält die Schaltung in Bild 1 einen Zeichengenerator, der an den Zähler angeschlossen ist und damit synchron mit dem 1-aus-7-Codeumsetzer arbeitet. Der Zeichengenerator liefert die jeweils benötigten Zeilenmuster.

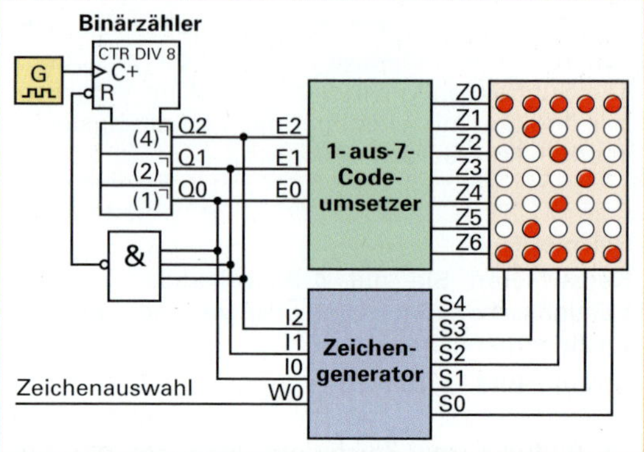

Bild 1: Punktmatrixanzeige mit Festwertspeicher

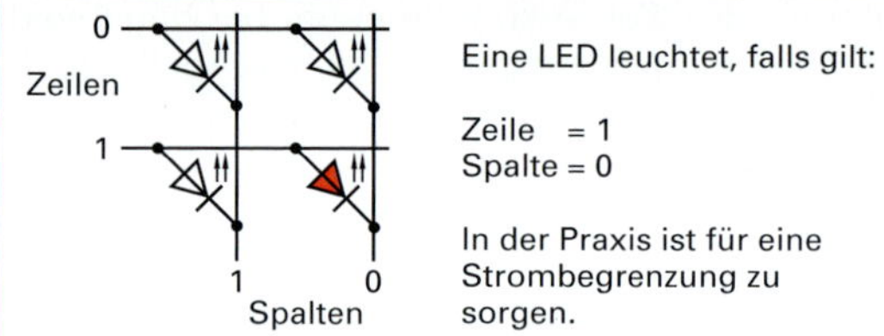

Bild 2: LEDs als 2x2-Matrix geschaltet

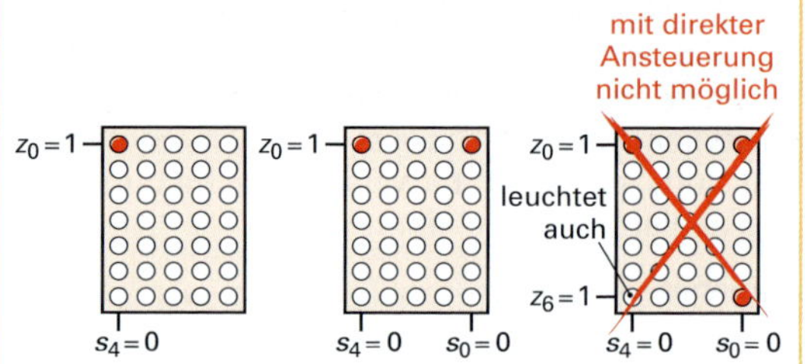

Bild 3: Direkte Ansteuerung einzelner LEDs

Der Vorteil der Matrixschaltung besteht in der Reduzierung der Anzahl der Anschlussleiter. Diesem Vorteil steht aber ein erheblicher Ansteueraufwand entgegen (Bild 1).

Beispiel 3:

Neben der beschriebenen zeilenweisen Ansteuerung ist auch eine spaltenweise Ansteuerung möglich.

Welcher Vorteil ergibt sich daraus?

Lösung: Bei gleicher Bildwiederholfrequenz erhöht sich die Helligkeit der Anzeige, da ein Spaltenmuster um den Faktor 7/5 länger leuchtet als ein Zeilenmuster.

Aufgabe

① Skizzieren Sie auf der Basis von Bild 1 eine Ansteuerschaltung für eine spaltenweise Ansteuerung der Matrixanzeige.

Zeichengenerator

Der Inhalt des Zeichengenerators lässt sich wie bei einem Codeumsetzer über eine Wertetabelle beschreiben (**Bild 1**). Geht man aber vom lateinischen Alphabet mit Groß- und Kleinschreibung aus, nimmt Ziffern und Sonderzeichen dazu, ergibt sich eine Wertetabelle erheblichen Umfangs.

Beispiel 1:

Wieviele Zeilen umfasst die Wertetabelle eines Zeichengenerators für 100 Zeichen?

Lösung: Um 100 Zeichen binär unterscheiden zu können, werden 7 Variablen zur Zeichenauswahl benötigt. Mit den drei Zählvariablen $i_2 ... i_0$ ergeben sich insgesamt 10 Eingangsvariablen für den Zeichengenerator, was einer Wertetabelle mit 1024 Zeilen entspricht (Bild 1, vorhergehende Seite).

Aus diesem Grund erfolgt die Realisierung des benötigten Schaltnetzes als Festwertspeicher in Form einer Speichermatrix (**Bild 2**). Im einfachsten Fall werden die Speicherzellen über Dioden realisiert (**Bild 3**). Die so gespeicherten binären Zahlenwerte können lediglich gelesen werden, dies entspricht einem ROM.

Um die Zahl der Anschlussleiter der Speichermatrix zu verringern, werden die Zeilen über einen Adressdecoder angesteuert, ein Schaltnetz, das einem 1-aus-*n*-Codeumsetzer entspricht. Durch Integration der Gesamtschaltung sind hohe Speicherkapazitäten möglich.

Beispiel 2:

Die Zahl Pi (3,141...) soll ziffernweise und ohne Komma in Form von Dualzahlen gespeichert werden.

Lösung: Bild 3. Die Zeilenleiter Z werden über Dioden so mit den Datenleitern verbunden, dass bei der Aktivierung des Zeilenleiters (z. B. Adresse 0, $z_0 = 1$) die gewünschte Ziffer als Dualzahl an den Datenleitern erscheint. Für $z_0 = 1$ sind d_0 und d_1 logisch 1. Das entspricht der ersten Ziffer „3". Datenleiter die nicht aktiviert werden, sind als logische 0 aufzufassen.

Beispiel 3:

Eine Speichermatrix hat eine Speicherkapazität von 256 K × 8 Bit. Wie viele Anschlussleiter führen zur Speichermatrix?

Lösung: Die Speichermatrix besitzt 256 × 1024 Zeilen. Das entspricht der Dualzahl 2^{18}. Damit werden 18 Adressleiter benötig. Zusammen mit den 8 Datenleitern führen 26 Leiter zur Speichermatrix.

Zeichengenerator mit ROM

Zur Realisierung des Zeichengenerators müssen die Ein- und Ausgangsvariablen binär gewichtet, in Hexadezimalzahlen umgerechnet und auf die Adress- und Datenleiter eines ROMs übertragen werden (Bild 1).

ROM (Read Only Memory):
Maskenprogrammierter Festwertspeicher.

PROM (Programmable ROM):
Einmal vom Anwender programmierbar.

EPROM (Erasable PROM):
Mehrfach vom Anwender programmierbar und über UV-Licht löschbar.

EEPROM (Electrically EPROM):
Mehrfach vom Anwender programmierbar und elektrisch löschbar.

Adresse hexadezimal	i_2	i_1	i_0	s_4	s_3	s_2	s_1	s_0	Daten hexadezimal
0×00	0	0	0	0	0	0	0	0	0×00
0×01	0	0	1	1	0	1	1	1	0×17
0×02	0	1	0	1	1	0	1	1	0×1B
0×03	0	1	1	1	1	1	0	1	0×1D
0×04	1	0	0	1	1	0	1	1	0×1B
0×05	1	0	1	1	0	1	1	1	0×17
0×06	1	1	0	0	0	0	0	0	0×00
0×07	1	1	1	X	X	X	X	X	0×XX

Bild 1: Wertetabelle des Zeichengenerators für das Zeichen Σ

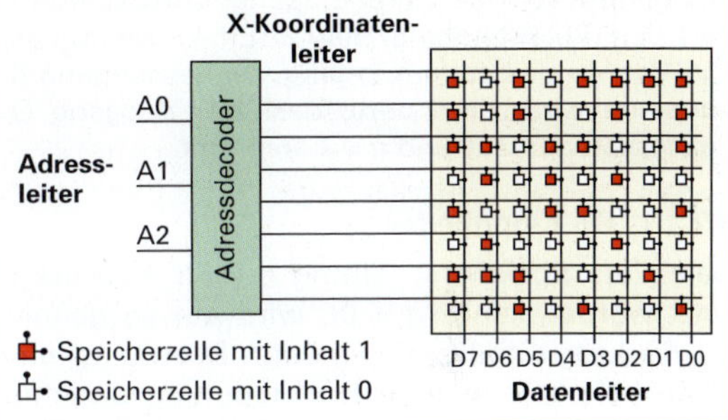

Bild 2: Speichermatrix

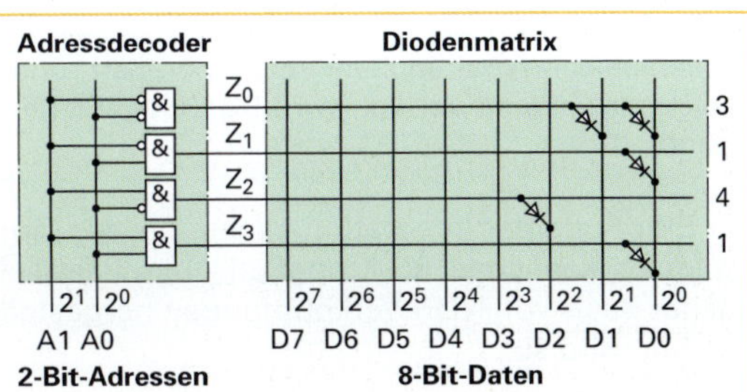

Bild 3: Diodenmatrix zur Speicherung der Zahl π

Jedes Schaltnetz kann auch über einen Festwertspeicher realisiert werden.

3.2 Sequenzielle Logik

3.2.1 Kippglieder (Flipflops) als Speicherelemente für binäre Informationen

In digitalen Schaltungen werden häufig Speicherschaltungen benötigt, die kurzzeitig zur Verfügung stehende binäre Informationen über einen längeren Zeitraum speichern können.

Ein Fahrgast, der aus der Stadtbahn aussteigen will, kann diesen Wunsch über die Betätigung des Türtasters (**Bild 1**) noch vor Erreichen der nächsten Haltestelle speichern lassen. Das leuchtende Tastfeld signalisiert die bevorstehende Öffnung der Tür. Mit dem Öffnen der Türe wird der gespeicherte Wunsch gelöscht, die Beleuchtung des Tastfeldes erlischt. Da der Tastschalter lediglich einen kurzen Impuls liefert, wird eine Speicherschaltung benötigt, die diese Information dauerhaft speichert.

Beispiel 1:
Zeigen Sie, dass mit einer ODER-Grundverknüpfung ein kurzer Impuls dauerhaft gespeichert werden kann.

Lösung: Der Ausgang Q der ODER-Grundverknüpfung muss auf einen ihrer Eingänge zurückgeführt werden (Rückkopplung) (**Bild 2**). Ein kurzer Impuls auf den verbleibenden Eingang, der Setzeingang S genannt wird, führt dazu, dass der Ausgang Q dauerhaft den Zustand $q = 1$ annimmt.

3.2.1.1 RS-Kippglieder

Damit die Speicherschaltung in Bild 2 zurückgesetzt werden kann ($q = 0$), wird ein so genannter Rücksetzeingang R benötigt. Dazu wird eine UND-Verknüpfung in die Rückkopplung eingefügt (**Bild 3a**), die bei einem kurzen 1-Impuls am Rücksetzeingang die Rückkopplung unterbricht. Der Ausgang Q nimmt den Zustand $q = 0$ an.

Eine Speicherschaltung, die über einen Setz- und Rücksetz-Eingang verfügt, wird RS-Kippglied genannt.

Zur Erhöhung der Integrationsdichte bei der Chipfertigung kann das RS-Kippglied ausschließlich auf der Basis von NOR-Verknüpfungen hergestellt werden (**Bild 3b**).

Im Gegensatz zu einer kombinatorischen Schaltung lässt sich das RS-Kippglied mit einer Wertetabelle nicht eindeutig beschreiben. Durch das Speicherverhalten der Schaltung muss der Zustand des Ausgangs vor einer Setz- bzw. Rücksetz-Aktion als zusätzliche Eingangsvariable q^t berücksichtigt werden. **Bild 4** zeigt die Übergangstabelle und das Schaltzeichen des RS-Kippgliedes auf NOR-Basis.

Setzen:
Der Ausgang Q eines Speicherelements nimmt den Zustand $q = 1$ an.
Rücksetzen:
Der Ausgang Q eines Speicherelements nimmt den Zustand $q = 0$ an

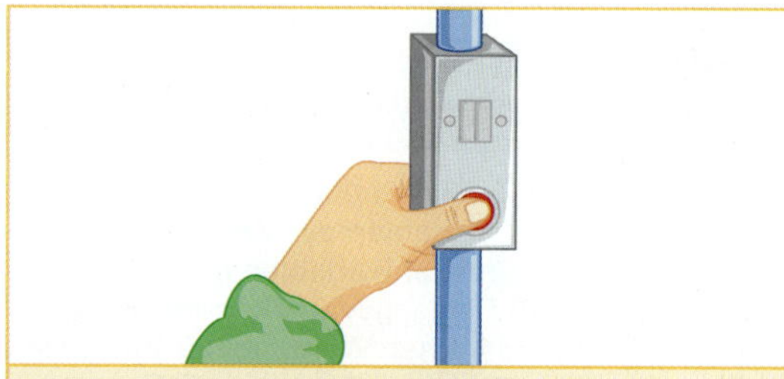

Bild 1: Türtaster in der Stadtbahn

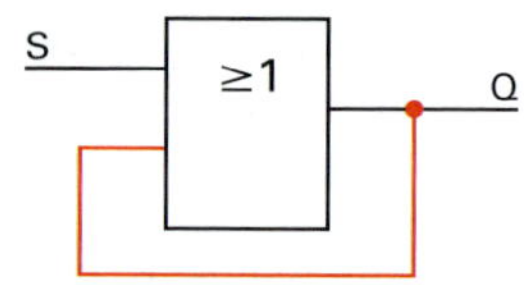

Bild 2: ODER-Verknüpfung mit Rückkopplung

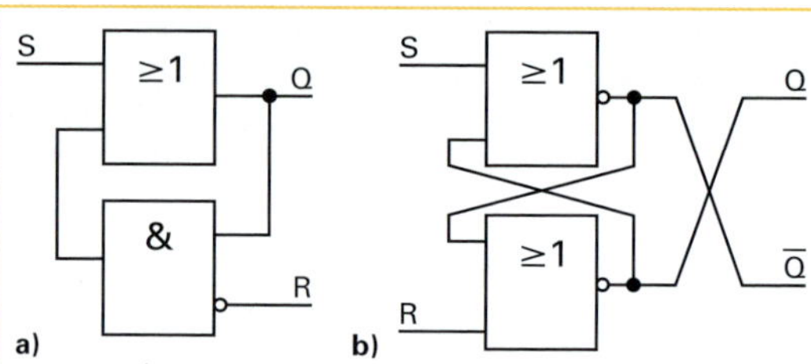

Bild 3: Speicherschaltungen mit Setz- und Rücksetzeingängen für RS-Kippglied

vorher nachher

r	s	q^t	q^{t+1}	
0	0	0	0	speichern
0	0	1	1	
0	1	0	1	setzen
0	1	1	1	
1	0	0	0	rücksetzen
1	0	0	0	
1	1	0	$q = q^* = 0$	irregulär
1	1	1		

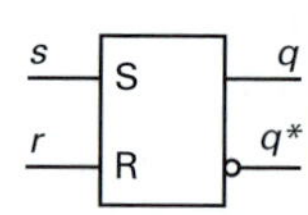

Bild 4: Übergangstabelle und Schaltzeichen des RS-Kippgliedes auf NOR-Basis

Aufgaben

① Zeigen Sie, dass die Schaltungen in Bild 3 tatsächlich äquivalent sind.

② Ersetzen Sie in der Schaltung Bild 3b die NOR-Verknüpfungen durch NAND-Verknüpfungen und erstellen Sie die zugehörige Übergangstabelle.

Aufgaben

③ Milchwirtschaft

Auf einem Bauernhof wird die Milch in einem großen Tank gesammelt. Zur Versorgung des Hofladens steht ein Kleinbehälter zur Verfügung, der über eine Pumpe aus dem Tank versorgt wird (**Bild 1**). Folgende Randbedingungen sind einzuhalten:

1. Die Pumpe darf nicht leer laufen. Das wird über den Schwimmschalter S1 überwacht. (s_1 = 0: Tank leer)
2. Die Pumpe darf nur anlaufen, wenn der Mindestfüllstand im Kleinbehälter unterschritten wird (s_2 = 0). Zur Schonung der Pumpe wird nur in diesem Fall der Behälter sofort auf die maximale Füllhöhe aufgefüllt (s_3 = 1). Sinkt der Milchpegel danach unterhalb der maximalen Füllhöhe ab, bleibt die Pumpe abgeschaltet (p = 0).
3. Der Deckel des Kleinbehälters muss bei Betrieb der Pumpe geschlossen sein (s_4 = 1).

Entwerfen Sie den Funktionsplan zur Ansteuerung der Pumpe.

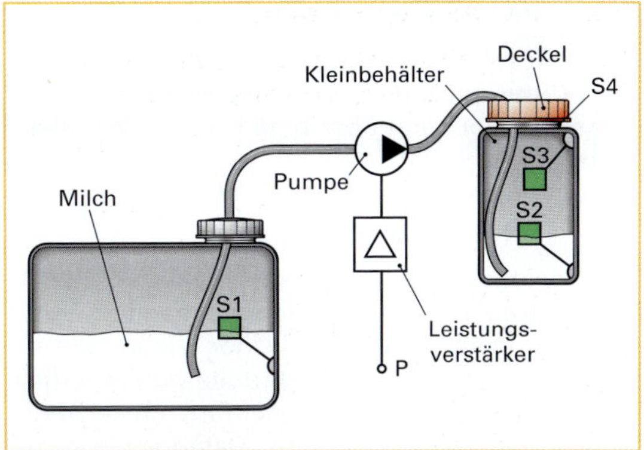

Bild 1: Milchanlage

④ Reaktionstester

Mithilfe zweier RS-Kippglieder der auf NOR-Basis (**Bild 2**) soll ein Reaktionstester für zwei Spieler gebaut werden. Der Spieler, der seine Taste zuerst betätigt, bekommt über seine Lampe den Gewinn signalisiert.

Der Zustand der Lampen kann dann von den beiden Spielern nicht mehr verändert werden. Über die Taste „Neues Spiel" wird die Schaltung in den Ausgangszustand zurückgesetzt.

Entwerfen Sie auf der Basis der Schaltung in Bild 2 den Reaktionstester.

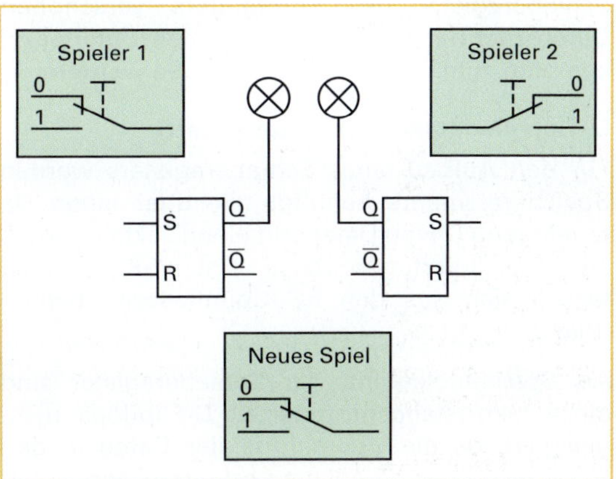

Bild 2: Reaktionstester

⑤ Stadtbahn

In der Stadtbahn kann der Fahrgast seinen Wunsch, die Türe beim nächsten Halt zu öffnen, über den Taster S1 abspeichern. Dies wird über eine Lampe P1 am Türöffner angezeigt (**Bild 3**).

a) Entwerfen Sie zunächst diese Schaltung.

Der Fahrer gibt die Türanlage beim nächsten Halt über den Taster S2 frei. Wurde zuvor ein Wunsch über S1 gespeichert, wird die Türe jetzt geöffnet. Wird S1 erst während dem Halt betätigt, öffnet die Türe mit der Betätigung von S1. Türe öffnen: e = 1, hier genügt auch ein Impuls, Tür schließt automatisch nach 15 Sekunden (nicht Bestandteil der Aufgabe).

b) Erweitern Sie die Schaltung aus a) entsprechend.

Sobald die Türe vollständig geöffnet ist, soll der gespeicherte Wunsch gelöscht werden. Die Türanlage liefert dazu das Signal A. Türe offen: a = 1

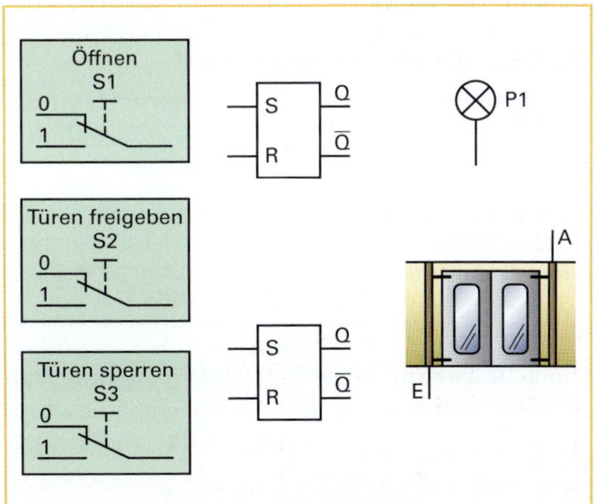

Bild 3: Türanlage in der Stadtbahn

Türe nicht vollständig offen: a = 0. Betätigt der Fahrer den Taster S3, wird dadurch die Türanlage gesperrt und der gespeicherte Wunsch gelöscht.

c) Erweitern Sie die Schaltung aus b) entsprechend.

3.2.2 Vom RS-Kippglied zum D-Master-Slave-Flipflop

Die Kommunikation zwischen einem PC und einem Sensor kann über eine serielle Schnittstelle stattfinden. Da dabei nur ein Datenleiter zur Verfügung steht, müssen die Datenpakete nacheinander übertragen werden.

Das Schieberegister des Senders wird vor der Datenübertragung mit den entsprechenden Daten (parallel) geladen (**Bild 1**). Über einen gemeinsamen Takt können die Datenbits nun innerhalb der Register zeitgleich (synchron) stellenweise verschoben werden (seriell). Datenbits, die aus dem Schieberegister des Senders „herausfallen" würden, werden über den Datenleiter in das Schieberegister des Empfängers verschoben. Durch mehrfaches Takten kann das Datenpaket komplett zum Empfänger übertragen werden.

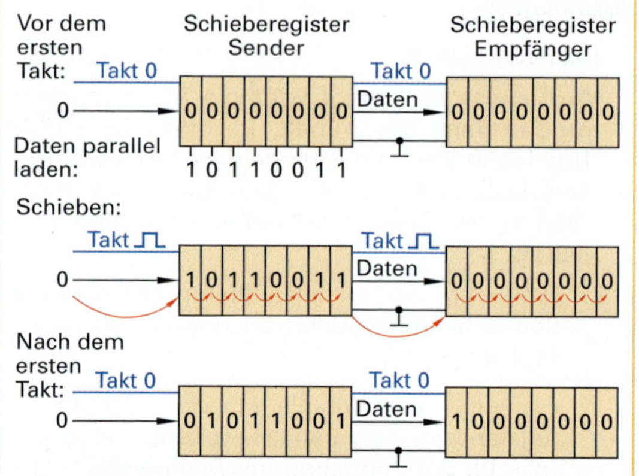

Bild 1: Serielle Datenübertragung mit Schieberegistern

D-Kippglied (taktzustandsgesteuert)

Für den Aufbau eines Schieberegisters werden Speicherelemente benötigt, die über einen Dateneingang D (von Data) und einen Takteingang C (von Clock) verfügen. Diese „Daten"-Kippglieder lassen sich aus den RS-Kippgliedern ableiten (**Bild 2**).

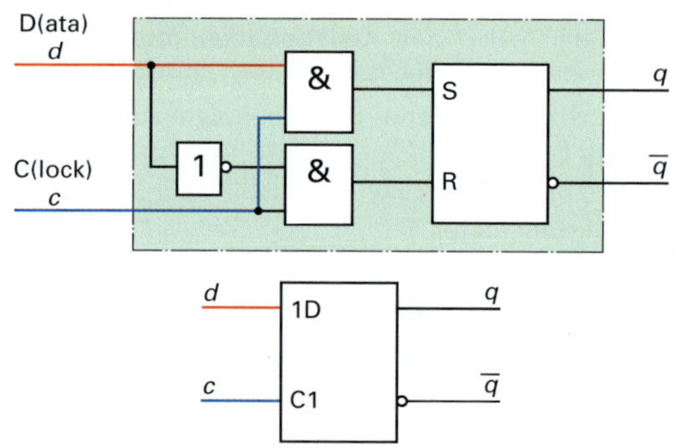

Bild 2: D-Kippglied

Als Speicherelemente für Schieberegister sind diese taktzustandsgesteuerten D-Flipflops nicht geeignet, da die Übernahme der Daten in den Speicher ($q^{t+1} = d^{t}$) solange erfolgen kann, solange das Taktsignal $c = 1$ ist. Die Daten würden damit durch sämtliche Flipflops des Registers „durchrutschen".

D-Kippglied (taktflankengesteuert)

Zur Vermeidung des „Durchrutschens" wird die Datenübernahme in den Speicher nur während der Taktflanke des Taktsignals zugelassen.

> Unter Taktflanke versteht man den 0-1-Übergang (positive Taktflanke) bzw. den 1-0-Übergang (negative Taktflanke) des Taktsignals (**Bild 3**).

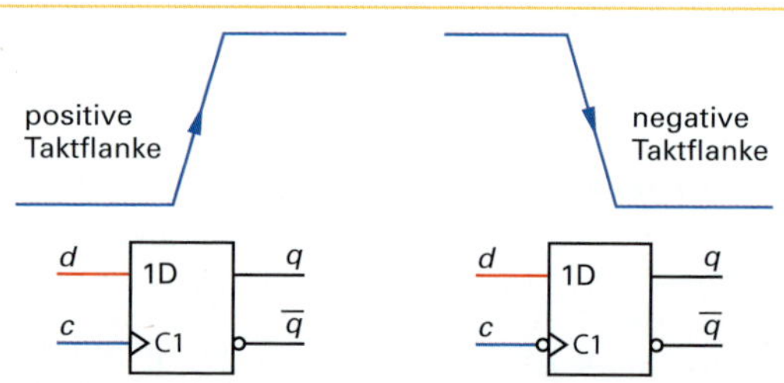

Bild 3: Positive und negative Taktflankensteuerung

Durch Auswertung der Taktflanken mithilfe von Schaltschwellen wird ein interner Taktimpuls erzeugt (**Bild 4**), dessen Länge von der Steilheit der Taktflanke abhängig ist.

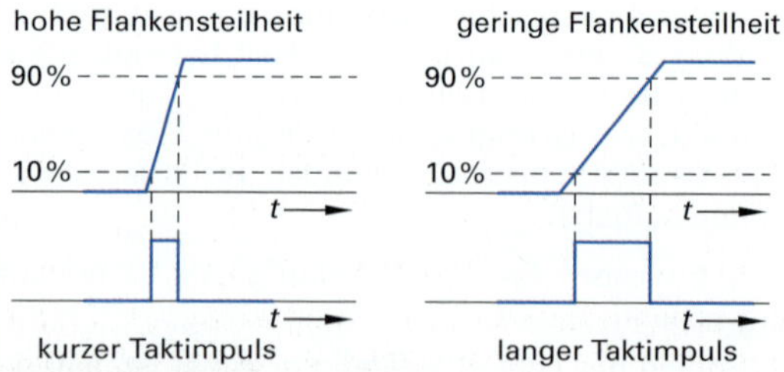

Bild 4: Flankensteilheit

Bei einer geringen Flankensteilheit des äußeren Taktsignals kann es passieren, dass die Datenübernahme an den Ausgang Q des Speichers noch vor dem Ende des internen Taktimpulses erfolgt. In diesem Fall kann das nachfolgende Speicherelement den Ausgangszustand des vorgeschalteten Kippgliedes noch übernehmen.

D-Master-Slave-Kippglied

Ein störungsfreier Betrieb von einfach taktflankengesteuerten Kippglied-Schaltungen ist nur gewährleistet, wenn die Taktimpulse über eine große Flankensteilheit verfügen. Um den Einfluss der Flankensteilheit ausschließen zu können, wurden Kippglieder nach dem Master-Slave-Prinzip entwickelt (**Bild 1**).

Beispiel 1:

Wie kann das „Durchrutschen" eines Wertes auch bei geringer Flankensteilheit des Taktsignals vermieden werden?

Lösung: Es werden beide Flanken des Taktimpulses ausgenutzt. Mit der steigenden Flanke des Taktes wird der Wert zunächst in ein positivtaktflankengesteuertes D-Kippglied übernommen (Master). Mit der negativen Flanke übernimmt ein negativtaktflankengesteuertes D-Kippglied den zwischengespeicherten Wert an seinen Ausgang (Slave).

Da beim Master-Slave-Prinzip jedes der beiden Kippglieder nur auf eine der beiden Flanken eines Taktes reagiert, ist kein „Durchrutschen" möglich. Damit lassen sich zuverlässig arbeitende Schaltwerke realisieren.

In der Praxis stehen Master-Slave-Kippglieder mit zusätzlichen Setz- und Rücksetzeingängen zur Verfügung. Im einfachsten Fall werden dazu die Eingänge des internen RS-Kippgliedes herausgeführt (Bild 1). Damit kann der Speicher unabhängig vom Takt (asynchron) jederzeit gesetzt bzw. zurückgesetzt werden.

J-K-Master-Slave-Kippglied

Beim JK-Master-Slave-Kippglied kann das Setzen und Rücksetzen des Datenspeichers taktsynchron über die Vorbereitungseingänge J und K erfolgen (**Bild 2**).

T-Kippglied (Toggle-Kippglied)

Für $j = k = 1$ ist ein Toggle-Betrieb des J-K-Master-Slave-Kippgliedes möglich (**Bild 3**). Dabei ändert der Ausgang des Kippgliedes seinen Zustand mit jedem Takt (to toggle = tauschen).

Beispiel 2:

Ein D-MS-Kippglied soll als T-Kippglied beschaltet werden. Wie lautet die Übergangsfunktion?

Lösung: Man verbindet den Ausgang $\overline{Q}$ des Kippgliedes mit dem Dateneingang. Es gilt: $q^{t+1} = \overline{q^t}$.

Schaltet man mehrere T-Kippglied hintereinander, ergibt sich an deren Ausgängen ein Signalverlauf entsprechend **Bild 4**. Jedes Kippglied halbiert den Takt und kann als Frequenzteiler eingesetzt werden. Betrachtet man die Ausgänge innerhalb eines Zeitabschnitts, wird die Zählfolge eines Dualzählers erkennbar.

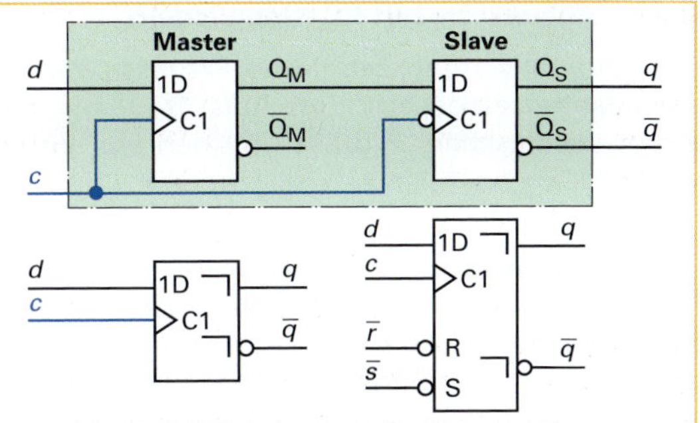

Bild 1: D-Master-Slave-Kippglied

vorher: j, k, q^t — nachher: q^{t+1}

j	k	q^t	q^{t+1}	
0	0	0	0	speichern
0	0	1	1	
1	0	0	1	setzen
1	0	1	1	
0	1	0	0	rücksetzen
0	1	1	0	
1	1	0	1	toggle: $q^{t+1} = \overline{q}^t$
1	1	1	0	

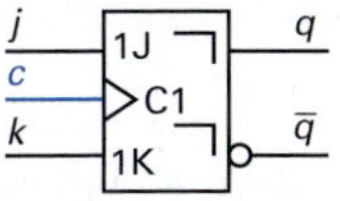

Bild 2: J-K-MS-Kippglied mit Übergangstabelle

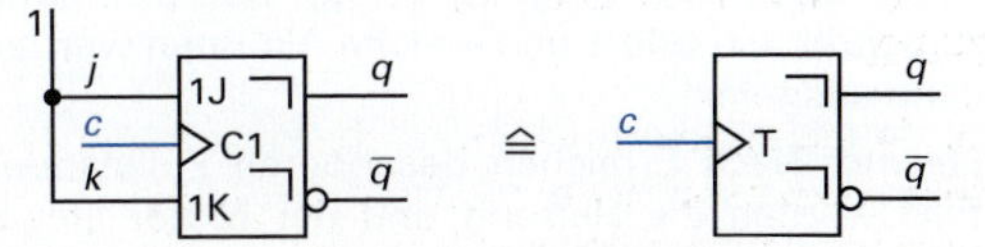

Bild 3: J-K-MS-Kippglied als Toggle-Kippglied

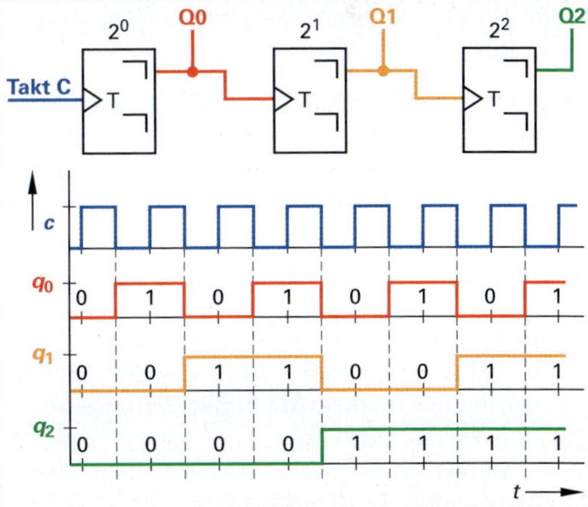

Bild 4: T-Kippglied-Kette als Frequenzteiler und Zähler

Werden Kippglieder nicht gleichzeitig getaktet, spricht man von einem asynchronen Zähler.

3.2.3 Ablaufkette mit RS-Kippgliedern

Zur Automatisierung technischer Prozesse werden Ablaufketten eingesetzt. Eine Ablaufkette gliedert einen technischen Prozess in mehrere Einzelschritte.

Das Weiterschalten in den nächsten Einzelschritt wird über Weiterschaltbedingungen (Transitionen) geregelt.

Bei Erfüllung einer Weiterschaltbedingung wird der aktuelle Schritt deaktiviert, der nachfolgende Schritt aktiviert. Für jeden Schritt werden die auszuführenden Aktionen angegeben.

Die Ablaufkette für eine Waschmaschine zeigt **Bild 1**. Der Initialschritt 1 (Grundzustand „Aus") wird nach der Inbetriebnahme der Steuerung eingenommen. Anschließend werden die weiteren Schritte durchlaufen, sobald dies die jeweiligen Bedienelemente, Sensoren und Zeitgeber zulassen.

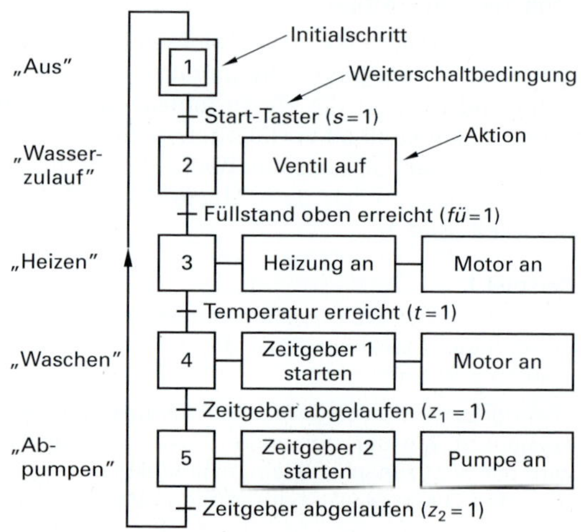

Bild 1: Ablaufkette nach GRAFCET[1]

Beispiel 1:
Unter welcher Bedingung erfolgt der Übergang zu Schritt 3 in **Bild 1** und welche Aktionen werden dann ausgelöst?
Lösung: Nach Erreichen des oberen Füllstandes *fü=1* werden die Heizung und der Motor eingeschaltet.

Die Umsetzung einer Ablaufkette in eine digitale Schaltung kann mithilfe von RS-Kippgliedern erfolgen **(Bild 2)**.

Jeder Schritt wird über ein RS-Kippglied repräsentiert. Ist das Kippglied gesetzt, ist der Schritt aktiviert. In Steuerungen werden die Kippglied-Ausgänge auch als Merker bezeichnet. Der Initialschritt wird durch den Anlaufmerker bzw. durch Betätigen des Reset-Tasters (0-aktiv) erreicht.

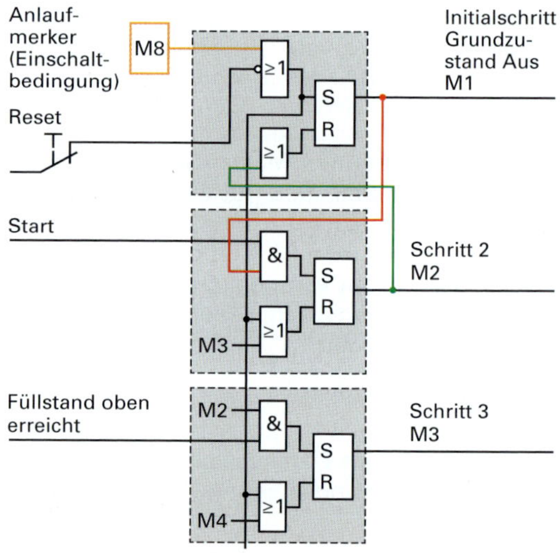

Bild 2: Realisierung der digitalen Ablaufkette

Beispiel 2:
Unter welcher Bedingung kann das Setzen und Rücksetzen des Merkers M2 in Bild 2 erfolgen?
Lösung: Merker M2 kann nur gesetzt werden, wenn Merker M1 gesetzt ist. M2 wird durch Setzen des Merkers M3 zurückgesetzt.

Ablaufketten weisen häufig eine ähnliche Struktur auf. Sie stehen daher dem Anwender bei der Programmierung einer Ablaufsteuerung in Form von standardisierten Modulen zur Verfügung. Der Anwender legt über die Schrittzahl die Länge der Ablaufkette fest und verknüpft die Steuersignale zu Weiterschaltbedingungen an den Setzeingängen.

Jedem Schritt lassen sich Aktionen zuordnen. In der digitalen Schaltung entspricht dies der logischen Verknüpfung von Merkern zu Ausgangssignalen, mit denen die entsprechenden Betriebsmittel angesteuert werden.

Aufgabe

① Erstellen Sie für die Ablaufkette der Waschmaschine (Bild 1) den vollständigen Funktionsplan.

[1] GRAFCET von franz. Graphe Fonctionnel de Commande Étape Transition=Grafische Darstellung von Ablaufketten

Beispiel 1:

Verknüpfen Sie die Merker M2 bis M5 der Ablaufkette „Waschmaschine" (Bild 1, vorhergehende Seite) zur Ansteuerung der Betriebsmittel Ventil, Motor, Heizung, Zeitgeber und Pumpe.

Lösung: **Bild 1.**

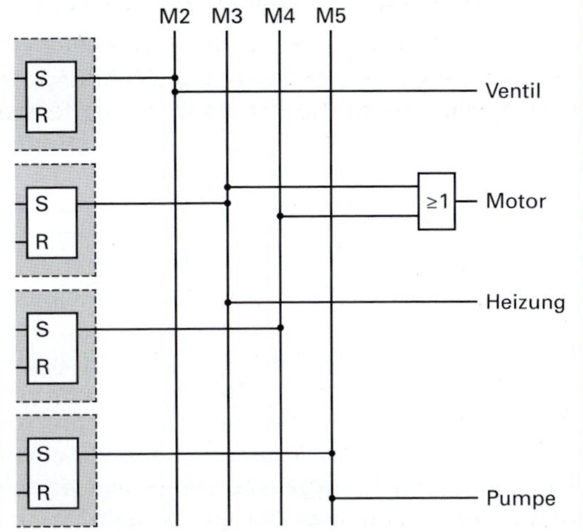

Bild 1: Verknüpfung der Merker zu Ausgangssignalen

Aufgaben

① **Waschanlage**

Für eine Waschanlage **(Bild 2)** soll eine Ablaufsteuerung entworfen werden. **Bild 3** zeigt die zugehörige Ablaufkette. Der Initialschritt wird durch einen Anlaufmerker bzw. durch Betätigung des Reset-Tasters (0-aktiv) erreicht. Mit dem Taster Anlage Ein wird die Anlage eingeschaltet. Mit dem Taster Start wird der Waschvorgang gestartet, wenn die Induktionsschleife Ind ein Fahrzeug meldet. Das Transportband Transp bewegt das Fahrzeug durch die Anlageteile Berieselung Ber, Reinigungswalze RW und das Trockengebläse Gebl. Wenn die grüne Ampel Hgrün eingeschaltet ist, ist die rote Ampel Hrot ausgeschaltet und umgekehrt. Die Lichtschranken L1 bis L3 erfassen die Position des Fahrzeugs.

a) Erstellen Sie den Funktionsplan der Ablaufkette.

b) Verknüpfen Sie die Merker über logische Grundfunktionen zu den Ausgangssignalen.

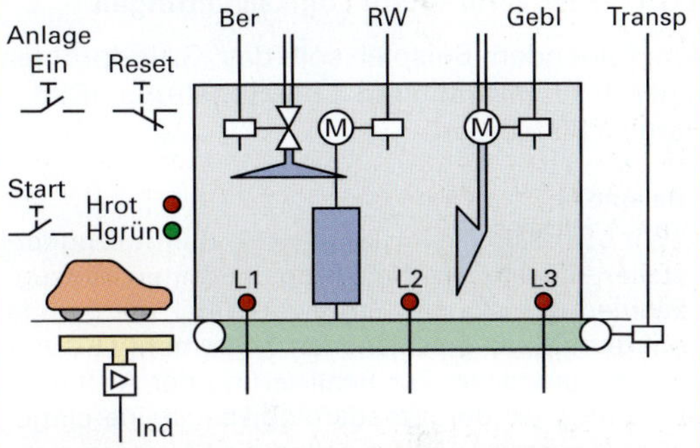

Bild 2: Waschanlage

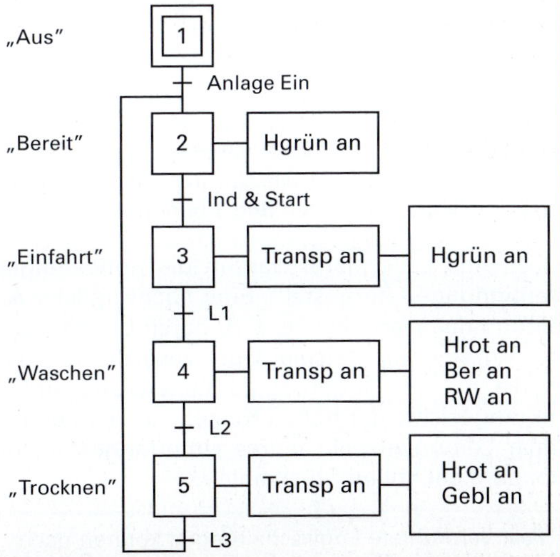

Bild 3: Ablaufkette der Waschanlagensteuerung

② **Jalousie**

Das Technologieschema für ein Fenster mit einer Jalousie **(Bild 4)** zeigt die Anordnung der Taster und Sensoren. Die Drehrichtung bzw. der Stillstand des Motors ist über die beiden Merker M_{auf} und M_{ab} einstellbar: $M_{auf} = 1$: Motor aufwärts, $M_{ab} = 1$: Motor abwärts, $M_{auf} = M_{ab} = 0$: Motor stopp.

Werden die Taster T_{ab} oder T_{auf} kurz betätigt, fährt die Jalousie solange nach unten bzw. oben, bis der jeweilige Endschalter (S_{unten}, S_{oben}) anspricht. Nach dem Einschalten der Steuerung soll die Jalousie grundsätzlich nach oben gefahren werden.

a) Stellen Sie die Steuerung in einer Ablaufkette nach GRAFCET dar.

b) Erstellen Sie den Funktionsplan der Ablaufkette.

c) Verknüpfen Sie die Merker der Ablaufkette zu den benötigten Ausgangssignalen M_{auf} und M_{ab}.

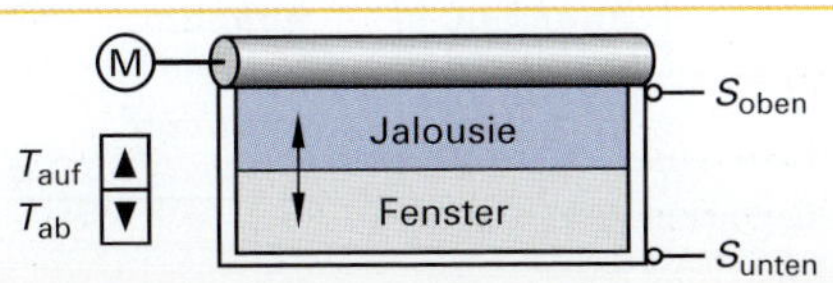

Bild 4: Jalousie

3.3 Programmierbare Logikbausteine

Die Umsetzung einer Logikschaltung in eine konkrete Hardware unterlag seit der Erfindung der integrierten Schaltkreise einem tiefgreifenden Wandel. Verantwortlich dafür ist die ständige Erhöhung der Integrationsdichte (**Tabelle 1**). Zunächst wurden digitale Schaltungen durch das Verbinden von standardisierten Logikbausteinen erstellt (**Bild 1**). Bei diesen fest verdrahteten Logikschaltungen war der Entwickler gezwungen, aus Kostengründen und Platzgründen mit möglichst wenig Gattern (Verknüpfungen) auszukommen. Jede Änderung der Schaltung hatte eine Änderung der Leiterplatte zur Folge. Heute können alle gewünschten Schaltfunktionen in einem hochintegrierten Logikbaustein hinterlegt werden (**Bild 2**). Änderungen an der Logikschaltung sind ohne Änderung der Leiterplatte möglich. Die Vereinfachung spielt bei den zur Verfügung stehenden Gatterkapazitäten eine untergeordnete Rolle.

3.3.1 Fest verdrahtete Logikschaltungen

Am folgenden Beispiel soll das Grundproblem einer fest verdrahteten Logikschaltung (**Bild 3**) dargestellt werden.

Beispiel 1:

„Wir befinden uns im Jahre 1975". Ein Aufzughersteller möchte als Neuerung in seinen Aufzugkabinen das aktuelle Stockwerk über die gerade auf dem Markt erschienenen 7-Segment-LED-Anzeigen darstellen. Zur Realisierung der Ansteuerschaltung werden Standardlogikbausteine eingesetzt. Angezeigt werden sollen die Stockwerke

UE 1 2 3 4 5 6 7

Wie viele Standardlogikbausteine 4fach-UND, 4fach-ODER, 6fach-Inverter werden benötigt?

Lösung: Die Auswertung und Vereinfachung der Wertetabelle ergibt einen Bedarf von 15 UND-Verknüpfungen, 12 ODER-Verknüpfungen und 4 Invertierungen. Damit werden insgesamt 8 Standardlogikbausteine nach **Bild 1** benötigt.

Über eine Leiterplatte werden die notwendigen Verbindungen hergestellt. Eine nachträgliche Änderung der Wertetabelle, z. B. durch Erweiterung der Anzeige aus Beispiel 1 um zusätzliche Stockwerke, hat eine Änderung der Leiterplatte zur Folge. Angesichts der hohen Kosten zur Herstellung einer Leiterplatte ein teures Unterfangen, insbesondere bei hohen Stückzahlen.

Fest verdrahtete Logikschaltungen können nachträglich nur durch einen Eingriff in die Schaltungshardware verändert werden.

Tabelle 1: Entwicklung der Gatteranzahl bei integrierten Logikbausteinen

Standardlogikbaustein (1975)	GAL16V8 (1990)	FPGA Spartan3 (2010)
4 Gatter	300 Gatter	5 000 000 Gatter

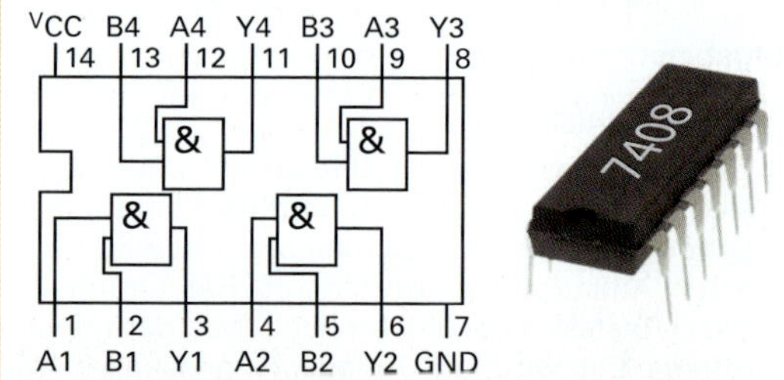

Bild 1: Standardlogikbaustein mit 4fach-UND

Bild 2: Logikbaustein auf einem Motherboard

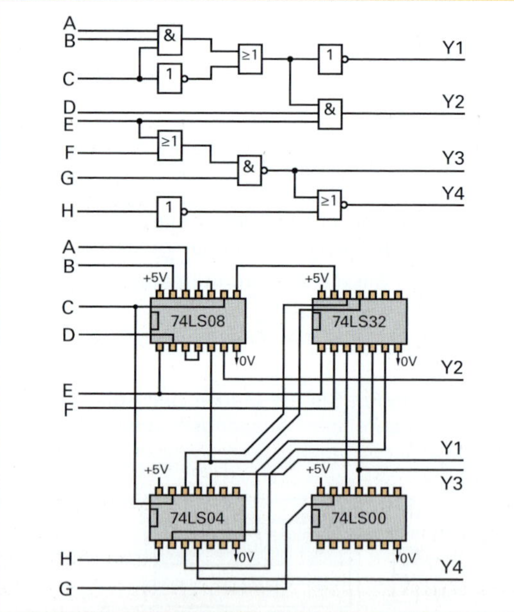

Bild 3: Funktionsplan und Verdrahtungsplan einer fest verdrahteten Logikschaltung

3.3.2 Digitale Universalschaltung als Grundlage programmierbarer Logikbausteine

Betrachtet man die Wertetabellen von Grundverknüpfungen mit zwei Eingangsvariablen, so stellt man fest, dass insgesamt 16 unterschiedliche Ausgangsmuster möglich sind. Darunter bekannte Muster wie das der UND-Verknüpfung oder der ODER-Verknüpfung (**Bild 1**). Soll jedes dieser 16 Ausgangsmuster mit ein und derselben Logikschaltung realisiert werden können, so ist dies mit der Schaltung in **Bild 2** möglich. Entsprechend der disjunktiven Normalform werden die Eingangsvariablen einer Zeile UND-verknüpft (Konjunktion). Jeder UND-Verknüpfung werden alle möglichen Eingangsvariablen zugeführt. Bei vier Zeilen werden daher vier UND-Verknüpfungen mit jeweils vier Eingängen benötigt. Die Ausgänge der UND-Verknüpfungen werden dann über eine ODER-Verknüpfung (Disjunktion) zum Ausgang Y zusammengefasst. Durch das Anbringen von Sicherungen an den Eingängen der UND-Verknüpfungen besteht nun die Möglichkeit, die Schaltung durch Zerstören oder Nichtzerstören der Sicherungen zu konfigurieren. Schaltungstechnisch wird sichergestellt, dass ein offener Eingang (Sicherung zerstört) zu einem eindeutigen Eingangssignal führt (logisch 1), z. B. durch interne Pull-up-Widerstände.

Beispiel 1:
Ermitteln Sie die Schaltfunktion der Schaltung Bild 2.

Lösung: $y = (\overline{e_1} \wedge e_2) \vee (e_1 \wedge \overline{e_2}) \vee 0 \vee 0$

Integriert man die digitale Universalschaltung in einem Chip, ergibt sich ein programmierbarer Logikbaustein mit PAL-Struktur. Über ein Programmiergerät lassen sich von außen die gewünschten Sicherungen zerstören. Waren in der ersten Generation programmierbarer Logikbausteine tatsächlich Schmelzsicherungen eingebaut, findet heute die von den EEPROMs bekannte Technologie wiederherstellbarer Verbindungen Anwendung. Damit können diese Logikbausteine mehrfach neu programmiert werden.

3.3.3 Logikmatrix

Geht man aus Gründen der Übersichtlichkeit zu einer vereinfachten Darstellung entsprechend **Bild 3** über, lässt sich die Universalschaltung auch als Logikmatrix darstellen. **Bild 4** zeigt eine Ausführung mit drei Eingangsvariablen und zwei Ausgangsvariablen. Während die Sicherungen der UND-Matrix frei programmierbar sind, ist die ODER-Matrix fest verdrahtet. Jede Ausgangsvariable kann sich also aus vier Konjunktionen (UND-Verknüpfungen) mit jeweils sechs Eingangsvariablen zusammensetzen.

PLD Programmable Logic Devices
PAL Programmable Array Logic

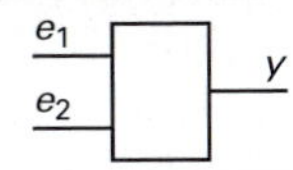

e_1	e_2	y															
0	0	0	0	0	0	0	0	0	0	1	1	1	1	1	1	1	1
0	1	0	0	0	0	1	1	1	1	0	0	0	0	1	1	1	1
1	0	0	0	1	1	0	0	1	1	0	0	1	1	0	0	1	1
1	1	0	1	0	1	0	1	0	1	0	1	0	1	0	1	0	1

UND ODER NOR NAND

Bild 1: Mögliche Ausgangsmuster einer Grundverknüpfung mit zwei Eingängen

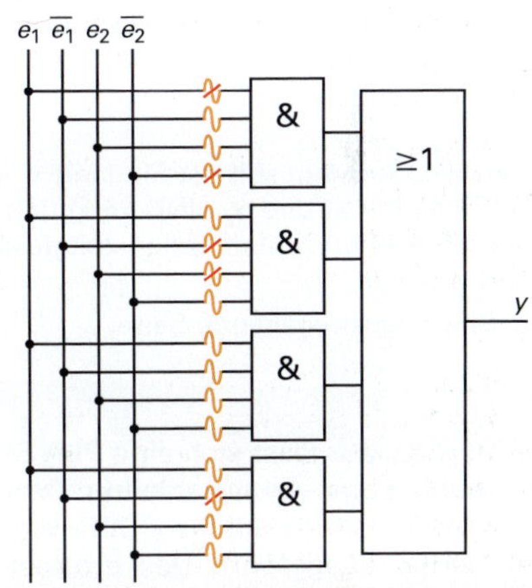

Bild 2: Digitale Universalschaltung mit Schmelzsicherungen

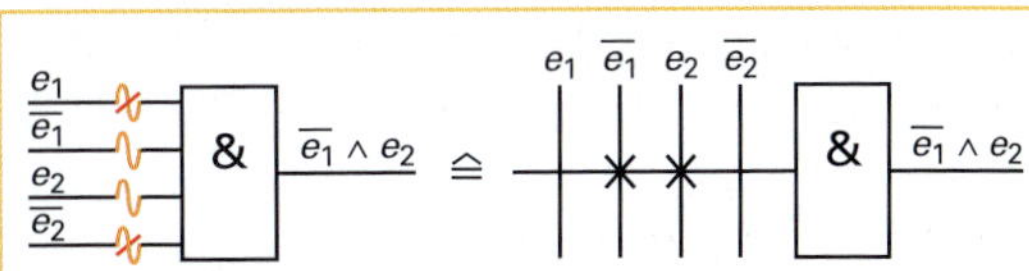

Bild 3: Vereinfachte Darstellung

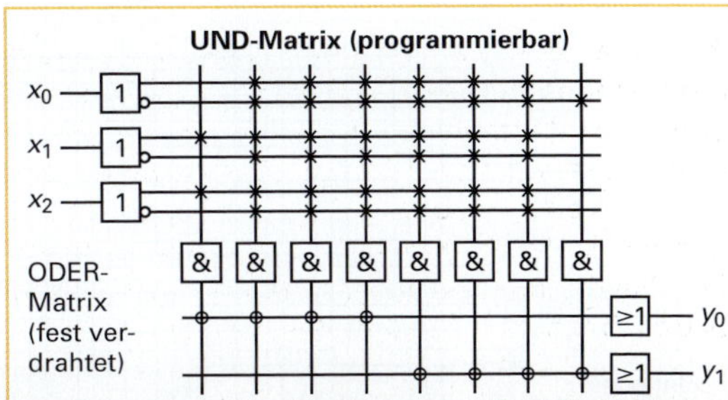

Bild 4: Logikmatrix eines PAL-Bausteins

3.3.4 EEPROM und PAL im Vergleich

Die PAL-Struktur zeigt Ähnlichkeit mit dem Aufbau eines EEPROM-Speichers. Um beide Schaltungsprinzipien miteinander vergleichen zu können, ist in **Bild 1** ein EEPROM in Form einer Logikmatrix dargestellt. Dabei wird der wesentliche Unterschied dieses Tabellenspeichers gegenüber programmierbaren PAL-Logikbausteinen deutlich. Beim EEPROM ist die UND-Matrix fest verdrahtet, die ODER-Matrix kann über Sicherungen programmiert werden. Jede Kombination der Eingangsvariablen bildet eine Adresse. Die Eingangsvariablen sind damit nicht unabhängig voneinander. Beim PAL hingegen ist es möglich, Parallelstrukturen anzulegen.

In programmierbaren PAL-Logikbausteinen lassen sich mehrere Schaltfunktionen zeitgleich ausführen.

Beispiel 1:

Mit einem PAL-Baustein soll der Eingang x_0 invertiert, die Eingänge x_1 und x_2 UND-verknüpft werden. Beide Schaltfunktionen sollen zeitgleich zur Verfügung stehen.

Lösung: **Bild 4, vorhergehende Seite.**

Aus der PAL-Struktur lässt sich eine PLA-Struktur (Programmable Logic Array) ableiten. Dazu wird neben der UND-Matrix auch die ODER-Matrix frei programmierbar ausgeführt. Das eröffnet neue Möglichkeiten bei der Programmierung.

3.3.5 Vom PAL zum CPLD

Voraussetzungen für die Realisierung von Schaltwerken mit programmierbaren Logikbausteinen sind:

1. Kippglieder,
2. die Kippglieder lassen sich synchron takten,
3. die Ausgangssignale der Kippglieder stehen der Logikmatrix als Eingangsvariablen zur Verfügung,
4. die Ausgänge der Logikmatrix können mit den Kippglied-Vorbereitungseingängen verbunden werden.

Komplexe programmierbare Logikbausteine (Complex PLD) erfüllen diese Voraussetzungen. Der UND-Matrix werden programmierbare Ausgangszellen nachgeschaltet (**Bild 2**). Gut erkennbar sind die Rückkopplungen in die Logikmatrix. Die Ausgangszellen werden auch Makrozellen genannt, da sie eine Vielzahl an Funktionen beinhalten, die auf Wunsch des Programmierers aktiviert werden können (**Bild 3**).

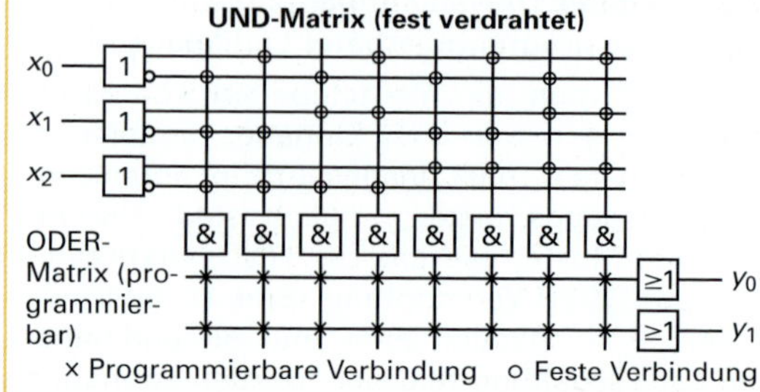

Bild 1: Darstellung eines EEPROMs als Logikmatrix

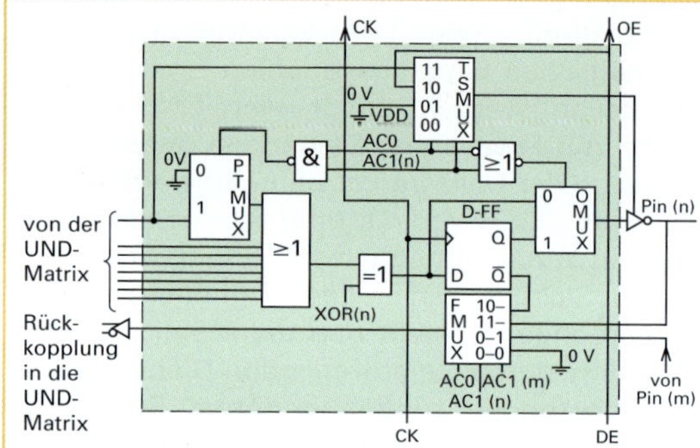

Bild 3: Programmierbare Ausgangszelle

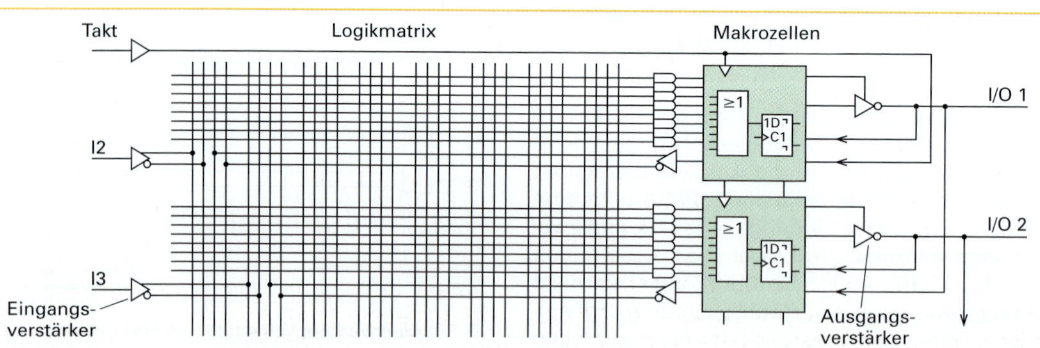

Bild 2: Logikmatrix und Makrozellen eines CPLD

3.3.6 Field Programmable Gate Array

Field Programmable Gate Arrays (FPGA) sind völlig flexibel programmierbare Logikbausteine. Im Gegensatz zu den CPLDs, die auf einer Logikmatrix mit nachgeschalteten komplexen Makrozellen basieren (**Bild 1**), liegt den FPGAs das Prinzip vieler einfacher, konfigurierbarer Logikblöcke (CLB) zugrunde, die über ein Verbindungsnetz individuell verbunden werden können (**Bild 2**). Das ermöglicht ein Höchstmaß an Flexibilität und bietet dem Entwickler jegliche Freiheiten auch im Hinblick auf die elektrischen Eigenschaften eines Logikbausteins, z. B. die Signallaufzeiten.

3.3.7 Lookup-Tables zur Konfiguration der CLBs

Bei FPGAs, die mehrfach programmiert werden können, erfolgt die Konfiguration der einzelnen CLBs über Lookup-Tables (LUT, Nachschlagetabellen). Eine LUT ist ein Tabellenspeicher, mit dem eine beliebige Schaltfunktion realisiert werden kann. **Bild 3** zeigt eine LUT mit vier Speicherzellen, die über einen 1-aus-4-Decoder einzeln adressiert werden können. Durch die dargestellte Konfiguration der LUT ergibt sich eine EXOR-Schaltfunktion. Über einen Multiplexer (MUX) steht diese Schaltfunktion direkt oder im Falle eines Schaltwerks über ein D-Kippglied am Ausgang der CLB zur Verfügung.

Die Technologie des Tabellenspeichers ist herstellerabhängig. Durch den geringen Bedarf an Chipfläche werden häufig flüchtige SRAM-Speicher eingesetzt. Die Speicherung erfolgt über RS-Kippglied, die aber ihren Speicherinhalt mit dem Abschalten der Spannungsversorgung verlieren. Nach der Inbetriebnahme solcher FPGAs muss die Konfiguration der Logikblöcke neu geladen werden.

3.3.8 Schaltungsdesign bei PLDs

Über eine herstellerspezifische Entwicklungsumgebung kann der Entwickler eine digitale Schaltung über

- Textbeschreibungen (z. B. Schaltfunktionen),
- Wertetabellen oder Übergangstabellen,
- grafische Beschreibungen (z. B. Zustandsdiagramm, Funktionsplan)

darstellen. Die einzelnen Schritte des Entwurfs über einen Funktionsplan sind in **Bild 4** dargestellt. Nach der Auswahl der benötigten Bauelemente werden die gewünschten Verbindungen zwischen den Bauelementen geschaffen. Zuletzt erfolgt der Anschluss der Schaltung an die Pins des Bausteins. Zur Programmierung eines PLDs wird eine Netzliste benötigt. Die Netzliste enthält

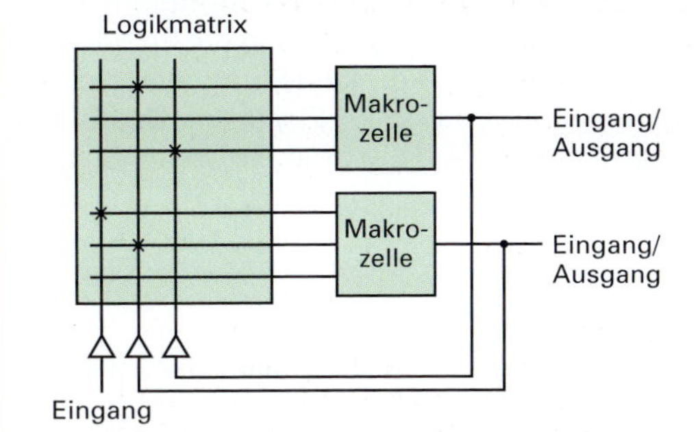

Bild 1: Grundstruktur eines CPLDs

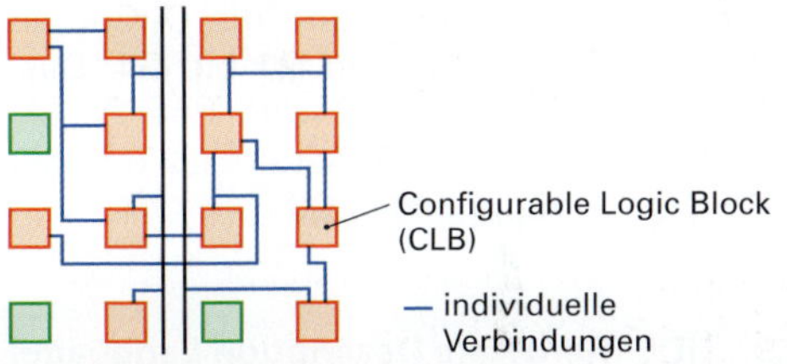

Bild 2: Grundstruktur eines FPGAs

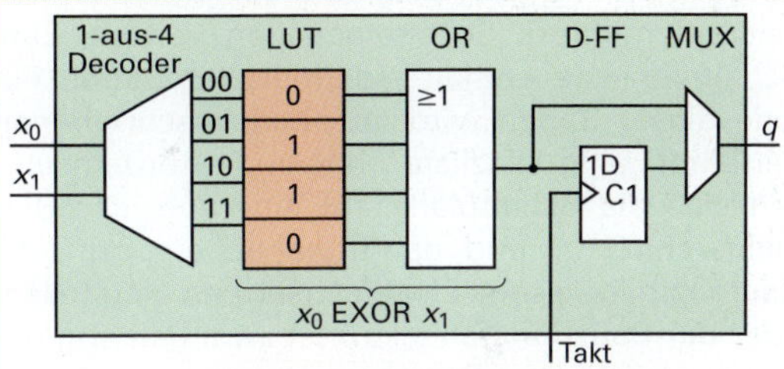

Bild 3: CLB mit 4-Bit-LUT und D-Kippglied

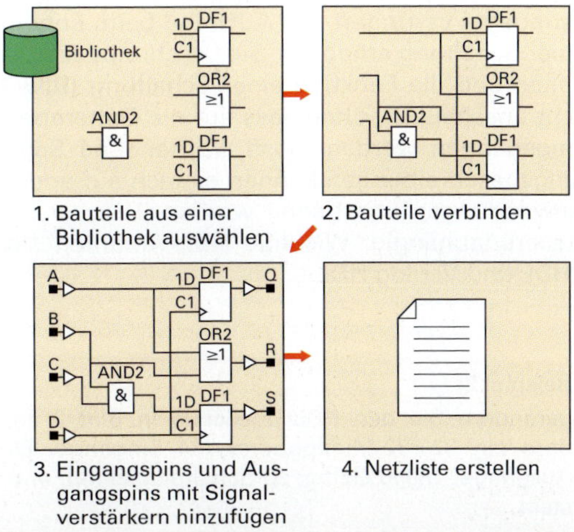

Bild 4: Schaltungsentwurf über den Funktionsplan

alle Informationen über die benötigten Bauelemente, das Verbindungsnetz und die Pinbelegung des PLD (**Bild 1**). Die Darstellung der Netzliste erfolgt standardmäßig im Electronic Digital Interchange Format (EDIF), womit ein weltweiter Austausch möglich ist.

Beispiel 1:
Prüfen Sie, ob die Netzliste in **Bild 1** der Schaltung in **Bild 4** der vorhergehenden Seite entspricht.
Lösung: Netzliste und Schaltung stimmen überein.

Die Grundverknüpfungen und die D-Kippglieder erhalten die Bezeichnungen G1 bis G4. Das Verbindungsnetz N1 verbindet z. B. den Pin A mit dem Eingang a des ODER-Gatters G2 und dem D-Eingang des D-Kippgliedes G3.

3.3.9 HDL (Hardware Description Language)

Dem Schaltungsentwurf über Funktionspläne sind Grenzen gesetzt. Umfangreichere Schaltungen werden aus Gründen der Übersichtlichkeit auf mehrere Schaltplanseiten verteilt. Eine Schaltplanseite enthält maximal 200 Gatter. Für jede dieser Seiten wird im oben beschriebenen Verfahren eine Netzliste erstellt. Außerdem stützen sich die Schaltpläne auf eine spezielle Bausteinarchitektur und damit herstellerspezifische Bauteilbibliotheken. Ein Wechsel des Herstellers oder der Bausteinarchitektur ist zwangsläufig mit einem veränderten Design verbunden.

Die Hochsprache HDL (Hardware Description Language) verringert den Aufwand beim Entwurf einer Schaltung erheblich. Sie beschreibt das Verhalten und die Funktion einer Schaltung (**Bild 2**) sehr anschaulich, ohne dass auf die Gatterebene eingegangen werden muss. Vorhandene Schaltungsbeschreibungen können einfach auf andere Anwendungen übertragen werden. HDL ist herstellerunabhängig. Wichtige HDL-Varianten sind VHDL und Verilog HDL.

Beispiel 2:
Verändern Sie den HDL-Quellcode in Bild 2 so, dass ein 32×32-Multiplizierer (64 Eingänge, 64 Ausgänge, 18000 Gatter, 90 Schaltplanseiten) entsteht.
Lösung: In den Zeilen 2 und 3 werden die Zahlen 15 in 31 und 31 in 63 abgeändert.

```
Component AND2 G1
Component OR2 G2
Component DF1 G3
Component DF1 G4
Net N1: A, G2:a, G3:d
Net N2: B, G2:b, G1:a
Net N3: C, G2:a, G3:d
Net N4: D, G3:c, G4:c
Net N5: G3:q, Q
Net N6: G1:y, R
Net N7: G2:y, G4:d
Net N8: G4:q, S
```

Bild 1: Netzliste

```
entity MULT is
port (A,B:in std_logic(15 downto 0);
          Y:out std_logic(31 downto 0));
end MULT;
architecture BEHAVE of MULT is
begin
          Y<=A*B;
end BEHAVE;
```

Bild 2: HDL-Beschreibung des 16×16-Multiplizierers

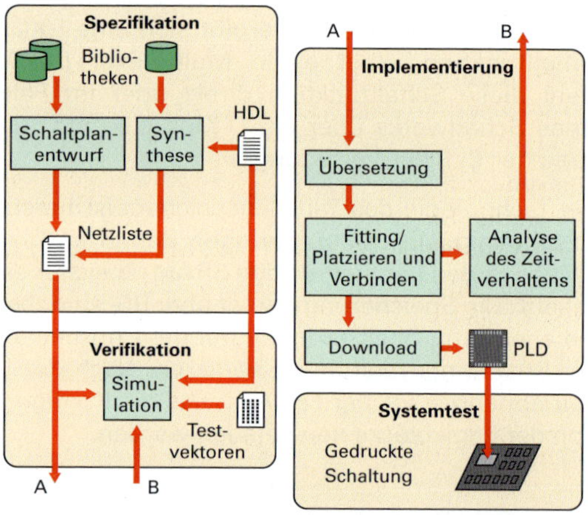

Bild 3: Von der Schaltungsbeschreibung zum PLD

3.3.10 Von der Idee zum IC

Bis schließlich ein fertiger PLD zur Verfügung steht, sind mehrere Entwicklungsschritte notwendig (**Bild 3**). Zur Erstellung der tatsächlichen Schaltung auf Gatterebene sind leistungsfähige Synthesewerkzeuge notwendig, die in der Lage sind, auf der Basis entsprechender Herstellerbibliotheken die benötigten Netzlisten zu erzeugen. Über die Simulation der Netzlisten kann das Schaltungsdesign überprüft werden. Bevor die Schaltung auf den Baustein übertragen werden kann, muss sie in dessen Architektur eingepasst und verdrahtet werden. Erst dann kann der Baustein endgültig programmiert werden.

3.4 Synchrone Schaltwerke

3.4.1 Prinzipieller Aufbau

Synchrone Schaltwerke eignen sich zur Realisierung festgelegter Zustandsfolgen, wie sie z. B. bei Zählerschaltungen auftreten. Sie sind taktgesteuert und benötigen speichernde Elemente zum Halten eines Zustandes bis zum Eintreffen des nächsten Taktimpulses.

> Der Zustand eines Schaltwerks wird über mehrere Zustandsvariablen $q_0 \ldots q_n$ beschrieben.

Bild 1 zeigt den prinzipiellen Aufbau eines solchen Schaltwerks aus Zustandsspeicher und Rückkopplungsnetzwerk. Dabei handelt es sich um eine Schaltung, die mithilfe der Zustandsvariablen *q* sowie den Steuervariablen *e* den Folgezustand der Speicher über die Variablen *d* vorbereitet. Nicht alle Ausgänge des Rückkopplungsnetzwerks müssen miteinbezogen werden.

> Das Rückkopplungsnetzwerk enthält alle Informationen über die Zustandsfolge des Schaltwerks.

Als Rückkopplungsnetzwerke eignen sich kombinatorische Schaltnetze oder Tabellenspeicher.

Beispiel 1:
Entwerfen Sie den Funktionsplan eines 2-Bit-Vor-Rückwärtszählers als synchrones Schaltwerk.

Lösung: **Bild 2**. Der Zustandsspeicher wird über zwei D-MS-Kippglieder realisiert. Ein EEPROM dient als Rückkopplungsnetzwerk. Über die Steuervariable e_0 kann die Zählrichtung geändert werden.

3.4.2 Zustandsübergangstabelle

Der Entwurf des Rückkopplungsnetzwerks kann über eine Zustandsübergangstabelle erfolgen. Sie enthält neben den Steuervariablen die Zustände der Zustandsvariablen *q* vor und nach einem Taktimpuls (**Bild 3**).

Beispiel 2:
Entwerfen Sie die vollständige Zustandsübergangstabelle des Zählers aus Beispiel 1.

Lösung: **Bild 3**.

Bei der Erstellung einer Zustandsübergangstabelle sollte deren Vollständigkeit beachtet werden. Nur dann ist gewährleistet, dass das Schaltwerk für jeden beliebigen Zustand den gewünschten Folgezustand einnimmt. Das gilt auch für Zustände, die das Schaltwerk z. B. im Falle einer Störung oder nach dem Einschalten einnimmt.

> Alle speichernden Elemente werden über ein Taktsignal getaktet, sie arbeiten synchron.

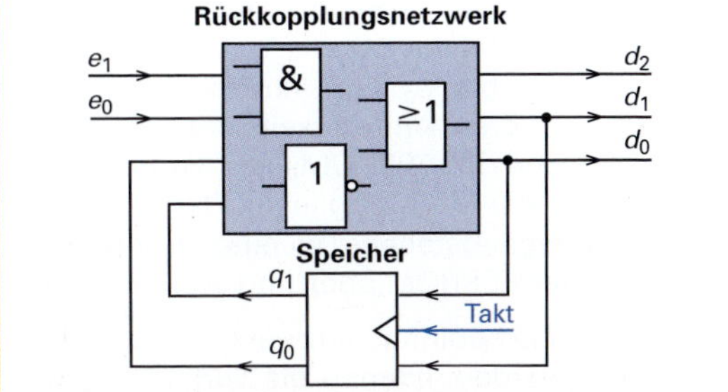

Bild 1: Schaltwerk

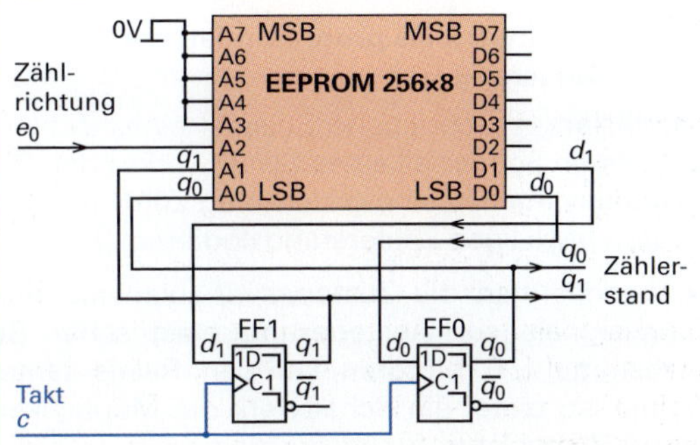

Bild 2: Digitale Schaltung eines 2-Bit-Zählers

		vor dem Takt	nach dem Takt
	e_0	$(q_1\ q_0)^t$	$(q_1\ q_0)^{t+1}$
vorwärts: $e_0 = 0$	0	0 0	0 1
	0	0 1	1 0
	0	1 0	1 1
	0	1 1	0 0
rückwärts: $e_0 = 1$	1	0 0	1 1
	1	1 1	1 0
	1	1 0	0 1
	1	0 1	0 0

Bild 3: Zustandsübergangstabelle des 2-Bit-Zählers

Beispiel 3:
Eine Zählerschaltung für Binärzahlen mit ungeradem dezimalen Zahlenwert soll auch nach dem Einschalten (Zählerstand 0, alle Kippglieder zurückgesetzt) zuverlässig in die reguläre Zählfolge übergehen.

Lösung: Bei allen geraden Zählerständen, also auch beim Zählerstand 0, wird in der Zustandsübergangstabelle als Folgezustand ein ungerader Zählerstand eingetragen.

Von der Zustandsübergangstabelle zum Rückkopplungsnetzwerk

Mithilfe der Zustandsübergangstabelle lässt sich das Rückkopplungsnetzwerk konstruieren. Betrachtet man die Schaltung des 2-Bit-Zählers (Bild 2, vorhergehende Seite), wird deutlich, dass die Zustandsvariablen q_1 und q_0 zusammen mit der Steuervariable e_0 die Adressleitungen des EEPROMs codieren. Andererseits entsprechen die Datenausgänge des EEPROMs den Vorbereitungseingängen der D-MS-Kippglieder. Damit kann die Zustandsübergangstabelle in eine Programmiertabelle für das EEPROM überführt werden (**Bild 1**).

Soll das Rückkopplungsnetzwerk als Schaltnetz ausgeführt werden, können die Variablen der linken Tabellenhälfte als Eingangsvariablen, die Variablen der rechten Tabellenhälfte als Ausgangsvariablen des Schaltnetzes betrachtet werden.

vor dem Takt | nach dem Takt

Adresse hex	$a_7 \dots a_4$	e_0 a_3	$(q_1$ a_2		$q_0)^t$ a_0	$d_7 \dots d_4$	$(q_1$ d_3	d_2		$q_0)^{t+1}$ d_0	Daten hex
0x00	0000	0	0	0	0	0000	0	0	0	1	0x01
0x01	0000	0	0	0	1	0000	0	0	1	0	0x02
0x02	0000	0	0	1	0	0000	0	0	1	1	0x03
0x03	0000	0	0	1	1	0000	0	0	0	0	0x00
0x04	0000	0	1	0	0	0000	0	0	1	1	0x03
0x05	0000	0	1	0	1	0000	0	0	0	0	0x00
0x06	0000	0	1	1	0	0000	0	0	0	1	0x01
0x07	0000	0	1	1	1	0000	0	0	1	0	0x02

Bild 1: Programmiertabelle für ein EEPROM als Rückkopplungsnetzwerk

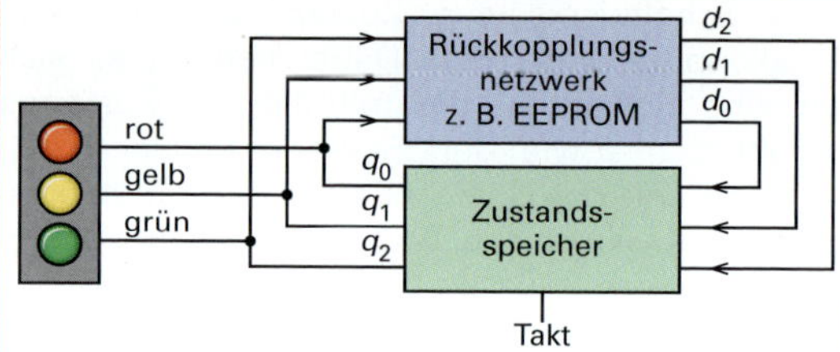

Bild 2: Schaltwerk zur Ampelsteuerung

3.4.3 Schaltwerk als programmierbare Steuerung

Das bislang beschriebene Beispiel eines Zählers stellt einen Sonderfall eines Schaltwerkes dar. Die Zustandsvariablen sind gleichzeitig Zählvariablen, die den jeweiligen Zählerstand codieren.

Verwendet man die Zustandsvariablen als Ausgangssignale zur Ansteuerung elektrischer Betriebsmittel z. B. Motoren, Lampen, Relais, Lüfter, Ventile, so bietet ein Schaltwerk die Möglichkeit, zeitlich festgelegte Steuerprogramme zu realisieren. **Bild 2** zeigt als Beispiel eine Ampelsteuerung. Die drei Zustandsvariablen (q_0, q_1, q_2) steuern jeweils ein Ampelsignal (rot, gelb, grün) an.

Beispiel 1:

Die zeitliche Folge der Ampelphasen einer Verkehrsampel zeigt **Bild 3**. a) Entwerfen Sie die Zustandsübergangstabelle auf der Basis des Schaltwerks in Bild 2. b) Welche Konsequenz ergibt sich für das Schaltwerk?

Lösung: a) **Bild 4**. b) Einzelne Zustände treten mehrfach auf, das Schaltwerk muss um zwei Kippglieder erweitert werden, da nur so eine eindeutige Zustandsübergangstabelle möglich ist.

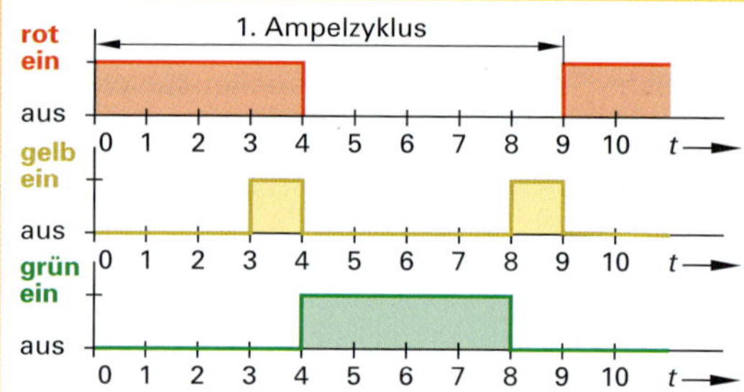

Bild 3: Zeitliche Abfolge einer Verkehrsampel

$(z_1 \dots$	z_0	rot	gelb	$\text{grün})^t$	$(z_1 \dots$	z_0	rot	gelb	$\text{grün})^{t+1}$
0	0	1	0	0	0	1	1	0	0
0	1	1	0	0	1	0	1	0	0
1	0	1	0	0	1	1	1	0	0
1	1	1	0	0	0	0	1	1	0
0	0	1	1	0	0	0	0	0	1
0	0	0	0	1	0	1	0	0	1
0	1	0	0	1	1	0	0	0	1
1	0	0	0	1	1	1	0	0	1
1	1	0	0	1	0	0	0	1	0
0	0	0	1	0	0	0	1	0	0
alle anderen Zustände					0	0	1	0	0

Bild 4: Zustandsübergangstabelle der Verkehrsampel

Das Steuerprogramm befindet sich ausschließlich im Rückkopplungsnetzwerk (EEPROM). Dieses muss im Falle einer Programmänderung lediglich ausgetauscht bzw. umprogrammiert werden.

Aufgaben

① **Ampel mit Tag- und Nachtbetrieb**

Erstellen Sie die Zustandsübergangstabelle für ein Schaltwerk auf der Basis von Bild 2, das mit einem Zusatzschalter ausgestattet ist, mit dem man zwischen der zeitlichen Abfolge in Bild 3 (Tagbetrieb) und einem Blinkbetrieb des gelben Ampelsignals (Nachtbetrieb) umschalten kann.

Aufgaben

② Dongle für eine Spielkonsole

Ein Hersteller von Spielkonsolen schützt seine Urheberrechte durch den Einsatz eines Lizenzsteckers (Dongle). Der Lizenzstecker enthält die Schaltung in **Bild 1**. Bei korrekter Zählfolge erfolgt die Freigabe der Spielkonsole. Ermitteln Sie die Zählfolge des Zählers, beginnend vom Zählerstand 0, indem Sie die vollständige Zustandsübergangstabelle erstellen.

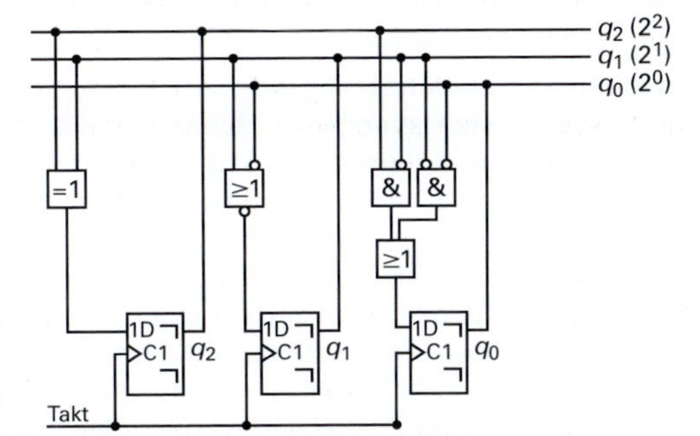

Bild 1: Funktionsplan eines Zählers

③ Zähler

Konstruieren Sie mithilfe eines Schaltwerks 3-Bit-Binärzähler, bestehend aus einem EEPROM (256x8) und D-MS-Kippgliedern, für folgende Zählfolgen:

a) rückwärts: $s = 0$ / ohne 0, vorwärts: $s = 1$

b) 1,2,4,1...: $s = 0$ / Zähler ungerade rückwärts: $s = 1$

Mit dem Signal s kann jeweils zwischen den beiden Zählfolgen umgeschaltet werden. Ermitteln Sie für jeden Zähler die Zustandsübergangstabelle und die Programmiertabelle des EEPROMs.

④ Effektbeleuchtung

Erstellen Sie die vollständige Zustandsübergangstabelle für die Steuerung einer Effektbeleuchtung mit sieben LEDs L1 bis L7. Die zeitliche Abfolge der Leuchtbilder ist in **Bild 2** dargestellt. Der Steuerung liegt ein synchrones Schaltwerk mit D-MS-Kippgliedern zugrunde. Die Effektbeleuchtung muss auch nach dem Einschalten selbständig anlaufen.

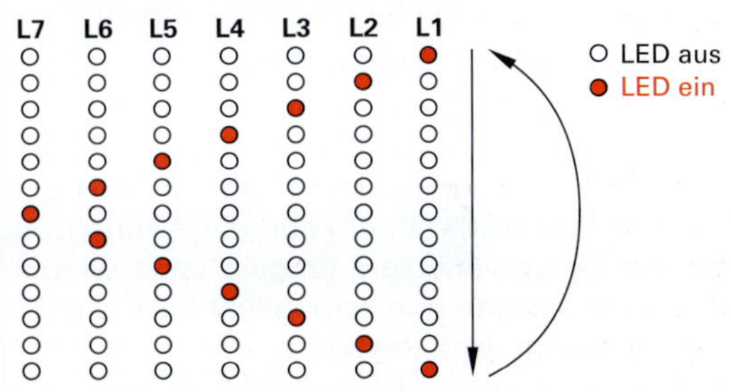

Bild 2: Leuchtfolge der LEDs

⑤ Waschmaschine

Ein synchrones Schaltwerk steuert eine Waschmaschine. Die Ausgänge der D-MS-Kippglieder sind den folgenden Betriebsmitteln zugeordnet (**Bild 3**):

Kaltwasserventil V, Heizung H, Motor M, Pumpe P

Die Weiterschaltung des Schaltwerks erfolgt über einen Starttaster S, einen Füllstandsschalter FÜ, einen Temperatursensor T und einen Zeitgeber Z. Z wird aktiviert, wenn die gewünschte Temperatur erreicht oder die Pumpe eingeschaltet wird. 5 Minuten später liefert der Zeitgeber einen kurzen Impuls. S, FÜ und T liefern ebenfalls kurze Impulse. Der Ablauf der Steuerung findet in den folgenden Schritten statt:

1. Alles ausgeschaltet.
2. Start durch Taste S ($s = 1$) → Waschtrommel füllen ($v = 1$), bis Füllstand ($f_{ü} = 1$) erreicht wird.
3. Motor und Heizung einschalten ($m = h = 1$) bis Temperatur ($t = 1$)erreicht wird.
4. Zeitgeber aktiv. Der Motor bleibt solange eingeschaltet, bis nach 5 Minuten $z = 1$ wird.
5. Motor ausschalten. Abpumpen ($p = 1$), bis nach 5 Minuten $z = 1$ wird.
6. Alles ausgeschaltet → Ende Waschvorgang

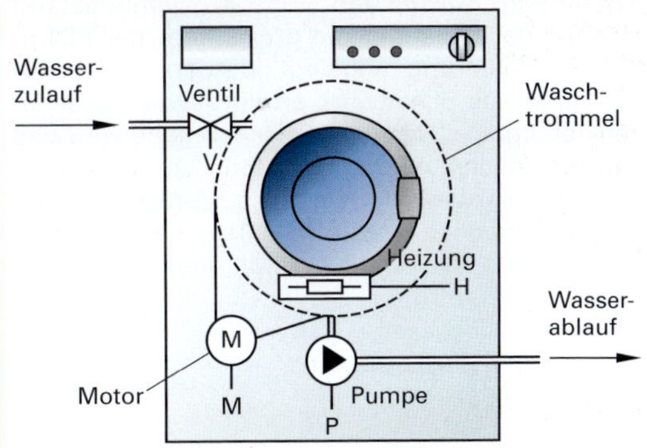

Bild 3: Waschmaschine

a) Skizzieren Sie die Schaltung des synchronen Schaltwerks mit einem EEPROM als Rückkopplungsnetzwerk.

b) Erstellen Sie die vollständige Zustandsübergangstabelle.

c) Ermitteln Sie die Programmiertabelle des EEPROMs.

Durch Betätigung des Tasters IW (Intensivwäsche) bleibt der Motor 25 Minuten eingeschaltet (Z liefert 5 Impulse im Abstand von 5 Minuten).

d) Welche Änderungen müssen in der Schaltung aus Teilaufgabe a) vorgenommen werden?

3.4.4 Zustandsdiagramme zur Beschreibung synchroner Schaltwerke

Mithilfe von Zustandsdiagrammen (state diagrams) lassen sich synchrone Schaltwerke übersichtlich und anschaulich als Zustandsautomaten (state machines) beschreiben. Das Zustandsdiagramm eines 2-Bit-Binärzählers zeigt **Bild 1**. Jeder Zustand (state) erhält einen Namen. Zusätzlich werden die Zustände der einzelnen Zustands- bzw. Ausgangsvariablen angegeben. Der Startzustand ist zusätzlich durch die Angabe *pon* (power on) gekennzeichnet. Dieser Zustand wird nach der Inbetriebnahme des Schaltwerks eingenommen und muss daher grundsätzlich angegeben werden. Der Übergang zwischen zwei Zuständen ist taktabhängig und wird über einen Pfeil gekennzeichnet.

Wird über Steuervariablen Einfluss auf die Zustandsfolge genommen, werden oberhalb der Pfeile die Übergangsbedingungen in Form von Logikgleichungen angegeben (**Bild 2**). Bei dem 2-Bit-Vor-Rückwärtszähler kann die Zählrichtung über die Steuervariable e umgeschaltet werden. Das Zustandsdiagramm ermöglicht auch die Darstellung komplexer Schaltwerke.

Beispiel 1:

Ein elektronisches Codeschloss (**Bild 3**) lässt sich nur mit der PIN (**P**ersonal **I**dentification **N**umber) 317 öffnen. Ausgehend vom Ausgangszustand müssen nacheinander die drei Ziffern der PIN in binärer Codierung angelegt werden. Die Übernahme in das Schaltwerk erfolgt jeweils über einen Taktimpuls. Bei einer Falscheingabe wird das Schloss in den Ausgangszustand zurückgesetzt. Mit einer vierten Ziffer wird das RS-Kippglied gesteuert: Kippglied setzen ($ffs = 1$): $e = 1$, Kippglied zurücksetzen ($ffr = 0$): $e = 0$. Mit einer beliebigen fünften Ziffer wird das Schloss in den Ausgangszustand zurückgesetzt. Entwerfen Sie das zugehörige Zustandsdiagramm.

Lösung: **Bild 4**.

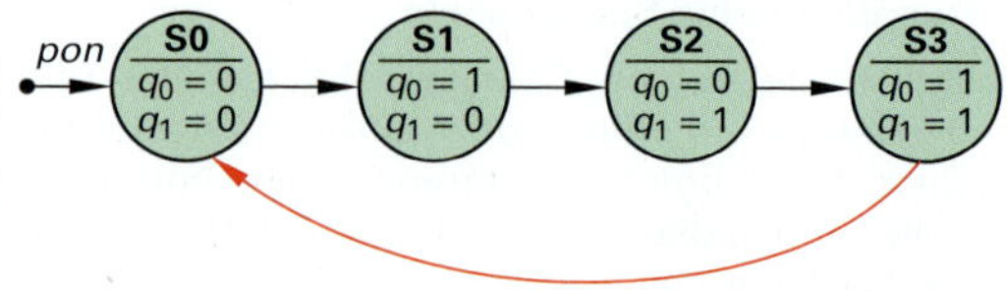

Bild 1: Zustandsdiagramm eines 2-Bit-Binärzählers

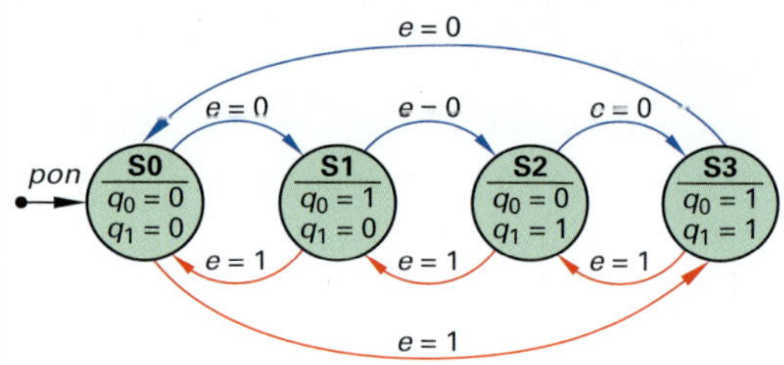

Bild 2: Zustandsdiagramm eines 2-Bit-Vor-Rückwärtszählers

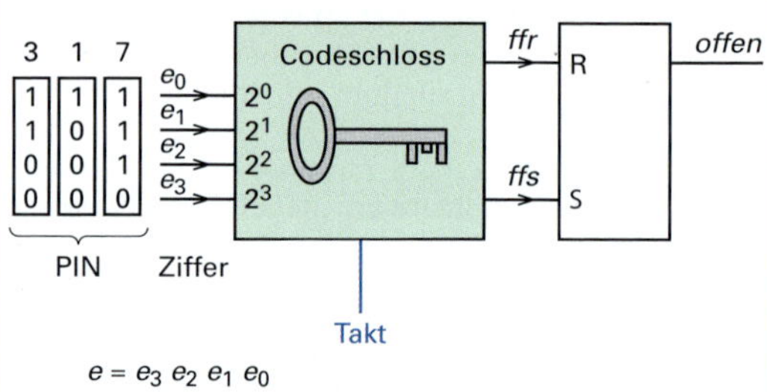

Bild 3: Codeschloss mit dreistelliger PIN

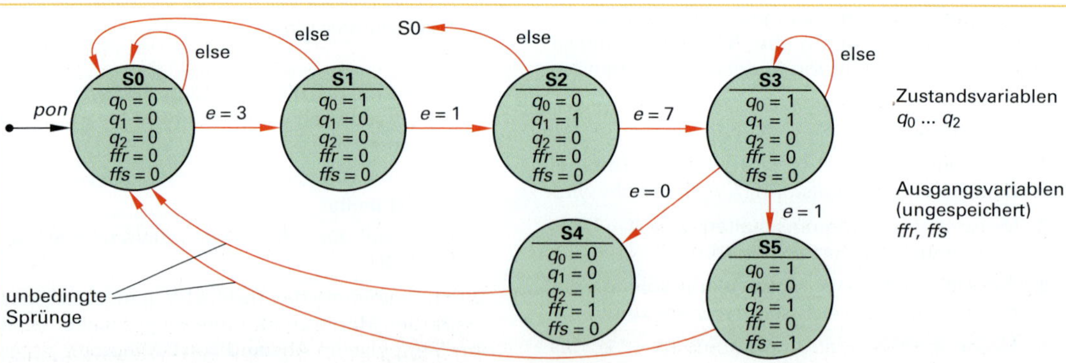

Bild 4: Zustandsdiagramm eines Codeschlosses

Aufgaben

① **Codeschloss**

Ein digitales Codeschloss erzeugt an seinem Ausgang nur dann ein Signal *offen* = 1, wenn eine 5-stellige Dualzahl richtig eingegeben wurde. Richtig heißt in diesem Fall, dass das Codewort genau zwei 0-Bits enthalten muss. Die Eingabe erfolgt bitweise über den Eingang E. Bei der ersten Falscheingabe wird das Schloss in den Ausgangszustand S0 zurückgesetzt.

a) Ermitteln Sie alle gültigen Codewörter.

b) Skizzieren Sie das Zustandsdiagramm mit höchstens 12 Zuständen.

② **Getränkeautomat**

An einem Getränkeautomaten (**Bild 1**) werden zwei Getränkesorten angeboten:

Cola-Getränk: 1,50 €; Wasser: 1,00 €

Nach der Wahl eines Getränks über die Auswahltaster wird der noch einzuwerfende Restbetrag angezeigt. Der Automat akzeptiert nur 50 Cent-Münzen und 1 €-Münzen.

Solange nicht der volle Betrag eingezahlt wurde, kann das eingeworfene Geld durch Betätigung der R-Taste zurückgefordert werden. Sobald der erforderliche Betrag eingegeben wurde, wird das Getränk ausgegeben. Wurde mehr als der erforderliche Kaufpreis eingeworfen, gibt der Automat das Getränk samt Wechselgeld aus. Anschließend geht der Automat in den Ausgangszustand über (Anzeige aus).

Folgende Eingangs- und Ausgangsvariablen stehen zur Verfügung:

Eingänge: *50cent, 1euro, r, cola, wasser, geldrück, getränkaus*

Ausgänge: *rück1, rück50, getränk, anz_50, anz_100, anz_150, anz_aus*

a) Entwerfen Sie das Zustandsdiagramm.

b) Wieviele Zustandsspeicher werden benötigt?

③ **Sinusförmige Spannung**

Durch die Vorgabe bestimmter Zählfolgen lassen sich mit Hilfe von Digital-Analog-Wandlern Spannungsformen erzeugen. **Bild 2** zeigt die Zählfolge für eine „sinusförmige" Spannung.

a) Wieviele Zustandsspeicher benötigt ein synchroner Zähler für die dargestellte Zählfolge?

b) Entwerfen Sie das Zustandsdiagramm und berücksichtigen Sie dabei folgende Punkte:

1. Die Zustände sind binärcodiert (z. B. S5: $q_2 = 1,\ q_1 = 0,\ q_0 = 1$).
2. Das Schaltwerk wird über den Takt *c* bewegt.
3. Geben Sie für jeden Zustand nur den Zustandsnamen an, z. B. S5.

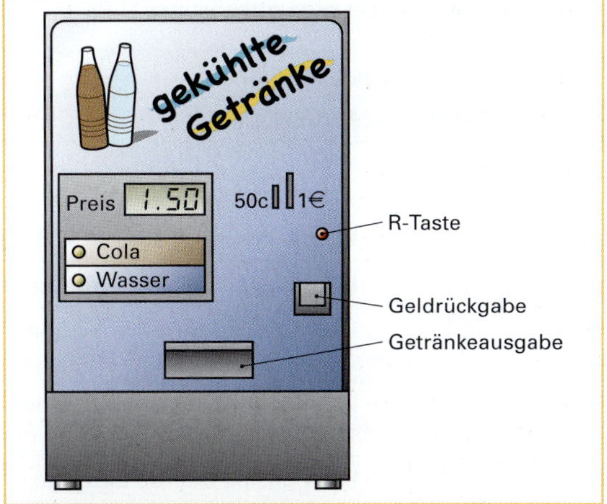

Bild 1: Getränkeautomat

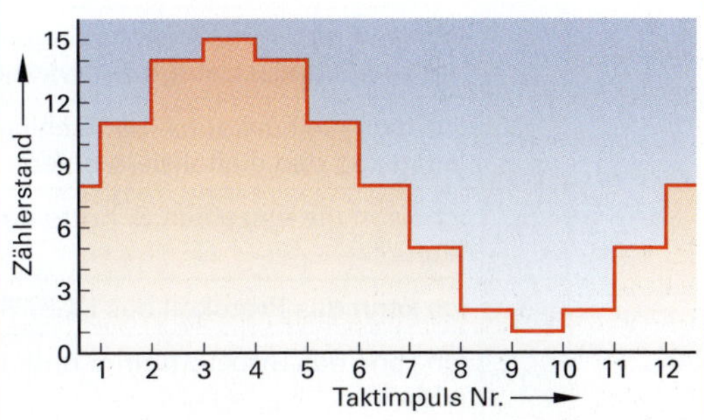

Bild 2: Sinuszähler

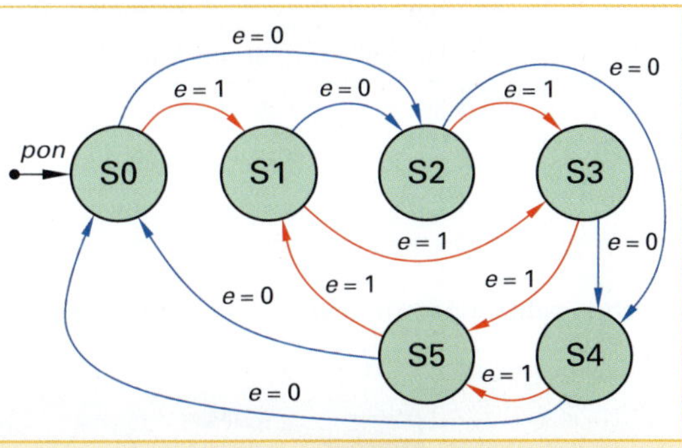

Bild 3: Zustandsdiagramm eines Zählers

④ **Zähler unbekannt**

Bestimmen Sie die Zählfolge des Zählers in **Bild 3** in Abhängigkeit vom Zustand des Steuersignals *e*, wenn die Zustände binärcodiert sind (z. B. S5: $q_2 = 1$, $q_1 = 0$, $q_0 = 1$).

Erwerbbare Kompetenzen

Kapitel 4	Mikrocomputersysteme	
	Stufe	**Fachkompetenz**
	2	Ich kann einen Programmablaufplan zur Darstellung der Funktionsweise eines digitalen Schaltwerks erstellen.
	3	Ich kann einen gegebenen Programmablaufplan analysieren und auswerten.
	1	Ich kann aus einem Algorithmus den Assemblerquellcode entwickeln.
	2	Ich kann den Programmablaufplan für eine einfache Tastaturabfrage unter Nutzung des Zero-Flags entwerfen.
	1	Ich kann einen gegebenen Quellcode analysieren und ein Datenfeld sowie den Quellcode entsprechend der Aufgabenstellung anpassen.
	2	Ich kann gezielt auf die Einträge in einem Datenfeld zugreifen.
	3	Ich kann den vollständigen Quellcode für eine Tote-Mann-Überwachung erstellen.
	2	Ich kann mithilfe des Vorteilerwerts und dem Systemtakt des Mikrocontrollers die größtmögliche Dauer eines Timer-Durchlaufs berechnen.
	1	Ich kann die Grenzen einer schleifenbasierten Zeitverzögerung erläutern und eine alternative Lösungsstrategie entwickeln.
	3	Ich kann die Funktions- und Zahlenwertgleichungen einer dreieckförmigen Spannung ableiten und den digitalisierten Verlauf dieser Spannung konstruieren.
	3	Ich kann die einzelnen Schritte des Wägeverfahrens zur Analog-Digital-Umsetzung erläutern.
	3	Ich kann das Protokoll des DCF77-Signals analysieren.
	1	Ich kann das Struktogramm und den Quellcode zur Auswertung des DCF77-Signals entwickeln.
	1	Ich kenne verschiedene Mikrocontroller-Plattformen.
	2	Ich kann die Adressierungsarten der 8051-Architektur anwenden.
	3	Ich kann mittels SFR-Register einzelne Bits programmieren.
	1	Ich kann mit einem Mikrocontrollersystemsystem ein Projekt erstellen.
	2	Ich kann mit der Entwicklungsumgebung ein Programm simulieren.
	2	Ich kann mit der Entwicklungsumgebung ein Programm debuggen.
	1	Ich kann das Programm mit dem Mikrocontrollerboard ausführen.

Welche Fachkompetenzen werden hier visualisiert?

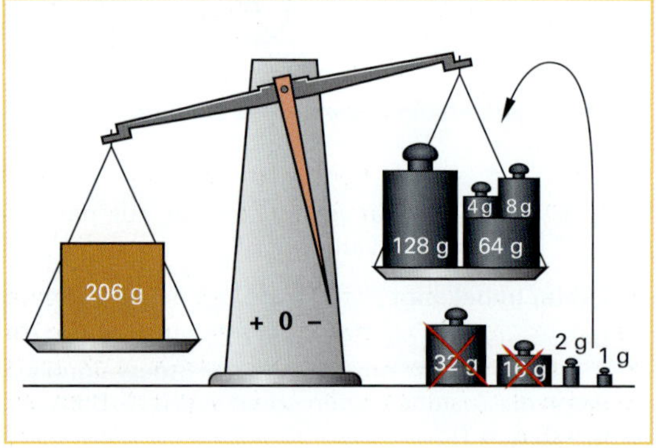

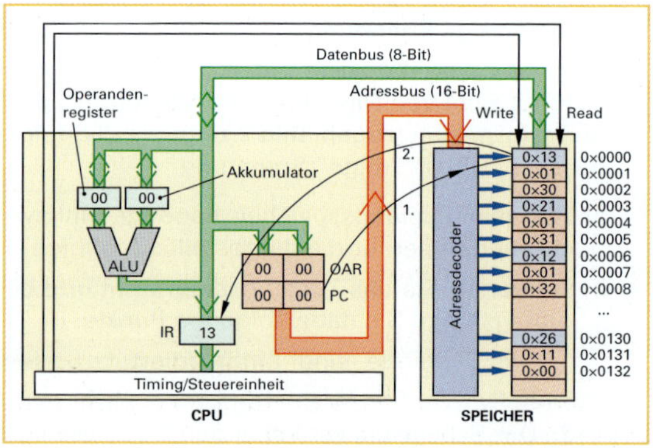

4 Mikrocomputersysteme

4.1 Prinzipieller Aufbau eines Mikrocontrollers

Ein Mikrocontroller ist eine komplexe digitale Schaltung, die Kontroll- und Steuerungsaufgaben programmgesteuert durchführen kann.
Im Unterschied zu einem Mikroprozessor, z. B. dem eines PC (**Bild 1**), sind bei einem Mikrocontroller neben dem Prozessor alle wichtigen Baugruppen auf einem Chip integriert. Dazu gehören

- der Prozessor mit Steuer- und Rechenwerk,
- der Programmspeicher, z. B. EEPROM,
- der Arbeitsspeicher, z. B. RAM,
- der Zeitgeber,
- Anschlussmöglichkeiten für Eingabegeräte und Ausgabegeräte.

Ein Mikrocontroller ist ein 1-Chip-Mikrorechner.

Die Integration auf einem Chip hat den Vorteil, dass der Einsatz preisgünstig und platzsparend ist. Kaum ein modernes elektronisches Gerät kommt heute ohne einen Mikrocontroller aus. Ob Kaffeemaschine oder Batterieladegerät, ob Waschmaschine oder Haartrockner: Überall sind Mikrocontroller mit der Steuerung und Überwachung von Funktionen betraut. Die Kosten für einen Mikrocontroller sind gering.
Den hohen Integrationsgrad erkauft man sich mit einer, gegenüber einem PC-System, viel geringeren Gesamtleistung (**Tabelle 1**). Vor allem die Geschwindigkeit und die Speicherkapazität sind bei einem Mikrocontroller erheblich kleiner.
Ähnlich groß ist der Unterschied bei der Taktfrequenz. Moderne Mikrocontroller benötigen durch Ihren internen Aufbau für die Abarbeitung eines Befehls aber nur einen einzigen Takt. Bei 4 MHz Taktfrequenz dauert ein Takt nur 250 Nanosekunden (0,00000025 s). Betrachtet man das Einsatzfeld der Mikrocontroller, sind die genannten Leistungsmerkmale somit vollkommen ausreichend.

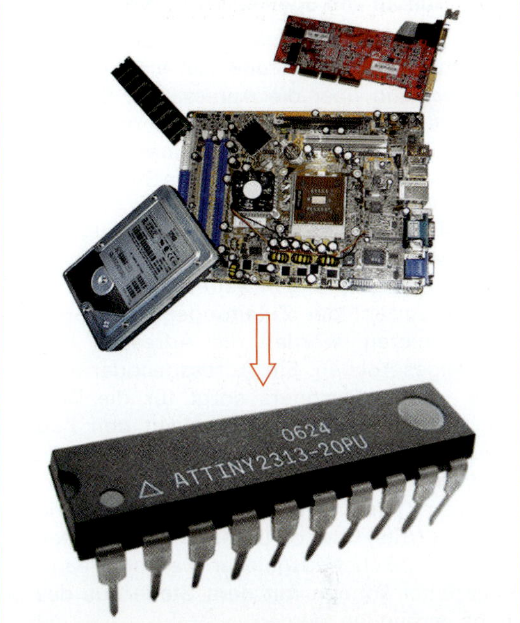

Bild 1: Mikrocontroller als 1-Chip-Mikrorechner

Tabelle 1: Vergleich PC-Prozessor – Mikrocontroller

	PC-Prozessor	Mikrocontroller
Taktfrequenz	3,3 GHz	4 MHz
Anschlüsse	775	20
Arbeitsspeicher	16 GiB	2 KiB
Preis	60 Euro	1 Euro

4.2 Grundstruktur eines Mikrocontrollers

Eine mögliche Grundstruktur eines Mikrocontrollers zeigt **Bild 2**. Im Mittelpunkt steht die CPU (**C**entral **P**rocessing **U**nit). Diese Zentraleinheit organisiert die Eingabe und Ausgabe von Daten sowie den Zugriff auf die Speicher. Über ein Rechenwerk ist die CPU in der Lage, die eingelesenen Daten entsprechend den Vorgaben des Programmierers zu verarbeiten.

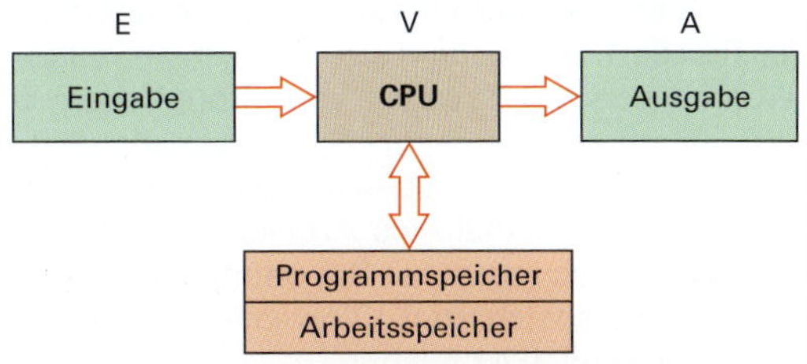

Bild 2: Grundstruktur eines Mikrocontrollers

Ein Mikrocontroller arbeitet nach dem EVA-Prinzip: **E**ingabe-**V**erarbeitung-**A**usgabe.

Der Programmspeicher enthält einzelne Befehle, die von der CPU nacheinander abgearbeitet werden. Im Arbeitsspeicher lassen sich z. B. Zwischenergebnisse von Rechenoperationen abspeichern.

4.2.1 Aufbau von Speichern und Speichertypen

Bild 1 zeigt den prinzipiellen Aufbau eines Speichers mit einer Datenbreite von einem Byte. Der Speicher kann über die Adressleiter, Steuerleiter und Datenleiter an das Bussystem des Mikrocontrollers angeschlossen werden, über das die Kommunikation mit allen Einheiten des Systems erfolgt.

Jedem Byte ist eine eigene Adresse zugeordnet. Damit ist ein gezielter Zugriff möglich, vergleichbar mit der eindeutigen Adresse in einer Stadt. Um die Anzahl der Zuleitungen zum Speicher zu minimieren, werden die Adressen binärcodiert angesprochen. Ein Adressdecoder in Form eines 1-aus-2^n-Decoders sorgt für die Decodierung der Adresse und ermöglicht den Zugang zu dem adressierten Byte. Über die Steuerleiter Read/Write kann bestimmt werden, ob Informationen vom Datenbus an eine Adresse geschrieben werden (Write) oder ob Daten über den Datenbus aus dem Speicher ausgelesen werden (Read). Die Steuerleiter können mit dem Steuerbus des Systems verbunden werden.

Beispiel 1:

Im Datenblatt eines Mikrocontrollers wird die Größe des Programmspeichers mit 4 KiB angegeben. Die Datenbreite beträgt 16 Bit. Wie viele Adressleiter führen zum Adressbus des Systems?

Lösung: 4 KiB entsprechen 2K Worte (1 Wort = 16 Bit). 2K steht für $2 \cdot 1024 = 2048$. Damit stehen 2048 Adressen zur Verfügung. Durch die Binärcodierung der Adressen sind lediglich 11 Adressleiter notwendig, da $2^{11} = 2048$.

4.2.2 Speichertypen

Einen Überblick über verschiedene Speichertypen gibt **Tabelle 1**. So zeichnet sich ein SRAM-Speicher, bei dem jede Speicherzelle aus Kippgliedern besteht, durch eine unbegrenzte Lebensdauer bei hoher Schreib-/Lesegeschwindigkeit aus. Diese Speicherart ist deshalb als Arbeitsspeicher geeignet. Durch Abschalten der Spannungsversorgung gehen die gespeicherten Informationen verloren, der Speicherinhalt ist flüchtig.

Im Gegensatz dazu bleiben die Daten eines EEPROM-Speichers nach Abschalten der Spannungsversorgung erhalten, die Daten sind nicht flüchtig. Gegenüber einem SRAM ist die Schreib-/Lesegeschwindigkeit aber klein.

Flash-EEPROMs ermöglichen durch ihre hohe Integrationsdichte große Programmspeicher. Sie lassen sich in der Schaltung (in circuit) programmieren. Ein teures Programmiergerät wird nicht benötigt. Die Übertragung des Programms vom PC in den Programmspeicher erfolgt über preiswerte Programmieradapter. Zur Datensicherung nach Abschaltung eines Systems, z. B. zur Fehlerspeicherung, eignen sich am besten EEPROMs. Flash-Speicher sind für diesen Zweck nicht geeignet, da dort einzelne Bytes nicht löschbar sind sondern nur ein blockweises oder komplettes Löschen des Speichers möglich ist.

SRAM (Static Random Access Memory):
Datenspeicher mit Kippgliedern als Speicherelemente. Datenverlust nach Abschalten der Spannungsversorgung.

EEPROM (Electrically EPROM):
Datenspeicher zur dauerhaften Speicherung von Daten auch ohne Spannungsversorgung. Elektrisch löschbar und programmierbar.

Flash-EEPROM:
EEPROM, ist nur komplett löschbar.

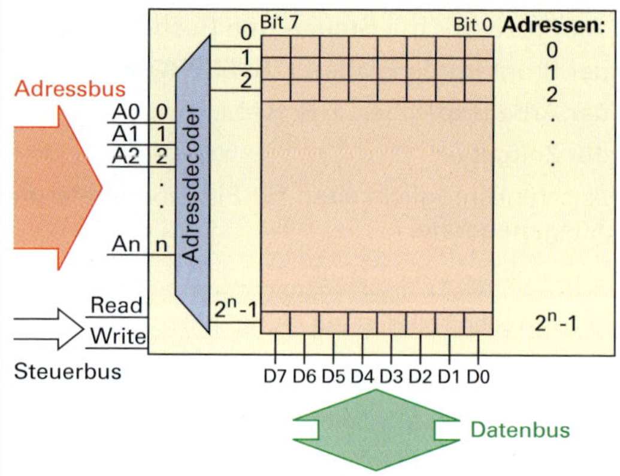

Bild 1: 8-Bit-Datenspeicher

Tabelle 1: Speichertypen im Vergleich

	Flash-EEPROM	EE-PROM	SRAM
Zellengröße bezogen auf Flash-EEPROM	1	2,5 bis 3	5 bis 10
Transistoren pro Speicherzelle	1	min. 2	min. 6
Programmieren			
Zugriff auf	Byte	Byte	Byte
Programmierzeit pro Byte	< 10 µs	1 bis 10 ms	1 bis 100 ns
Löschen			
Zugriff auf	Chip/Block	Byte	Byte
Löschzeit	10 bis 1000 ms	1 bis 10 ms	1 bis 100 ns
Lösch-/Programmierzyklen	> 100 000	10 000	∞

4.2.3 Speicheradressierung in einem Mikrocontrollersystem

Die Vernetzung dreier Speicher mit einer CPU über einen Adressbus, Datenbus und Steuerbus zeigt **Bild 1**. Durch gemeinsame Adressleiter werden immer alle Speicher angesprochen. Daten können so nicht gezielt in einen bestimmten Speicher geschrieben werden. Beim Auslesen von Daten aus den Speichern sind Kurzschlüsse zwischen den ebenfalls gemeinsamen Datenleitern möglich. Um das zu verhindern, verfügen die Speicher über CS-Eingänge (von chip-select). Für *cs* = 0 wird der Speicher vom Datenbus abgetrennt. Möglich ist dies über einen dritten, hochohmigen Schaltzustand der Datenleiter (**Bild 2**).

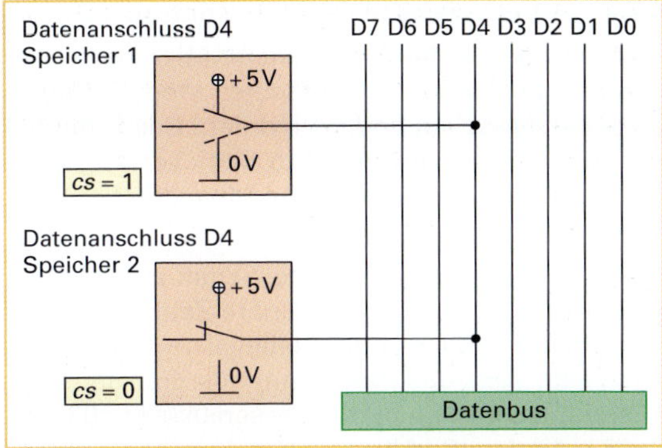

Bild 2: Datenausgänge mit drei Schaltzuständen

Beispiel 1:
Die Speicher des Mikrocontrollersystems in Bild 1 sollen einzeln ansprechbar sein. Wie müssen dazu die CS-Eingänge der Speicher angesteuert werden?
Lösung: **Bild 1**

Über digitale Vergleicherschaltungen (UND-Verknüpfungen) kann der Zustand der zusätzlichen Adressleiter A9 und A10 ausgewertet werden. Damit ist jeder Baustein nur in einem bestimmten Adressbereich ansprechbar.

Lese- und Schreibzugriff auf die Speicher

Zum Lesen von Daten aus einem bestimmten Speicher legt die CPU die gewünschte Adresse auf den Adressbus. Der angesprochene Speicher wird mit dem Datenbus verbunden. Durch die Aktivierung des Read-Leiters gelangen die gespeicherten Daten über den Datenbus in die CPU. Nach erfolgtem Lesen wird der Read-Leiter wieder deaktiviert.

Beispiel 2:
Welcher zeitliche Ablauf ergibt sich beim Schreiben von Daten in einen bestimmten Speicherplatz?
Lösung: Zum Schreiben von Daten legt die CPU die gewünschte Adresse auf den Adressbus. Der angesprochene Speicher wird mit dem Datenbus verbunden. Nun legt die CPU die zu speichernden Daten auf den Datenbus und aktiviert für kurze Zeit den Write-Leiter.

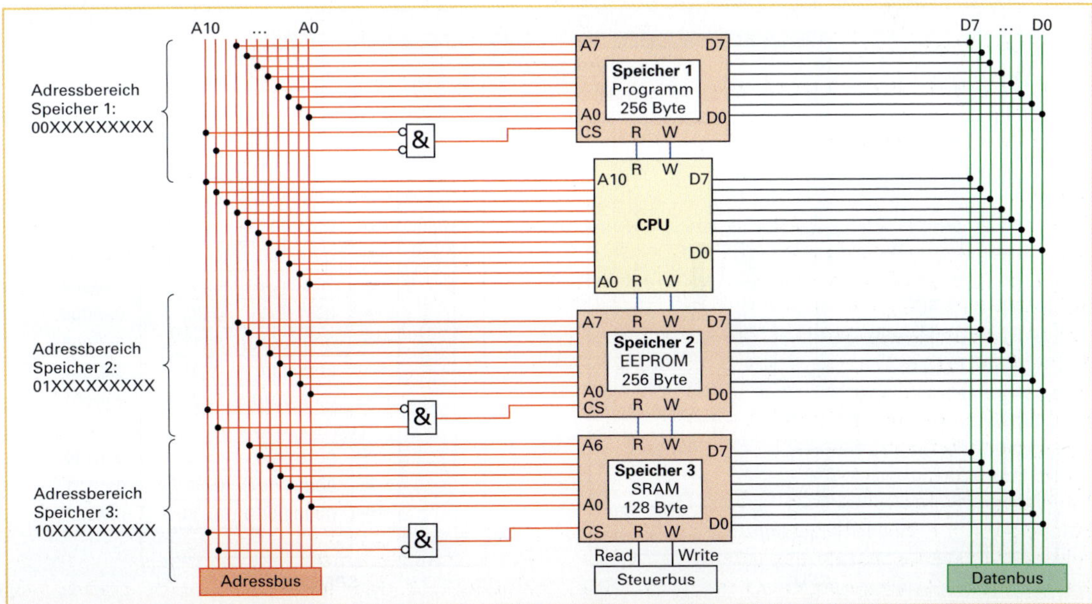

Bild 1: Speicheradressierung

4.2.4 Arbeitsweise eines Mikrocontrollers

Die internen Abläufe in einem Mikrocontroller veranschaulicht ein vereinfachtes Modell (**Bild 1**). Zwei Zahlen sollen addiert werden. Das Ergebnis der Addition soll im gleichen Speicher abgespeichert werden. Bild 1 zeigt den Modellrechner mit den Baugruppen CPU und Speicher.

Da es sich um eine digitale Schaltung handelt, sind auch im Speicher nur binäre Zahlenwerte zu erkennen. Ein Blick in die Befehlsliste des Herstellers zeigt, dass das Programm aus drei Befehlen besteht, die sich an den Adressen 0x00, 0x03 und 0x06 befinden (**Bild 2**).

Eine Rechenoperation besteht aus drei Bytes, dem eigentlichen Befehl und einer 16-Bit-Adresse (**Bild 3**). Dies ist notwendig, da der Speicher nur über eine Datenbreite von 8 Bit verfügt.

ALU (**A**rithmethic **L**ogic **U**nit)
Rechenwerk für logische und arithmetische Operationen.

Akku (von lat. Accumulare, sammeln) 8-Bit-Zwischenspeicher

OPER (Operandenregister)
8-Bit-Zwischenspeicher

PC (**P**rogram **C**ounter)
16-Bit-Programmzähler

OAR (**O**peranden **A**dress **R**egister)
16-Bit-Register, kann 16-Bit-Adressen laden

IR (**I**nstruction **R**egister)
8-Bit-Register, speichert den Rechenbefehl

- 0×13 lade akku, (adresse)
  Lade den Inhalt der Speicherzelle mit der Adresse in den Akku
- 0×21 addiere akku, (adresse)
  Addiere den Inhalt der Speicherzelle mit der Adresse mit dem Inhalt des Akkus und speichere das Ergebnis im Akku
- 0×12 speichere adresse, (akku)
  Speichere den Inhalt des Akkus an der Speicherzelle mit der Adresse

Bild 2: Auszug aus der Befehlsliste

Die vorgegebene Befehlsstruktur bestimmt, ob ein Zahlenwert als Befehl oder als Zahlenwert zu lesen ist.

Befehl

0x13	Befehl
0x01	Adresse High-Byte
0x30	Adresse Low-Byte

Bild 3: Drei-Byte-Rechenoperation

Beispiel 1:
Welcher Programmablauf lässt sich aus dem Speicherinhalt ableiten?

Lösung: Der Zahlenwert 0×11 (Adresse 0×131) wird zum Zahlenwert 0×26 (Adresse 0×130) addiert. Das Ergebnis wird an der Adresse 0×132 abgelegt.

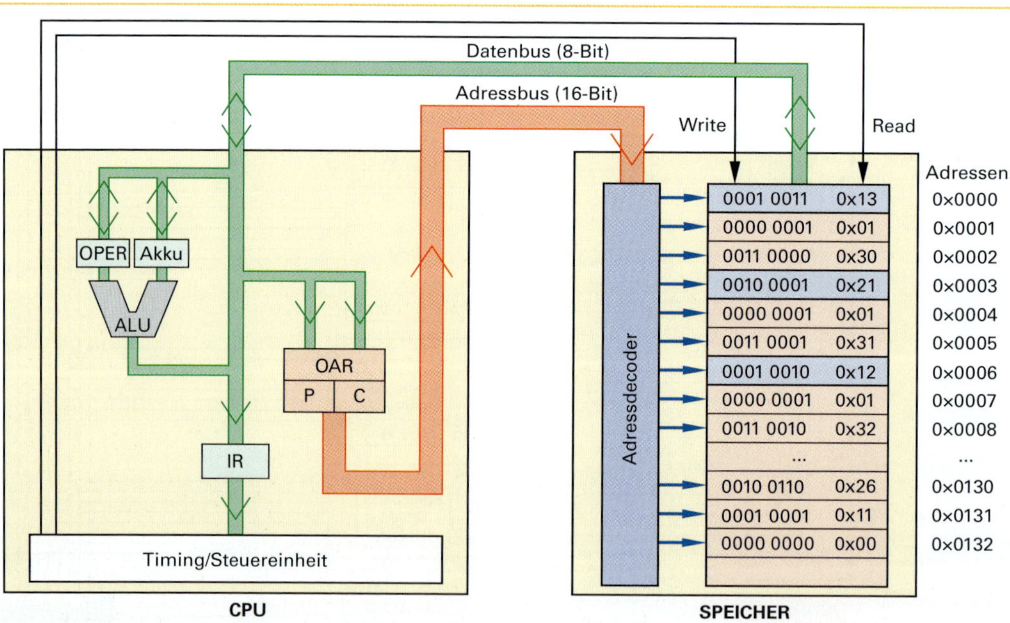

Bild 1: Modellrechner (siehe CD)

Abarbeitung des Programms

Durch einen Reset des Modellrechners wird der Programmzähler (PC, program counter) auf den Zählerstand 0×0000 zurückgesetzt (**Bild 1a**). Der PC ist mit dem Adressbus verbunden und adressiert damit die Adresse 0×0000 des Speichers. Dort ist die Zahl 0×13 abgespeichert. Durch die Aktivierung des Read-Leiters wird dieser Wert von der CPU in das Befehlsregister (IR, instruction register) kopiert. Die Timing- und Steuereinheit enthält einen Befehlsdecoder, der den Befehl 0×13 erkennt.

Der PC wird auf 0×0001 erhöht. Der Speicherinhalt an der Adresse 0×0001 enthält das High-Byte 0×01 der Adresse, auf den sich der Befehl lade akku, (adresse) bezieht. Das High-Byte wird durch die Aktivierung des Read-Leiters über den Datenbus in das 16-Bit-breite Operanden-Adress-Register (OAR) kopiert. In gleicher Weise wird mit dem Low-Byte 0×30 verfahren (**Bild 1b**).

Die Timing- und Steuereinheit trennt den PC vom Adressbus und verbindet das OAR mit diesem. An der angesprochenen Adresse 0×0130 befindet sich der erste Operand 0×26, der nun über den Datenbus in den Akkumulator (von lat. accumulare, sammeln) kopiert wird. Der Akkumulator ist ein Zwischenspeicher, der Zugriff auf das Rechenwerk (ALU) hat, mit dem arithmetische (+, -, *, :) und logische (AND, NOT, ...) Rechenoperationen durchgeführt werden können (**Bild 1c**).

In gleicher Weise wird nun der zweite Befehl 0×21 abgearbeitet. Der angesprochene Operand an der Adresse 0×131 wird in das Operandenregister kopiert. Die Timing- und Steuereinheit veranlasst nun das Rechenwerk, eine Addition durchzuführen. Das Ergebnis wird im Akku abgespeichert, dessen ursprünglicher Inhalt damit überschrieben wird (**Bild 1d**).

Schließlich wird durch die dritte Rechenoperation die Adresse 0×132 adressiert, an der nun durch Aktivierung des Write-Leiters der Inhalt des Akkumulators abgespeichert wird (**Bild 1e**).

a)
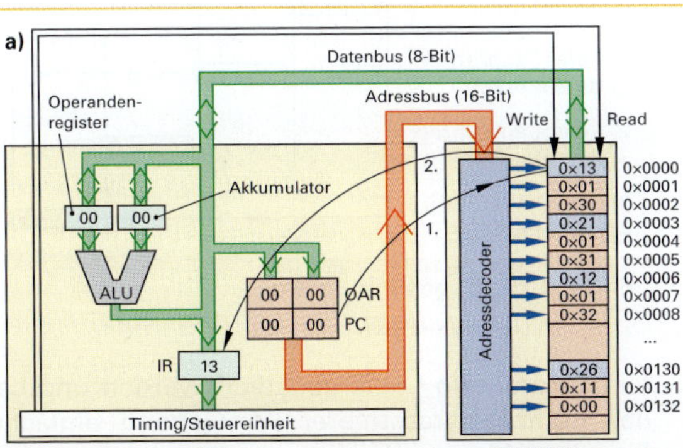

b)
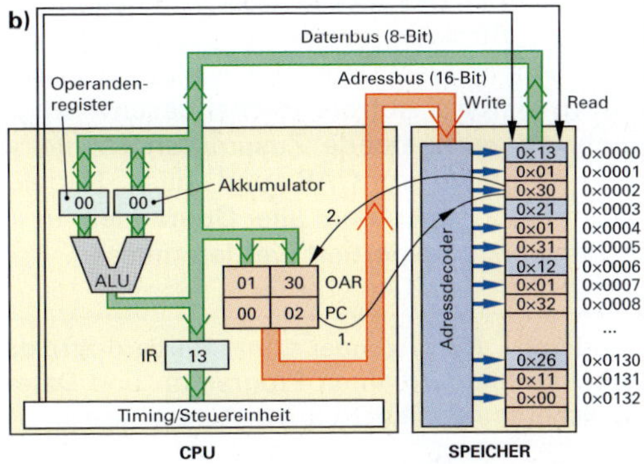

c)
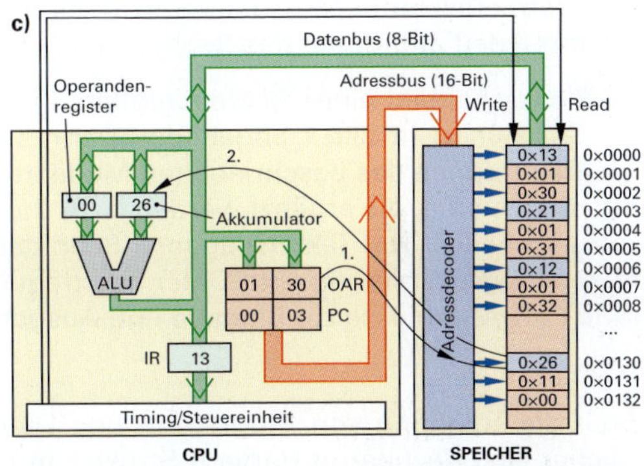

d)
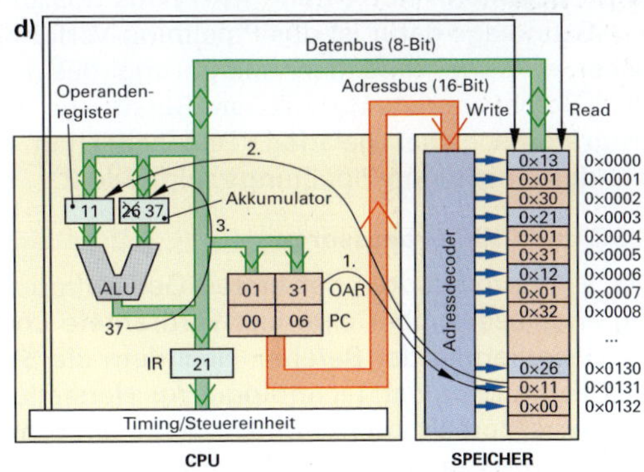

e)
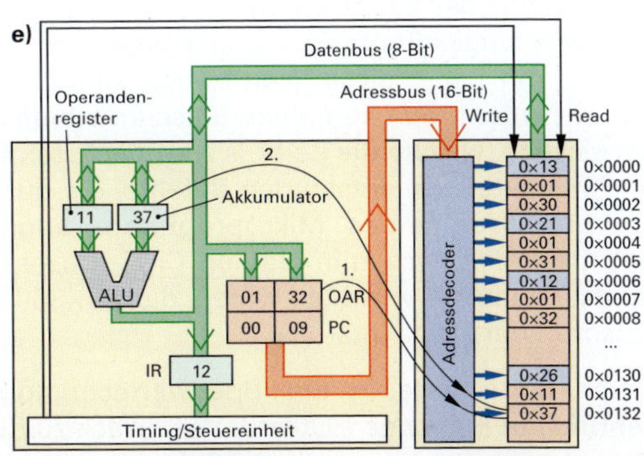

Bild 1: Abarbeitung eines Programms

Der beschriebene Modellrechner hat eine Von-Neumann-Struktur, die lange Zeit Basis vieler Mikrorechner war. Deutliche Nachteile ergeben sich im Hinblick auf die Rechengeschwindigkeit durch die zeitraubende Zusammensetzung von 16-Bit-Adressen im OAR und das „Nadelöhr" Akkumulator, über den alle Operanden in das Rechenwerk transportiert werden müssen.

Moderne Mikrorechner in Harvard-Struktur arbeiten mit getrennten Programm- und Datenspeichern und mit getrennten Adressbussen.

Außerdem erleichtern Universalregister als Akkumulatoren den Zugriff auf das Rechenwerk.

Das Blockschaltbild eines Mikrocontollers in Harvard-Struktur ist in **Bild 1** abgebildet. Darin sind viele Baugruppen des beschriebenen Modellrechners zu erkennen, die ergänzt werden, z. B. durch Timer, Einheiten zur Takterzeugung, Schnittstellen zur Programmierung und Datenübertragung sowie Port-Anschlüsse zur Eingabe und Ausgabe.

Pipelining

Durch die Trennung von Programm- und Datenspeicher sind Rechner in Harvard-Struktur in der Lage, Befehle in nur einem Taktzyklus auszuführen. Grundlage dafür ist das Pipelining-Verfahren. Dabei wird während der Ausführung des aktuellen Befehls bereits der nächste Befehl aus dem Programmspeicher geladen. Den zeitlichen Ablauf des einstufigen Pipelinings zeigt **Bild 2**.

RISC und CISC-Prozessoren

Die Mikroprozessoren der ersten Generation verfügten allesamt über eine fest verdrahtete Logik zur Decodierung der Befehle. Nachdem die Speichertechnologie der Technologie zur Herstellung der Prozessoren hinterherhinkte, hatte ein schnellerer Prozessor längere Wartezeiten zu überbrücken, bis der nächste Befehl zur Decodierung aus dem langsameren Speicher ausgelesen war. Es lag nun nahe, diese Wartezeiten sinnvoll zu nutzen, indem man komplexe Maschinenbefehle entwickelte, welche die Zeit bis zum nächsten Befehl ausfüllten. So entstanden Befehle, die durch ein prozessorinternes Mikroprogramm abgearbeitet wurden, was zum Namen CISC-Prozessor führte. Typische Vertreter waren die 80×86-Prozessoren der Firma Intel.

Durch Fortschritte in der Speichertechnologie kehrte man Ende der 1990er Jahre zurück zu den Wurzeln, indem man die RISC-Architektur entwickelte, bei der die Befehle wie bei den Prozessoren der ersten Generation wieder durch eine fest verdrahtete Logik decodiert werden und bei der dem Programmierer vorwiegend einfache Einzelbefehle zur Verfügung stehen. Typischer Vertreter dieser Prozessorarchitektur ist die AVR-Familie der Firma Atmel.

RISC (von **R**educed **I**nstruction **S**et **C**omputer)
Der Befehlssatz besteht aus einer überschaubaren Anzahl von einfachen Befehlen.

CISC (von **C**omplex **I**nstruction **S**et **C**omputer)
Der Befehlssatz besteht aus einer großen Anzahl komplexer Spezialbefehle.

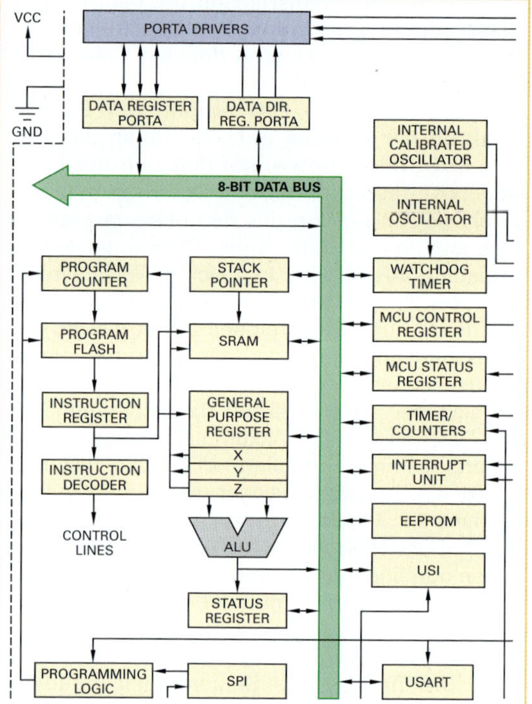

Bild 1: Ausschnitt aus dem Blockschaltbild eines modernen Mikrocontrollers in Harvard-Struktur

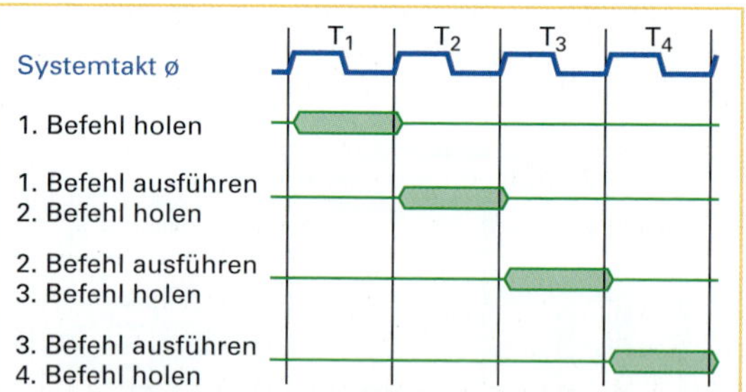

Bild 2: Einstufiges Pipelining

Ein Mikrocontroller ist eine komplexe digitale Schaltung, die ein Programm steuert. Im Gegensatz zu einer herkömmlichen digitalen Schaltung können mit ein und demselben Mikrocontroller unzählige unterschiedliche Funktionen realisiert werden – vorausgesetzt der Programmierer schafft es, den Mikrocontroller, gleich einem Löwenbändiger, in den Griff zu bekommen (**Bild 1**). Am Mikrocontroller selbst kann nichts verändert werden. Der Programmierer muss mit den Vorgaben des Herstellers zurecht kommen.

Bild 1: Löwendressur

4.3 Musterplatine – Ein Mikrocontrollersystem im Einsatz

Eine typische „Arbeitsumgebung" eines Mikrocontrollers zeigt die Leiterplatte in **Bild 2**. Neben der Ansteuerung einer Leuchtdiodenanzeige übernimmt der Mikrocontroller die Abfrage mehrerer Schalter und Taster. Zu seinen Aufgaben gehört auch die Kommunikation mit anderen Funktionseinheiten. In diesem Fall handelt es sich um einen Uhrenbaustein. Die Programmierung des Mikrocontrollers erfolgt über die Programmierschnittstelle. Der Mikrocontroller kann beim Programmieren in der Schaltung verbleiben (in circuit programming). Die Energieversorgung erfolgt über eine Batterie.

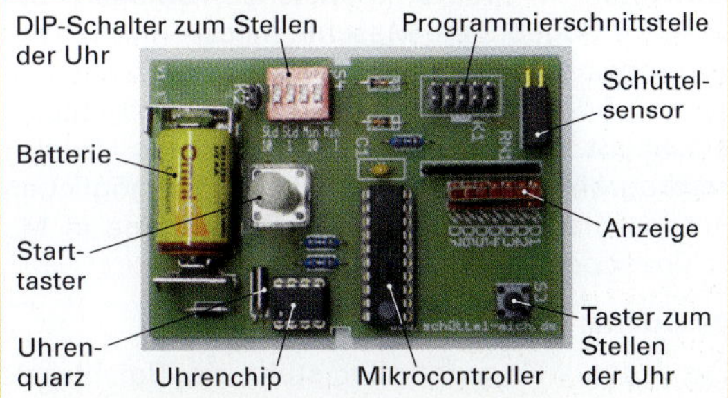

Bild 2: Leiterplatte mit Mikrocontroller

4.3.1 PORT-Anschlüsse des Controllers – Tore zur Außenwelt

Der Mikrocontroller in Bild 2 verfügt über insgesamt 20 Anschlusspins. Vier Pins werden für die Steuerung des Mikrocontrollers (z. B. Reset) und dessen Energieversorgung benötigt.

Die anderen 16 Anschlüsse können als Eingänge oder als Ausgänge verwendet werden. Diese Anschlüsse werden als PORT-Anschlüsse bezeichnet und sind mit dem Datenbus verbunden. Die Gruppierung von PORT-Anschlüssen ermöglicht den unabhängigen Zugriff auf den Datenbus. Der Mikrocontroller verfügt über einen PORTB und einen PORTD (**Bild 3**).

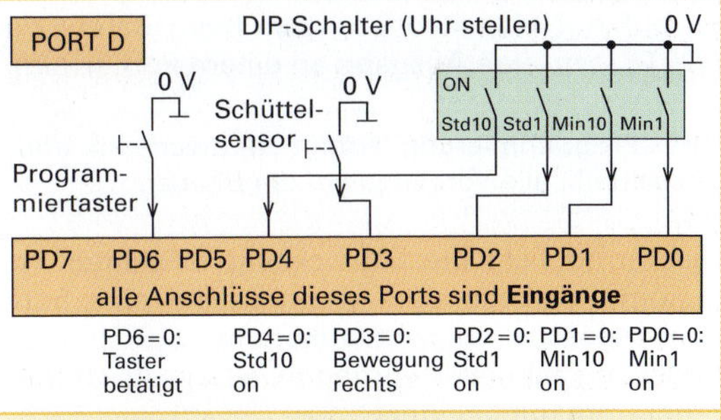

Bild 3: Abfrage von Tastern und Schaltern am PORTD

Alle Anschlüsse des PORTD arbeiten als Eingänge und alle Schalter und Taster sind 0-aktiv, d. h. wenn der Taster betätigt (aktiviert) wird, erkennt der Mikrocontroller am Port-Eingang eine logische 0. Unbetätigt liefern die Eingänge eine logische 1.

Damit ein Eingang ohne Betätigung der Taster und Schalter eine logische 1 liefern kann, werden Pull-up-Widerstände benötigt (**Bild 4**), die den Eingang mit +5 V verbinden. Diese Widerstände sind im Controller vorhanden und können durch einen Befehl zugeschaltet werden. Dadurch sind keine externen Widerstände notwendig, was die Kosten und den Bestückungsaufwand reduziert.

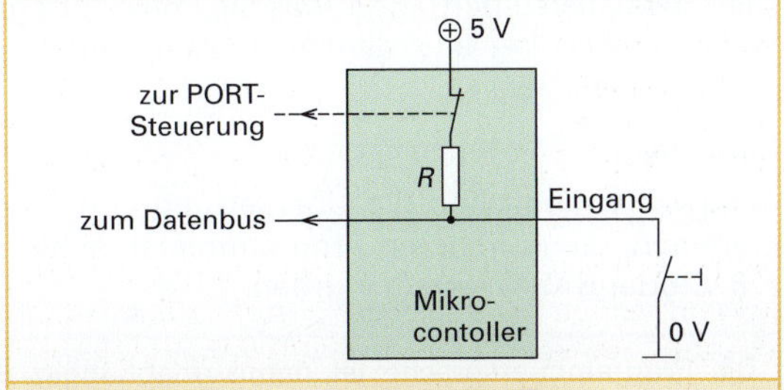

Bild 4: Interner Pull-up-Widerstand *R*

Alle Anschlüsse des PORTB sind Ausgänge (**Bild 1**). Die Spannung an einem Ausgang kann zwischen +5 V und 0 V umgeschaltet werden. Liegt ein Ausgang auf 0 V, fließt Strom vom Pluspol der Spannungsversorgung (+5 V) über den Schutzwiderstand und die LED zum Minuspol (0 V). Die LED leuchtet. Die in den Bildern eingezeichnete Pfeilrichtung steht nicht für die Stromrichtung, sondern bezeichnet die Eigenschaft „Ausgang". Am PORTB ist auch die Programmierschnittstelle angeschlossen. Sie ist nicht dargestellt.

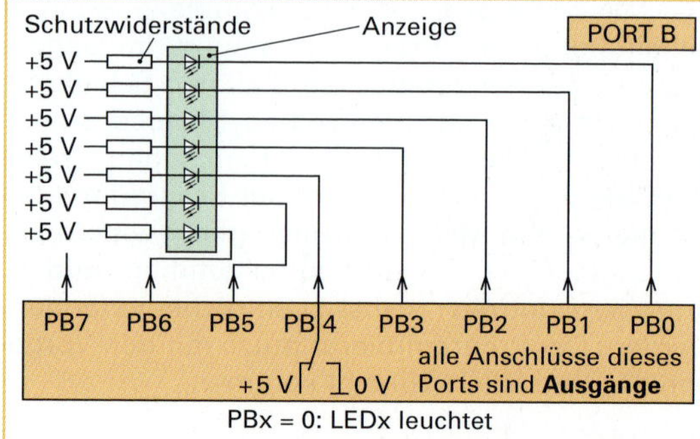

Bild 1: Ansteuerung der Leuchtdioden am PORTB

4.4 Programmierung – Wie sag ich's meinem Mikrocontroller?

Wie bereits beim Modellrechner deutlich wurde, muss das Programm in Form von binären Zahlenwerten im Programmspeicher vorliegen. Der in **Bild 2** abgebildete Maschinencode macht deutlich, dass sich die Bedeutung solcher Zahlenkolonnen höchstens einem versierten Spezialisten erschließt. Aus diesem Grunde wurden Übersetzerprogramme entwickelt, die es ermöglichen, gut lesbare und strukturierte Programme in Maschinencode zu übersetzen.

Assembler

Für jeden Mikrocontroller steht ein Befehlssatz in Assemblersprache zur Verfügung (**Bild 3**). Diese Mnemonics sind Kürzel, die gegenüber dem Maschinencode deutlich besser lesbar sind. So kann selbst der unerfahrene Programmierer auf Anhieb erkennen, dass beim Befehl *out PORTB, tmp* eine Ausgabe an einem Port erfolgt.

> Die Programmierung erfolgt hardwarenah und beschreibt alle Vorgänge auf der Bitebene.

Dies ermöglicht die Entwicklung effizienter Programme. Insbesondere wenn es auf eine hohe Rechengeschwindigkeit ankommt, z. B. bei der Erfassung schneller Vorgänge, ist ein Assemblerprogramm gut geeignet.

Da jede Mikrocontrollerfamilie über einen eigenen Befehlssatz verfügt, lassen sich Assemblerprogramme meist nicht einmal innerhalb des gleichen Herstellers übertragen, was die Entwicklung, Weiterentwicklung und den Austausch von Programmen erschwert.

Compiler

Compiler ermöglichen die Übersetzung von Programmen, die in höheren Programmiersprachen, z. B. C oder BASIC erstellt wurden.

> Die Programmiersprache ist damit unabhängig vom verwendeten Mikrocontroller.

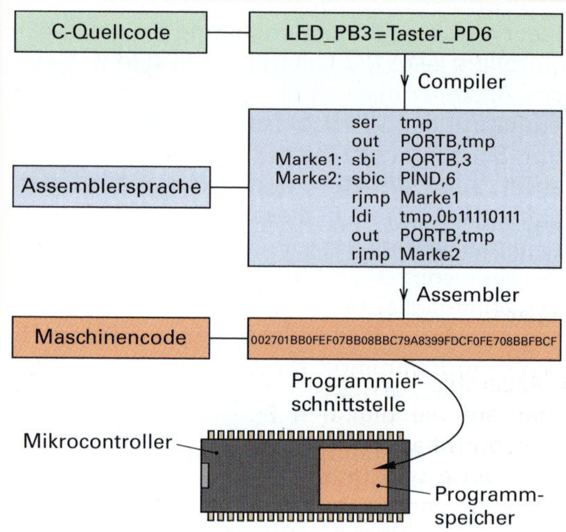

Bild 2: Eine Funktion – drei Darstellungen

Mnemonics	Operanden	Beschreibung
MOV	Rd, Rr	Kopiere Rr nach Rd
LDI	Rd, K	Lade Rd mit einer Konstanten K
SBIC	IO, b	Überspringe nächsten Befehl, wenn Bit b im I/O-Register gelöscht ist
OUT	STIO, Rr	Lade Steuer- oder I/O-Register mit Rr
AND	Rd, Rr	Rr und Rd logisch UND-verknüpfen

Bild 3: Befehlsliste eines Mikrocontrollers (Auszug)

Ein auf den Mikrocontroller zugeschnittener Compiler erzeugt zunächst ein Assemblerprogramm und daraus den Maschinencode. Die Programmerstellung in einer höheren Programmiersprache stellt eine erhebliche Vereinfachung gegenüber Assemblerprogrammen dar. Wie Bild 2 zeigt, ersetzt eine einzige Zuweisung in C das mehrzeilige Assemblerprogramm und beschreibt die Funktion des Programms vollständig und anschaulich: Der Zustand einer LED hängt vom Zustand einer Taste ab. Durch die häufig in Mikrocontrolleranwendungen notwendige Bitverarbeitung sind Kenntnisse über die Struktur des verwendeten Mikrocontrollers aber unerlässlich.

4.4.1 Entwurf eines Assemblerprogramms

Mithilfe der Musterplatine soll folgende Funktion realisiert werden: Solange der Taster am PORTD.6 betätigt wird, leuchtet die LED am PORTB.3.

- Ein Register umfasst mehrere Bits.
- Die Anzahl der Bits wird über die Breite des jeweiligen Busses festgelegt, an den die Register angeschlossen sind.
- Register haben speichernde Wirkung. Der Inhalt eines Registers bleibt bis zum nächsten Schreibvorgang erhalten.
- PB.3 oder PORTB.3 : Bit-Nr. 3 am PORTB

Programmablaufplan

Eine Aufgabenstellung lässt sich grafisch mit einem Programmablaufplan (PAP) darstellen (**Bild 1**). Dazu sind lediglich drei Grafiksymbole notwendig:

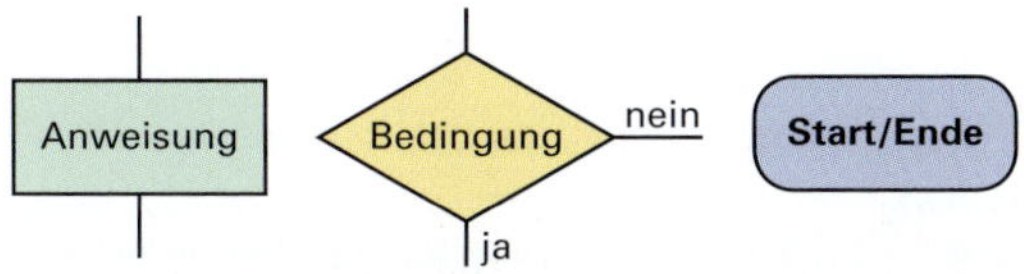

Diese Grafiksymbole werden über Linien verbunden. Die Ablaufrichtung wird über Pfeile gekennzeichnet.

> Ein Programmablaufplan stellt ein Programm mit wenigen Grafiksymbolen anschaulich und übersichtlich dar.

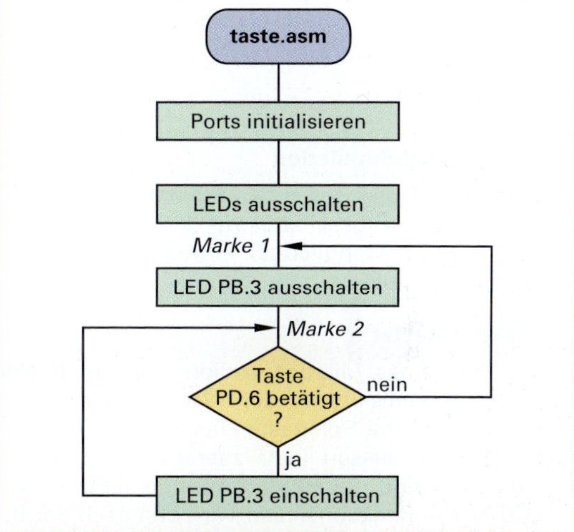

Bild 1: Programmablaufplan

Register

Bei der Programmierung eines Mikrocontrollers in Assembler greift der Programmierer unmittelbar auf die digitalen Funktionsgruppen des Mikrocontrollers zu. Er kann über Arbeitsregister Zahlenwerte und Bitmuster an das Rechenwerk übergeben und die Rechenergebnisse auslesen.

Zahlreiche Funktionsregister und Steuerregister erlauben die Anpassung und Abfrage der einzelnen Funktionsgruppen des Mikrocontrollers. So geben die Bits des Statusregisters Aufschluss über das Ergebnis einer vorausgegangenen Rechenoperation. Das Zero-Bit meldet ein Nullergebnis, das Carry-Bit einen Überlauf des Rechenwerks.

Übertragung auf die Bitebene

Zur Erstellung eines Assemblerprogramms für den Programmablauf in Bild 1 muss der Programmierer diesen PAP zunächst auf die Bitebene des Mikrocontrollers übertragen (**Bild 2**). Dazu bedient er sich eines Arbeitsregisters *tmp*, über das die gewünschten Bitmuster hergestellt und am PORTB ausgegeben werden können. Der PORTB ist ebenfalls ein Register und speichert daher das zuletzt geschriebene Bitmuster. Das Register PIND enthält die aktuellen Zustände der Pins am PORTD und gibt somit Auskunft über den Zustand der Taster.

Die Register DDRB und DDRD sind Datenrichtungsregister, über die eingestellt werden kann, ob ein Pin als Eingang (DDRD.X = 0) oder als Ausgang (DDRD.X = 1) betrieben werden soll.

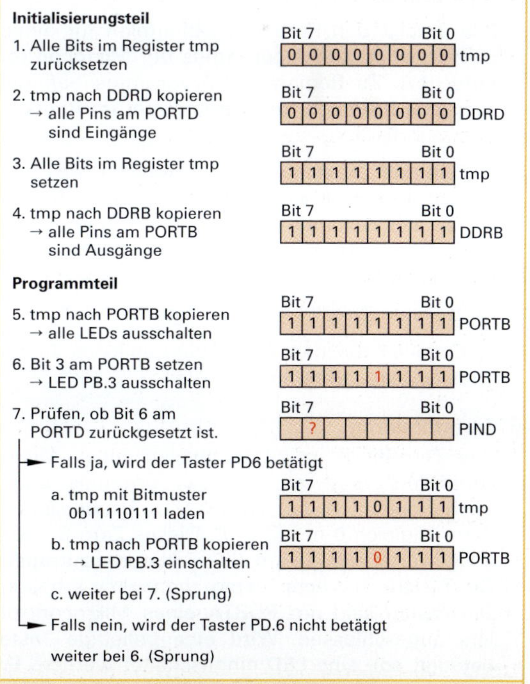

Bild 2: Übertragung auf die Bitebene

Assemblerbefehle

Im letzten Schritt greift der Programmierer auf den Befehlssatz des Mikrocontrollers zurück und erstellt ein Assemblerprogramm, das die Vorgänge auf der Bitebene in Form von Befehlen abbildet (**Bild 1**). Ein typisches Merkmal von Assemblerprogrammen ist dabei die Verwendung von Sprungmarken, die es ermöglichen, einzelne Stellen im Programm gezielt „anzuspringen". Zur besseren Lesbarkeit wird der Quellcode kommentiert. Kommentare beginnen mit einem Semikolon.

Aufgaben

① **RS-Kippglied-Simulation**

Über zwei Taster soll eine LED dauerhaft ausgeschaltet und eingeschaltet werden können (Funktion eines RS-Kippgliedes). Erstellen Sie den Programmablaufplan.

② **Reaktionstester**

Mit Hilfe eines Mikrocontrollers soll ein Reaktionstester realisiert werden. Zwei Spieler erhalten jeweils eine Spieltaste (Taste 1 und Taste 2). Der Spieler, dessen Taste zuerst betätigt wurde, bekommt eine dauerhafte Anzeige (LED 1 und LED 2). Der Reaktionstester wird erst nach der Betätigung der Taste 3 erneut betriebsbereit. Erstellen Sie den Programmablaufplan.

③ **Algorithmus**

Bild 2 zeigt den Programmablaufplan für einen häufig benötigten Algorithmus der Mikrocontrollertechnik. Zu Beginn des Programms befindet sich eine beliebige Hexadezimalzahl im Register *tmp*, z. B. 0×36.

a) Ermitteln Sie den Inhalt der Register *reg1* und *reg2* nach Abarbeitung des Programms, indem Sie alle Zustände der Register *tmp* und *reg1* angeben, die während der Programmabarbeitung auftreten.

b) Welchen Zweck erfüllt der Algorithmus?

c) Erstellen Sie den Assemblerquellcode für einen Mikrocontroller Ihrer Wahl.

④ **Tastaturabfrage**

Das Zero-Bit Z im Statusregister eines Mikrocontrollers zeigt an, ob das Ergebnis einer Rechenoperation den Wert 0 (Z = 1) oder einen Wert ungleich 0 hat (Z = 0). Dieses Zero-Bit soll ausgewertet werden um eine Tastatur abzufragen. Die Tastatur hat acht Tasten, die 0-aktiv arbeiten. Die Tasten sind am PORTA eines Mikrocontrollers angeschlossen. Wird eine beliebige Taste betätigt, soll eine LED eingeschaltet werden. Erstellen Sie den PAP unter Einbeziehung des Zero-Bits.

```
;Initialisierungsteil
  clr  tmp              ;Register tmp zurücksetzen
  out  DDRD,tmp         ;alle Pins am PORTD sind
                        ;Eingänge (Taster)
  ser  tmp              ;Register tmp setzen
  out  DDRB,tmp         ;alle Pins am PORTB sind
                        ;Ausgänge (LEDs)

;Programmteil
  out  PORTB,tmp        ;alle LEDs am PORTB aus-
                        ;schalten

Marke1:
  sbi  PORTB,3          ;LED PB.3 ausschalten
Marke2:
  sbic PIND,6           ;überspringe den nächsten
                        ;Befehl, wenn die Taste
                        ;PD.6 betätigt ist
  rjmp Marke1           ;Sprung zur Marke 1
  ldi  tmp,0b11110111   ;lade tmp mit dem Bit-
                        ;muster 0b11110111
  out  PORTB,tmp        ;kopiere tmp nach PORTB
                        ;und schalte damit LED
                        ;PB.3 ein
  rjmp Marke2           ;Sprung zur Marke 2
```

Bild 1: Assemblerprogramm taste.asm

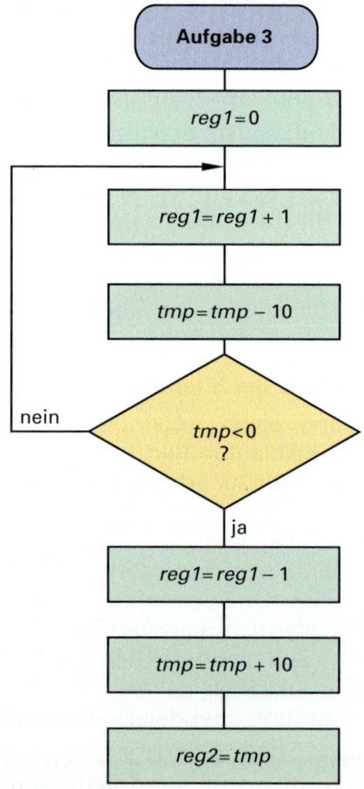

Bild 2: Häufig benötigter Algorithmus

4.4.2 Erste Gehversuche in C

In Assemblerprogrammen findet die Datenverarbeitung auf der Bitebene mithilfe von Arbeitsregistern statt. Die Größe der Arbeitsregister ist durch die Breite des Datenbusses vorgegeben. In C werden die Arbeitsregister durch Variablen ersetzt, deren Datentyp sich entsprechend den Erfordernissen in einem weiten Bereich festlegen lässt (**Tabelle 1**). Hinter einer Variablen verbergen sich auf der Maschinenebene je nach Datentyp die Inhalte eines oder mehrerer 8-Bit-Arbeitsregister.

> Die Festlegung des Datentyps einer Variablen hat damit Auswirkung auf die benötigte Anzahl an Arbeitsregistern.

Die Funktion des zuvor dargestellten Assemblerprogramms taste.asm (Bild 1, vorhergehende Seite) kann in gleicher Weise mit dem C-Programm taste.c realisiert werden. Den Initialisierungsteil des Programms zeigt **Bild 1**.

Tabelle 1: Datentypen (Auswahl)

	Datentyp	Wertebereich	Speicherbedarf in Bit
Bit	bit	0 oder 1	1
	bool	0 oder 1	8
Integer	unsigned char	0 bis 255	8
	int short int	– 32.768 bis 32.767	16
	unsigned int	0 bis 65535	
	long int	– 2.147.483.648 bis 2.147.483.647	32
Float	float double	± 1,175E–38 bis ± 3,402E38	32

Schritte der Programmentwicklung

Programmkopf

Im Programmkopf ① sind neben dem Dateinamen und einer Funktionsbeschreibung die verwendeten Schnittstellen und der Controllertyp angegeben. Programmtext, der durch die Zeichen // angeführt wird, wird vom Compiler nicht übersetzt und dient zur Kommentierung des Quellcodes.

Einfügen von Header-Dateien in Quelltextdateien

Über die #include-Anweisung werden beim Compilieren Header-Dateien in den Quelltext eingebunden ②.
Die Header-Datei tiny2313.h enthält symbolische Konstanten für diesen Mikrocontroller. Symbolische Konstanten ersetzen Zahlenwerte durch verständliche Begriffe. So erhält das Eingaberegister/Ausgaberegister 0×18 den Namen PORTB.

Vereinbarungen/Deklarationen

Die Vereinbarung von Namen für die im Programm verwendeten Variablen verbessert die Lesbarkeit des Programms ③. So kann die LED am Anschluss PORTB.0 über die Variable *led_PB* angesprochen werden. Da es sich um einen einzelnen Anschluss handelt, legt der Compiler die Variable *led_PB* als Bit-Variable an.

Bekanntmachung der Methoden

Der Compiler wird über die verwendeten Methoden informiert ④. Methoden sind Unterprogramme für genau abgegrenzte Aufgaben. Deren Verwendung ermöglicht das strukturierte Programmieren und erhöht die Lesbarkeit von Programmen. Neben selbst erstellten Methoden stehen in Bibliotheken Algorithmen (Rechenvorschriften) und Programmabläufe als fertige Methoden zur Verfügung. Ob eine Methode die Übergabe von Daten ermöglicht oder ob die Methode Daten zurückgibt, kann der Methodendeklaration entnommen werden (**Bild 2**). Im Fall der Methode *port_init()* zeigt der Eintrag void (leer, nichtig) an, dass keine Werte übergeben oder zurückgegeben werden.

```
/////////////////////////////////////////////
//Name:        taste.c                     //
//Funktion:    Die LED_PB leuchtet,        //
//             solange die Taste PD6       //
//             betätigt ist            ①   //
//Anschlüsse:  PORTB und PORTD             //
//Hardware:    ATTINY2313/Beispielanwendung//
/////////////////////////////////////////////

//Header-Dateien

#include <tiny2313.h>          ②

//Vereinbarungen/Deklarationen

#define prog_taster PIND.6
#define led_PB PORTB.0          ③

//Bekanntmachung der Methoden

void port_init (void);          ④
void tastenabfrage (void);
```

Bild 1: Initialisierungsteil des Programms taste.c

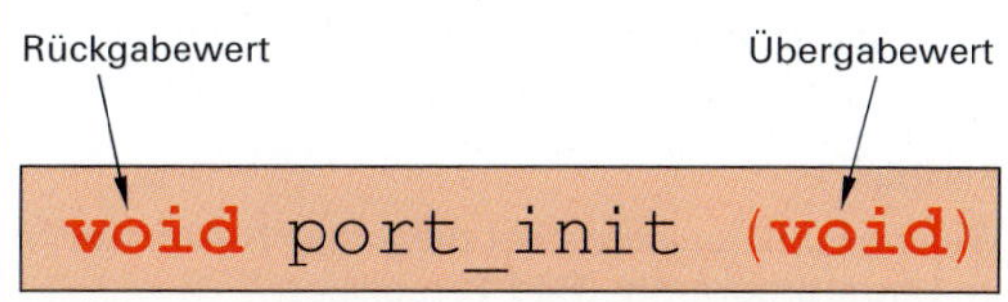

Bild 2: Rückgabewert und Übergabewert

Hauptprogramm und Methoden

Das Hauptprogramm ① erhält grundsätzlich die Bezeichnung *main.* Hauptprogramm und Methoden ② bestehen aus Anweisungen und Kontrollstrukturen, die nacheinander abgearbeitet werden. Eine Anweisung kann eine einzelne Operation sein (*led_PB0=prog_taster*: Der Zustand der LED PB0 entspricht dem Zustand des Programmiertasters).
Eine Anweisung kann auch der Aufruf einer Methode sein (*port_init()*). Das Hauptprogramm wird dann unterbrochen und nach der Abarbeitung der Methode fortgesetzt.
Ein typisches Beispiel für den Datenaustausch über Methoden soll anhand des Uhrenbausteins der Musterplatine gezeigt werden. Für den Programmierer ist es nicht notwendig, alle Einzelheiten der Kommunikation zwischen dem Controller und dem Uhrenbaustein zu kennen. Um die Minuteninformation der Uhr zu stellen, steht eine Methode *void stelle_minute* (*int set_min*) zur Verfügung. Mit dem Aufruf der Methode *stelle_minute(min)* wird der Wert der Integervariablen *min* an die Integervariable *set_min* übergeben. Der übergebene Wert kann nun innerhalb der Methode *stelle_minute()* weiterverarbeitet werden (**Bild 2**).
Will der Programmierer die Minuteninformation der Uhrzeit aus dem Uhrenbaustein auslesen, steht ihm dazu die Methode *int hole_minute(void)* zur Verfügung. Durch den Aufruf *minute=hole_minute()* wird der aktuelle Minutenwert ermittelt. Dieser wird in Form der Variablen *get_min* an das Hauptprogramm zurückgegeben und der Variablen *minute* zugewiesen (**Bild 3**).

Kontrollstrukturen

Kontrollstrukturen ③ ermöglichen es, im Programmverlauf Entscheidungen zu treffen (**Tabelle 1**).

Beispiel 1:
Welche Funktion wird über die *while(1)*-Abfrage ③ im Hauptprogramm (**Bild 1**) realisiert?
Lösung: Der Testausdruck ist immer größer 0. Damit wird die Anweisung in Form der Methode *tastenabfrage()* endlos ausgeführt.

```
//Hauptprogramm// ①
//==============================
void main (void)
{
  port_init();          //Ports einstellen

  PORTB=0xFF;           //Alle LEDs aus

 while (1)    ③
   {
     tastenabfrage(); //Methode tastenabfrage

   }
}

//Methoden//  ②
//==========================================
void tastenabfrage (void)
{
   {
     led_PB0=prog_taster;
   }
}

void port_init(void)
{
 DDRB=0xFF; //PORTB: alle Pins sind Ausgänge
 DDRD=0x00; //PORTD: alle Pins sind Eingänge
 PORTD=0xFF;//Pull-up-Widerstände ein
}
```

Bild 1: Programmteil des Programms taste.c

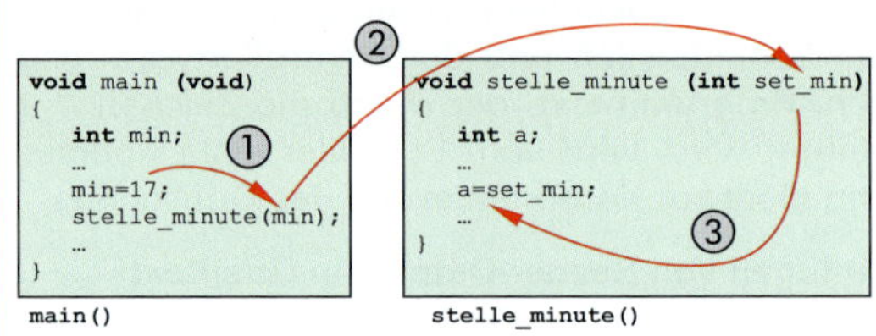

Bild 2: Schritte bei der Übergabe eines Wertes

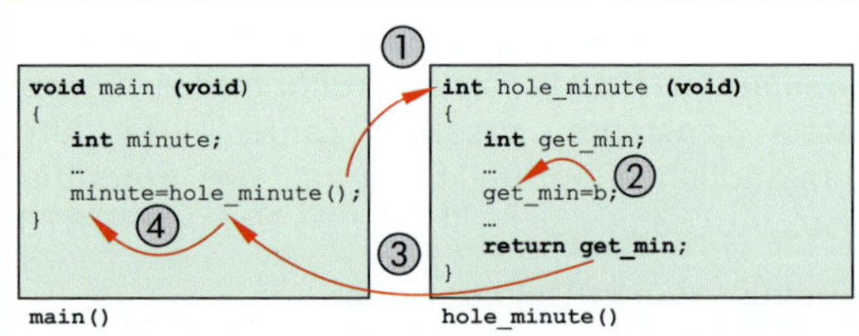

Bild 3: Schritte bei der Rückgabe eines Wertes

Tabelle 1: Kontrollstrukturen (Auswahl, siehe auch Anhang)

Kontrollstruktur	Beispiel	Bedeutung

while(<Test-Ausdruck>)
{
<Anweisung>;
}
	`while(i > limit)`
	`{`
	`summe=summe+i;`
	`}`
		Solange der Test-Ausdruck den Wert TRUE (ungleich 0) annimmt, wird die Anweisung ausgeführt.

for(<Init>;<Test-Ausdruck>;<Neu-Init>)
{
<Anweisung>;
}
	`for (i = 0; i < 5; i++)`
	`{`
	`summe=summe+i;`
	`}`
		Schleife wird z. B. 5 Mal ausgeführt

4.4.3 Lauflichtvarianten in C

Anhand mehrerer Lauflichtvarianten werden weitere Grundelemente der C-Programmierung dargestellt.

Beispiel 1:

Mithilfe der Musterplatine kann ein Lauflicht realisiert werden (**Bild 1**). Dazu werden die LEDs PB.0 bis PB.7 nacheinander angesteuert, beginnend mit der LED PB.0. Jede LED soll für 200 ms leuchten. Über die Variable *leds* können alle LEDs am PORTB gemeinsam angesprochen werden. Entwerfen Sie den Quellcode der Methode *lauflicht()*, die endlos vom Hauptprogramm aufgerufen wird.

Lösung: **Bild 2**

Operatoren

Betrachtet man das Zustandekommen des Leuchtmusters in Beispiel 1, lässt sich die Funktion des Lauflichts auf die beiden Operationen „Schieben" und „Zählen" reduzieren: Das 0-Bit wird sieben Mal nach links verschoben. Während sich die Zähloperation über eine Zählschleife (for-Kontrollstruktur) realisieren lässt, wird für die Schiebeoperation ein geeigneter Operator benötigt. **Tabelle 1** zeigt eine Auswahl von Operatoren, die in der Programmiersprache C zur Verfügung stehen.

Beispiel 2:

Erstellen Sie den kommentierten Quellcode der Methode *lauflicht()* unter Verwendung des Schiebeoperators (*lauflicht()* wird endlos vom Hauptprogramm aufgerufen).

Lösung: **Bild 3**

Lokale und globale Variablen

Bei der zweiten Variante des Lauflichts werden die Variablen *muster* und *k* innerhalb der Methode *lauflicht()* deklariert (**Bild 3**). Diese Variablen stehen damit nur innerhalb dieser Methode zur Verfügung und werden daher als lokale Variablen bezeichnet. Variablen, die im ganzen Programm für alle Methoden zur Verfügung stehen, heißen globale Variablen. Globale Variablen werden im Initialisierungsteil des Hauptprogramms deklariert.

Globale Variablen stehen im ganzen Programm, für alle Methoden zur Verfügung.

Lokale Variablen stehen nur in der Methode zur Verfügung, innerhalb derer sie deklariert wurden.

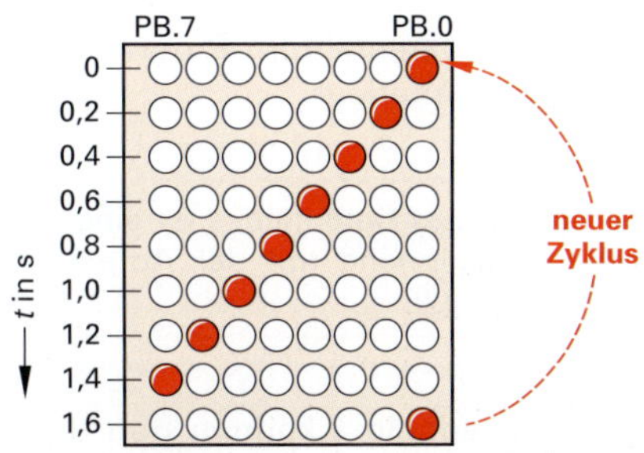

Bild 1: Lauflichtprinzip

```
void lauflicht (void)
{
 leds=0b11111110;   //LED PB.0 einschalten
 delay_ms(200);     //Wartezeit 200ms
 leds=0b11111101;   //LED PB.1 einschalten
 delay_ms(200);     //
 leds=0b11111011;   //LED PB.2 einschalten
 delay_ms(200);     //
 leds=0b11110111;   //LED PB.3 einschalten
 ...
 leds=0b01111111;   //LED PB.7 einschalten
 delay_ms(200);     //
}
```

Bild 2: Erste Lauflichtvariante

```
void lauflicht (void)
{
 unsigned char muster;//Mustervariable
 int k;               //Zählvariable k

 muster=0b00000001;   //Start-Leuchtmuster

 for (k=0;k<=7;k++)   //Für alle k von 0...7
 {
 leds=~muster;        //Leuchtmuster 0-aktiv
                      //ausgeben
 muster<<=1;          //1x linksschieben
 delay_ms (200);      //Wartezeit 200ms
 }
}
```

Bild 3: Zweite Lauflichtvariante mit Schiebeoperator

Tabelle 1: Operatoren in C (Auswahl, siehe auch Anhang)

Arithmetische Operatoren	Beispiel	Erläuterung
++	i++ oder ++i	ähnlich zu i = i + 1, Inkrement
Logische Operatoren		
< =	if (a < = b)...	kleiner oder gleich
Bit-Operatoren		
~	a = ~ b;	Bitweise NOT (1-Komplement)
<<	a = b << 3;	Linksschieben (um 3 Bits), 0-Bits werden nachgeschoben. Auch möglich: **a << = 3**
Allgemeine Operatoren		
=	a = b;	Zuweisung

Datenfelder

Eine dritte Möglichkeit, ein Lauflicht zu realisieren, ist in **Bild 1** dargestellt. Anstelle des Schiebeoperators wird im Initialisierungsteil des Programms ein Datenfeld (Tabelle) deklariert und mit vier Konstanten (const) initialisiert ①. Es enthält die gewünschten Leuchtmuster. Durch diese Deklaration wird das Datenfeld im Programmspeicher des Controllers hinterlegt.

> Jedem Eintrag des Datenfeldes ist eine Adresse zugeordnet, beginnend mit der Adresse 0 des ersten Eintrages ②.

Über die Zählvariable *k* können nun die Leuchtmuster nacheinander ausgegeben werden, beginnend mit dem Leuchtmuster an der Adresse 0 des Datenfeldes ③.

Beispiel 1:

Welche LEDs leuchten am PORTB beim vorgegebenen Datenfeld entsprechend Bild 1?

Lösung: **Bild 2**. Es leuchten nacheinander die LEDs PB.0, PB.2, PB.4 und PB.6.

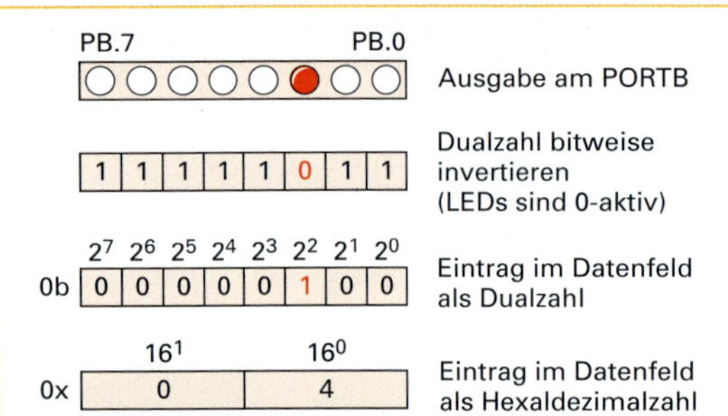

Bild 2: Vom Datenfeld zum Leuchtmuster

```
//////////////////////////////////////////////////
//     Name:           laufli3.c                //
//     Funktion:       Lauflicht am PORTB       //
//////////////////////////////////////////////////
#include <tiny2313.h>
#include <delay.h>

//Vereinbarungen/Deklarationen
#define LEDs PORTB

unsigned char const    //Datenfeld ①
spaltenmuster[]={0x01, 0x04, 0x10, 0x40};
                         ②
//Bekanntmachung der Methoden

void port_init (void);
void lauflicht (void);

//Hauptprogramm//

void main (void)
{
  port_init();          //Ports initialisieren

  PORTB=0xFF;           //Alle LEDs aus

  while (1)             //Wiederhole endlos
  {
   lauflicht();         //Methode lauflicht
  }
}

//Methoden (Auszug)//

void lauflicht (void)
{
  int k;                //Lokale Variable k

  for (k=0 ;k<=3 ;k++)//Für alle k von 0...3
  {
   PortB=~spaltenmuster[k]; ③
                        //Inhalt der Adresse k
                        //des Datenfeldes
                        //spaltenmuster[] lesen
                        //und invertiert
                        //ausgeben
   delay_ms(200);       //Wartezeit 200ms
  }
}
```

Bild 1: Dritte Lauflichtvariante

Position in der Tabelle	Leuchtmuster k (hex)
0	0x
1	0x
2	0x
3	0x
4	0x
5	0x
6	0x
7	0x

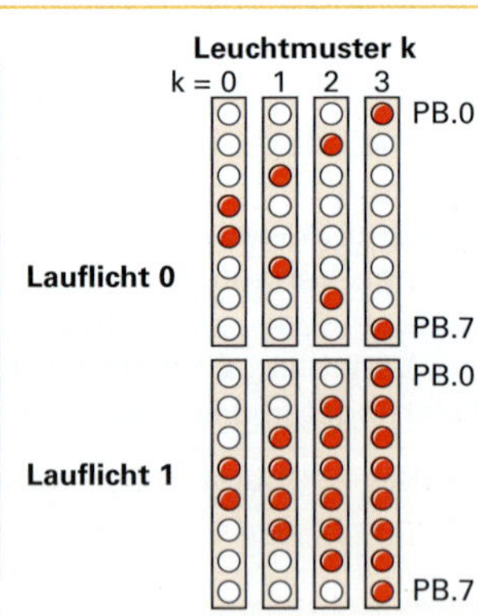

Bild 3: Leuchtmuster

Aufgaben

① a) Ersetzen Sie das Datenfeld im Quellcode laufli3.c (Bild 1) durch ein Datenfeld, das alle acht LEDs einzeln nacheinander einschaltet, beginnend mit der LED PB.0.

b) Welche Änderungen sind zusätzlich innerhalb der Methode *lauflicht()* vorzunehmen?

② a) Ersetzen Sie das Datenfeld im Quellcode laufli3.c durch ein Datenfeld, so dass die Lauflichtvariante 0 zustande kommt (**Bild 3**).

b) Erweitern Sie das Datenfeld entsprechend Bild 3, so dass ab der Adresse 4 die Lauflichtvariante 1 hinterlegt ist.

c) Der Methode *lauflicht()* soll eine Variable *nummer* übergeben werden, mit der jederzeit zwischen den Lauflichtvarianten 0 (nummer = 0) und 1 (nummer = 1) umgeschaltet werden kann. Geben Sie den entsprechend geänderten Quellcode der Methode *lauflicht()* an.

4.4.4 Timer

Mikrocontroller eignen sich z. B. zur zeitlichen Steuerung von Abläufen. Häufig ist es notwendig, dass mehrere Prozesse zeitgleich durchgeführt und überwacht werden.

Beispiel 1:
Der Fahrer einer Stadtbahn muss aus Sicherheitsgründen im Abstand von höchstens 15 Sekunden eine Taste betätigen (**Bild 1**). Weshalb kann diese Tote-Mann-Überwachung nicht mithilfe einer Zeitverzögerung von 15 s erfolgen, die z. B. über die Methode *delay_ms(15000)* erzeugt wird?

Lösung: Eine Abfrage der Taste wäre erst nach 15 Sekunden möglich.

Dann erst hat der Controller die Methode *delay_ms()* abgearbeitet und kehrt zur *main*-Methode zurück.

Zur Lösung der Problemstellung aus Beispiel 1 eignet sich ein Timer. Dabei handelt es sich um einen dualen Zähler, der vom Systemtakt direkt oder über einen Vorteiler getaktet wird (**Bild 2**). Der Vorteiler teilt den Systemtakt um einen bestimmten Faktor, bevor er für die Taktung des Zählers zur Verfügung steht.

Ein Timer ermöglicht eine softwareunabhängige Zeitmessung.

Für die Zeitmessung mit einem Timer gibt es zwei Möglichkeiten. Der Zählerstand, der über eine Variable ausgelesen werden kann, wird durch ständiges Abfragen (Polling) ausgewertet. Als Alternative dazu steht ein Timer-Overflow-Flag zur Verfügung – ein Bit, das den Überlauf des Timers signalisiert (**Bild 3**). Bei diesem Verfahren kann die Zeitmessung dadurch erfolgen, dass der Timer mit einem Startwert geladen wird (TSW), der so bemessen ist, dass der Überlauf nach genau der gewünschten Zeit erfolgt.

Beispiel 2:
Ein Mikrocontroller verfügt über einen 16-Bit-Timer. Bestimmen Sie für die Tote-Mann-Schaltung in Beispiel 1 den Timer-Startwert, so dass der Timer nach genau 15 Sekunden überläuft. Die Taktfrequenz des Mikrocontrollers beträgt 4 MHz. Der Vorteiler wird auf 1024 eingestellt.

Lösung: **Bild 4**.

Die Taktzeit des Timer beträgt 250 ns · 1024 = 256 µs. Die Zeitdauer von 15 Sekunden entspricht damit 15s/256 µs = 58594 Taktimpulsen. Der Überlauf erfolgt beim Zählerstand 65535 + 1. Damit ergibt sich ein Timer-Startwert von 65536 – 58594 = 6942.

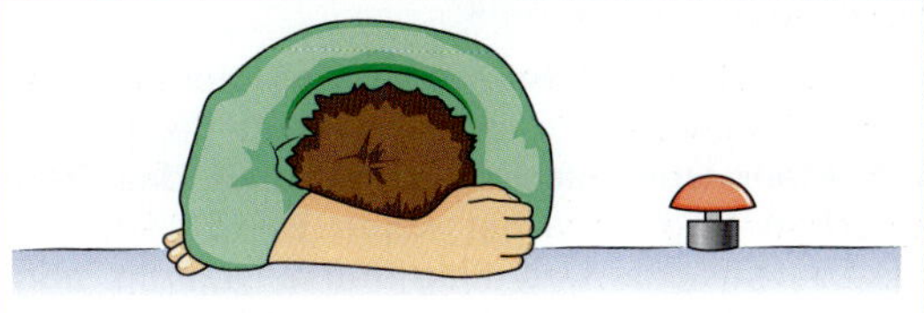

Bild 1: Tote-Mann-Überwachung sorgt für Sicherheit

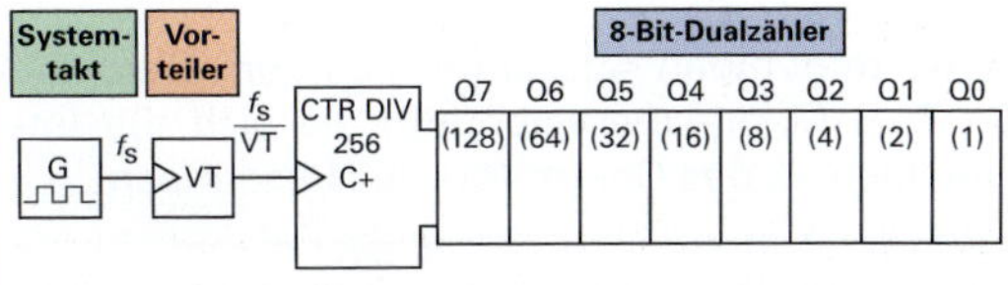

Bild 2: 8-Bit-Dualzähler mit Vorteiler als Timer

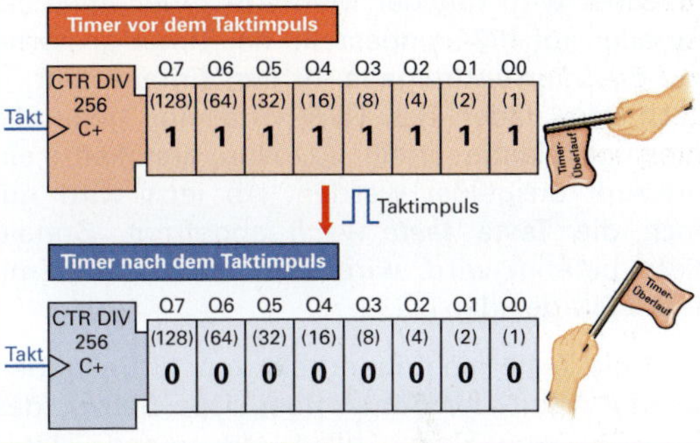

Bild 3: Timer-Overflow-Flag (TOF)

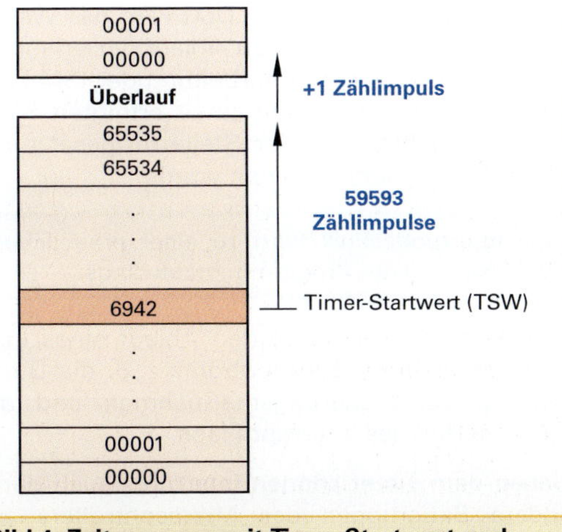

Bild 4: Zeitmessung mit Timer-Startwert und Timer-Overflow-Flag

4.4.5 Interrupt-Technik

Das ständige Abfragen von Variablen (Polling) nimmt Rechenzeit in Anspruch. Im Beispiel der Tote-Mann-Überwachung bringt auch das Timer-Overflow-Flag zunächst keine Erleichterung in dieser Hinsicht. Das Flag muss ständig abgefragt werden, um ein Überlaufen des Timers zu erkennen. Von einer lückenlosen Überwachung des Flags wären alle Methoden betroffen, was zu einem zusätzlichen Programmieraufwand und bei umfangreichen Programmen zu einer unübersichtlichen Programmstruktur führen würde.

Bild 1 zeigt einen Ausschnitt aus dem Quellcode der Tote-Mann-Überwachung, die sich die Interrupt-Technik des Controllers zu Nutze macht.

> Ein Interrupt unterbricht das Programm zur Ausführung einer Interruptmethode. Anschließend wird das Programm an der Stelle der Unterbrechung fortgesetzt.

Zunächst wird mit der Methode *timer_init()* der Vorteiler auf 1024 eingestellt, der Timer gestartet und die Interruptfreigabe für den Timer erteilt ①. Nach dem Laden des TSW wird eine generelle Interruptfreigabe erteilt ②. Nun erst kann ein Interrupt ausgelöst werden. Ab jetzt wird nur noch die Taste *taste_wach* abgefragt. Sobald diese betätigt wird, wird der Timer erneut mit dem TSW geladen ③.

Wird die Taste nicht innerhalb von 15 Sekunden betätigt, läuft der Timer über. Das Setzen des Timer-Overflow-Flags führt zu einer Unterbrechung der Programmabarbeitung. Nach der Durchführung von Sicherungsmaßnahmen wird die Methode *tastenabfrage()* und damit die main-Methode verlassen und die Interrupt-Service-Methode (ISM) ④ ausgeführt. Dort wird das Warnsignal eingeschaltet, das den Ablauf der erlaubten Zeit signalisiert. Nach Abarbeitung der ISM kann das Programm durch die zuvor erfolgten Sicherungsmaßnahmen an der Stelle fortgesetzt werden, an der es unterbrochen wurde.

> Die Interrupttechnik führt zu einer erheblichen Verringerung des Programmieraufwands.

Der Controller verwaltet den Ablauf eines Interrupts selbständig. Dazu gehören z. B. die Durchführung der Sicherungsmaßnahmen und das Zurücksetzen des Interrupt-Flags.

Neben dem Timer können Interrupts auch durch andere Baugruppen des Mikrocontrollers ausgelöst werden, z. B. durch Signaländerungen an bestimmten Portanschlüssen und Schnittstellen.

```
//////////////////////////////////////////////////
////Funktion: Tote-Mann-Überwachung           ////
//////////////////////////////////////////////////
...
//Interrupt-Service-Methode//  ④
interrupt [7] void timer1_overflow(void)
{
   warnton(1);            //Warnton einschalten
}
...
//Hauptprogramm//
void main (void)
{
 timer_init();  ①        //Vorteiler 1024
                          //Timer-Interrupt-
                          //freigabe
 TCNT1=6942;              //Timer-Startwert
                          //für 15s laden

 SREG=0x80; ②            //Allgemeine
                          //Interruptfreigabe
 while(1)                 //Wiederhole endlos
 {
   tastenabfrage();       //Tastenabfrage
 }
}
//Methoden//
void tastenabfrage (void)
{
 while (taste_wach)       //Warten bis
 {                        //taste_wach betätigt
 }
 TCNT1=6942;              //dann TSW für 15s
}                         //laden
...      ③
```

Bild 1: Quellcode zur Tote-Mann-Überwachung mit Timer-Interrupt

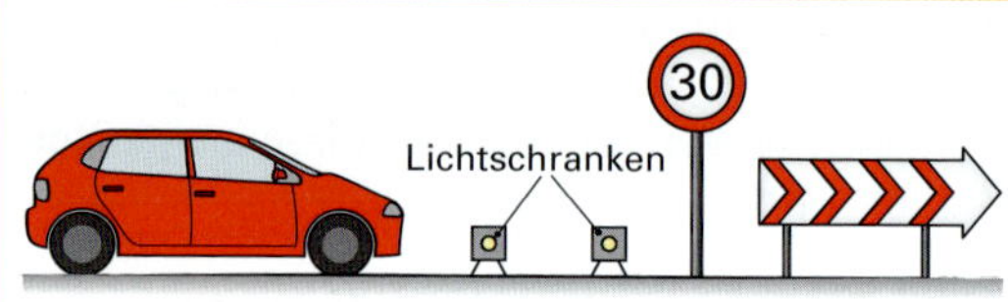

Bild 2: Baustelle mit Sicherungsmaßnahmen

Aufgaben

① Entwickeln Sie für Ihren Mikrocontroller den vollständigen Quellcode einer Tote-Mann-Überwachung.

② Erstellen Sie für Ihren Mikrocontroller eine Tabelle, aus der sich in Abhängigkeit vom Vorteiler der jeweils größtmögliche Zeitwert entnehmen lässt.

③ Eine Baustelle wird durch eine Abschrankung mit Lauflicht gesichert. Aufgrund zahlreicher Unfälle wird zusätzlich eine Geschwindigkeitsmessung mit den Lichtschranken LS1 und LS2 durchgeführt (**Bild 2**). Überschreitet das Fahrzeug eine Geschwindigkeit von 30 km/h, blinkt das Verkehrsschild für drei Sekunden. Das Lauflicht der Abschrankung soll unabhängig von der Geschwindigkeitsmessung funktionieren.

a) Weshalb kann das bei einer Geschwindigkeitsüberschreitung blinkende Verkehrsschild nicht mit der Methode *delay_ms()* realisiert werden?

b) Unter welcher Bedingung kann die Funktion trotzdem ermöglicht werden?

c) Beschreiben Sie in Stichworten eine Lösungsstrategie.

4.5 Analoge Signalverarbeitung und Signalerzeugung mit dem Mikrocontroller

Physikalische Größen werden über Sensoren erfasst und in elektrische Analogsignale umgewandelt.

Beispiel 1:
Beschreiben Sie die Komponenten einer digitalen Tonverarbeitung.
Lösung: **Bild 1**

Das analoge Sprachsignal wird vom Mikrofon in eine analoge elektrische Spannung umgewandelt. Ein Analog-Digital-Umsetzer (ADU) digitalisiert diese Spannung. Es entstehen digitale Zahlenwerte, die z. B. über einen Mikrocontroller verarbeitet und auf CD binär gespeichert werden. Über einen Digital-Analog-Umsetzer (DAU) können diese Zahlenwerte in elektrische Spannungswerte umgesetzt werden. Das elektrische Digitalsignal wird mit einem Filter „geglättet“ und anschließend verstärkt.

4.5.1 DAU – Vom Bit zur Musik

Mit einem DAU lassen sich beliebige Signalverläufe erzeugen. Dazu müssen die entsprechenden Zahlenwerte ermittelt und nacheinander an den DAU angelegt werden.

> Die Anzahl der möglichen Spannungsstufen ist durch die Auflösung des DAU begrenzt.

Ein DAU mit einer Auflösung von 4 Bit wird von einem 4-Bit-Dualzähler angesteuert **(Bild 2a)**. Er setzt den Zählerstand in eine gleichwertige elektrische Spannung um. Der Zählerstand 0101_2 erzeugt z. B. eine Spannung von 5 V.

Beispiel 2:
Skizzieren Sie den Verlauf der Ausgangsspannung $u_2(t)$.
Lösung: **Bild 2b**

Bei einer Auflösung von 4 Bit sind $2^4 = 16$ unterschiedliche Spannungsstufen möglich. Der Spannungsverlauf entspricht der Form eines „Sägezahns“. Der Zähler wird durch einen 8-Bit-Mikrocontroller ersetzt, der einen 8-Bit-DAU ansteuert **(Bild 3)**. Der Bereich der Ausgangsspannung wird über die Referenzspannung U_{ref} festgelegt.

> Ideale DAU haben eine lineare Quantisierungskennlinie **(Bild 4)**.

Der digitale Zahlenwert wird auf die Referenzspannung U_{Ref} bezogen. Die Referenzspannung U_{Ref} teilt sich bei einer Auflösung von n Bit gleichmäßig auf 2^n-1 Spannungsstufen der Höhe Δu auf.

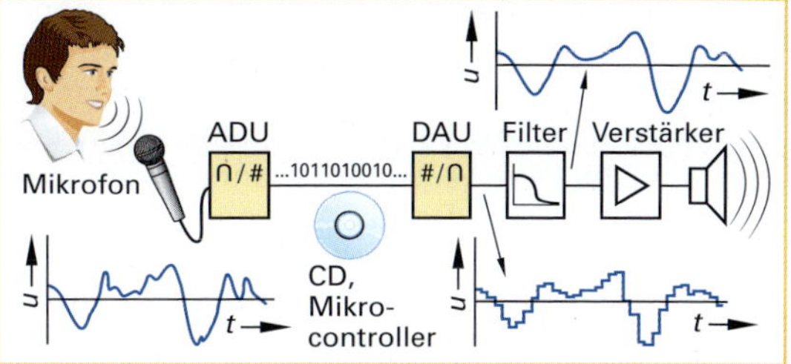

Bild 1: Baugruppen einer digitalen Tonverarbeitung

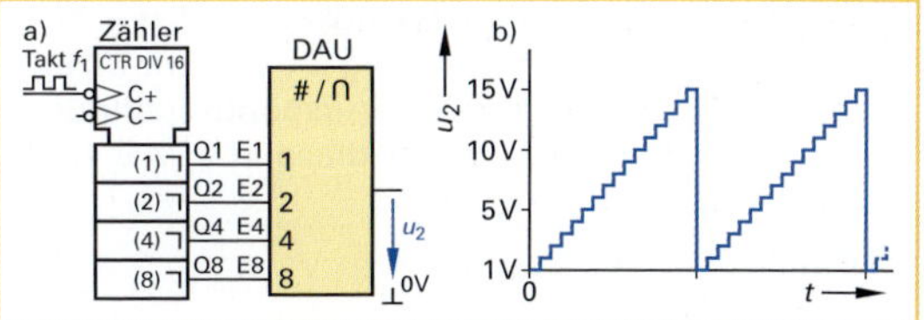

Bild 2: Ansteuerung eines DAU mit einem Zähler

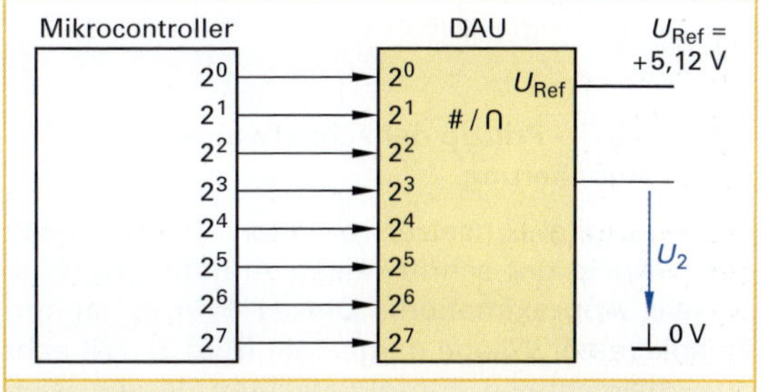

Bild 3: Ansteuerung mit einem Mikrocontroller

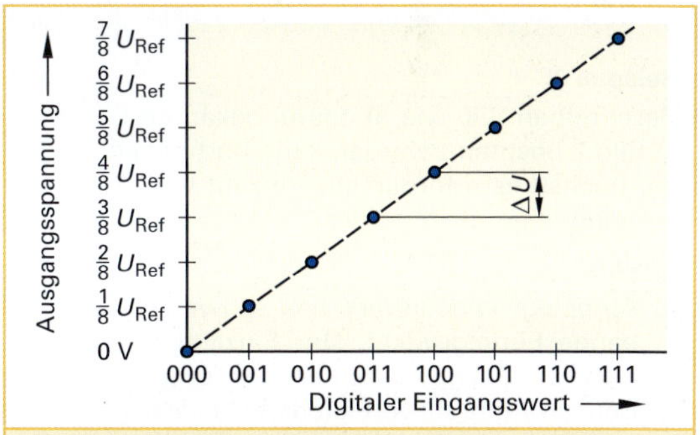

Bild 4: Quantisierungskennlinie eines idealen 3-Bit-DAU

Beispiel 3:
Die Referenzspannung des DAU in **Bild 3** beträgt $U_{ref} = 5{,}12$ V.

a) Wie hoch ist die Spannungsstufe Δu bei einer Auflösung von 8 Bit?

b) Wie groß ist die höchste Ausgangsspannung U_{2max}?

Lösung: a) $\Delta u = 5{,}12\ \text{V}/256 = 20\ \text{mV}$
b) $U_{2max} = 255 \cdot 20\ \text{mV} = 5{,}1\ \text{V}$.

Zur Erzeugung eines sinusförmigen Warntones **(Bild 1, Kurve ⓐ)** sollen die dafür benötigten Zahlenwerte ermittelt werden. Der Mikrocontroller steuert den DAU so an, dass näherungsweise eine sinusförmige Ausgangsspannung entsteht **(Bild 1, Kurve ⓑ)**. Da die Ausgangsspannung des DAU nicht negativ sein kann, wird ein Gleichspannungsanteil von 2,5 V addiert, der später über einen Filter entfernt wird.

Beispiel 1:

Ermitteln Sie a) die Funktionsgleichung $u = f(t)$, und b) die Zahlenwertgleichung $Z = f(n)$ zur Erzeugung der 16 Zahlenwerte der Ausgangsspannung in Bild 1 und c) berechnen Sie diese. ($U_{Ref} = 5{,}12$ V, 8-Bit-DAU).

Lösung:

a) $u(t) = 2\text{ V} \cdot \sin(\omega t) + 2{,}5\text{ V}$

b) $Z(n) = 100 \cdot \sin(\omega t) + 125$
mit $\omega t = n \cdot 2\pi/16$ (n = 0, ..., 15)

c) Bild 1

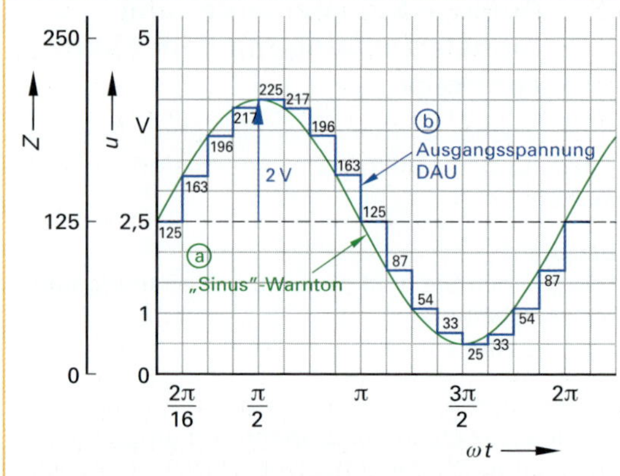

Bild 1: Sinusförmiger Warnton mit DAU

4.5.2 ADU – Prinzip der schrittweisen Annäherung

Analog-Digital-Umsetzer arbeiten häufig nach dem Prinzip der schrittweisen Annäherung (sukzessive Approximation). Dieses Prinzip ist am Beispiel einer Waage dargestellt **(Bild 2)**. Mit acht dual gewichteten Einzelgewichten lassen sich unbekannte Gewichte zwischen 1 g und 255 g bestimmen.

Bild 2: Prinzip der schrittweisen Annäherung

Beispiel 2:

Beschreiben Sie, wie a) das unbekannte Gewicht in Bild 2 bestimmt werden kann und geben Sie b) die höchstens erforderliche Anzahl von Auflegevorgängen an.

Lösung:

a) Aufgelegt wird immer das schwerste verbleibende Einzelgewicht. Nur Einzelgewichte, die nicht zu einem Ausschlag des Zeigers in den Bereich + führen, verbleiben in der Waagschale.

b) Bei acht Gewichten steht das Gewicht spätestens nach acht Auflegevorgängen fest.

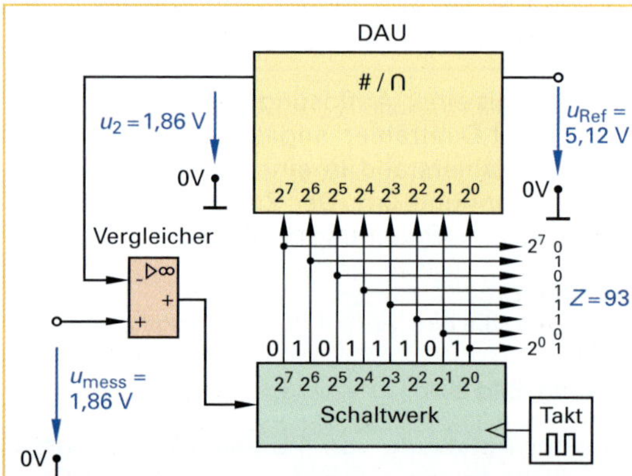

Bild 3: ADU mit schrittweiser Annäherung

Bei einem ADU mit schrittweiser Annäherung werden die dual gestuften Spannungswerte an einen DAU angelegt **(Bild 3)**. Ein Vergleicher ermittelt „entsprechend dem Zeiger der Waage" die Differenz zwischen der zu messenden Spannung und der Ausgangsspannung des DAU. Das Schaltwerk verändert seinen Ausgangszustand solange, bis die Differenz Null ist. Jetzt entspricht der digitale Zahlenwert am Eingang des DAU dem Wert der Messspannung.

Aufgaben

① Die sinusförmige Spannung in Bild 1 wird durch eine dreieckförmige Spannung gleicher Amplitude ersetzt. Ermitteln Sie a) die Funktionsgleichung $u = f(t)$ und b) die Zahlenwertgleichung $Z = f(n)$ und berechnen Sie c) 16 Zahlenwerte, über die das Signal näherungsweise mit dem DAU aus Beispiel 1 erzeugt werden kann.

② Geben Sie für die Messspannung in Bild 3 die einzelnen Schritte des Wägeverfahrens an.

4.6 DCF77 – Jede Sekunde zählt

Der DCF77-Sender strahlt europaweit die in Deutschland geltende gesetzliche Uhrzeit aus. Für den Empfang wird eine Antenne und eine Schaltung zur Signalaufbereitung benötigt **(Bild 1, links)**.

Immer zu Beginn einer Sekunde wird die Amplitude des Sendesignals abgesenkt **(Bild 2, oben)**. Durch die Signalaufbereitung entsteht daraus ein binäres Spannungssignal, das für 100 ms bzw. 200 ms von 5 V auf 0 V wechselt **(Bild 2, unten)**. Die Dauer von 100 ms ist dann als logische 0, die Dauer von 200 ms als logische 1 zu interpretieren. Innerhalb einer Minute werden im Sekundentakt 59 Informationsbits übertragen, aus denen Zeitinformationen, wie z. B. die Uhrzeit oder das Datum, gewonnen werden können **(Bild 3)**. In der 59. Sekunde wird kein Bit übertragen, womit der Beginn der nächsten Minute angekündigt wird. Die Paritätsbits P1, P2 und P3 dienen zur Fehlererkennung. Die Bits der 1. bis 20. Sekunde dienen zur Übermittlung von Zusatzinformationen.

Beispiel 1:

Weshalb bleibt der Sekundenzeiger bei Bahnhofsuhren **(Bild 1, rechts)** für kurze Zeit auf der Position 12 Uhr stehen?

Lösung:

Der Ausfall des Informationsbits in der 59. Sekunde wird erkannt, der Zeiger exakt mit dem Eintreffen des Informationsbits der 0. Sekunde gestartet.

4.6.1 Decodierung des DCF77-Signals

Das binäre DCF77-Signal u_{DCF} in Bild 2 soll mithilfe eines Mikrocontrollers decodiert und ausgewertet werden.

Beispiel 2:

Wie kann programmtechnisch zwischen einem empfangenen 0-Bit oder 1-Bit unterschieden werden?

Lösung: **Bild 4**

Zu Beginn jeder Sekunde wird eine Wartezeit mit einer Dauer von 150 ms gestartet. Nach Ablauf dieser Zeit wird der Zustand des DCF77-Signals geprüft. Für u_{DCF} = 5 V liegt ein 0-Bit vor, für u_{DCF} = 0 V liegt ein 1-Bit vor.

Aufgaben

① Wie lange muss man bei störungsfreiem Empfang höchstens warten, bis alle 59 Informationsbits korrekt ausgewertet werden können?

② a) Entwerfen Sie das Struktogramm der Methode *dcf_empfang()*, die den Zustand des DCF77-Signals über die Variable *dcf_signal* erfasst und so auswertet, dass bei einem 0-Bit die LED0, bei einem 1-Bit die LED1 für 150 ms aufleuchtet.

b) Entwickeln Sie für Ihren Mikrocontroller den vollständigen Quellcode.

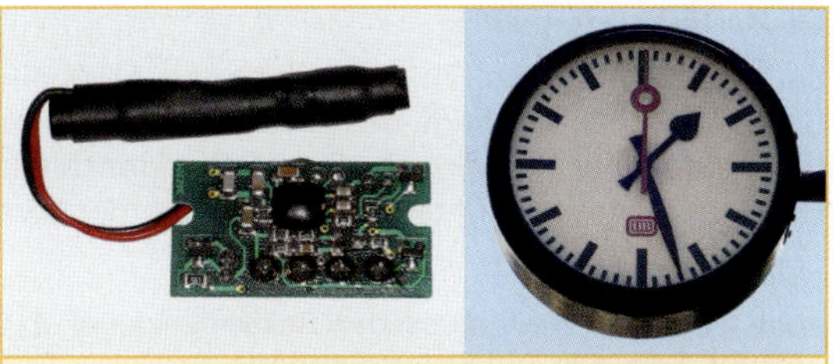

Bild 1: DCF77-Empfangsmodul und Bahnhofsuhr

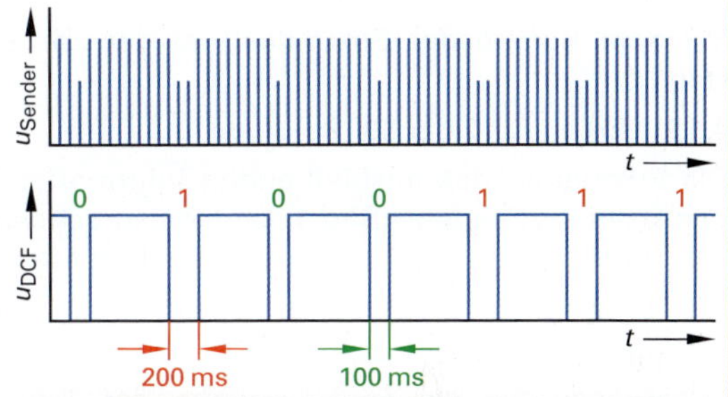

Bild 2: Analoges Sende- und binäres Empfangssignal

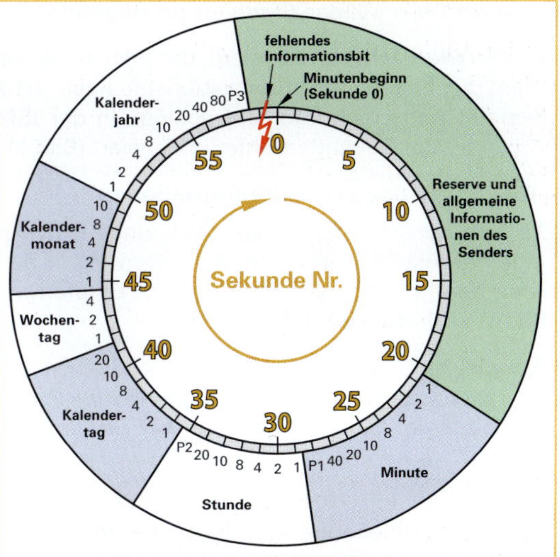

Bild 3: Informationen im Sekundentakt

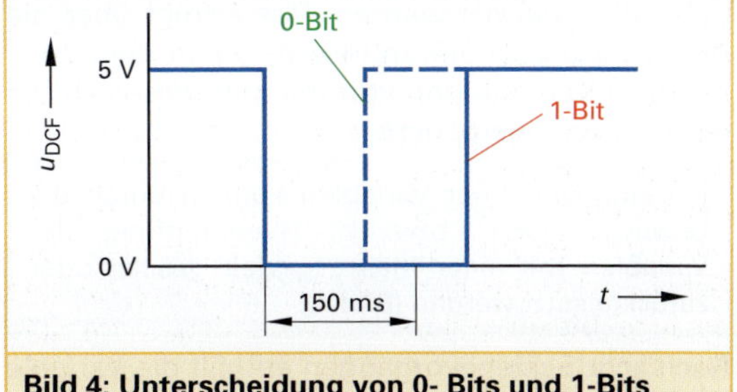

Bild 4: Unterscheidung von 0- Bits und 1-Bits

4.6.2 Sekundenzähler

Zur Auswertung der Zeitinformationen wird ein Sekundenzähler benötigt, dessen Zählerstand dem Sekundenstand entspricht. Der Sekundenzähler wird zu Beginn jeder neuen Sekunde inkrementiert.

Beispiel 1:
Mit welchem Wert muss der Sekundenzähler in der 59. Sekunde initialisiert werden?
Lösung: Der Sekundenzähler wird in der 59. Sekunde mit dem Wert –1 initialisiert.

Mit dem Beginn der Sekunde 0 ist der Zählerstand 0.

4.6.3 Erkennung der 59. Sekunde

Die Erkennung des ausbleibenden Informationsbits in der 59. Sekunde **(Bild 1)** kann entsprechend der Funktion der vorab dargestellten Tote-Mann-Überwachung erfolgen.

Beispiel 2:
Übertragen Sie die Funktionsweise der Tote-Mann-Überwachung auf die Erkennung der 59. Sekunde.
Lösung: Mit dem Eintreffen jedes Informationsbits wird ein Timer auf den Startwert zurückgesetzt.

Der Startwert wird so festgelegt, dass der Timer bei einem ausbleibenden Informationsbit nach 1,1 s überläuft und einen Interrupt auslöst. In der ISM wird dann der Sekundenzähler initialisiert **(Bild 2)**.

4.6.4 Erfassung von Zeitinformationen

Die Minuteninformation soll mit einer BCD-Anzeige dargestellt werden **(Bild 3)**. Sie wird in den Sekunden 21 bis 28 BCD-codiert empfangen **(Bild 3, vorhergehende Seite)**.

Beispiel 3:
Wie können die Bits der Minuteninformation chronologisch in die 8-Bit-Variable *min* übertragen werden?
Lösung: **Bild 4**

Über den Schiebeoperator wird der Inhalt von *min* zu Beginn jeder neuen Sekunde nach rechts geschoben. Bit 7 wird dadurch zurückgesetzt (siehe Schiebeoperator). Bei einem 1-Informationsbit muss Bit 7 gesetzt werden. Das erfolgt über die Maskierung von *min* mit 0x80. Durch die bitweise ODER-Verknüpfung von *min* mit dieser Maske wird nur Bit 7 verändert.

Einzelne Bits einer Variablen können durch die bitweise ODER- bzw. UND-Verknüpfung der Variablen mit einer Maske gezielt gesetzt oder zurückgesetzt werden **(Bild 4)**.

Nach acht Schiebevorgängen enthält die Variable *min* die Minuteninformation und das Paritätsbit P1.

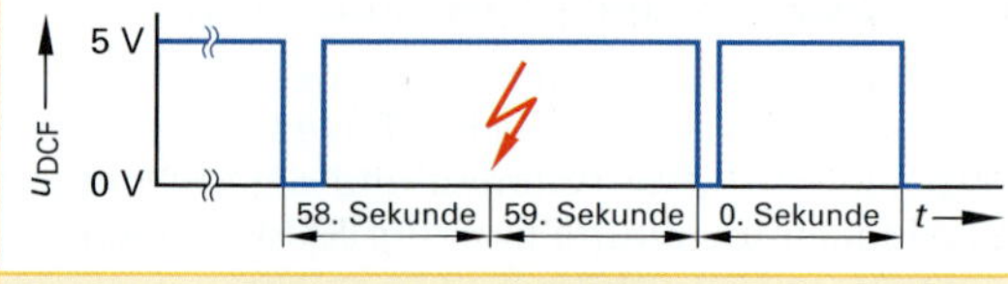

Bild 1: Fehlendes Informationsbit in der 59. Sekunde

```
ISR timer1_overflow (void):void
    sekunde = –1;
```

Bild 2: Interrupt-Service-Methode (ISM)

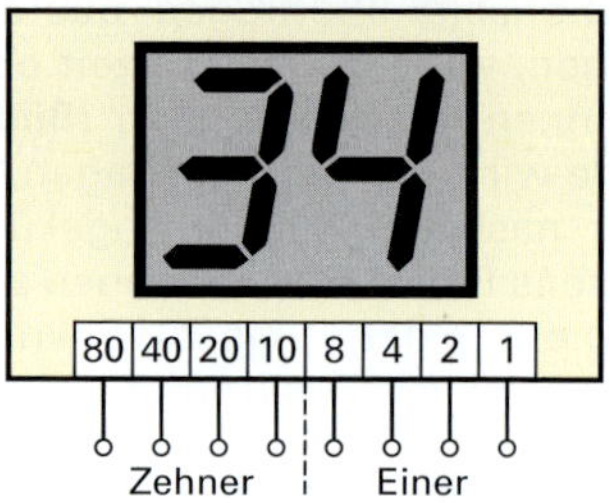

Bild 3: Zweistellige BCD-Anzeige

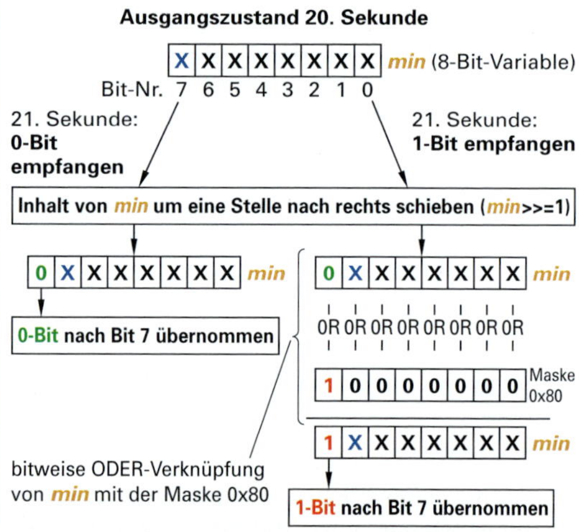

Bild 4: Aufbereitung der Minuteninformation

Aufgaben

① Erstellen Sie das Struktogramm einer Methode *r_rotate()*, die die in Bild 4 dargestellte Funktion ausführt. Dieser Methode wird eine lokale Variable *bitmuster* übergeben. Die Rückgabe erfolgt ebenfalls über *bitmuster*.

② Erstellen Sie den Quellcode zum Empfang und zur Anzeige einer Zeitinformation Ihrer Wahl.

③ Nach dem Einlesen der Minuteninformation enthält Bit 7 der Variablen *min* das Paritätsbit P1, das nicht zur Anzeige kommen soll. Setzen Sie Bit 7 durch bitweise UND-Maskierung zurück.

4.7 Atmel-Mikrocontroller

4.7.1 Mikrocontoller-Plattformen

Die Firma Atmel fertigt 8-Bit-Mikrocontroller vom Typ AVR und modernisierte 8-Bit-Mikrocontroller mit der 8051-Architektur der Firma Intel. AVR-Prozessoren verwenden einen RISC-Befehlsatz, 8051-Prozessoren einen CISC-Befehlssatz.

- ATML von Advanced Technology for Memory and Logic = fortschrittliche Speicher- und Logik-Technologie
- AVR Akronym ohne Bedeutung
- 8051 Mikrocontrollerfamilie entwickelt um 1984 von Intel (von Neumann-Struktur)
- 8051-Architektur, neue Technologie von Atmel, In-System Programmable (ISP) moderne Schnittstellen, z. B. USB, I²C-Bus

4.7.1.1 Mikrocontoller mit 8051-Architektur

Atmel-8051-Derivate, z. B. der AT89C5131 hat die Anschlüsse SCL (Serial Clock), SDA (Serial Data) des I²C-Bus (Inter Integrated Circuits), einen Tastaturanschluss KIN (Keyboard IN) und die USB-Schnittstelle mit D– und D+ (**Bild 1**). Für Daten und Programme werden ein Flash-Speicher mit 32 KB, ein EEPROM mit 4 KB und ein ERAM (Expanded RAM) mit 1 KB verwendet.

Im C51-Core (Bild 1) sind die CPU, ein RAM mit 256 Bytes, eine serielle Schnittstelle mit RxD und TxD, die Timer T0 und T1 und die Interruptsteuerung INT0 und INT1 enthalten.

Der Mikrocontroller hat fünf EA-Einheiten (Ports) P0 bis P4 für je 8 Bit, die teilweise doppelt belegt sind (alternate functions). Zusätzlich sind ein Timer 2, eine Timer- und Watchdogsteuerung PCA (Programmable Counter Array) und eine Schnittstelle SPI (Seriel Peripheral Interface), zum Anschluss serieller Peripheriegeräte vorhanden.

Der AT89C5131 wird meist mit dem Gehäuse PLCC52 (Plastic Leaded Chip Carrier) mit 52 Pins verwendet (**Bild 2**).

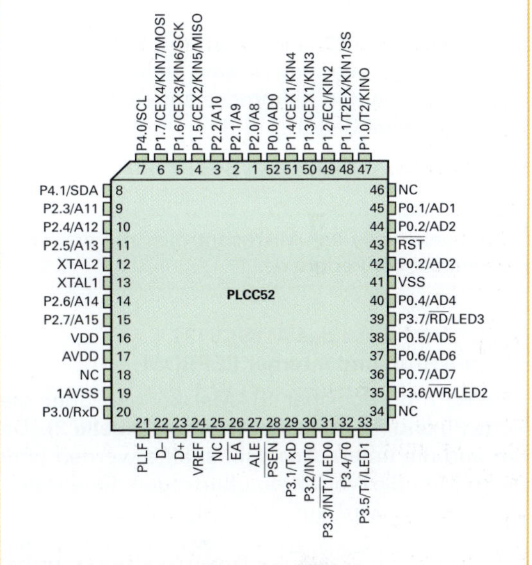

Bild 2: Pin-Belegung des AT89C5131

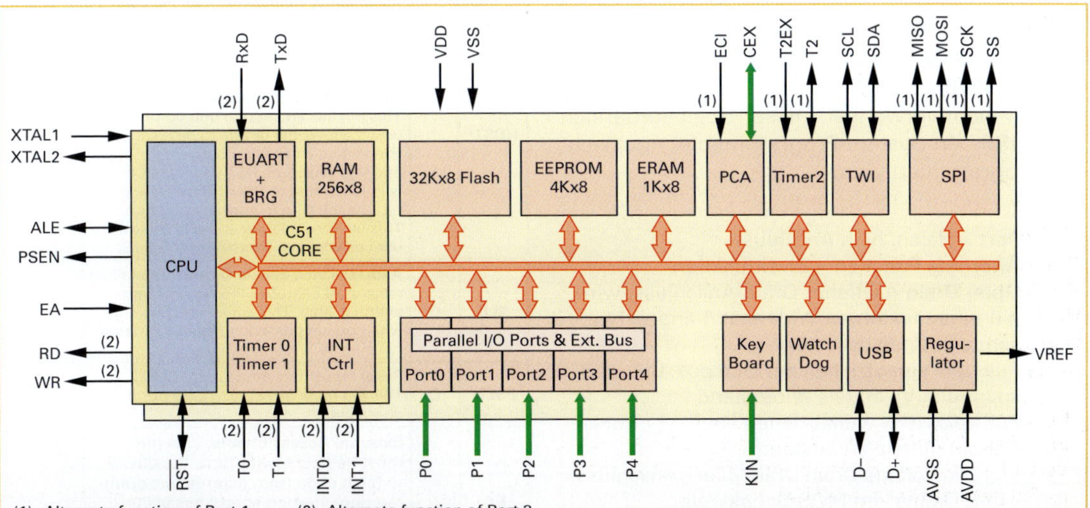

Bild 1: Übersichtschaltplan AT89C5131

Portanschlüsse des AT89C5131

Ports P0 bis P3

Die Ports P0 bis Port P3 haben je 8 bidirektionale EA-Leiter (**Tabelle 1**). Die EA-Leiter des Ports P0 werden mit P0.0 bis P0.7 bezeichnet. Dies wird als Byte mit P0[7:0] gekennzeichnet. Die Schreibweise zeigt die Reihenfolge der Wertigkeit der Bits d. h. P0.0 enthält das niederwertigste Bit, P0.7 das höchstwertige Bit.

Port 0 hat Open Drain-Ausgänge, da es zusätzlich als Datenbus oder untere Hälfte des Adressbusses verwendbar ist.

Die **Ports P1 bis P3** sind intern mit Pull-up-Widerständen versehen und haben teils Zweitfunktionen. Diese sind in Klammern angegeben (Bild 1, vorhergehende Seite).

Port 4 dient zur Steuerung des I²C-Busses.

Ports verbinden den Mikrocontroller mit den EA-Einheiten, der Peripherie.

Signalanschlüsse des AT89C5131
Externe RAM und interner EEPROM

Externe 8-Bit-Speicher (RAMs) können über die Ports P0 und P2 adressiert werden (**Tabelle 2**). Daten und die untere Adressbushälfte werden über P0 im Multiplexverfahren übertragen. Eine Datenübertragung wird auf dem Leiter ALE angezeigt. Gesteuert wird die Datenübertragung mit den Signalen RD (Lesen) und WR (Schreiben). PSEN, ALE und EA steuern den externen Speicherzugriff. Ein 0-Signal am /RST startet den Mikrocontroller neu.

Der interne EEPROM verwendet die untere Hälfte des Speicherbereichs mit 32 KBytes im Adressbereich 0000h bis 7FFFh. Die Ports P0 und P2 werden nicht verwendet. Dieser Speicherbereich kann ISP (In-System-Programmable) gelöscht und programmiert werden.

- **Port** = Hafen, hier: Anschluss
- **Alternate Function** = Zweitfunktion
- **Open Drain** = Offener Drain-Anschluss, wird mit einem externen Widerstand angeschlossen (vgl. Open collector)
- Pull up = hinaufziehen auf eine pos. Betriebsspannung V_D mittels Widerstand
- Pull down = hinabziehen auf V_s (meist Masse) mittels Widerstand
- V_{DD} von Voltage Drain Drain, hier „Anschluss vieler Drains" im MOS-Schaltkreis
- V_{SS} von Voltage Source Source hier „Anschluss vieler Sources" im MOS-Schaltkreis

Tabelle 1: Portanschlüsse AT89C5131

Signal Name	Type	Description	Alternate Function
P0[7:0]	I/O	**Port 0:** P0 is an 8-bit open-drain bidirectional I/O port. Port 0 pins that have 1s written to them float and can be used as high impedance inputs. To avoid any parasitic current consumption, Floating P0 inputs must be pulled to V_{DD} or V_{SS}.	AD[7:0]
P1[7:0]	I/O	**Port 1:** P1 is an 8-bit bidirectional I/O port with internal pull-ups.	KIN[7:0] T2 T2EX ECI CEX[4:0]
P2[7:0]	I/O	**Port 2:** P2 is an 8-bit bidirectional I/O port with internal pull-ups.	A[15:8]
P3[7.0]	I/O	**Port 3:** P3 is an 8-bit bidirectional I/O port with internall pull-ups.	LED[3:0] R×D T×D $\overline{\text{INT0}}$ $\overline{\text{INT1}}$ T0 T1 $\overline{\text{WR}}$ $\overline{\text{RD}}$
P4[1:0]	I/O	**Port 4:** P4 is an 2-bit open port.	SCL SDA

Tabelle 2: Signalanschlüsse AT89C5131

Signal Name	Type	Description	Alternate Function
AD[7:0]	I/O	Multiplexed Address/Data LSB for external access. Data LSB for Slave port access (used for 8-bit and 16-bit modes).	P0[7:0]
A[15:8]	I/O	Address Bus MSB for external access. Data MSB for Slave port access (used for 16-bit mode only).	P2[7:0]
RD	I/O	**Read Signal:** Read signal asserted during external data memory read operation. Control input for slave port access cycles.	P3.7
WR	I/O	**Write Signal:** Write signal asserted during external data memory write operation. Control input for slave write access cycles.	P3.6
$\overline{\text{RST}}$ (/RST)	I	**Reset Input:** Holding this pin low for 64 oscillator periods while the oscillator is running resets the device. The port pins are driven to their reset conditions when a voltage lower than V_{IL} is applied, whether or not the oscillator is running. This pin has an internal pull-up resistor which allows the device to be reset by connecting a capacitor between this pin and V_{SS}. Asserting $\overline{\text{RST}}$ when the Chip is in Idle mode or Power-down mode returns the chip to normal operation. This pin is set to 0 for at least 12 oscillator periods when an internal reset occurs.	–
ALE	O	**Address Latch Enable Output:** The falling edge of ALE strobes the address into external latch. This signal is active only when reading or writing external memory using MOVX instructions.	–
PSEN	O	**Reset Input:** Test mode entry signal. This pin must be set to V_{DD} for normal operation.	–
EA	I	**External Access Enable:** This pin must be held low to force the device to fetch code from external program memory starting at address 0000h. It is latched during reset and cannot be dynamically changed during operation.	–

Internes RAM beim AT89C5131

Für das Zwischenspeichern von Daten dient ein kleiner RAM und ein ERAM mit 1 KB (**Bild 1**). Das RAM ist in zwei Hälften mit je 128 Bytes geteilt, die verschieden adressiert werden müssen (**Tabelle 1**). Die obere Hälfte des RAMs mit den Adressen 80H bis FFH kann nur mit Befehlen zur indirekten Adressierung bearbeitet werden. Bei der indirekten Adressierung muss sich die gewählte Adresse in einem der beiden Register R0 oder R1 befinden. Die untere Hälfte des RAMs hat den Adressbereich 00H bis 7FH (**Bild 2**). In ihm kann jedes Byte mit Befehlen zur direkten Adressierung oder mit Befehlen zur indirekten Adressierung gewählt werden. Der RAM-Bereich wird nach seiner Verwendung unterteilt. Es gibt vier Registerbänke (Gruppe von Registern) mit vier mal 8 Bytes. Diese Register werden jeweils als Register R0 bis R7 bezeichnet. Die Auswahl einer Registerbank erfolgt durch Setzen des dritten und vierten Bits des Programmstatus-Wortes (PSW).

Beispiel 1:

Geben Sie den Befehl an, mit dem die Registerbank 3 eingeschaltet wird (Tabelle 1).

Lösung: **MOV PSW, #18H**

Mit dem Befehl MOV wird das Datenwort 18H in das PSW-Register (mit der Adresse D0H im SFR-Bereich) geladen (**Bild 1, folgende Seite**). Mit dem Zeichen # wird eine Konstante gekennzeichnet. Auf den Registerbereich folgen die 16 Bytes mit den Adressen 20H bis 2FH, deren Bits einzeln von 00H bis 7FH nummeriert sind (Bild 2). Mit den Befehlen zur Bitbearbeitung kann jedes einzelne Bit direkt bearbeitet werden. Mit dem Befehl SETB *n* (Setze Bit mit der Nummer *n*) kann ein Bit gesetzt oder mit CLR *n* (Lösche Bit mit der Nummer *n*) gelöscht werden.

Beispiel 2:

Setzen Sie das Bit mit der Nummer 7EH mit dem Setzbefehl auf den Wert 1.

Lösung: **SETB 7EH**

Die Zahl 7EH hinter SETB darf man nicht mit der vorletzten Byte-Adresse 7FH in der unteren RAM-Hälfte verwechseln. Die Bytes mit den Adressen 30H bis 7FH dienen als Zwischenspeicher für Daten.

Spezialfunktions-Register

Der Speicherbereich für die Spezialfunktions-Register (SFR) hat den gleichen Adressenbereich von 80H bis FFH wie die obere RAM-Hälfte (Bild 1). Im Unterschied zum RAM-Bereich erfolgt die

Tabelle 1: Adressierungsarten

Adressierungs-art	Beispiel	Erklärung
Register-Adressierung	MOV A, R0	Inhalt von R0 in den Akkumulator.
Direkte Adressierung	MOV A, P1	Inhalt von P1 in den Akkumulator.
Register-indirekt	MOV A, @RO	Inhalt des durch R0 adressierten Bytes in den Akkumulator.
Unmittelbare Adressierung	MOV PSW, #18H	Schaltet auf die Registerbank 3 um.
Indizierte Adressierung	MOV @R1, #02H	Lade die Zahl 2 in die durch R1 adressierte Speicherstelle.
02h oder 02H = Hexadezimalzahl 2		

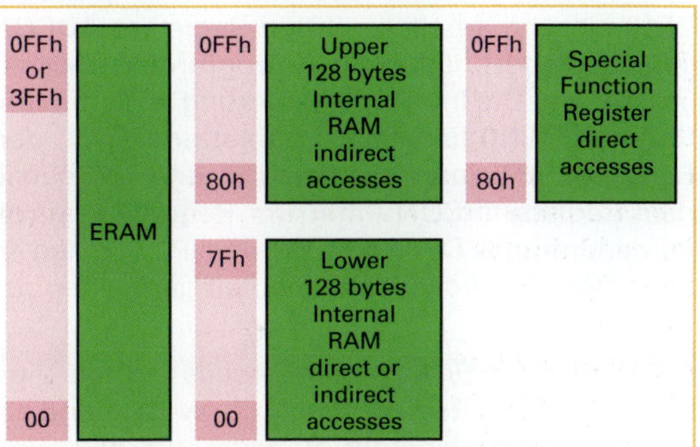

Bild 1: Interner Datenspeicher (RAM), ERAM und Spezialfunktions-Register (SFR)

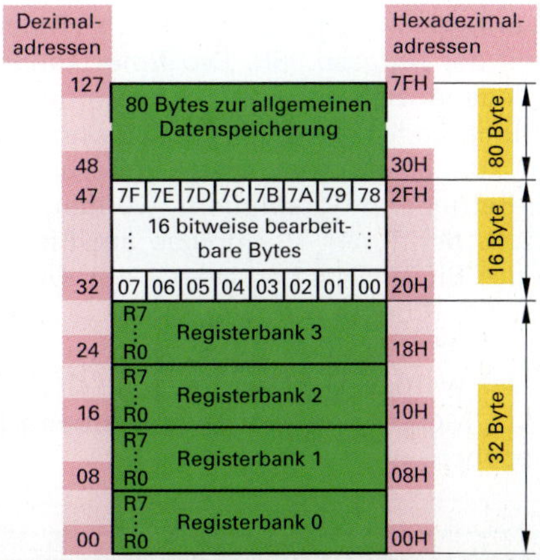

Bild 2: Untere Hälfte des RAM-Bereichs

Anwahl eines SFR durch direkte oder unmittelbare Adressierung (Tabelle 1, vorhergehende Seite). Zusätzlich können alle Register, deren Adressen durch 8 teilbar sind, auch bitweise bearbeitet werden.

Alle SRF, deren Adressen durch 8 teilbar sind, können auch bitweise bearbeitet werden.

Der SFR-Bereich enthält auch die von anderen Mikroprozessoren her bekannten Register. So sind die Register für Akkumulator A (Adresse E0H), Programm-Status-Wort PSW (Adresse D0H), Stapelzeiger SP (Adresse 81H) und die zwei Register DPL (Adresse 82H) und DPH (Adresse 83H) für den 16-Bit-Datenzeiger vorhanden. Beim Programmieren ist es gleich, ob ein Registername oder eine Registeradresse angegeben wird. Im SFR-Bereich sind noch weitere adressierbare Register vorhanden. So haben die Ports P0 bis P5 die Adressen 80H, 90H, A0H, B0H, E8H und F8H. Der DA-Umsetzer liest am Port P6 (Adresse DBH) ein und arbeitet mit den Registern ADCON (AD-Converter), DAPR (DA-Programm), ADDAT (AD-Daten). Die Interrupt-Steuerung wird mit den Registern IEN0 (Interrupt Enable) und IEN1, den Registern IP0 (Interrupt Priority) und IP1 sowie dem Register IRCON (Interrupt Request Control) vorgenommen. Die Ports P1 und P3 werden in ihrer Zweitfunktion als Interrupteingänge benutzt.

Die drei 16-Bit-Timer haben jeweils ein mit L gekennzeichnetes Register für das Low-Byte und ein mit H gekennzeichnetes Register für das High-Byte. Der Timer T0 arbeitet z. B. mit den Registern TL0 und TH0 (Adressen 8AH und 8CH, **Bild 2**). Die Betriebsart wird mit dem Register TMOD (Timer Mode) mit der Adresse 89H eingestellt. Die Steuerung erfolgt mit dem Register TCON (Timer Control) mit der Adresse 88H. Die Timer können für verschiedene Betriebsarten programmiert werden. Durch Laden der Register TL0 und TH0 mit Zahlen können einstellbare Verzögerungszeiten (Timer-Betrieb) programmiert werden. Weiter zählt z. B. der Timer T0 Impulse am Pin 16, solange das Bit TCON.4 den Wert 1 hat. Durch entsprechende Programmierung kann z. B. auch die Zeitdauer eines am Pin 14 anliegenden Impulses gemessen werden. Die Messgenauigkeit ist durch den zum Messen verwendeten Systemtakt von 1 µs gegeben.

Die Mikrocontrollerbetriebsarten werden durch Programmierung des SRF-Bereiches eingestellt.

SFR-Tabellen
- Übersicht S. 323
- Alle SF-Register S. 324

bitweise bearbeitbar — FFH ≙ 255 — 8FH

Hexadezimale Adressen	0	1	2	3	4	5	6	7
F8h	P5							
F0h	B							
E8h	P4							
F0h	A							
D8H	ADCON	ADDAT	DAPR	P6				
D0H	PSW							
C8H	T2CON		CRCL	CRCH	TL2	TH2		
C0H	IRCON	CCEN	CCL1	CCH1	CCL2	CCH2	CCL3	CCH3
B8H	IEN1	IP1						
B0H	P3							
A8H	IEN0	IP0						
A0H	P2							
98H	SCON	SBUF						
90H	P1							
88H	TCON	TMOD	TL0	TL1	TH0	TH1		
80H	P0	SP	DPL	DPH				PCON

Bild 1: SFR-Tabelle für den 8051-Core

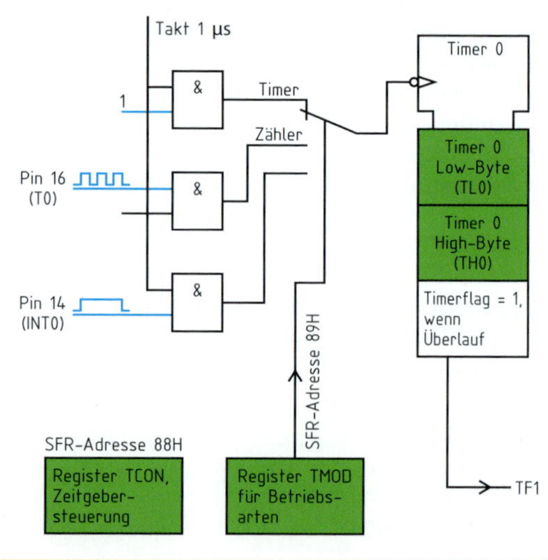

Bild 2: Anwendung des Zeitgebers T0

Aufgaben

① Welche Aufgabe haben die Ports?

② Wie viele Registerbänke unterscheidet man bei AT89C5131?

③ In welchen RAM-Bereichen können Bytes bitweise bearbeitet werden?

④ Welche Bedeutung haben die Spezialfunktions-Register?

4.7.1.2 Mikrocontrollersystem mit AT89C5131

Für die Entwicklung von Programmen für Steuerungen mit AT89C5131 werden oft Starterkits benutzt. Starterkits bestehen z. B. aus einem Entwicklungsboard und peripheren Einheiten, z. B. Schalterplatinen, Anzeigeeinheiten, Schrittmotorplatinen.

Entwicklungsboard

Auf dem Entwicklungsboard befinden sich der Mikrocontroller, fünf Ports P0 bis P4, und ein USB-Anschluss, der im Normalfall die Betriebsspannung mitliefert (**Bild 1**). Ein zusätzlicher Anschluss für die Betriebsspannung wird z. B. beim Betrieb von Schrittmotoren benötigt.

Zur Steuerung des Systems dienen ein Reset-Taster und ein Schalter um zwischen Programmiermodus und Standalone-Betrieb um zu schalten. Eine LED zeigt den Programmiermodus an, eine zweite, dass das Gerät mit Betriebsspannung versorgt ist.

Bild 1: Mikrocontroller-Entwicklungsboard

Anzeigeeinheit

Zum Testen der Programme werden oft 8-Bit-Anzeigeeinheiten mit LEDs verwendet (**Bild 2**). Die LEDs zeigen den Signalzustand am angeschlossenen Port an.

Bild 2: 8-Bit-Anzeigeeinheit

Schaltereinheit

Für das Einstellen von Signalzuständen werden Schalter verwendet. Meist wird für jeden EA-Leiter ein Schalter verwendet, so dass alle 8 Portleiter eines Ports bedient werden können (**Bild 3**).

Die Platinen werden über 8-fach Leitungen miteinander verbunden.

Bild 3: Schaltereinheit mit 8 Schaltern

Programmentwicklung und Start

In der Entwicklungsumgebung wird für ein Projekt der Programmtext geschrieben und anschließend werde die Projektdateien erzeugt (**Bild 4**). Die Übertragung und Programmierung des EEPROMs im Mikrocontroller führt das Programm Flip anhand der Projektdatei mit der Extension .hex durch.

Nach der Programmierung startet man das Programm durch Betätigen des Reset-Knopfes Ⓡ auf dem Mikrocontrollerboard.

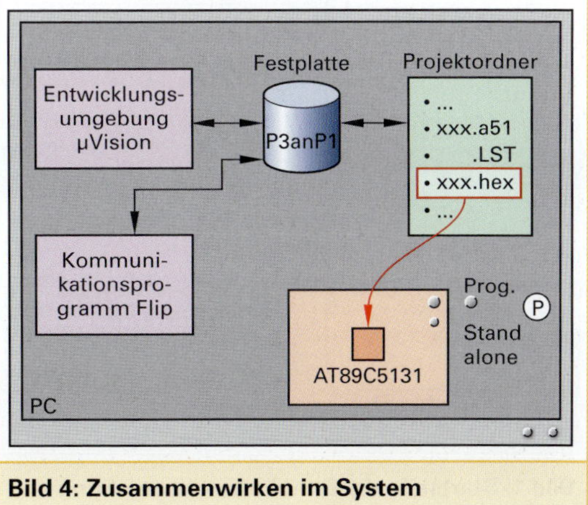

Bild 4: Zusammenwirken im System

4.7.1.3 Projekt mit µVision anlegen

1. Projektordner anlegen

Bei der Erstellung eines Projektes werden verschiedene Dateien erzeugt. Um den Überblick zu behalten, ist sinnvoll für jedes Projekt bereits vor dem Start der Entwicklungsumgebung einen eigenen Ordner, z. B. P3anP1 anzulegen. Für Ordnernamen und Dateinamen sollten keine Sonderzeichen verwendet werden.

2. Entwicklungsumgebung anwenden

Nach dem Start der Entwicklungsumgebung, z. B. µVision3 wird im Startfenster mit dem Anlegen eines Projektes begonnen (**Bild 1**). Dazu wählt man im Menü File die Zeile New und anschließend µVision Project... und wählt aus der Liste den angelegten Projektordner, z. B. P3anP1, aus (**Bild 2**).

3. Target (Zielprozessor) wählen

Im nächsten Schritt wird der verwendete Mikrocontroller (Target) ausgewählt. Aus der Herstellerliste wird z. B. Atmel, dann aus der Liste der verwendete Mikrocontroller AT89C5131 ausgewählt und mit OK bestätigt (**Bild 3**).

4. Standard 8051-Startup-Code nicht einfügen

Für die Programmierung mit Assemblercode ist der Standard 8051-Startup-Code, eine Anpassungsdatei für C-Programme, nicht nötig (**Bild 4**). Man klickt den Nein-Button an.

① Schritte der Programmentwicklung

1. Projekordner anlegen
2. Startseite → File → New → µVision Project... → angelegten Ordner wählen
3. Select Device for Target → 'Target 1' → AT89C5131 von Atmel wählen
4. → Standard 8051-Startup-Code nicht einfügen

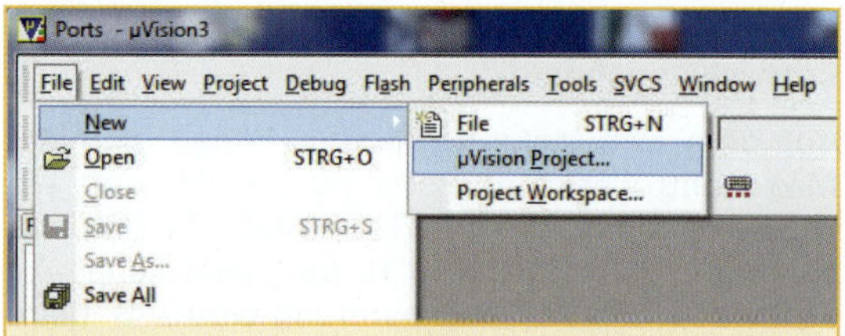

Bild 2: Neues Projekt anlegen

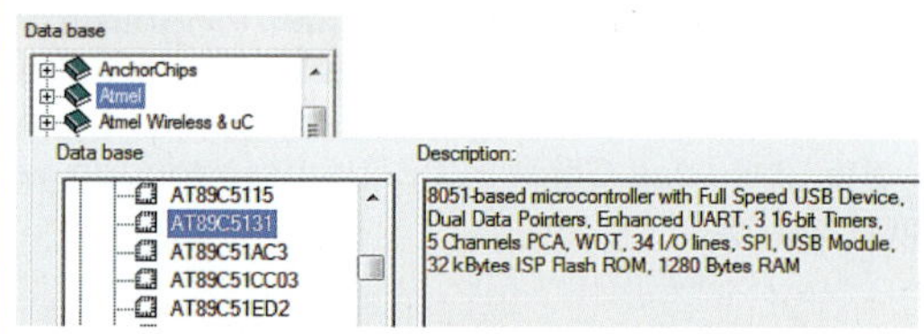

Bild 3: Mikrocontroller wählen

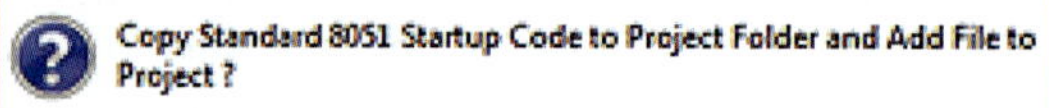

Bild 4: Standard 8051Startup Code

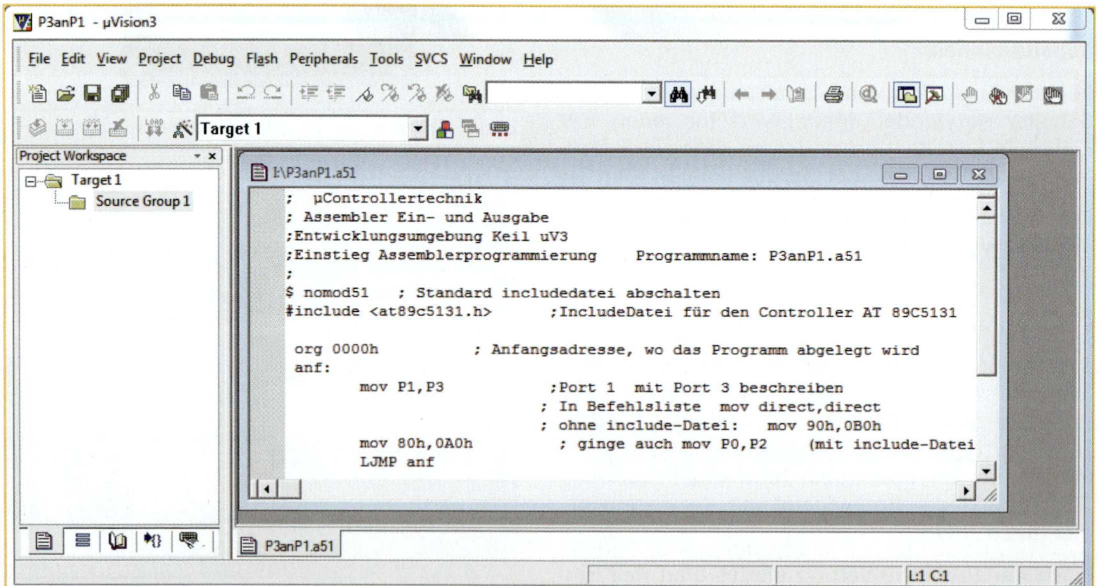

Bild 1: Startseite der Entwicklungsumgebung von µVision

5. Quelltext (Textfile) erstellen, speichern

Der Quelltext wird z. B. mit Wordpad oder mit einem beliebigen Editor erstellt und als Datei mit der Extension ***.A51 im Projektordner gespeichert.

> **② Schritte der Programmentwicklung**
> 5. Quelltext erstellen → mit Extension .A51 oder a.51 → im Projektordner speichern
> 6. Quelldatei in das Projekt einbinden: Target 1 wählen → Kontextmenü wählen → Quelldatei wählen → mit Add-Button zufügen

6. Quelldatei in Projekt einbinden

Um eine Quelldatei einzubinden wird im Fenster Project Workspace (**Bild 1**) auf die Zeile Target1 geklickt. Der Ordner Source Group1 wird angezeigt.

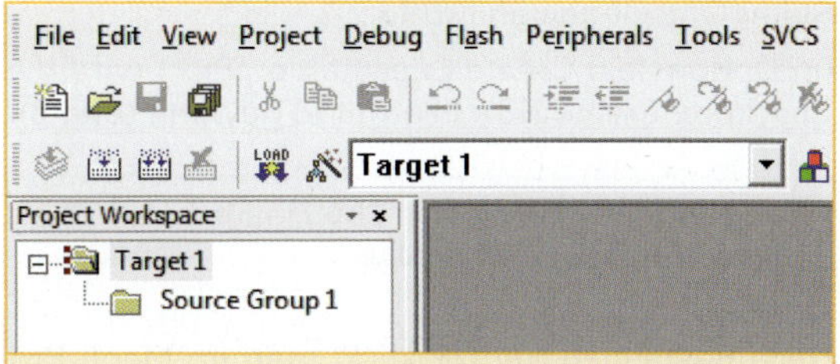

Bild 1: Target1 anwählen

Nach Klicken mit der rechten Maustaste auf diesen Ordner, wird das Kontextmenü Options for Group 'Source Group1' zum Zufügen von Dateien (**Bild 2**) geöffnet.

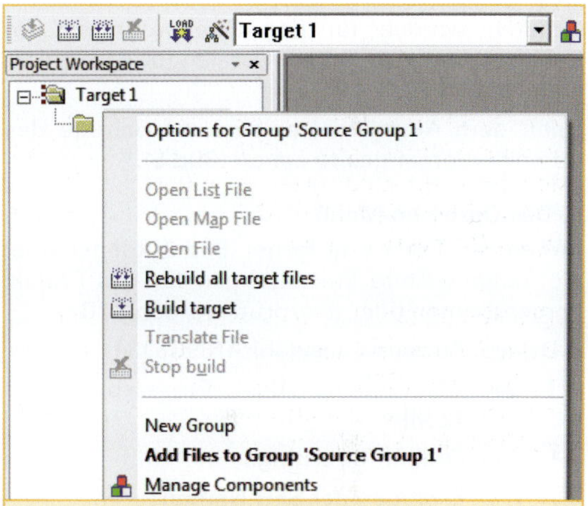

Bild 2: Das Kontextmenü öffnen

Die Zeile **Add Files to Group 'Source Group1'** öffnet nach Anklicken ein Auswahlfenster (**Bild 3**).

Man sucht das Laufwerk (Stick), auf dem der Projektordner angelegt und die Quelldatei gespeichert wurden. Damit alle vorhandenen Dateien angezeigt werden, stellt man den Datentyp auf All files (*.*),. Die Zeile mit dem Quellcode, z. B. P3anP1.a51, wird angeklickt und dieser dem Projekt durch Betätigen des Add-Buttons zugefügt.

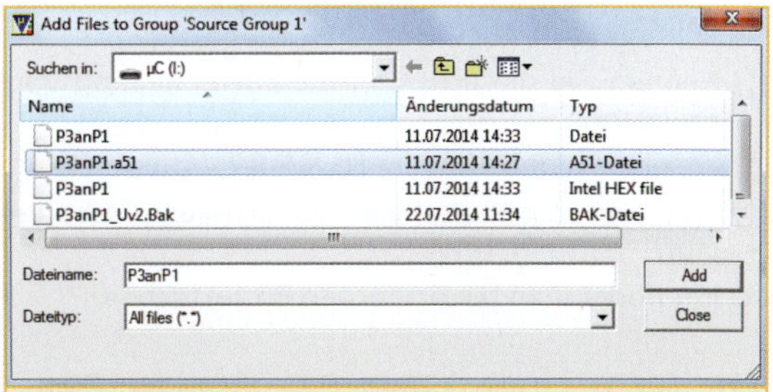

Bild 3: Aus dem Projektordner die Quelldatei wählen

Als Folge werden im Verzeichnis Source Group1 die angefügte Datei P3anP1.a51 sowie das Editorfenster gezeigt (**Bild 4**). Die Zielprozessordatei von Target1, at89c5131.h wird durch Klicken auf das + angezeigt.

7. Quellprogramm im Editorfenster

Zuerst wird das Programm in Kommentarzeilen beschrieben, diese beginnen mit einem Strichpunkt ;.

Für den Mikrocontroller AT89C5131 wird mit nomode51 die übliche 8051-Headerdatei abgeschaltet und es werden in der nächsten Zeile mit #include <at89c5131.h> die Daten für den AT89C5131 zur Verfügung gestellt.

Die Startadresse wird mit org 0000h eingestellt.

Für ein ergonomisches Arbeiten verwendet der Editor eine Zeilennummerierung und Farben (Highlighting) für die Zuordnung von z. B. Kommentaren Farbe Grün, Adressen Farbe Violett und Sprungmarken Farbe Rot.

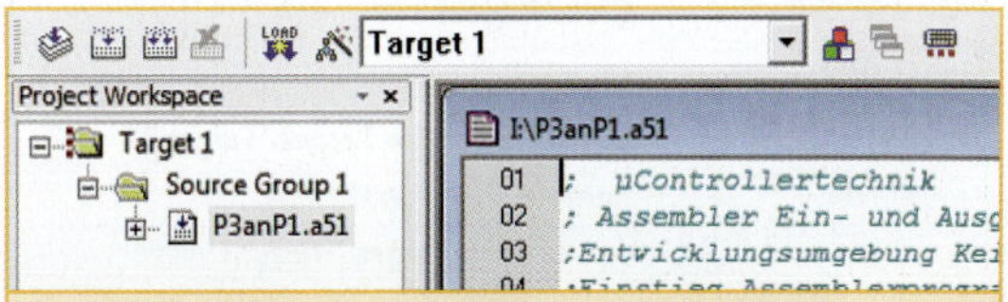

Bild 4: Projekt mit eingefügter Quelldatei

8. Programm compilieren (Build)

Zum Compilieren eines Programms sind die folgenden Schritte notwendig:

Auf der Startseite Menü Project anklicken, dann die Zeile Options for Target 'Target 1' wählen (**Bild 1**).

Im Fenster Options for Target 'Target 1' wird der Reiter Output gewählt (**Bild 2**).

Im Optionsfeld Create Executable: \Pxx1 wird die Checkbox Create HEX File mit ☑ gewählt (**Bild 3**).

Der HEX-File dient zum Downloaden des Projektes in den Microcontroller.

Nach Bestätigen mit OK klickt man im Menü Project die Zeile Build target an, d. h. das Programm wird compiliert.

Dadurch werden für das Quellprogramm im Projektordner alle nötigen Dateien für das Projekt erzeugt (**Bild 4**).

Unter dem Arbeitsfenster sind die Schritte des Compiliervorganges zu sehen (**Bild 5**).

9. Das Optionen-Menü

Im Fenster Options for Target (Bild 2) können über die Reiter weitere Einstellungen für das Projekt vorgenommen oder überprüft werden, z. B.:

→ Device: Prozessorauswahl AT89C5131

→ Target: Taktfrequenz des Prozessors, z. B. 12 MHz

→ Listing: Ordner für Listings

→ A51: Erzeugen der SFR-Namen

→ Debug: ⊙ Use Simulator z. B. ☑ Breakpoints

Aufgaben

① Nennen Sie die acht Schritte zur Erstellung von Projekten.

② Welche Aufgabe hat ein HEX File?

③ Was kennzeichnet einen fehlerfreien Compilerlauf?

④ Wo findet man die erzeugten Projektdateien?

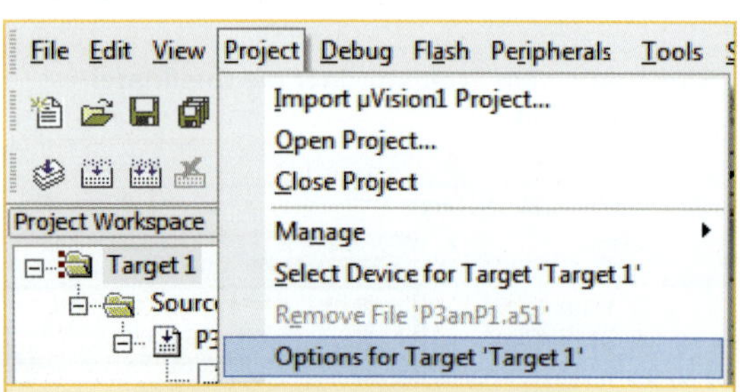

Bild 1: Optionen für Target1 anwählen

③ Schritte der Programmentwicklung

8. • Compiler erstellen → HEX-File erzeugen
   • Compilieren mit Build target
   • Erzeugte Dateien prüfen: HEX-File erzeugt?
   • Build-Meldungen im Output-Fenster: Fehlerfrei

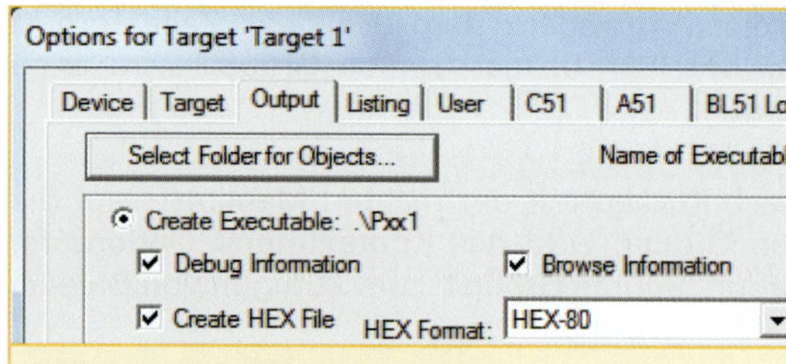

Bild 2: Create HEX File wählen

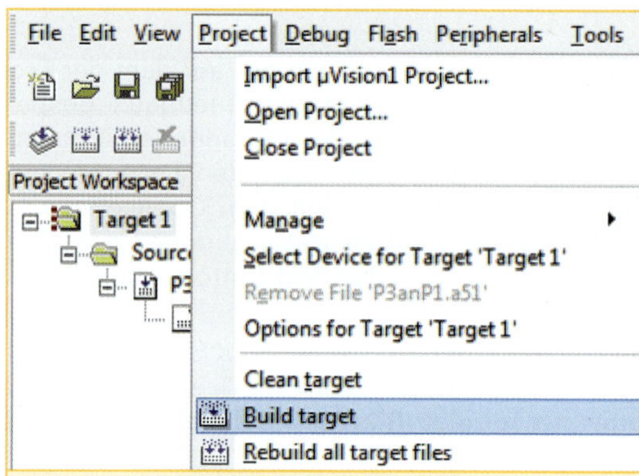

Bild 3: Compilieren

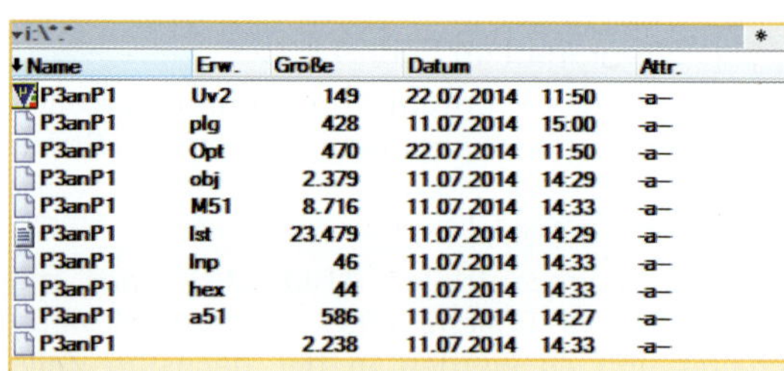

Bild 4: Erzeugte Projekt-Dateien

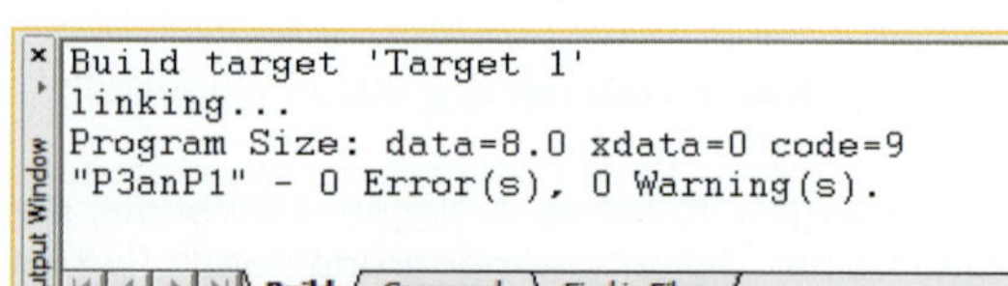

Bild 5: Buildmeldungen bei fehlerfreiem Compilerlauf

4.7.1.4 Programm-Simulation eines Projektes

Die Funktion eines Programms lässt sich durch Simulation prüfen. Im Beispielprogramm P3anP1.a51 wird der Parallel-Port P3 für die bitweise Signaleingabe von 8 Bit und der Parallel-Port P1 zur bitweisen Ausgabe von 8 Bit verwendet.

Schritte der Programm-Simulation

1. Periphere Geräte → I/O-Ports aktivieren P3 → Eingabe, P1 → Ausgabe
2. Debuggen mit STRG F5 starten F11 → Schrittweises Arbeiten → Run F5 Stopp mit → Stop Running

I/O-Fenster aktivieren

Im Menü Peripherals wird die Zeile I/O-Ports (**Bild 1**) gewählt und Port3 angeklickt. Es erscheint das Portfenster für P3 mit 8 Checkbox-Feldern für die Anwahl der Bits 0 bis 7 (**Bild 2**). Entsprechend verfährt man für das Portfenster für P1, das als Ausgabefenster dient.

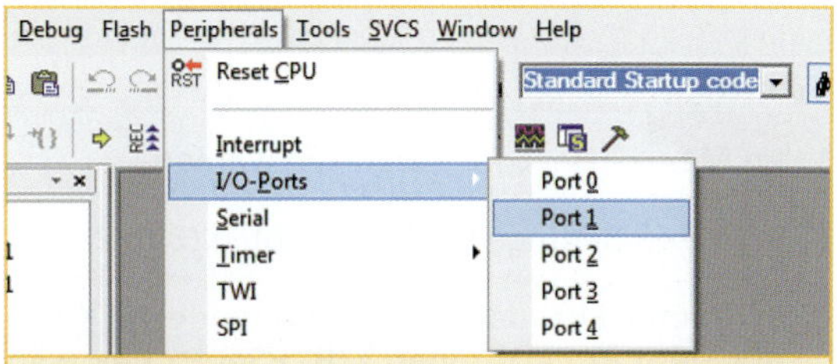

Bild 1: I/O-Ports aktivieren

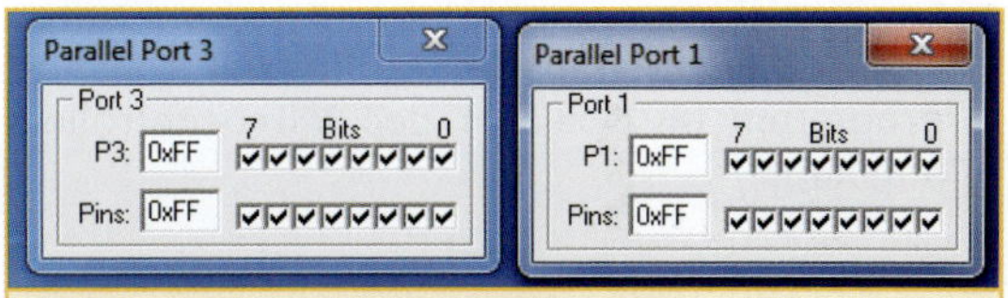

Bild 2: Fenster für Port1 und Port3

Debuggen aktivieren

Im Menü Debug wird das Debuggen durch Anklicken der Zeile Start/Stop Debug Session gestartet (**Bild 3**). Im Ausgabefenster wird Running ... und das ausgeführte Programm angezeigt.

Mit F11 ist der Durchgang durch die Programmschleife schrittweise nachvollziehbar. Wird der Inhalt eines Bits durch Anklicken der entsprechenden Checkbox geändert, ändert sich mit Ausführen der Zeile 11 auch der Inhalt in Port1 (**Bild 4**).

Klickt man Run (F5) an, wird die Schleife ohne Unterbrechung durchlaufen. Eine Änderung von Port3 ist sofort in Port1 zu sehen.

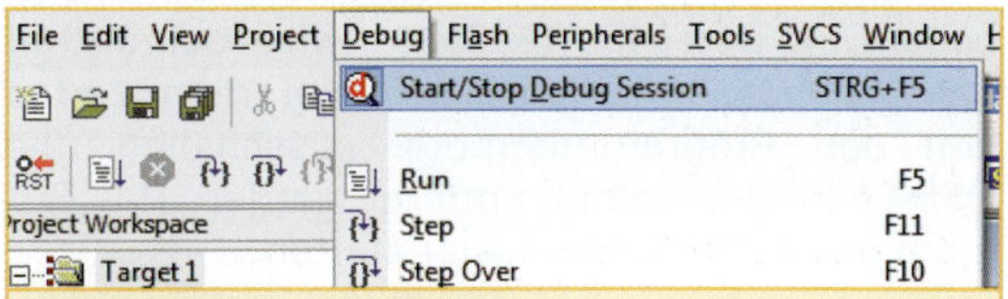

Bild 3: Debuggen aktivieren

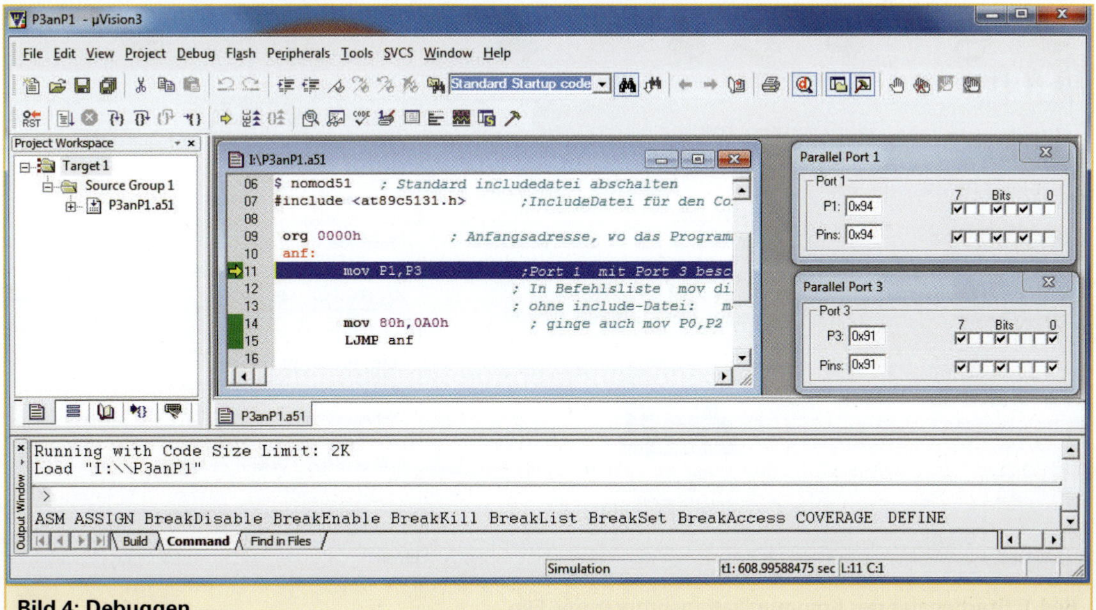

Bild 4: Debuggen

4.7.1.5 Programm mit Atmel Flip auf den Mikrocontroller laden

Im Startfenster des Kommunikationsprogramms Flip (**Bild 1**) werden Einstellungen für den Prozessortyp und den Download des HEX-Files vorgenommen sowie das Programm gestartet.

Schritte:

1. Im Menü Device Prozessortyp wählen.
2. Im Menü Settings USB auswählen (**Bild 2**).
3. Im Menü File das zu übertragende HEX-File aus dem Projektordner, z. B. P3anP1.hex wählen.
4. Im Bereich Operations Flow den Run-Button anklicken. Enthalten alle Checkboxen ☑, ist das Programm im Speicher des Mikrocontrollers abgelegt.
5. Programmstart: Reset-Taster betätigen.

Das Board kann auch im Standalone-Betrieb arbeiten. Im Bereich AT89C5131 wird der Button Start-Application angeklickt. Nach dem Laden nun den Programmiermode ausschalten, die USB-Leitung kann nun entfernt werden. Das Programm mit dem Reset-Taster starten.

Arbeiten mit Flip

1. Prozessortyp wählen → AT89C5131
2. USB-Verbindung wählen Menü Settings
3. Im Projektordner HEX-File wählen → ***.hex
4. Programmiermode ein → Schalter ein, gelbe LED leuchtet.
5. Run-Button klicken → Checkboxen ☑?
6. Programmstart mit Reset.

☝ USB-Treiber im Gerätemanager eingebunden (**Bild 3**)?

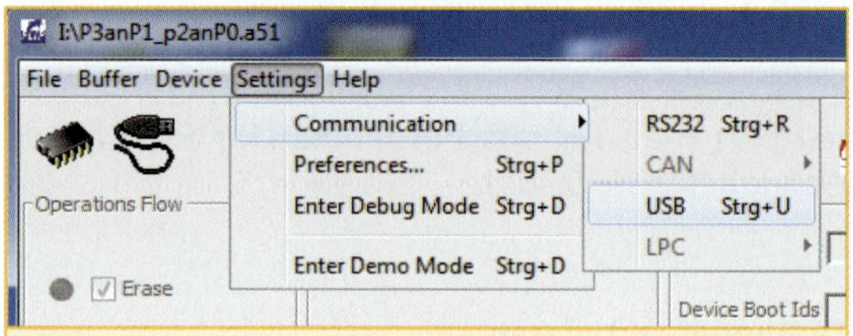

Bild 2: USB-Verbindung wählen

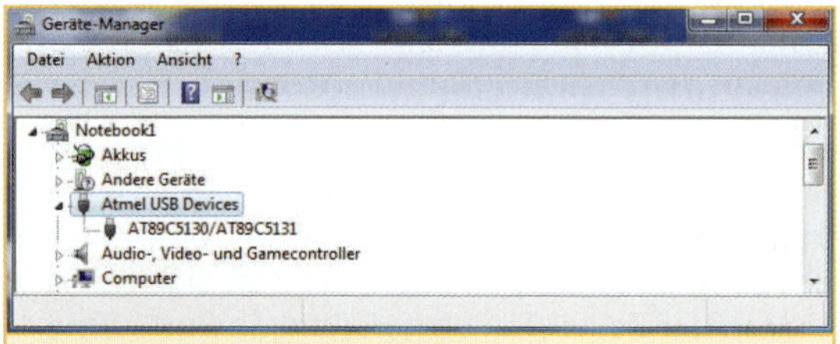

Bild 3: USB-Treiber kontrollieren

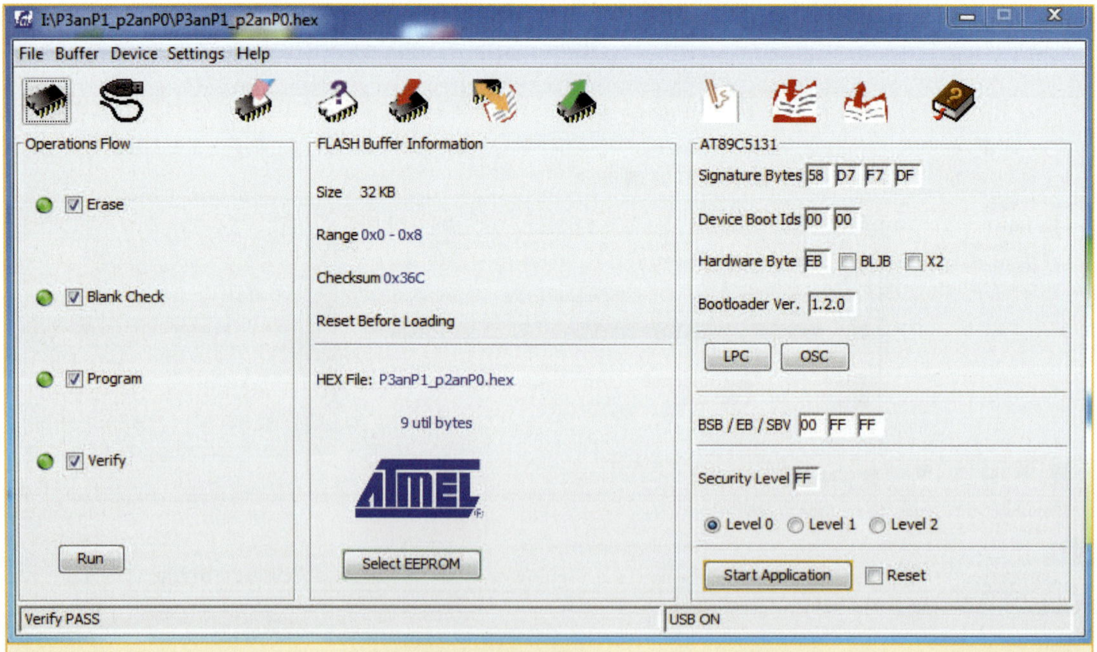

Bild 1: Startfenster des Kommunikationsprogramms Flip

4.7.1.6 Mikrocontroller mit C programmieren

Im Unterschied zur Assemblerprogrammierung (Abschnitt 4.7.1.2) wird im Project Workspace für Target 1 in den Ordner Source Group 1 eine Quelldatei mit der Extension xx.c, z. B. die Datei C_TestPorts.c aus dem Projektordner C_Test eingefügt (**Bild 1**).

Projekt erzeugen

Nach dem Compilieren (Build) erzeugt der Compiler die zum Projekt gehörenden Dateien (**Bild 2**).

Im Ausgabefenster (Output Window) wird im Fenster Build ein fehlerfreier Compilerlauf angezeigt (**Bild 3**). Hier sieht man auch, dass im Menü Options for Target die Checkbox für create Hex File gesetzt wurde.

Projekt simulieren

Im Debug-Menü die Zeile Start/Stop Debug Session anklicken. Danach werden die beiden Parallel-Port-Fenster eingeblendet. Durch Anklicken der Checkboxen für Bit 0 bis Bit 7 im Parallel-Port3 kann die Wirkung auf das Ausgabefenster, den Parallel-Port 1 getestet werden.

Anschließend wird mit dem Kommunikationsprogramm Flip das Programm in den Mikrocontroller geladen (Abschnitt 4.7.1.4).

Die Entwicklungsumgebung erkennt an den Quelldatei-Extensionen ***.a51 oder ***.c, ob Assembler oder C programmiert werden soll.

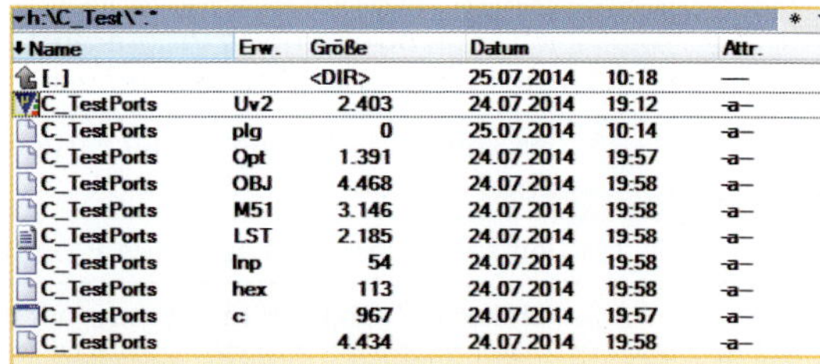

Bild 2: Erzeugte Projektdateien

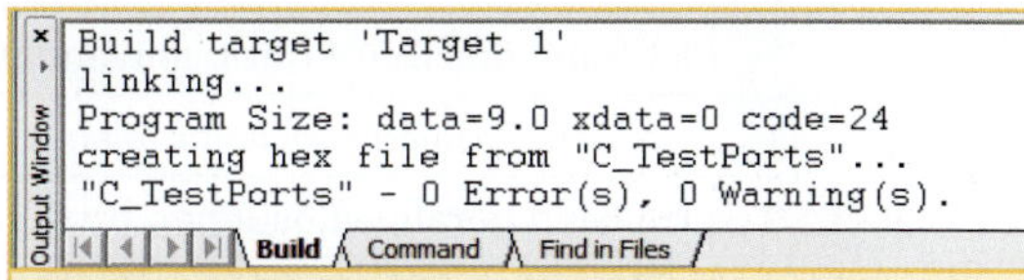

Bild 3: Ausgabefenster

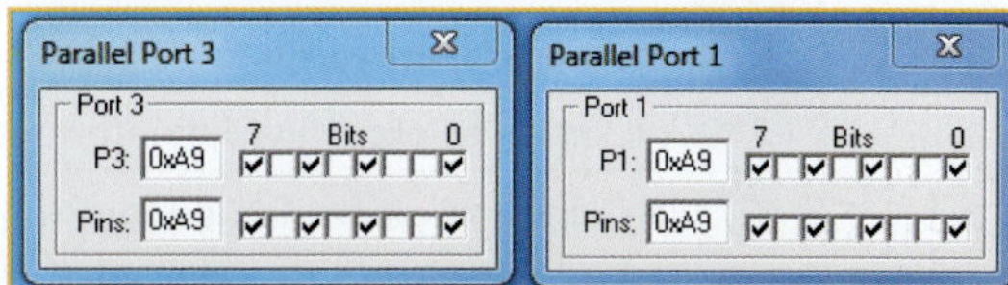

Bild 4: Fenster für Port3 und Port1

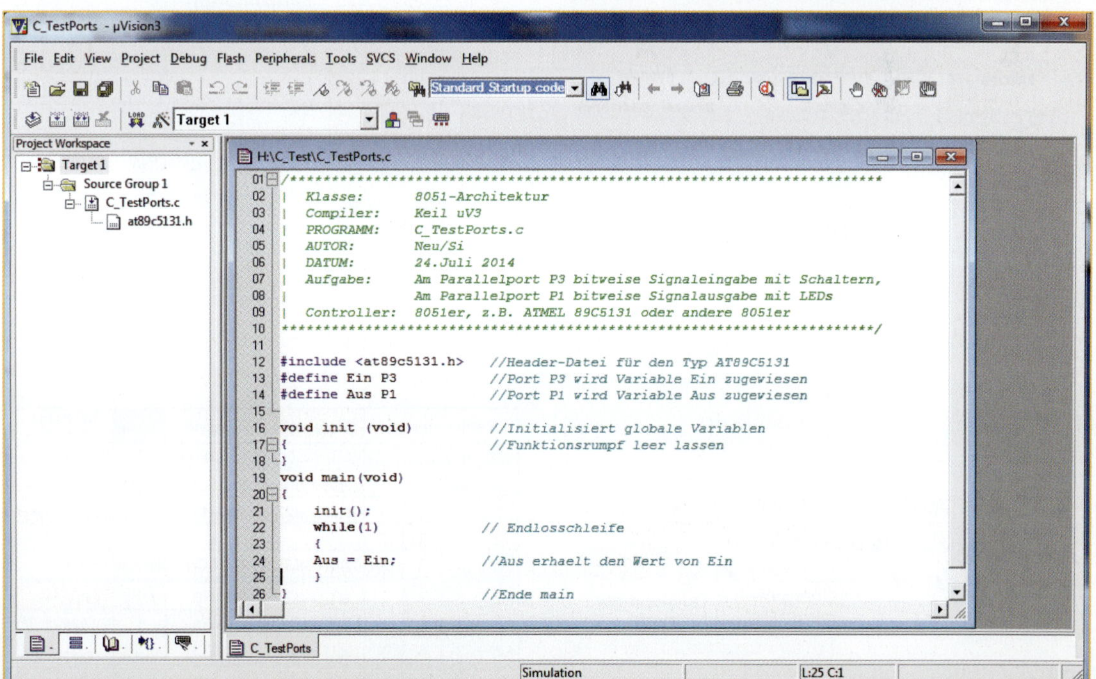

Bild 1: Startfenster für die C-Programmierung

Erwerbbare Kompetenzen

Kapitel 5	Grundlagen der Programmentwicklung	
	Stufe	**Fachkompetenz**
	1	Ich kann strukturierte Programme in einer höheren Programmiersprache planen, dokumentieren und erstellen und testen.
	1	Ich kenne alle Elemente der Strukturierten Programmierung und kann diese in Java anwenden.
	2	Ich kann Elemente aus Java-Bibliotheken für die Problemlösung anwenden.
	3	Ich kann Probleme lösen indem ich das Problem in Teilprobleme zerlege und diese löse.
	3	Ich kann schrittweise komplexe Aufgaben lösen.
	1	Ich kann eine Programmierumgebung anwenden.
	1	Ich kann das EVA Prinzip anwenden.
	2	Ich kann Probleme in Teilprobleme zerlegen.
	3	Ich kann iterative Lösungen bzw., rekursive Lösungen entwickeln.
	3	Ich kann Algorithmen zur Lösung von Teilproblemen entwickeln.
	3	Ich kann Algorithmen als Methoden in Java programmieren.
	2	Ich kann die entwickelten Methoden testen.
	2	ich kann Projekte mit Metainformationen und geeigneten Ordnerstrukturen entwickeln.
	1	Ich kann mit einem Texteditor Programmdateien erstellen.

Welche Fachkompetenzen werden hier visualisiert?

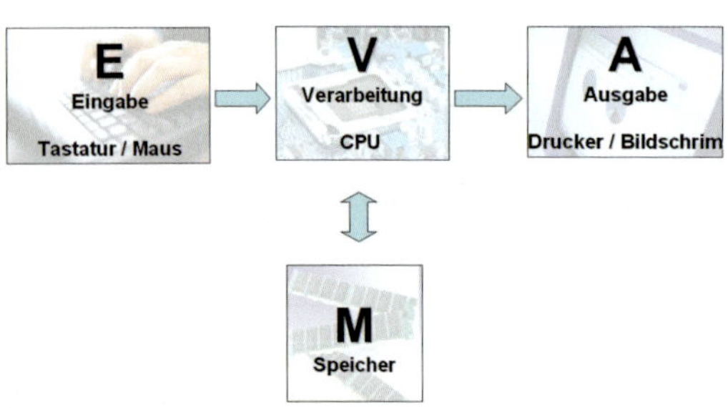

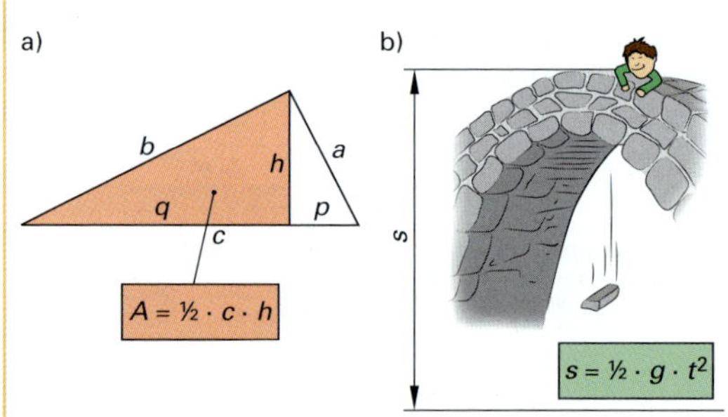

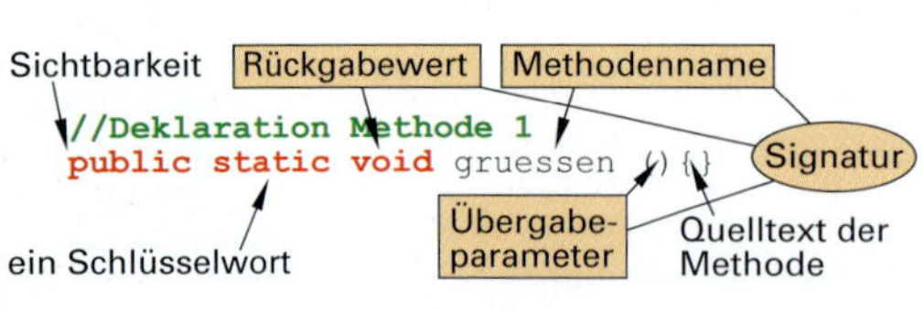

Zahlenmenge				Vergleich	Ergebnis	i	k	nächster Schritt
z[0]	z[1]	z[2]	z[3]	z[i] > z[k]	wahr/falsch			
3	5	2	7	z[0] > z[1]	FALSCH	0	1	k=k+1
3	5	2	7	z[0] > z[2]	WAHR	0	2	tauschen
2	5	3	7					k=k+1
2	5	3	7	z[0] > z[3]	FALSCH	0	3	i=i+1
2	5	3	7	z[1] > z[2]	WAHR	1	2	tauschen
2	3	5	7					k=k+1
2	3	5	7	z[1] > z[3]	FALSCH	1	3	i=i+1
2	3	5	7	z[2]> z[3]	FALSCH	2	3	fertig
2	3	5	7					

5 Grundlagen der Programmentwicklung

5.1 Softwarearten

Software lässt sich nach verschiedenen Kriterien unterscheiden. So wird z. B. zwischen freier Software und lizenzpflichtiger Software unterschieden. Wichtigstes Kriterium bei der Einordnung von Software ist deren Einsatzgebiet.

Systemsoftware

Systemsoftware dient der Ansteuerung der angeschlossenen Hardware an ein Computersystem. Sie bildet die Schnittstelle für Anwendungssoftware. Abläufe, die für den Betrieb eines Rechners notwendig sind, werden von der Systemsoftware gesteuert (Scheduling) und verwaltet. In Windows ist die Steuerung der einzelnen Programme in dem Systemprogramm Task-Manager erkennbar (**Bild 1**). Es wird angezeigt, wie viel Prozent der CPU und wie viel Arbeitsspeicher durch ein Programm belegt wird. Beispiele für Systemsoftware sind Betriebssysteme, Treiber und Dienstprogramme, z. B. Uhrzeit.

Anwendungssoftware

Die Anwendungssoftware setzt auf der Systemsoftware auf und wird von einem Benutzer angewendet. Sie sind nicht notwendig für die Benutzung des Systems. Sie erfüllen einen bestimmten Zweck für den Benutzer. Beispiele für Anwendungsprogramme sind

- Bildbearbeitung,
- Textverarbeitung,
- Datenbankprogramme und
- Kalendersoftware (**Bild 2**).

Entwicklungssoftware

Entwicklungssoftware ist ein Hilfsmittel, um Software schneller und effektiver entwickeln zu können. Man spricht von RAD. Durch Syntaxhervorhebung werden Programmierbefehle farblich aus einem Programmquelltext hervorgehoben. Fehler werden systematisch erkannt und der Entwickler bekommt Lösungsvorschläge für erkannte Probleme (Refactoring). Programmteile, die in anderen Programmen gut funktionieren, können wiederverwendet oder auch angepasst werden. Beinhaltet eine Entwicklungssoftware zudem noch weitere Werkzeuge, um z. B. Software auszuführen und zu testen, spricht man von einer IDE oder auch von Entwicklungsumgebungen (**Bild 3**).

Entwicklungsumgebungen sind z. B. Eclipse, Netbeans, Microsoft Visual Studio oder Borland JBuilder.

RAD von **R**apid **A**pplication **D**evelopment
= schnelle Anwendungsentwicklung,
IDE von **I**ntegrated **D**evelopment **E**nvironment
= integrierte Entwicklungsumgebung.
Refactoring
= automatische Quelltextoptimierung

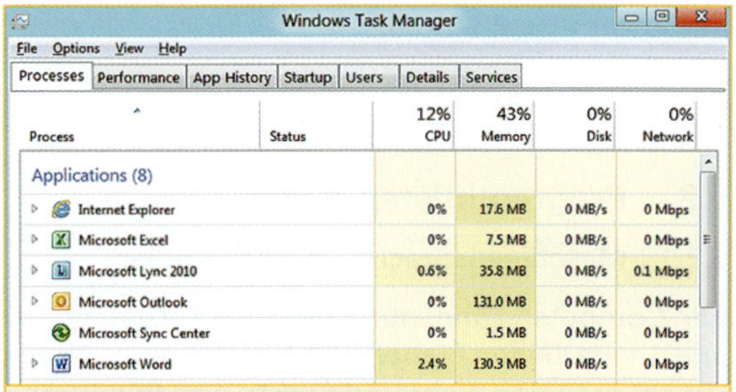

Bild 1: Windows Task-Manager

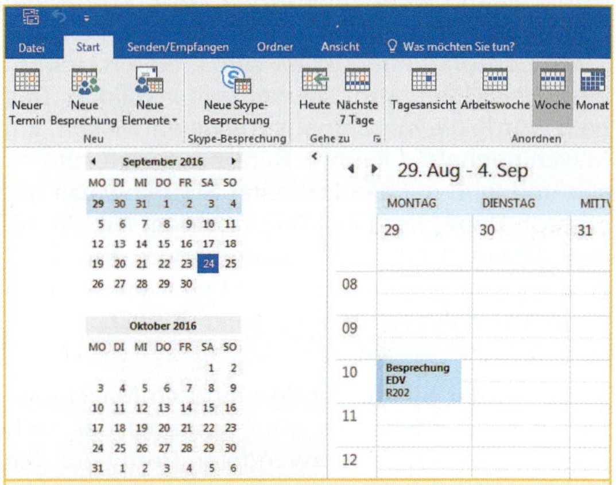

Bild 2: Microsoft-Outlook-Kalender

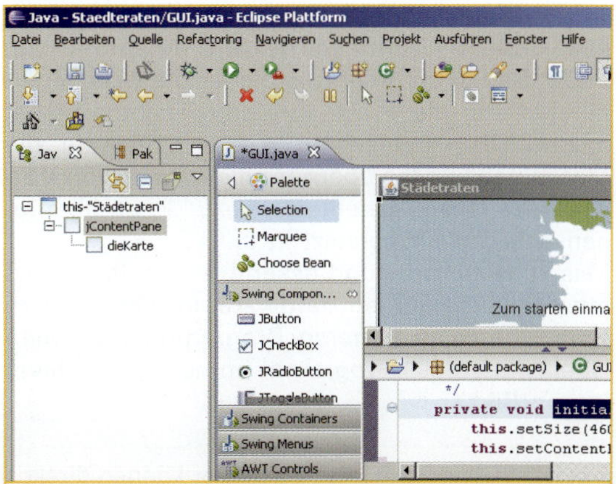

Bild 3: Eclipse-IDE

Moderne Entwicklungsumgebungen, z. B. Eclipse, können durch Plugins (eigenständige Zusatzprogramme) erweitert werden und decken so mehrere Bereiche der Softwareentwicklung ab. Mit einer derartigen Entwicklungssoftware können Bereiche der Webentwicklung, der Anwendungsentwicklung oder der Datenbankentwicklung abgedeckt werden. Beispiele moderner Entwicklungsumgebungen sind Eclipse, IntelliJ und Microsoft Visual Studio.

5.2 Programmiersprachen

5.2.1 Maschinensprache und Assembler

Ein Computer kann nur die beiden Zustände 0 und 1 verarbeiten (**Tabelle 1**). In der Aussagelogik spricht man von wahr und falsch, was in höheren Programmiersprachen oder Anwendungen wie z B. MS-EXCEL verwendet wird, wobei 1 häufig dem Zustand wahr zugeordnet wird. Würde ein Computer direkt mit einer Folge aus Nullen und Einsen programmiert, wäre selbst ein Programm wie *„Hallo Welt"* sehr schwer lesbar (**Bild 1**). Deshalb wurde die Maschinensprache entwickelt. Ein Maschinenbefehl kann 1 Byte bis 6 Byte umfassen und wird in hexadezimaler Schreibweise dargestellt. Dabei werden 4 Bits zu einem Nibble mit den Ziffern 0,1,2,...,E,F zusammengefasst. Zwei Nibbles umfassen ein Byte und werden als hexadezimales Zahlenpaar dargestellt (**Bild 2**).

Diese Art der binären Codierung von Maschinenbefehlen erfordert eine gute Kenntnis des technischen Aufbaus der verwendeten Hardware. Sie ist immer noch schwer lesbar und selbst ein kleiner Prozessor wie der Intel 8086 umfasst ca. 90 Maschinenbefehle.

Aus diesem Grund wurde ein mnemonischer Code (**Bild 3**) eingeführt, welcher die Maschinenbefehle für die Programmierer leichter lesbar macht. Die Übersetzung dieses Codes in die Maschinensprache übernimmt der Assembler. So wird der 3-Byte-Befehl `MOV DX, 2330` über einen Assembler übersetzt in `0xBA, 0x30,≈0x23`. Maschinensprache und Assembler arbeiten direkt mit der vorhandenen Hardware. Im Vergleich zu Programmen in höheren Programmiersprachen ist ein Assembler-Programm immer noch schwer lesbar (**Bild 4**).

Maschinensprache und Assembler können direkt auf Hardwarekomponenten zugreifen.

Mnemonik ist ein für den Programmierer lesbares Kürzel, welches der Assembler in Maschinensprache übersetzt.

Mneme (griechisch) = Erinnerung.

Tabelle 1: Zuordnung der Zustände

Verwendung	Zustand	
Höhere Programmiersprachen	wahr	falsch
Digitale Systeme	1	0

Bild 1: „Hallo-Welt"-Programm

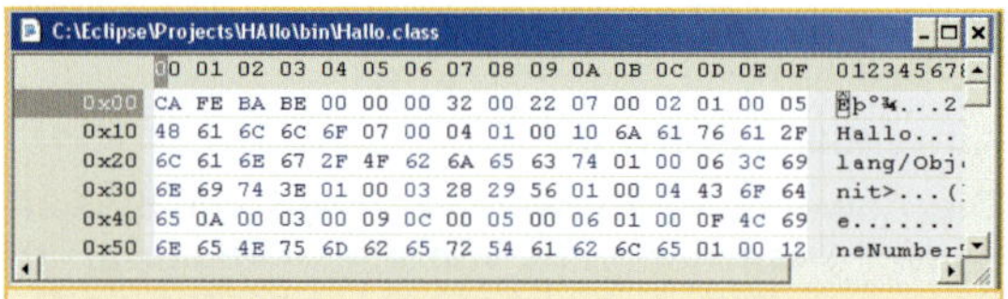

Bild 2: Maschinensprache

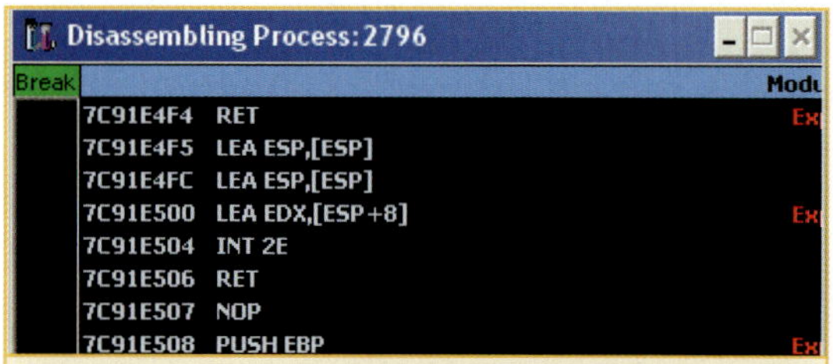

Bild 3: Ausschnitt aus einem Assemblerprogramm

```
using System;
namespace HalloWelt
{
  class Program
   {
    public static void Main (string[] args)
    {
      Console.WriteLine("Hello World!");
      Console.Write("Press any key");
      Console.ReadKey(true);
    }
   }
}
```

Bild 4: „Hallo-Welt"-Quelltext in C#

5.2.2 Prozedurale Programmiersprachen

Mit der zunehmenden Leistungsfähigkeit der Computer wurden die Programme komplexer. Um die Programme dennoch beherrschen zu können, wurden höhere Programmiersprachen (Bild 4, vorhergehende Seite) entwickelt, welche leichter zu lesen sind.

Die ersten höheren Programmiersprachen waren prozedurale Sprachen wie z. B. Pascal oder Fortran. Programme dieser Sprachen bestehen meist aus einer Datei, in welcher der Quelltext des Programms gespeichert ist. Teile einer Aufgabe können in mehrere Prozeduren zerlegt werden. In manchen Sprachen werden sie auch Unterprogramme, Funktionen oder Methoden genannt. Eine Prozedur kann mehrfach und an unterschiedlichen Stellen im Programm aufgerufen werden. Der Quelltext einer einmal erstellten Prozedur kann an anderer Stelle wiederverwendet werden. Sich wiederholender Quelltext wird so vermieden.

Durch die Anwendung von Prozeduren verkürzt sich der Quellcode. Die Lesbarkeit des Hauptprogramms wird dadurch erhöht.

Im Hauptprogramm wird das EVA-Prinzip angewendet (**Bild 1**). Nach dem Einlesen von Eingangsvariablen, z. B. über die Tastatur, folgt die Verarbeitung des Programms. Hier werden die eingegebenen Daten vom Prozessor verarbeitet. Ist die Verarbeitung zu Ende, folgt die Ausgabe des Ergebnisses über einen Bildschirm oder einen Drucker. Ausgaben in der Eingabe oder Verarbeitung sind nicht gestattet. Das Ergebnis einer Verarbeitung wird immer in Variablen gespeichert.

Beispiel 1:
Ein Stein wird von einer Brücke fallen gelassen. Dabei wird die Fallzeit des Steins gemessen. Schreiben Sie ein strukturiertes Programm in Java, welches mithilfe der Fallzeit t die Höhe s der Brücke berechnet und ausgibt.

Lösung: **Bild 2**.

Zu Beginn wird die Scanner-Klasse importiert, welche eine Eingabe über die Tastatur ermöglicht. Danach folgt die Deklaration der Klasse `Brueckenhoehe`. In der Eingabe wird mithilfe der Klasse `Scanner` die Zeit als Kommazahl eingelesen und in der Variablen `t` gespeichert.

Im Verarbeitungsteil wird der zurückgelegte Weg berechnet und der Variablen `s` zugewiesen. Am Schluss wird das Ergebnis der Berechnung ausgegeben.

Strukturierte Programmierung bedeutet ein Programm in logische Abschnitte zu unterteilen.

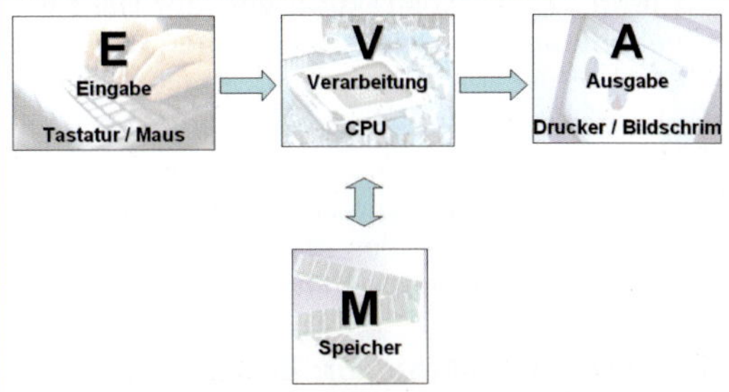

Bild 1: EVA-Prinzip

```java
import java.util.Scanner;

public class Brueckenhoehe {

  //HAUPTPROGRAMM
  static void main (String[] args) {

    //EINGABE
    Scanner sc;
    sc = new Scanner (System.in);
    double t;
    t = sc.nextDouble();

    //VERARBEITUNG
    double s = 0.5 * 9.81 * t * t;

    //AUSGABE
    System.out.println(s);
  }
}
```

Bild 2: Strukturiertes Programm in Java

Tabelle 1: Java Befehle

Java Befehl	Bedeutung
import	Verweis auf den Ort einer Klasse in der Java-Bibliothek
Scanner	Klasse für Eingaben von der Tastatur
System.in	Eingabedatenstrom
nextDouble()	Methode zum Einlesen einer Kommazahl
new	Schlüsselwort zur Erstellung eines Objekts

In prozeduralen Sprachen ist es möglich, Verzweigungen zu definieren. Sie gestatten die logische Abfrage von Bedingungen um bestimmte Befehlsfolgen auszuführen. Schleifen wie „Zähle von 1 bis 100" können erzeugt werden, ohne dass der Programmierer dazu die Hardware des Computers kennen muss.

5.2.3 Objektorientierte Sprachen

In den höheren Programmiersprachen Java und C# wurden die Elemente der strukturierten Programmierung übernommen und weiter entwickelt (**Bild 1**). Die Abstraktion von der Hardware ist gegenüber den maschinennahen Sprachen deutlich höher, weshalb diese Sprachen als höhere Programmiersprachen bezeichnet werden.

> Höhere Programmiersprachen verwenden die Benutzerschnittstelle des Betriebssystems API um auf Hardware zuzugreifen.

Im Unterschied zu prozeduralen Sprachen gibt es in objektorientierten Sprachen Objekte, welche über Attribute und Methoden definiert sind. Wie ein Objekt aufgebaut ist, wird in einer zugehörigen Klasse definiert. Dabei werden die Daten gekapselt und vor unberechtigten Zugriffen geschützt.

> Objektorientierte Sprachen verwenden Objekte mit definierten Attributen und Verhaltensweisen.

Compiler und Interpreter

Soll nun ein C#-Programm in Maschinencode übersetzt werden, benötigt man einen Compiler (**Bild 2**). Dabei wird das Programm für eine bestimmte Hardware in Maschinensprache übersetzt. Für diese Hardware ist der dabei erzeugte Maschinencode optimiert. Erst wenn das Programm vollständig übersetzt wurde, kann es ausgeführt werden.

Wird das gleiche Programm in einer Interpretersprache geschrieben, braucht man dazu einen Interpreter. Dieser übersetzt das Programm und führt einen Befehl nach dem anderen aus. Dabei findet ein ständiger Wechsel zwischen Programm und Interpreter statt. Das interpretierte Programm ist im Vergleich zum compilierten Programm langsamer.

Besonderheit der Programmiersprachen Java, C#, Python und Perl

Diese Programmiersprachen werden sowohl compiliert als auch interpretiert. Der Quelltext wird von einem Compiler in den Bytecode oder Zwischencode IL übersetzt. Diese Art Code ist nur von einem speziellen Interpreter lesbar. Der Java Bytecode kann nur von einen Java-Interpreter ausgeführt werden.

> Compilierte Programme können bis zu 1000-mal schneller sein als interpretierte Programme.

> **API** von **A**pplication **P**rogramming **I**nterface
> = Anwendungs-Programmier-Schnittstelle
> **JRE** von **J**ava **R**untime **E**nvironment
> = Java Laufzeitumgebung
> Bytecode = Java-Zwischencode
> IL-Code = Microsoft Intermediate Language

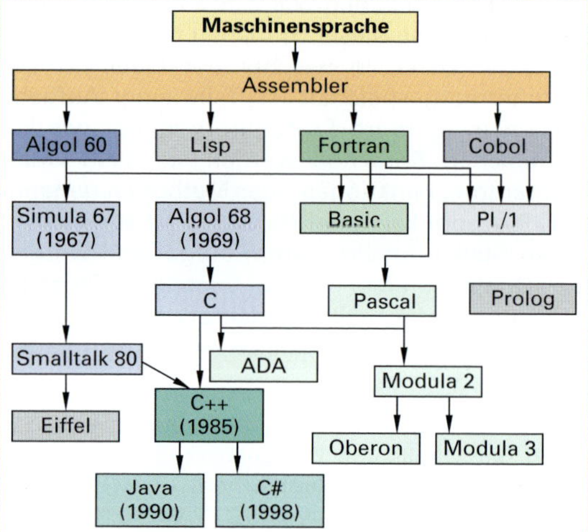

Bild 1: Stammbaum der Programmiersprachen

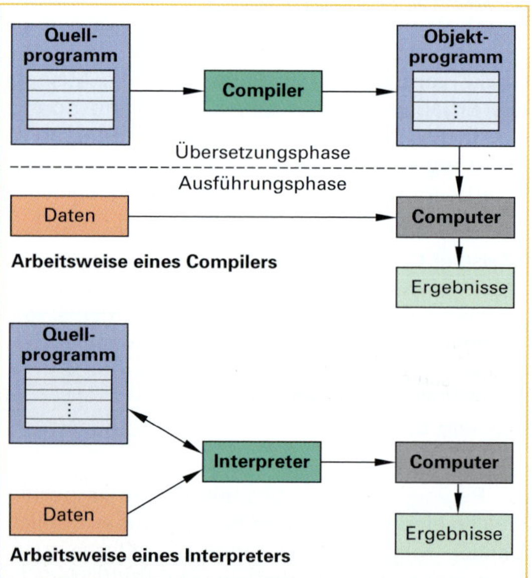

Bild 2: Compiler und Interpreter

Für Java-Programme muss auf dem Computer eine Java Laufzeitumgebung JRE installiert sein. Java Programme sind größtenteils plattformunabhängig.

5.3 Grundelemente der höheren Programmiersprache Java

5.3.1 Erstellen eines Java-Konsolen-Programms

Um ein Java-Programm zu erstellen, genügt ein Texteditor (**Bild 1**). Es kann aber auch der Texteditor einer Entwicklungsumgebung verwendet werden.

```
public class Hallo{

  public static void main(String[] args){
       ...
       //Codeblock des Hauptprogramms
       ...
  }//ende main()—Methode

}//ende der Klasse
```

Beispiel 1:
Erstellen Sie ein Java-Programm, welches den Text *„Hallo Welt"* auf dem Bildschirm ausgibt.
Lösung: **Bild 1**

Das Programm beginnt mit der Definition der Klasse, gefolgt von dem Klassennamen. Der Klassenname wird immer groß geschrieben. Die erste und die letzte geschweifte Klammer bilden den Codeblock dieser Klasse.

Damit in Java eine Klasse ausführbar wird, benötigt sie einen Einstiegspunkt. Dieser Einstiegspunkt ist die main()-Methode. Diese wird in den Codeblock der Klasse eingefügt.

In den Codeblock der main()-Methode kommen die Anweisungen des Hauptprogramms und danach kann die Datei gespeichert werden.

Die Anweisung `System.out.println("Text");` wird in die main()-Methode eingefügt.

Datei- und Klassenname der Java-Datei müssen identisch sein.

Compilieren

Um Java Quelltext zu compilieren, startet man die Eingabeaufforderung und wechselt in das Verzeichnis \bin des installierten JDK. Der Befehl javac <Dateiname.java> compiliert dann die Java-Datei (**Bild 2**). Das Ergebnis ist eine neue Datei mit der Endung `.class`. Sie beinhaltet den Bytecode unseres Java-Programms (**Bild 3**).

Ausführen und Ausgabe

Gestartet wird die Datei über den Befehl java <Dateiname> in der Eingabeaufforderung (**Bild 4**).

Eine Klasse beinhaltet Attribute und Methoden. Sie wird zur Definition und Erzeugung von Objekten oder zur Ausführung von Methoden verwendet.

JDK von **J**ava **D**evelopment **K**it
= Java-Entwicklungs-Kit.

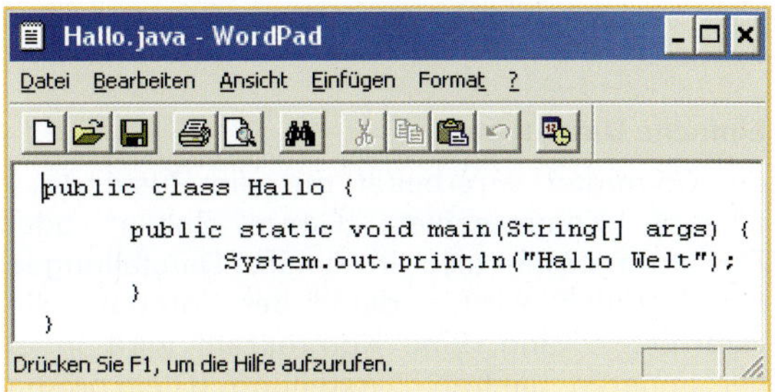

Bild 1: Java-Quelltext in Wordpad

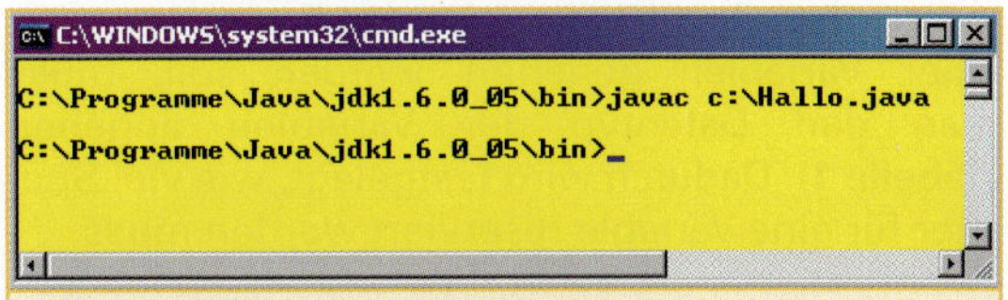

Bild 2: Compilieren mit javac

Bild 3: Bytecode der Datei HalloWelt.class

Bild 4: Ausführen mit dem Interpreter java

5.3.2 Anweisungen

Anweisungen z. B. `int hoehe;` werden mit einem Semikolon abgeschlossen (**Bild 1**). In Struktogrammen wird eine Anweisung als Rechteck dargestellt (**Bild 2**).

5.3.3 Variablen

In Variablen werden Werte und Ergebnisse zwischengespeichert. Im Verlauf eines Programms können diese wieder verwendet oder verändert werden.

Einfache Datentypen

Ein Computer verarbeitet nur die Zustände 0 oder 1. Kommazahlen, Ganze Zahlen oder Zeichen müssen also in binäre Darstellungen umgewandelt werden, damit der Computer sie verarbeiten kann. Eine Kommazahl wird in einer anderen binären Darstellung (Gleitkomma-Darstellung) gespeichert als eine ganze Zahl (Vorzeichen-Betrags-Darstellung oder Zweierkomplement-Darstellung). Zeichen werden über Tabellen (Unicode/ASCII-Code) codiert. Um dem Compiler mitzuteilen, in welcher binären Form der Wert einer Variablen generiert werden soll, muss man den Datentyp der Variablen angeben (**Tabelle 1**). Dadurch wird festgelegt, wie viel Speicher für eine Variable reserviert werden muss.

Deklaration einer Variablen

Eine Deklaration (Vereinbarung) legt den Datentyp einer Variablen fest. Dazu wird der Datentyp vor den Variablennamen geschrieben (Bild 2). Durch die Deklaration wird ein Verweis auf eine bestimmte Stelle im Speicher erzeugt. Dieser Verweis bekommt den festgelegten Namen z. B. `hoehe`.

An der Stelle, auf die der Verweis zeigt, wird Speicher reserviert, damit dort der Wert der Variablen abgelegt werden kann (**Bild 3**). Nach der Deklaration wird noch kein Speicherplatz belegt.

IEEE = Institute of Electric and Electronic Engineers
IEEE ist ein amerikanisches Standardisierungsgremium, welches 1963 gegründet wurde.

```
int hoehe;
double breite;
boolean istAktiv;
char taste;
```

Bild 1: Deklaration im Quelltext

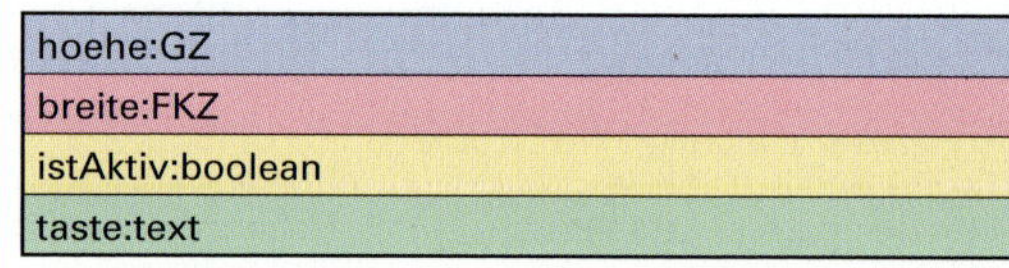

Bild 2: Deklaration im Struktogramm

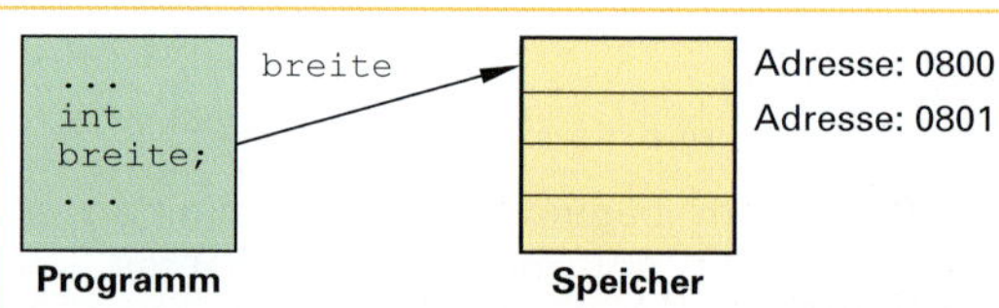

Bild 3: Prinzip der Deklaration

Namenskonventionen für Variablen

Variablen beginnen mit einem Kleinbuchstaben. Besteht ein Wort aus mehreren Silben, beginnt jede folgende Silbe mit einem Großbuchstaben. Auch wenn der Unicode kaum noch Probleme mit Umlauten verursacht, verwenden wir „ae, oe, ue" anstatt der Umlaute „ä, ö, ü".

Tabelle 1: Einfache Datentypen

Datentyp	Struktogramm	Beschreibung	Wertebereich	Größe
boolean	boolean	liefert wahr oder falsch	0 oder 1	true, false, 1 bit
char	text	Darstellung einzelnen Zeichens	0 bis 65535 Unicode Tabelle	16 bit Unicode
byte short int long	GZ	Darstellung einer **g**anzen **Z**ahl	– 128 bis + 127 – 32768 bis 32767 (-2^{31}) bis $(2^{31} - 1)$ (-2^{63}) bis $(2^{63} - 1)$	8 Bit 16 Bit 32 Bit 64 Bit
float	FKZ	Darstellung einer **F**ließ**k**omma**z**ahl mit einfacher Genauigkeit	$3.40282347 \cdot 10^{38}$ bis $-3.40282348 \cdot 10^{38}$	32 Bit IEEE 754
double		Fließkommazahlen mit doppelter Genauigkeit	$1.797 \ldots \cdot 10^{308}$ bis $-1.797 \ldots \cdot 10^{308}$	64 Bit IEEE 754

Beispiel 1:

Finden Sie Variablennamen für a) Ihr Alter, b) der Füllhöhe eines Tanks und c) für die Elementarladung eines Elektrons und geben Sie den Datentyp an.

Lösung:

a) int meinAlter

b) float fuellhoeheDesTanks

c) double elementarLadung

Initialisierung von Variablen

Bei einer Initialisierung wird einer deklarierten Variablen ein Wert zugewiesen. Hierzu wird der „="-Operator verwendet. Nach einer Initialisierung ist dieser Wert an der Stelle im Speicher abgelegt worden, auf die der Zeiger der Deklaration zeigt. Möchte man den Wert wieder lesen, benutzt man den Namen der Variablen. In Struktogrammen wird die Zuweisung eines Wertes als Pfeil auf die Variable dargestellt (**Bild 1**).

Gültigkeitsbereich von Variablen

Variablen werden innerhalb eines Codeblocks mit geschweiften Klammern deklariert. Sie sind nur innerhalb dieses Codeblocks gültig. Handelt es sich hierbei um den Codeblock einer Methode, spricht man von *lokalen Variablen.*

Der Gültigkeitsbereich von Variablen wird im englischen mit Scope bezeichnet.

Anwenden von Variablen

Möchte man einen Wert speichern, legt man zuerst den Datentyp fest, deklariert diesen mit einem sinnvollen Namen und initialisiert die neue Variable mit dem gewünschten Wert. Wird dieser Wert in einer Rechenaufgabe benötigt, holt man sich den Wert über den zuvor festgelegten Namen. Diese Werte können auch durch eine erneute Zuweisung überschrieben und somit verändert werden.

Beispiel 2:

Das Volumens eines Quaders soll bestimmt werden.

a) Erstellen Sie ein Struktogramm.

b) Erstellen Sie ein Programm und kennzeichnen Sie die Deklaration, Initialisierung und Verarbeitung von Variablen im Programm durch Kommentare.

Lösung: a) **Bild 1**, b) **Bild 2**

Erst nach ihrer Deklaration können Variablen oder Konstanten Werte zugewiesen werden.

Für die Zuweisung wird der „="-Operator verwendet.

Scope = Gültigkeitsbereich einer Variablen

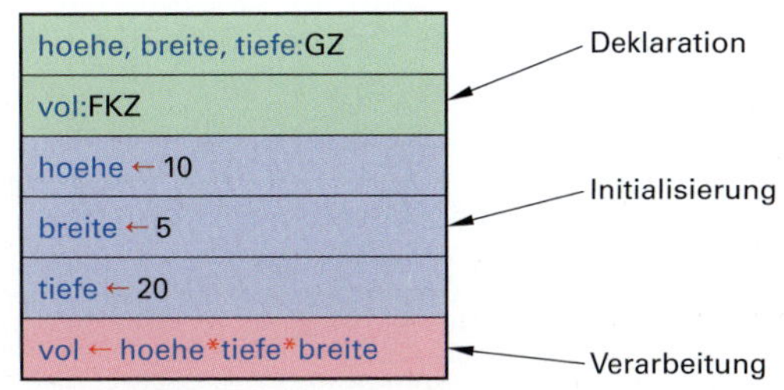

Bild 1: Struktogramm zur Quaderberechnung

```
//Deklaration
int hoehe, breite, tiefe;
double vol;

//Initialisierung
hoehe = 10;
breite = 5;
tiefe = 20;

//Verarbeitung
vol = hoehe * breite * tiefe;
```

Bild 2: Java-Programmauszug zur Quaderberechnung

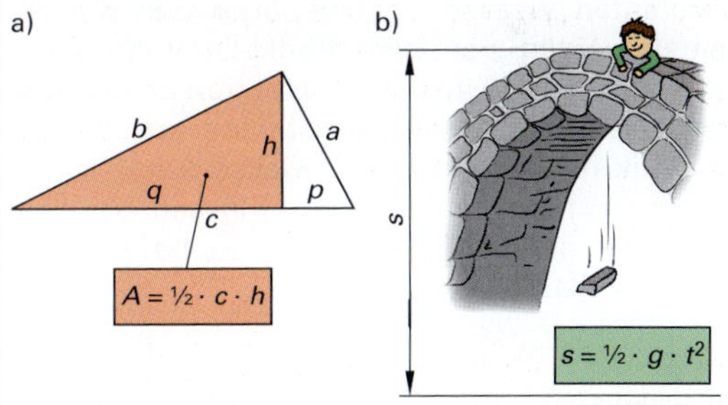

Bild 3: Dreieck und Brücke

Aufgaben

① Erstellen Sie ein Struktogramm und ein Konsolenprogramm, welches die Fläche des Dreiecks mit $h = 5{,}8$ cm, $c = 4{,}5$ cm berechnet und ausgibt (**Bild 3a**).

② Sie werfen einen Stein von einer Brücke und messen die Fallzeit $t = 3{,}1$ Sekunden. Entwerfen Sie ein Struktogramm und ein Programm, welches aus diesem Messwert die Höhe der Brücke errechnet. Die Fallbeschleunigung der Erde beträgt $g = 9{,}81\ \frac{m}{s^2}$ (**Bild 3b**).

5.3.4 Konstanten

Bei Konstanten kann im Gegensatz zu Variablen der einmal festgelegte Wert nicht mehr geändert werden. In Java werden Konstanten mit dem Schlüsselwort `final` deklariert. Der Name der Konstanten wird komplett in Großbuchstaben geschrieben, um sie leichter von Variablen unterscheiden zu können.

> Namen von Konstanten werden mit Großbuchstaben geschrieben.

> Die Schlüsselwörter #define und const aus C und C++ sind in Java nicht verfügbar.

Beispiel 1:
Erstellen Sie ein Programm, welches die Avogadro-Konstante deklariert. Geben Sie den Wert der Konstanten auf der Konsole aus.
Lösung: **Bild 1**

```
//Avogadro-Konstante
//in Exponentialschreibweise
final double AVOGADRO=6.02214179e23;

//Ausabe der Konstanten
System.out.print(AVOGRADO);
```

Bild 1: Avogadro-Konstante

Konstanten in Struktogrammen

In Struktogrammen kann der Name der Konstanten anstatt des zugehörigen Zahlenwerts verwendet werden. Auch ein Symbol wie z. B. π darf verwendet werden, wenn es sich um eine allgemein gültige Konstante handelt.

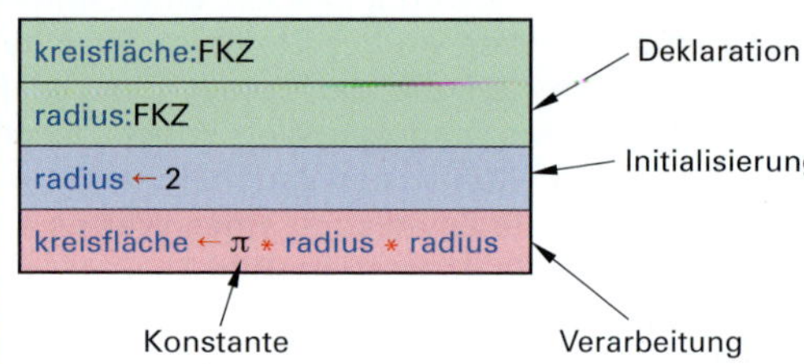

Bild 2: Struktogramm zur Berechnung der Kreisfläche

Anwenden von Konstanten aus der Java Bibliothek

Konstanten werden in Java über den Klassennamen gefolgt von dem Punkt-Operator aufgerufen. Sie werden im Java-Editor von Eclipse blau und kursiv dargestellt. Konstanten aus der Mathematik findet man in der Klasse `Math`. Da die Klasse `Math` zu den Standard-Klassen der Java-Bibliothek gehört, ist kein `import`-Befehl nötig, um diese Klasse zu verwenden.

Beispiel 1:
Erstellen Sie ein Programm zur Berechnung einer Kreisfläche. Der Radius des Kreises beträgt 2 cm.

a) Erstellen Sie ein Struktogramm,
b) setzen Sie das Struktogramm in ein Java-Progamm um.

Lösung: a) **Bild 2,** b) **Bild 3**

```
public state void main (String[] args) {

    double kreisflaeche;
    double radius = 2;

kreisflaeche = Math.PI * radius * radius;
```

Konstante

Bild 3: Java-Programmauszug zur Berechnung der Kreisfläche

Codevervollständigung

In Eclipse können die Konstanten aus der Java-Bibliothek über die Codevervollständigung eingefügt werden. Man aktiviert sie mit der Tastenkombination `Strg` + `Leertaste` (**Bild 4**).

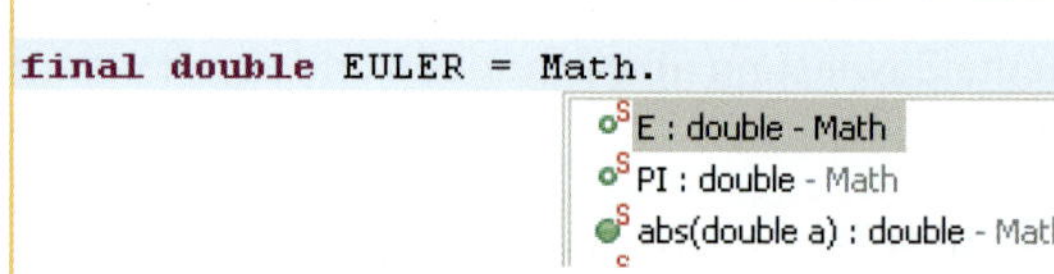

Bild 4: Codevervollständigung von Eclipse

Aufgaben

① Wie muss der Dateiname der ausführbaren Klasse Rechner heißen?

② Zu welchem Zeitpunkt wird durch eine Variable Speicher belegt?

③ Wie hoch ist der Speicherbedarf der ganzen Zahl 3?

④ Wie viel Speicherplatz belegt die Kommazahl 3.5 mindestens?

5.3.5 Ausgaben auf der Konsole

Die Konsole nennt man in Windows Eingabeaufforderung, in Linux Terminal. Ausgaben auf die Konsole erreicht man mit dem `System.out.print()`-Befehl. Der auszugebende Inhalt wird in die Klammern geschrieben. Es können alle Arten von Zeichen oder Zahlen ausgegeben werden.

> Die Konsole eignet sich nur für einfache Ausgaben ohne Grafik.

Ausgabe in Struktogrammen

Eine Anweisung für eine Ausgabe in einem Struktogramm wird durch einen senkrechten Strich am rechten Rand gekennzeichnet (**Bild 1**).

Bild 1: Kennzeichnung der Ausgabe im Struktogramm

Verknüpfen von Zeichenketten

Zeichenketten können mit dem „+"-Operator verknüpft werden. So werden die Zeichenketten `"Manfred "+"Muster"` als `"Manfred Muster"` ausgegeben.

Beispiel 1:
Erzeugen Sie eine Ausgabe `"Meier Max"` a) als eine Zeichenkette b) als verknüpfte Zeichenkette c) in zwei getrennten Anweisungen.
Lösung: **Bild 2**

```
System.out.println ("Meier Max");//a)

System.out.println ("Meier"+" Max");//b)

System.out.print ("Meier");//c)
System.out.println ("Max");
```

Bild 2: Verknüpfen von Zeichenketten

Formatierte Ausgaben

Formatieren mit Escape-Sequenzen:

Mit der Escape-Sequenz `"\t"` kann man Tabulatoren einfügen (**Tabelle 1**). Eine Zeilenschaltung auf der Konsole erreicht man mit `System.out.println();` oder innerhalb einer Zeichenkette mit der Escape-Sequenz `"\n"`;. Eine Übersicht der Escape-Sequenzen zeigt.

Tabelle 1: Escape-Sequenzen in Java

Sequenz	Bedeutung
`\b`	Rückschritt (Backspace)
`\t`	Horizontaler Tabulator
`\n`	Zeilenschaltung (Newline)
`\f`	Seitenumbruch (Formfeed)
`\r`	Wagenrücklauf
`\"`	Doppeltes Anführungszeichen
`\'`	Einfaches Anführungszeichen
`\\`	Backslash
`\nnn`	Oktalzahl nnn
`\uXXXX`	Unicode XXXX (hexadezimal)

Formatieren mit `System.out.format()`

Ähnlich wie bei den Escape-Sequenzen werden der Methode über ein Prozentzeichen die Formatierungsparameter mitgeteilt. An die Stelle des ersten Formatierungsparameters wird bei der Ausführung der Wert der ersten Variablen gesetzt. Die Variablen werden durch ein Komma getrennt hinter die zu formatierende Zeichenkette geschrieben. Eine Übersicht der Formatierungsparameter zeigt **Tabelle 2**.

Tabelle 2: Formatierungsparameter

d	Integerwert als Dezimalwert
f	Fließkommazahl als Dezimalzahl
x	Integerwert als Hexadezimalwert
s	beliebiger Wert als String

Beispiel 2:
Ziehen Sie die Wurzel aus der Zahl 2. Formatieren sie die Ausgabe entsprechend **Bild 3**. Verwenden Sie dazu die Anweisung `System.out.format()`.
Lösung: **Bild 4**

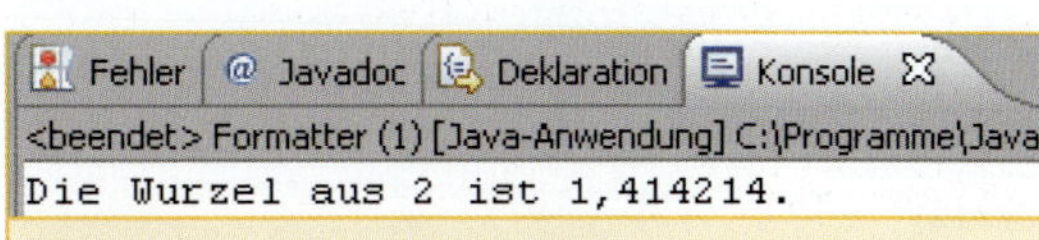

Bild 3: Wurzel aus 2 berechnen

```
int i = 2;
double r = Math.sqrt(i);
System.out.format("Die Wurzel aus %d
    ist %f.\n", i, r);
```

Bild 4: Ausgabe mit `System.out.format()`

Berechnete Ausgaben

In der Anweisung `System.out.print()` kann innerhalb der Klammerung gerechnet werden. Hierbei muss man darauf achten, die richtigen Datentypen miteinander zu verknüpfen, bzw. sie in der richtigen Reihenfolge zu verknüpfen. Es gibt eine Vielzahl von Operatoren. Hier werden die Operatoren der Grundrechenarten „+", „-", „*" und „/" betrachtet.

Reihenfolge der Abarbeitung

Innerhalb des Befehls `System.out.print()` werden die Argumente von links nach rechts abgearbeitet. Der Plus-Operator wird sowohl für die Addition, als auch für die Verknüpfung von Zeichenketten verwendet. Er ist überladen.

Eine Addition kann nur erfolgen, wenn Zahlen verwendet werden. Zahlen in Zeichenketten werden als Zeichen interpretiert.

Werden sowohl Zahlen als auch Zeichen miteinander verknüpft, kommt es auf deren Reihenfolge an. Ein Ausdruck mit verknüpften Zahlen wird als Zahl interpretiert, solange keine Verknüpfung mit einer Zeichenkette erfolgt. Ist der erste Teil eines Ausdrucks eine Zeichenkette, wird der Rest des Ausdrucks dieser Zeichenkette angehängt.

Beispiel 1:
Gegeben ist das Programm in **Bild 1**. Zeigen Sie das Ergebnis der Ausgabeanweisungen mit Formatierung.
Lösung: **Bild 2**

Zeichenketten der Klasse `String` sind Konstanten. Soll eine Zeichenkette veränderbar sein, ist die Klasse `StringBuffer` zu verwenden.

überladener Operator = ein Operator der mehr als eine Aufgabe erfüllen kann.

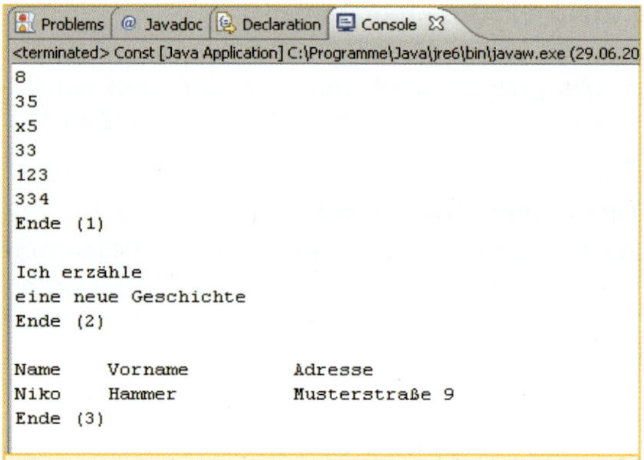

Bild 2: Formatierte Ausgaben

Der Plus-Operator wird zur Addition von Zahlen und zur Verknüpfung verwendet. Er ist überladen.

Aufgaben

① Erstellen Sie ein Programm, welches Ihre Adresse auf der Konsole ausgibt. Formatieren Sie die Ausgabe mit den entsprechenden Escape-Sequenzen.

② Erstellen Sie ein Programm, welches die Lösung der Gleichung $3x + 2 = 0$ schrittweise ausgibt.

```
//(1)
System.out.println (3+5);
System.out.println (3+"5");
System.out.println ("x"+5);
System.out.println (1+2+"3");
System.out.println ("1"+2+3);
System.out.println (1+2+"3"+4);
System.out.println ("Ende (1) \n");

//(2)
System.out.println ("Ich erzähle \neine neue Geschichte");
System.out.println ("Ende (2) \n")

//(3)
System.out.println ("Name\tVorname\t\tAdresse");
System.out.println ("Niko\tHammer\t\tMusterstraße 9");
System.out.println ("Ende (3) \n");
```

Bild 1: Auszüge aus dem Programm zur Ausgabe

5.3.6 Eingaben auf der Konsole

Um die Eingabe in Java zu erleichtern, können wir die Klasse `Scanner` aus dem Paket `java.util.*` verwenden. Diese Klasse wird dazu benutzt, Daten einzulesen und je nach Bedarf zu zerlegen. Sie eignet sich für eine Eingabe auf der Konsole.

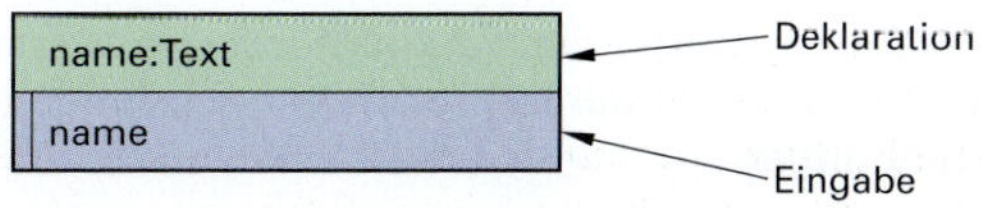

Bild 1: Eingabedarstellung im Struktogramm

Eingabedarstellung im Struktogramm

Eine Eingabe wird im Struktogramm mit einem senkrechten Strich am linken Rand gekennzeichnet (**Bild 1**).

Das Objekt Scanner

Über einen `import`-Befehl teilen wir unserer Klasse mit, wo die Klasse `Scanner` innerhalb der Java-Bibliothek zu finden ist.

Damit man die Funktionen der Scanner-Klasse benutzen kann, muss von dieser Klasse ein Objekt erzeugt werden, z. B. `sc`. Dies geschieht durch den Aufruf des Konstruktors der Klasse `Scanner` mit dem Befehl `new`. Der Übergabeparameter `System.in` legt fest, dass die Eingabe über die Konsole erfolgt.

```
Scanner sc = new Scanner(System.in);
```

Ab diesem Zeitpunkt kann man das Scanner-Objekt `sc` verwenden und mit dem „.“-Operator die Funktionen dieses Objektes aufrufen.

> **Beispiel 1:**
> Erstellen Sie ein Programm, welches den Preis, die Stückzahl und die Bezeichnung eines Artikels von der Konsole einliest. Das Programm soll dann den zu zahlenden Gesamtbetrag berechnen. Die Ausgabe soll in einem Satz formuliert werden.
> *Lösung:* **Bild 2**

```
import java.util.Scanner;
public class Eingabe {

    public static void main(String[] args) {
        Scanner sc = new Scanner(System.in);

        System.out.print("Preis:");
        double preis = sc.nextDouble();

        System.out.print("Stückzahl:");
        int stueckzahl = sc.nextInt();

        System.out.print("Artikel:");
        String artikel = sc.next();

        double betrag = stueckzahl * preis;

        System.out.print(" Bezahlen sie "+betrag+ " Euro ")
        System.out.println("für "+stueckzahl+" "+artikel);
    }
}
```

```
Preis:0,75
Stückzahl:3
Artikel:Brötchen
Bezahlen sie 2.25 Euro für 3 Brötchen
```

Bild 2: Die Klasse Scanner mit Ausgabefenster

Eingabe einer ganzen Zahl

Mit der Zeile

```
int gZahl = sc.nextInt();
```

wird eine ganze Zahl von der Konsole eingelesen. Das Ergebnis der Eingabe wird in der Variablen `gZahl` gespeichert.

Eingabe einer Kommazahl

Analog wie bei der Eingabe der ganzen Zahl wird eine Kommazahl eingelesen mit:

```
double kZahl = sc.nextDouble();
```

Das Programm wartet an dieser Stelle bis eine Kommazahl eingegeben wird. Diese wird der Variablen `kZahl` zugewiesen.

Eingabe einer Zeichenkette

Bei der Eingabe eines Strings `zKette` muss die Anweisung

```
String zKette = sc.next();
```

lauten. Sollen es mehrere Zeichenketten sein, kann `sc.nextLine()` verwendet werden.

Aufgaben

① Schreiben Sie ein Konsolenprogramm, welches den Namen, die Straße, die PLZ und den Ort abfragt und anschliessend auf der Konsole ausgibt.

② Erstellen Sie ein Struktogramm zur Berechnung des Durchschnittsverbrauchs eines Wagens auf 100 km. Die notwendigen Daten sollen über die Konsole eingegeben werden.

5.3.7 Operatoren

Operatoren dienen der Verknüpfung von Werten und Zeichen oder der logischen Verknüpfung von Bedingungen.

Rechnen mit Operatoren

Die einfachste Anwendung eines numerischen Operators ist die Addition zweier Zahlen mit:

```
<Variable> = <Wert1> + <Wert2>;
```

Die obige Anweisung darf nicht als eine mathematische Gleichung gesehen werden. Die Anweisung `<Wert1> + <Wert2>` wird von links nach rechts abgearbeitet. Der „+"-Operator addiert diese beiden Zahlen. Anschliessend wird das Ergebnis der Variablen mithilfe des „="-Operators zugewiesen. Dabei gilt bei Rechenoperationen wie in der Mathematik Punkt vor Strich und es kann auch geklammert werden. Eine Übersicht numerischer Operatoren zeigt **Tabelle 1**.

```
summe = 1 + 9 * 3;     // ergibt 28
summe = (1 + 9) * 3;   // ergibt 30
```

Anstelle der Zahlen dürfen auch initialisierte Variablen verwendet werden.

```
int a = 1, b = 9, c = 3;
int summe = a + b * c;
```

Inkrementieren und Dekrementieren

Mit dem „++"-Operator wird der Wert einer Variablen um eins erhöht (inkrementiert). Folgende Anweisungen liefern das gleiche Ergebnis.

```
i = i + 1;
i++;
```

Der Inkrement-Operator ist im Quelltext schlechter zu lesen, liefert aber eine bessere Performance, da er als 1-Byte Befehl übersetzt wird, während für die ausführliche Anweisung mehrere Befehle notwendig sind. Der Dekrement-Operator verringert den Wert der Variablen um eins.

Komplement bilden

Der „~"-Operator liefert das Bitkomplement einer ganzen Zahl. Die ganze Zahl 7 entspricht der binären Zahl 0111. Bildet man von dieser Zahl das Komplement, erhält man 1000. Dies entspricht dezimal der Zahl 8. Aufgrund der internen 2er-Komplement-Darstellung erhält man als Ergebnis –8.

```
komplement = ~ 7; //liefert -8
```

Tabelle 1: Numerische Operatoren

Operator	Beschreibung	Rang
++	Inkrement (erhöhe um 1)	1
--	Dekrement (erniedrige um 1)	1
*	Multiplikation	2
~	Bitkomplement	1
/	Division	2
%	Divisionsrest (Modulo)	2
+	Addition	3
-	Subtraktion	3
<<	Links-Shift	4
>>	Rechts-Shift mit Vorzeichen	4
>>>	Rechts-Shift ohne Vorzeichen	4

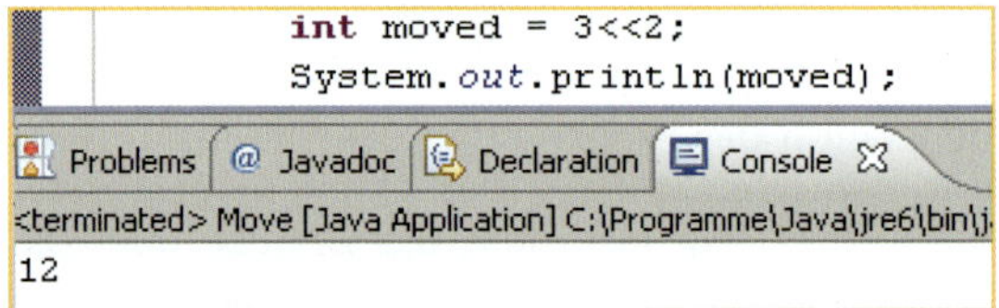

Bild 1: Linksshift-Operator

Divisionsrest

Der Modulo-Operator liefert den ganzzahligen Rest einer Division.

```
rest = 17 % 3; //liefert 2
```

Bits verschieben

Die Shift-Operatoren dienen der Verschiebung von Bitmustern. Ein Linksshift (<<) entspricht einer Multiplikation mit 2. Für die links freiwerdenden Bits werden 0-Bits nachgeschoben. Ist das Vorzeichenbit betroffen, wird dies auch verschoben. Ein Rechtsshift (>>) entspricht einer Division durch 2. Ist das Vorzeichenbit 1 wird eine 1 nachgeschoben, sonst eine 0. Mit dem positiven Rechtsshift (>>) werden 0-Bits nachgeschoben.

Beispiel 1:
Welches Ergebnis hat die Anweisung

```
int moved 3<<2;
```

Lösung: **Bild 1**

Alle Bits werden um 2 Stellen nach links verschoben. Für das links wegfallende Bit wird rechts ein 0-Bit nachgezogen. Aus 0011 wird 1100. Die Variable `moved` bekommt den Wert 12 als Ergebnis zugewiesen.

Boole'sche Operatoren anwenden

In Programmen werden oft Vergleiche durchgeführt oder Bedingungen verknüpft. Dazu verwendet man die Operatoren in **Tabelle 1**.

Vergleichen

Vergleicht man zwei Werte oder Anweisungen, ist die Antwort wahr oder falsch. So liefert dieser Vergleich

```
int a = 5, b = 1;
boolean istAGroesserB = a > b;
```

den Wert `true` und weist ihn der Boole'schen Variablen `istAGroesserB` zu. Entsprechend lassen sich die Vergleiche `==`, `>=`, `<=`, `<` und `!=` anwenden.

Bedingt verknüpfen

Wenn zwei oder mehr Bedingungen miteinander bedingt verknüpft werden (UND/ODER), kann das Ergebnis ebenfalls wahr oder falsch sein.

Beispiel 1:
Für die Aktivierung einer Stanzmaschine müssen zwei räumlich auseinander liegende Taster gleichzeitig gedrückt werden. Dadurch wird sichergestellt, dass keine Hand im Arbeitsbereich der Maschine ist. Der Zustand der beiden Tasten ist in einer Boole'schen Variablen `aktivieren` zu speichern.
Lösung: **Bild 1**

Binär verknüpfen

Für logische Verknüpfungen von Bitmustern eignen sich die logischen Operatoren UND (`&`), ODER (`|`) und EXCLUSIV ODER (`^`). Da es keinen Datentyp für binäre Zahlen gibt, muss man den Umweg über Zeichenketten (Strings) gehen. Nachdem eine binäre Zahl als String deklariert wurde, kann diese mit der Funktion `Integer.parseInt(String,2)` in eine ganze Zahl umgewandelt werden. Die logische Verknüpfung von ganzen Zahlen liefern ein ganzzahliges Ergebnis. Dieses wird mit der Funktion `Integer.toBinaryString(int)` wieder in einen binären String umgewandelt.

Beispiel 2:
Die binären Zahlen 1100 und 0101 sollen logisch mit a) UND, b) ODER, c) EXCLUSIV ODER verknüpft werden.
Lösung: **Bild 2**

> Bei Prüfung auf Gleichheit wird der Operator == verwendet. Nicht mit dem Zuweisungsoperator = verwechseln!

Tabelle 1: Boole´sche Operatoren

Operator	Beschreibung	Rang
!	logisches NICHT	1
!=	ungleich	6
==	gleich	6
>	größer als	5
<	kleiner als	5
>=	größer gleich	5
<=	kleiner gleich	5
&	logisches UND	7
^	logisches exkl. ODER	8
|	logisches ODER	9
&&	bedingtes UND	10
||	bedingtes ODER	11
?:	bedingte Operation	12

```
boolean istAgedrueckt;
boolean istBgedrueckt;
...
boolean aktivieren = istAgedrückt &&
   istBgedrückt;
```

Bild 1: Bedingte UND-Verknüpfung

```
//Deklaration
String str_z1, str_z2;
String lsg_a, lsg_b, lsg_c;
int z1, z2, a,b,c;

//Binäre Zahlen als Strings
str_z1 = "1100";  //entspricht 12
str_z2 = "0101";  //entspricht 5

//Umwandeln in ganze Zahlen
z1 = Integer.parseInt(str_z1, 2);
z2 = Integer.parseInt(str_z2, 2);

//logisch verknüpfen
a = z1 & z2;        //12 UND 5 = 4
b = z1 | z2;        //12 ODER 5 = 13
c = z1 ^ z2;        //12 EX. ODER 5 = 9

//Umwandeln in Binärzahl als String
lsg_a = Integer.toBinaryString(a);
lsg_b = Integer.toBinaryString(b);
lsg_c = Integer.toBinaryString(c);

//Binäre Ausgabe
System.out.println(lsg_a); //0100
System.out.println(lsg_b); //1101
System.out.println(lsg_c); //1001
```

Bild 2: Logische Verknüpfungen

5.3.8 Typumwandlung

Variablen verschiedener Datentypen werden im Computer unterschiedlich abgebildet. Werden diese durch einen Operator verknüpft, muss das Ergebnis einem der beiden Datentypen entsprechen. Deshalb muss der Datentyp einer der beiden Variablen umgewandelt werden. Dies nennt man Typumwandlung. Man unterscheidet die erzwungene und die automatische Typumwandlung. Diese Umwandlungen sind nicht zu verwechseln mit dem Umwandeln eines Strings in eine ganze Zahl (Bild 2, vorhergehende Seite).

Automatische Typumwandlung

Die Typumwandlung wird vom Compiler durchgeführt, wenn dadurch kein Informationsverlust zu erwarten ist. So geht bei der Typumwandlung einer Variablen von `int` nach `double` keine Information verloren.

Beispiel 1:
Erklären Sie die automatische Typumwandlung in **Bild 1**.

Lösung: Die ganze Zahl `a1 = 5` wird intern in die Kommazahl 5,0 umgewandelt, damit sie mit der Kommazahl `a2 = 3.3` verrechnet werden kann.

Der Compiler zeigt keinen Fehler an. Da hierbei keine Information verloren gehen kann, ist diese Umwandlung unproblematisch.

Erzwungene Typumwandlung

Eine Typumwandlung kann erzwungen werden, indem der Zieldatentyp in Klammern vor den Variablennamen geschrieben wird.

Beispiel 2:
Erklären Sie die erzwungene Typumwandlung in **Bild 2**.

Lösung:
Ohne die erzwungene Typumwandlung vor `b2` würde der Compiler einen Fehler anzeigen, da bei einer Umwandlung von `double` nach `int` die Information der Nachkommastellen verloren geht. In diesem Fall wird der Nachkommateil von `b2` bewusst abgeschnitten. Der Informationsverlust wird in Kauf genommen.

Abschneidearithmetik durch Typumwandlung

Der Informationsverlust durch erzwungene Typumwandlung kann dazu genutzt werden, eine Kommazahl an einer beliebigen Nachkommastelle abzuschneiden.

> Typecasting = Umwandlung eines Datentyps in einen anderen.

```
int    a1    = 5;
double a2    = 3.3;
double summe = a1 + a2;
```

Bild 1: Implizite Typumwandlung

```
int    b1    = 5;
double b2    = 3.3;
int    summe = b1 + (int) b2;
```

Bild 2: Erzwungene Typumwandlung

```
//Deklaration und Initialisierung
double zahl1 = 2.3897654;

//Komma nach rechts verschieben
zahl1 = zahl1 * 100;

//Nachkommateil abschneiden
zahl1 = (int) zahl1;

//Komma zurückschieben
zahl1 = (double) zahl1 / 100;
```

Bild 3: Abschneidearithmetik

Beispiel 3:
Schreiben Sie ein Konsolenprogramm, welches die Kommazahl 2,3897654 auf zwei Stellen nach dem Komma in 2,38 abschneidet.

Lösung: **Bild 3**

Die Kommazahl wird als double-Variable deklariert und initialisiert. Durch eine Multiplikation mit 100 wird das Komma um zwei Stellen nach rechts verschoben. Diese Zahl wird in eine ganze Zahl umgewandelt, der Nachkommateil abgeschnitten. Die gekürzte ganze Zahl wird in eine Kommazahl umgewandelt. Das Komma wird durch eine Division durch 100 wieder an die ursprüngliche Position gesetzt.

Aufgabe

① Verbessern Sie das Programm in **Bild 3** so, dass auf zwei Stellen nach dem Komma gerundet wird. Aus 2,3897654 soll 2, 39 und aus 2,3833334 soll 2,38 werden.

5.3.9 Verzweigungen

Verzweigungen ermöglichen es Bedingungen zu formulieren. Bestimmte Anweisungen werden nur ausgeführt, wenn die Bedingung den Wert `true` liefert. Liefert sie den Wert `false`, können stattdessen andere Anweisungen ausgeführt werden. Eine Verzweigung wird in Java mit einer `if`-Bedingung implementiert.

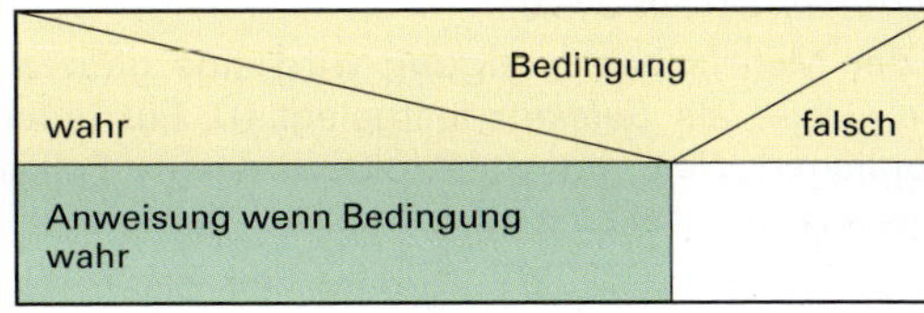

Bild 1: Struktogramm mit einfacher Verzweigung

Einfache Verzweigung

Bei der Verzweigung wird eine Bedingung definiert, deren Ergebnis `wahr` oder `falsch` sein kann. Boole´sche Variablen können direkt in einer `if`-Bedingung eingesetzt werden. Wird nur der `if`-Zweig verwendet, spricht man von einer einfachen Verzweigung. Das Strukturprogramm einer einfachen Verzweigung zeigt **Bild 1**.

```
if (<Bedingung>) {
      //Progammquelltext wenn
        Bedingung erfüllt
} else {
     //Progammquelltext wenn Bedingung
       nicht erfüllt
}
```

Bild 2: Syntax einer zweifachen Verzweigung

Zweifache Verzweigung

Von einer zweifachen Verzweigung spricht man, wenn neben dem `if`-Zweig ein `else`-Zweig existiert. Die Schreibweise (Syntax) dieser Verzweigung ist in **Bild 2** zu sehen.

Bild 3: Verzweigung mit Codevervollständigung einfügen

Anwenden der Codevervollständigung

Um eine Verzweigung in Eclipse zu verwenden, muss an der gewünschten Stelle im Quelltext `if` + `Strg` + `Leertaste` eingegeben werden. Daraufhin erscheint das Fenster für die Codevervollständigung, und es kann die gewünschte Form der Verzweigung ausgewählt und mit `Enter` oder einem Doppelklick bestätigt werden (**Bild 3**).

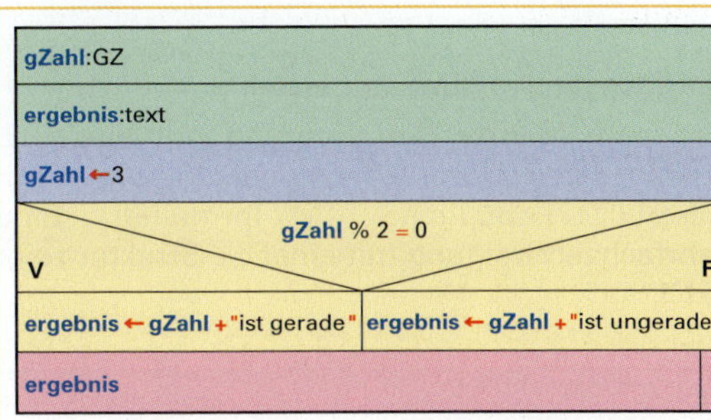

Bild 4: Struktogramm mit Modulo-Operator

Beispiel 1:
Prüfen Sie, ob die Zahl 3 gerade ist oder nicht und geben Sie das Ergebnis auf der Konsole aus.

a) Erstellen Sie ein Struktogramm.

b) Setzen Sie das Struktogramm in ein Java-Programm um.

Lösung: a) **Bild 4,** b) **Bild 5**

```
int gZahl = 3;
String ergebnis;
if (gZahl%2 == 0){
      ergebnis = gZahl+"ist gerade";
}
else{
      ergebnis = gZahl+"ist ungerade";
}
System.out.println(ergebnis);
```

Bild 5: Prüfe ob Zahl gZahl gerade ist

Die ganzzahlige Variable `gZahl` und die Zeichenkette `ergebnis` werden deklariert. Die Zahl 3 wird der Variablen `gZahl` zugewiesen. In der Bedingung wird geprüft, ob `gZahl` gerade ist. Dies trifft hier nicht zu und der `else`-Zweig wird ausgewählt. Das Ergebnis wird ausgegeben (**Bild 6**).

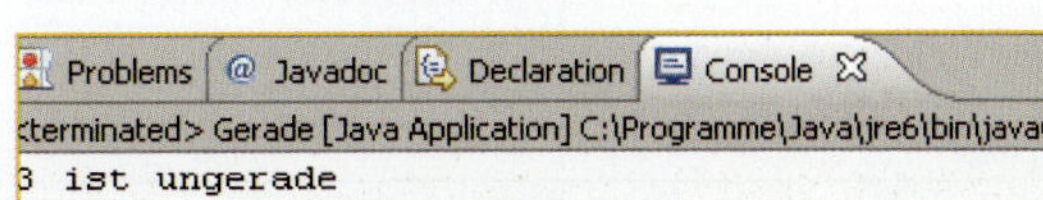

Bild 6: Ausgabe auf der Konsole

Eine Bedingung in einer Verzweigung muss als Ergebnis wahr oder falsch liefern.

Mehrfachverzweigung

In der Mehrfachverzweigung wird eine ganzzahlige Größe als *Selektor* festgelegt ①. Für jeden möglichen Wert des Selektors wird eine Fallanweisung ② erstellt. Ist diese Fallanweisung erfüllt, wird die nachfolgende Anweisung ausgeführt. Bei mehreren möglichen Fällen wird immer nur ein Fall ausgewählt. Wird keiner der gültigen Fälle ausgewählt, gibt es den Fall *sonst* ③. Das Struktogramm einer Mehrfachverzweigung zeigt **Bild 1**.

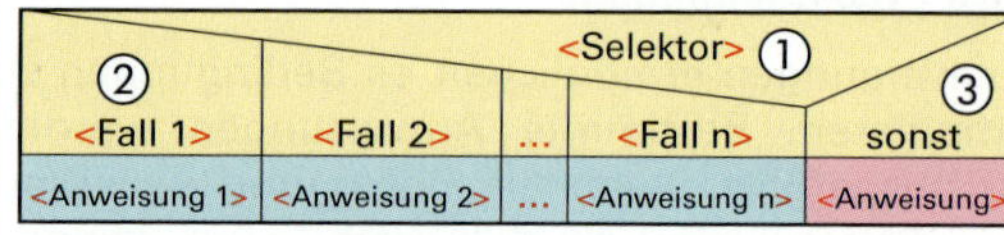

Bild 1: Mehrfachverzweigung im Struktogramm

Mehrfachverzweigung mit switch-case

Die Umsetzung einer Mehrfachverzweigung mit switch–case ist übersichtlich. Als Selektor können nur ganzzahlige Variable verwendet werden. Hinter der case-Anweisung steht der konkrete Wert für einen definierten Fall. Nach dem Doppelpunkt folgt eine oder folgen mehrere Anweisungen (Sequenzen) für diesen Fall. Die break-Anweisung sorgt dafür, dass nachfolgende Fälle nicht mehr abgearbeitet werden. Um mehrere Fälle zusammenzufassen, wird nur eine break-Anweisung am Ende der zusammengefassten Fälle verwendet. Die Syntax der switch-case-Struktur zeigt **Bild 2**.

```
switch (<selektor>){
  case 1: <Anweisung 1> break;
  case 2: <Anweisung 2> break;
  ...
  case n: <Anweisung n> break;
  default:<Anweisung sonst> break;
}
```

Bild 2: Mehrfachverzweigung mit switch-case

Mehrfachverzweigung mit else-if

Wird eine Mehrfachverzweigung mit einer if-Struktur erzeugt, werden Folgebedingungen mit else if (<Bedingung>){} formuliert. Eine Mehrfachverzweigung mit einer if-Struktur zeigt **Bild 3**.

```
if (<Bedingung1>){
  //Bedingung 1 erfüllt
}else if (<Bedingung2>){
  //Bedingung 2 erfüllt
  //und Bedingung 1 nicht erfüllt
}else {
  //sonst
}
```

Bild 3: Mehrfachverzweigung mit else-if

Beispiel 1:
Wie viele Tage hat ein Monat eines beliebigen Jahres? Berücksichtigen Sie auch Schaltjahre. Ein Schaltjahr ist durch 4 teilbar. Es darf nicht durch 100 teilbar sein, es sei denn es ist durch 400 teilbar. Erstellen Sie ein Struktogramm.
Lösung: **Bild 4**

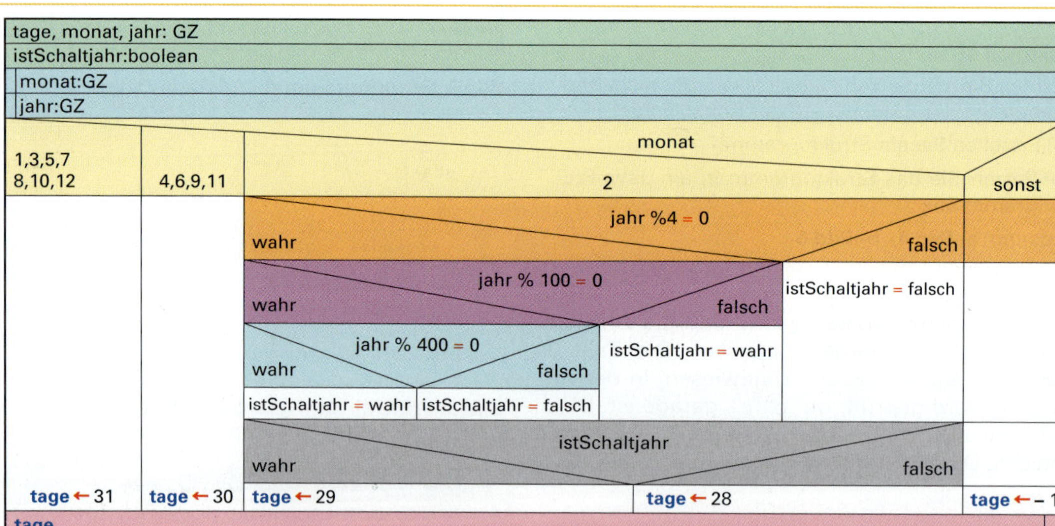

Bild 4: Struktogramm Monatstage

Aufgaben

① Erstellen Sie ein Java-Programm aus dem Struktogramm in **Bild 1, vorhergehende Seite**.

② Eine beliebige Zahl soll darauf geprüft werden, ob sie durch eine andere Zahl ohne Rest teilbar ist. Schreiben Sie ein Konsolenprogramm, welches diese Prüfung an einer beliebigen Zahl mit einem beliebigen Teiler zulässt. Erstellen Sie ein Struktogramm und ein Programm.

③ In einer Videothek muss der Verleiher das **Alter** des Kunden eingeben, bevor er einen Film an ihn ausgibt. Als nächstes gibt er die FSK (6,12,16 oder 18 Jahre) des Videofilms ein. Auf der Konsole soll eine Warnmeldung ausgegeben werden, wenn der Kunde zu jung für den Film ist. Erstellen Sie ein Struktogramm und ein Programm.

④ In einer Videothek muss der Verleiher das **Geburtsdatum** des Kunden eingeben, bevor er einen Film an ihn ausgibt. Als nächstes gibt er die FSK (6, 12, 16 oder 18 Jahre) des Videofilms ein. Auf der Konsole soll eine Warnmeldung ausgegeben werden, wenn der Kunde zu jung für den Film ist. Erstellen Sie ein Struktogramm und ein Programm.

⑤ In einem Programm soll die maximal erreichbare Punktzahl sowie die tatsächlich erreichte Punktzahl einer Klassenarbeit eingegeben werden. Die Note soll nach dem Notenschlüssel in **Tabelle 1** bestimmt werden. Erstellen Sie ein Struktogramm und ein Programm.

⑥ Ein Programm soll die Note für eine Klassenarbeit ermitteln. Lesen Sie die maximale Punktzahl sowie die erreichte Punktzahl über die Tastatur ein. Es wird ein linearer Notenschlüssel verwendet (**Bild 1**). Berechnen Sie die Note als Kommazahl und geben Sie sie auf der Konsole aus. Bei ungültigen Eingaben soll eine Fehlermeldung erscheinen. Erstellen Sie ein Struktogramm und ein Programm.

⑦ Für eine Note als Kommazahl soll die Zeugnisnote ermittelt und der Text ausgegeben werden (**Tabelle 2**). Erstellen Sie ein Struktogramm und ein Programm.

Tabelle 1: Notenschlüssel

Punkte	Notenpunkte
60 – 57	15
56 – 54	14
53 – 51	13
50 – 48	12
47 – 45	11
44 – 42	10
41 – 39	9
38 – 36	8
35 – 33	7
32 – 30	6
29 – 27	5
26 – 22	4
21 – 17	3
16 – 12	2
11 – 7	1
6 – 0	0

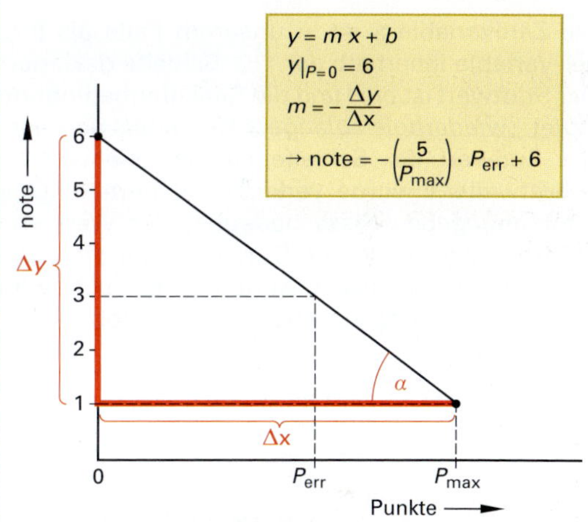

Bild 1: Linearer Notenschlüssel

Tabelle 2: Zeugnisnoten

Zeugnisnote	Note
1,0 – 1,49	sehr gut
1,5 – 2,49	gut
2,5 – 3,49	befriedigend
3,5 – 4,49	ausreichend
4,5 – 5,49	mangelhaft
5,5 – 6,0	ungenügend

5.3.10 Schleifen

Für eine wiederholte Ausführung von Anweisungen werden Schleifen verwendet. Es gibt kopfgesteuerte Schleifen (`for–Schleife`, `while–Schleife`), bei denen die Bedingung für einen Schleifenabbruch zu Beginn der Schleife *definiert* wird (**Bild 1**). Bei fußgesteuerten Schleifen wird die Abbruchbedingung am Ende der Schleife *implementiert* (**Bild 2**).

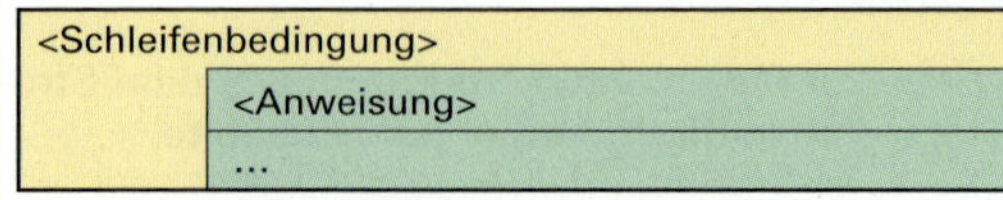

Bild 1: Struktogramm einer kopfgesteuerten Schleife

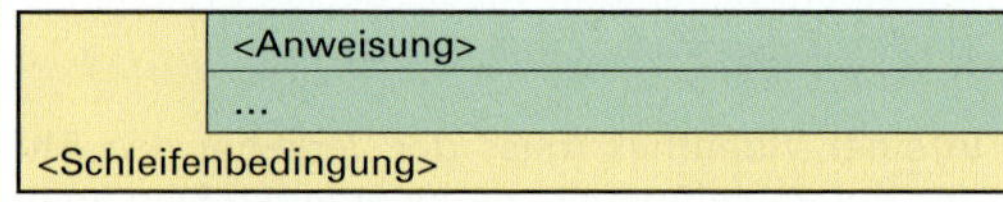

Bild 2: Struktogramm einer fussgesteuerten Schleife

Die for-Schleife (Zählschleife)

Ist die Anzahl der sich wiederholenden Schritte bekannt, verwendet man die `for`-Schleife. Sie zählt von einem *Startwert* bis zu einem *Endwert* in einer angegebenen *Schrittweite*. Die Syntax der `for`-Schleife zeigt **Bild 3**.

```
for (int i=<Startwert>; i<=<Endwert>;
      i=i+<Schrittweite>)
    {
    //Quellcode der Schleife
    }
```

Bild 3: Syntax der for-Schleife

Beispiel 1:
Gefordert ist eine Tabelle der Potenzen von x für x = 1 bis x < 8 für die Exponenten 1, 2 und 3.

a) Erstellen Sie ein Struktogramm.

b) Implementieren Sie das Programm.

c) Erzeugen Sie eine Ausgabe.

Lösung: a) **Bild 4,** b) **Bild 5,** c) **Bild 6**

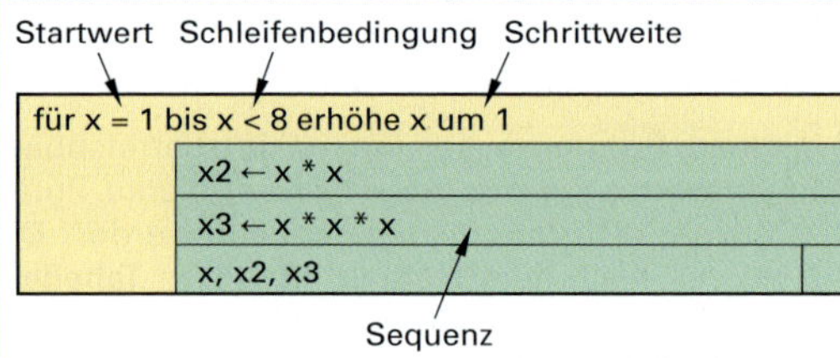

Bild 4: Struktogramm zu Potenzen von x

Die Zählvariable x ist in unserem Falle als Integer-Variable innerhalb der `for`-Schleife deklariert. Der Startwert ist *eins* und die Schleifenbedingung lautet *„wiederhole solange x kleiner als acht ist"*. Der Endwert der Schleife ist also *sieben*. Die Schrittweite 1 wurde verkürzt mit dem ++-Operator angegeben, dass bedeutet, der Wert von x erhöht sich bei jedem Durchlauf um eins. Die Schleife wird verlassen, wenn die Abbruchbedingung den Boole´schen Wert `false` ergibt.

```
System.out.println("x \t x² \t x³");
System.out.println("---------------");
int xQuadrat = 0;
int xHochDrei = 0;

for (int x = 1; x < 8; x++) {
    xQuadrat = x*x;
    xHochDrei = x*x*x;

    System.out.println(
         x+" \t "+
         xQuadrat+" \t "+
         xHochDrei);
   }//End for
```

Bild 5: Programmauszug zu Potenzen von x

Die `for`-Schleife wird verwendet, wenn die Anzahl der Wiederholungen bekannt ist.

Schleifenarten in Java, C# und C++ sind die for-Schleife, while-Schleife und die do-while Schleife

x	x^2	x^3
1	1	1
2	4	8
⋮	⋮	⋮
7	49	343

Bild 6: Ausgabe der Potenzen von x (Auszug)

Aufgaben

① Erstellen Sie ein Programm zum Zeichnen einer Pyramide mit 10 Stufen auf der Konsole. Verwenden Sie zum Zeichnen der Pyramide das „*"-Zeichen.

② Geben Sie die Zahlenfolge der ungeraden Zahlen 1, 3, 5, 7, 9, 11, 13, 15 mit einer `for`-Schleife aus.

a) Erstellen Sie ein Struktogramm.

b) Erstellen Sie ein Programm.

Die while-Schleife

Ist die Anzahl der möglichen Schleifendurchläufe nicht bekannt, wird die `while`-Schleife verwendet. Die `while`-Schleife beginnt mit der Schleifenbedingung, ist also kopfgesteuert. Ist die Bedinung schon am Anfang `false`, wird die Schleife nicht ausgeführt. Das Struktogramm einer `while`-Schleife zeigt **Bild 1**. Im Unterschied zur for-Schleife wird die Bedingung in der `while`-Schleife mit „Solange" formuliert. Die Syntax der `while`-Schleife zeigt **Bild 2**.

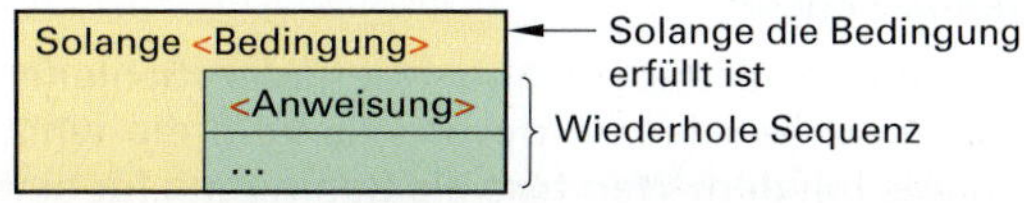

Bild 1: Struktogramm der while-Schleife

```
while (<Bedingung>)
{
    //Quelltext
}
```

Bild 2: Syntax der while-Schleife

Beispiel 1:
In einem Spiel darf zu Beginn bis zu dreimal gewürfelt werden. Würfelt man eine 6, soll der Text „nächster Schritt" ausgegeben werden.

a) Erstellen Sie ein Struktogramm.

b) Implementieren Sie das Programm.

Lösung: a) **Bild 3** b) **Bild 4**

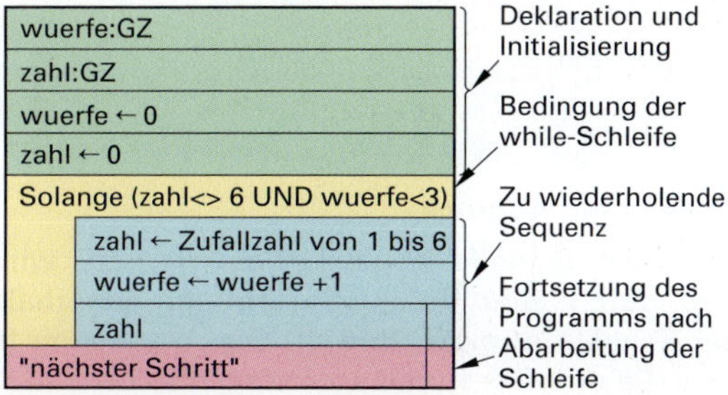

Bild 3: Struktogramm würfeln

Die Anzahl der Würfe und die Augenzahl werden auf 0 gesetzt. Die Schleifenbedingung ist erfüllt und die `while`-Schleife wird erstmals ausgeführt.

Mit der Anweisung `(int) (Math.random()*6+1)` wird eine Zufallszahl zwischen 1 und 6 erzeugt. Die Anzahl der Würfe wird inkrementiert. Die Abbruchbedingung wird geprüft. Liefert sie true, wird der Inhalt der `while`-Schleife wiederholt. Es wird nur solange wiederholt, bis eine 6 gewürfelt wird, oder drei Würfe durchgeführt wurden.

```
int wuerfe = 0;
int zahl = 0;
while (zahl!=6 && wuerfe <3) {
  zahl = (int)(Math.random()*6+1);
  wuerfe++;
  System.out.println(zahl);
  }

System.out.println("nächster Schritt");

}
```

Bild 4: Programm würfeln

Die do-while-Schleife

Die fußgesteuerte `do-while`-Schleife hat die Abbruchbedingung am Ende der Schleife. Sie wird immer mindestens einmal durchlaufen. Das Struktogramm der `do-while`-Schleife zeigt **Bild 5**. Die Syntax dieser Schleife ist in **Bild 6** abgebildet.

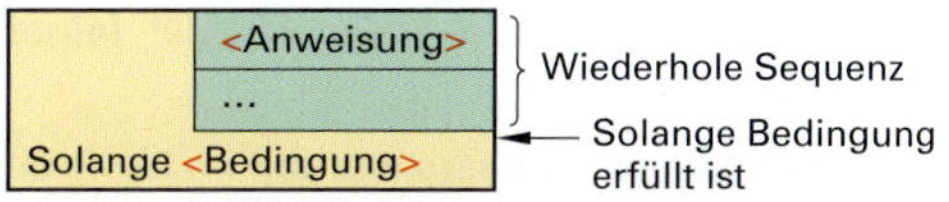

Bild 5: Struktogramm der do-while-Schleife

```
do{
   //Quelltext
}while (<Bedingung>)
```

Bild 6: Syntax der do-while-Schleife

> Die `do-while`-Schleife wird immer mindestens einmal durchlaufen.

Beispiel 2:
Erstellen Sie ein Programm, welches ein Passwort solange einliest, bis das Passwort richtig eingegeben wurde. Das richtige Passwort lautet „abc".

Lösung: **Bild 7**

```
String in = "", pwd = "abc";
Scanner sc = new Scanner (System.in);
do{
   in = sc.next();
}while (!in.equals(pwd))
```

Bild 7: Passwortabfrage

Die Eingabe wird solange wiederholt, bis der `String in` und der `String pwd` identisch sind. Es wird die equals-Methode verwendet werden. Sie vergleicht die Zeichenfolgen beider Strings Zeichen für Zeichen.

Endlos-Schleife

Eine Endlos-Schleife kann mit jeder Schleifenart erzeugt werden. In der Praxis wird die while-Schleife mit dem Wert true als Bedingung für eine Endlos-Schleife eingesetzt. Das Struktogramm zeigt **Bild 1** und die Syntax zeigt **Bild 2**.

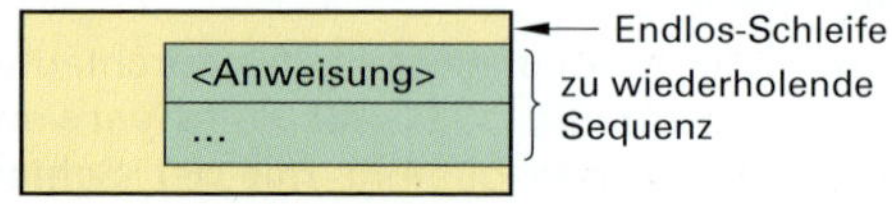

Bild 1: Struktogramm einer Endlosschleife

> **Beispiel 1:**
> Ein Satellit soll jede Sekunde ein Foto mit der Methode `aufnahme()` aufzeichnen, sobald er in Betrieb genommen wird. Erstellen Sie das Struktogramm.
>
> *Lösung:* **Bild 3**

```
while(true){
    //Wiederholung
}
```

Bild 2: while-Schleife als Endlosschleife

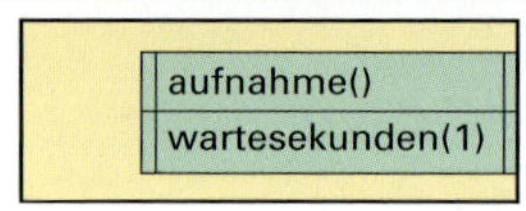

Bild 3: Satellitenaufnahmen mit Endlosschleife

Schleife mit Abbruch

Soll eine Schleife abgebrochen werden, wird dies durch eine Bedingungsabfrage innerhalb der Schleife erreicht (**Bild 4**). Die Anweisung in Java, C# und C++ für einen Abbruch lautet `break` (**Bild 5**).

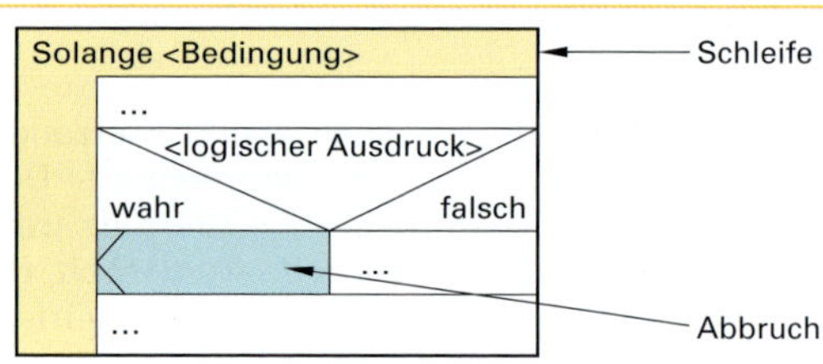

Bild 4: while-Schleife mit Abbruch

> **Beispiel 2:**
> Ein Sortierprogramm soll eine Million Datensätze sortieren. Da der Sortiervorgang sehr lange dauern kann, soll ein Abbruch z. B. nach jedem einzelnen Datensatz durch Tastenbetätigung möglich sein. Entwerfen Sie das Struktogramm.
>
> *Lösung:* **Bild 6**

```
while (<Bedingung>) {
    <Anweisungen>
    if(<logischer Ausdruck>){
     break;
    }
}
```

Bild 5: while-Schleife mit Abbruch

Aufgaben

① In einem mittelalterlichen Lehrbuch der Mathematik stellte Leonardo Fibonacci die folgende Frage:

Wie viele Kaninchenpaare werden im Laufe eines Jahres, von einem Paar ausgehend, geboren?

Dabei wirft jedes Paar monatlich zwei Kaninchen. Diese werfen nach Ablauf des zweiten Lebensmonates ein weiteres Paar. Geben Sie die Folge der in den einzelnen Monaten existierenden Kaninchenpaare aus. Man nennt diese Folge die Fibonacci-Zahlen. Zur Kontrolle: 1, 1, 2, 3, 5, 8, 13, ...

Erstellen Sie ein Struktogramm.

② In einem Spiel muss eine definierte Zahl zwischen 1 und 100 in möglichst wenigen Schritten erraten werden. Ist eine Folgezahl zu klein oder zu groß, geben Sie einen entsprechenden Hinweis aus. Die Anzahl der Versuche wird mitgezählt und am Ende ausgegeben. Erstellen Sie ein Struktogramm und ein Java-Programm für dieses Spiel.

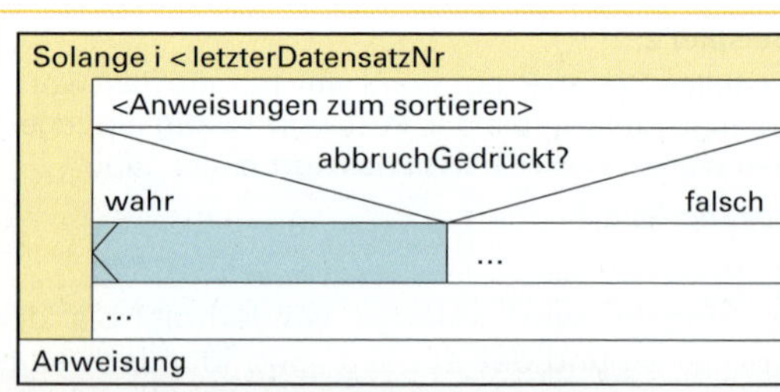

Bild 6: Abbruchmöglichkeit in einem Sortierprogramm

5.3.11 Methoden

Wird ein Programmteil an mehreren Stellen im Programm benötigt, verwendet man dazu Methoden und ruft sie an den benötigten Stellen auf. Einen Methodenaufruf im Struktogramm zeigt **Bild 1**.

Bild 1: Methodenaufruf im Struktogramm

Deklaration einer Methode

Eine Methode wird innerhalb einer Klasse deklariert. Sie darf dabei nicht innerhalb einer anderen Methode deklariert werden. Die Deklaration einer Methode beinhaltet die Sichtbarkeit, Schlüsselwörter, Rückgabewert, Übergabeparameter und den Methodennamen.

> Der Methodenname, die Übergabeparameter und der Rückgabewert werden Signatur der Methode genannt (**Bild 2**).

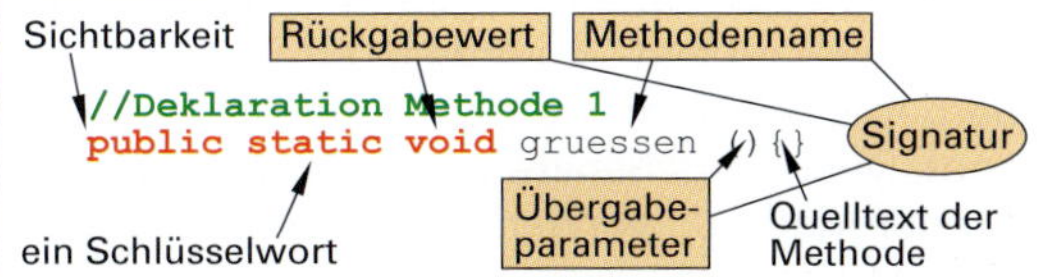

Bild 2: Methodendeklaration

Der Methodenname, die Übergabeparameter und der Rückgabewert werden Signatur der Methode genannt (**Bild 2**). Wird der Inhalt einer Methode in einem Struktogramm dargestellt, schreibt man den Methodennamen, den Übergabeparameter und den Rückgabewert über das Struktogramm (**Bild 3**).

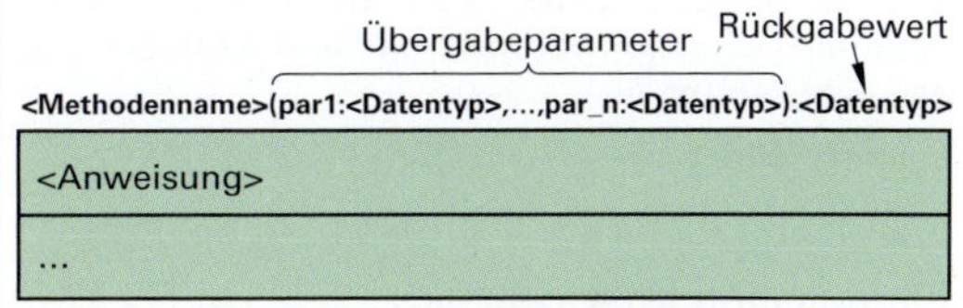

Bild 3: Struktogramm für eine Methode

Die Sichtbarkeit public

Die Sichtbarkeit `public` sagt aus, dass jeder diese Methode benutzen darf. Sie ist für die main()-Methode zwingend erforderlich, da sonst eine Java-Anwendung nicht ausführbar ist. In den Grundlagen der Objektorientierung wird auf die Sichtbarkeiten genauer eingegangen (siehe Kapitel 6).

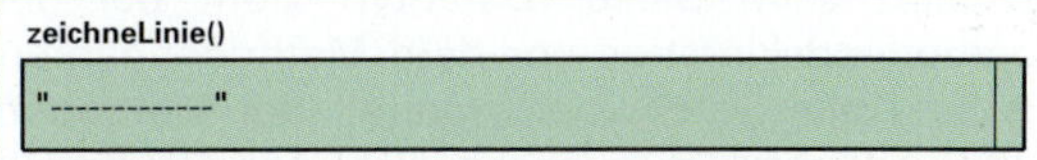

Bild 4: Struktogramm der Methode zeichneLinie()

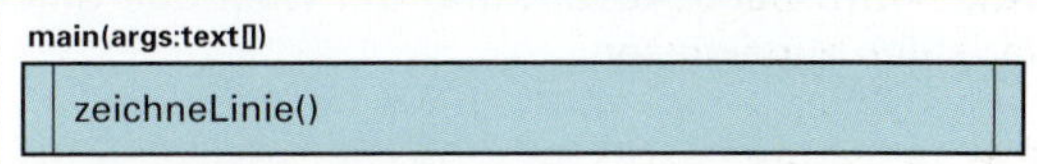

Bild 5: Struktogramm mit Methodenaufruf

Das Schlüsselwort static

Das Schlüsselwort `static` bewirkt, dass die Methode direkt über den Klassennamen aufrufbar ist, ohne dass ein Objekt der Klasse erzeugt werden muss.

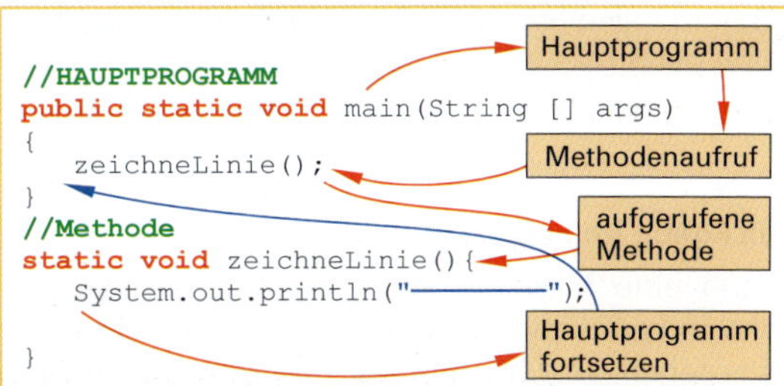

Bild 6: Programm mit Methode

Methodennamen

Methodennamen beginnen meist mit einem Kleinbuchstaben. Nach dem Methodennamen folgen zwei Klammern für die Übergabeparameter. Sind die Klammern leer, hat die Methode keine Übergabeparameter.

Methoden ohne Rückgabewert

Vor dem Methodennamen steht der Typ des Rückgabewertes einer Methode. Mit dem Schlüsselwort `void` wird festgelegt, dass eine Methode keinen Rückgabewert hat. Methoden ohne Rückgabewert können direkt aufgerufen werden.

> Methodennamen werden klein geschrieben. Hinter dem Methodennamen folgt ein Paar runder Klammern.

Beispiel 1:

Geben Sie mit einer Methode eine Linie auf der Konsole aus.

a) Erstellen Sie das Struktogramm für die Methode.

b) Erstellen Sie das Struktogramm für den Methodenaufruf.

c) Erstellen Sie das Programm.

Lösung: a) **Bild 4**, b) **Bild 5**, c) **Bild 6**

Übergabeparameter

Benötigt eine Methode zur Erledigung ihrer Aufgabe bestimmte Informationen, werden dafür Übergabeparameter definiert. Diese werden mit Angabe des Datentyps in die Klammern nach dem Methodennamen eingefügt. Für Übergabeparameter sind alle Datentypen erlaubt. Mehrere Übergabeparameter werden durch Kommas getrennt. Die Übergabeparameter können nur innerhalb der Methode verwendet werden, in welcher sie deklariert sind.

Beispiel 1:
Die Länge der Linie, von Beispiel 1, vorhergehende Seite, soll veränderbar sein. Erstellen Sie das Programm.
Lösung: **Bild 1**

Methoden mit Rückgabewert

Für dem Rückgabewert einer Methode muss der Datentyp des zu erwartenden Ergebnisses definiert sein. Dieser Datentyp steht bei der Methodendeklaration vor dem Methodennamen. Es sind alle Datentypen erlaubt. Bei Methoden mit Rückgabewert muss die letzte Anweisung ein `return`- Befehl sein, an den sich das Ergebnis der Methode anschließt. Der Rückgabewert einer Methode wird nach Ausführung der Methode einer Variablen zugewiesen.

Beispiel 2:
Erstellen Sie eine Methode, welche die Summe zweier Zahlen berechnet und zurück gibt. Als Summanden werden die Zahlen 100 und 345 übergeben.
Lösung: **Bild 2**

Rückgabe im Fehlerfall

Wenn eine Methode keinen sinnvollen Wert ermitteln kann, etwa weil ein ungültiger Parameter übergeben wurde, gibt es mehrere Verfahrensmöglichkeiten. Zwei davon sind:

1. Der Fehler wird ignoriert.
2. Es wird ein Wert zurückgegeben, welcher nicht als Ergebnis herauskommen kann.

Beispiel 3:
Erweitern Sie die Methode aus Beispiel 1 so, dass der Methode beim Aufruf auch eine negative Länge übergeben werden kann. Der Fehler soll ignoriert werden.
Lösung: **Bild 3**

```
//HAUPTPROGRAMM
public static void main(String [] args)
     {
   //Methodenaufruf
   zeichneLinie(5);
   }
//zeichnen einer Linie
static void zeichneLinie(int laenge){

   for (int i = 0; i < laenge; i++) {
     System.out.print("-");
   }
   System.out.println();
}
```

Bild 1: Methode mit Übergabeparameter

```
public static void main(String [] args)
     {
   //Methodenaufruf
   int ergebnis = gibSumme (100, 345);
}
static int gibSumme (int z1, int z2) {
   return z1 + z2;
}
```

Übergabeparameter

Rückgabewert

Bild 2: Methode mit Rückgabewert und Übergabeparameter

```
//zeichnen einer Linie
static void zeichneLinie(int laenge){
  //Nur wenn Laenge gültig
  if(laenge>0){
    for (int i = 0; i < laenge; i++) {
       System.out.print("-");
    }
    System.out.println();
  }
}
```

Bild 3: Fehlerfall ignorieren

```
static double dividiere (double zaehler,
double nenner)
{
   double ergebnis;

   if(nenner>0&zaehler>0){
     ergebnis = zaehler / nenner;
   }
   else{
     ergebnis = -1;
   }
   return ergebnis;
}
```

Bild 4: Rückgabe von – 1 im Fehlerfall

Beispiel 4:
Erstellen Sie eine Methode zur Division zweier positiver Zahlen. Ist der Nenner 0, soll – 1 zurückgegeben werden.
Lösung: **Bild 4**

5.3.12 Felder

Eine Variable kann einen Wert bzw. ein Objekt speichern. In Feldern (Arrays) können mehrere Elemente des gleichen Datentyps gespeichert werden. Eindimensionale Felder kann man sich wie eine Liste von Werten vorstellen. Zweidimensionale Felder können mit einer Tabelle verglichen werden.

Eindimensionales Feld direkt initialisieren

Eindimensionale Felder können in Java deklariert werden, indem man hinter den Datentyp (oder hinter den Namen) ein eckiges Klammernpaar anhängt. Erfolgt die Initialisierung direkt durch Werte, so wird die Größe des Feldes durch die Anzahl dieser Werte bestimmt (**Bild 1**). Jeder Feldwert bekommt einen eindeutigen Index. Der erste Index eines Feldes ist immer Null (**Bild 2**).

Eindimensionales Feld mit n Elementen anlegen

Ein Feld mit n Werten kann über den Befehl `new` erzeugt werden. Es folgt der Datentyp mit der Feldgröße in eckigen Klammern. Das Feld `lotto` wird mit 0 initialisiert. Dies gilt für alle Felder mit z. B. einfachen Datentypen wie `double` und `int`. Das Feld `namen` wird mit `null`-Werten initialisiert. Es existieren noch keine String-Objekte in dem Feld `namen` (**Bild 3**).

Speicherbelegung

Die Speicherbelegung eines Feldes ist nach seiner Erzeugung festgelegt. Die Größe des Feldes kann nicht geändert werden. Während Variablen mit einfachem Datentyp im Stack gespeichert werden, wird für Arrays immer Arbeitsspeicher im Heap belegt. Dies ist der verfügbare Speicherplatz für Java-Objekte.

Zuweisung von Werten

Eine Zuweisung eines Wertes erfolgt bei einem Feld über den Index des Feldelementes. Das erste Element eines Feldes hat immer den Index `0`, das letzte von n-Elementen immer den Index `n-1`. Wie bei Variablen, wird durch eine Wertzuweisung ein bereits bestehender Wert überschrieben. Bei Feldern mit Objekten werden bei der Zuweisung Verweise auf das neue Objekt (oder einen null-Wert) gesetzt (**Bild 4**).

Ausgabe

Wie bei der Zuweisung, erfolgt die Ausgabe über den Index des Feldelements. Einzelne Werte können direkt mit `System.out.println (feldname[index])` auf der Konsole ausgegeben werden (**Bild 5**).

> **Heap** = Speicher für Objekte.
> **Stringspeicher** = Speicher für Strings.
> **Stack** = Speicher für einfache Variablen.
> **Exception** = Ausnahmezustand.

```
int[] lotto = {2, 5, 15, 23, 33, 37};
String[] namen = {"Max", "Tom", "Gerd"};
```

Bild 1: Feld direkt initialisieren

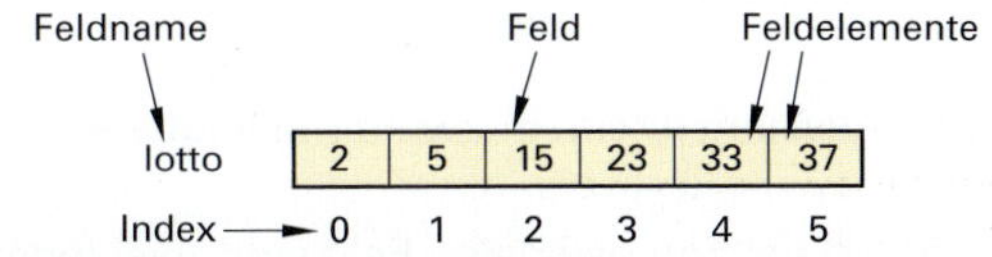

Bild 2: Index der Feldwerte

```
int[] lotto = new int [6];
String[] namen = new String [3];
```

Bild 3: Feld mit n Elementen anlegen

```
lotto[0] = 3;
namen[2] = "Gerda";
```

Bild 4: Wertzuweisung bei Feldern

```
...
System.out.println (namen[0]);
System.out.println (namen[1]);
...
```

Bild 5: Ausgabe von Feldwerten

```
for (int i = 0; 1 < lotto.length; i++){
    System.out.println (lotto[i]);
}
```

Bild 6: Ausgabe eines eindimensionalen Feldes

Für die Ausgabe eines eindimensionalen Feldes können alle Feldelemente durch ihre Indizes mit einer `for`-Schleife durchlaufen werden (**Bild 6**). Der Befehl `feldname.length` liefert die Anzahl der Elemente des Feldes.

Zugriff auf einen ungültigen Index

Versucht man auf ein Feldelement mit einem ungültigen Index zuzugreifen, wird eine Fehlermeldung erzeugt. In Java erscheint die *ArrayIndexOutOfBounds* Exception. In C# wird die Fehlermeldung *Index was outside the bounds of the array* ausgegeben.

Zweidimensionales Feld anlegen

Für ein zweidimensionales Feld muss ein weiteres rechteckförmiges Klammernpaar bei der Deklaration hinter den Datentyp angehängt werden. In Anlehnung an eine Tabelle, kann das erste Klammernpaar für die Zeilen und das zweite Klammernpaar für die Spalten gesehen werden. Das Feld wird mit dem `new`-Befehl erzeugt. Die Anzahl der Elemente je Dimension wird in das Klammernpaar nach dem Datentyp eingetragen.

```
<Datentyp>[][] feldname;
feldname = new <Datentyp>[x][y];
```

Wertzuweisung in einem zweidimensionalen Feld

In einem zweidimensionalen Feld sind zwei Index-Angaben und der Name des Feldes notwendig, um ein Feldelement zu bestimmen. Eine Zuweisung für ein Feldelement ist über `feldname[x][y]=wert` möglich (**Bild 1**).

Ausgabe eines zweidimensionalen Feldes

Für die Ausgabe der Feldelemente sind zwei geschachtelte `for`-Schleifen nötig. Diese zählen jeweils vom ersten bis zum letzten Index der jeweiligen Dimension. In der inneren `for`-Schleife erfolgt die eigentliche Ausgabe des Feldes. Zu Beginn der Ausgabe wird das Element `feldname[0][0]` ausgegeben. Danach folgt das Element `feldname[0][1]`. Nach jeder Ausgabe einer Zeile erfolgt ein Zeilenumbruch durch `System.out.println()` in der äußeren Schleife. Ein Programmauszug in Java, für eine zeilenweise Ausgabe auf der Konsole, ist in **Bild 2** zu sehen.

> In Feldern können nur Elemente des gleichen Datentyps gespeichert werden.

Beispiel 1:

Es wird ein zweidimensionales Feld für 4 Kunden angelegt. Für jeden Kunden soll der Nachname und der Vorname gespeichert werden. Der erste Kunde ist Hans Maier und der dritte Kunde ist Peter Müller. Der zweite und der vierte Kunde ist noch nicht bekannt. Alle Kunden sollen zeilenweise auf der Konsole ausgegeben werden.

a) Erstellen Sie ein Java-Programm.

b) Stellen Sie das Feld als Tabelle dar.

c) Geben Sie das Feld auf der Konsole aus.

Lösung:
a) **Bild 3**
b) **Bild 4**
c) **Bild 5**

> Bei allen Feldern beginnt der Index mit dem Wert 0.

```
feldname [0] [0] = wert1;
feldname [0] [1] = wert2;

feldname [2] [0] = wert3;
feldname [2] [1] = wert4;
```

Bild 1: Wertzuweisungen in einem zweidimensionalen Feld

```
for(int zeile=0; zeile<anzZeilen;zeile++){
   for(int spalte=0;spalte<anzSpalten;spalte++){
     System.out.print(feldname[zeile][spalte]+" ");
   }
   System.out.println();
}
```

Bild 2: Programmauszug für die Ausgabe eines zweidimensionalen Feldes

```
final int ZEILEN=4;
final int SPALTEN=2;

//Feld anlegen
String[][]kunden=new String[ZEILEN][SPALTEN];

//Kunden zuweisen
kunden [0][0]= "Hans";
kunden [0][1]= "Maier";

kunden [2][0]= "Peter";
kunden [2][1]= "Müller";

//Ausgabe
for(int zeile=0;zeile<ZEILEN;zeile++){
  for(int spalte=0;spalte<SPALTEN;spalte++){
    System.out.print(kunden[zeile][spalte]+" ");
  }
  System.out.println();
}
```

Bild 3: Programmauszug für ein zweidimensionales Feld mit Ausgabe

	Spaltenindex	
Zeilenindex	0	1
0	"Hans"	"Maier"
1	null	null
2	"Peter"	"Müller"
3	null	null

Bild 4: Tabellarische Darstellung eines zweidimensionalen Feldes

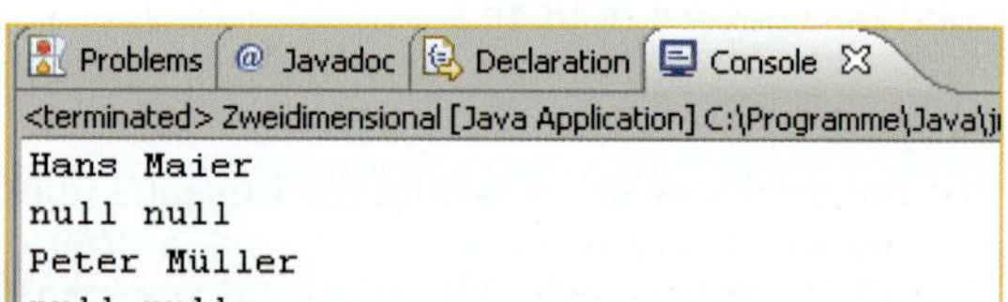

Bild 5: Ausgabe auf der Konsole in Eclipse

Aufgaben zu Methoden und Feldern

① Gesucht ist eine Methode welche den größten gemeinsamen Teiler (ggT) zweier Zahlen ermittelt und zurückgibt **(Bild 1)**.

a) Benennen Sie die Methode sinnvoll.

b) Zählen Sie die notwendigen Übergabeparameter der Methode mit geeignetem Datentyp auf. Benennen Sie die Übergabeparameter sinnvoll.

c) Geben Sie den Datentyp des Rückgabewerts der Methode an.

d) Entwickeln Sie diese Methode in Java.

② Eine Tabelle aus Zahlen soll an eine Methode übergeben werden. Eine Kopie davon soll dann um 90° nach rechts gedreht und zurückgegeben werden.

a) Benennen Sie die Methode sinnvoll.

b) Deklarieren Sie das Feld mit welchem die Tabelle in Bild 2 erfasst wird.

c) Entwickeln Sie diese Methode in Java.

d) Testen Sie Ihre Methode an dem Beispiel aus **Bild 2**.

③ Gesucht ist die Seitenlänge x eines Quadrats mit dem Flächeninhalt A nach dem Heron-Verfahren. Dazu wird zunächst ein Rechteck mit dem Flächeninhalt A der Höhe 1 erstellt. Nun werden die Seiten Schritt für Schritt so verändert, dass das Rechteck einem Quadrat immer ähnlicher wird **(Bild 3)**.

a) Berechnen Sie x_1, x_2 und x_3 mithilfe des gegebenen Algorithmus für $x_0 = 2$.

b) Berechnen Sie die Differenzen zwischen x_1, x_2 und x_2, x_3. Was fällt Ihnen auf?

c) Implementieren Sie die Methode: `gibWurzel(zahl:FKZ):FKZ` in Java.

④ Entwickeln Sie eine rekursive Methode zur Bestimmung der Fakultät **(Bild 4)**. Die rekursive Definition sehen Sie in **Bild 5**.

a) Erklären Sie den Begriff Rekursion.

b) Erörtern Sie Vor- und Nachteile rekursiver Methoden.

c) Implementieren Sie die Methode: `gibFakultaet(zahl:GZ):GZ` in Java.

⑤ Eine Kommazahl soll auf eine definierte Anzahl von Stellen nach dem Komma gerundet werden. Die Zahl 2,556 ergibt auf 2 Stellen nach dem Komma gerundet 2,56. 2,554 hingegen ergibt 2,55.

a) Wandeln Sie eine Kommazahl mit Java in eine ganze Zahl um.

b) Implementieren Sie die Methode: `runden(zahl:FKZ, anzStellen:GZ):FKZ` in Java.

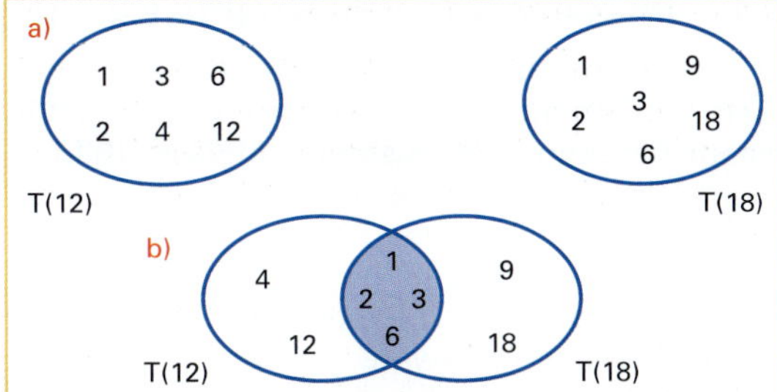

Bild 1: Ggt der Zahlen 12 und 18

3	5	7
1	9	12
2	6	0

2	1	3
6	9	5
0	12	7

Bild 2: Rotieren einer Tabelle um 90 Grad

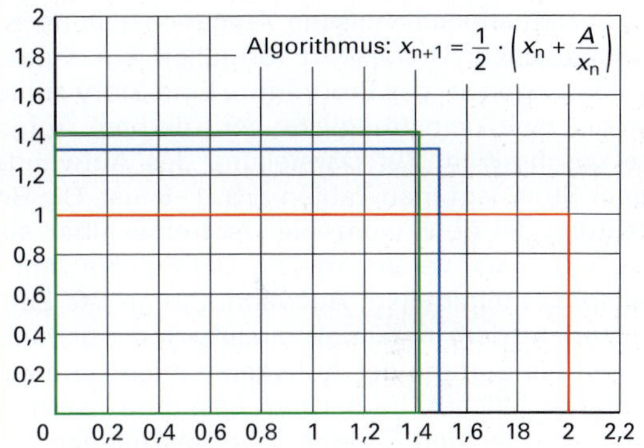

Bild 3: Rechtecke im Heron-Verfahren

n	$n!$
0	1
1	1
2	2
3	6
4	24
5	120
...	...

Bild 4: Beispielzahlen der Fakultät-Funktion

$$n! = \begin{cases} 1, & n = 0 \\ n \cdot (n-1)!, & n > 0 \end{cases}$$

Bild 5: Formel für die rekursive Fakultätsberechnung

5.4 Phasen der Programmentwicklung

Ein Programm wird in mehreren Phasen entwickelt. Der Ablauf der einzelnen Phasen wird in einem Phasenmodell zusammengefasst (**Bild 1**). Jede einzelne Phase liefert ein Zwischenergebnis, welches für die folgende Phase und damit auch für das Gesamtergebnis benötigt wird. Alle Phasen zusammen bezeichnen den Lebenszyklus der zu entwickelnden Software.

Problemanalyse ①

Die erste Phase der Programmentwicklung ist die Problemanalyse. Hierbei werden die Forderungen (Stories) an das Programm formuliert. Entscheidend hierbei ist, was das Programm können soll. Die Ergebnisse einer Problemanalyse werden in einem Lastenheft und einem Pflichtenheft festgehalten. Während des Lebenszyklus eines Projektes eignet sich dafür eine Tabelle (Backlog), da sie leicht verändert und erweitert werden kann (**Bild 2**).

Ziel einer Problembeschreibung ist es, einem Kunden, der in der Regel kein Informatik-Fachmann ist, informationstechnische Aufgabenstellung zu verdeutlichen. Umgekehrt formuliert ein Kunde Forderungen an das Programm. Eine Story sollte immer eine kleinstmögliche verifizierbare Aufgabe beschreiben. Zur Darstellung des Aufwands einer Story legt man Zahlen z. B. 1 - 8 fest. Die Bedeutung der Aufwandszahlen ist frei wählbar, sie muss aber klar vereinbart sein. Die kleinste Zahl 1 entspricht minimalem Aufwand. Die größte Zahl entspricht dem maximal vereinbarten Aufwand. Durch die Summe der Aufwandszahlen kann ein voraussichtlicher Endtermin bestimmt werden. Oft ist es sinnvoll für eine Story festzulegen, ob sie nur optional oder zwingend notwendig, als ein „Muss" ist.

Beispiel 1:
Es wird ein Programm zur Lösung einer quadratischen Gleichung der Form $ax^2 + bx + c = d$ entwickelt. Erstellen Sie für dieses Programm eine Problemanalyse in Tabellenform. Berücksichtigen Sie den Aufwand und den Status einzelner Stories.
Lösung: **Bild 2**

Entwurf ②

Der Entwurf basiert auf der zuvor erarbeiteten Problembeschreibung. Der Softwareentwickler teilt die aus dieser Beschreibung entstandenen Forderungen in verschiedene Bereiche auf. Mithilfe der Problemanalyse können die Stories als Kommentar in den Quelltextentwurf übernommen werden. Dabei kommt es auf die korrekte Reihenfolge an.

Lastenhefte enthalten Forderungen des Auftraggebers an den Auftragnehmer.

Pflichtenhefte enthalten die genaue Beschreiung der Realisierung der Kundenforderungen durch den Auftragnehmer.

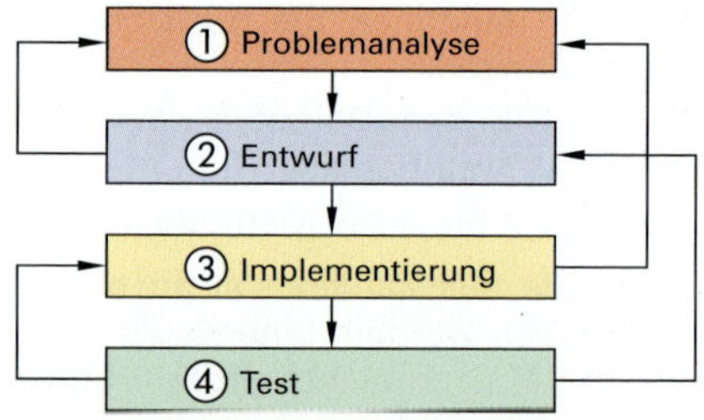

Bild 1: Phasenmodell einer Programmentwicklung

Stories	Aufwand	Restaufwand	Status	Muss
Koeffizienten deklarieren	1	0	erledigt	ja
Koeffizienten initialisieren	1	0	erledigt	ja
Eingabe der Koeffizienten	4	0	erledigt	ja
Lösen der Gleichung	5	0	offen	ja
Begrüßung	1	0	offen	nein
...				

Bild 2: Backlog einer Problemanalyse

```
public class QuadratischeGleichung {
  public static void main(String []
       args) {
     //Begrüßung
     //Hilfestellung ausgeben
     //Deklaration
     //Initialisierung
     //...
   }
}
```

Bild 3: Entwurfsgerüst

Aufgaben

① Vervollständigen Sie die Problemanalyse aus Bild 2.

② Erstellen Sie den kompletten Erstentwurf aus Bild 3.

Entwurf von Algorithmen

Wird im Entwurf ein Algorithmus (Kapitel 5.5) benötigt, prüft der Entwickler ob es diesen Algorithmus bereits gibt. Ist dies nicht der Fall, gilt es den Algorithmus selbst zu entwickeln. Häufig wird hierzu das Prinzip „Teile und Herrsche" angewandt, wobei ein Problem in viele kleine Teilprobleme zerlegt wird, die leicht zu lösen sind. Für den Software-Entwickler bedeutet dies, den gesamten Algorithmus in Einzelschritte zu zerlegen, welche in Struktogrammen (**Bild 1**) dokumentiert werden.

Nach dem Prinzip „Teile und Herrsche" wird ein Problem in kleinere und einfachere Teilprobleme zerlegt.

Wurde ein aufzuteilender Algorithmus im Backlog noch in einer einzigen Story beschrieben, muss diese angepasst und in mehrere neue Stories aufgeteilt werden.

Beispiel 1:
Die Story „Lösen der Gleichung" ist zu umfangreich und soll in Einzelschritte zerlegt werden. Ändern und erweitern Sie das bestehende Backlog (Bild 2, vorhergehende Seite).

Lösung: **Bild 2**

Implementierung ③

In dieser Phase werden die Ergebnisse der Entwurfsphase in ein lauffähiges Programm umgesetzt. Hierbei gibt es für eine Vielzahl von Aufgabenstellungen Entwurfsmuster (Patterns), welche eine Weiterentwicklung der Software in einem Team ermöglichen. Wichtig für eine gute Implementierung ist die Einhaltung der gängigen Konventionen für Variablennamen, Klassenbezeichnungen sowie die korrekte Formatierung des Quelltextes (**Tabelle 1**).

Methoden mit aufwendigen Algorithmen werden ausführlich im Quelltext selbst dokumentiert. Der Java-Entwickler verwendet hierfür Javadoc, wenn nötig.

Struktogramme werden unabhängig von einer Programmiersprache zur Darstellung von Algorithmen verwendet.

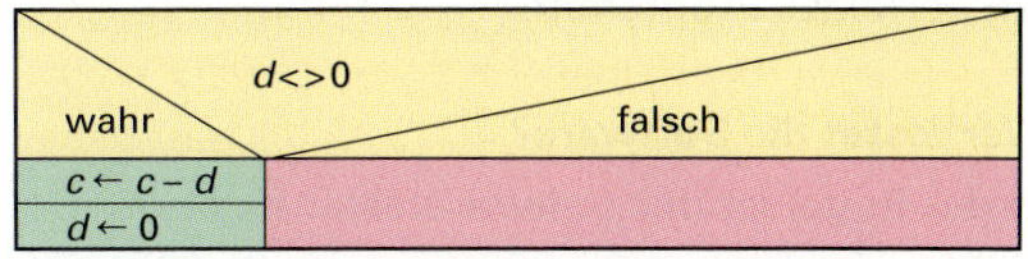

Bild 1: Struktogramm zur quadrat. Gleichung in Nullform

Stories	Aufwand	Restaufwand	Status	Muss
...				
Gleichung in Nullform umstellen	2	0	erledigt	ja
Normalisieren der Gleichung	3	0	erledigt	ja
Diskriminante bestimmen	2	1	in Bearbeitung	ja
Fallunterscheidung für Diskriminante	4	4	offen	ja
Bestimmung der Lösung für D<0	2	2	offen	ja
Bestimmung der Lösung für D>0	3	1	offen	ja
Bestimmung der Lösung für D=0	1	1	offen	ja
...				

Bild 2: Erweitertes Backlog

Tabelle 1: Konventionen zur Quelltextformatierung

Quelltext	Konvention	Beispiel
Klassennamen	groß schreiben	class QuadratischeGleichung {}
Methodennamen	klein schreiben	public static void main(...)
Methodenquelltext	einrücken	
Variable	klein schreiben	int temperatur = 21;
Konstante	komplett groß schreiben	final int BREITE = 5;

```
//Gleichung auf Nullform umstellen
if (d!=0){
    c = c-d;
    d = 0;
}
```

Bild 3: Implementierung der Nullform zur quadrat. Gleichung

Beispiel 2:
Implementieren Sie den Quelltext aus dem Entwurf des Struktogramms in **Bild 1**.

Lösung: **Bild 3**

Aufgaben

① Lösen Sie die quadratische Gleichung $3x^2 + 2x - 5 = 2$. Vergleichen Sie die durchgeführten Einzelschritte mit Ihrer Problemanalyse und ergänzen Sie diese gegebenenfalls.

② Nachdem die Gleichung auf die Nullform gebracht wurde, muss der Koeffizient *a* auf den Wert 1 gebracht werden. Diesen Vorgang nennt man normalisieren.

a) Erstellen Sie einen Entwurf für die Normalisierung der Gleichung.

b) Implementieren Sie den Entwurf.

Test ④

In dieser Phase wird die Software geprüft. Ziel ist es, Fehler im Programm zu finden. Werden keine Fehler gefunden, ist dies noch keine Garantie für ein perfektes Programm.

Wer testet die Software?

In der Regel ist der Softwaretester nicht der Software-Entwickler. Ein separates Team entwickelt die Tests für die Software und führt sie durch.

Wie wird getestet?

Es wird ein Programm geschrieben, welches einen Benutzer simuliert, der eine definierte Funktion des Programms ausführt. Das zu erwartende Ergebnis der getesteten Funktion wird dabei mit dem echten Ergebnis des Programms verglichen. In Java verwenden wir `Assertions`. Das Ergebnis eines Vergleiches wird dann in einem Testprotokoll festgehalten (**Bild 1**).

In diesem einfachen Beispiel kann der Test mit simplen Ausgaben auf der Konsole realisiert werden. Damit die Testausgaben nur in der Testphase sichtbar sind, wird eine Boole'sche Variable `debug` deklariert. Ist sie `true`, werden die Testmeldungen ausgegeben, sonst nicht. Um Testmeldungen auszugeben, wird eine Methode `test(mdg:text)` implementiert, die einen definierten Text ausgeben kann. Die Methode wird aber nur ausgeführt, wenn `debug` auf `true` gesetzt ist. Jedes Mal wenn diese Testmethode aufgerufen wird, erfolgt eine Erweiterung der Variablen `testLog` um den entsprechenden Testeintrag erweitert. Diese Testvariable wird am Ende des Hauptprogramms ausgegeben.

Was wird getestet?

Nach Möglichkeit werden alle möglichen Funktionen, Eingaben und Ausgaben der Software getestet. Aufgrund der Komplexität der Programme ist das nicht immer möglich.

Beispiel 1:

Testen Sie, ob die Funktion $3x^2 + 2x - 5 = 2$ auf die Nullform umgestellt werden muss. Da d ungleich 0 ist, wird das Ergebnis dieser Prüfung im Testprotokoll ausgegeben.

Lösung: **Bild 1, Bild 2**

Hilfsprogramme

Mit Hilfsprogrammen wie JUnit kann man Tests automatisieren und vereinfachen.

Assertions (= Behauptungen) werden in Java zum Testen von Bedingungen verwendet.

JUnit (von Java Unit) ist ein Framework (Programmiergerüst) zum Testen von Java Programmen.

```
Geben Sie für eine Formel der Form
ax^2+bx+c=d
die Koeffizienten a,b,c,d ein:

a:3
B:2
C:-5
d:2

a hat den Wert:3
b hat den Wert:2
c hat den Wert:-5
d hat den Wert:2
d=2 ist ungleich 0
```

Bild 1: Protokoll eines Tests

```
static boolean debug = true;
static String testLog = "";

public static void test (String mdg){
  if (debug){
    testLog = testLog + "\n"+mdg;
  }
}
public static void main(String[] args)
    {
  //Gleichung auf Nullform
  if(d!=0){
    test("d="+d+" ist ungleich 0");
    c = c-d;
    d = 0;
  }
  System.out.println(testLog);
}
```

Bild 2: Einfache Testumgebung

Die Phasen des Entwicklungsmodells müssen meist mehrfach durchlaufen werden, bis ein ausgereiftes Programm entsteht.

Aufgaben

① Welche Phase folgt auf ein negatives Testergebnis?

② Erstellen Sie drei weitere erforderliche Tests für das Programm zur Lösung quadratischer Gleichungen.

5.5 Algorithmen

Ein Algorithmus bezeichnet eine Berechnungsvorschrift für ein gezieltes Problem. Ziel bei der Entwicklung eines Algorithmus ist es, Probleme in Teilprobleme zu zerlegen und diese schrittweise zu lösen.

Mit Sortieralgorithmen wird eine ungeordnete, zählbare Menge von Zahlen oder Zeichen in eine geordnete Form gebracht. Kriterien für einen guten Sortieralgorithmus sind Stabilität, Geschwindigkeit und Einsatzspektrum. Stabile Sortierverfahren ändern die Reihenfolge bereits korrekt geordneter Elemente nicht, was instabile Sortierverfahren nicht garantieren.

5.5.1 Sortieren durch Austauschen

Dieses Verfahren ist ein auf Vergleichen basierender Sortieralgorithmus. Wird eine Menge von Zahlen sortiert, vergleicht man zunächst die erste Zahl mit der zweiten Zahl. Ist die zweite Zahl kleiner als die erste, werden die Zahlen getauscht (**Bild 1**). Falls nicht, wird die erste solange mit der nächsten Zahl verglichen, bis eine Zahl kleiner ist oder das Ende der Zahlenmenge erreicht wurde. Nach einem Durchgang steht also an der ersten Stelle die kleinste Zahl dieser Zahlenmenge.

Der Vorgang wird nun wiederholt, allerdings wird jetzt mit der zweiten Zahl begonnen, welche zuerst mit der dritten verglichen wird. Es werden alle restlichen Zahlen verglichen und getauscht, wenn eine neue Zahl kleiner ist als die an der zweiten Position. Der ganze Vorgang muss bis zur vorletzten Zahl wiederholt werden, um alle Zahlen zu sortieren.

Beispiel 1:
Bild 2 zeigt das Struktogramm des Sortieralgorithmus. Die Zahlen der Zahlenmenge $z = \{3, 2, 5, 7\}$ mit der Anzahl $n = 4$, sollen durch Selection-Sort sortiert werden.

a) Stellen Sie die einzelnen Schritte des Sortiervorgangs in einer Tabelle dar.

b) Bestimmen Sie die Anzahl der notwendigen Vergleiche v und Vertauschungen t in Abhängigkeit von n.

Lösung: a) **Bild 3;** **b)** $v = 8 \triangleq n^2/2$, $t = 4 \triangleq n$

`z[0]` ist die erste und `z[3]` die letzte Zahl der Zahlenmenge z. Insgesamt sind `n=4` Zahlen in der Zahlenmenge. Für die Positionen der zu vergleichenden Zahlen werden die Variablen `i` und `k` verwendet.

Sortieren durch Austauschen wird auch Selection-Sort, Min-Sort oder Exchange-Sort genannt.

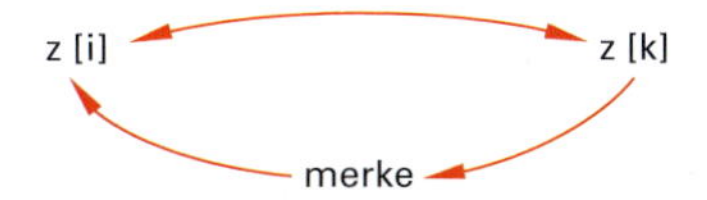

Bild 1: Tauschen

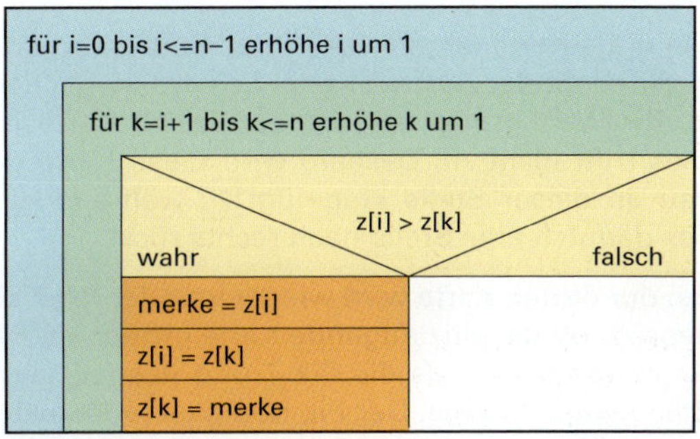

Bild 2: Struktogramm

Zahlenmenge				Vergleich	Ergebnis	i	k	nächster Schritt
z[0]	z[1]	z[2]	z[3]	z[i] > z[k]	wahr/falsch			
3	5	2	7	z[0] > z[1]	FALSCH	0	1	k=k+1
3	5	2	7	z[0] > z[2]	WAHR	0	2	tauschen
2	5	3	7					k=k+1
2	5	3	7	z[0] > z[3]	FALSCH	0	3	i=i+1
2	5	3	7	z[1] > z[2]	WAHR	1	2	tauschen
2	3	5	7					k=k+1
2	3	5	7	z[1] > z[3]	FALSCH	1	3	i=i+1
2	3	5	7	z[2]> z[3]	FALSCH	2	3	fertig
2	3	5	7					

Bild 3: Sortieren durch Austauschen

Zu Beginn ist `i=0` und `k=1`, und mit der Bedingung `z[i]>z[k]` wird geprüft, ob `3>5` ist. Das Ergebnis ist falsch, so dass die nächste Zahl mit der ersten Zahl verglichen werden kann. Die Variable `k` wird um 1 erhöht. Damit wird mit dem nächsten Vergleich `z[i]>z[k]` die erste mit der dritten Zahl verglichen. Diesmal ist das Ergebnis wahr, und die beiden Zahlen müssen getauscht werden. Die Variable `k` wird nun solange erhöht, bis die letzte Zahl (`z[3]`) mit der ersten verglichen wurde. Die kleinste Zahl der Zahlenmenge steht dann an der ersten Position.

5.5.2 Sortieren durch Einfügen

Einzelne Elemente einer Menge werden von vorne nach hinten durchlaufen. Von der aktuellen Position aus wird jedes Element von rechts nach links verschoben, bis der Wert des zu bewegenden Elements größer oder gleich dem Wert des aktuellen Elements ist.

> Sortieren durch Einfügen wird auch Insertion-Sort genannt.

Beispiel 1:
Beschreiben Sie den Sortiervorgang bei der Aufnahme eines Kartenblattes.
Lösung: **Bild 1**

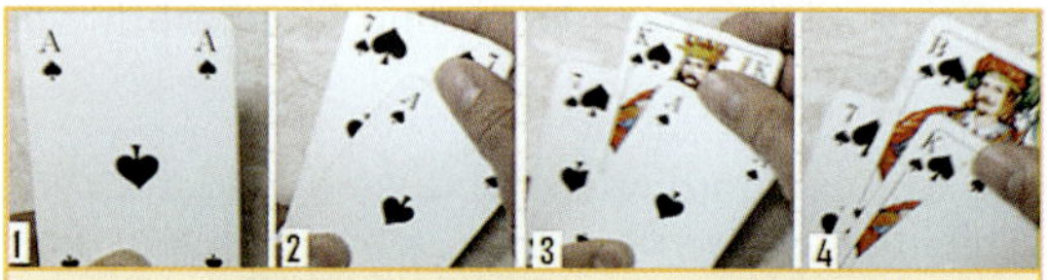

Bild 1: Sortieren durch Einfügen mit Karten

Die erste Karte ist ein Ass [1] Der Sortiervorgang beginnt mit der zweiten Karte. Es wird verglichen, ob ihr Wert größer als der der ersten Karte ist. Dies trifft nicht zu. Deshalb wird diese Karte genau an dieser Stelle eingefügt [2], während das Ass dadurch eine Stelle nach rechts rückt.

Bei der dritten Karte wird wieder von der Pik 7 ab geprüft, ob die einzufügende Karte größer ist. Pik König ist größer als die Pik 7 und deshalb eine Stelle weiter rechts. Der Pik König ist jedoch kleiner als Pik Ass und wird daher hier eingefügt. Die Karten rechts davon, also das Ass wird dadurch wiederum eine Stelle nach rechts verschoben [3]. Der Pik Bube ist größer als die Pik 7. Er geht also eine Stelle weiter nach rechts. Pik Bube ist nicht größer als der Pik König und wird direkt an dessen Stelle eingefügt [4]. Pik König und Pik Ass werden dann nach rechts verschoben.

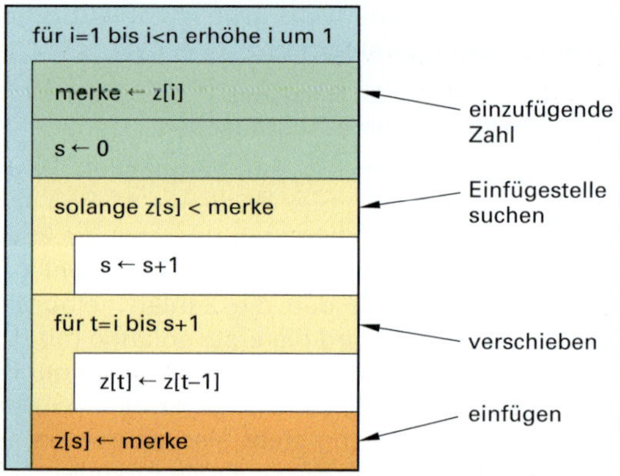

Bild 2: Struktogramm für Sortieren durch Einfügen

Beispiel 2:
Die Zahlenmenge z = {11,0,4,2} entspricht den Werten der Karten, wie sie in Bild 1 der Reihe nach gezogen wurden. Erstellen Sie eine Tabelle, die den Sortiervorgang dieser Zahlen schrittweise gemäß Struktogramm in **Bild 2** zeigt.
Lösung: **Tabelle 1**

Tabelle 1: Schrittfolge des Sortiervorgangs

Zahlenmenge				Vergleich	Ergebnis	i	s	t	merke	nächster Schritt
z[0]	z[1]	z[2]	z[3]	z[s]<merke	wahr/falsch				z[i]	
11	0	4	2	11 < 0	FALSCH	1	0		0	verschieben
11	11	4	2					1		einfügen
0	11	4	2							erhöhe i um 1
0	11	4	2	0 < 4	WAHR	2	0		4	erhöhe s um 1
0	11	4	2	11 < 4	FALSCH		1	2		verschieben
0	11	11	2							einfügen
0	4	11	2							erhöhe i um 1
0	4	11	2	0 < 2	WAHR	3	0		2	erhöhe s um 1
0	4	11	2	4 < 2	FALSCH		1			verschieben
0	4	11	11					3		
0	4	4	11					2		einfügen
0	**2**	**4**	**11**							fertig

Zu Beginn wird `i=1` gesetzt. Der Wert für `merke` ist dann `z[1]` also 0. Danach wird `s=0` gesetzt. Die Schleife, welche die Einfügestelle sucht, wird übersprungen, da die Abfrage `11<0` falsch ergibt. Die Zählbedingung für `t=i` bis `s+1` ergibt `t=1`. Danach wird die Anweisung `z[1]=z[0]` einmal ausgeführt und der Wert 11 an die zweite Stelle geschrieben. Da keine weiteren Zahlen verschoben werden, folgt das Einfügen mit `z[s]=merke`. Mit `s=0` und `merke=0` wird der Wert 0 an der ersten Stelle von `z[]` eingefügt. Nun wird `i` um 1 erhöht und der Vorgang beginnt von vorne.

Aufgaben

① Sortieren Sie die Zahlenmenge z = {17,1,9,13,5} mit Min-Sort und erstellen Sie eine Tabelle gemäß Beispiel 1 auf der vorhergehenden Seite.

② Erstellen Sie ein Struktogramm für Sortieren durch Austauschen in umgekehrter Reihenfolge (Max-Sort).

5.5.3 Sequentielle Suche

Ein Feld `a[]` liegt in unsortierter Form vor. Gesucht ist der Index `k` mit `a[k]=x`. Wird `x` nicht gefunden, soll –1 zurückgegeben werden. Die einzelnen Schritte sind:

- Durchlaufe das Feld `a[0], a[1],..., a[n-1]` der Reihe nach.
- Ist `a[k]=x`, so ist der Index `k` gefunden.
- Ist `a[n-1]<>x`, so ist `x` nicht im Array.

Die Anzahl der Vergleiche ist im schlechtesten Fall gleich der Anzahl der Elemente von a.

> Sequentielle Suche wird zum Sortieren einfacher Listen und Arrays verwendet.

Beispiel 1:
In dem Feld a = 1, 10, 6, 16, 5 wird x = 16 gesucht. Siehe **Bild 1**.

a) Entwerfen Sie ein Struktogramm.

b) Implementieren Sie das Programm.

Lösung: a) **Bild 2**, b) **Bild 3**

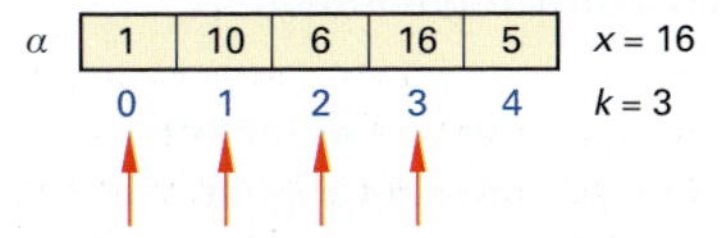

Bild 1: Sequentielle Suche

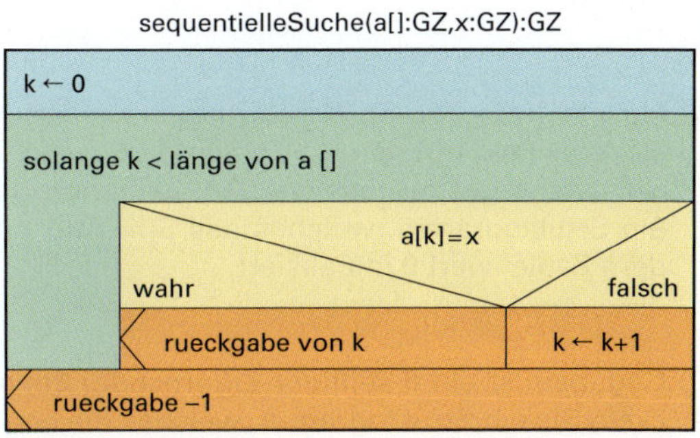

Bild 2: Struktogramm zur Sequentiellen Suche

```
public int sequentielleSuche (int [] a,
    int x) {
  int k = 0;
  while (k < a.length) {
    if (a[k] == x)
      return k;
    k++;
  }
  return -1;
}
```

Bild 3: Sequentielle Suche in Java

5.5.4 Binäre Suche

Ein Feld `a[]` liegt in sortierter Form vor. Gesucht ist der Index `k` mit `a[k]=x`. Wird `x` nicht gefunden, gebe –1 zurück. Die einzelnen Schritte sind:

- Wähle mittleren Index `k` und vergleiche `x` und `a[k]`.
- Ist `a[k]=x`, so ist der Index `k` gefunden.
- Ist `x<a[k]`, so kann `x` nur in der „linken Hälfte" von `a[]` sein, d. h. in `a[0]...a[k-1]`. Wende das gleiche Verfahren auf die linke Hälfte an.
- Ist `a[k]<x`, so kann `x` nur in der „rechten Hälfte" von `a[]` sein, d. h. in `a[k]...a[n-1]`. Wende das Verfahren auf die rechte Hälfte an.
- Verfahre so weiter bis `x` gefunden oder der noch zu durchsuchende Teil, in dem `x` sein könnte, leer ist.

```
public int binaereSuche (int [] a, int x
  ){
  int k;     //index oder -1
  int i, j; //obere und untere Feldgrenze
  i = 0;
  j = a.length - 1;
  while (i <= j) {
    k = (i + j) / 2;//wähle k in der Mitte
  if (a[k]== x)
     return k; //x gefunden
  if (x < a[k])
    j = k - 1;
  else
    i = k + 1; //Grenzen erneuern
  }
  return -1;
}
```

Bild 4: Binäre Suche in Java

Aufgabe

① Erstellen Sie das Struktogramm zur binären Suche mithilfe des Quelltextes in **Bild 4**.

Aufgaben zu Struktogrammen

① Von einer gegebenen Zahlenmenge

zahlen[] = {5,78,23,1,12,2}

sollen das Minimum, das Maximum, die Summe und der Mittelwert bestimmt und ausgegeben werden. Entwerfen Sie hierfür ein Struktogramm.

② Für ein TicTacToe-Spiel soll in ein zweidimensionales Feld mit ganzen Zahlen der jeweilige Spielstand gespeichert werden. Zeichnen Sie ein Struktogramm, welches das Spielfeld mit dem Zahlenwert 0 initialisiert.

③ Gegeben ist ein 6-stelliger Zifferncode. Entwickeln Sie ein Struktogramm, welches die erste und die letzte Ziffer eines 6 stelligen Zifferncodes ermittelt und ausgibt.

④ Erstellen Sie ein Struktogramm zum Abschneiden des Restkommateils der Kommazahl 1,234.

⑤ In dem Spiel „Rate die Zahl" soll eine Zahl zwischen 1 und 100 erraten werden. Nähert sich der Spieler der richtigen Zahl, wird „heiß" ausgegeben, entfernt er sich von der Zahl, wird
„kalt„ ausgegeben. Ist der Abstand gleich, erscheint „lauwarm". Die Anzahl der Versuche wird mitgezählt und am Ende ausgegeben. Entwerfen Sie ein Struktogramm.

⑥ Ein Getränkeautomat ermittelt den Betrag des Rückgeldes für ein gewähltes Getränk. Ermitteln Sie aus diesem Betrag die Anzahl der auszugebenden Münzen. Der Münzvorrat ist immer ausreichend. Die verwendeten Münzen sind 2 Euro, 1 Euro, 50 Cent, 20 Cent, 10 Cent, 5 Cent, 2 Cent und 1 Cent. Entwerfen Sie ein Struktogramm, welches die Anzahl der Münzen bestimmt und ausgibt.

⑦ Implementieren Sie das Struktogramm für den Sortieralgorithmus in **Bild 1**.

⑧ Sortieren Sie ein Feld mit Zahlen mithilfe der Sortiermethode aus Aufgabe 7 und geben Sie das sortierte Feld aus.

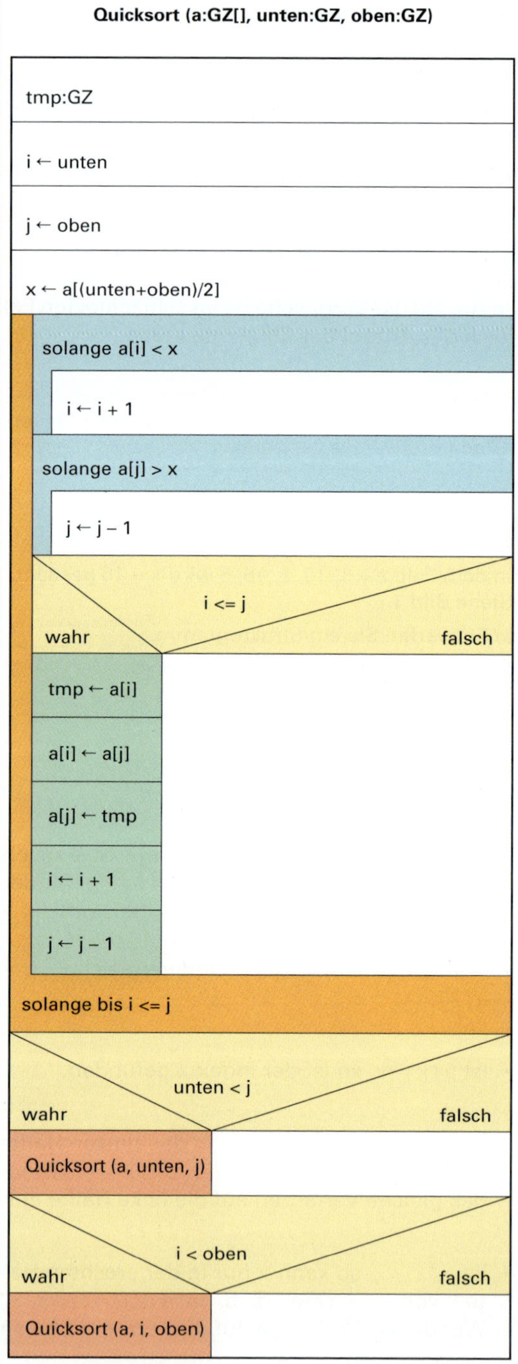

Bild 1: Struktogramm Quicksort

5.6 Testverfahren

Mit JUnit Tests werden in Java Tests für Klassen und Methoden erstellt, verwaltet und ausgeführt. Die Entwicklung der Tests erfolgt parallel zur Entwicklung der Software. Tests die nicht erfolgreich sind, veranlassen den Entwickler automatisch zu einer sofortigen Korrektur des fehlerhaften Quellcodes.

JUnit in Eclipse nutzen

In Eclipse wird dem Projekt die JUnit Library in drei Schritten hinzugefügt. Mit einem Rechtsklick auf die Projekteigenschaften → Properties → Java Build Path öffnet sich der dazu notwendige Dialog **(Bild 1a)**. Nach einem Klick auf den Button „Add Library" kann das Library „JUnit" ausgewählt werden **(Bild 1b)**. Die Bestätigung mit dem Button „Next" erlaubt die Auswahl der JUnit-Version.

Prinzip

Die zu testenden Methoden werden in einer Testklasse von einer Testmethode aufgerufen. Der zu erwartende Wert wird z. B. mit der Methode `assertEquals()` der Klasse `Assert` auf Gleichheit überprüft. Die Klasse Assert stellt eine Reihe weiterer statischer Methoden zum Testen bereit, welche über den Punktoperator der Klasse aufgerufen werden können. Ausgeführt wird ein Testlauf der Testklasse mit Rechtsklick → Run As → JUnit Test. In der JUnit-Sicht wird das Ergebnisprotokoll angezeigt.

Konventionen

Testmethoden beginnen mit `test<Name der Testmethode>` und werden mit `@test` annotiert. Klassen beginnen mit `<Name der Klasse>Test`.

Beispiel 1:

Zeigen Sie die Anwendung von JUnit an einem Beispiel zur Umrechnung der Längeneinheiten Meter und Zoll. Es gilt: 1 m = 39.37 in.

a) Entwickeln Sie die Klasse Laengenrechner mit den Methoden `meterInZoll()`.

b) Entwickeln Sie eine Testklasse mit einer Testmethode flur die Klasse `Laengenrechner`.

c) Führen Sie einen Testlauf durch.

Lösung: a) **Bild 2,** b) **Bild 3,** c) **Bild 4.**

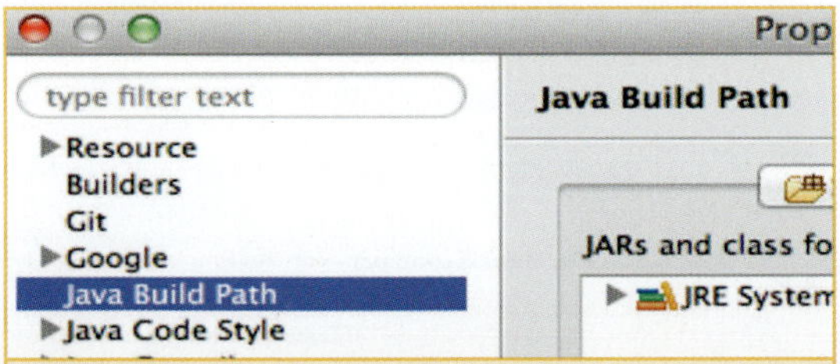

Bild 1a: Anpassen des Java-Build-Path

> **Annotation** = Anmerkung. Diese enthält Informationen zum Quellcode (Metadaten)
> **Framework** = Rahmengerüst
> **JUnit** = Java Framework für automatisierte Tests

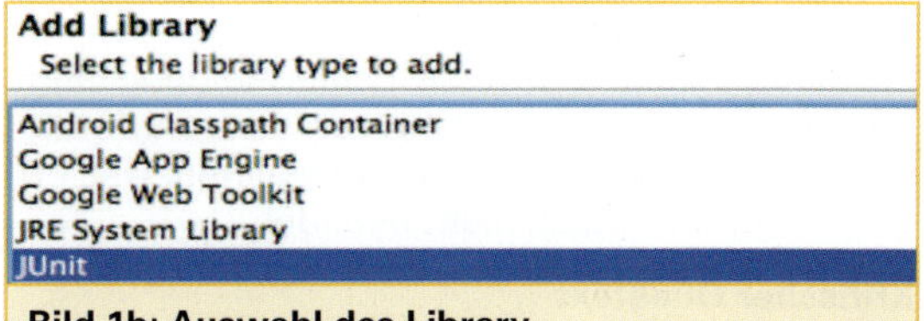

Bild 1b: Auswahl des Library

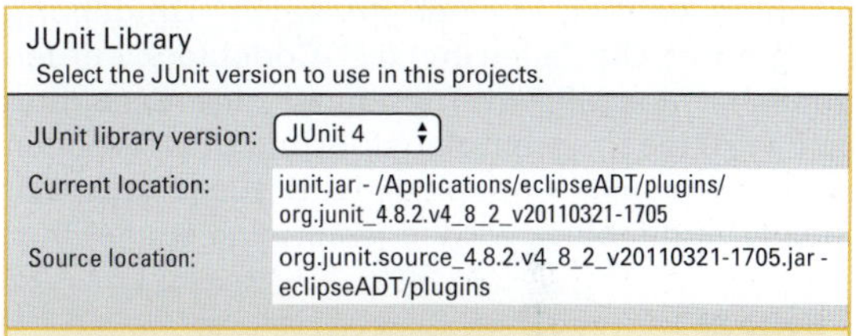

Bild 1c: Auswahl der JUnit-Version

```
public class Laengenrechner {
   /** wandelt meter in Zoll um */
   public double meterInZoll(double meter){
      return meter*39.37;
   }
   /** wandelt Zoll in Meter um */
   public double zollInMeter(double zoll){
      return 0.0254*zoll;
   }
}
```

Bild 2: Umrechnung Meter-Zoll

```
public class LaengenrechnerTest {
  @Test
  public void testMeterInZoll(){
     Laengenrechner lr = new Laengenrechner();
     Assert.assertEquals(
              39.37,
              lr.meterInZoll(1),
              0.001);
  }
}
```

Bild 3: Java-Testklasse

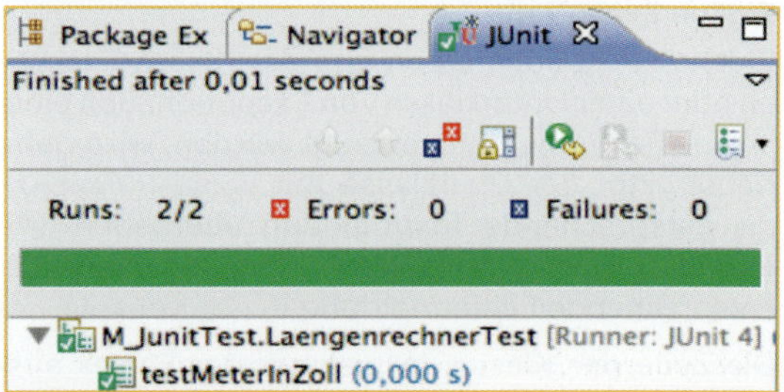

Bild 4: Testlauf mit JUnit

5.7 Anwenden von Exceptions

Mit Exceptions werden schwerwiegende Fehler bezeichnet, die zur Laufzeit eines Java Programms auftreten. Ohne Auffangen eines solchen Fehlers würde das Programm abbrechen oder abstürzen. Häufige Fehler sind Schreibfehler, Eingabefehler oder fehlende Ressourcen. Durch Anwenden von Exceptions kann z. B. eine Fehlermeldung angezeigt werden, die den Benutzer dazu auffordert einen eingegebenen Wert zu korrigieren. Das Programm wird dadurch nicht beendet.

Kritischer Quelltext

Programmzeilen, welche zu einem Fehler führen könnten, werden in einer „try-catch"-Umgebung ausgeführt. Die Zeilen im „try"-Codeblock werden zunächst ausgeführt. Tritt dabei eine Exception auf, wird die Programmausführung unterbrochen und der „catch"-Codeblock wird ausgeführt. Der „finally"-Codeblock wird in jedem Fall ausgeführt.

Beispiel 1:
Bei dem Versuch eine Zahl durch null zu teilen tritt eine Exception auf. Umgeben Sie den kritischen Quelltext mit einer „try-catch"-Umgebung.
Lösung: **Bild 1**

Eine „try-catch"-Umgebung kann mehrere „catch"-Codeblöcke beinhalten, wobei jeder „catch"-Codeblock eine spezielle Exception auffängt. Dadurch ist es möglich auf unterschiedliche Fehler differenziert zu reagieren. Die Superklasse aller Exceptions ist die Klasse Exception selbst.

Weitergeben mit throws

Ist eine Fehlerbehandlung in der aktuellen Methode nicht erwünscht, kann die Methodendeklaration mit dem Befehl `throws<NameDerException>` erweitert werden (**[2] in Bild 2**). Dies führt dazu, dass die Methode entweder beim Aufruf mit try-catch umgeben werden muss (**[1] in Bild 2**) oder diese erneut mit `throws <NameDerException>` weitergegeben wird. Innerhalb der Methode wird die Exception erzeugt, wenn der Fehlerfall auftritt (**[3] in Bild 2**).

Eigene Exceptions

Eigene Exceptions erben von der Klasse Exception oder einer Unterklasse von Exception. Soll eine eigene Fehlermeldung erzeugt werden, wird dem Konstruktor der Oberklasse mit `super(<text>);` die entsprechende Textmeldung übergeben (**[4] in Bild 2**). Nach Eintritt des Fehlers, erscheint die entsprechende Fehlermeldung in der Konsole.

Die Zeile der Klasse, in welcher der Fehler ausgelöst wurde, wird durch die Exception angezeigt (**Bild 3**).

Exception = Java Klasse für Ausnahmen
try = umgibt den kritischen Code
catch = beinhaltet den Code für einen Abbruch
finally = wird immer ausgeführt

```
public class Beispiel {

    public static void main(String[] args) {
        double ergebnis=0;
        try {
            //kritischer Code
            ergebnis = 3/0;

        } catch (Exception e) {
            //wird ausgeführt, wenn im try-Block
            //eine Exception auftritt
            System.out.println("Teilen durch 0 ist nicht erlaubt.");
        }
        finally{
            //wird immer ausgeführt
            System.out.println("done");
        }
        System.out.println(ergebnis);
```

```
Problems  Javadoc  Declaration  History  Console
<terminated> Beispiel [Java Application] /System/Library/Java/JavaVirtualMachines/1.6.0.jdk/C
Teilen durch 0 ist nicht erlaubt.
done
0.0
```

Bild 1: Einfache Exceptionbehandlung

```
import java.util.Scanner;

public class ExceptionSample {

    public static void main(String[] args) {
        Scanner s = new Scanner(System.in);
        System.out.println("Zähler:");
        double zaehler=s.nextDouble();
        System.out.println("Nenner:");
        double nenner=s.nextDouble();
        double kommazahl=0;
        try {                                                    [1]
            kommazahl = teile(zaehler, nenner);
        } catch (TeileDurchNullException e) {
            e.printStackTrace();
        }
        System.out.println(kommazahl);
    }

    public static double teile(double zaehler, double nenner)
            throws TeileDurchNullException{                      [2]

        double ergebnis=0;
        if(nenner!=0){
            ergebnis=zaehler/nenner;
        }
        else{
            throw new TeileDurchNullException();                 [3]
        }
        return ergebnis;
    }
}

class TeileDurchNullException extends Exception{                 [4]
    public TeileDurchNullException() {
        super("Der Teiler ist 0");
    }
}
```

Bild 2: Beispiel mit eigener Exception

```
Zähler:
3
Nenner:
0
L_Exceptions.TeileDurchNullException: Der Teiler ist 0
0.0
at L_Exceptions.ExceptionSample.teile(ExceptionSample.java:32)
at L_Exceptions.ExceptionSample.main(ExceptionSample.java:15)
```

Bild 3: Exception-Meldung

Berühmte Ingenieure, Mathematiker und Informatiker

Muhamad Ibn al-Chwarizmi „Algorithmus" (Bild 1)

* um 780; † zwischen 835 und 850

Al-Chawarizmi war ein persischer Mathematiker, Astronom und Geograf. Das Wort Algorithmus ist eine Abwandlung seines Namens und bedeutet heute Lösungsverfahren. Er beschäftigte sich mit Algebra. Unter anderem führte er die Ziffer Null aus dem indischen in das arabische Zahlensystem ein und damit in alle modernen Zahlensysteme. In seinen Büchern gibt er systematische Lösungsansätze für lineare und quadratische Gleichungen an, die heute noch gelten.

Bild 1: Muhamad Ibn al-Chwarizmi

George Boole „Boole'sche Algebra" (Bild 2)

* 2. November 1815 in Lincoln, England; † 8. Dezember 1864

George Boole, Mathematiker durch Selbststudium, Logiker und Philosoph. Boole begründete die moderne mathematische Logik. Mit Gleichungen erfasste er die Wahrheit und Falschheit von Aussagen, nämlich „x ist wahr" durch $x = 1$ und „x ist falsch" durch $x = 0$. Er entwickelte die klassische „disjunktive Normalform" und arbeitete schon mit Wahrheitstafeln.

Bild 2: George Boole

Claude Elwood Shannon „Vater des Bits" (Bild 3)

* 30. April 1916 in Petoskey, Michigan; † 24. Februar 2001

Claude Elwood Shannon war ein US-amerikanischer Ingenieur und Mathematiker. Er gilt als Begründer der Informationstheorie. Shannon formulierte das Abtasttheorem über Bitraten in einem frequenzbeschränkten Übetragungskanal 1948. Es ist bekannt als das **Nyquist-Shannonsche Abtasttheorem** $f_A > 2 \cdot f_{max}$

Shannon definierte 1949 erstmals das Bit als Einheit der Informationstheorie (Schrift: „A mathematical theory of communication").

Bild 3: Claude Elwood Shannon

Jack St. Clair Kilby „Vater des Mikrochips" (Bild 4)

* 8. November 1923 in Jefferson City, Missouri; † 20. Juni 2005

Jack St. Clair Kilby war ein US-amerikanischer Ingenieur. Er gilt als Erfinder der integrierten Schaltung (IC). Am 12. September 1958 präsentierte er ein erstes Exemplar einer funktionierenden Schaltung auf einem Halbleiter. Anfangs hatten die integrierten Schaltungen keinen komerziellen Erfolg. Im Jahr 1966 setzte Kilby sie erstmals beim Bau von Taschenrechnern ein. Er gilt damit auch als Erfinder des Taschenrechners. Kilby erhielt im Jahr 2000 den Nobelpreis für Physik. Seine Erfindung des Integrierten Schaltkreises ist die Basis der heutigen Informatik. Kilbys Labor in Dallas Texas ist heute eine historische Gedenkstätte.

Bild 4: Jack St. Clair Kilby

Erwerbbare Kompetenzen

Kapitel 6	Objektorientierte Analyse und objektorientiertes Design mit UML	
	Stufe	**Fachkompetenz**
	1	Ich kann die verschiedenen Aufgaben und Anforderungen der einzelnen Schichten in der Drei-Schichten-Architektur benennen und beschreiben.
	2	Ich kann ein Klassendiagramm für eine Klasse mit überladenen Konstruktoren entwerfen.
	1	Ich kann den Aufbau eines Sequenzdiagramms erläutern.
	1	Ich kann Assoziationen in Klassendiagrammen und in Sequenzdiagrammen anwenden.
	1	Ich kann Rollennamen und Kardinalitäten zuordnen.
	2	Ich kann zwischen Kompositionen und Aggregationen unterscheiden.
	1	Ich kann die Vorteile der Vererbung beschreiben.
	1	Ich kann zwischen Basisklasse und abgeleiteter Klasse unterscheiden.
	3	Ich kann die unterschiedlichen Sichtbarkeiten in Klassen anwenden.
	3	Ich kann zwischen Überladen von Methoden und Polymorphie unterscheiden.
	2	Ich kann die Einschränkungen nennen, die bei abstrakten Klassen gelten.
	2	Ich kann die Vorteile von Polymorphie beschreiben.
	2	Ich kann den Aufbau einer verketteten Liste beschreiben.
	1	Ich kann die Einsatzmöglichkeiten von Klassenvariablen und Klassenmethoden benennen.
	2	Ich kann Zustandsdiagramme selbständig entwerfen.
	2	Ich kann Zusammenhänge und Vorgänge mit UML-Diagrammen darstellen.

Welche Fachkompetenzen werden hier visualisiert?

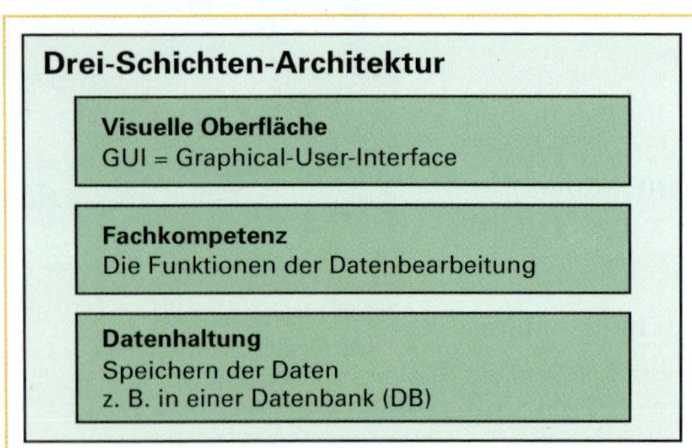

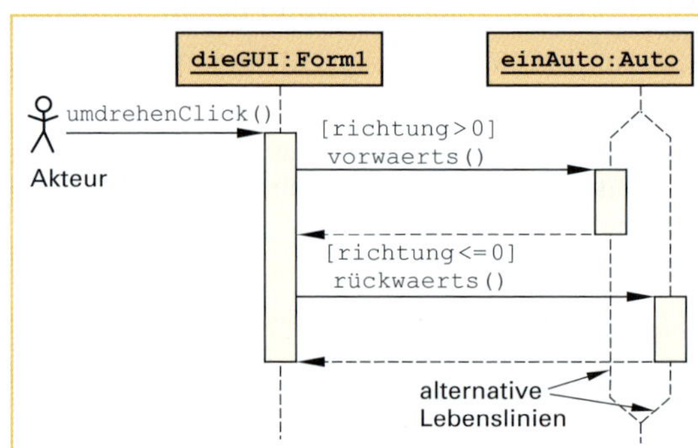

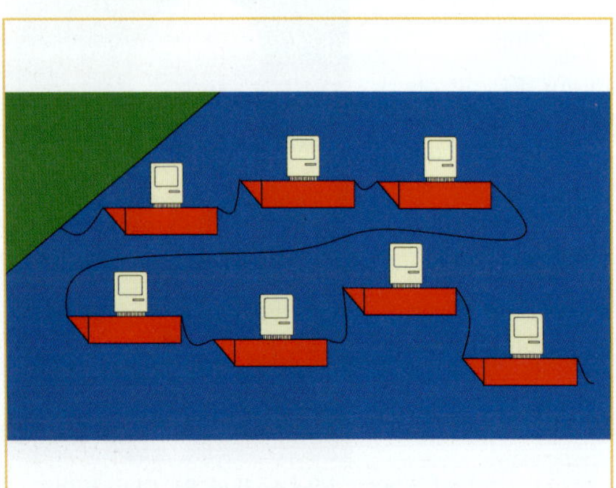

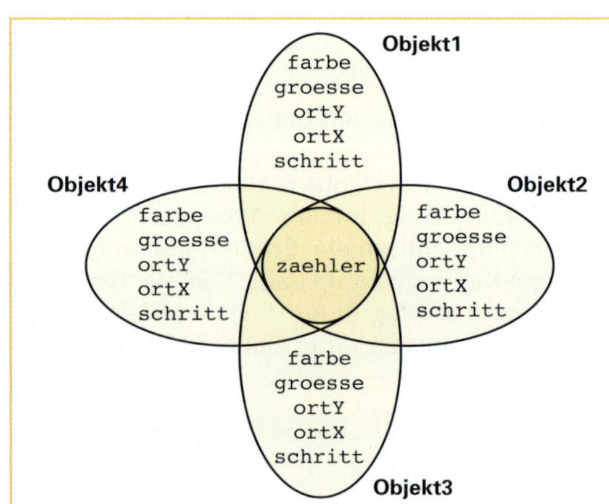

6 Objektorientierte Analyse und objektorientiertes Design mit UML

6.1 Objektstrukturen und Klassenstrukturen

Neue Softwareprojekte werden nach den Anforderungen der Drei-Schichten-Architektur (**Bild 1**) entwickelt. Dabei sollen die visuelle Oberfläche, die Fachkompetenz und die Datenhaltung streng von einander getrennt gehalten werden. Im Quellcode der Fachkompetenz dürfen keine Anweisungen stehen, die zu einer speziellen Entwicklungsumgebung oder zu einer speziellen Datenbank gehören. Software, die so entwickelt wird, kann später einfach und schnell auf andere Betriebssysteme angepasst werden. Auch die Umstellung auf eine andere Datenspeicherung oder auf ein anderes Datenbank-Management-System ist damit ohne größere Probleme möglich.

Ziel der objektorientierten Softwareentwicklung ist es, Systeme wie sie in Wirklichkeit vorkommen möglichst exakt in Programme umzusetzen. Dazu werden die zu programmierenden Systeme im Hinblick auf ihre zu modellierenden Eigenschaften und Funktionalitäten analysiert. So gefundenen Attribute (Daten, Eigenschaften) und Funktionen (Methoden, Operationen) werden zu Klassen zusammengefasst, von denen dann Objekte gebildet werden können.

Zur Darstellung von Klassen und Objekten sowie deren Beziehungen werden Klassen- bzw. Objektdiagramme verwendet. Sie sind in der UML festgelegt.

6.1.1 Klassendiagramm für eine Klasse

In einem Klassendiagramm (**Bild 2**) werden der Klassenname, die Attribute mit Datentyp sowie die Operationen gegebenenfalls mit Parametern und Rückgabetyp beschrieben. Dabei gilt:

- 1. Buchstaben des Klassennamen groß schreiben,
- Attribute klein schreiben,
- Operationen klein schreiben,
- +/– zeigt, ob der Teil einer Klasse von außen zugänglich ist.

Soll z. B. ein Auto (**Bild 3**) in einem Programm vorkommen, legt man fest, welche Attribute und Operationen dieses Auto haben soll. Die so gefundenen Attribute lassen sich dann in einem Auto-Klassendiagramm (**Bild 4**) darstellen. Dieses Diagramm zeigt den Namen der Klasse (Auto), die Attribute mit Datentyp sowie die Operationen. Die hier dargestellten Operationen besitzen keinen Rückgabetyp.

> Eine Klasse ist ein abstraktes Modell bzw. ein „Bauplan“ für Objekte. Sie enthält Attribute (Eigenschaften) und Methoden (Verhaltensweisen) der Objekte.
>
> Betrachtet man ein Objekt als Variable, so ist die Klasse der dazugehörige Datentyp.
>
> UML von Unified Modeling Language = vereinheitlichte Modellierungssprache

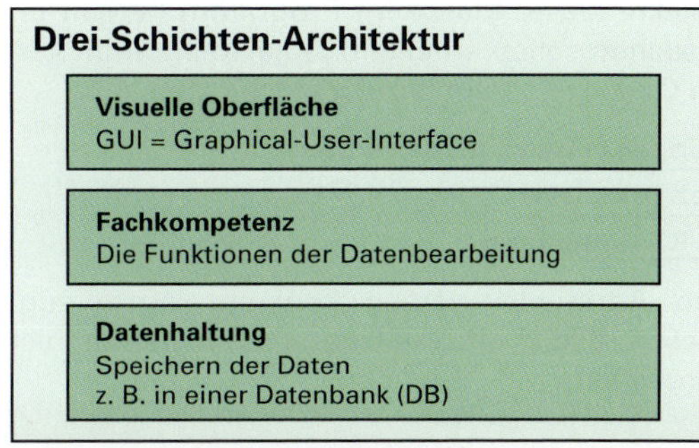

Bild 1: Drei-Schichten-Architektur

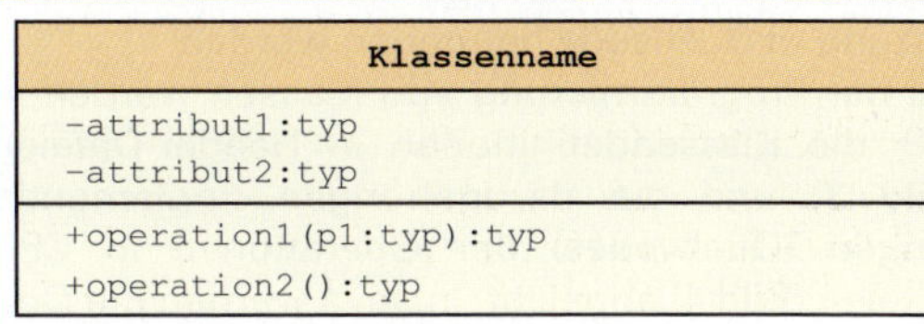

Bild 2: Klassendiagramm

Bild 3: Auto in einem Programm

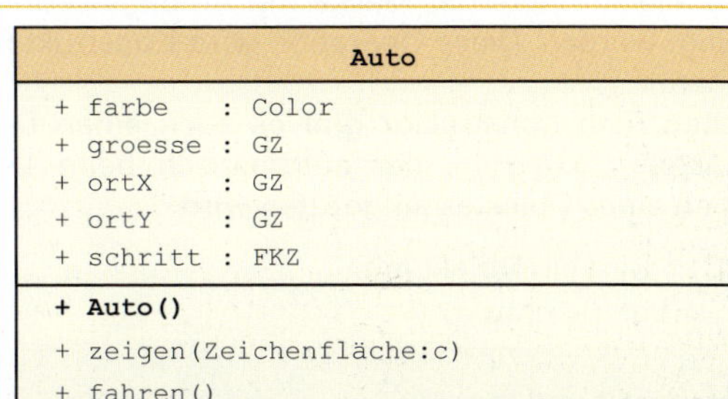

Bild 4: Klassendiagramm des Autos

Beispiel 1:
Zählen Sie mögliche Datentypen auf.
Lösung:
Ganzzahl (GZ), Fließkommazahl (FKZ), Zeichen, Boolean, Text, Geld, Datum, Zeit, ...

Sind in einer Klasse die Attribute und Operationen für Objekte erst einmal gefunden, kann in einem Objektdiagramm (**Bild 1**) festgelegt werden, wie Objekte dieser Klasse im Programm heißen und aussehen sollen. In einem Objektdiagramm kann ein Objekt wie folgt bezeichnet werden:

objektname: Klassenname
objektname
:Klassenname

Den Attributen werden konkrete Werte zugewiesen (**Bild 2**) und die Operationen werden nicht dargestellt.

6.2 Lebensdauer von Objekten

Nachdem ein Objekt in Form eines Klassen- und Objektdiagramms vorliegt, kann mit der Umsetzung in Quellcode begonnen werden.
Bei der Programmierung von Klassen werden in C++ die Klassendefinitionen in Header-Dateien (**Bild 3**) und die dazugehörigen Implementierungen (Quellcodes) der Operationen in CPP-Dateien (**Bild 4**) abgelegt. In Java werden die Operationen direkt in der Klasse implementiert.
Eine Klassendefinition beginnt mit dem Schlüsselwort `class`. Die Schlüsselworte `private` und `public` regeln die Sichtbarkeit der Attribute und Operationen. Auf ihre genaue Bedeutung wird im Abschnitt Sichtbarkeit eingegangen.

6.2.1 Konstruktor und Destruktor

Eine besondere Operation ist die Operation `Auto()`. Sie besitzt keinen Rückgabedatentyp, auch nicht den Datentypen `void`. Sie wird beim Instanziieren von Objekten aufgerufen. In ihr können alle Attribute der Klasse mit Anfangswerten belegt werden. Diese Operation wird Konstruktor genannt.
Neben dem Konstruktor gibt es auch einen Destruktor `(~Auto())`, der automatisch beim Löschen eines Objektes aufgerufen wird.

In C++ wird ein Objekt mit

```
Auto* einAuto;
einAuto = new Auto();
```

instanziiert und mit

```
delete einAuto;
```

wieder gelöscht.

void
Gibt einen Rückgabewerttyp für eine Methode an, die keinen Wert zurückgibt.
Instanziierung = Anlegen einer Variablen, deren Datentyp eine Klasse ist

```
objektname:Klassenname
----------------------
attribut1 = Wert1
attribut2 = Wert2
```

Bild 1: Objektdiagramm

```
einAuto:Auto
------------
farbe   = Rot
groesse = 140
ortX    = 150
ortY    = 100
schritt = 0
```

Bild 2: Objektdarstellung eines Autos

```
class Auto
{
   private:
     Color farbe;
     int groesse;
     int ortX
     int ortY
     float schritt;
     //Methoden
   public:
     Auto();
     void fahren();
     void zeigen(Graphics c);
};
```

Bild 3: Klassendefinition der Klasse Auto

```
Auto::Auto()
{
   farbe   = Color::Red;
   groesse = 140;
   ortX    = 150;
   ortY    = 100;
   schritt = 0;
}
void Auto::fahren()
{
ortX = ortX + schritt;
}
void Auto::zeigen(Graphics c)
{
   //Programm-spezifische Zeichenbefehle
   Brush b = new SolidBrush(farbe);
   Pen p = new Pen(Color::Black, 3);
   ...
};
```

Bild 4: Implementierung der Operationen der Klasse Auto

6.2.2 Konstruktoren mit Parametern

Ist erst einmal eine Klasse programmiert, können von dieser Klasse beliebig viele Objekte instanziiert werden. Würde man von der Auto-Klasse mehrere Objekte erzeugen, würden sie alle genau gleich aussehen und an derselben Bildschirmposition erscheinen. Um unterschiedliche Autos zu instanziieren (**Bild 1**), benötigt man einen Konstruktor, dem beim Aufruf Parameter übergeben werden können.

Für die Klasse `Auto` wird ein zweiter Konstruktor vereinbart und implementiert (**Bild 2**). Er bekommt die Parameter `f`, `g`, `x`, `y` und `s`. Die Werte dieser Parameter werden den dazu gehörenden Attributen der Klasse zugewiesen, so dass individuelle Autos instanziiert werden können.
Werden bei der Instanziierung eines Autos keine Parameter übergeben, wird automatisch der Standardkonstruktor `Auto()` aufgerufen.

Beispiel 1:
Instanziieren Sie ein rotes und ein blaues Auto.
Lösung:
```
einAuto1 = new Auto();
einAuto2=newAuto(Color::Blue,120,23,20,0);
```

6.2.3 Sequenzdiagramm mit Konstruktor und Destruktor

Sequenzdiagramme dienen dazu, das Verhalten von Objekten untereinander darzustellen. Ein Sequenzdiagramm ist eine grafische Darstellung eines Szenarios (zeitliche Folge von Operationsaufrufen) und beschreibt den Austausch von Nachrichten (Aufruf von Operationen) zwischen Objekten.

Dazu werden die Objekte (**Bild 3**) als Rechtecke gezeichnet. Existiert ein Objekt, erhält es eine gestrichelte Lebenslinie, bei der die Zeit von oben nach unten läuft. Wird das Objekt gelöscht, endet die Lebenslinie. Wird aus einem Objekt eine Operation aufgerufen (eine Nachricht gesendet) (Bild 3), wird eine Aktivierung (Ablauf einer Operation) als schmales Rechteck auf der Lebenslinie dargestellt. Der Aufruf einer Operation (Nachricht) wird als Pfeil (**Bild 4**) gezeichnet, wobei der Name und die Parameter der Operation über den Pfeil geschrieben werden.

Endet ein Aufruf im Namensfeld eines Objekts, so wird dadurch das Erzeugen einer Instanz dargestellt – also der Aufruf des Konstruktors. Das Löschen einer Instanz wird durch ein Kreuz auf einer Lebenslinie dargestellt (**Bild 5**). Anstelle von `<<create>>` bzw. `<<destroy>>` ist alternativ auch die Ausgabe des Konstruktors bzw. Destruktors möglich.

Bild 1: Unterschiedliche Autos derselben Klasse

```
Auto::Auto()
{
   farbe    = Color::Red;
   groesse = 140;
   ortX     = 150;
   ortY     = 100;
   schritt = 0;
}
Auto::Auto(Color f, int g, int x, int y, float s)
{
farbe   = f;
groesse = g;
ortX    = x;
ortY    = y;
schritt = s;
}
```

Bild 2: Konstruktoren der Klasse `Auto`

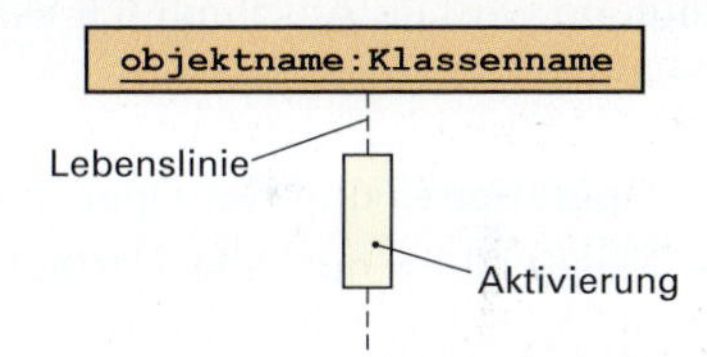

Bild 3: Objekt mit Lebenslinie und Aktivierung

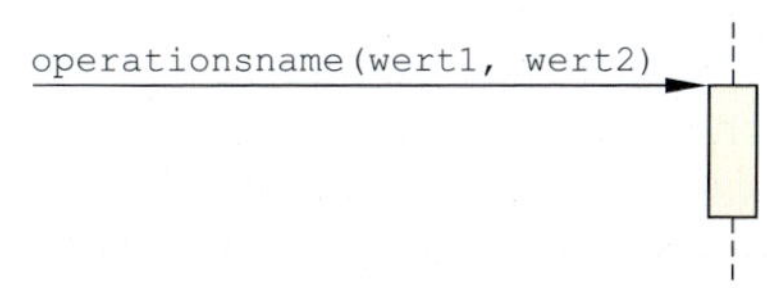

Bild 4: Senden einer Nachricht – Operationsaufruf

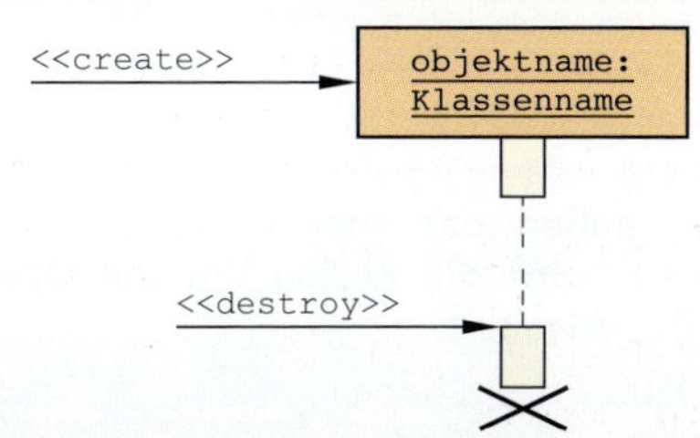

Bild 5: Konstruktor und Destruktor

Beispiel 1:

Entwerfen Sie ein Sequenzdiagramm für das Szenario *zwei Autos werden instanziiert*. Zu Beginn dieses Szenarios soll zunächst nur das Objekt `dieGUI` existieren. Geht man entlang des Zeitstrahls nach unten, soll der Aufruf des Konstruktors der Klasse *Auto* mit den Werten `rot,180,20,50,0` dargestellt werden. Dieser Konstruktoraufruf soll das Objekt `einAuto1` instanziieren. Durch einen weiteren Konstruktoraufruf mit den Werten `blau,120,230,200,0` soll das Objekt `einAuto2` instanziiert werden.

Lösung: **Bild 1**

6.3 Sichtbarkeit (Kapselung)

Ein wesentlicher Bestandteil der objektorientierten Programmierung ist das Prinzip der Kapselung. Dabei geht man von dem Gedanken aus, dass alle Attribute einer Klasse vor Zugriffen von außen geschützt werden. Sie erhalten die Sichtbarkeit `private` (**Bild 2**). Der Zugriff auf die Attribute wird nur über den Aufruf von öffentlichen Operationen mit der Sichtbarkeit `public` gestattet. Dadurch wird sichergestellt, dass in die Attribute nur sinnvolle Werte eingetragen werden können. Die Sichtbarkeit `protected` verhält sich nach außen wie die Sichtbarkeit `private`. Auf ihre besondere Bedeutung wird im Abschnitt 6.5 Vererbung eingegangen.

6.3.1 Set-Operationen und Get-Operationen

Da in der Klasse `Auto` nun alle Attribute privat sind, kann auf keines von ihnen von außen zugegriffen werden. Alle Attribute erhalten ihre Startwerte durch den überladenen Konstruktor. Damit das Attribut `schritt` nachträglich verändert werden kann, wird zusätzlich die Operation `setSchritt` in die Klasse aufgenommen (**Bild 3** und **Bild 4**). In ihr ist der mögliche Wertebereich von `schritt` stark eingeschränkt. Im folgenden Quelltext wird der Wertebereich des Attributs `schritt` auf Werte zwischen –10 und 15 beschränkt.

```
void Auto::setSchritt(float s)
   {
   if(s >  15)   s = 15;
   if(s < -10)   s = -10;
   schritt = s;
   }
```

Um von außen das Attribut `farbe` abfragen zu können, wird die Klasse um die Operation `getFarbe` erweitert.

```
Color Auto::getFarbe()
   {
   return farbe;
   }
```

`::` scope-Operator C++; Scope = Geltungsbereich

Über diesen Operator kann man auf Elemente einer Klasse zugreifen.

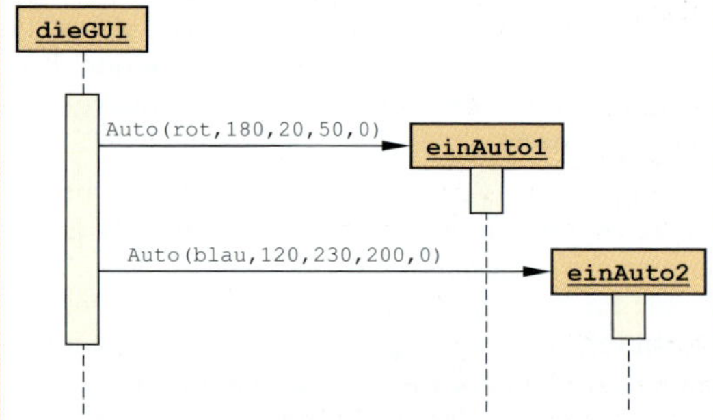

Bild 1: Sequenzdiagramm mit Konstruktoren

- private:	nur innerhalb der Klasse verfügbar
+ public:	auch von außerhalb der Klasse verfügbar
# protected:	innerhalb der Klasse und von *Erben* verfügbar

Bild 2: Sichtbarkeiten in Klassendiagrammen

Auto
- farbe : Color - groesse : GZ - ortX : GZ - ortY : GZ - schritt : FKZ
+ Auto() + Auto(farbe:Color,g:GZ,x:GZ,y:GZ,s:FKZ) + zeigen(c:Zeichenfläche) + fahren () + setSchritt(s:GZ)

Bild 3: Auto-Klasse mit geschützten Attributen und öffentlichen Operationen in UML

```
class Auto
{
private:
    Color farbe;
    int groesse;
    int ortX;
    int ortY;
    float schritt;
public:
    Auto();
    Auto(Color f, int g, int x,
              int y, float s);
    void zeigen (Graphics c);
    void fahren();
    void setSchritt(float s);
};
```

Bild 4: Auto-Klasse mit geschützten Attributen und öffentlichen Operationen

6.4 Assoziationen

Die Autos sollen einen Fahrer bekommen, der sich mit den Autos mitbewegt (**Bild 1**). Für diesen Fahrer wird eine eigene Klasse angelegt, die zu der Auto-Klasse eine Beziehung eingeht. Eine solche Beziehung wird Assoziation genannt. In UML werden Assoziationen als Linie zwischen zwei Klassen gezeichnet.

Die Beziehung zwischen Auto und Fahrer kann man z. B. als Assoziationen mit Rollennamen (Namen der Objekte im Programm), Kardinalitäten (Anzahl der Objekte einer Klasse im Programm) und Sprechweise mit Leserichtung darstellen (**Bild 2**).

Bild 1: Autos mit Fahrer

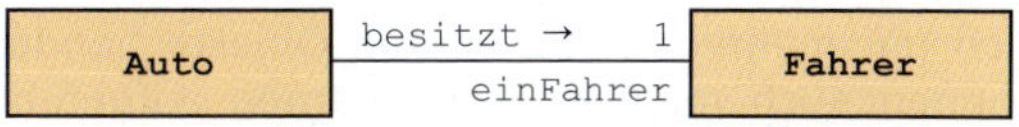

Bild 2: Assoziation „Auto besitzt Fahrer"

6.4.1 Rollennamen und gerichtete Assoziationen

Der Rollenname im Klassendiagramm (`dieKlasse1` bzw. `dieKlasse2`) ist der Name des Objekts der Klasse im Quellcode, unter dem das Objekt von einem Objekt der in der Beziehung gegenüberliegenden Klasse angesprochen werden kann. Bestehen mehrere Beziehungen von einer Klasse zu anderen Klassen, können unterschiedliche Rollennamen verwendet werden (**Bild 3**).

Wird durch einen Pfeil der Beziehung eine Richtung gegeben, bedeutet das, dass nur Objekte der einen Klasse (`Klasse3`) auf Objekte der anderen Klasse (`Klasse2`) zugreifen können. Eine solche Beziehung wird als **unidirektional** bezeichnet. Sollen beide Objekte aufeinander zugreifen können (`Klasse1-Klasse2`), werden die Pfeile im Allgemeinen weggelassen. Eine solche Beziehung nennt man **bidirektional**.

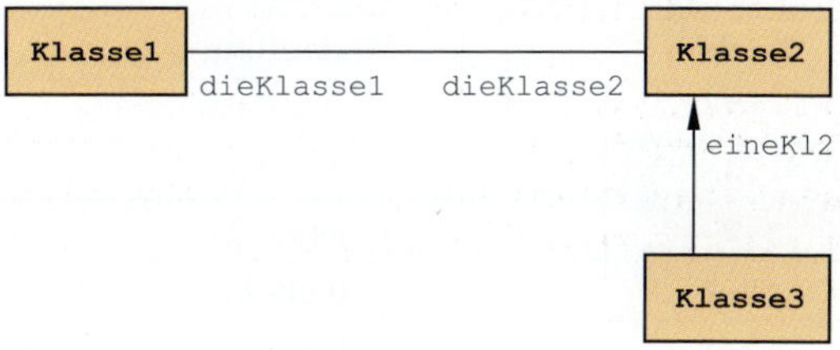

Bild 3: Assoziationen mit Rollennamen

Beispiel 1:
Erstellen Sie ein Sequenzdiagramm, in dem ein Szenario dargestellt wird, das die bidirektionale Assoziation aus Bild 3 verdeutlicht. Hierbei soll angenommen werden, dass die `Klasse2` eine öffentliche Operation `operKl2()` und die `Klasse1` eine öffentliche Operation `operKl1` enthält. Die vorgegebenen Rollennamen sollen übernommen werden.

Lösung: **Bild 4**

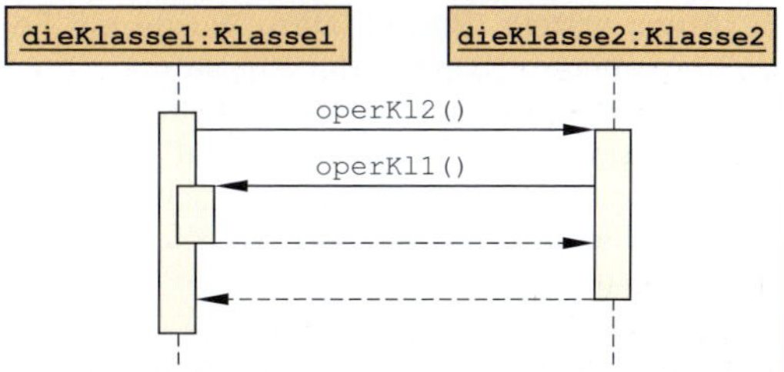

Bild 4: Bidirektionale Assoziation im Sequenzdiagramm

Beispiel 2:
Erstellen Sie ein zweites Sequenzdiagramm in dem ein Szenario dargestellt wird, das die unidirektionale Assoziation aus Bild 3 verdeutlicht. Hierbei sollen alle Vorgaben aus Beispiel 1 übernommen werden.

Lösung: **Bild 5**

Bild 5: Unidirektionale Assoziation im Sequenzdiagramm

Damit ein Objekt der `Klasse3` ein Objekt der `Klasse2` ansprechen kann, muss in der `Klasse3` ein Attribut der `Klasse2` vorhanden sein. Über den Rollennamen im Klassendiagramm wird der Name dieses Attributs festgelegt. Da dann jedoch im Klassendiagramm die Beziehung zweimal dargestellt würde (als Rollenname und als Attributname), sollen Rollennamen nicht in die Attributaufzählung aufgenommen werden.
Im Quellcode (**Bild 1**) sind Beziehungen nur über die Attribute anderer Klassen erkennbar.

6.4.2 Kardinalitäten

Durch die Angabe einer Kardinalität (**Tabelle 1**) kann man erkennen, wie viele Objekte einer Klasse im Programm vorkommen. Werden die Objekte in einem Feld oder einer Liste angelegt, wird an den Rollennamen ein [ ] angehängt (**Bild 2**). Wenn es sich um mehrere unabhängige Objekte handelt, können auch mehrere Rollennamen aufgeführt sein (**Bild 3**). In der folgenden Tabelle sind mögliche Kardinalitäten und ihre Bedeutung aufgelistet:

Tabelle 1: Kardinalitäten

Zeichen	Bedeutung
*	0, 1 oder viele
1	genau 1
2	genau 2
0..2	0 bis 2
2..*	2 bis viele
2,4,7..*	2, 4 oder 7 bis viele, nicht 5 und 6

Im folgenden Beispiel wurde ein Programm mit 150 Autos erstellt (**Bild 4**). Dazu wurde ein Feld von verwalteten Objekten der Klasse `Auto` angelegt. In einer Schleife, in der die einzelnen Objekte (Autos) instanziiert werden, bekommt jedes Auto seine Farbe, Größe, Position und Geschwindigkeit über Zufallszahlen, deren Wertebereich entsprechend angepasst wird:

```
//Java:
for(int i=0; i<150; i++){
  Color farbe;
  Random rand = new Random();
  farbe = Color.getHSBColor(
     Math.abs(rand.nextInt()%255),
     Math.abs(rand.nextInt()%255),
     Math.abs(rand.nextInt()%255));
  einAuto[i] = new Auto(farbe,
     Math.abs(rand.nextInt()%100+55),
     Math.abs(rand.nextInt()%w),
     Math.abs(rand.nextInt()%h),
  Math.abs(rand.nextInt()%15+3));
  einAuto[i].setBounds(0,0,w,h);
  add(einAuto[i]);
}
```

```
//C++:
for(int i=0; i<150; i++)
{
farbe = Color::FromArgb (rand()%255,
                         rand()%255,
                         rand()%255);
einAuto[i] = gcnew Auto(farbe,
                   rand()%100+55,
                   rand()%Width),
                   rand()%Height),
                   rand()%15+3);
}
```

```
class Klasse1
{
  private:
   Klasse2* dieKlasse2;
   . . .
};

class Klasse2
{
  private:
   Klasse1* dieKlasse1;
   . . .
};

class Klasse3
{
  private:
   Klasse2* eineKl2;
   . . .
};
```

Bild 1: Assoziationen im Quellcode

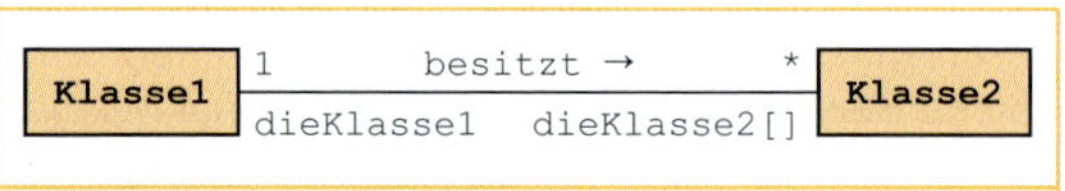

Bild 2: Autos mit Fahrer

Bild 3: Klasse mit zwei Rollennamen

Bild 4: Programm mit 150 Autos

In einem ausführlichen Klassendiagramm des Bildschirmschoners werden Attribute, Operationen, Assoziationen, Rollennamen und Kardinalitäten dargestellt (**Bild 1**).

6.4.3 Iterationen und Selbstdelegation

Im Sequenzdiagramm (**Bild 2**) ist das Szenario `timer1Tick` dargestellt. Am Anfang wird vom Betriebssystem die Operation `timer1Tick()` aufgerufen. Dadurch erhält das Objekt `dieGUI` einen Aktivierungsbalken, der anzeigt, dass die Operation abgearbeitet wird.

Im Programm wird in einer Schleife die Botschaft `fahren()` für alle Autos gesendet. Im Sequenzdiagramm wird dies durch eine **Iteration** dargestellt, die vor bzw. über dem Operationsaufruf steht. Das gesamte Autofeld ist im Sequenzdiagramm als **Multiobjekt** dargestellt. Multiobjekte werden durch zwei zusätzliche Objektrahmen gekennzeichnet (**Bild 3**).

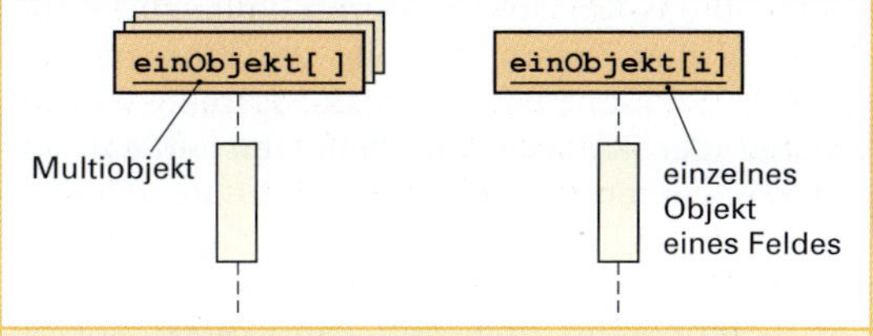

Bild 3: Multiobjekt und einzelnes Objekt eines Feldes im Sequenzdiagramm

Wird eine ganze Sequenz wiederholt aufgerufen, wird diese Sequenz in einen **Iterationsblock** eingeschlossen. Die Aufrufe von `Refresh()` und `FormPaint()` werden als **Selbstdelegation** bezeichnet, da sie vom eigenen Objekt aus erfolgen. Operationen, die nicht von außen aufgerufen werden, sollten die Sichtbarkeit `private` erhalten. Die Gegenüberstellung von Klassendiagramm (Bild 1) und Sequenzdiagramm (Bild 2) zeigt, wie diese Diagramme aufeinander aufbauen.

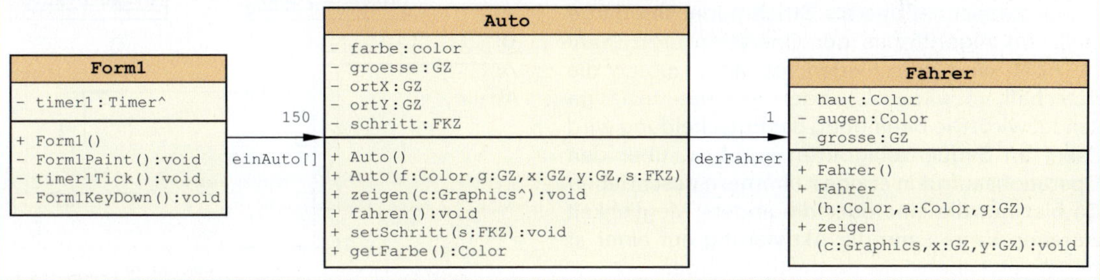

Bild 1: Ausführliches Klassendiagramm des Bildschirmschoners

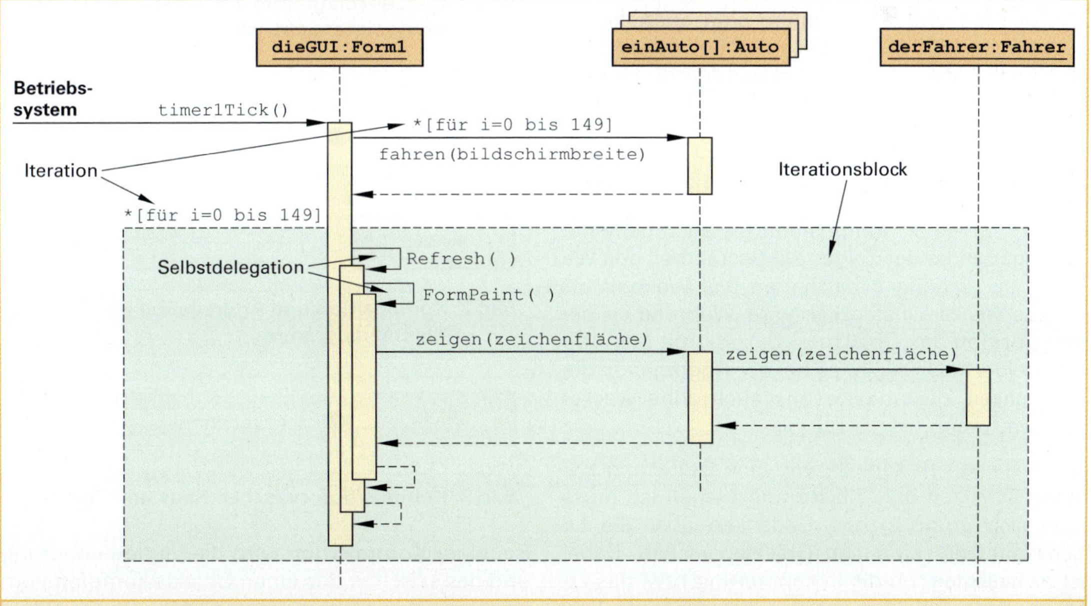

Bild 2: Sequenzdiagramm des Bildschirmschoners mit Visual Studio

Während das Klassendiagramm einen statischen Blick auf das Zusammenspiel der Klassen wirft, wird im Sequenzdiagramm dargestellt, wie die Objekte der Klassen im zeitlichen Ablauf Botschaften versenden. Die dazu benötigten Operationen müssen in den zu benachrichtigenden Klassen die Sichtbarkeit public aufweisen. Anhand der Richtung der Botschaft kann direkt auf die Richtung der Assoziation im Klassendiagramm geschlossen werden.

Neben Iterationen (**Tabelle 1**) können im Sequenzdiagramm vor den Botschaften auch Bedingungen (**Tabelle 2**) stehen.

6.4.4 Bedingte Botschaften

Bild 1 zeigt ein Sequenzdiagramm mit dem Szenario *„der Benutzer drückt den Umdrehen-Button"*. In Sequenzdiagrammen wird der Benutzer als Akteur bezeichnet und als Strichmännchen dargestellt. Im Algorithmus der Operation `umdrehenClick()` wird entschieden, ob an `einAuto` die Botschaft `vorwaerts()` oder `rückwaerts()` gesendet wird. Die Bedingung der Entscheidung wird dabei im Sequenzdiagramm vor bzw. über den Operationsaufruf in eckige Klammern geschrieben. Da hier nur die eine oder die andere Möglichkeit zutreffen kann, kann die Aktivierung auf einer alternativen Lebenslinie dargestellt werden.

6.4.5 Komposition und Aggregation

Aggregation und Komposition sind spezielle Assoziationen **(Bild 2)**. Sie beschreiben, wie ein Teil zu einem Ganzen gehört und werden durch eine Raute gekennzeichnet. Damit kann z. B. festgelegt werden, ob in einem Programm `derZeiger` ein fest eingebauter Bestandteil von `Wecker` ist oder ob `derZeiger` auch ohne `Wecker` existieren kann.

Sowohl bei einer Komposition als auch bei einer Aggregation ist der Zeiger ein Bestandteil des Weckers, da er beim Instanziieren des Weckers als Teil des Weckers instanziiert wird. Während bei der Komposition das Objekt `derZeiger` mit dem Wecker gelöscht wird, gibt es bei der Aggregation die Möglichkeit, dass `derZeiger` auch ohne Wecker existieren kann.

Um festlegen zu können, wie eine Beziehung zwischen Objekten bzw. Klassen anzulegen ist, muss man sich grundlegende Gedanken über die Lebensdauer der einzelnen Objekte machen. Dabei ist zu beachten, ob die Instanziierung bzw. das Löschen eines Objektes mit der Instanziierung bzw. dem Löschen eines anderen Objektes gekoppelt ist.

Tabelle 1: Iterationen im Sequenzdiagramm

Darstellung	Bedeutung
*[Iterationsbedingung]	allgemeine Iteration
*[für i=0 bis 149]	Iteration mit Zähler (for-Schleife)
*[i<=149]	Iteration (while-Schleife)
*[für i=0 bis (i<9 ∨ a=8)]	Iteration mit Zähler und zusätzlichem Abbruch

Tabelle 2: Verhältnis und logische Operatoren in Bedingungen

Darstellung	Bedeutung
>,<	größer, kleiner
>=,<=	größer gleich, kleiner gleich
<>	ungleich
∨,∧	und, oder

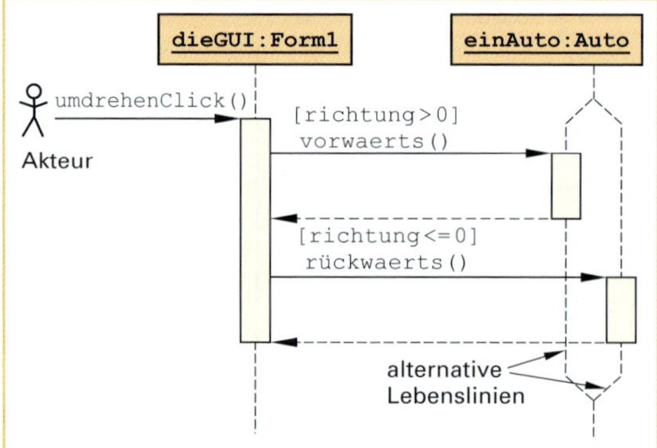

Bild 1: Sequenzdiagramm mit Akteur und verzweigter Lebenslinie

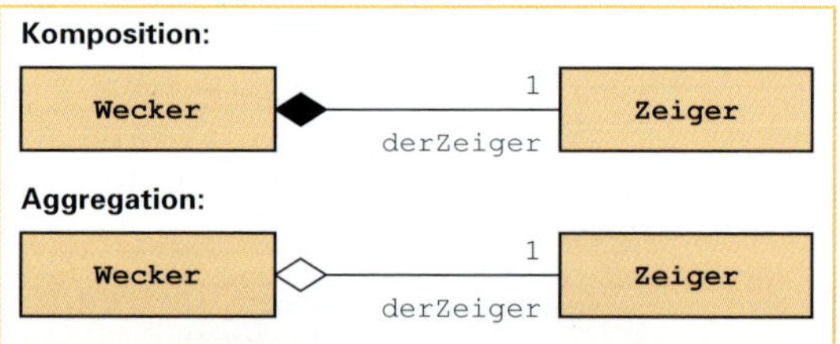

Bild 2: Komposition und Aggregation im Klassendiagramm

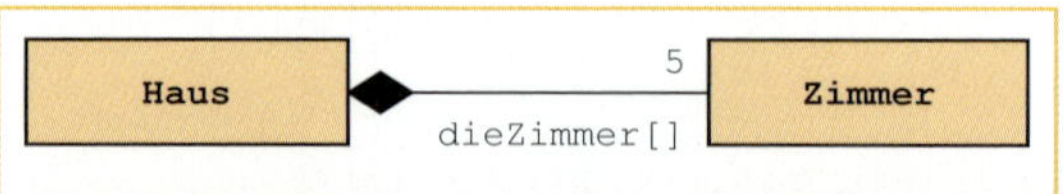

Bild 3: Komposition zwischen Haus und Zimmer

Bei einer **Komposition** wird die Implementierung und das Löschen des einen Objekts komplett vom anderen Objekt übernommen, d. h. ein Objekt ist ein fester Bestandteil des anderen (**Bild 3**).

Es versteht sich von selbst, dass ein Finger ohne Hand nicht leben kann: Der Finger entsteht, wenn die Hand entsteht und stirbt, wenn die Hand stirbt. Er ist ein fester Teil der Hand und es kann davon ausgegangen werden, dass der Finger an bzw. von der Hand erzeugt wird und nirgendwo anders. Umgekehrt gilt, dass die Hand auch ohne alle Finger eine Hand bleibt und weiterlebt. Auch wenn die Hand alle Finger verliert, bleibt sie eine Hand. Dasselbe gilt für die Beziehungen Baum - Ast und Haus - Zimmer.

Bei der Programmierung von Kompositionen ist darauf zu achten, dass das Teilobjekt als Attribut des übergeordneten Objektes angelegt wird. Das übergeordnete Objekt ist dabei vollständig für die Reservierung und Freigabe des Speicherplatzes des Teilobjektes verantwortlich (**Bild 1**).

Beispiel 1:
Nennen Sie weitere Beispiele für Kompositionen aus Ihrem Umfeld.

Lösung: **Tabelle 1**

Bei einer **Aggregation** wird nur die Implementierung des Teilobjektes vom übergeordneten Objekt übernommen; für das Löschen des Teilobjektes ist das übergeordnete Objekt nicht zuständig.

Eine typische Aggregation besteht z.B. zwischen einer Kuh und ihrem Kalb (**Bild 2**). Die Kuh bringt das Kalb zur Welt. Stirbt die Kuh, kann das Kalb jedoch weiterleben.

Bei der Programmierung von Aggregationen wird das Teilobjekt ebenfalls als Attribut des übergeordneten Objektes angelegt. Das übergeordnete Objekt ist dabei nur für die Reservierung und nicht für die Freigabe des Speicherplatzes des Teilobjektes verantwortlich (**Bild 3**). Damit das Teilobjekt auch ohne das übergeordnete Objekt existieren kann, muss das übergeordnete Objekt eine `get`-Methode für das Teilobjekt besitzen.

Beispiel 2:
Nennen Sie weitere Beispiele für Aggregationen.

Lösung: **Tabelle 2**

Komposition und Aggregation sind spezielle Assoziationen. Die Rauten werden nur dann eingezeichnet, wenn es dem Softwareentwickler wichtig ist, dass die Assoziation als Komposition bzw. Aggregation ausgeführt wird.

In den meisten Programmiersprachen werden die Assoziationen in Form von Referenzen oder Zeigern umgesetzt. Wenn weder eine Komposition noch eine Aggregation vorliegt, werden die Referenzen bzw. Zeiger häufig als Parameter des Konstruktors übergeben.

In Java und C# muss der Unterschied zwischen Komposition und Aggregation nicht umgesetzt werden, da hier das Löschen der Objekte vom Garbage Collector vorgenommen wird.
In C++ kann mit `delete` ein Objekt gelöscht werden.

```
C++:
class Baum
{
  private: Aste* einAst;
  public: Baum()
            {
            einAste = new Aste();
            }
        ~Baum()
            {
            delete einAst;
            }
};

Java:
public class Baum
{
private Aste einAst;
public Baum()
            {
            einAste = new Aste();
            }
}
```

Bild 1: Quelltext einer Komposition

Tabelle 1: Beispiele für Kompositionen

Ganzes	untrennbarer Teil des Ganzen
Fuß	Zehen
Blume	Blüte
Gebäude	Raum

Bild 2: Aggregation zwischen Kuh und Kalb

```
Java:
public class Kuh{
  private Kalb dasKalb;
  public Kuh()
      {
      dasKalb = new Kalb();
      }

  public Kalb getKalb()
      {
      return dasKalb;
      }
};
```

Bild 3: Quelltext einer Aggregation

Tabelle 2: Beispiele für Aggregationen

Ganzes	trennbarer Teil des Ganzen
Pferd	Fohlen
Fabrik	Auto
Pizzeria	Pizza

6.4.6 Beispiel zu Assoziationen

Beispiel 1:

Eine Programmoberfläche zeigt einen Apfel. In diesem Apfel entsteht ein Wurm. Dieser Wurm kann den Apfel verlassen und auf der Oberfläche leben. Die Oberfläche besitzt die zwei Buttons `wachsen` und Apfel `verlassen`. Wird `wachsen` gedrückt, wächst der Wurm, wird `verlassen` gedrückt, verlässt der Wurm den Apfel und lebt auf der Oberfläche.

a) Zeichnen Sie ein Klassendiagramm mit den für die Aufgabenstellung benötigten Attributen und Operationen.

b) Zeichnen Sie ein Sequenzdiagramm für die Szenarien *„das Programm wird gestartet“*, *„der Anwender drückt den* `wachsen`*-Button“* und *„der Anwender drückt den* `verlassen`*-Button“*.

Der Wurm soll nach dem Verlassen des Apfels mit Hilfe eines überladenen Konstruktors neu angelegt werden.

Lösung: a) **Bild 1**,
b) **Bild 2**

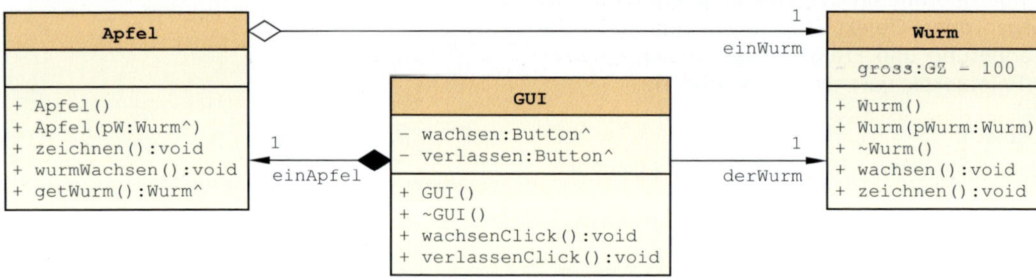

Bild 1: Klassendiagramm zu Beispiel 1

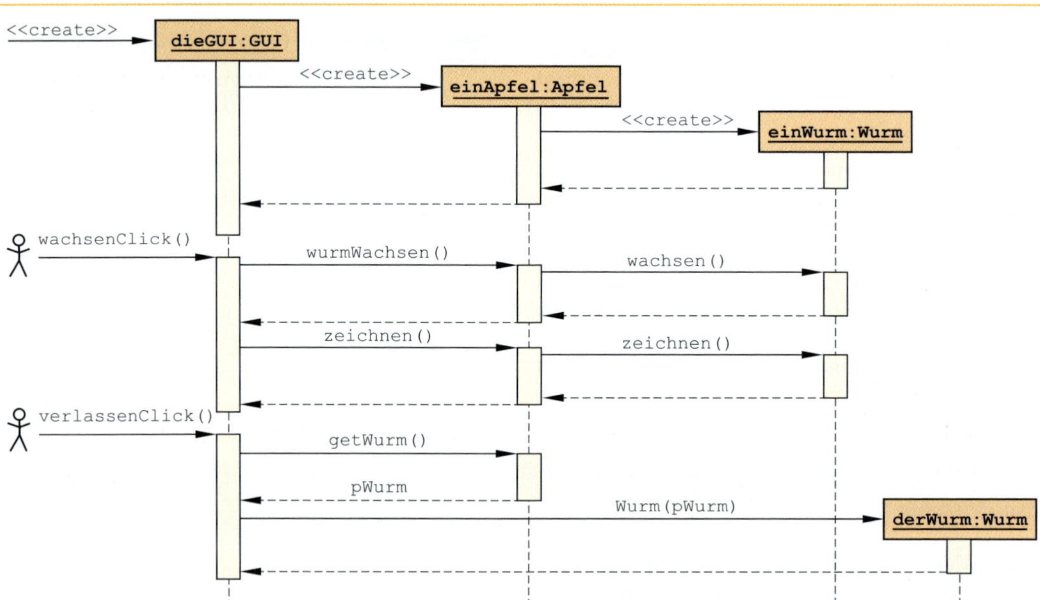

Bild 2: Sequenzdiagramm zu Beispiel 1

Aufgaben

① a) Entwerfen Sie ein Klassendiagramm mit den Klassen `GUI`, `Auto` und `Fahrer`. `Auto` und `Fahrer` sollen untrennbare Teile von `GUI` sein. Beim Instanziieren von `einAuto` soll `derFahrer` dem Auto übergeben werden.

b) Entwerfen Sie mit den Objekten `dieGUI`, `einAuto` und `derFahrer` ein Sequenzdiagramm für das Szenario „das Programm wird gestartet“.

6.5 Vererben

Ein Auto ist ein spezielles Fahrzeug. Umgekehrt ist jedoch ein Fahrzeug nicht zwangsläufig ein Auto, denn es kann sich genauso gut um einen Traktor, einen LKW oder einen Sportwagen handeln (**Bild 1**). Sie alle weisen bestimmte Gemeinsamkeiten auf, die sie zu einem Fahrzeug machen. Diese Gemeinsamkeiten können als Basis für die Entwicklung von Autos, Traktoren usw. herangezogen werden.

In der objektorientierten Softwareentwicklung spricht man von vererben, wenn eine Klasse Attribute und Operationen einer anderen Klasse übernimmt. In **Bild 2** erbt die `KlasseA` von `KlasseB`. Der Pfeil zeigt die Zugriffsrichtung, d. h., dass `KlasseA` auf die Inhalte von `KlasseB` zugreift. Man bezeichnet in diesem Fall `KlasseB` als **Basisklasse** (Oberklasse) und `KlasseA` als **abgeleitete Klasse** (Unterklasse).

Die Möglichkeit von Klassen zu erben ist neben der Kapselung der Daten ein grundlegender Vorteil der objektorientierten Programmierung. Große objektorientierte Software-Projekte basieren auf einer vielschichtigen **Klassenhierarchie**. Sieht man sich in einer Entwicklungsumgebung die vorgefertigten Komponenten näher an, kann man oft einen sehr langen Hierarchiepfad zurückverfolgen.
Ein vom Entwickler angelegtes Fenster steht am Ende einer vielschichtigen Klassenhierarchie (**Bild 3**). Hierbei lässt sich die Vererbung über sechs Klassen bis zur Basisklasse Object zurückverfolgen. Mehrfachvererbungen, bei denen eine Klasse von mehreren Klassen gleichzeitig erbt, sind in Java und C# nicht möglich.

6.5.1 Rechte beim Vererben

Welche Zugriffsrechte die abgeleitete Klasse auf die von ihr geerbten Attribute und Operationen hat, wird durch die Sichtbarkeiten in der Basisklasse bestimmt.
Tabelle 1 zeigt, wie sich die Sichtbarkeiten in der Basisklasse auf die abgeleitete und auf andere Klassen auswirken.

Tabelle 1: Rechte auf Attribute und Operationen einer Basisklasse

Sichtbarkeit in der Basisklasse	Zugriffsrecht der abgeleiteten Klasse	Zugriffsrecht anderer Klassen
`+:public`	voller Zugriff	voller Zugriff
`-:private`	kein Zugriff	kein Zugriff
`#:protected`	voller Zugriff	kein Zugriff

Klassenhierarchie
Werden Klassen immer wieder ein Stück weiterentwickelt und vererbt, spricht man von einer Klassenhierarchie.

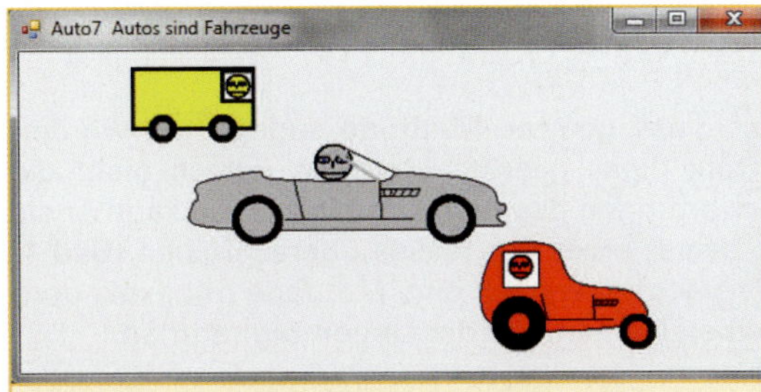

Bild 1: Autos sind Fahrzeuge

Bild 2: `KlasseA` erbt von `KlasseB`

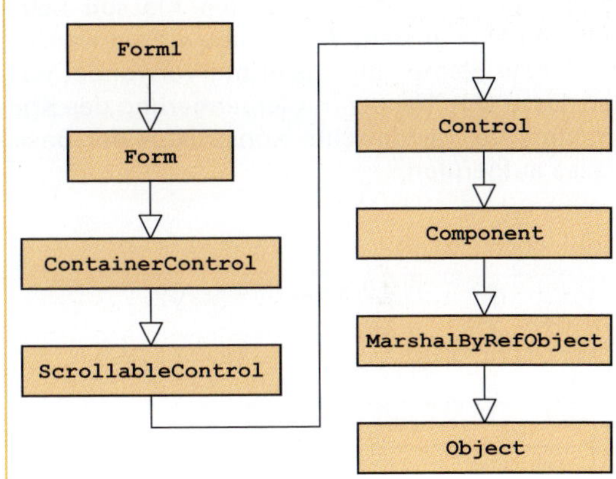

Bild 3: Ausschnitt der Klassenhierarchie eines Fensters im .NET-Framework

```
C++
class KlasseA : public KlasseB{...};

Java
public class KlasseA extends KlasseB{...}

C#
public class KlasseA : KlasseB {...}
```

Bild 4: Vererbung im Quellcode

Die Syntax der Vererbung unterscheidet sich in den geläufigsten Programmiersprachen nur sehr geringfügig (**Bild 4**).
Es wird gezeigt, wie in C++, Java und C# die Klasse `KlasseA` von der Basisklasse `KlasseB` erbt.

6.5.2 Überschreiben von Methoden

Erbt die Klasse `A` die öffentliche Methode `gibAnzahl()` von Klasse `B` und wird von Klasse `A` das Objekt `einA` instanziiert, so kann mit der Anweisung

```
anz = einA->gibAnzahl(); //C++
anz = einA.gibAnzahl();  //Java und C#
```

auf diese geerbte Methode zugegriffen werden. Erfüllt diese geerbte Methode jedoch nicht die Erwartungen des Programmierers, so kann er sie in seiner erbenden Klasse überschreiben (**Bild 1**). Dazu legt er einfach eine Methode mit exakt demselben Namen und der selben Signatur an.

6.5.3 Konstruktoren beim Vererben

Wird beim Aufruf eines neuen Konstruktors zuerst der Konstruktor der Oberklasse aufgerufen, kann der neue Konstruktor schon auf Daten der Oberklasse zugreifen. Dies erfolgt bei einigen Programmiersprachen automatisch.

Wird mit eigenen Konstruktoren sowohl in der abgeleiteten Klasse als auch in der Basisklasse gearbeitet, und sollen in beiden Klassen beim Erstellen einer Instanz Werte zugewiesen werden, muss eine Elementinitialisierung verwendet werden. Dazu wird bei der Implementierung des Konstruktors der gewünschte Konstruktor der Basisklasse aufgerufen.

```
//C++
Auto(int x,int y):Fahrzeug(x,y){...}
//Java
Auto(int x,int y){super(x,y);...}
//C#
Auto(int x,int y):base(x,y){...}
```

> Aufruf einer überschriebenen Methode über den Klassennamen der Basisklasse.
> ```
> B::gibAnzahl();     //C++
> super.gibAnzahl()   //Java
> base.gibAnzahl()    //C#
> ```

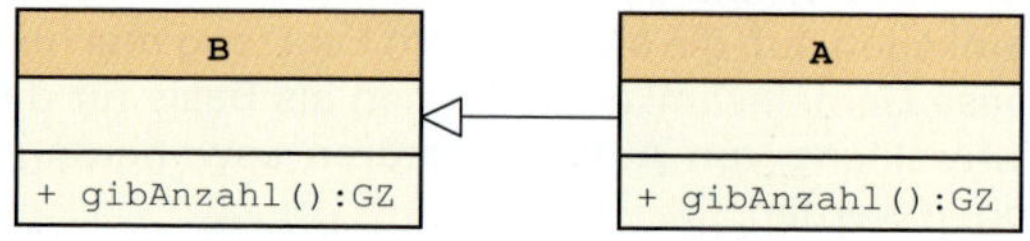

Bild 1: Überschreiben einer Methode

Ein Softwareprojekt soll `einAuto`, `einTraktor` und `einZ3` auf dem Bildschirm zeigen.

Diese Fahrzeuge unterscheiden sich nur im Aussehen. Entwickeln Sie die Basisklasse `Fahrzeuge`, die ein Fahrzeug als Rechteck zeichnet. In den abgeleiteten Klassen soll neben dem Konstruktor nur die Methode `zeigen()` stehen, die die geerbte Methode überschreibt.

Da alle Fahrzeuge einen Fahrer haben, soll dieser als fester, untrennbarer Bestandteil von `Fahrzeuge` angelegt werden.

Wird das Programm gestartet, sollen die Objekte `einAuto`, `einTraktor` und `einZ3` auf der Oberfläche erzeugt werden.

Beispiel 1:

Erstellen Sie hierzu ein ausführliches Klassendiagramm mit Attributen, Sichtbarkeiten, Operationen, Assoziationen, Kardinalitäten und Rollennamen.

Lösung: **Bild 2**

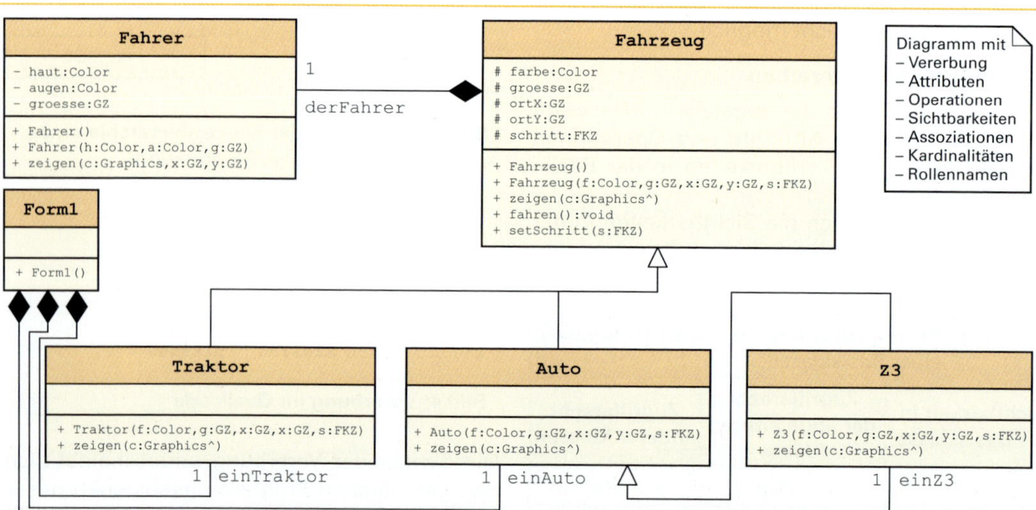

Bild 2: Ausführliches Klassendiagramm

6.5.4 ① Aufgabe zu Vererbung

Es soll ein Ping-Pong-Spiel für einen Spieler entwickelt werden (**Bild 1**). Der Ball bewegt sich innerhalb des Fensters und prallt an drei Wänden ab. Mit dem Schläger, der auf und ab bewegt werden kann, soll verhindert werden, dass der Ball das Fenster rechts verlässt.

Ein Programmierer hat bereits ein Sequenzdiagramm mit drei Szenarien entworfen (**Bild 2**). Auch in einem Klassendiagramm wurden bereits erste Überlegungen festgehalten (**Bild 3**).

Ergänzen Sie das vorgegebene Klassendiagramm um Vererbung, Attribute, Operationen, Sichtbarkeiten, Assoziationen, Kardinalitäten und Rollennamen. Es sollen keine weiteren Klassen angelegt werden. Entnehmen Sie die vorgegebenen Informationen aus dem Sequenzdiagramm. Da nicht alle möglichen Szenarien vorgegeben sind, sollen auch eigene Überlegungen ins Klassendiagramm aufgenommen werden. Tragen Sie alle benötigten Operationen mit Parametern und Rückgabetypen ein.

Damit sich der Ball auf der Oberfläche bewegt, wird in regelmäßigen zeitlichen Intervallen seine Operation `bewegen(sx:GZ,sy:GZ)` aufgerufen. Die Parameter `sx` und `sy` enthalten dabei die aktuelle Position des Schlägers.

Der Ball besitzt neben den Attributen `x` und `y` noch das Attribut `richtung`. Während in `x` und `y` die Position des Balls festgehalten wird, steht in `richtung` seine aktuelle Bewegungsrichtung (0 – 360).

Es gilt:

Der Ball trifft auf ein Hindernis oben oder unten:

```
richtung = 360 - richtung
```

Der Ball trifft auf ein Hindernis links oder rechts:

```
richtung = 180 - richtung
```

Die Bewegungsgleichungen:

```
x = x + cos(richtung*2*PI/360)*5
y = y - sin(richtung*2*PI/360)*5
```

Der Ball soll einen Durchmesser von 50 und der Schläger eine Höhe von 100 Pixeln haben. Entwerfen Sie für die Methode `bewegen(sx:GZ, sy:GZ)` ein ausreichend detailliertes Struktogramm.

> In der objektorientierten Programmierung werden die Algorithmen der Methoden in Struktogrammen dargestellt. Sie unterscheiden sich nicht von den Struktogrammen der strukturierten Programmierung.

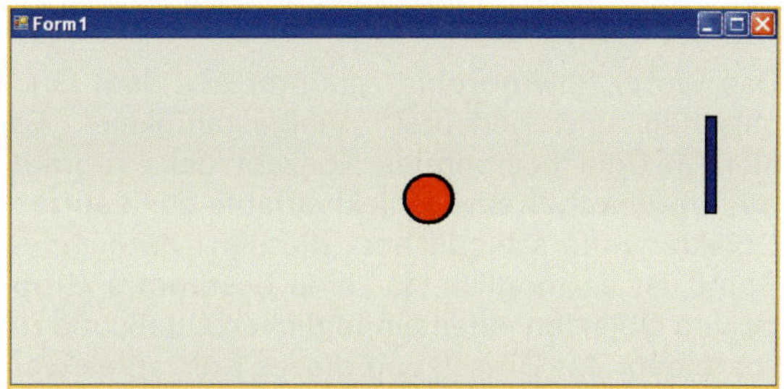

Bild 1: Oberfläche des Ping-Pong-Spiels

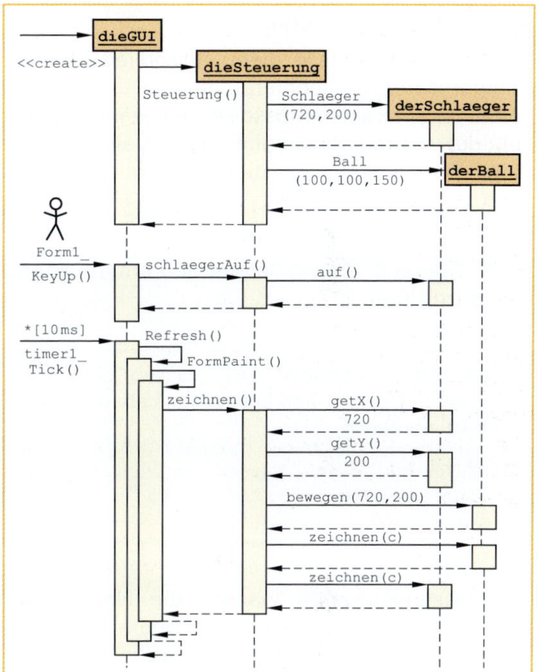

Bild 2: Sequenzdiagramm zum Ping-Pong-Spiel

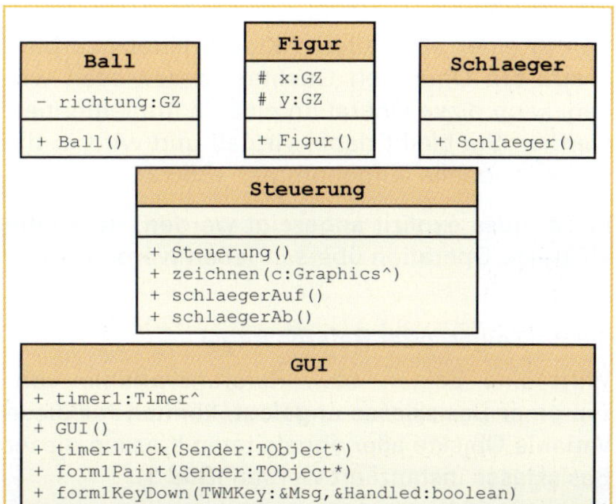

Bild 3: Unvollständiges Klassendiagramm zum Ping-Pong-Spiel

6.6 Polymorphie

Das Wort „Polymorphie“ stammt aus dem Griechischen und bedeutet „Vielgestaltigkeit“. Es steht für ein bestimmtes Konzept der Programmierung, wobei eine Objektvariable zur Laufzeit Objekte unterschiedlicher Klassen bezeichnet. Somit ist es möglich, für eine bestimmte Gruppe von Objekten einen einheitlichen Quellcode zu schreiben. Zur Umsetzung dieses Konzeptes werden abstrakte Klassen eingesetzt.

6.6.1 Abstrakte Klassen

Eine abstrakte Klasse dient ausschließlich zum Anlegen einer Klassenhierarchie.
Von einer abstrakten Klasse können keine Objekte gebildet werden, da sie nicht den Quellcode aller in ihr aufgelisteten Operationen enthalten muss.

Operationen, für die kein Quellcode hinterlegt wird, werden auch als abstrakte oder pure virtuelle Operationen bezeichnet und entsprechend gekennzeichnet.

In C# und Java können auch Klassen, die keine abstrakten Operationen besitzen als abstrakt vereinbart werden.

```
//C# und Java
public abstract class Auto()
   { … };
```

Im Klassendiagramm werden die Namen der virtuellen bzw. der abstrakten Operatoren und Klassen kursiv geschrieben. Zur besseren Lesbarkeit kann `{abstrakt}` unter den Klassennamen bzw. hinter den Operationennamen geschrieben werden (**Bild 1**).

Soll in einer abgeleiteten Klasse einer geerbten abstrakten Operation Quelltext zugewiesen werden, kann diese Operation einfach implementiert werden. Sie bleibt dabei virtuell und wird in die virtuelle Tabelle aufgenommen (**Bild 2**).

In C# muss explizit angezeigt werden, dass eine abstrakte Operation überschrieben werden soll.

6.6.2 Zeiger- oder Referenzregel

Wird eine Zeiger- bzw. Referenzvariable vom Typ einer Basisklasse angelegt, können für diese Variable Objekte aller abgeleiteten Klassen dieser Basisklasse instanziiert werden (**Bild 3**).

Dies ist deshalb möglich, da eine abgeleitete Klasse mindestens dieselben Elemente wie die Basisklasse besitzt.

Soll in C++ eine Operation zur abstrakten Operation werden, wird das Schlüsselwort `virtual` vor die Operation gesetzt und ihr eine Null zugewiesen. In C# und Java wird diese Operation mit dem Schlüsselwort `abstract` angelegt.

```
//C++
virtual void ausgabe() = 0;

//C#
public abstract void ausgabe();

//Java
public abstract void ausgabe();
```

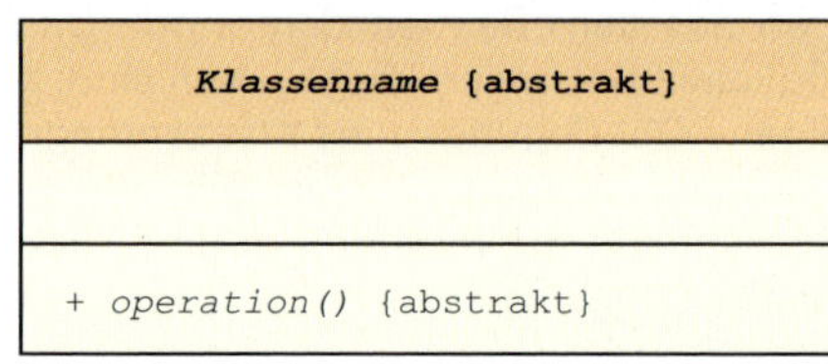

Bild 1: Klassendiagramm einer abstrakten Klasse

```
//C++
virtual void ausgabe()
   {...}

//C#
public override void ausgabe()
   {...}

//Java
@override
public void ausgabe()
   {...}
```

Bild 2: Implementieren von abstrakten Operationen

```
class A
 {...};

 class B : public A
 {...};

 void main()
   {
   A *AInstanz = new B();
   }
```

Bild 3: Beispiel zur Zeiger- oder Referenzregel

6.6.3 Dynamische Polymorphie

Der Begriff „Polymorphie" wird in der Fachliteratur oft unterschiedlich verwendet.

Viele Autoren sprechen von statischer Polymorphie, wenn sie das Überladen von Operationen beschreiben. Dabei können mehrere gleichnamige Operationen innerhalb einer Klasse definiert werden. Diese Operationen müssen sich dann jedoch in ihrer Signatur unterscheiden, d. h. die Anzahl bzw. der Datentyp der Parameter müssen unterschiedlich sein.

Bei der dynamischen bzw. echten Polymorphie werden Methoden in mehreren von der gleichen Basisklasse abgeleiteten Klassen überschrieben und unterschiedlich implementiert. Wird auf diese Methoden über eine Variable vom Typ der Basisklasse zugegriffen, handelt es sich um dynamische Polymorphie.

Im folgenden Beispiel wird der bereits bekannte Bildschirmschoner so umgeschrieben, dass sich die Fahrzeuge nun nicht nur in Farbe, Größe, Position und Geschwindigkeit unterscheiden, sondern auch eine komplett andere Form aufweisen (**Bild 1**). Es handelt sich nun nicht mehr um Objekte derselben Klasse.

Wie man im Klassendiagramm sehen kann, werden die drei Klassen `Traktor`, `Auto` und `Z3` von derselben abstrakten Basisklasse `Fahrzeug` abgeleitet (**Bild 2**). Da in den abgeleiteten Klassen die abstrakte Operation `zeigen()` implementiert wird, ist es möglich, ein Feld für Variablen der Basisklasse mit Objekten dieser abgeleiteten Klassen zu füllen.

Im dargestellten Quelltext sind nur die für die Polymorphie wesentlichen Programmzeilen zu sehen (**Bild 3**).

Hierbei wird zunächst ein Feld für 150 Fahrzeuge vereinbart. Als Datentyp wird die abstrakte Klasse `Fahrzeug` verwendet. In einer H-font `for`-Schleife wird in der Variablen `z` eine Zufallszahl zwischen Null und Zwei gespeichert. Auf Grund dieser Zufallszahl wird dann entschieden, von welcher Klasse ein neues Objekt instanziiert und in das Feld aufgenommen werden soll.

Der Vorteil der Programmierung mit Polymorphie zeigt sich in der Operation `Form1_Paint()`, die für den Bildschirmaufbau sorgt (**Bild 4**). In ihr werden alle Objekte des Feldes `dieFahrzeuge` gezeichnet. Dem Quellcode ist es hierbei nicht anzusehen, welches Objekt gezeichnet werden soll, d. h. er ist mehrdeutig oder polymorph.

Da in dem angegebenen Beispiel die Unterschiede in den Programmiersprachen C++, C# und Java nur sehr gering sind, wird auf die weitere Darstellung der Quelltexte verzichtet.

Bild 1: Bildschirmschoner mit Polymorphie

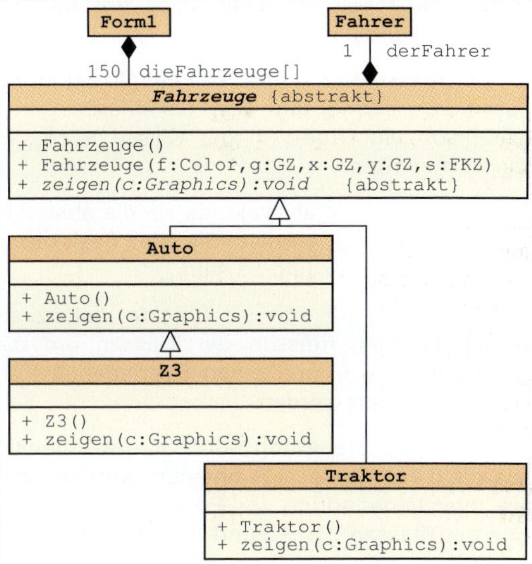

Bild 2: Klassendiagramm des Bildschirmschoners mit Polymorphie

```
array<Fahrzeug^> ^dieFahrzeuge;
dieFahrzeuge = gcnew array<Fahrzeug^>(150);
for(int i=0; i<150; i++)
{z = rand()%3;
  switch(z)
  {
  case 0: dieFahrzeuge[i] = gcnew Auto(...);
                            break;
  case 1: dieFahrzeuge[i] = gcnew Traktor (...);
                            break;
  case 2: dieFahrzeuge[i] = gcnew Z3(...);
                            break;
  }
}
```

Bild 3: Quelltext zu Polymorphie in C++

```
void Form1_Paint(...)
{
  for(int i=0;i<150;i++)
   {
   dieFahrzeuge[i]->zeigen(e->Graphics);
   }
}
```

Bild 4: Quelltext zu Polymorphie

6.6.4 ① Aufgabe zu Polymorphie

Das Ping-Pong-Spiel soll so umgeschrieben werden, dass drei unterschiedliche Smilies als Bälle erscheinen.

Die Smilies bewegen sich innerhalb des Fensters und prallen an drei Wänden ab. Mit dem Schläger, der auf und ab bewegt werden kann, soll verhindert werden, dass einer der Smilies das Fenster rechts verlässt (**Bild 1**).

Es wurden bereits folgende Überlegungen in einem Klassendiagramm festgehalten. Alle Klassen außer den Klassen `S1`, `S2` und `S3` sind vollständig dargestellt und sollen nicht verändert oder ergänzt werden (**Bild 2**).

Die Klasse `Figur` ist Basisklasse der Klassen `Schlaeger` und `Ball`.

Von der Klasse `Schlaeger` soll ein Objekt in der Klasse `Steuerung` und von der Klasse `Steuerung` soll ein Objekt in der Klasse `Form1` instanziiert werden.

Die Klasse `Ball` ist abstrakt, da sie die abstrakte Operation `mund()` enthält. Sie soll Basisklasse der Klassen `S1`, `S2` und `S3` sein.

Damit von `S1`, `S2` und `S3` Objekte instanziiert werden können, müssen die Klassen um die Operation `mund()` und einen überladenen Konstruktor erweitert werden.

In der Klasse Steuerung soll ein dreidimensionales Feld der Klasse `Ball` angelegt werden, über das unter Verwendung von Polymorphie auf Objekte der Klassen `S1`, `S2` und `S3` zugegriffen werden kann.

a) Ergänzen Sie das vorgegebene Klassendiagramm um Vererbungen, Attribute, Operationen, Sichtbarkeiten, Assoziationen, Kardinalitäten und Rollennamen.

   Tragen Sie alle benötigten Operationen mit Parametern und Rückgabetypen in die Klassen `S1`, `S2` und `S3` ein.

b) Im Konstruktor der Klasse `Form1` soll ein Objekt der Klasse `Steuerung` instanziiert werden.

   Der Konstruktor von `Steuerung` soll zunächst ein Objekt der Klasse `Schlaeger` mit den Parametern 720 und 200 instanziieren. Danach soll er ein dreidimensionales Feld für die abstrakte Klasse `Ball` anlegen. Den Variablen dieses Feldes sollen Objekte der Klassen `S1`, `S2` und `S3` zugewiesen werden. Die Parameter für die Smilies sind frei wählbar.

   Entwerfen Sie für das beschriebene Szenario ein Sequenzdiagramm.

Bild 1: Oberfläche des Ping-Pong-Spiels

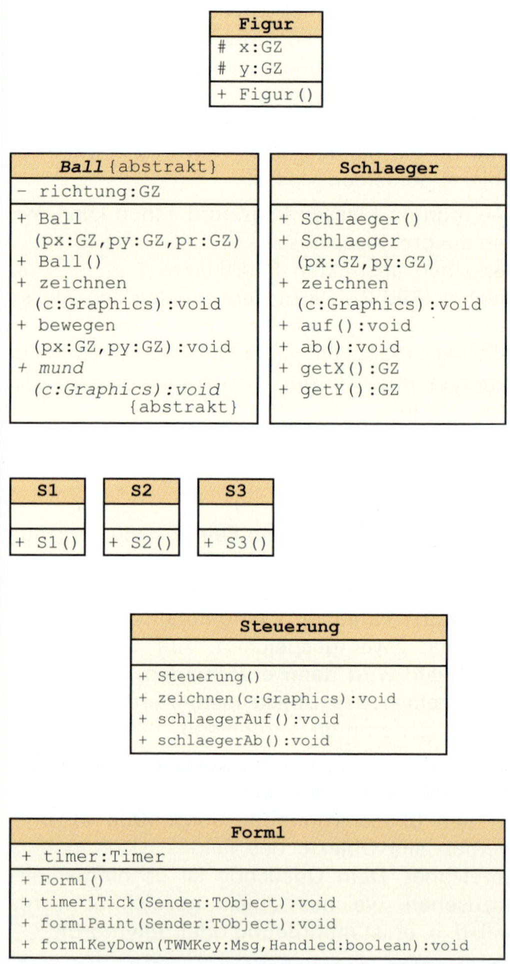

Bild 2: Unvollständiges Klassendiagramm des Ping-Pong-Spiels

6.6.5 Frühe und späte Bindung

Wird ein Objekt in C++ instanziiert, führt der Compiler einen als „binding" bezeichneten Vorgang aus. Bei der frühen Bindung werden allen Operationen feste Adressen zugewiesen. Dadurch kann der Compiler Speicherzuweisungen und andere Optimierungen bereits beim Übersetzen einer Anwendung durchführen. Bei dieser Art der Bindung ist Polymorphie nicht möglich.

Soll es abgeleiteten Klassen möglich sein, geerbte Operationen so zu ändern, dass sich die Änderung auch auf die anderen Operationen der Basisklasse auswirkt, kann das Prinzip der frühen Bindung nicht mehr angewandt werden. Die Sprungadressen werden nun erst zur Laufzeit festgelegt. Damit wird Polymorphie möglich. Diese Vorgehensweise wird späte bzw. dynamische Bindung genannt.

Bei der späten Bindung in C++ wird der Compiler dazu veranlasst, eine Tabelle für mögliche Sprungadressen einer Operation anzulegen. Die anderen Operationen werden mit diesen virtuellen Tabellen verknüpft, über die das Programm dann zur Laufzeit die Zuordnung des Codes durchführt. Dazu wird das Schlüsselwort virtual verwendet.

Beispiel 1: (C++)

Die Klasse `class A` besteht aus den Operationen `ausgabe()` und `schleife()`.
Die Klasse `class B` erbt von `class A` und überschreibt die Operation `ausgabe()`, die nun an Stelle von „A-" ein „B-" ausgeben soll.
Im Hauptprogramm werden von beiden Klassen Objekte instanziiert und anschließend die Operationen `schleife()` aufgerufen (**Bild 1**).

a) Welche Zeilen werden nach dem Programmstart ausgegeben?

b) Begründen Sie Ihre Lösung.

c) Wie muss der Quellcode geändert werden, damit in der zweiten Zeile „B-" ausgegeben wird?

Lösung:

a) **Bild 2**

b) Durch die frühe Bindung der Operation `schleife()` in `classA` hat das Überschreiben der Operation `ausgabe()` in `classB` keinen Einfluss auf die Operation `schleife()`.

c) **Bild 3**

In anderen Programmiersprachen wie z. B. Java kann keine frühe Bindung stattfinden, weil dort die Programme nicht in Maschinencode für eine spezielle Plattform und einen bestimmten Prozessor generiert werden.

```
class A
{ public:
  void ausgabe()
     {
     cout<<"A-";
     }
  void schleife()
     {
     for(int i=1;i<10;i++)
       { ausgabe();}
     cout<<"\r\n";
     }
};

class B : public A
{ public:
    void ausgabe()
     {
     cout<<"B-";
     }
};

void main()
  {
  A *AInstanz = new A();
  B *BInstanz = new B();

  AInstanz->schleife();
  BInstanz->schleife();
  }
```

Bild 1: Quellcode zu Beispiel 1

```
A-A-A-A-A-A-A-A-A-A-
A-A-A-A-A-A-A-A-A-A-
```

Bild 2: Bildschirmausgabe von Beispiel 1

```
class A
{ public:
  virtual void ausgabe()
  ...
```

Bild 3: Änderung im Quellcode zu Beispiel 1

```
A-A-A-A-A-A-A-A-A-A-
B-B-B-B-B-B-B-B-B-B-
```

Bild 4: Bildschirmausgabe von Beispiel 2

Beispiel 2: Java

Welche Zeilen werden nach dem Programmstart ausgegeben, wenn das Programm von Beispiel 1 in Java umgesetzt werden würde?

Lösung: **Bild 4**
In Java gibt es keine frühe Bindung.

Java erzeugt einen so genannten Bytecode für eine virtuelle Maschine. Hierbei werden die Operationen immer erst zur Laufzeit des Programms eingebunden.

6.7 Modellierung statischer und dynamischer Aspekte von objektorientierten Softwaresystemen

6.7.1 Verkettete Listen von Objekten

Ein Mann sammelt Geldschränke. Da er aber nur sehr begrenzte Speichermöglichkeiten hat und an einem sehr großen See wohnt, kommt er auf die Idee, die Geldschränke in Boote zu verladen und diese am Ufer festzumachen. Da die Möglichkeit die Boote am Ufer festzumachen aber auch begrenzt ist, entwickelt er ein Speichermodell, bei dem er nur noch ein Boot am Ufer befestigen muss. Alle weiteren Boote werden dann einfach an dem zuletzt eingesetzten Boot festgemacht (**Bild 1**).

Dieses Beispiel veranschaulicht eine verkettete Liste. Hierbei handelt es sich um eine dynamische Datenstruktur. Sie erlaubt die Speicherung von einer anfangs nicht bekannten Anzahl gleicher Objekte, die miteinander in Beziehung stehen.

Überträgt man dieses Beispiel in die objektorientierte Softwareentwicklung, entsprechen die Geldschränke den zu speichernden Daten und die Boote Objekten. Das Grundstück ist der Speicherplatz für die Variablen und der See entspricht dem Heap.

Damit die Boote aneinander angehängt werden können, muss jedes Boot eine Leine besitzen, an der ein anderes Boot festgemacht werden kann. In der Software entsprechen diese Leinen einem Zeiger bzw. einer Referenz auf ein Objekt derselben Klasse. Es fehlen nur noch Operationen zum Einladen und Ausladen der Geldschränke sowie zum Befestigen und Heranziehen der nächsten Boote.

Stellt man die Klasse `Boot` als Klassendiagramm dar, müssen neben dem zu speichernden Geldschrank ein Attribut der Klasse `Boot` sowie die für die Attribute zuständigen Set- und Get-Methoden enthalten sein (**Bild 2**).

Im Konstruktor der Klasse `Boot` wird das Attribut `nextBoot` mit Null initialisiert (**Bild 3**).

Dadurch ist eindeutig erkennbar, dass noch kein weiteres Objekt angehängt ist. Stößt man beim Durchlaufen einer verketteten Liste auf `NULL` bzw. `null`, ist man am Ende der Liste angekommen.

Um in einem Softwareprojekt mit einer verketteten Liste von Objekten der Klasse `Boot` arbeiten zu können, muss eine weitere Klasse vorhanden sein, die die Steuerung dieser Liste übernimmt. In ihr muss das erste Element der Liste und mindestens ein weiteres Objekt der Klasse `Boot` untergebracht werden (**Bild 4**).

> **Heap**
>
> Der Heap (Haufen) ist ein freier Speicherbereich. Aus ihm können zur Laufzeit eines Programms zusammenhängende Speicherabschnitte angefordert und in beliebiger Reihenfolge wieder freigegeben werden.
> Diese Freigabe kann sowohl wie in C++ manuell als auch wie in C# oder Java mit Hilfe einer automatischen Speicherbereinigung erfolgen.

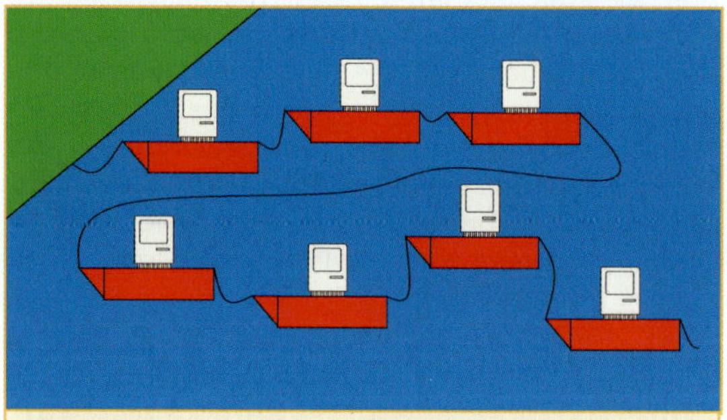

Bild 1: Beispiel einer verketteten Liste

```
Boot
---------------------------------
- geldSchrank:Schrank
- nextBoot:Boot
---------------------------------
+ Boot()
+ getSchrank():Schrank
+ setSchrank(pSchrank:Schrank):void
+ getBoot():Boot
+ setBoot(pBoot:Boot):void
```

Bild 2: Klassendiagramm von Boot

```
//C++
nextBoot = Null;
//Java und C#
nextBoot = null;
```

Bild 3: Initialisierung des Zeigers bzw. der Referenzvariablen

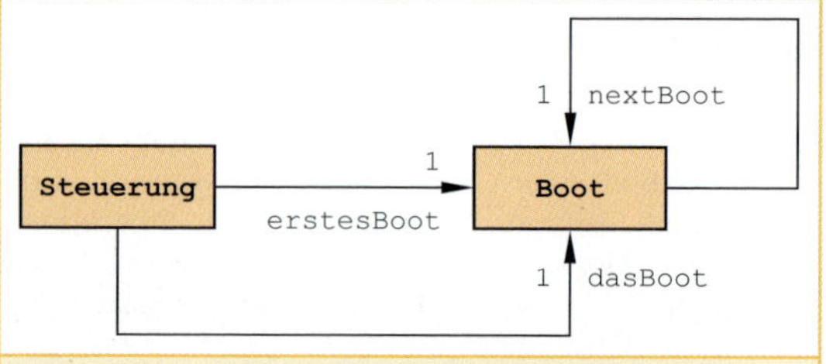

Bild 4: Klassendiagramm einer verketteten Liste

Will man mit einem speziellen Objekt aus der Liste arbeiten, holt man sich ein Objekt nach dem anderen in die zusätzliche Variable `dasBoot`.

6.7.2 Beispiel zu verketteten Listen von Objekten

Beispiel 1:

Mit der bekannten Klasse `Fahrzeug` soll eine verkettete Liste von Fahrzeugen angelegt werden (**Bild 1**).

Dazu wird unter Verwendung von Polymorphie je nach Wahl `einAuto`, `einTraktor` oder `einZ3` an die Liste angehängt. Neben dem Typ können die Farbe sowie die Position des neuen Objekts vorgegeben werden.

Wird der delete-Button gedrückt, soll das letzte Objekt aus der Liste entfernt und gelöscht werden.

a) Zeichnen Sie für diese Aufgabenstellung ein Klassendiagramm. Verlangt werden:
   - Attribute mit Datentyp und Sichtbarkeit
   - Operationen mit vollständiger Signatur
   - Assoziationen mit Navigation, Rollennamen und Kardinalität.

   Berücksichtigen Sie dabei, dass in der Klasse `Form1` die Objekte `dasErsteKFZ`, `dasKFZ` und `neuKFZ` zur Verwaltung der Liste angelegt werden müssen.

   Lösung: **Bild 1, folgende Seite**

b) Entwickeln Sie ein Struktogramm für die Operation `btNewClick()` der Klasse `Form1` und stellen Sie dieses Szenario in einem Struktogramm dar.

   Lösung: **Bild 2 und Bild 3**

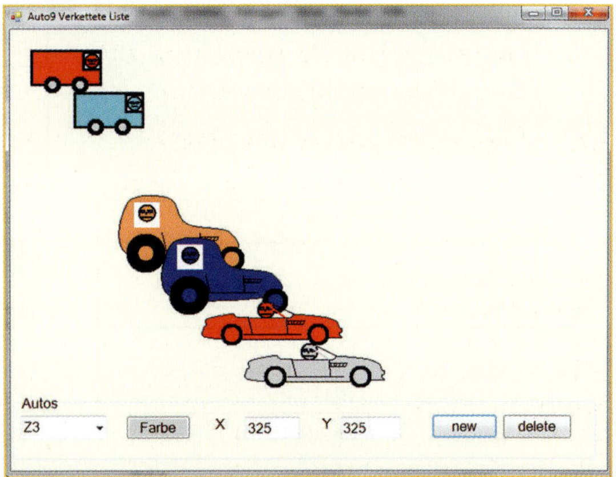

Bild 1: Programmoberfläche von Beispiel 1

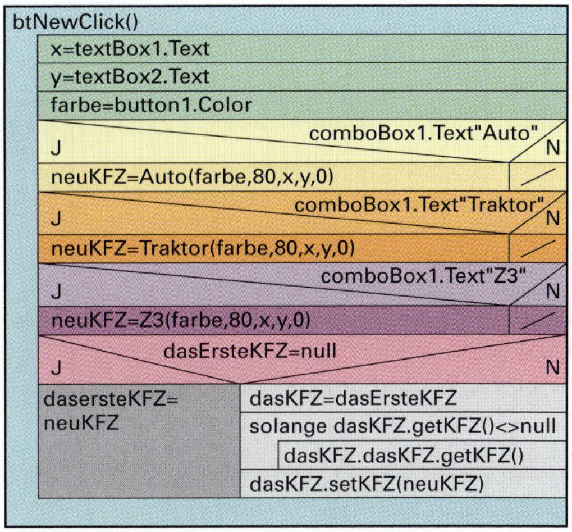

Bild 2: Struktogramm zu btNewClick()

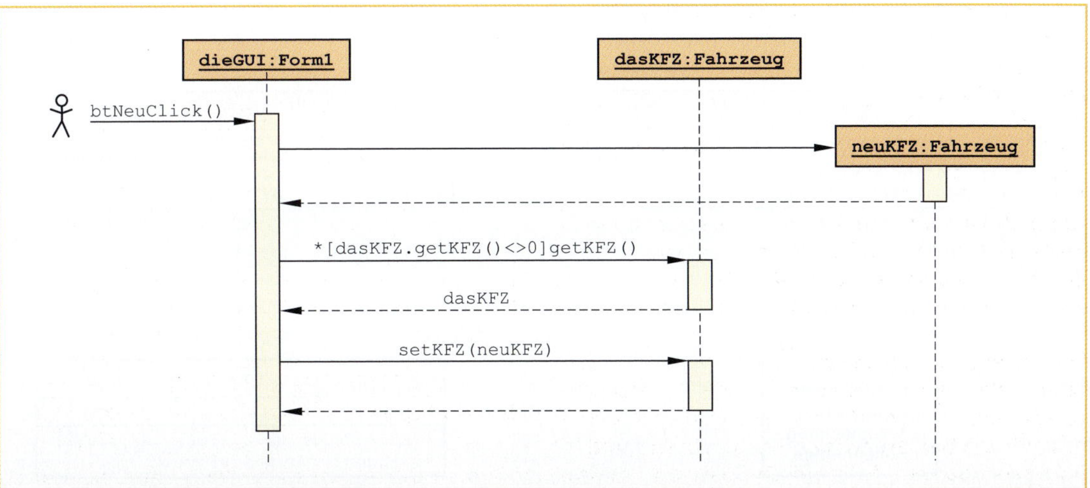

Bild 3: Sequenzdiagramm btNewClick()

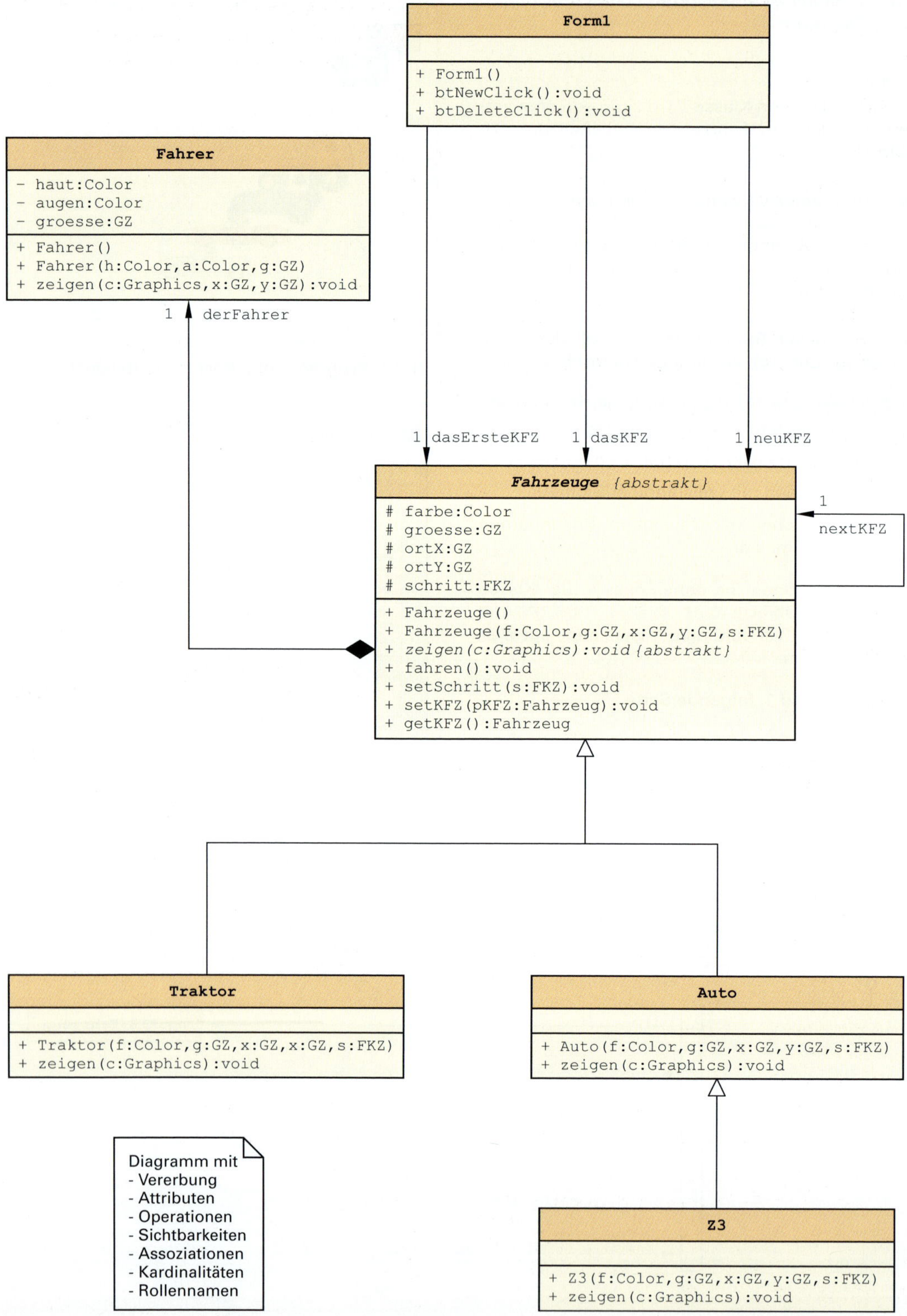

Bild 1: Klassendiagramm zu Beispiel 1, vorhergehende Seite

6.7.3 Klassenvariablen und Klassenmethoden

Das Programm mit der verketteten Liste von Fahrzeug-Objeken soll um einen Objektzähler erweitert werden. Dazu soll eine Zählervariable angelegt werden, die beim Instanziieren eines neuen Listenobjekts inkrementiert und beim Löschen eines Listenobjekts dekrementiert wird. Die aktuelle Anzahl der Listenobjekte soll auf der Oberfläche angezeigt werden (**Bild 1**).

Es bietet sich an, ein `zaehler` Attribut in die Klasse `Fahrzeug` aufzunehmen und dieses im Konstruktor zu inkrementieren bzw. im Destruktor zu dekrementieren. Gegen diese Vorgehensweise spricht, dass die Eigenschaft `zaehler` für jedes Objekt getrennt angelegt wird. Wird ein Objekt geschaffen, erhält es einen individuellen Satz von Eigenschaften, die zusammen den Zustand des Objekts repräsentieren. Ändert eine Operation den Wert einer Eigenschaft in einem Objekt, so hat dies keine Auswirkungen auf die Daten der anderen Objekte. Der aktuelle Wert müsste über Operationen von Objekt zu Objekt weitergegeben werden.

Dieses starre Konzept wird durch die Einführung von Klassenvariabeln durchbrochen. Wird `zaehler` als Klassenvariable implementiert, erhält diese sofort einen eigenen Speicherplatz, auf den alle Objekte der Klasse zugreifen können (**Bild 2**).

Will man eine Klassenvariable deklarieren, setzt man das Schlüsselwort `static` vor die Deklaration.

Mit dem Schlüsselwort `static` kann man auch Klassenmethoden vereinbaren (**Bild 3**).

Auch Klassenmethoden existieren außerhalb der Objekte und können deshalb direkt über den Klassennamen aufgerufen werden. Hierbei ist zu beachten, dass Klassenmethoden nur auf Klassenvariablen zugreifen dürfen. Es kann sein, dass zum Zeitpunkt des Aufrufs einer solchen Methode kein Objekt der Klasse existiert.

Umgekehrt können alle Methoden der Klasse auf Klassenvariablen zugreifen.

Während in C++ die Initialisierung einer Klassenvariablen nur außerhalb der Klasse über den Klassennamen erfolgen kann, muss in Java und C# (wie in allen .NET-Klassen) die Initialisierung bei der Deklaration erfolgen.

Die Klassenmethoden werden wie „normale" Methoden implementiert.

Inkrementieren – Dekrementieren

Beim Inkrementieren wird der Wert einer Variablen um eins erhöht, beim Dekrementieren um eins erniedrigt.

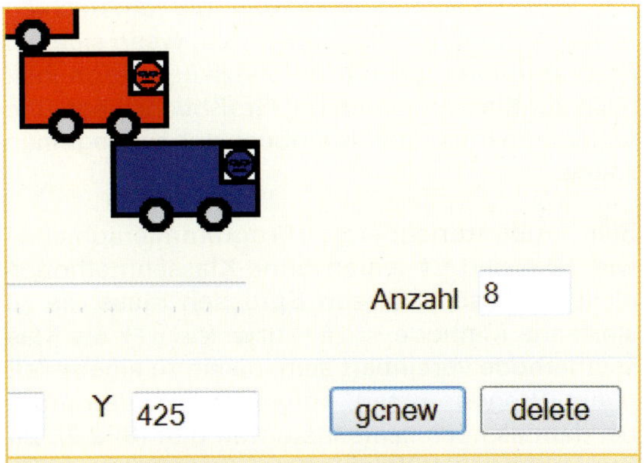

Bild 1: Beispiel einer verketteten Liste mit Objektzähler

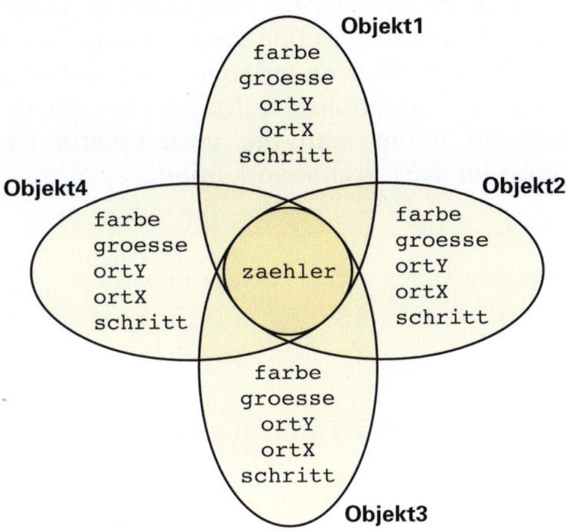

Bild 2: Zugriffsbereiche von Objekten der Klasse `Fahrzeug` mit der Klassenvariablen `zaehler`

```
//C++
static int zaehler;
static int getZaehler();
//Initialisierung außerhalb der Klasse
int Fahrzeug::zaehler = 0;

//Java und C#
static int zaehler = 0;
static int getZaehler()
        { . . . }
```

Bild 3: Deklaration bzw. Initialisierung von Klassenvariablen und Klassenmethoden

In den Programmiersprachen C++ und Java kann der Aufruf einer Klassenmethode über den Klassennamen oder über eine Instanz der Klasse erfolgen (**Bild 1**). In C# wird hierzu nur der Weg über den Klassennamen angeboten.

Im Java-Quellcode kann man die unterschiedlichen Aufrufe nur dann erkennen, wenn sich der Programmierer an die Namenskonvention hält, nach der Klassennamen mit Großbuchstaben und Variablennamen mit Kleinbuchstaben beginnen sollen.

Rein objektorientierte Programmiersprachen wie Java und C# wären ohne Klassenmethoden nicht denkbar. In diesen Sprachen muss die zu startende Methode `main()` bzw. `Main()` als Klassenmethode vereinbart sein, da sie zu einem Zeitpunkt (Programmstart) aufgerufen werden muss, bei dem es noch keine Instanzen gibt (**Bild 2**). Zudem ist es mit Hilfe von Klassenelementen möglich Variablen und Methoden bereit zu stellen, auf die im gesamten Projekt zugegriffen werden kann.

In rein objektorientierten Programmiersprachen werden Bibliotheken über static-Klassen verwirklicht, in denen Klassenvariablen auch verwendet werden, um symbolische Konstanten zu deklarieren. So findet man die vordefinierte Farbe schwarz im .NET-Framework unter:

```
//C++
System::Drawing::Color::Black;

//C#
System.Drawing.Color.Black;
```

Java stellt für die Farbe die Klasse `Color` zur Verfügung:

```
//Java
Color.black;
```

Klassenvariablen und Klassenmethoden werden bei der Software-Entwicklung immer dann eingesetzt, wenn Objekte der gleichen Klasse auf ein gemeinsames Attribut zugreifen müssen (**Bild 3**).

Im Klassendiagramm der UML werden Klassenvariablen und Klassenmethoden unterstrichen dargestellt.

Beispiel 1:

Erweitern Sie das Klassendiagramm der Klasse `Fahrzeuge` um die Klassenvariable `zaehler` und die Klassenmethode `getZaehler()`.

Lösung: **Bild 4**

```
//C++ Aufruf über den Klassennamen
n = Fahrzeug::getZaehler();
//C++ Aufruf über ein Objekt
n = dasKFZ->getZaehler();

//Java Aufruf über den Klassennamen
n = Fahrzeug.getZaehler();
//Java Aufruf über ein Objekt
n = dasKFZ.getZaehler();

//C# nur Aufruf über den Klassennamen möglich
n = Fahrzeug.getZaehler();
```

Bild 1: Aufruf einer Klassenmethode

```
public class Hallo
{
   public static void main ( String[] args )
   {
     ausgabe("Hallo");
   }
}
```

Bild 2: Es gibt kein Javaprogramm ohne `static`

Bild 3: Objekte manipulieren ein gemeinsames Attribut

```
Fahrzeuge {abstrakt}
-----------------------------------------
# farbe:Color
# groesse:GZ
# ortX:GZ
# ortY:GZ
# schritt:FKZ
# zaehler:GZ          (unterstrichen)
-----------------------------------------
+ Fahrzeuge()
+ Fahrzeuge(f:Color,g:GZ,x:GZ,y:GZ,s:FKZ)
+ zeigen(c:Graphics^):void     {abstrakt}
+ fahren():void
+ setSchritt(s:FKZ):void
+ setKFZ(pKFZ:Fahrzeug):void
+ getKFZ():Fahrzeug
+ getZaehler():GZ     (unterstrichen)
```

Bild 4: Klassendiagramm mit Klassenvariablen und Klassenmethode

6.8 Zustandsdiagramme

Im Computerspiel Tetris muss mit unterschiedlichen Bausteinen, die immer aus vier Quadraten bestehen, eine lückenlose Mauer gebaut werden (**Bild 1**). Dazu können die Bausteine, während sie langsam nach unten fallen, hin und her geschoben und in 90°-Schritten gedreht werden. Während das Verschieben der Bausteine einfach zu programmieren ist, muss man beim Drehen genau wissen, wie die Quadrate der Bausteine gerade angeordnet sind. Je nachdem in welchem Zustand sich der Baustein befindet, nimmt er durch die Drehung eine andere Form und damit einen anderen Zustand an (**Bild 2**). Der dargestellte Baustein hat vier Zustände. Der Zustandswechsel wird durch das Drücken der Drehen-Taste herbeigeführt. Solche Zustandsänderungen lassen sich beim Softwareentwurf mit Zustandsdiagrammen darstellen.

Das Zustandsdiagramm ist wie das Klassendiagramm und Sequenzdiagramm in der UML festgelegt. Es zeigt, in welchen Zuständen sich ein Objekt befinden kann und durch welche Ereignisse oder Botschaften eine Transition ausgelöst wird. Darüber hinaus können die Botschaften dargestellt werden, die bei einer Zustandsänderung verschickt werden.

Zustandsdiagramme sind nur für nicht-triviale Objekte sinnvoll. Man versteht darunter Objekte, die nicht auf alle Ereignisse oder Botschaften immer in gleicher Weise reagieren. Ihr Verhalten ist davon abhängig, in welchem Zustand sie sich gerade befinden.

6.8.1 Symbole in Zustandsdiagrammen

Ein Zustand wird durch ein abgerundetes Rechteck dargestellt. Will man keine weiteren Informationen festhalten, kann dieses Rechteck leer bleiben. Wird kein Zustandsname vergeben, spricht man von „anonymen Zuständen" (**Bild 3**). Gibt es in einem Diagramm mehrere „anonyme Zustände", sind diese grundsätzlich voneinander verschieden.

Ein Zustandssymbol kann in zwei oder drei Bereiche unterteilt werden (**Bild 4**). Im oberen Bereich kann der Zustandsname eingetragen werden. Der mittlere Bereich ist für die Zustandsvariablen reserviert. Hier wird neben dem Namen der Zustandsvariablen auch ihr Wert für den Zustand angezeigt. Zustandsvariablen sind Attribute der Klasse. Im unteren Bereich werden die Aktionen und Aktivitäten eingetragen. Es gibt Aktionen für das Erreichen sowie Aktivitäten für das Verweilen im Zustand. Aktivitäten werden über eine bestimmte Zeitspanne ausgeführt, während Aktionen sofort gestartet werden und im Idealfall keine Zeit benötigen.

Transition

Der Übergang zwischen Zuständen wird als Transition bezeichnet.

Bild 1: Computerspiel Tetris

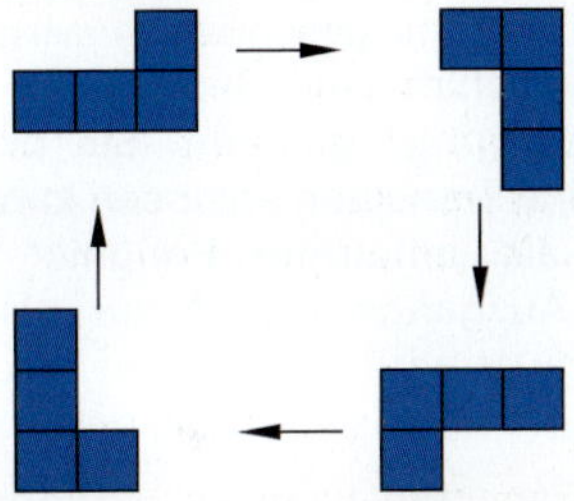

Bild 2: Zustände beim Drehen eines Bausteins

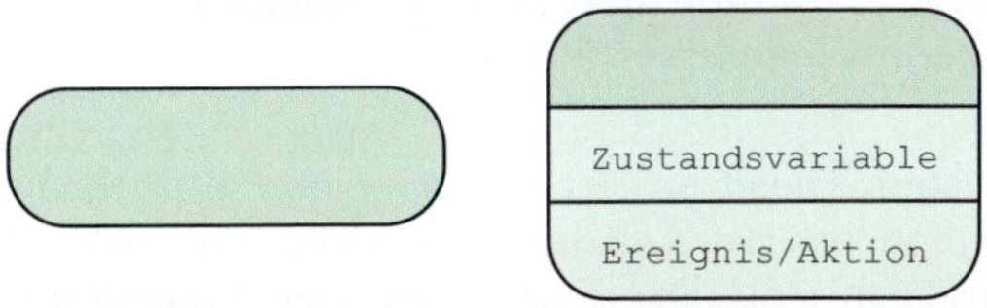

Bild 3: Symbole für anonyme Zustände

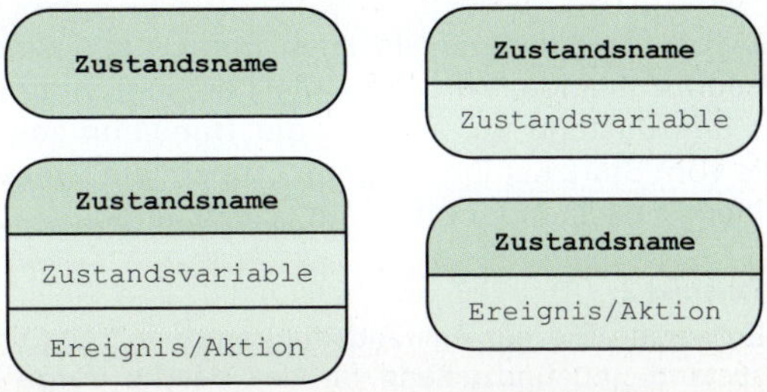

Bild 4: Darstellungsvarianten von Zustandssymbolen

Für Aktivitäten und Aktionen werden im Zustandsdiagramm die Schlüsselworte **entry**, **do** und **exit** verwendet. Dabei muss zwischen dem Schüsselwort und den zugeordneten Aktionen bzw. Aktivitäten immer ein Schrägstrich / stehen (**Tabelle 1**).

Vor den Aktionen und Aktivitäten können Bedingungen stehen.

Beispiel 1:
Ein Objekt der Klasse `Anzeige` kann unterschiedliche Zustände annehmen. Im Zustand „Alarm" besitzt die Zustandsvariable `zustand` den Wert 2.

Beim Erreichen dieses Zustands soll die Anzeige rot und beim Verlassen grün werden. Während des Zustands „Alarm" soll die Anzeige zusätzlich noch blinken, wenn in der Variablen `alarmstufe` der Wert 3 steht.
Stellen Sie den Zustand `Alarm` dar.

Lösung: **Bild 1**

Tabelle 1: Aktivitäten und Aktionen im Zustandsdiagramm

Darstellung	Bedeutung
`entry`/Aktionen	Die Aktionen werden beim Erreichen des Zustands ausgeführt
`do`/Aktivitäten	Die Aktivitäten werden während des Zustands ausgeführt
`exit`/Aktionen	Die Aktionen werden beim Verlassen des Zustands ausgeführt

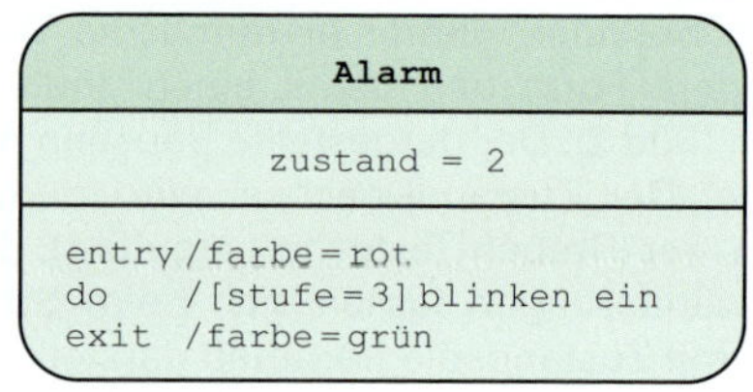

Bild 1: Zustand Alarm

6.8.2 Transitionen in Zustandsdiagrammen

Im Zustandsdiagramm wird eine Transition durch einen Pfeil dargestellt (**Bild 2**). Sie wird durch ein Ereignis bzw. eine Botschaft ausgelöst, die neben oder über den Pfeil geschrieben wird. Steht hinter einer Botschaft eine Bedingung, wird diese „Wächterbedingung" genannt. Sie prüft, ob die Botschaft eine Transition auslösen kann. Ein Übergang wird als „implizites Ereignis" bezeichnet, wenn der Ausgangszustand nur als Zwischenzustand genutzt wird. Das Objekt wechselt dann ohne dass ein Ereignis auftritt in den Folgezustand.

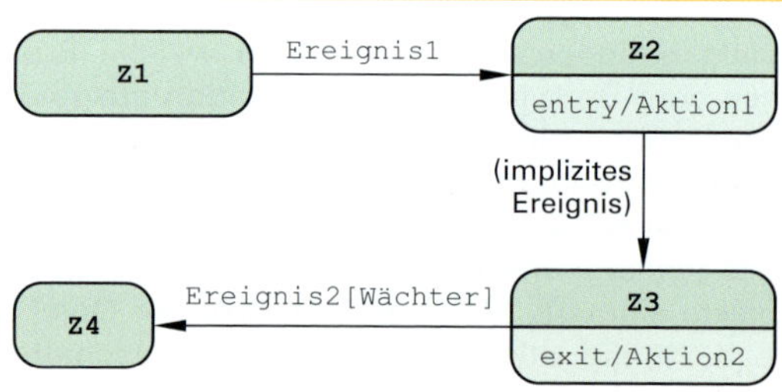

Bild 2: Transitionen zwischen Zuständen

Bei einer Transition kann es vorkommen, dass der Ausgangszustand und der Folgezustand identisch sind. Ist dies der Fall, wird beim Verlassen die `exit`-Aktion und beim Erreichen die `entry`-Aktion ausgeführt (**Bild 3**).

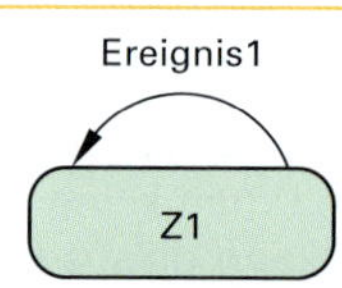

Bild 3: Transition zum identischen Zustand

Jedes Zustandsdiagramm muss einen Startzustand besitzen. Es muss keinen Endzustand haben, wobei prinzipiell mehrere Endzustände möglich sind. Das Symbol für den Startzustand ist ein kleiner gefüllter Kreis. Ein Endzustand wird als Kreis, in dem ein kleiner gefüllter Kreis liegt, dargestellt (**Bild 4**).

Sowohl Startzustand als auch Endzustand sind Pseudozustände. Wird ein Objekt erzeugt, nimmt es den Zustand an, auf den die Transition zeigt, die vom Startzustand ausgeht. Erreicht ein Objekt einen Endzustand, hört es auf zu existieren.

Beispiel 2:
Entwerfen Sie ein Zustandsdiagramm mit Startzustand und Endzustand für das bereits vorgestellte Objekt eines Tetrisbausteins.

Lösung: **Bild 4**

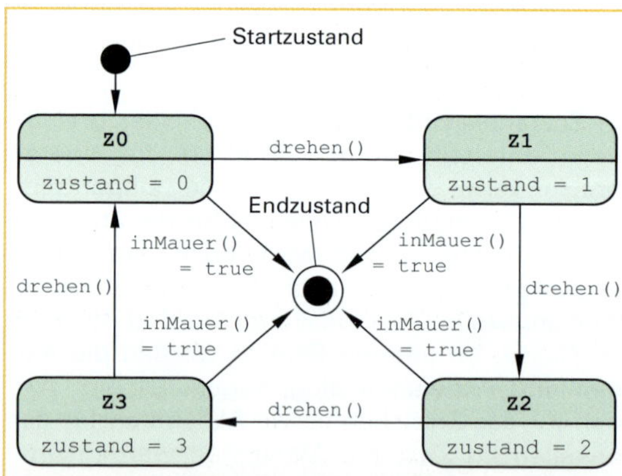

Bild 4: Zustandsdiagramm mit Startzustand und Endzustand

6.8.3 Beispiel und Aufgabe zu Zustandsdiagrammen

Beispiel 1:

Es soll ein Programm entwickelt werden, das eine Digitaluhr simuliert (**Bild 1**). Die Uhrzeit wird mit zwei Tasten eingestellt. Mit der Taste „wechseln" wird zwischen den unterschiedlichen Zuständen der Uhr weitergeschaltet.

Folgende Zustände sind möglich:

1. Normal
   Die Uhr läuft normal.
2. Std stellen
   Hier können mit der „++"-Taste die Stunden weitergezählt werden.
3. Min stellen
   Hier können mit der „++"-Taste die Minuten weitergezählt werden.
4. Sek stellen
   Hier können mit der „++"-Taste die Sekunden weitergezählt werden.

Befindet sich die Uhr in einem Einstellmodus, soll das einstellbare Feld blinken.

Der aktuelle Zustand der Uhr soll in der Variablen `zustand` festgehalten werden.

Entwerfen Sie ein Zustandsdiagramm für diese Digitaluhr.

Lösung: **Bild 2**

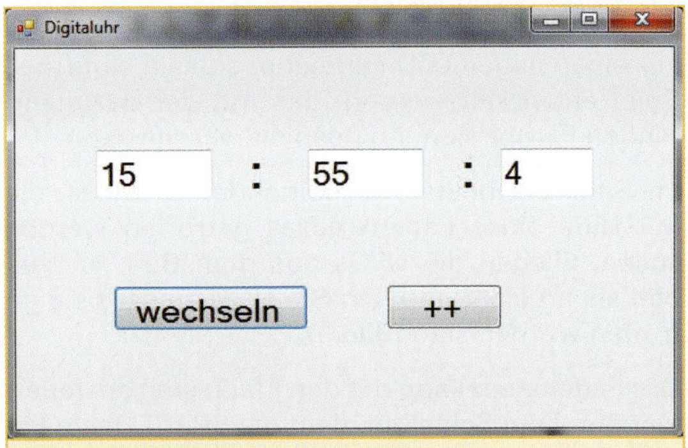

Bild 1: Oberfläche der Digitaluhr

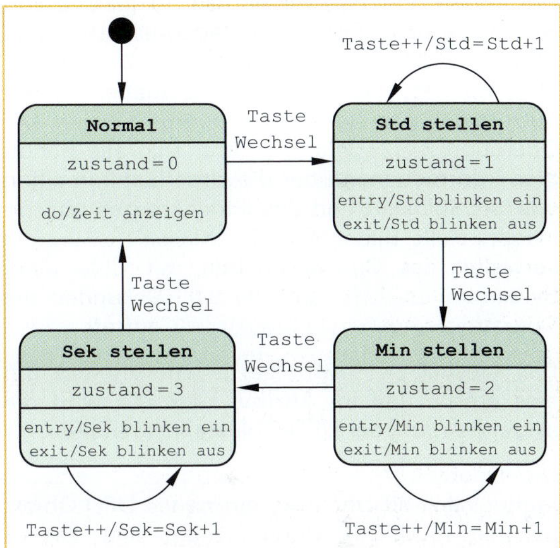

Bild 2: Zustandsdiagramm einer Digitaluhr

Aufgabe ①

Anhand einer Simulation soll die Software für ein Zahlenschloss erprobt werden, welches sich nach der Eingabe von drei Ziffern in der richtigen Reihenfolge öffnen lässt.

Das Schloss befindet sich beim Programmstart im Zustand „Geschlossen". Nachdem die erste richtige Ziffer eingegeben wurde, wechselt das Schloss in den Zustand „Ziffer 1".

Es bleiben drei Sekunden Zeit, um die folgende richtige Ziffer einzugeben. Erfolgt in diesem Zeitraum keine oder eine falsche Eingabe, kehrt das Schloss wieder in den Zustand „Geschlossen" zurück. Wird die zweite richtige Ziffer eingegeben, wechselt das Schloss in den Zustand „Ziffer 2". Wird jetzt innerhalb von drei Sekunden die richtige Ziffer eingegeben, wechselt das Schloss in den Zustand „Offen". Nach sechs Sekunden nimmt dann das Schloss automatisch wieder den Zustand „Geschlossen" an.

Um die Funktion des Schlosses beobachten zu können, werden an der Oberfläche die verbleibenden Sekunden und der Wert der Variablen `zustand` angezeigt.

Entwerfen Sie für dieses Zahlenschloss ein Zustandsdiagramm.

Bild 3: Bildschirmoberfläche eines Zahlenschlosses

6.9 Beispiel für OOP-Aufgabe im Drei-Schichtenmodell

Für einen neuen LCD-Fernseher soll ein einfaches Spiel entwickelt werden, das mit der dazugehörenden Fernbedienung gespielt werden kann.

Im Spiel erscheinen nacheinander 10 UFOs, die mit Hilfe eines Fadenkreuzes getroffen werden sollen. Fliegen die UFOs aus dem Bild, erscheinen sie an einer anderen Stelle wieder bis sie getroffen worden sind **(Bild 1)**.

Das Fadenkreuz kann mit den Pfeiltasten gesteuert werden. Zum Schießen dient die SPACE-Taste.Ein ein unvollständiges Klassendiagramm zeigt **Bild 2**.

Die Klasse `Oberflaeche` enthält 10 gleiche Ufo-Bilder, die beim Programmstart unsichtbar sind sowie das Bild eines Fadenkreuzes. Die Operation `shortCut()` verarbeitet die Eingaben des Benutzers und gibt sie an die Steuerung weiter. Die Operation `neuZeichnen()` holt sich alle benötigten Informationen über die Ufos (Zahl, Position und Sichtbarkeit) und des Fadenkreuzes und positioniert alle Bilder neu. Die Klasse `Steuerung` verwaltet das Spielgeschehen mit Hilfe einer Systemuhr `dieUhr`, die alle 0,05 Sekunden die Operation `verarbeiteUhrTick()` aufruft.

Das Attribut `zeit` wird bei jedem Uhr-Tick um eins erhöht und im Attribut `UfoZahl` wird die aktuelle Anzahl der UFO-Objekte festgehalten.

Die Operation `verarbeiteUhrTick()` erzeugt immer nach 30 Uhr-Ticks ein neues UFO-Objekt bis alle 10 UFOs (Array) erzeugt sind. Die erzeugten UFO-Objekte bleiben bis zum Spielende erhalten und werden bei jedem Uhr-Tick bewegt und an der Oberfläche neu gezeichnet.

Bild 1: UFO-Spiel

UFOs, die als getroffen markiert sind, werden weder bewegt noch angezeigt.

Die Operation `feuer()` überprüft alle aktuellen UFO-Positionen mit der des Fadenkreuzes und markiert getroffene UFOs.

Die Operation `setZiel(pi:GZ)` bewirkt ein Versetzen des Fadenkreuzes, wobei der Parameter `pi` die Richtung festlegt. Hierbei gilt 0=rechts, 1= auf, 2= links und 3 = ab.

Neben dem unvollständigen Klassendiagramm sind auch bereits zwei Sequenzdiagramme erstellt worden.

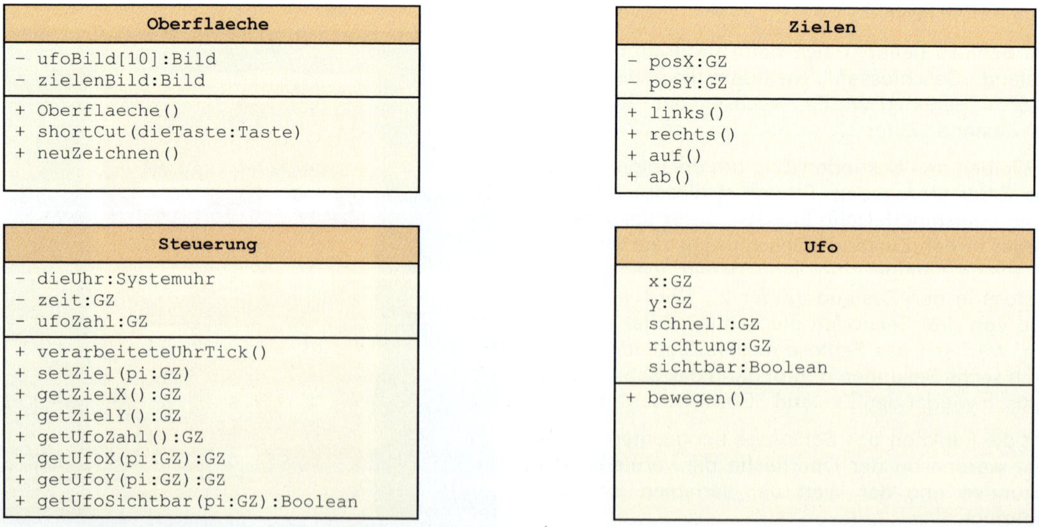

Bild 2: Unvollständiges Klassendiagramm

Im ersten Sequenzdiagramm **(Bild 1)** ist das Szenario *Schießen* dargestellt, das abläuft, wenn ein Spieler die SPACE-Taste drückt. In diesem Szenario informiert sich die Steuerung über die Position des Fadenkreuzes und überprüft anschließend alle bis dahin nicht getroffenen UFOs ob sie getroffen worden sind. Ist ein UFO getroffen worden, wird es als getroffen markiert. Im zweiten Sequenzdiagramm **(Bild 2)** ist der Programmstart dargestellt.

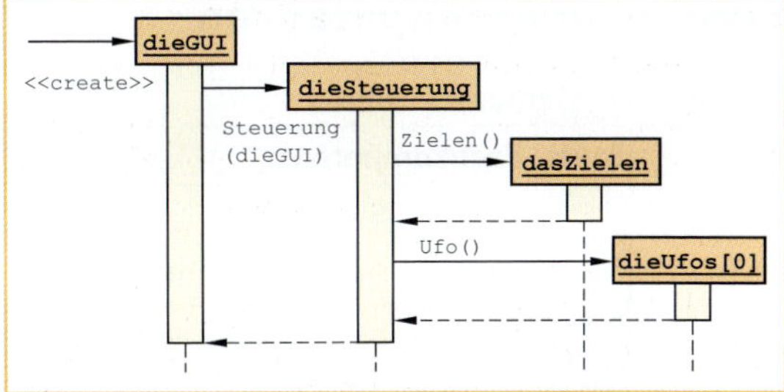

Bild 2: Sequenzdiagramm – Programmstart

Aufgaben

① **Klassendiagramm ergänzen**

Ergänzen Sie im Klassendiagramm die Konstruktoren der Klassen Oberfläche, Steuerung, Zielen und UFO mit vollständiger Signatur und Sichtbarkeit. Nutzen Sie die Informationen der Sequenzdiagramme.

Ergänzen Sie das Klassendiagramm mit allen Assoziationen, die sich aus den Sequenzdiagrammen ergeben. Die Assoziationen sind mit Navigation, Rollennamen und Kardinalitäten anzugeben. Alle Kardinalitäten werden bei der Objekterzeugung aufgebaut.

Überprüfen Sie, ob alle Botschaften des Sequenzdiagramms von Bild 1 berücksichtigt sind und ergänzen Sie gegebenenfalls fehlende Operationen mit vollständiger Signatur, Rückgabetyp und Sichtbarkeit.

② **Sequenzdiagramm**

Entwickeln Sie ein Sequenzdiagramm für das Szenario UhrTick. Das Szenario startet mit der Botschaft `verarbeiteUhrTick()` an die Klasse `Steuerung`.

③ **Struktogramm**

Entwerfen Sie ein Struktogramm für die Operation `feuer()` der Klasse `Steuerung`.

④ **Klassendiagramm weiterentwickeln**

Damit das Spiel nicht zu einfach wird, sollen drei unterschiedliche UFOs erscheinen, die nicht nur unterschiedliche Geschwindigkeiten, sondern auch unterschiedliche Flugbahnen aufweisen.

Ergänzen Sie Ihr Klassendiagramm um die Klassen Ufo1, Ufo2 und Ufo3 so, dass durch Polymorphie unterschiedliche Bewegungen abgerufen werden können und um die Klasse Score, in der jeweils der höchste Punktestand abgelegt werden kann.

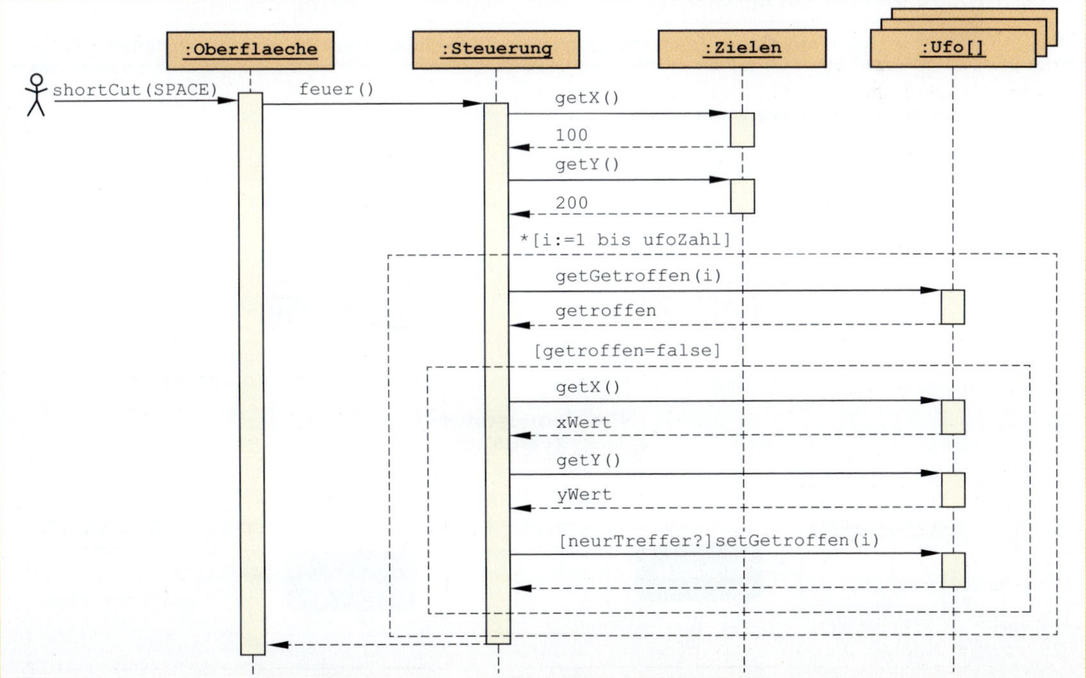

Bild 1: Sequenzdiagramm Schießen

Erwerbbare Kompetenzen

Kapitel 7	Systemgestaltung	
	Stufe	**Fachkompetenz**
	2	Ich kann Systeme analysieren und beurteilen.
	2	Ich kann Systeme gestalten.
	2	Ich kann zwischen wesentlichen und beiläufigen Inhalten differenzieren.
	1	Ich kann den Systemkomponenten Eigenschaften und Beziehungen zuordnen.
	2	Ich kann anhand der Systemmerkmale eine Klassifizierung von Systemen vornehmen.
	1	Ich kenne die Modelle der Systemtechnik und kann mit ihnen arbeiten.
	1	Ich kann Projektplanungsprogramme anwenden.
	2	Ich kann Lebensphasen von Systemen in Projektphasen gliedern.
	3	Ich kenne den Problemzyklus der Projektphasen und kann ihn anwenden.
	1	Ich kenne die Möglichkeiten der Informationsbeschaffung.
	1	Ich kann die Informationen nach ihrer Eignung auswählen und aufbereiten.
	2	Ich kenne die Grundregeln der Zielformformulierung und kann eine Zieloperationalisierung vornehmen.
	2	Ich kann Zielgewichtungen durchführen.
	1	Ich kann mit einer Gewichtungstabelle arbeiten.
	3	Ich kann eine Gewichtung nach „Muss"-Zielen und „Kann"-Zielen vornehmen.
	2	Ich kann eine objektive Reihenfolge möglicher Ziele anhand einer Präferenzmatrix erstellen.
	2	Ich kann den Aufwand bei Verwendung einer Präferenzmatrix abschätzen.
	2	Ich kann mit einem Team die möglichen Ziele eines Projektes zusammenstellen.

Welche Fachkompetenz wird hier visualisiert?

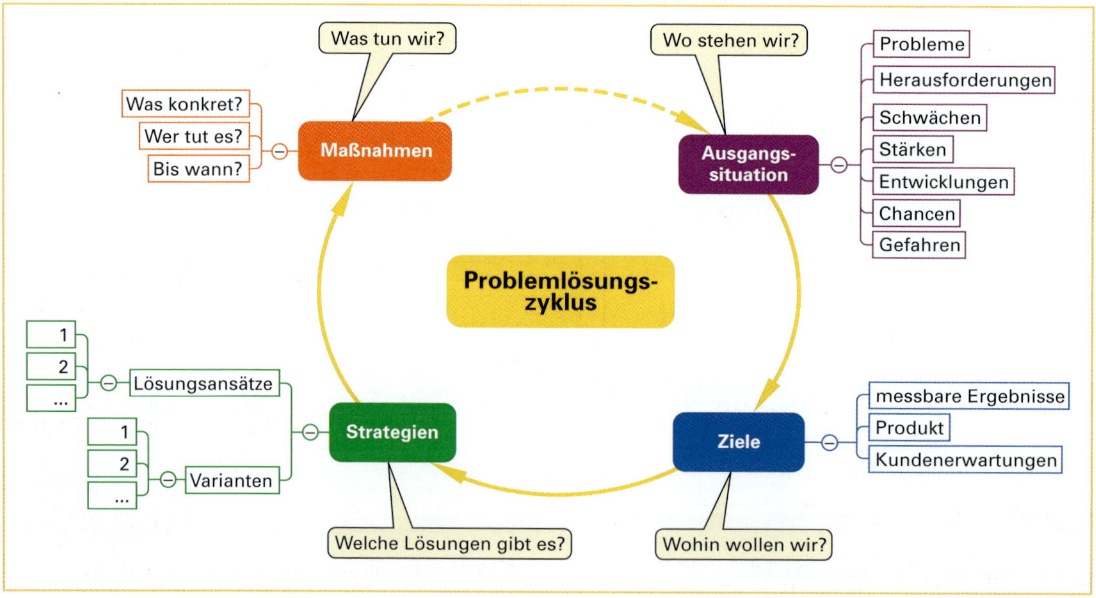

7 Systemgestaltung

Für die Planung von Projekten komplexer Systeme, z. B. Bau einer Fabrik für ICs, ist die Systemtechnik von besonderer Bedeutung. Grundlage der Systemtechnik ist die „Systems-Engineering-Philosophie". Sie ist gekennzeichnet durch das Systemdenken und das Vorgehensmodell (**Bild 1**).

Probleme lassen sich mit den Techniken der Systemgestaltung und des Projektmanagements lösen (**Bild 2**).

7.1 Problem und Problemlösen

Ein Problem kann z. B. als Differenz oder Unterschied zwischen einem vorhandenen, feststellbaren Ist-Zustand und der Vorstellung eines Soll-Zustandes aufgefasst werden (**Bild 3**). Für das Erreichen des Soll-Zustandes gibt es eine Reihe von Lösungsstrategien.

Versuch und Irrtum

Eine einfache Lösungsstrategie ist z. B. das Erzielen einer Lösung durch die Methode „Trial and error".

Beispiel 1: Durchqueren eines Irrgartens
Ein Irrgarten wird am Eingang A betreten und soll am Ausgang B verlassen werden. Geben Sie eine Lösungsstrategie an.
Lösung: Achten Sie darauf, dass immer eine Wand rechts von Ihnen ist (**Bild 4**).

Lernen aus Einsicht

Wirkungsvoller lassen sich Probleme nach dem Prinzip „Lernen aus Einsicht" lösen. Viele Faktoren beeinflussen das Problemlösen (**Bild 5**).

Ein Ansatz zum methodischen Problemlösen ist z. B. das SPALTEN-Verfahren des **I**nstitutes für **P**rodukt**e**ntwicklung an der Universität **K**arlsruhe (IPEK). Die einzelnen Schritte sind:

- Situationsanalyse,
- Probleme eingrenzen,
- Alternativen aufzeigen,
- Lösung auswählen,
- Tragweite analysieren (Chancen und Risiken abschätzen),
- Einführung und Umsetzung (Maßnahmen und Prozesse),
- Nachbearbeitung und Lernen.

Diese Schrittfolge ist zum methodischen Lösen für viele Probleme verwendbar.

Systems Engineering = Systemtechnik
Trial and error = Versuch und Irrtum

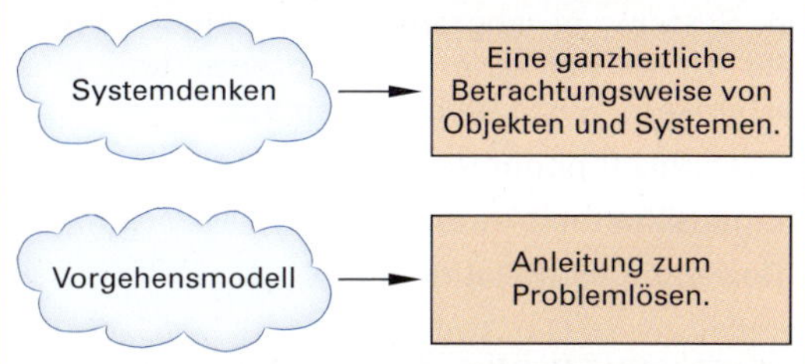

Bild 1: Systems-Engineering nach Daenzer

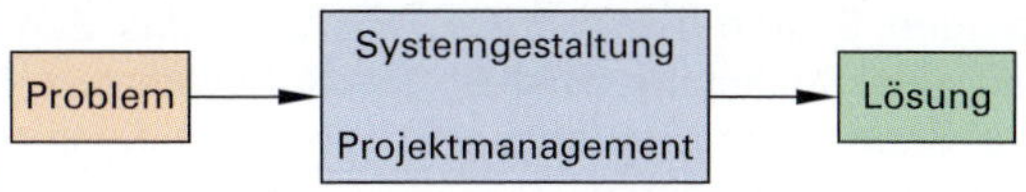

Bild 2: Problemlösungsprozess

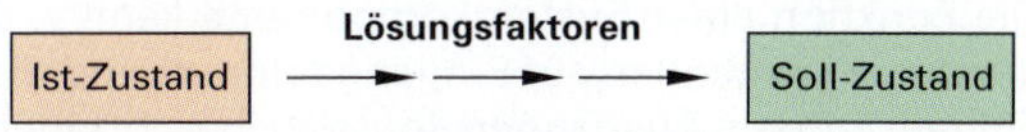

Bild 3: Ist-Zustand und Soll-Zustand

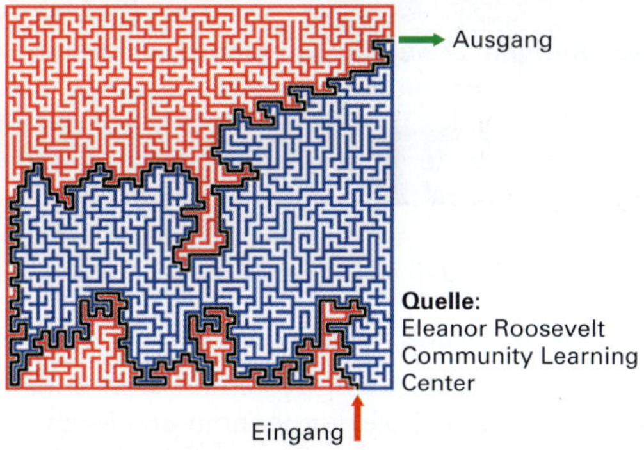

Bild 4: Lösungsweg durch den Irrgarten

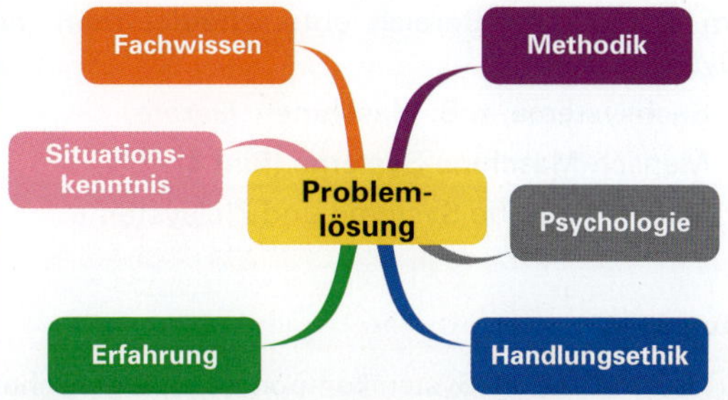

Bild 5: Komponenten für das Problemlösen

7.2 Systeme analysieren, beurteilen und gestalten

Allgemeine Systembeschreibung

Ein System ist abgrenzbar zu seiner Umwelt (**Bild 1**). Es hat eine Systemgrenze und einen Systemkern. Systeme bestehen aus

- Systemkomponenten mit Elementen,
- Eigenschaften (Attributen) und
- Beziehungen (Relationen).

Systemkomponenten. Teilsysteme (Subsysteme) und Systemelemente bilden die Komponenten eines Systems. Als Systemelemente bezeichnet man die kleinsten, nicht sinnvoll weiter zu zerlegenden Systembestandteile, wie z. B. das Zahnrad einer Maschine (**Bild 2**). Ein Subsystem, z. B. die Baugruppe Getriebe, ist in weitere Systemelemente unterteilbar.

Eigenschaften. Systemkomponenten haben meist räumliche, zeitliche und inhaltliche Eigenschaften. Die Funktion einer Systemkomponente kann z. B. durch die Wirkungen auf Eingänge (input) und die Folgen an den Ausgängen (output) beschrieben werden (**Bild 3**). Im Verlauf einer bestimmten Zeit ändern sich z. B. die Systemeigenschaften durch die Einwirkungen auf die Eingänge.

Beziehungen. Zwei Systemelemente stehen in Beziehung zueinander, wenn die Ausgänge eines Systemelementes, z. B. eines Motors, auf die Eingänge eines anderen Systemelementes, z. B. des Getriebes wirken (Bild 2). Beziehungen zwischen dem System und seiner Umwelt werden als externe Beziehungen bezeichnet.

Klassifizierung von Systemen

Eine Klassifizierung von Systemen wird anhand der Systemmerkmale vorgenommen. Nach der Entstehungsart gibt es z. B. natürliche und künstliche Systeme oder nach der Beziehung zur Umwelt z. B. offene oder geschlossene Systeme.

Im technischen Bereich unterscheidet man die Systemtypen:

- Sachsysteme, z. B. Maschinen, Geräte,
- Mensch-Maschine-Systeme (**Bild 4**),
- soziotechnische Systeme und Zielsysteme.

Aufgaben

① Stellen Sie die Systemkomponenten, Eigenschaften und Beziehungen der Systeme

a) Kraftwerk und b) Computer dar.

System (von griech.) = Zusammenstellung

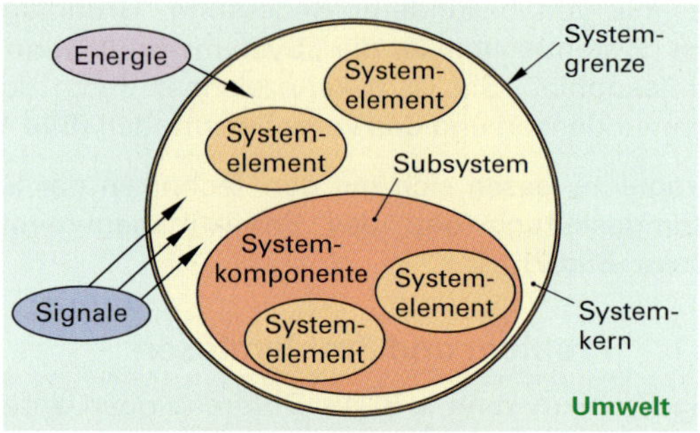

Bild 1: Systemmodell

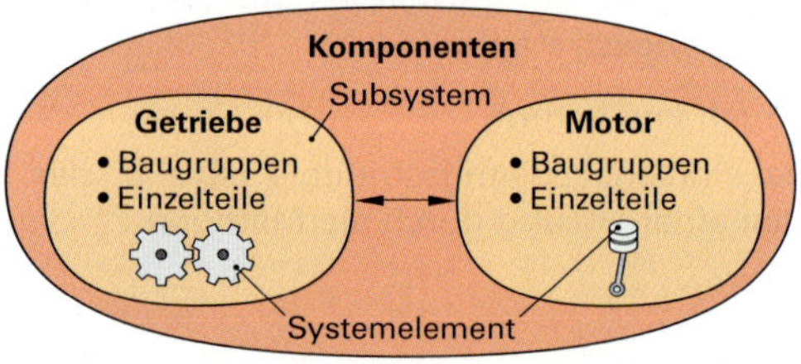

Bild 2: Systemkomponente eines Teilsystems

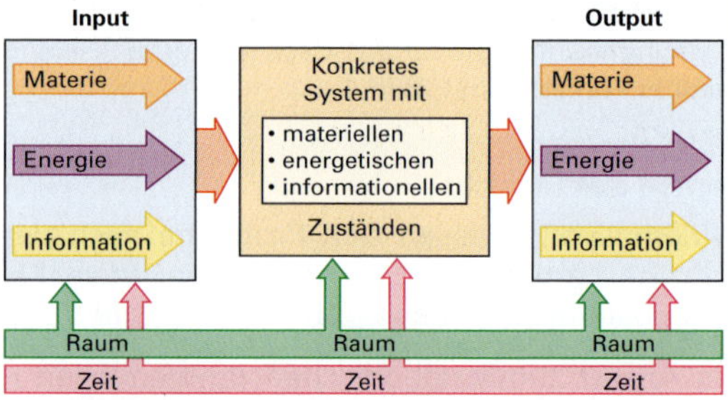

Bild 3: Modell zur Ermittlung der Systemeigenschaften

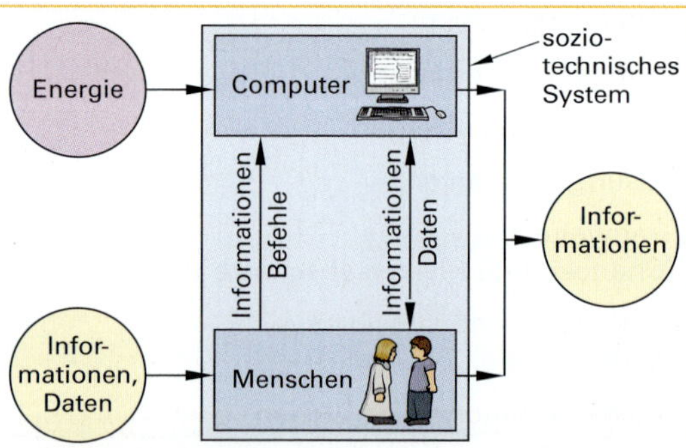

Bild 4: Mensch-Maschine-System

Modelle in der Systemtechnik

Die Modellbildung ist der Vorgang des Abbildens von Original-Systemen oder Teilstücken von Original-Systemen. Durch Modelle lassen sich Systeme besser verstehen, und es sind z. B. Aussagen über das zeitliche Verhalten möglich. Modelle sollen nur die wichtigen Einflussfaktoren für den zu betrachtenden Prozess enthalten.

> Das gebildete Modell muss nicht exakt sein, sondern es muss nur genau genug sein.

Für die Umsetzung realer Probleme in die Modellebene wird z. B. das Modell nach REFA verwendet (**Bild 1**).

Strukturelle und pragmatische Modellbildung

Bei der Modellbildung unterscheidet man die strukturelle und die pragmatische Modellbildung, sowie die Mischform aus beiden (**Bild 2**).

Bei der **pragmatischen Modellbildung** ist die innere Struktur des Systems unbekannt. Man kann also nur aus Beobachtungen das Verhalten des Systems, z. B. Funktion eines PLD-Bausteins, modellieren.

Bei der **strukturellen Modellbildung** ist die innere Struktur des untersuchten Systems bekannt, z. B. die Schaltung eines Volladierers. Es kann also bewusst abstrahiert, reduziert und modifiziert werden. Meistens enthalten komplexe Systeme Teilsysteme mit bekannten inneren Strukturen und Teilsystemen, die sich nur durch ihr Verhalten an den Eingängen und den Ausgängen beschreiben lassen. So ist die häufigste Modellbildung die Greybox, eine Mischform aus struktureller und pragmatischer Modellbildung. Diese Mischform reicht aufgrund von Kosten-Nutzen-Analysen meist aus, ein System abzubilden.

> Ein Modell ist ein abstraktes Abbild eines Systems, das anstelle des Systems untersucht wird.

- **Blackbox**
  - → Pragmatische Modellbildung, die innere Struktur des Systems ist unbekannt.
  - → Test eines selbstgeschriebenen Programms durch Programmausführung.
- **Whitebox**
  - → Strukturelle Modellbildung, die innere Struktur des Systems ist bekannt.
  - → Test aller Zweige von Bedingungsanweisungen.
- **Greybox**
  - → Mischform aus struktureller und pragmatischer Modellbildung. Teile des Systems sind bekannt, aber auch die Wirkungen von Eingängen und Ausgängen.
  - → Vor dem Codieren werden Tests für das Programm erstellt.

Bild 2: Modellbildungsarten

Aufgaben

① Erstellen Sie jeweils ein Modell aus Ihrer Erfahrungswelt nach den Modellbildungsarten
a) Whitebox, b) Blackbox und c) Greybox.

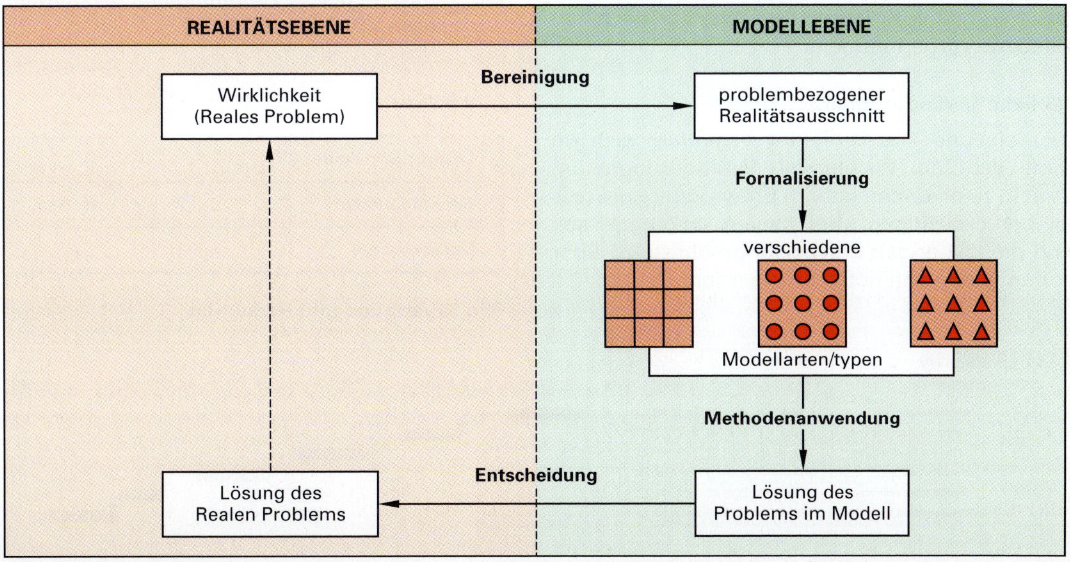

Bild 1: Modellbildung nach REFA

7.3 Systemtechnisches Vorgehen

Für die zeitliche Zuordnung zu den geplanten Tätigkeiten werden Projektplanungsprogramme verwendet, z. B. MS Project. **Bild 1** zeigt eine Projektplanung mit Terminen und Vorgängen. Die zeitliche, logische und strukturelle Projektgliederung, z. B. durch gleichzeitige Abarbeitung von Vorgängen wird als Zielsetzung bezeichnet.

Tätigkeitsplanung
→ Festlegung der notwendigen Arbeitsschritte
Zeitplanung
→ Zeiten für die Arbeitsschritte festlegen
Zielsetzung
→ Projektgliederung führt zu überschaubaren und wirtschaftlichen Lösungen

Top-down-Prinzip

Zuerst wird ein Gesamtproblem in Teilsysteme und damit in Teilprobleme zerlegt (**Bild 2**). Teilprobleme erleichtern die Lösungsfindung durch Einengung des zu betrachtenden Teilproblems. Es gilt das Prinzip „vom Groben zum Detail".

In Teilsystemen lassen sich durch die Eingrenzung bereits Einzelprobleme lösen. Lässt sich noch keine Lösung finden, wird eine weitere Untergliederung vorgenommen (**Bild 3**). Dies wird z. B. bei der Programmierung von Mikrocontrollern mit der Unterprogrammtechnik angewendet.

Die Lösung bezieht sich auf das gesamte System, Teillösungen werden für die Teilsysteme erarbeitet.

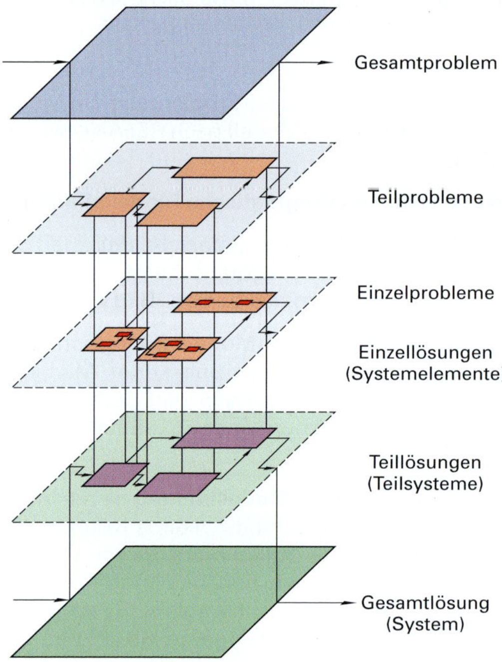

Bild 2: Systematische Zerlegung und Verknüpfung nach VDI-Regel 2221

Denken in Varianten

Zur Risikobegrenzung können mehrere Lösungswege gleichzeitig verfolgt werden. Die Ausarbeitung mehrerer Varianten erhöht die Kosten. Erweist sich ein Lösungsweg als nicht ausführbar, gibt es andere Alternativen. Die Festlegung auf eine Variante wird beim Übergang zur nächsten Teilebene vorgenommen.

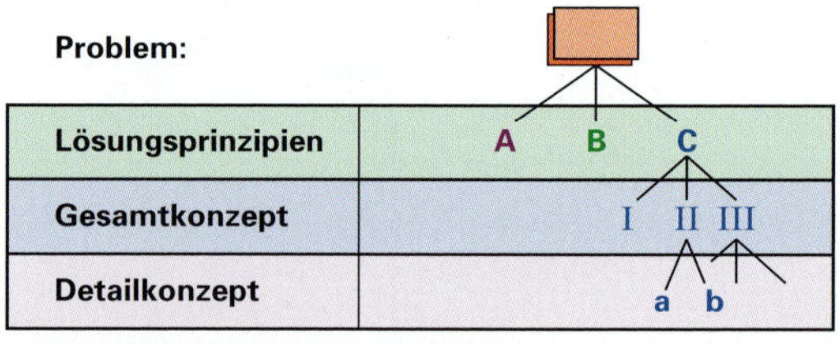

Bild 3: Variation und Reduktion

Zeitliche Veränderungen

Systeme und ihre Umfelder verändern sich im Laufe der Zeit. Wichtig ist, Veränderungen im Umfeld zu erkennen und im Entwicklungsprozess zu berücksichtigen. Bei neuen Erkenntnissen sind die bisherigen Entwicklungsschritte zu überprüfen und, wenn nötig, anzupassen.

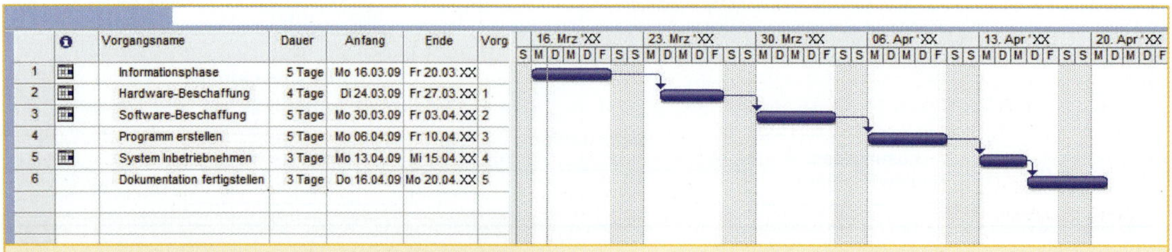

	Vorgangsname	Dauer	Anfang	Ende	Vorg
1	Informationsphase	5 Tage	Mo 16.03.09	Fr 20.03.XX	
2	Hardware-Beschaffung	4 Tage	Di 24.03.09	Fr 27.03.XX	1
3	Software-Beschaffung	5 Tage	Mo 30.03.09	Fr 03.04.XX	2
4	Programm erstellen	5 Tage	Mo 06.04.09	Fr 10.04.XX	3
5	System Inbetriebnehmen	3 Tage	Mo 13.04.09	Mi 15.04.XX	4
6	Dokumentation fertigstellen	3 Tage	Do 16.04.09	Mo 20.04.XX	5

Bild 1: Projektplanung mit dem Programm Project

7.4 Systemgestaltung und Systemordnung

Jedes System besitzt Lebensphasen und Projektphasen, die den jeweiligen Entwicklungsphasen und Realisierungsphasen zuzuordnen sind. Die Anzahl der Projektphasen und ihre Beschreibung sind von der Art, dem Umfang, der Bedeutung des Projektes und den Wünschen des Auftraggebers abhängig. Ziel der Gliederung ist eine effektive Projektdurchführung.

Das Fehlen von PC-Arbeitsplätzen (**Bild 1**) in einer IT-Schule führt z. B. zum Projekt „Neuer PC-Raum". Das Projekt PC-Raum kann zeitlich in vier System-Lebensphasen gegliedert werden (**Bild 2**):

- die Entwicklungsphase,
- die Realisierungsphase,
- die Nutzungsphase und die
- Entsorgungsphase.

Die Entwicklungsphase

Die Entwicklungsphase umfasst Vorstudie, Hauptstudie und Detailstudie.

Vorstudie

In der Vorstudie wird Prinzipielles geklärt. Besteht z. B. Aussicht auf einen Neubau oder kann ein vorhandener Raum umgebaut werden? Es wird also das Prinzip der Problemlösung, z. B. Umbau, festgelegt.

> Die Vorstudie klärt Grundsätzliches und keine Details.

Hauptstudie

In der Hauptstudie wird die Struktur des Gesamtsystems verfeinert. So wird z. B. die Funktionstüchtigkeit und die Wirtschaftlichkeit des Raums geprüft. Muss der Raum gekühlt werden?

> Ziele der Gliederung der Lebensphasen von Systemen in Projektphasen sind:
> → Rationelle und sichere Planung,
> → Vermeidung von verlorenem Planungsaufwand und
> → Verringerung des Projektrisikos.

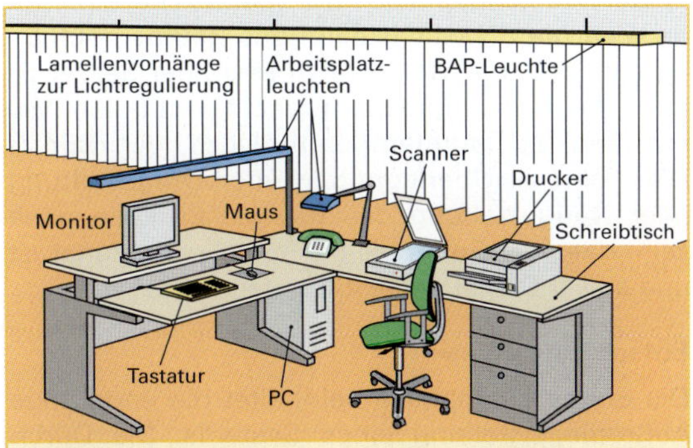

Bild 1: PC-Arbeitsraum

Ist eine genügend große elektrische Anschlussleistung für die Geräte vorhanden? Anschließend werden die Rahmenpläne für den Bau, die Terminpläne (Meilensteine) für die Ausführung der Bauarbeiten und Prioritäten, z. B. kein Umbau während der Unterrichtszeit, festgelegt. Meilensteine sind z. B. Zwischenziele eines Projektes mit besonderer Bedeutung.

Detailstudie

Detailstudien können unabhängig voneinander durchgeführt werden. So ist z. B. die Art, Anzahl und der Einbau der Fenster von der elektrischen Anschlussleistung des Raums unabhängig.

> Detailstudien klären Teilprobleme, die für die Gesamtlösung wichtig sind.

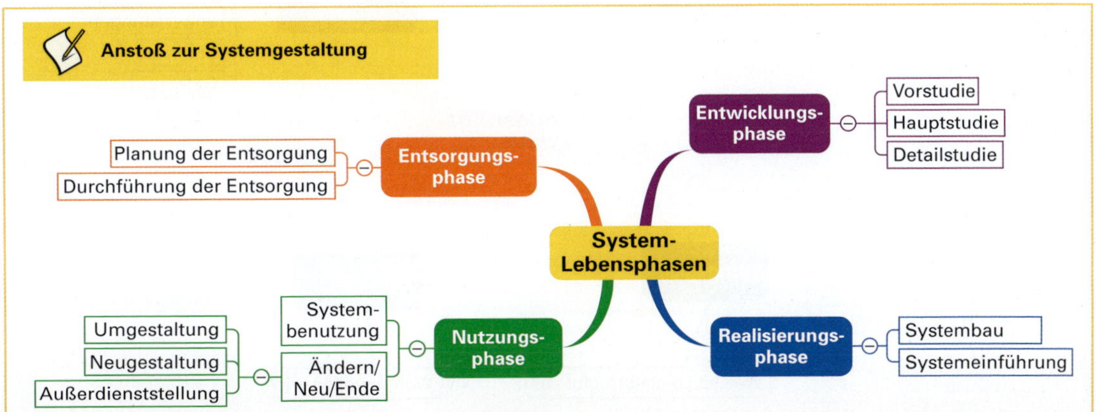

Bild 2: System-Lebensphasen

Realisierungsphase

In der Realisierungsphase wird der Systembau, also hier der Umbau des Raums vorgenommen. Nach Abschluss des Umbaus wird der Raum zur Nutzung freigegeben (Systemeinführung).

Nutzungsphase

In der Nutzungsphase des Raums werden mit der Zeit die Schwachstellen des Raums deutlich. So sind z. B. die Monitore zu klein, der Server zu laut, die Beleuchtung entspricht nicht den Vorschriften, die Raumtemperatur ist zu hoch (**Bild 1**). Dies führt zu Überlegungen über Umgestaltung oder Neugestaltung des Raums. Es kann auch sein, dass der Raum als PC-Raum ungeeignet ist und außer Dienst gestellt werden muss.

Entsorgungsphase

Die Entsorgungsphase beinhaltet die endgültige Außerdienststellung eines Systems. Die Durchführung der Entsorgung von Computerschrott wird z. B. von Spezialfirmen durchgeführt. Die Entsorgung kann bereits in der Entwicklungsphase berücksichtigt werden.

7.5 Problemlösungszyklus anwenden

Die Problemlösungstätigkeit lässt sich auf die Begriffe Zielsuche, Lösungssuche und Auswahl zurückführen (**Bild 2**). Problemlösungszyklen können im Rahmen der Problemlösung mehrfach durchlaufen werden. Oft werden auch nur Teile des Lösungszyklus wiederholt ausgeführt.

Bild 1: Mängel sammeln in der Nutzungsphase

Zielsuche

Die Zielsuche erfolgt durch die Situationsanalyse und die anschließende Zielformulierung. Die Situationsanalyse und die Zielformulierung helfen bei der Ermittlung und Dokumentation von Randbedingungen für die Lösungssuche. Gleichzeitig werden so die Anforderungen an die Problemlösung ermittelt.

Situationsanalyse

Die Situationsanalyse beginnt mit der Informationsbeschaffung über derzeitige, vergangene oder auch zu erwartende Zustände. Zur Situationsanalyse gehört auch die Informationsaufbereitung und die Darstellung der Informationen.

> Kennzeichen der Situationsanalyse
> → Informationsbeschaffung
> → Informationsaufbereitung
> → Informationsdarstellung

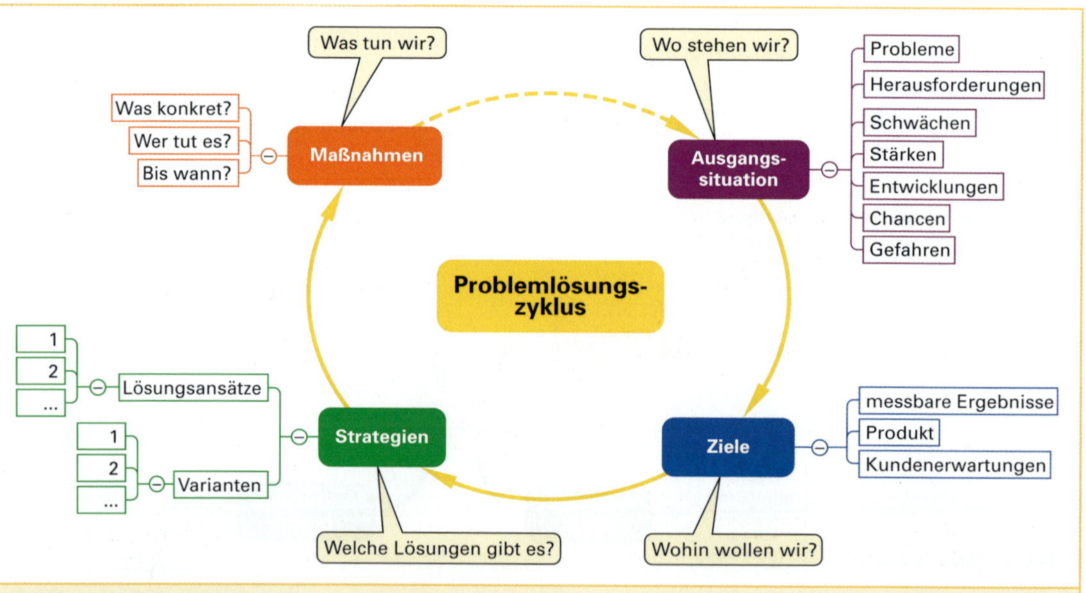

Bild 2: Problemlösungszyklus

7.5.1 Informationsbeschaffung

Informationen dienen dazu, Handlungen vorzubereiten und durchzuführen. Es wird zwischen Kerninformationen, Randinformationen und Hintergrundinformationen unterschieden (**Bild 1**).

Informationsquellen

Wichtige Informationsquellen sind z. B. Spezialisten. Hier ist die Wahrscheinlichkeit groß, dass die notwendigen Informationen bereits in aufbereiteter Form vorliegen. Fachzeitschriften, Bibliotheken, Internet und Datenbanken mit Suchfunktionen führen zeitsparend zu den gesuchten Informationen (**Bild 2**).

Eignung der Informationsquellen

Bei der Sammlung, Auswahl und Beschaffung von Informationen ist auf die Aktualität und die Qualität der Daten zu achten (**Bild 3**).

Informationsbeschaffung aus dem Internet

Usenet und FAQs. Das Usenet ist das weltgrößte Netzwerk. Seine Newsgroups sind Diskussionsforen, die einzelnen Themen gewidmet sind. Zu vielen Fachgebieten gibt es Einführungen in Form von FAQs. Dies sind Sammlungen von Anfragen zu einem Bereich mit passenden Antworten.

Suchmaschinen im WWW. Für die gezielte Suche im Internet verwendet man Suchmaschinen. Sie enthalten Inhaltsverzeichnisse von Webseiten und unterscheiden sich in Aufbau, Struktur und Inhalt:

- reine Suchmaschinen lesen z. B. über Robots (Spider) die kompletten Quelltexte von Webseiten und speichern sie in einer Datenbank. Gesucht wird mit einem Suchformular.
- Webkataloge werden von Redakteuren erstellt. Interessenten müssen ihre Seiten anmelden. Der Redakteur schreibt eine kurze Zusammenfassung der Seite und ordnet sie einer entsprechenden Kategorie zu.

Intensive Informationsbeschaffung erspart tagelange Eigenarbeit!

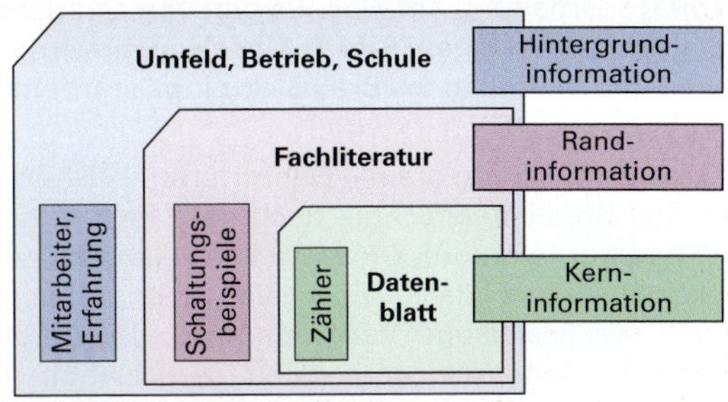

Bild 1: Informationsarten

- **usenet von user`s network** = Benutzernetzwerk
- **FAQs von F**requently **A**sked **Q**uestions = häufig gestellte Fragen
- **robots** oder **spider** (Spinne) = Webseitenleser

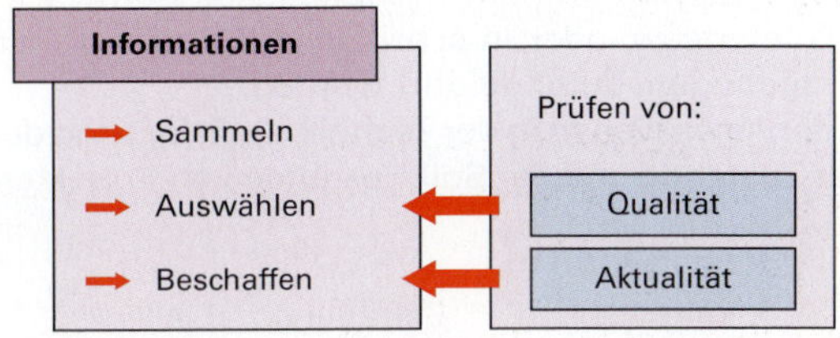

Bild 3: Informationsauswahl

- Hybrid-Suchmaschinen sind eine Mischung aus Suchmaschinen und Webkatalogen.
- Meta-Suchmaschinen verschicken Anfragen parallel an verschiedene Suchmaschinen und Webkataloge.

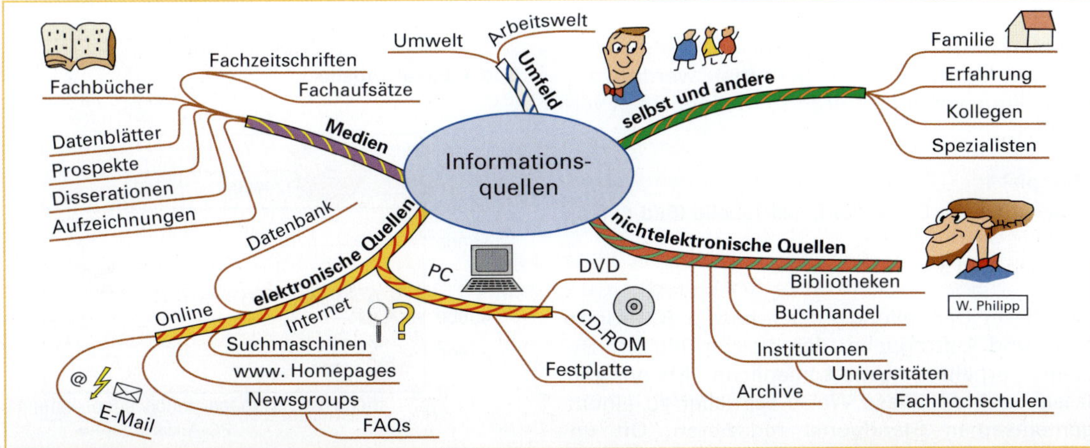

Bild 2: Informationsquellen

7.5.2 Aufbereiten der Informationen

Checkliste

Eine Checkliste enthält die Tätigkeiten, die bei der Projektbearbeitung anfallen. Es gibt verschiedene Arten von Checklisten (**Bild 1**). Checklisten werden meist im Rahmen eines Brainstormings erarbeitet.

Brainstorming

Brainstorming (von brain = Gehirn, storm = Sturm) ist eine Kreativitätstechnik nach dem Prinzip der Eingebung (Intuition). Diese Methode ist dadurch gekennzeichnet, dass innerhalb einer Gruppe durch wechselseitige Verknüpfungen der vorgebrachten Gedanken und Ideen (Assoziationen) Problemlösungen gefunden werden. Die gefundenen Ideen sollte man gleich schriftlich festhalten (**Bild 2**). Kritik während der Ideenfindungsphase behindert die Spontanität der Gruppenmitglieder.

> Ideenfindung und Ideenbewertung werden bei Kreativitätstechniken immer getrennt durchgeführt.

Befragungstechniken

Befragungen können in mündlicher Form, z. B. als Interview, oder in schriftlicher Form, z. B. als Fragebogen, durchgeführt werden.
Interviews dienen in der Technik zur Erfassung der Ist-Zustände und der Soll-Zustände von Projekten.

> **Interview-Arten**
> - Vollerhebung ← Befragung z. B. aller Personen.
> - Stichprobe ← Auswahl muss zufällig sein.

Obwohl Interviews mit großem Aufwand verbunden sind, werden sie aufgrund ihrer Vorteile häufig angewendet (**Bild 3**).
Fragebögen zur Faktengewinnung müssen sorgfältig ausgearbeitet werden, da die meisten Menschen ungern Fragebögen ausfüllen.

Bubble-Charts

Bubble-Charts (Blasendiagramme) werden zur Darstellung vereinfachter Systemübersichten verwendet.

Beispiel 1:
Stellen Sie die Daten der Excel-Tabelle (**Bild 4**) als Bubble-Chart dar.
Lösung: **Bild 5**

Ziel dieser Darstellungsart ist, dass z. B. Projektteam und Auftraggeber das gleiche Bild des Systems erhalten. Unterschiedliche Meinungen lassen sich auf diese Weise schneller zu einem gemeinsamen Standpunkt reduzieren. Oft untergliedert man die Blasen und trägt Teilkomponenten eines Systems ein.

Frageliste
1. Welche Tests sind erforderlich?

Prüfliste (✗ / ✓)
1. Test 1 bestanden ☐ ☐
2. Test 2 durchgeführt ☐ ☐

Prüffragenkatalog
1. Alle Tests durchgeführt?
2. Programmfunktionen geprüft?

Bild 1: Checklisten

Kurze Beschreibung der Idee	Geplante Aktivitäten	Terminvorstellung
1.		
2.		
3.		

Bild 2: Brainstorming-Ideenliste

Vorteile
- → aktuell
- → direkt
- → gezielt
- → individuell anpassbar
- → persönlich
- → wenig Missverständnisse

Nachteile
- → aufwendig
- → Interviewer abhängig
- → auswertungsintensiv
- → ...

Bild 3: Interview-Merkmale

Anbieter	PC-Anzahl	Kosten	Marktanteil
A	8000	50000	13
B	15000	120000	22
C	50000	70000	16
D	6000	14000	7

Bild 4: Excel-Tabelle

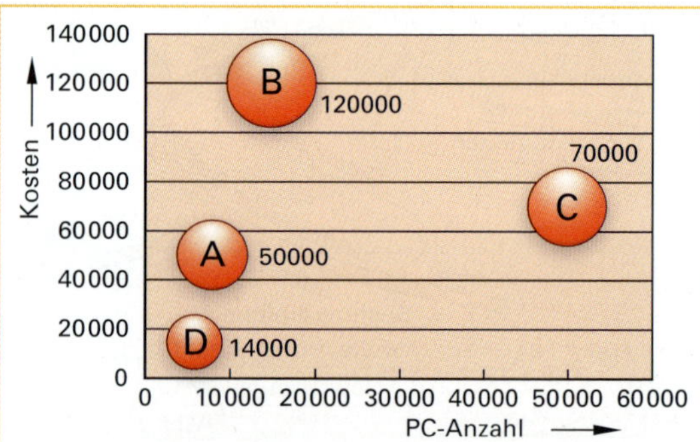

Bild 5: Bubble-Chart

7.5.3 Zielformulierung

Die systematische Zusammenfassung der Intentionen, die der Lösungssuche zugrunde liegen, bezeichnet man als Zielformulierung. Es ist sinnvoll, bestimmte Grundregeln zu verwenden (**Bild 1**).

Zielformulierungen sollen lösungsneutral die Wirkung der Lösung und den Lösungsweg beschreiben. Die gewünschte Lösung soll alle wichtigen Anforderungen vollständig enthalten. Die Ziele sind präzise und verständlich zu beschreiben. Sie sind operational formuliert, wenn die Zielerreichung eindeutig feststellbar ist. Die Formulierung soll realistisch die sachlichen Gegebenheiten und die subjektiven Vorstellungen aller berücksichtigen.

Zieloperationalisierung

Sind Ziele durch Kriterien messbar, spricht man von Zieloperationalisierung. Operationale Zielformulierungen weisen bestimmte Merkmale auf (**Bild 2**).

> Ziele sind so zu formulieren, dass keine Missverständnisse zwischen Auftraggebern und Planern möglich sind.

Im Verlauf eines Projektes, z. B. ISP-Programmierung eines Zählers, werden die Begriffe Lösung oder System durch ein Zielobjekt mit eigenem Namen „4-Bit-Synchronzähler-Programmierung“ ersetzt. Als Zieleigenschaft wird „Vorwärts-Rückwärtszähler“ festgelegt. Anschließend wird die technische oder zeitliche Erreichbarkeit mit dem IC ISPL1 festgelegt, z. B. drei Wochen. Zum Schluss prüft man, ob der 4-Bit-Synchronzähler die Zielbedingungen, aufwärts- und abwärtszählen von 0 bis 15, erfüllt.

Zielgewichtung

Ziele, die auf jeden Fall erreicht werden müssen, nennt man „Muss-Ziele“, z. B. die Beschaffung eines PCs. Die unterschiedliche Bedeutung von „Kann-Zielen“ kann durch Gewichten zum Ausdruck gebracht werden.

> „Muss-Ziele“ werden nicht, „Kann-Ziele“ werden auf verschiedene Weisen gewichtet.

Zur Zielgewichtung werden verschiedene Verfahren verwendet, z. B.

- einfache Gewichtung,
- stufenweise Vergabe von Gewichtspunkten oder
- Präferenzmatrix.

Bei der einfachen Gewichtung werden Punkte entsprechend der Wichtigkeit vergeben (**Tabelle 1**).

Zielformulierungen sollen:

→ lösungsneutral,
→ vollständig
→ präzise (operational),
→ realistisch
sein.

Bild 1: Grundregeln für Zielformulierungen

Merkmale der Zieloperationalisierung:

→ Zielobjekt genau benennen
→ Zieleigenschaften festlegen
→ Zielmaßzahl erreichen
→ Zeitraum festlegen
→ Stelle angeben, an der eine Wirkung bemerkbar werden soll.

Bild 2: Ziele eines Projektes festlegen

Tabelle 1: Einfache Gewichtung, Beispiel PC

Gewicht G	Bedeutung des Ziels	Beispiel
40	sehr wichtig	Prozessortyp
30	wichtig	Größe des RAM
20	normal, durchschnittlich	Schnittstellen auf der Frontseite
10	nicht so wichtig	Festplattengröße

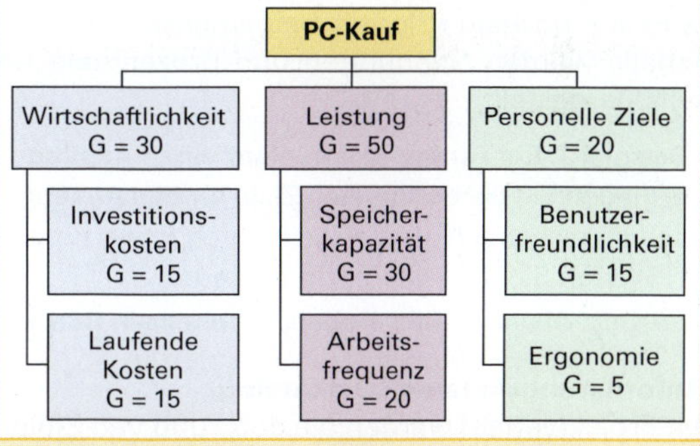

Bild 3: Stufenweise Gewichtung, PC-Kauf

Beispiel 1: Einfache Gewichtung
Geben Sie die Gewichtung für die Beschaffung eines neuen PCs an.
Lösung: **Tabelle 1**

Anwendung findet das Verfahren bei kleineren und einfacheren Projekten.

Bei der stufenweisen Gewichtung wird Zielen eine Punktezahl zugeordnet. Die Punktezahl wird auf die entsprechenden Teilziele aufgeteilt (**Bild 3**).

Bei der stufenweisen Vergabe der Gewichtungspunkte wird der Punktevorrat meist auf z. B. 100 Punkte begrenzt. Die Begrenzung wirkt der Neigung entgegen, fast alle Ziele als wichtig zu taxieren.

Präferenzmatrix

Die Präferenzmatrix gewährleistet eine objektive Reihenfolge möglicher Ziele (Kriterien) und gibt dadurch Sicherheit für Entscheidungen. Bei dieser Methode wird jedes Ziel durch Vertauschen mit allen anderen Zielen verglichen. Die Zahl der Vertauschungen wird mit der Permutationsformel berechnet.

Praktisches Vorgehen

1. Brainstorming. Im ersten Schritt stellt das Projektteam die möglichen Ziele, z. B. mit Mindmapping zusammen. Dann trägt man die Ziele in die Präferenzmatrix ein. Eine solche Matrix sollte nicht mehr als 15 Einträge haben.

2. Paarweiser Vergleich.

Der Vergleich erfolgt als zweiter Schritt nach dem folgenden Kriterium:

Was ist wichtiger: Kriterium a oder Kriterium b?

Zu beachten ist eine eindeutige Festlegung, die Antwort „gleich wichtig" ist also ausgeschlossen.

3. Auswertung und Konsequenzen.

Im dritten Schritt wird durch Auszählung die Häufigkeit der Nennungen bestimmt. Anschließend sortiert man die Ziele nach Häufigkeit in einer Rangfolge. Dem Ziel mit den meisten Nennungen wird die höchste Priorität beigemessen. In einer Tabelle werden Nennungen und prozentuale Anteile dargestellt.

Beispiel 1: Ein Familienteam plant einen Ausflug

a) Finden Sie die wichtigsten Ziele für den Ausflug.

b) Vergleichen Sie je zwei Ziele durch Bewertung.

c) Werten Sie die Präferenzmatrix aus.

Lösung: a) und b) **Bild 1 oben**, c) **Tabelle in Bild 1**

Anforderungskatalog (Zielkatalog)

Im Projektverlauf werden die aufgrund von Zielen erarbeiteten Anforderungen schnell vergessen. Deshalb hält man diese Anforderungen in einem zweckbezogenen Anforderungskatalog fest (**Bild 2**).

Stufenweise Vergabe von Gewichtspunkten

Vorteile: Einfache Handhabung, verständliche Darstellung

Nachteile: Große Zielzahlen überfordern das Urteilsvermögen, Manipulation durch Vorfestlegungen für ganze Zielgruppen möglich.

$$p = \frac{n\,(n-1)}{2}$$

n Anzahl der Ziele

p Anzahl der Permutationen

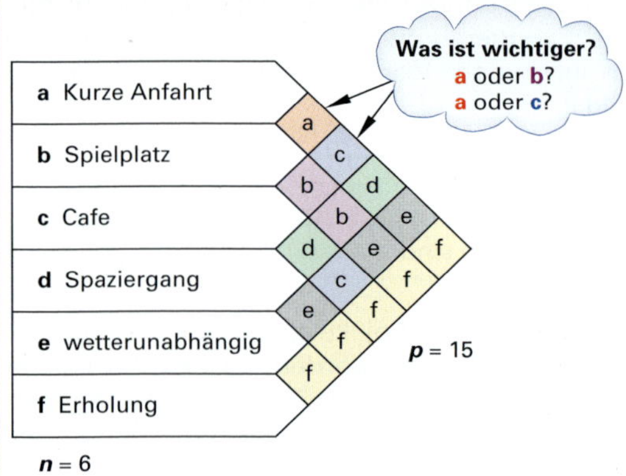

Ziele	a	b	c	d	e	f
Nennungen	1	3	2	2	2	5
%-Anteil	6,6	19,6	13,2	13,2	13,2	33

Bild 1: Präferenzmatrix und Auswertungstabelle

Aufgaben

① Führen Sie die Beschaffung eines Familien-PCs mit einer Präferenzmatrix durch.

② Wie groß ist die Anzahl p der Permutationen, wenn bei einer Präferenzmatrix a) 15 Kriterien, b) 20 Kriterien vorliegen?

Lösung: a) p = **105**, b) p = **190**

	Anforderungskatalog Projekt: Phase: Autor: Datum:		
laufende Nummer	**Formulierung**	**Typ**	**Autor/Erst.-Datum**
100.01		K	Abt. Entw.
100.02		M	Abt. Marketing

Bild 2: Auszug aus einem Anforderungskatalog

1. Der Schreibtisch
- Große Menschen mit langen Beinen benötigen eine höhere Arbeitsfläche, kleine einen niedrigeren Arbeitstisch.
- Oft benutzte Arbeitsmittel direkt vor sich legen, damit der Körper nicht verdreht werden muss.
- Optimal sind stark höhenverstellbare Schreibtische, so dass ab und zu auch im Stehen gearbeitet werden kann.
- Tische sollen genügend Beinfreiheit gewähren, Beinraumbreite etwa 60 cm.

2. Der Bürostuhl
- Der Bürostuhl mit 5 Füßen (Rollen) muss standsicher sein.
- Er soll höhenverstellbar sein.
- Sitzfläche und Rückenlehne sollen neigungsverstellbar und anatomisch geformt sein.
- Die verstellbare Rückenlehne soll allen Bewegungen folgen und den Rücken unterstützen.
- Eine gute Federung verhindert Stauchungen der Wirbelsäule beim Hinsetzen.
- Atmungsaktives Polster verhindert Schwitzen.

3. Der Monitor
- Die Helligkeit der Bildschirmanzeige und der Kontrast zwischen Zeichen und Zeichenuntergrund auf dem Bildschirm müssen einfach einstellbar sein und den Verhältnissen der Arbeitsumgebung angepasst werden können.
- Der Bildschirm muss frei von störenden Reflexionen und Blendungen sein.
- Das Bildschirmgerät muss frei und leicht neigbar und drehbar sein.

4. Die Tastatur
- Die Tastatur muss neigbar sein.
- Die Tastatur muss eine reflexionsarme Oberfläche haben.
- Form und Anschlag müssen eine ermüdungsfreie Tätigkeit ermöglichen.
- Mit sanftem Anschlag tippen.
- Ergonomisch geformte Tastatur verwenden. Die Tastatur ist zweigeteilt und V-förmig gebogen. Das gerade Halten der Handgelenke wirkt Gelenkverkrampfungen entgegen.
- Handballenauflage mit weicher Gelfüllung einsetzen.

5. Die Maus
- Ergonomisch gestaltete Maus verwenden, z. B. eine Vertikalmaus.
- Statt der Tastatur alternative Eingabegeräte verwenden, z. B. Rollkugel, Fingerstift, Spracheingabe und Grafiktablett mit Stift.
- Linkshänder sollen entsprechend geformte Mäuse verwenden.

6. Handgelenk- und Armbeschwerden

Sie werden verursacht durch zigfache Wiederholung ein und derselben Bewegung, z.B. Tippen, Mausbewegung, Mausklicken.
Folgen können sein:
- Sehnenscheidenentzündung,
- Kraftverlust,
- Überbein,
- Bewegungs- und Ruheschmerzen,
- Schleimbeutelentzündungen.

Hieraus entwickelt sich das RSI-Syndrom!
RSI von Repetitive Strain Injury
= Verletzung durch wiederkehrende Belastung.

7. Körperhaltung
- Beine nicht überkreuzen, Blutzirkulation wird behindert („eingeschlafene Füße").
- Füße ganzflächig aufstellen oder Fußstütze.
- Gerade Sitzen, Lendenwirbelsäule durch Rücklehne stützen (kein „Rundrücken").
- Brustwirbelsäule aufrichten („Brust raus").
- Armlehnen entlasten die Wirbelsäule zusätzlich.
- Ganze Sitzfläche und Rückenlehne nutzen.
- Vor der Tastatur 15 cm bis 20 cm Platz für die Hände freihalten.
- Die Handgelenke gerade halten, beugen und drehen belastet.
- Handballen nicht auf die Tastatur abstützen.
- Geradeaus auf den Monitor schauen.
- Siehe auch vorhergehende Seite.

8. Arbeitsplatzumgebung
- Empfohlene Raumtemperatur für sitzende Tätigkeiten 21 °C bis 22 °C. Geräte und Personen sind auch Heizquellen.
- Luftfeuchtigkeit zwischen 40 % und 60 %. Zu trockene Luft trocknet Augen und Schleimhäute aus.
- Zugluft vermeiden.
- Lärm erzeugt Stress und schadet der Konzentration. Lärm max. 55 dB(A).
- Lärmquellen vom Arbeitsplatz trennen, also z. B. Drucker und Kopierer in Nebenräume.
- Schallschluckende und antistatische Bodenbeläge verwenden.

9. Bürogymnastik
- Pausen machen.

Entspannungsübungen durchführen:
- Arme, Schultern und Rücken lockern.
- Öfters aufstehen und die Beine vertreten.
- Augen entspannen, in die Ferne schauen.

Webseiten für Bürogymnastik:
www.die-praevention.de/bewegung,
www.repetitive-strain-injury.de

10. EU-Richtlinie für Bildschirmarbeit

Verordnung über Sicherheit und Gesundheitsschutz bei der Arbeit an Bildschirmgeräten (Bildschirmarbeitsverordnung - BildscharbV) vom 4. Dezember 1996 (BGBl. I S. 1841)

Erwerbbare Kompetenzen

Kapitel 8	Durchführung einer Projektarbeit	
	Stufe	**Fachkompetenz**
	1	Ich kenne verschiedene Projektdefinitionen.
	1	Ich kenne die Schritte zur Durchführung einer Projektarbeit.
	2	Ich kenne den Unterschied zwischen Pflichtenheft und Lastenheft.
	2	Ich kenne die Schritte die zum Zustandekommen eines Auftrags führen.
	3	Ich kann ein Projekt mit einem Team planen.
	2	Ich kann verschiedene Projektstrukturpläne anwenden.
	2	Ich kann Projektphasen einteilen.
	2	Ich kann einen Projektablaufplan aufstellen.
	3	Ich kann ein Projekt durchführen.
	2	Ich kann ein Projekt-Controlling durchführen.
	2	Ich kann eine Prozessdokumentation durchführen.
	2	Ich kann eine Projektabschlussdokumentation erstellen.
	2	Ich kann eine Projektabschlussdokumentation nach Präsentatonsregeln gliedern.
	2	Ich kann die entsprechenden Visualisierungsmittel für die Präsentation anwenden.
	2	Ich kann die Präsentation des Projektes zum Abschluss durchführen.
	1	Ich präsentiere mit kontrollierter Ortsveränderung.
	2	Ich kenne die Touch-Turn-Talk-Regel.
	2	Ich kann einen Projektabschlussbericht mit Projektanalyse und Feedback erstellen.

Welche Fachkompetenzen werden hier visualisiert?

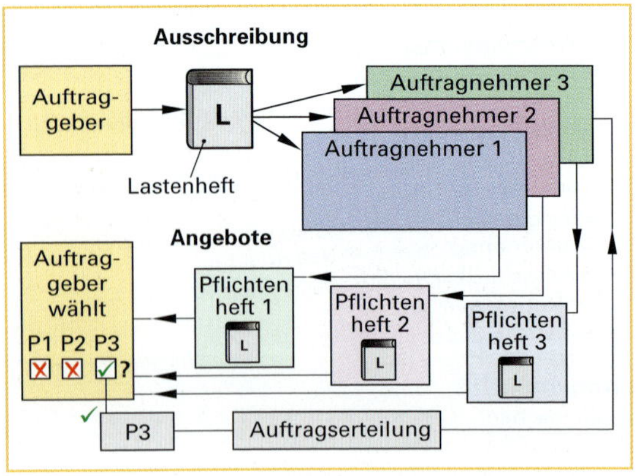

8 Durchführung einer Projektarbeit

Projekte werden oft in fünf Phasen bearbeitet. **Bild 1** zeigt zwei geläufige Definitionen für Projekte.

→ ① **Projektdefinition**
② Projektplanung
③ Projektdurchführung (Projektablauf)
④ Projektdokumentation
⑤ Projektabschluss

8.1 Projektdefinition und Projektauftrag

Am Anfang eines Projektes wird der Projektantrag erstellt. Der Projektantrag enthält folgende Angaben (**Bild 2**).

Projektbezeichnung:
Thema der Projektarbeit mit Kurzbeschreibung und Ist-Analyse. Bei einem Teilprojekt sind die eventuellen Schnittstellen mit anzugeben.

Zielsetzung:
Was soll am Ende des Projektes erreicht werden? Welche Anforderungen müssen erfüllt sein? Gibt es Einschränkungen, die berücksichtigt werden müssen?

Projektstrukturplan:
Welche Hauptaufgaben und Teilaufgaben sind zur Erfüllung der Zielsetzung erforderlich? Dies kann eine tabellarische oder grafische Übersicht sein.

Projektphasen:
Welche Zeiträume stehen zur Verfügung? Hierbei dürfen Urlaubszeiten (Ferien) nicht vergessen werden.

Erklärung des Antragstellers:
Welche Präsentationsmittel werden benötigt? Angabe des verbindlichen Durchführungszeitraums. Wird die Projektarbeit z. B. in einem Betrieb durchgeführt, ist ein Projektverantwortlicher im Betrieb zu benennen.

Genehmigung im Schulbereich:
Der oder die betreuenden Lehrer entscheiden, ob die Projektarbeit, wie vorgelegt, genehmigt werden kann.

Die Genehmigung des Projektantrags orientiert sich an den Kriterien

- Vollständigkeit der Angaben,
- Verständlichkeit der Projektbeschreibung,
- Durchführbarkeit des Projektes in Abhängigkeit der beschriebenen Projektphasen, des Zeitplans und der Projektstruktur.

Durch die Genehmigung wird aus dem Projektantrag der Projektauftrag.

Beispiel 1:
Stellen Sie einen Projektantrag für einen zyklischen 4-Bit-Binärzähler.
Lösung: **Bild 3**.

Was ist ein Projekt?

„Ein Projekt ist ein einmaliger Prozess, der aus einem Satz von abgestimmten, gelenkten Tätigkeiten mit Anfangs- und Endtermin besteht und durchgeführt wird, um unter Berücksichtigung von Zwängen bezüglich Zeit, Kosten und Ressourcen ein Ziel zu erreichen, das spezifische Anforderungen erfüllt."

nach Norm EN ISO 9000:2005

„Ein Projekt ist ein „Vorhaben", bei dem innerhalb einer definierten Zeitspanne ein definiertes Ziel erreicht werden soll, und das sich dadurch auszeichnet, dass es im Wesentlichen ein einmaliges Vorhaben ist."

nach DIN 69901

Bild 1: Definitionen für Projekte

Angaben zum Projektantrag

→ Projektbezeichnung finden
→ Zielsetzung entwickeln/Sollkonzept
→ Projektstrukturplan entwickeln
→ Projektphasen mit Zeitplanung in Stunden erarbeiten
→ Erklärung des Antragstellers einholen

Bild 2: Angaben zum Projektantrag

Projektantrag/Projektauftrag		
Projektbezeichnung: Programmierbarer zyklischer 4-Bit-Binärzähler		Projekt-nummer:
Kurz-beschreibung:	Frei programmierbarer Zähler für Steuerungsaufgaben Softwarelösung Zählfolge ist über Tastatur einzugeben Programmiersprache wählbar z. B. Java, C#, Delphi, C++	Starttermin: Abschluss-termin: Mitarbeiter:
Zweck: Erwartungen: Ziel:	Zählautomat für Steuerungen Einfache, kostengünstige Lösung Auswahl der Speicher-Flipflops Zählerbeschreibung Zeitbedarf Simulation am Computer Test Dokumentation mit Quellcode Ausblick Spätere Hardwarerealisierung mit z. B. ISPL, PAL, µC	Genehmigt:
Bemerkungen:		Beauftragt:
Anlagen:	Projektauftrag/Lastenheft	

Bild 3: Projektantrags-/Projektauftragsformular

Lastenheft und Pflichtenheft

Die Aufgabenstellung eines Projekts muss eindeutig durch eine Leistungsbeschreibung festgelegt werden. Die exakte Formulierung durch den Auftraggeber (Kunde) erfolgt in Form eines Lastenheftes (**Bild 1**), z. B. im Rahmen einer Ausschreibung.

Durch die Ausschreibung werden mögliche Anbieter aufgefordert, ihre Angebote abzugeben. Die Ausschreibung kann öffentlich, begrenzt oder eingeschränkt sein. Außer der Leistungsbeschreibung legt der Auftraggeber die Angebotsfrist fest.

> Das Lastenheft enthält alle wichtigen technischen, wirtschaftlichen und rechtlichen Einzelheiten des Projekts.

Hat ein Unternehmen Interesse das Projekt durchzuführen, gibt es ein Angebot ab (**Bild 2**). Zum Angebot gehört neben dem Angebotspreis die Erstellung eines Pflichtenheftes. In ihm werden die Anforderungen des Lastenheftes als auszuführende Leistung formuliert, d. h. die Angaben des Auftraggebers in Leistungen umgesetzt.

> Das Pflichtenheft beschreibt, wie und womit die Anforderungen des Lastenheftes verwirklicht werden können.

Das Pflichtenheft bedarf der Genehmigung durch den Auftraggeber (**Bild 3**). Damit ist das Pflichtenheft die verbindliche Vereinbarung zwischen Auftraggeber und Auftragnehmer für die Durchführung des Projektes.

Vorteile eines Pflichtenheftes:

- **Auftragsvergabe mit ruhigem Gewissen**
  Das Pflichtenheft ist als Teil des Auftrags definiert, damit sind alle Leistungspunkte klar festgeschrieben.
- **Vergleich von Anbietern ist möglich**
  Auf der Grundlage des Pflichtenheftes können mehrere Anbieter ihre verbindlichen Angebote abgeben.
- **Missverständnisse werden verringert**
  Das Pflichtenheft spiegelt die Vorstellungen des Auftraggebers wider, der Lieferant hat genaue Vorgaben.
- **Verkürzte Entwicklungszeiten**
  Das Pflichtenheft beschreibt das Projektziel genau, damit kann der Lieferant das Projekt punktgenau abwickeln.

> Die Schule kann symbolisch als Auftraggeber, und die Schülerinnen und Schüler als Auftragnehmer auftreten. Die strenge Unterscheidung zwischen Lastenheft und Pflichtenheft ist in der Schule allerdings nur in Sonderfällen von Bedeutung.

Was? **Das Lastenheft beschreibt**
„Gesamtheit der Forderungen an die Lieferungen und Leistungen eines Auftragnehmers innerhalb eines Projektauftrags" **DIN 69901-5**

Wie? **Das Pflichtenheft beschreibt**
„vom Auftragnehmer erarbeitete Realisierungsvorgaben" also die Umsetzung „des vom Auftraggeber vorgegebenen Lastenheftes" **DIN 69901-5**

- Spezifikation, z. B. Liefergegenstand, Lieferobjekt, Projektprodukt laut Ausschreibung.
- Anforderungen an das Produkt bei seiner späteren Verwendung, z. B. Temperaturbereich.
- Rahmenbedinungen für Produkt und Leistungserbringung, z. B. Normen, Richtlinien, Materialien.
- Vertragliche Konditionen, z. B. Erbringen von Teilleistungen, Gewährleistungsanforderungen.
- Anforderungen an den Auftragnehmer, z. B. Zertifizierungen.
- Anforderungen an das Projektmanagement, z. B. Projektdokumentation, Controlling-Methoden.

Bild 1: Gliederung eines Lastenheftes

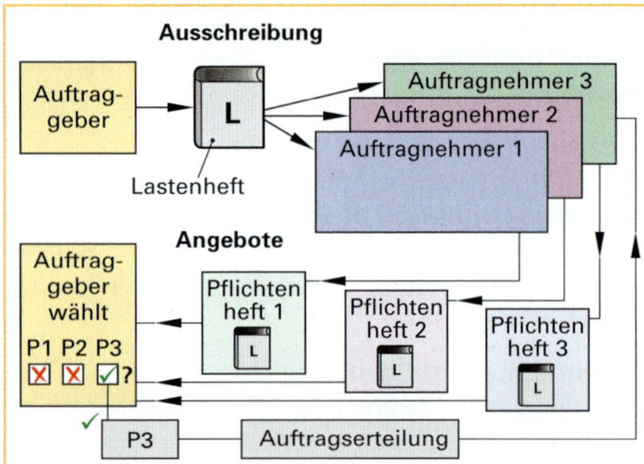

Bild 2: Zustandekommen eines Auftrags

Systemtechnische Lösung
- Kurzbeschreibung der Lösung,
- Beschreibung und Gliederung der Lösung

Systemtechnik
- Gerätetechnik, z. B. technische Daten
- Software
- Datenschutz
- Technische Angaben zum Gesamtsystem

Anhang
- Gesetze, Normen, Richtlinien
- Begriffe, Definitionen, Abkürzungen

Bild 3: Typische Elemente eines Pflichtenheftes

Projektziele

Als gemeinsame Basis von Projektzielen gelten folgende Eigenschaften:

- Das Projektziel muss eindeutig und allgemein verständlich formuliert sein,
- es muss realistisch sein,
- mit den vorgegebenen Randbedingungen erreichbar sein und
- der Lösungsweg ist nicht vorgeschrieben.

8.2 Projektplanung

Für das Projekt „Programmierbarer zyklischer 4-Bit-Binärzähler“ soll eine Projektplanung durchgeführt werden. Die erste offizielle Sitzung des Projektteams ist das Kickoff-Meeting (kickoff = Anstoß, **Bild 1**). Hier lernen sich die Teammitglieder kennen. In der Sitzung werden die Projektziele verdeutlicht und die Teammitglieder mit ihren Aufgaben bekannt gemacht. Üblicherweise wird in dieser ersten Sitzung noch nicht am Projekt gearbeitet.

Es ist sinnvoll, die weitere Planung schrittweise in drei Phasen durchzuführen:

1. Informationsbeschaffung, z. B. im Internet,
2. Informationsverarbeitung, durch Sortieren und Bewerten und
3. Informationsausgabe, durch Darstellung der Ergebnisse.

Arbeitsplanung

Projektziele und auszuführende Arbeiten werden analysiert und hierarchisch stukturiert. Zur Darstellung der gesammelten Informationen ist z. B. eine grafische Darstellung mit einem Projektstrukturplan (PSP) geeignet. Im PSP werden Projekte hierarchisch in Teilprojekte und Arbeitspakete (AP) gegliedert und grafisch dargestellt (**Bild 2**).

Die Teammitglieder erhalten ihre Arbeitsaufträge in Form von Arbeitspaketen (**Bild 3**). Arbeitspakete sind genau abgegrenzte Teilaufgaben mit messbaren Zielen. Sie werden so gewählt, dass sie sich verständlich beschreiben lassen und an die Ausführenden selbstverantwortlich delegiert werden können.

> Ein Arbeitspaket beschreibt eine geschlossene Aufgabenstellung innerhalb eines Projektes, die bis zu einem festgelegten Zeitpunkt mit definiertem Ergebnis und Aufwand zu vollbringen ist.

Beispiel 1:
Erstellen Sie eine Arbeitspaketbeschreibung für die Auswahl der Zähler-Flipflops.
Lösung: **Bild 3**

> ① Projektdefinition
> → ② **Projektplanung**
> ③ Projektdurchführung (Projektablauf)
> ④ Projektdokumentation
> ⑤ Projektabschluss

Bild 1: Teamarbeit

> Ein Projektstrukturplan zeigt die ganzheitliche Übersicht eines Projektes.

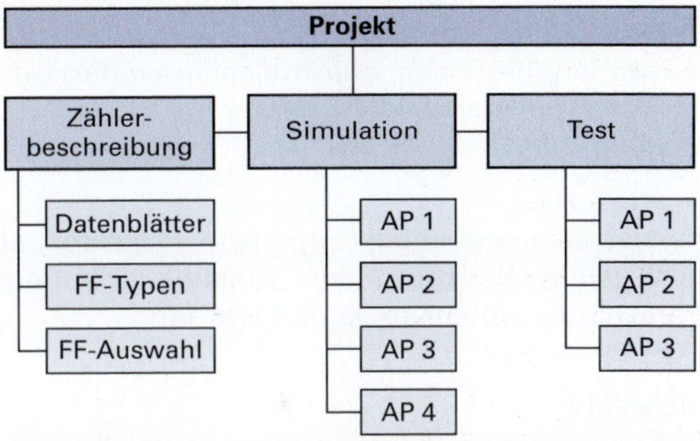

Bild 2: Aufbau eines Projektstrukturplans

Arbeitspaketbeschreibung	
Projekt	4-Bit-Zähler
Projektnummer	P03-1
Teilprojekt	Informationsbeschaffung
Teilprojektnummer	P03-1.1
Kostenstelle	Zähler
Arbeitspaket	Fachliteratur bereitstellen
AP-Verantwortlicher	Schneider, Wolfgang
Starttermin	Mo., 08.01.20xx
Endtermin	Mi., 10.01.20xx
Ziel: Informationen bis 10.01.20xx zur Verfügung haben	
Ressourcen:	
Datum	04.01.xx
Ich habe diese Anweisung verstanden	Schneider

xx bedeutet Jahreszahl

Bild 3: Arbeitspaketbeschreibung

Inhalte einer Arbeitspaketbeschreibung sind:
- Projektnummer,
- Ergebnis des Arbeitspaketes,
- Startvoraussetzungen für den Arbeitsschritt,
- auszuführende Arbeitsschritte,
- Arbeitsschrittverantwortliche,
- Verantwortliche für übergeordneten Schritt,
- Abnehmer der Leistung,
- Bearbeitungstermine,
- mögliche Ressourcenzuteilung,
- Kostenbudget,
- zu berücksichtigende Unterlagen und Richtlinien.

Arten von Projektstrukturplänen

Je nach Verwendung lassen sich verschiedene Arten von Projektstrukturplänen unterscheiden. Bezieht man sich auf die Objekte, die ein Projekt betreffen, verwendet man den objektorientierten Projektstrukturplan.

Beispiel 1:
Entwerfen Sie einen objektorientierten Projektstrukturplan für den 4-Bit-Zähler.
Lösung: **Bild 1**

Erweist sich die Gliederung nach Projekten als nicht sinnvoll, kann der funktionsorientierte Projektstrukturplan verwendet werden.

Beispiel 2:
Entwerfen Sie einen funktionsorientierten Projektstrukturplan für den 4-Bit-Zähler.
Lösung: **Bild 2**

Eine Gliederung nach Funktionen ist aber auch nicht immer praxisbezogen. Deswegen werden in der Praxis auch gemischt gegliederte Projektstrukturpläne verwendet. Häufig ist dann die höhere Ebene objektorientiert und die untere Ebene funktionsorientiert. Innerhalb der Ebenen muss die gleiche Orientierung verwendet werden.

Beispiel 3:
Entwerfen Sie einen gemischt orientierten Projektstrukturplan für den 4-Bit-Zähler.
Lösung: **Bild 3**

Meilensteine

Die Fertigstellung eines bedeutenden Projektergebnisses im Projektablauf wird als Meilenstein bezeichnet. Für Meilensteine werden messbare Zwischenergebnisse definiert und ein Termin festgelegt.

- Projektpläne sind
  objektbezogen → welcher Gegenstand?
  funktionsorientiert → welche Tätigkeit?
- Meilenstein:
  „Ein Ereignis besonderer Bedeutung"

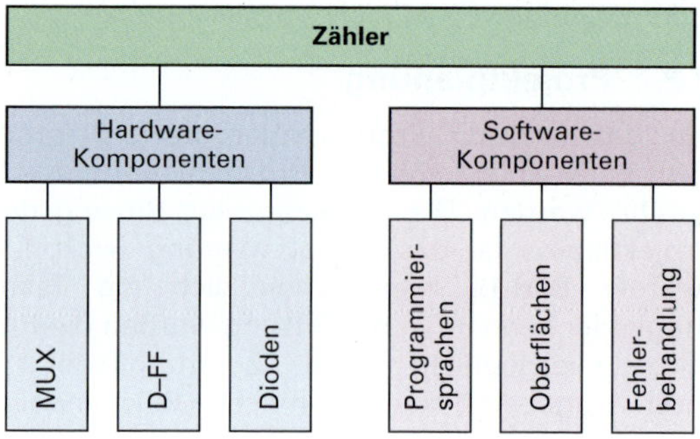

Bild 1: Objektorientierter Projektstrukturplan

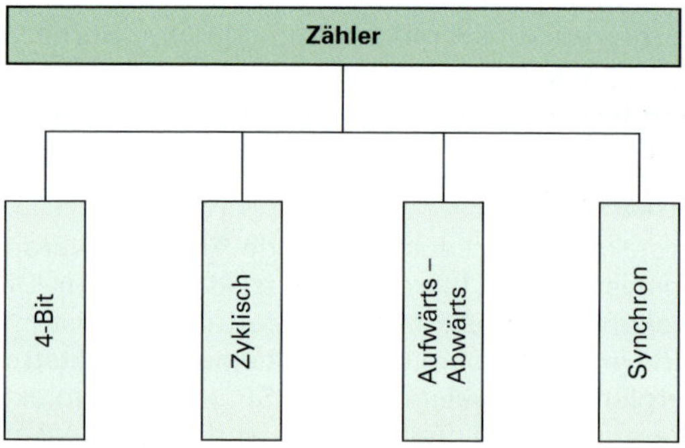

Bild 2: Funktionsorientierter Projektstrukturplan

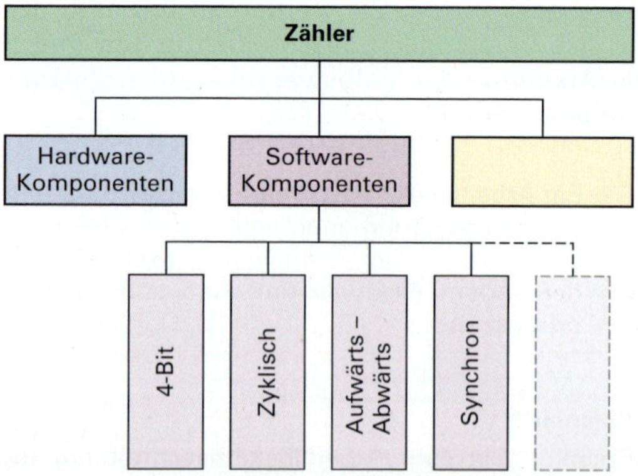

Bild 3: Gemischt orientierter Projektstrukturplan

Projektablaufplan

Nach Abschluss der Arbeitspaketplanung wird die Vorgangsliste erstellt. Sie ist eine tabellarische Zusammenstellung aller Arbeitspakete und enthält wesentliche Informationen aus denen sich im weiteren Verlauf die Terminplanung ableitet (**Bild 1**).

Zur Terminplanung verwendet man in der Praxis folgende Hilfsmittel:

- Industriekalender mit durchnummerierten Arbeitstagen, beziehungsweise Wochen im Jahreskalender,
- Kalender-Balkendiagramm (Gantt-Diagramm),
- Verfahren der Netzplantechnik.

Projektmanagement-Tools, z. B. Artemis oder MS-Project können die Terminplanung wesentlich erleichtern (**Bild 2**).

Balkendiagramme

Gantt-Diagramme zeigen die Dauer von Vorgängen als Balken an (**Bild 3**). Sie haben den Vorteil, dass sie leicht zu verstehen und anzuwenden sind. Die Einteilungen können für Monate, Wochen, Tage oder Stunden vorgenommen werden.
Mit dem Programm MS-Project kann die Vorgangsliste gleich um ein Gantt-Diagramm erweitert werden.

Beispiel 1:
Erstellen Sie mit den Daten von Bild 1 die Vorgangsliste mit einem Gantt-Diagramm.
Lösung: **Bild 4**

Netzplantechnik

Für komplexe Planungen verwendet man die Netzplantechnik (siehe IT-Tabellenbuch). Hierbei verwendet man für jeden Vorgang eine Art Karteikarte, die z. B. Anfangszeitpunkt, Vorgangsnummer und Endzeitpunkt enthält.

> Ein Projektablaufplan beschreibt den geplanten Projektverlauf.
> Der Projektablauf ist der tatsächliche Verlauf des Projektes (Projektdurchführung).

Vorgangsliste
Projekt: 4-Bit-Zähler
Teilprojekt: Hardware-Komponenten

Nr.	Vorgang	Dauer	direkter Vorgänger	Verantwortlicher
001	Kickoff	2 h		Schmidt
002	Unterlagen besorgen	4 h	001	Meier
003	Bauelemente festlegen	6 h	002	Jäger
004	Bauelemente bestellen	2 h	003	Meier

Bild 1: Vorgangsliste

- Open Workbench www.openworkbench.org
- Artemis www.aisc.com
- MS-Project www.microsoft.de

Bild 2: Projektmanagement-Tools

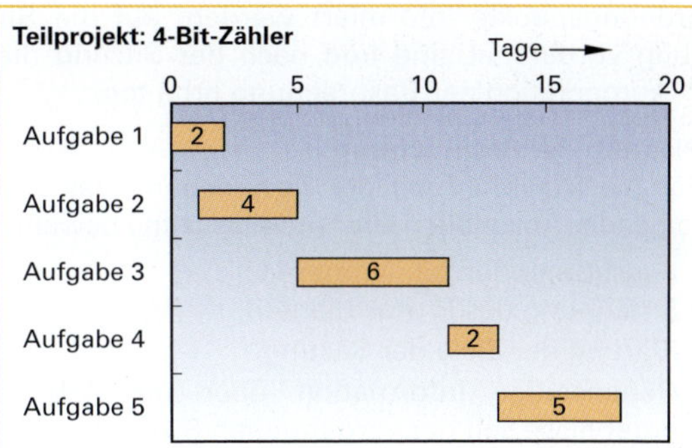

Bild 3: Balkendiagramm mit Tabellenkalkulation

		Vorgangsname	Dauer	Anfang	Ende	Vorgänger
1		Kickoff	1 Tag	Do 19.11.XX	Do 19.11.XX	
2		Unterlagen besorgen	2 Tage	Fr 20.11.XX	Mo 23.11.XX	0
3		Bauelemente festlegen	3 Tage	Do 26.11.XX	Mo 30.11.XX	1
4		Bauelemente bestellen	1 Tag	Do 03.12.XX	Do 03.12.XX	3

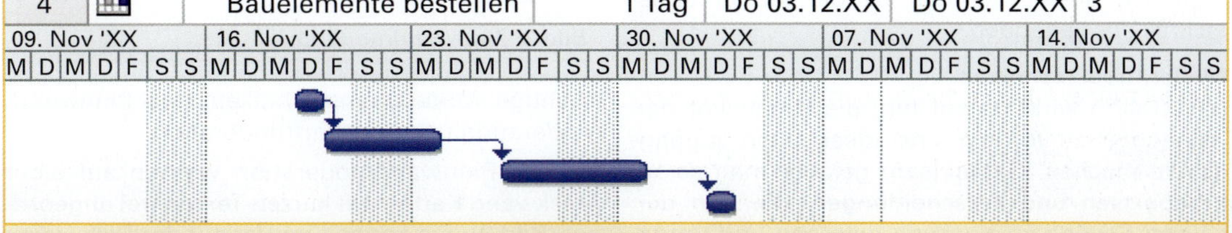

Bild 4: Vorgangsliste mit zugehörigem Gantt-Diagramm

8.3 Projektdurchführung

Die Projektdurchführung ist ein Zusammenspiel von Projektsteuerung, Projekt-Controlling und Projektdokumentation (**Bild 1**).

Projektsteuerung

Die Projektsteuerung ist die zielgerichtete Lenkung aller Tätigkeiten im Rahmen eines Projektes zur rechtzeitigen Fertigstellung des Projektergebnisses zu den vorgegebenen Bedingungen. Die Projektsteuerung übernimmt in der Regel der Projektleiter, bei schulischen Projekten z. B. der Fachlehrer. Die Projektsteuerung steht im Mittelpunkt der Durchführungsphase. Die Steuerung eines Projektes setzt voraus, dass Abweichungen vom richtigen Kurs durch das Projekt-Controlling bemerkt werden.

Teambesprechungen

Die Projektleitung, z. B. der Fachlehrer, führt Besprechungen mit dem gesamten Projektteam, also mit allen Schülern durch. Um die Kontrolle über die wesentlichen Punkte der Entwicklung zu behalten, werden regelmäßig Besprechungen mit den Verantwortlichen (Schülern) der einzelnen Teilprojekte abgehalten (**Bild 2**). Wichtig ist, dass alle Teilnehmer rechtzeitig über die Tagesordnungspunkte informiert werden, auf die Sitzung vorbereitet sind und nach der Sitzung die Dokumentation der Besprechung erhalten.

Planung der Besprechung

Für die Durchführung der Besprechung hat sich folgender Ablaufplan einer Arbeitssitzung bewährt:

- Begrüßung der Teilnehmer/in,
- Ernennung des Protokollanten,
- Klärung der Ziele der Sitzung,
- Gegenseitige Information über die Arbeitsergebnisse seit der vergangenen Sitzung,
- Information über aufgetretene Probleme,
- Entscheidung über das Vorgehen zur Problembehandlung,
- Abarbeiten der Tagesordnungspunkte,
- Vereinbarung von Maßnahmen, die nach der Sitzung zu erledigen sind („To Do's").
- Vereinbarung des nächsten Sitzungstermins.

Je länger die Sitzung dauert und je größer das Team ist, desto wichtiger ist die Moderationstechnik des Leitenden.

Moderationstechniken

Moderation wirkt darauf hin, die Kreativität der Teilnehmer zu fördern und Ideen allen zugänglich zu machen. Gemeinsam gelangt man so zu Ergebnissen und Entscheidungen, die von der ganzen Gruppe im Konsens getragen und umgesetzt werden.

① Projektdefinition
② Projektplanung
→ ③ **Projektdurchführung (Projektablauf)**
④ Projektdokumentation
⑤ Projektabschluss

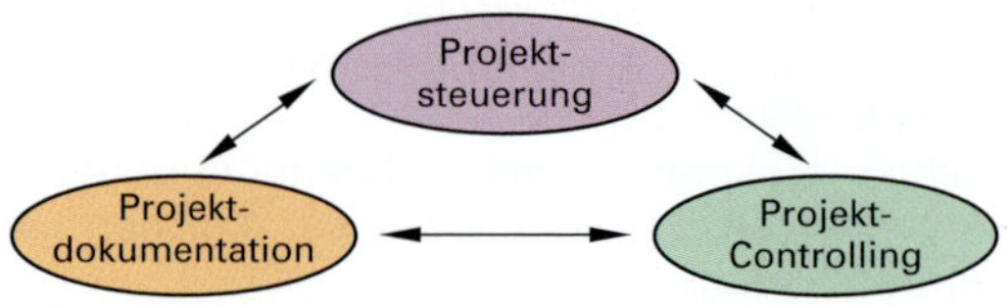

Bild 1: Instrumente der Projektdurchführung

Ziele von Teambesprechungen
→ Orientierung über die Projektentwicklung in den einzelnen Teilbereichen.
→ Aktuelle Probleme werden angesprochen und Lösungen entwickelt.
→ Arbeitsaufträge, die im Projektverlauf entstehen, werden verteilt.
→ Team identifiziert sich mit dem Projekt.

Bild 2: Ziele von Teambesprechungen

Moderieren = durch die Sitzung führen. Moderationstechniken aktivieren alle Teilnehmer zielgerichtet.

Bild 3: Pinnwandmoderation

Wichtige Moderationstechniken sind Pinnwandmoderation und Flipchartmoderation.

Bei der Pinnwandmoderation werden auf einer Steckwand Karten mit kurzen Texten frei angeordnet (**Bild 3**). Sie können im Verlauf der Diskussion neu geordnet werden.

Bei der Flipchartmoderation werden auf dem Flipchart z. B. die Tagesordnungspunkte der Sitzung aufgelistet. Zum Sitzungsabschluss kann das Ergebnis auf einem Flipchart zusammengefasst, oder z. B. in einer To-Do-Liste die nächsten Arbeitsschritte festgelegt werden (**Bild 1**).

Motivation der Teammitglieder

Die Motivation der Teammitglieder durch den Projektleiter ist entscheidend für den Erfolg des Projektes (**Bild 2**).

Folgende Maßnahmen sind dabei eine Hilfe:

- Der Projektleiter pflegt einen kooperativen Führungsstil und tritt nicht autoritär auf.
- Im Rahmen der Sitzungen erfragt der Teamleiter regelmäßig ein Feedback zur Arbeitszufriedenheit.
- Der Teamleiter muss Konflikte und schlechte Stimmung unter den Mitarbeitern ernst nehmen und die Problemursache mit den Betroffenen benennen und beseitigen.

Projekt-Controlling

Das Ziel des Projekt-Controllings ist es, den tatsächlichen Projektablauf in Bezug auf Kosten, Termine und Ergebnisse so gut wie möglich in Übereinstimmung mit dem geplanten Projektablauf zu halten.

In folgenden Bereichen wird das Projekt-Controlling angewendet:

- Termin- und Ablauf-Controlling,
- Kosten-Controlling und
- Ergebnis-Controlling.

Termin- und Ablauf-Controlling

Mit dem Termin- und Ablauf-Controlling prüft man, ob der Projektablaufplan eingehalten wird. Ein Soll-Ist-Vergleich ist die einfachste Form dies zu überprüfen. Verglichen werden die Abweichungen der Ist-Werte von den entsprechenden Soll-Werten zu einem bestimmten Termin (**Tabelle 1**).

Beispiel 1:
Führen Sie eine Soll-Ist-Analyse für den programmierbaren zyklischen 4-Bit-Zähler durch.
Lösung: **Bild 3**

Kosten-Controlling

Auch bei kleinen Projekten ist eine Kostenkontrolle wichtig. Bei Schulprojekten ist meist nur ein bestimmter Etat für Projekte vorhanden.

Ergebnis-Controlling

Durch Ergebnis-Controlling (Qualitätssicherung) sollen z. B. Qualitätsmängel rechtzeitig erkannt und abgestellt werden.

Flipchart:
Großer Papierblock auf einem Gestell
To-do-Liste, oder To Do's:
→ **Was** macht **wer** bis **wann** mit **wem**?

Bild 1: To-do-Liste

Ziele der Motivation der Teammitglieder

→ Die Teammitglieder machen den Projekterfolg zu ihrer Sache.

→ Die Teammitglieder haben Freude an der zugewiesenen Arbeit.

→ Die Projektleitung wird vom Team in ihrer Funktion akzeptiert.

Bild 2: Ziele der Motivation

Soll-Ist-Analyse

Projekt: Programmierbarer zyklischer 4-Bit-Zähler
Datum: 17.01.XX

	Soll	Ist
Beschaffungskosten	300 €	150 €
Arbeitszeit	30 Tage	10 Tage
Termin Teil 1	15.01.XX	10.01.XX

Bild 3: Einfache Soll-Ist-Analyse

Aufgabe

① Stellen Sie typische Ursachen für Soll-Ist-Abweichungen in Projekten in einer Tabelle zusammen.

Tabelle 1: Ursachen von Soll-Ist-Abweichungen

Planungsfehler	Ausführungsfehler	Änderungen der Rahmenbedingungen

8.4 Projektdokumentation

Die Projektdokumentation informiert die Projektbeteiligten in allen Phasen des Projekts. Sie findet also während der Laufzeit des ganzen Projekts statt. Man unterscheidet zwischen Prozessdokumentation und Produktdokumentation.

Prozessdokumentation
In der Durchführungsphase des Projekts werden meist folgende Dokumente erstellt:

- Protokolle von Teambesprechungen,
- Statusberichte als periodischer Bericht zum Projekt und
- Sonderberichte, wenn der Projektverlauf gefährdet ist.

Statusberichte können Angaben zur Projektentwicklung, zum Ergebnisstand, zu Soll-Ist-Vergleichen sowie zu Problemen und geplanten Problemlösungen enthalten. Die Planung eines solchen Berichts kann z. B. mit den Vorgaben des Mindmaps **Bild 1** erfolgen.

Beispiel 1:
Erstellen Sie einen Projektfortschrittsbericht für das Projekt „Frei programmierbarer zyklischer 4-Bit-Zähler".
Lösung: **Bild 2**

Produktdokumentation
Durch die Produktdokumentation ist der innere Aufbau eines Produktes auch zu einem späteren Zeitpunkt nachvollziehbar. Produktdokumentationen findet man in vielen technischen Bereichen (**Bild 3**).
Bei der Software-Erstellung kann die Dokumentation im Programm zeilenweise ergänzt werden. Eine weitere Möglichkeit ist eine Beschreibung in HTML, die auch als Hilfe-Funktion für das Programm verwendbar ist.

① Projektdefinition
② Projektplanung
③ Projektdurchführung (Projektablauf)
→ ④ **Projektdokumentation**
⑤ Projektabschluss

Projekt:	**Frei programmierbarer zyklischer 4-Bit-Binärzähler** **Projektfortschrittsbericht** Soll-Ist Analyse		
Datum:	xx.yy.zz ...		
Verteiler:	an die Mitarbeiter		
Erstellt von:	Projektleiter		
Projektstatus:	grün	(o.k.)	☐
	gelb	(einige Schwierigkeiten)	☐
	rot	(erhebliche Probleme)	☐
Inhalt:	Festlegen der Grobziele		**Zeitvorgabe in Stunden**

Soll-Ist-Zustand
Soll: Zähler nach Vorgabe
Ist: Zur Verfügung stehen PCs mit MS-Office-Paket, Simulation mit Multisim und ISPL, Programmiersprachen C++, Pascal, Delphi, Java oder Flash, Informationsrecherche über Internet und Fachliteratur,
Fachliteratur steht zur Verfügung
Rechnerraum für Projektarbeit (16 Arbeitsplätze)

Grobziele
Informationsrecherche
Festlegen der Programmiersprache
Dokumentation (Vorgaben)
Einteilung der Mitarbeiter
Erarbeiten von Lösungsvarianten
Systemgrenzen festlegen

Bild 2: Projektfortschrittsbericht

Produktdokumentationen

→ Technische Zeichnungen
→ Grundrisse
→ Schaltpläne
→ Bedienungsanleitungen
→ Programmdokumentation, z. B. in Javadoc

Bild 3: Beispiele für Produktdokumentationen

- Die Prozessdokumentation dokumentiert den **Prozessverlauf**.
- Die Produktdokumentation dokumentiert das **Projektergebnis**.

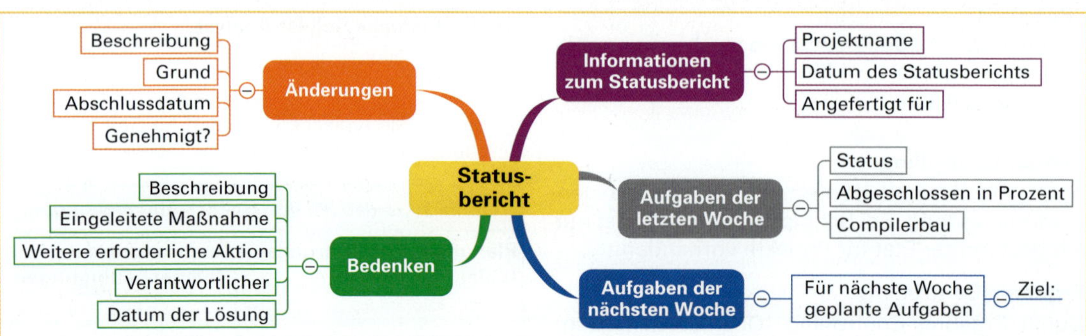

Bild 1: Mindmap zum Statusbericht

Projektabschlussdokumentation

In der Projektabschlussdokumentation werden die Ergebnisse und Erkenntnisse der Projektarbeit zusammengefasst. Der Aufbau dieser Dokumentation soll sich an den formalen Kriterien einer wissenschaftlichen Arbeit orientieren (**Bild 1**). Die Dokumentation dient auch als Nachschlagewerk während und nach dem Ende des Projektes (**Bild 2**).

> Die Projektdokumentation ist ein Nachschlagewerk während des Projekts und nach Projektende.

1. Deckblatt

Auf dem Deckblatt **Bild 3** sind folgende Informationen aufzuführen:

- Veranstaltung, in der die Arbeit erstellt wurde,
- Projektgruppe und das genaue Thema,
- Autor oder Autoren der Arbeit,
- Veranstaltungsort und Veranstaltungsjahr und
- der Projektbetreuer.

Das Deckblatt ist das erste, was man von der Projektarbeit zu sehen bekommt. Das Deckblatt soll einen schnellen Überblick über Verfasser und Thema geben.

> Der **erste positive Eindruck** wird durch das Deckblatt der Dokumentation vermittelt.

Für entsprechende Themen können Deckblätter von Dokumentationen auch grafisch kreativ gestaltet werden.
Eine Hilfe für die Deckblattgestaltung sind z. B. Multimediaprogramme von Adobe oder Corel.

2. Ergänzungen

Zu den Ergänzungen am Schluss der Arbeit gehören:

- Eine Erklärung über die eigenständige Erstellung der Arbeit,
- ein Literatur- und Abbildungsverzeichnis und
- der Anhang.

Erklärung

Die Erklärung wird meist als letzte Seite der Arbeit eingefügt (**Bild 4**).

Jedem Ersteller der Dokumentation einer solchen Projektarbeit sollte klar sein, dass „Abschreiben" ohne Quellenangabe und Kenntlichmachung ein Verstoß gegen die Regeln wissenschaftlichen Arbeitens darstellt und zudem auch Diebstahl des geistigen Eigentums eines Anderen ist (Urheberrecht). Dies gilt auch für Übernahmen aus dem Internet.

Formale Kriterien:

1. Deckblatt ☑
2. Ergänzungen ☑
3. Textteil ☑
4. Inhaltsverzeichnis ☑
5. Form ☑
6. Typografie ☑
7. Zitate ☑
8. Literatur ☑

Bild 1: Projektabschlussdokumentation

Eine gute Projektdokumentation

→ ist klar und einheitlich strukturiert,
→ ist unkompliziert geschrieben und so für jeden verständlich,
→ verfügt z. B. über Referenzen, Begriffserklärungen, Beispiele, Grafiken, Checklisten,
→ hat einen ausgewiesenen Autor,
→ enthält Beiträge aller Teammitglieder.

Bild 2: Inhalte und Regelungen

Projektabschlussbericht

des Projektteams des Projekts
„Simulation eines 4-Bit-Steuerwerks mit Zähler"
in der Klasse ITG 11/2

an der Robert-Bosch-Schule Ulm

vorgelegt von
Elmar Dehler und Ralf Bär

Leiter des Projektes: Niko Hammer

Schuljahr: 201X/201X

Bild 3: Beispiel für das Deckblatt einer Schlussdokumentation

„Hiermit versichere ich, die vorliegende Arbeit selbstständig verfasst und keine anderen als die angegebenen Hilfsmittel benutzt zu haben."

Unterschrift

Bild 4: Text einer Muster-Erklärung

Literaturverzeichnis

Im Literaturverzeichnis werden alle Literaturquellen aufgelistet, die in der Arbeit sinngemäß oder wörtlich zitiert werden. Ein solches Verzeichnis kann automatisch mithilfe eines Textverarbeitungsprogramms erstellt werden (**Bild 1**).

Abbildungsverzeichnis

Grafische Darstellungen wie z. B. Tabellen, Schaubilder, Fotos und Diagramme werden nummeriert und im Abbildungsverzeichnis aufgelistet. Auch dieses Verzeichnis kann mit einem Textverarbeitungsprogramm erstellt werden.

Anhang

Im Anhang werden ergänzende Unterlagen aufgeführt. Dies sind z. B. Fotografien, verwendete Fragebögen, Interviewberichte und Listings von Programmen.

3. Formvorschriften zur Schlussdokumentation

Äußere Gestaltung

Schlussdokumentationen müssen zur Vergleichbarkeit bestimmten Formvorschriften genügen (**Bild 2**). Oft werden drei gebundene Exemplare der Dokumentation verlangt. Zwei Exemplare für die Korrektur und ein Belegexemplar für die Schülerbibliothek, z. B. als PDF-Dokument in digitaler Form. Dokumentationen dürfen keine Verunreinigungen, z. B. Kaffeeflecken, Knicke oder Eselsohren haben. Grundsätzlich werden Dokumentationen im Format A4 erstellt. Jede Seite wird nur einseitig bedruckt. Meist wird handelsübliches Schreibmaschinenpapier oder Kopierpapier mit 80 g/m² verwendet. Weißes Papier eignet sich besser als Umweltpapier, wenn Farbabbildungen verwendet werden.

Schriftarten und Schriftgrößen (Formatierungen)

Die Projektdokumentation soll gut und ermüdungsfrei lesbar sein. Deshalb empfiehlt es sich dem Auge des Lesers Anhaltspunkte und Orientierungspunkte zu geben. Für den Fließtext sind Schriftarten geeignet, die Serifen (franz. Füßchen) verwenden (**Bild 3**). Für Überschriften kann die gleiche Schriftart beibehalten werden. Für eine ansprechende optische Gestaltung können auch serifenlose Schriften verwendet werden. Hauptkapitelüberschriften werden z. B. in der Größe 16 pt (16 · 0,3527 mm = 5,64 mm) geschrieben (**Bild 4**), Texte in 10 pt bis 12 pt.

Beispiel 1:
Berechnen Sie die Schrifthöhen für
a) 14 pt, b) 12 pt und c) 10 pt.
Lösung: a) 4,94 mm, b) 4,23 mm, c) 3,52 mm.

> Schriftgrad
> http://de.wikipedia.org/wiki/Schriftgrad
> 1 pt bedeutet 1/72 inch = 0,0138 inch oder 0,3527 mm; pt von point = Punkt

Bild 1: Quellen verwalten in Word

Äußere Gestaltung der Dokumentation

→ Gebundene Dokumentation
→ Sauberkeit der Dokumentation
→ Papierformat A4 und Papierqualität

Bild 2: Äußere Gestaltung

Schriftarten für Überschriften ohne Serifen

Arial:	Projektarbeit
Verdana:	Projektarbeit

Schriftarten für Texte mit Serifen

Times New Roman:	Text im Blocksatz
Georgia:	Text im Blocksatz

Bild 3: Schriftarten für Überschriften und Texte

1. Hauptkapitelüberschrift
16 pt

1.1 Unterkapitelüberschrift 1
14 pt

1.1.1 Unterkapitelüberschrift 2
12 pt

Bild 4: Schriftgrößen für Überschriften

Überschriften schreibt man linksbündig, mit einem entsprechenden Abstand zum folgenden Text.

Der Text wird meist als Blocksatz oder Flattersatz mit 1,5-zeiligem Abstand geschrieben.
Für Tabellen, Bildunterschriften, Fußnoten und längere Zitate legt man weitere Formate fest, die einheitlich für das ganze Dokument gelten.

Seitenränder

Obere und untere Ränder wählt man zwischen 2,0 cm und 2,5 cm aus. Beim linken und rechten Rand stellt man 2,5 cm bis 3,0 cm ein. Die Einstellung wird im Textverarbeitungsprogramm vorgenommen (**Bild 1**).

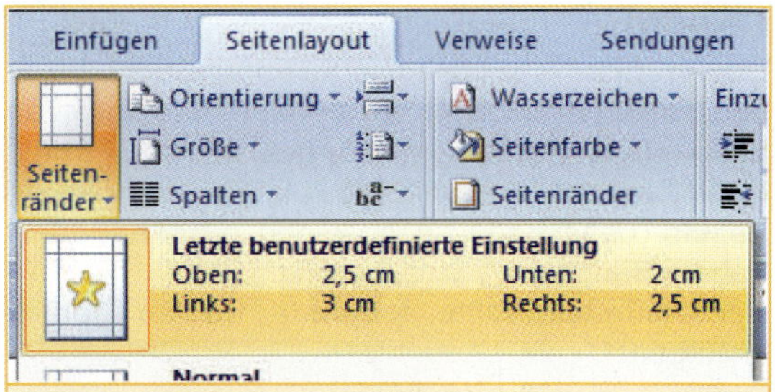

Bild 1: Seitenränder einstellen

Inhaltsverzeichnis

Das Inhaltsverzeichnis ist meist nach dem Deckblatt die zweite Seite der Dokumentation. Es enthält alles, was schriftlich in der Projektarbeit vorkommt. Die Nennung der Kapitel und Unterkapitel ermöglicht einen genauen Überblick über den Inhalt und die Struktur der Arbeit. Durch die Angabe von Seitenzahlen können einzelne Kapitel schnell gefunden werden.

Die Struktur ist ein Kompromiss zwischen zu wenig Gliederungsebenen, z. B. „Einleitung, Hauptteil und Schluss“ und einer zu großen Gliederungstiefe mit mehr als drei Gliederungsebenen (**Bild 2**). In der Regel verwendet man eine dezimale Gliederung.

Bild 2: Dezimale Gliederungsebenen

> Hauptkapitelnummern und die letzte Ziffer einer Gliederung erhalten keinen Dezimalpunkt.

Ist eine Unterteilung eines Gliederungspunktes, z. B. Kapitel 3, nötig, muss dieser in mindestens zwei Unterpunkte, z. B. 3.1 und 3.2, gegliedert werden. Auf jeden Fall wird die Stimmigkeit geprüft (**Bild 3**).

Prüfkriterien

- Kapitelüberschriften im Inhaltsverzeichnis und im Text müssen gleich sein.
- Überschriften sollen klar bezeichnen, wovon der folgende Text handelt.
- Das Inhaltsverzeichnis stimmt mit der Arbeit überein.

Bild 3: Prüfung auf Stimmigkeit

Textteil

Der Textteil besteht aus vier Teilen, die bestimmte Inhalte abdecken sollen (**Bild 4**).

Aufbau und Länge des Textteils

- **Vorwort und Danksagung:** Länge max. eine Seite
- **Einleitung:** Umfang ca. 10 % des Gesamttextes
- **Hauptteil:** Umfang ca. 80 %
- **Schluss:** Umfang ca. 10 %

Bild 4: Einteilung des Textteils

Vorwort und Danksagung

Ein kurzes Vorwort ist bei schriftlichen Abhandlungen oder Büchern üblich. Vorworte können auch persönliche Aussagen (Statements) enthalten. Im direkten Anschluss ist es eine nette Geste, den unterstützenden Kräften des Projektes Dank auszusprechen.

Einleitung

> Die Aufgabe der Einleitung ist es, dem Leser einen Eindruck zu vermitteln, was ihn auf den nächsten Seiten erwartet.

Die Einleitung soll folgende Inhalte enthalten:

- Begründung und Eingrenzung des Themas, z. B. durch Einordnen in einen größeren Zusammenhang.
- Ziel der Arbeit, z. B. durch Leitfragen, die im Hauptteil zu beantworten sind.
- Die Beschreibung der Gliederung, die im Hauptteil zur Anwendung kommt.

Hauptteil

Der Hauptteil einer Schlussdokumentation nimmt den meisten Raum ein, je nach Umfang von Einleitung und Schlussteil ungefähr 80 %. Für die Erstellung der Dokumentation sollte man einige Regeln beherzigen, d. h. einen „roten Faden“ haben (**Bild 1**).
Der Hauptteil sollte folgende Punkte berücksichtigen:

- Beschreibung der Probleme,
- zu untersuchende Fragestellungen,
- methodisches Vorgehen beim Lösen der Probleme,
- Auswertung von verwendeter Literatur, Befragungen, Tests, Versuchen,
- Darstellung und Bewertung der gefundenen Ergebnisse,
- systematischer Aufbau (**Bild 2**).

Prüfkriterien

- Auf inhaltlich wichtige Punkte beschränken.
- Auf die zugrundeliegende Fragestellung achten.
- Nicht Projektspezifisches weglassen.
- Formulierungen in Fachsprache verwenden.
- Sachlich formulieren.

Bild 1: Regeln für die Dokumentation

Systematischer Aufbau durch

→ Nummerierung der Abschnitte

und Beschriftung und Nummerierung von

→ Abbildungen
→ Tabellen
→ Diagrammen

Jeweils mit Angabe der verwendeten Quellen.

Bild 2: Aufbau und Gliederung des Hauptteils

Schluss des Textteils

Der Schluss der Dokumentation beinhaltet eine

- mögliche Weiterführung des Projektes,
- Reflexion über das Projekt,
- Auswertung der Projektarbeit.

Zitate

Zu den Regeln des wissenschaftlichen Arbeitens gehört es, dass gemachte Aussagen für jedermann nachprüfbar sind. Deshalb werden die Gedanken Anderer als Zitat kenntlich gemacht. Es werden wörtliche Zitate und sinngemäße Zitate verwendet (**Bild 3**).

Das **wörtliche (direkte) Zitat** ist die Grundform des Zitierens. Es ist eine direkte Wiedergabe von mündlichen oder schriftlichen Äußerungen, die nicht verändert werden dürfen. Das Zitat wird durch Anführungszeichen („ ... “) gekennzeichnet.

Beim **indirekten Zitat** wird die Aussage eines Autors sinngemäß mit eigenen Worten wiedergegeben. So können längere Zitate ohne den Sinn zu entstellen gekürzt werden. Sinngemäße Zitate werden ohne Anführungszeichen zitiert.

Wörtliches (direktes) Zitat

Der Text wird wörtlich, d. h. originalgetreu, mit Hervorhebungen und Rechtschreibfehlern aus der Quelle in die eigene Arbeit übernommen.

Sinngemäßes (indirektes) Zitat

Sinngemäße Übernahme von Gedanken einer Quelle.

Zitatkennzeichnung

Jedes Zitat sollte durch Beleg gekennzeichnet werden.

Bild 3: Zitatarten und Kennzeichnung

Zitate belegen

Die Kennzeichnungspflicht von Zitierquellen kann mit der amerikanischen Zitierweise (Harvard-System) oder mit der deutschen Zitierweise (mit Fußnoten) erfolgen (**Bild 4**).
Beim Harvard-System wird im Text in Klammern der Nachname, das Erscheinungsjahr der Quelle und z. B. die Seitenzahl angegeben. Der ausführliche Titel wird im Literaturverzeichnis angeführt. Beim deutschen System wird die Quelle des Zitats z. B. mit einer kleinen Hochzahl angegeben. In der Fußnote unten auf der Seite wird die vollständige Quelle angeführt.

Zitierquellen

- Bücher,
- Aufsätze aus Zeitschriften und Sammelbänden,
- Internet, E-Mail, Mailing-Liste, WWW
- DVD, CD-ROM, Audio-Video-Kassetten,
- Rundfunk, Fernsehen, TV
- Gesetzestexte. §§§

Bild 4: Zitierquellen

Belege für Internet-Quellen sind mit Name, Vorname: Titel (Datum der Veröffentlichung), URL: (Stand: Datum des letzten Aufrufs) zu zitieren.

8.5 Projektabschluss

8.5.1 Die Präsentation

Produkte verkaufen sich selten von allein. Wichtig ist es, sich und seine eigene Leistung zusammen mit dem Produkt ins Bild zu setzen, d. h. zu präsentieren.

> Präsentation ist die verständliche Weitergabe von aufbereiteten Informationen.

8.5.1.1 Die Präsentationstechnik

Die Präsentation ist eine Veranstaltung, bei der ein Referent oder ein Referenten-Team einem ausgewählten Teilnehmerkreis vorbereitete Inhalte vorstellt. Die Teilnehmer sollen vom Nutzen des Projekts überzeugt werden.

> Präsentationen leben vom Referenten und vom „Produkt", das er anbietet.

Vom Vortragenden einer Präsentation werden viele Fähigkeiten erwartet. Präsentationstechniken stellen große Anforderungen an die Informationskompetenz, das effektive Arbeiten, die Kommunikationsfähigkeit und die Kreativität.

Eine Präsentation lebt von der anschaulichen Situation. Es gibt keine allgemeingültigen Regeln, die den Erfolg garantieren. Trotzdem ist es wahrscheinlich, dass mit

- einer klar erkennbaren Struktur,
- einem situationsgerechten Technikeinsatz, z. B. durch Visualisierung und
- guter kommunikativer und fachlicher Kompetenz (Präsentationsverhalten)

die Präsentation zum Erfolg wird.

8.5.1.2 Planen einer Präsentation

Der Erfolg einer Präsentation hängt ganz entscheidend von ihrer Vorbereitung ab. An keiner Stelle sonst kann der Referent so stark Einfluss auf das Gelingen der Präsentation nehmen. Bei der Planung werden fünf Punkte berücksichtigt (**Bild 1**).

Thema und Ziel

Thema und Ziel einer Präsentation dürfen nicht verwechselt werden. Das Thema kann z. B. das Projekt „4-Bit-Zähler" sein. Das Ziel der Präsentation ist die Überzeugung der Teilnehmer, eine Hardware-Ausführung als nächstes Projekt zu realisieren.

Das Ziel einer Präsentation muss so exakt wie möglich formuliert werden (**Bild 2**).

> Das Ziel einer Präsentation ist genau festzulegen.

> ① Projektdefinition
> ② Projektplanung
> ③ Projektdurchführung (Projektablauf)
> ④ Projektdokumentation
> → ⑤ **Projektabschluss**

Planen der Präsentation
→ Wie heißt mein Thema?
→ Welches Ziel habe ich?
→ Vor welcher Zielgruppe wird präsentiert?
→ Welche Inhalte müssen vermittelt werden?
→ Welcher Ablauf ist geeignet?

Bild 1: Vorbereitung einer Präsentation

Bild 2: Zielsetzung einer Präsentation

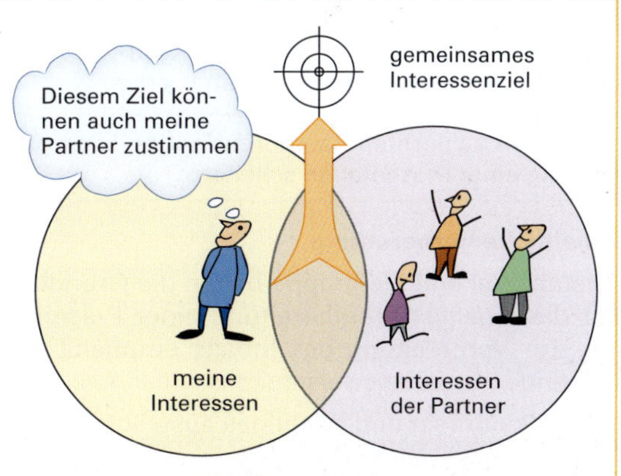

Bild 3: Interessenausgleich

Bei der Zielsetzung ist zu fragen, ob das Ziel für beide Seiten annehmbar ist. Beide Seiten sollten bei einer Präsentation gewinnen (**Bild 3**).

Zielgruppe

Selten besteht das Publikum einer Präsentation aus einer homogenen Gruppe. Bei einer Kleingruppe kann ein Referent einen direkten Dialog führen. Mit steigender Zuhörerzahl nimmt auch der Redeanteil des Präsentators zu (**Bild 1**). Der Zeitbedarf für die Präsentation wächst. Sind mehr als 20 Zuhörer anwesend, ist eine Abschlussdiskussion kaum sinnvoll. Es empfiehlt sich dann, nur noch Fragen an den Referenten zuzulassen. Bei der Planung einer Präsentation sollte also der Teilnehmerkreis analysiert werden.

> Bei einer Präsentation muss die Zusammensetzung des Teilnehmerkreises berücksichtigt werden.

Räumlichkeiten

Vor einer Präsentation muss sich der Referent unbedingt mit den Räumlichkeiten vertraut machen, in denen die Präsentation stattfinden soll. Größe und Gestaltung eines Raumes beeinflussen die Medienwahl und die Sitzordnung der Zuhörer.

Die am häufigsten gewählten Sitzordnungen sind die U-Form und die Kinobestuhlung. Der Vorteil bei einer halbkreisförmigen Form liegt darin, dass jeder jeden sehen kann. Damit wird eine aktive Diskussionsteilnahme erleichtert (**Bild 2**). Bei einer kreisrunden Sitzanordnung können wegen der uneinheitlichen Blickrichtung nicht alle Teilnehmer dem Medieneinsatz problemlos folgen.

> Eine kreisförmige Sitzordnung erschwert den Medieneinsatz.

Der Vorteil der Kinobestuhlung ist darin zu sehen, dass sie platzsparend ist und sich damit gut für Präsentationen vor großen Gruppen eignet (**Bild 3**). Diskussionen werden aber erschwert.

> An einer schlechten Raumorganisation kann der Erfolg einer Präsentation scheitern.

Inhaltliche Vorbereitung

Thema, Ziel und Zielgruppe bilden die Grundlage für die inhaltliche Aufbereitung einer Präsentation. Zur Vorbereitung des Inhalts empfiehlt sich folgende Vorgehensweise:

- Stoff sammeln und Wichtiges auswählen,
- Verdichtung des Stoffes und
- Visualisierung der ausgewählten Inhalte.

Aus den gesammelten Informationen werden die für die Präsentation wichtigen Inhalte ausgewählt. Danach sind die gefundenen Schwerpunkte nach Inhalt, Ziel und Zielgruppe zu komprimieren (**Bild 4**).

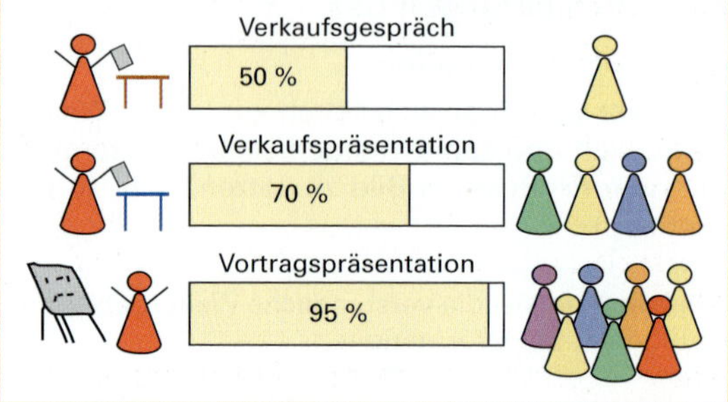

Bild 1: Kommunikationsanteile

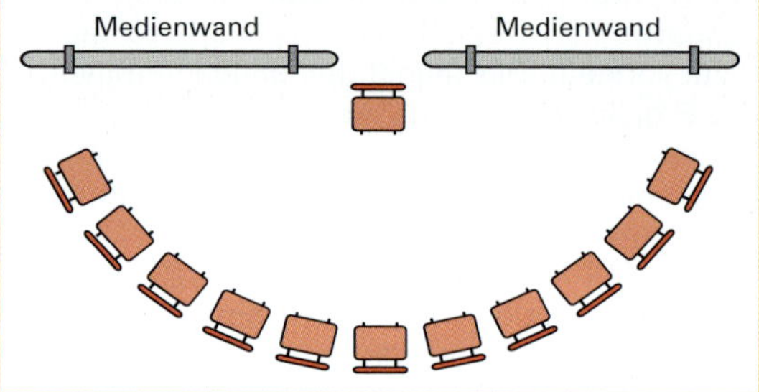

Bild 2: U-Form-Bestuhlung

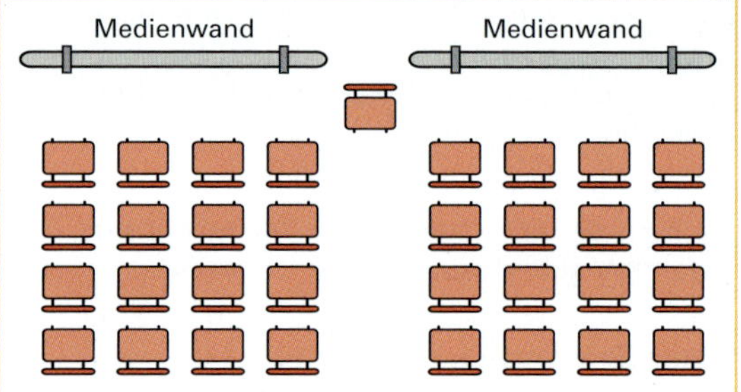

Bild 3: Kinobestuhlung

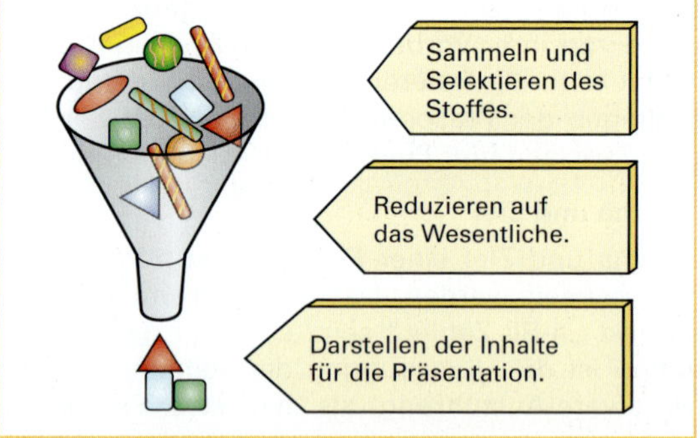

Bild 4: Vorbereiten der Präsentation

Wichtig ist die Reduktion auf wenige Kernaussagen. Sie müssen alle bedeutsamen Argumente in griffiger, leicht merkbarer Form enthalten.

Kernaussagen bündeln die Energie und Aufmerksamkeit des Referenten schon während der Vorbereitung und später beim Vortrag.

Für eine Präsentation braucht man drei oder vier Kernaussagen.

Werbeslogans sind als Kernaussagen nicht geeignet, da sie nicht authentisch sind und nachgeplappert wirken. Die richtige Kernaussage zielt auf das, was man erreichen will. Kernaussagen baut man auch in die visuellen Hilfsmittel und in die schriftlichen Unterlagen mit ein. Damit helfen Kernaussagen automatisch bei der Vorbereitung und vermeiden ein Abschweifen vom Thema. Mithilfe der Kernaussagen lassen sich alle Argumente und Informationen auf Zielgenauigkeit prüfen (**Bild 1**).

Bild 1: Kernaussagen einer Präsentation

Klare Kernaussagen bei der Präsentationsvorbereitung helfen den Fokus auf das Wesentliche zu richten.

8.5.1.3 Visualisierung

Menschen nehmen die meisten Informationen mit den Ohren und Augen auf. Die Behaltensquote durch Hören beträgt etwa 20 % des Gehörten (**Bild 2**). Durch Bilder werden Informationen besser im Gedächtnis verankert. Mit einer visuellen (bildlichen) Darstellung behält der Zuhörer bis zu 30 % der Information. Menschlich ist aber auch, vieles wieder zu vergessen. Einprägsame Bilder verbessern den Informationstransport (**Bild 3**).

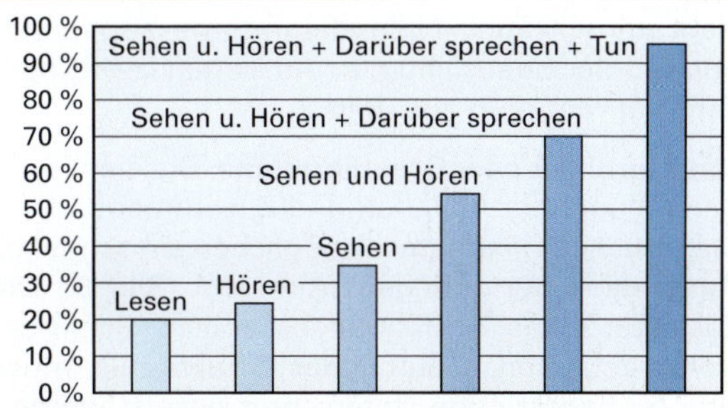

Bild 2: Behaltensquote von Menschen

Präsentationen mit visuellen Hilfsmitteln wirken überzeugend und professionell.

Bild 3: Informationsverankerung durch einprägsame Bilder

Visuelle Hilfsmittel erleichtern das Verständnis. Zuviel oder falsch eingesetzte Medien können die Teilnehmer verwirren und vom eigentlichen Inhalt ablenken.

Visuelle Hilfsmittel sind kein Ersatz für ein gutes Präsentationskonzept.

Für eine interessante und abwechslungsreiche Präsentation reichen Textbilder, Tabellen, Diagramme und Strukturbilder aus.

Textbilder. Sie eignen sich für stichwortartige Aufzählungen und Inhaltsübersichten. Oft werden Punkte oder Kugeln (bullets, sprich: 'bʊlɪt) zum Gliedern verwendet. Ein Textbild sollte höchstens 25 Worte enthalten.

Beispiel 1:
Erstellen Sie ein Bullet-Chart, das die Merkmale und Vorteile von Textbildern auflistet.

Lösung: **Bild 4**

Textbilder sind

- einfach
- knapp
- prägnant
- bieten eine Hilfe für den Zuhörer
  - sichern den Überblick
  - erleichtern das Mitdenken
- bieten eine Hilfe für den Vortragenden
  - Stichwortgeber
  - Filter für Unwichtiges
  - einfach herzustellen

Bild 4: Textbild (Bullet-Chart)

Textbilder stellen den Inhalt einer Präsentation in Kurzform dar.

Texttabellen. Mit ihnen kann man verschiedene Punkte oder Inhalte gegenüberstellen. Eine Tabellenstruktur wirkt übersichtlich und macht das Vergleichen der Fakten leichter (**Bild 1**).

Tabellen strukturieren Informationen.

Diagramme. Große Datenmengen lassen sich durch verschiedene Diagrammarten darstellen. Je nach gewünschter Aussage verwendet man verschiedene Diagrammarten. Balkendiagramme werden oft für die Überwachung von Zeitvorgängen angewendet. Mit Office-Programmen lassen sich verschiedene Diagramme erstellen. Es werden neben Kreis-, Säulen-, Balken- und Blockdiagrammen auch Liniendiagramme angeboten. Anhand der beabsichtigten Aussagen wählt man den Diagrammtyp aus (**Bild 2**).

Strukturbilder oder Organigramme. Sie dienen zur Darstellung von Abläufen und Zusammenhängen. Die visuellen Hilfsmittel ermöglichen ein schnelles Verständnis bei geringem Aufwand (**Bild 3**). Die Kästchen eines Strukturbildes sollten Schlüsselworte enthalten. Unter jedes Strukturbild muss eine aussagekräftige Unterschrift gesetzt werden. Dies verstärkt die zu transportierende Botschaft.

Strukturbilder entwickeln durch ihr logisches Aussehen eine hohe Suggestivkraft.

8.5.1.4 Durchführung der Präsentation

Entscheidend für das Erreichen der Ziele ist die Beherrschung der richtigen Präsentationstechnik. Der Ablauf der Präsentation muss nicht nur logisch sondern auch psychologisch gegliedert sein. Grundsätzlich gliedert man eine Präsentation in drei Teile: Einleitung, Hauptteil und Schluss. Es hat sich bewährt, eine Anfangsordnung vorzugeben, diese dann in Frage zu stellen und schließlich in neuer Form wieder herzustellen (**Bild 4**).

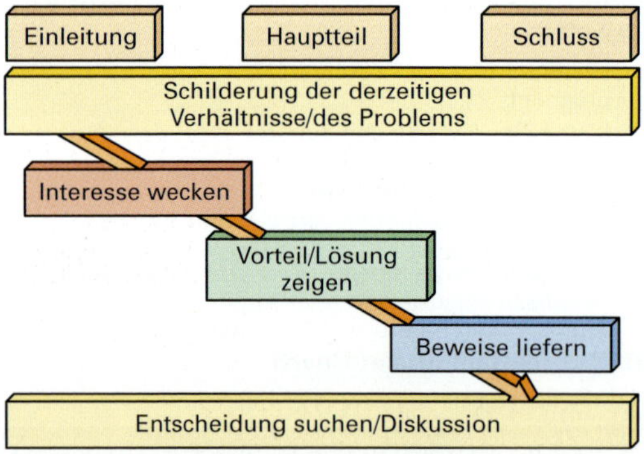

Bild 4: Gliederung einer Präsentation

	Produkt A	Produkt B	Produkt C
Leistung	✓✓	✓	✓✓✓
Preis	✓✓✓	✓✓	✓✓
Garantie	✓✓✓	✓	✓✓
Bewertung	1	2	3

Bild 1: Texttabelle

Diagrammtyp	**beabsichtigte Aussage**		
	Anteil	**Kontrast**	**Trend**
Kreis	✓	✓	
Säule		✓	✓
Balken		✓	
Block	✓	✓	✓
Linien		✓	✓

Bild 2: Aussagen von Diagrammarten

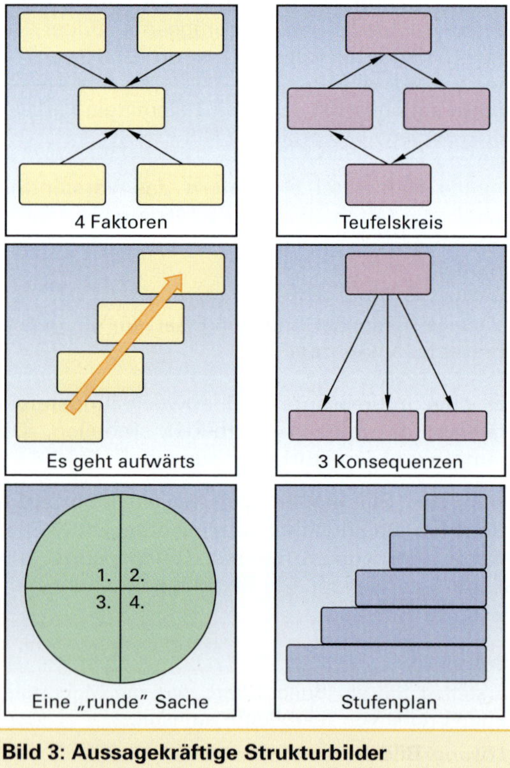

Bild 3: Aussagekräftige Strukturbilder

Gliederung einer Präsentation. Sie besteht aus der Einleitung, dem Hauptteil mit Kernaussagen, der Zusammenfassung der Inhalte und dem Abschluss. Dieser kann, je nach Zuhörerkreis, mit einer Abschlussdiskussion oder einer Befragung des Präsentierenden enden.

8 Regeln für das Präsentieren (Bild 1)

① Der Erfolg einer Präsentation hängt ganz entscheidend vom Präsentierenden ab. Also vom Vermögen, den Teilnehmerkreis fachlich zu überzeugen und persönlich für sich einzunehmen. Ein Präsentator muss vor allem selbst präsent sein. Er selbst ist sein bestes visuelles Hilfsmittel.

② Es ist einfacher, die Zuhörer von Anfang an durch einen Spannungsbogen bei Laune zu halten, als ein ermüdetes Publikum wieder wach zu rütteln. Nur ein Vortragender, der von seiner Idee überzeugt ist, wird auch andere begeistern. Es ist wichtig, für erhöhte Aufmerksamkeit und Neugier zu sorgen. Beim Publikum soll Spannung erzeugt werden.

③ Betonen Sie die wichtigen Dinge und machen Sie an den entscheidenden Punkten eine Pause. Üben Sie vorher die schwierigen Zungenbrecher und passen Sie die Stimmlage an.

④ Menschen die positiv und selbstbewusst auftreten haben mehr Erfolg. Lächeln Sie bei ihrer Präsentation, denn Lächeln ist eine vertrauensbildende Maßnahme. Vermeiden Sie aber andauerndes Grinsen.

⑤ Schauen Sie nicht über die Köpfe ihrer Zuhörer hinweg. Durch Blickkontakt binden Sie die Aufmerksamkeit auf sich. Gleichzeitig bekommen Sie Rückmeldungen, wie das, was Sie sagen, beim Zuhörer ankommt. Nehmen Sie eine Position ein, von der Sie alle Zuhörer gut sehen können. Drehen Sie den Zuhörern niemals beim Sprechen den Rücken zu. Damit versteht man Sie nicht nur wesentlich schlechter, auch der Blickkontakt ist aufgehoben. Ein Anlass für das Publikum, sich vom Thema und Vortragenden abzuwenden.

⑥ Stehen Sie aufrecht und bewegen Sie sich frei, aber in Maßen (**Bild 2**). Zuviel Bewegung lenkt eher ab. Die Körperhaltung verrät Ihre Einstellung zum Publikum. Setzen Sie Mimik und Gestik ein (**Bild 3**). Die Gestik der Hände sollte das betonen, was Sie zu sagen haben, aber nicht zu theatralisch wirken.

⑦ Um eine Präsentation ruhig und gelassen durchzustehen, wenden Sie die 4-S-Regel an (**Tabelle 1**). Damit lässt sich die Nervosität bekämpfen.

⑧ Das äußere Erscheinungsbild sollte stets den Erwartungen des Publikums angepasst sein. Kleiden Sie sich dezent.

Bild 2: Kontrollierte Ortsveränderung

Die offene Hand ist die beste Möglichkeit, um Offenheit und Ehrlichkeit zu signalisieren.	Eng beieinander signalisieren zwei Hände eine Bittstellung, mit größerem Abstand bedeuten sie ein offenes Angebot.	Die Faust zeugt von der Motivation und Durchsetzungskraft ihres Besitzers und ist eine wirksame Motivationsgeste.

Bild 3: Gestik der Hände

Tabelle 1: 4-S-Regel

Merkwort	Erklärung
Steh	Suchen Sie Bodenkontakt mit beiden Beinen, d. h. haben Sie einen festen Standpunkt.
Schau	Bevor Sie zu reden anfangen, nehmen Sie Blickkontakt zu Ihren Zuhörern auf. Sie signalisieren damit Ruhe und Gelassenheit.
Schnauf	Atmen Sie tief durch, bevor Sie beginnen.
Sprich	Erst jetzt beginnen Sie zu sprechen und haben damit gezeigt, wie Sie die Situation meistern.

Bild 1: Regeln für das Präsentieren

Medieneinsatz bei Präsentationen

Professioneller Medieneinsatz hat zwei Elemente: Die Blickführung und die Erklärung selbst. Für die Blickführung eignet sich die Touch-Turn-Talk-Regel oder Berühren-Drehen-Sprechen-Methode (**Bild 1**). Immer, wenn der Blick des Publikums auf einen neuen Punkt gelenkt werden soll und Sie deshalb dorthin sehen müssen, wo ihre Hand hingreift (Touch), unterbrechen Sie ihren Sprechfluss. Danach lassen Sie die Hand am betreffenden Punkt und wenden sich um (Turn). Jetzt erst sprechen Sie wieder (Talk) mit Blickrichtung zu den Zuhörern. In der Erklärung erläutern Sie zuerst das, was man sieht, erst danach, was es bedeutet.

Die Präsentation muss mit geeigneten Mitteln durchgeführt werden. Üblich sind Präsentationen mit Flip-Chart, Pinnwand, Overhead-Projektor und Beamer.

> Machen Sie sich im Vorfeld gut mit der Technik vertraut, die eingesetzt werden soll.

Sinnvoll ist es, eine Generalprobe durchzuführen. So fühlt man sich sicher und das Lampenfieber sinkt. Der Einsatz verschiedener Medien wirkt aufmunternd und professionell. Schreiben Sie z. B. den Ablauf der Präsentation als Textbild auf eine Flip-Chart und nutzen Sie zur eigentlichen Präsentation den Laptop mit Beamer. Der Vorteil dabei ist, dass der rote Faden während der gesamten Präsentation sichtbar bleibt.

Tafel und Whiteboard

Tafeln eignen sich hervorragend zur schrittweisen Visualisierung von Gedankengängen. Spontane Ideen oder Äußerungen des Publikums lassen sich sofort einarbeiten.

Flip-Chart

Sie ist besonders für das Arbeiten in Kleingruppen geeignet. Die Darstellungen können vorbereitet sein oder situativ entwickelt werden. Sie bleiben während der ganzen Zeit sichtbar.

Overhead-Projektoren oder Dokumentenkamera

Richtig angewendet lassen sich mit ihnen erfolgreich Präsentationen durchführen. Die Vorlagen können vorbereitet werden. Es lassen sich auch spontane Ideen auf Vorlagen realisieren. Mögliche Fehler zeigt **Tabelle 1**.

PC-Präsentation

Sie erlaubt eine freie Wahl des Layouts und es können wirkungsvoll Sounds, Videos und Animationen eingesetzt werden (**Bild 2**). Die Präsentationsdaten sind einfach kopierbar.

Bild 1: Touch-Turn-Talk-Regel

Tabelle 1: Fehler bei Projektionsvorlagen

Fehler	Erläuterung
Zu viel Information	Zu viel Text, zu viele Zahlen, zu viele Details.
Zu kleine Schrift	Normale Schreibmaschinenschrift ist zu klein.
Zu dünne Linien	Vor dem hellen Hintergrund wirkt alles Dünne kümmerlich.
Nur kopiert	Kopierte Manuskriptseiten sind keine Präsentation.
Keine Bilder	Ziffern und Text sind ohne Bilder langweilig.
Keine Farbe	Verschiedenfarbige Folienschreiber oder Farbkopien verwenden.
Zu viele Vorlagen	Mehr als eine Vorlage pro Minute im Durchschnitt ist zu viel.

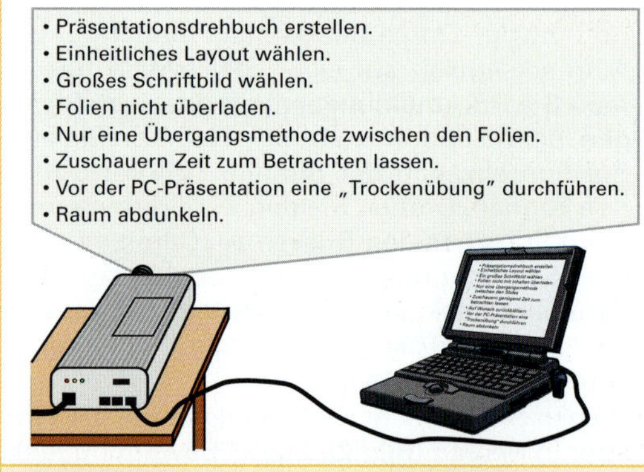

Bild 2: Regeln zur PC-Präsentation

Aufgaben

① Nennen Sie fünf Schritte zur Planung einer Präsentation.

② Nennen Sie empfehlenswerte Sitzordnungen für Präsentationen.

③ Welche Behaltensquote wird durch Sehen erreicht?

④ Welche Aufgaben haben Textbilder?

⑤ Nennen Sie vier Hilfsmittel zur Visualisierung.

⑥ Nennen Sie acht Regeln für das Präsentieren.

8.5.2 Projektende

Projektabschlussbericht und Projektanalyse

Er beschreibt das Gesamtergebnis des Projekts und sichert Erfahrungen für zukünftige Vorhaben. Das noch bestehende Team analysiert Stärken und Schwächen der Projektarbeit.

Dazu vergleicht man das Erreichte, also den Ist-Zustand mit den am Anfang gesetzten Zielen, dem Soll-Zustand. Festgestellt und bewertet werden:

- Das fertig gestellte Produkt,
- die durchgeführten Arbeiten,
- die Vorgehensweise,
- der Personaleinsatz,
- der geleistete Aufwand,
- die angefallenen Kosten und
- Hinweise auf mögliche Anschlussprojekte.

Die Auswertung der Ergebnisse kann auf verschiedene Weisen erfolgen.

Evaluationsspinne

Die Merkmale werden auf mehreren Achsen abgetragen. Die Bewertung einzelner Merkmale ist um so positiver, je weiter die Punkte auf der Achse vom Mittelpunkt entfernt sind (**Bild 1**).

Feedbackfragebogen

Die Bewertung kann z. B. durch Ziffern von 1 bis 9 (**Bild 2**) oder den Zeichen – – bis ++ vorgenommen werden. Durch die Tabellenform lassen sich auch Auswertungen für komplexere Fragestellungen erstellen.

> Der Projektabschlussbericht ist die Bilanz des Projekts.

Projektabschlussbewertung

In ihr wird überprüft, wie gut das Projektziel erreicht wurde. Um die Projektabschlussbewertung durchführen zu können, muss der Projektabschlussbericht vorliegen. Die Projektabschlussbewertung entscheidet über die Abnahme des Projektergebnisses und z. B. über Nachforderungen und Gewährleistungsansprüche.

Projektende

Das Projektende ist der Termin, an dem ein Projekt abgeschlossen ist. Der Projektabschluss kann regulär durch die Fertigstellung aller noch anstehenden Arbeiten erfolgen. Er kann aber auch durch einen Projektabbruch erzwungen werden.

Projektabschluss

Er führt zur Beendigung aller Tätigkeiten, die mit dem Projekt in Zusammenhang stehen. Konsequenzen sind z. B., dass die Arbeit des Projektleiters beendet ist und das Projektteam aufgelöst wird.

> Der Projektabschluss ist das „formale Ende eines Projekts" und besteht in der „Beendigung aller Tätigkeiten, die mit dem Projekt in Zusammenhang stehen."
> **DIN 69905**

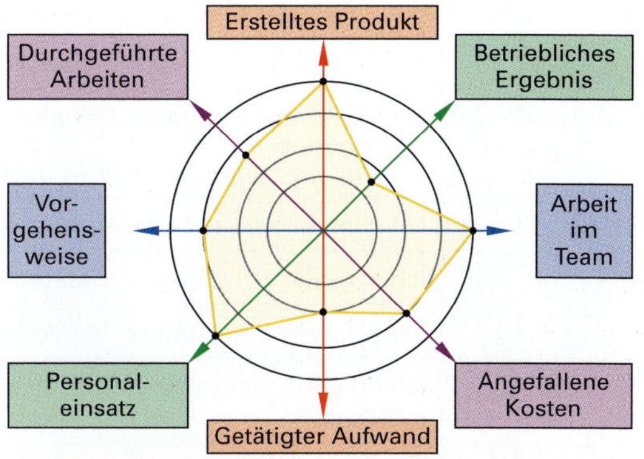

Bild 1: Evaluationsspinne

Feedbackfragebogen zum Projekt

Proj.-Nr.:
Auftraggeber:
Datum:
erstellt von:

Projektbezeichnung

1. In welcher Funktion waren Sie tätig?

2. Wie zufrieden waren Sie mit der Projekteinstimmung und der Zielfindung im Projektteam?

nicht zufrieden — sehr zufrieden

1	2	3	4	5	6	7	8	9

3. Wie schätzen Sie die Qualität der Betreuung durch die Projektleitung ein?

nicht gut — sehr gut

1	2	3	4	5	6	7	8	9

4. Wie zufrieden waren Sie mit der Arbeitsatmosphäre und dem Informationsfluss in der Projektgruppe?

nicht zufrieden — sehr zufrieden

1	2	3	4	5	6	7	8	9

5. Wie zufrieden waren Sie mit der Qualität der Projektmeetings?

nicht zufrieden — sehr zufrieden

1	2	3	4	5	6	7	8	9

6. Wie hoch schätzen Sie Ihren Beitrag zur Problemlösung im Sinne der Zieldefinition für das Projekt?

eher gering — sehr hoch

1	2	3	4	5	6	7	8	9

7. Wie schätzen Sie das Projekt hinsichtlich der Realisierung der Projektziele ein?

nicht besonders — sehr gut

1	2	3	4	5	6	7	8	9

8. Wie schätzen Sie die Qualität der Termin- und Ressourcenplanung ein?

nicht besonders — sehr gut

1	2	3	4	5	6	7	8	9

9. Welche Verbesserungen sollten bei künftigen Projekten beachtet werden?

Bild 2: Feedbackfragebogen zum Projekt

Wichtig ist es, dass sich die Mitarbeiter emotional vom Team und ihren Aufgaben lösen, damit sie sich später leichter in andere Projekte integrieren können.

Erwerbbare Kompetenzen

Kapitel 9	Datenbanksysteme	
	Stufe	**Fachkompetenz**
	1	Ich kann kann aus realen Anwendungsfällen Entitäten ableiten und diesen Attribute zur genaueren Beschreibung zuweisen.
	1	Ich kann Attributen Datentypen zuweisen.
	1	Ich kenne das Eintitäten-Beziehungsmodell und dessen Elemente zur Modellierung.
	3	Ich kann ein gegebenes ERM beschreiben.
	1	Ich kann kann das ERM zur Modellierung von Beziehungen anwenden.
	2	Ich erkenne Schlüsselkandidaten und kann Primärschlüsselfelder zuweisen.
	1	Ich kann Fremdschlüssel als Verknüpfung von relationalen Tabellen begründet einsetzen.
	1	Ich erkenne viele zu viele Beziehungen im ERM und kann diese mit einer neuen Entität auflösen.
	1	Ich kenne die Schlüsselbegriffe der Datenbanktechnik.
	3	Ich kann bestehende ER-Modelle beschreiben.
	3	Ich kann Schlüsselbegriffe erklären.

Welche Fachkompetenzen werden hier visualisiert?

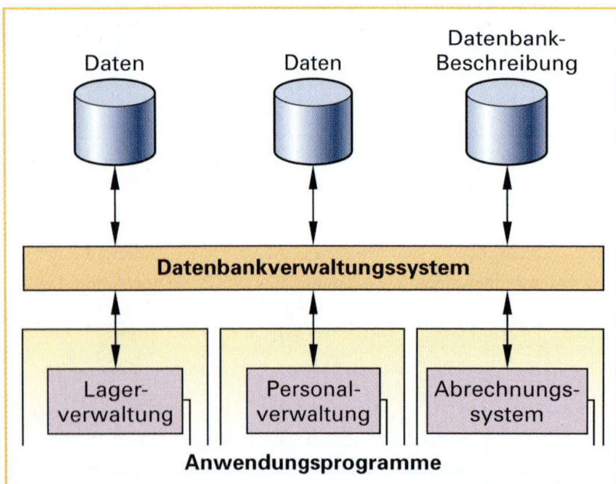

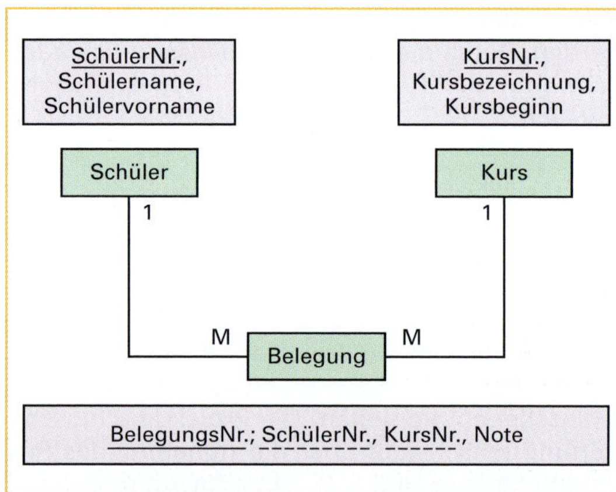

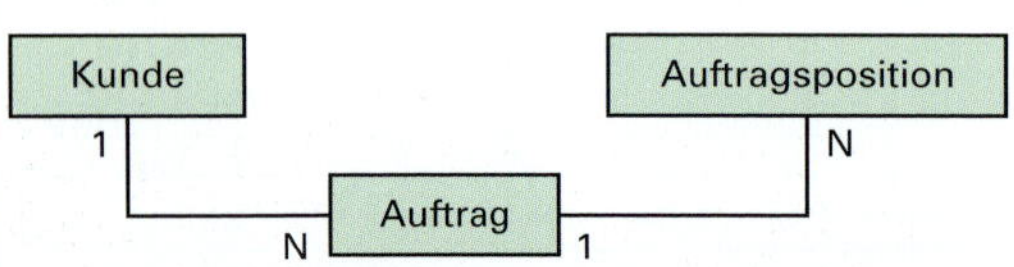

KUNDE: Kundennummer, Vorname, Name, Ansprechpartner, Straße, PLZ, Telefon
AUFTRAG: Auftragsnummer, Kundennummer, Auftragsdatum, Mitarbeiternummer
AUFTRAGSPOSITION: Auftragsnummer, Auftragsposition, ArtikelNr, Auftragsmenge, Auftragspreis

```
SELECT Kunde.Name, Kunde.Anrede, Kunde.
Straße, Kunde.PLZ, Auftrag.Auftragsdatum
FROM Kunden INNER JOIN Auftrag ON Kun-
den.Kundennummer = Auftrag.Kundennummer;
```

Abfrage: Auswahlabfrage

Name	Anrede	Straße	Plz	Auftrags-datum
Borm	Herr	Palmenweg	89077	2.3.2014
Weber	Büro-bedarf	Almstr	77770	31.5.2014
...	...	...	...	...

9 Datenbanksysteme

9.1 Datenbanksystem-Architekturen

Eine Datenbank DB ist eine systematisch geordnete Sammlung von Daten, die auf einem Computer gespeichert werden. Damit der Benutzer diese Daten übersichtlich und einfach verwalten kann, benötigt er ein Datenbankverwaltungssystem DBMS. Ein Datenbanksystem DBS besteht aus der Datenbank und einem Datenbankverwaltungssystem (**Bild 1**).

Ein Datenbanksystem dient zum Verwalten, Speichern und Kontrollieren großer Datenmengen.

Ein DBS speichert und organisiert Daten ohne überflüssige Information (redundanzfrei). Die nötige Datensicherheit umfasst technische und organisatorische Maßnahmen zum Schutz von Daten gegen Beschädigung. Auf das DBS können unterschiedliche Software-Anwendungen unabhängig voneinander zugreifen.

Die Datenbankanwendung besteht aus dem Frontend, welches meist auf dem Client-PC läuft und dem Backend, welches meist auf dem Server-PC läuft. Das Frontend dient als Benutzerschnittstelle, auf dem Backend befindet sich das DBMS-Modul mit den Daten. Je nachdem, wo sich Frontend und Backend befinden, unterscheidet man verschiedene Systemarchitekturen.

Desktop-Datenbank für einfache Anwendungen (Einbenutzerbetrieb)

Bei einer Desktop-Datenbank läuft das Datenbankverwaltungssystem, z. B. Access, mit der jeweiligen Datenbank und der Datenbankanwendung z. B. auf dem PC des Anwenders (**Bild 2**). Die Datei mit den Daten befindet sich z. B. auf der Festplatte des Computers.

Desktop-Datenbank für wenige Benutzer (Mehrbenutzerbetrieb)

Die Daten einer DB werden auf einem Netzlaufwerk gespeichert. Auf die Daten können mehrere Benutzer zur gleichen Zeit zugreifen (**Bild 3**).

Alle Daten müssen zur Verarbeitung, z. B. zum Suchen oder Sortieren, über das Netzwerk transportiert werden.

Client/Server-Datenbank

Das Datenbankverwaltungssystem läuft auf einem Server. Nur das DBMS hat Zugriff auf die Daten. Bei einem Datenbank-Server, der die Daten in Tabellen verwaltet (= relational), spricht man von einem SQL-Server (von Structured Query Language = strukturierte Abfragesprache). Client-Programme können Daten abrufen und speichern. Die Abfrage (SQL-Anweisung, Query) und deren Antwort werden über das Netzwerk transportiert (**Bild 4**).

DB	Datenbank
DBMS	Database Management System = Datenbankverwaltungssystem
DBS	Datenbanksystem = DBMS und DB
Frontend	Programm läuft auf dem Client
Backend	Programm läuft auf dem Server
Client	PC, der Netzdienste nutzt
Server	PC, der Netzdienste zur Verfügung stellt

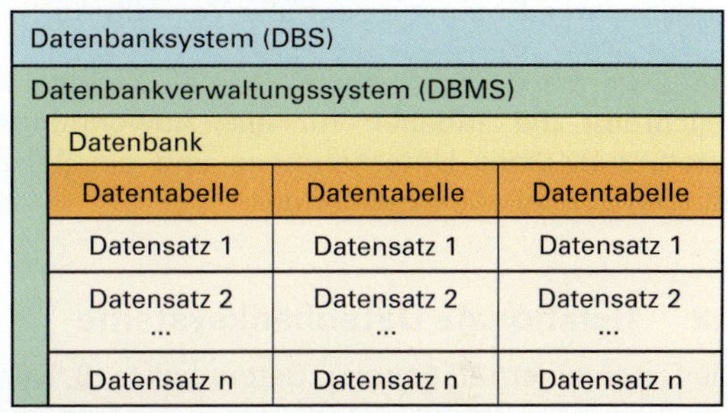

Bild 1: Datenbanksystem

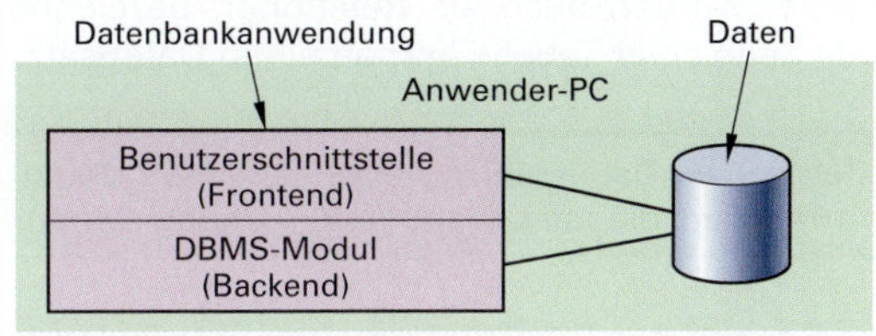

Bild 2: Desktop-Datenbank für Einbenutzerbetrieb

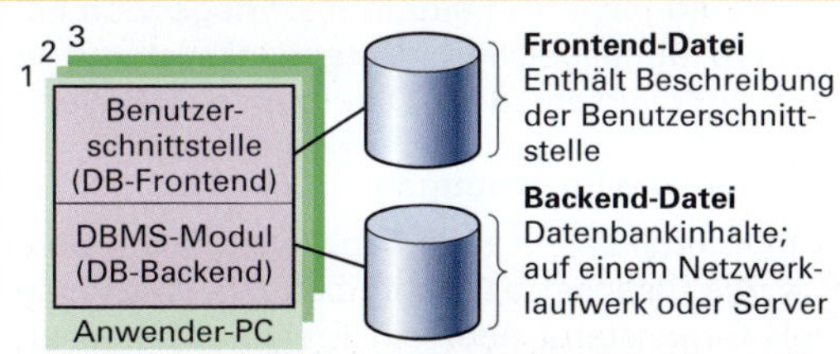

Bild 3: Desktop-Datenbank für mehrere Benutzer

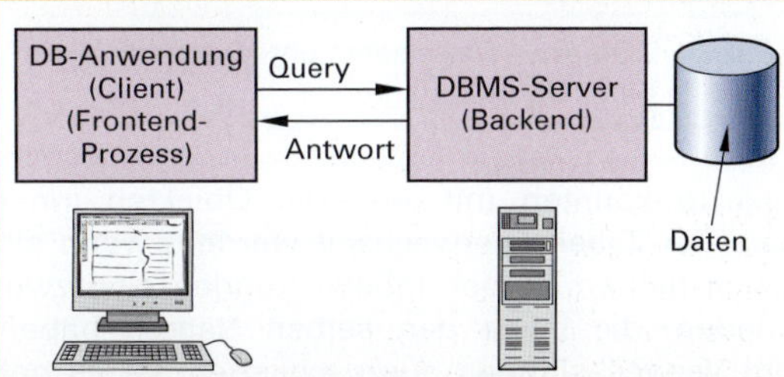

Bild 4: Client/Server-Datenbank

Die Anwendungsprogramme z. B. Lagerverwaltung oder Abrechnungssystem, greifen über das DBMS auf die gemeinsamen Daten parallel zu (**Bild 1**).

Es ergeben sich folgende Vorteile:

- Alle Programme arbeiten mit den gleichen, aktuellen Daten.
- Einmalige Speicherung der Daten für alle Anwendungen.
- Gleichzeitiger, unabhängiger Zugriff auf die gemeinsamen Daten mit zentraler Verwaltung.

Die Datenbank-Beschreibung (Data Dictionary) beschreibt die Tabellen für alle Anwendungsdaten, z. B. eines Unternehmens und die Beziehungen der Tabellen zueinander.

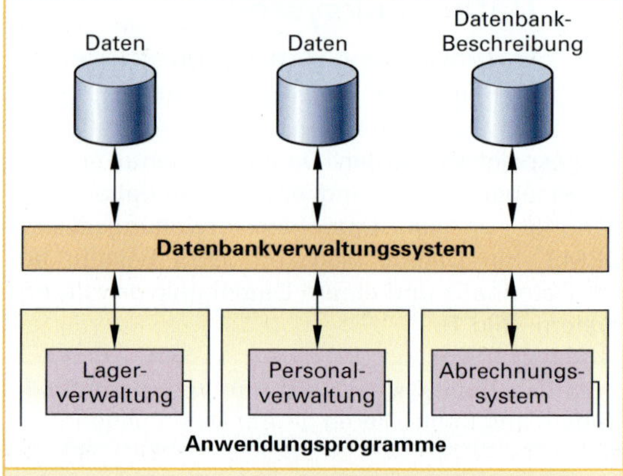

Bild 1: Datenbank und Anwendungsprogramme

9.2 Relationale Datenbanksysteme

Die Daten einer relationalen Datenbank, z. B. Kundendaten oder Produktdaten werden in Form von zueinander in Bezug stehenden Tabellen verwaltet (**Bild 2**). Tabellen, die zueinander in Beziehung stehen, werden auch als Relationen bezeichnet. Jede Zeile einer Tabelle enthält einen Datensatz.

Relationale Datenbanksysteme verwalten Daten in Tabellen, die miteinander in Beziehung stehen.

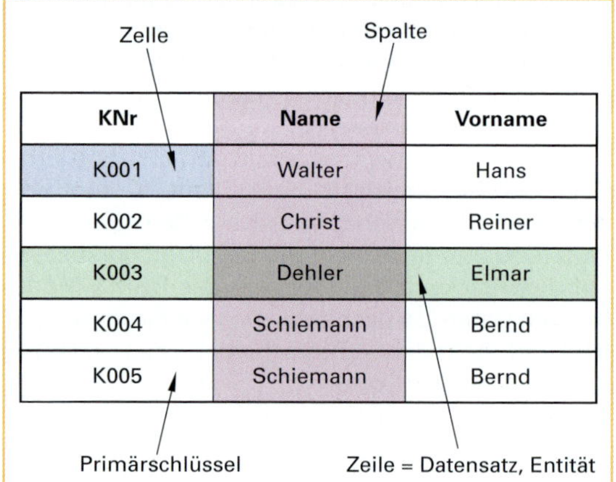

Bild 2: Tabelle Kunden

Die Spalten der Tabellen enthalten untereinander vergleichbare Daten der einzelnen Datensätze, z. B. den Namen eines Kunden. Die Werte in einer Spalte sind jeweils in einem festzulegenden Felddatentyp abgespeichert. Datenbanksysteme verfügen über verschiedene Datentypen (**Tabelle 1**).

Tabelle 1: Datentypen eines DBMS (Beispiele)

Datentyp	Beschreibung	Beispiel
integer	Ganzzahl	5
numeric (x,y)	Dezimalzahl mit x Stellen und y Nachkommastellen	53,27
decimal (x,y)	Dezimalzahl mit mindestens x Stellen und y Nachkommastellen	53,2768
float	Gleitkommazahl	8,3E13
character	Zeichenkette	Ch653ste
date	Datum	31.05.2011
time	Uhrzeit	17:55

Schlüssel und Beziehungen

Die einzelnen Zeilen einer Tabelle enthalten Datensätze. Die Datensätze beschreiben z. B. eine Person, einen Gegenstand oder ein Ereignis. Datensätze nennt man auch Entitäten (von entity = Wesen) oder Objekte (siehe Kapitel 9.3).

Entität, Objekt, Datensatz entsprechen einer Zeile in einer Datenbanktabelle.

Objekte könnten mit weiteren Objekten innerhalb der Tabelle verwechselt werden, wenn sie gleich heißen. In der Tabelle Kunden sind zwei Kunden, die beide den selben Namen haben. Um Verwechslungen auszuschließen, ist es notwendig, für jeden Datensatz eine Kennung durch eindeutige Felder festzulegen.

Diese Felder werden als Primärschlüssel (Primary Key) bezeichnet. Sie ermöglichen die eindeutige Identifikation des jeweiligen Datensatzes. In der Tabelle Kunden ist dies die Kundennummer KNr.

Ein Primärschlüssel dient zur eindeutigen Kennzeichnung und Identifizierung eines Objektes in einer Tabelle.

1:M-Beziehung

Beispiel 1:
Die Beziehung zwischen einer Tabelle mit Kundendaten und einer Tabelle mit Auftragsdaten soll grafisch dargestellt werden.
Lösung: **Bild 1**

Kauft ein Kunde einen Artikel, ist es nicht sinnvoll sämtliche Daten des Kunden erneut in einer weiteren Tabelle **AUFTRAG** einzugeben. Es wird nur noch die Kundennummer in der Tabelle **AUFTRAG** gespeichert.

Die Tabellen **KUNDE** und **AUFTRAG** stehen über das Primärschlüsselfeld in Beziehung zueinander. Jeder Datensatz der Tabelle **AUFTRAG** enthält eine Kundennummer, die genau einem Kunden 1 aus der Tabelle **KUNDE** zugeordnet ist. Umgekehrt kann jeder Kunde aus der Tabelle **KUNDE** in mehreren M Zeilen der Tabelle **AUFTRAG** angesprochen werden. Die Tabellen **KUNDE** und **AUFTRAG** besitzen somit eine 1:M-Beziehung. Die Datensätze, die in der Tabelle **KUNDE** durch den Primärschlüssel Kundennummer eindeutig identifiziert werden, sind auch in der Tabelle **AUFTRAG** durch diese Kundennummer festgelegt. Das Feld Kundennummer verweist auf das entsprechende Feld der Tabelle **KUNDE** und wird deshalb als Bezugsschlüssel oder **Fremdschlüssel** bezeichnet (**Bild 1**).

Ein Fremdschlüssel ist ein Feld, welches auf ein Primärschlüsselfeld einer anderen Tabelle verweist.

1:1-Beziehung

Aus einer Personaltabelle können Daten, z. B. das Gehalt, ausgelagert werden, die nicht jedem Benutzer zur Einsicht offen sein sollen. So entsteht eine neue Tabelle **MITARBEITER-diskret**. Da auch hier die Datensätze über den Primärschlüssel Mitarbeiternummer gefunden werden, steht einem Datensatz der ersten Tabelle genau ein Datensatz der zweiten Tabelle gegenüber. Eine solche Beziehung wird 1:1-Beziehung genannt (**Bild 2**).

M:N-Beziehung

Betrachtet man die Tabellen **AUFTRAG** und **ARTIKEL**, so kann ein Auftrag sicher viele M, N oder ∞ Artikel enthalten, andererseits kann ein Artikel auch in beliebig vielen N, M oder ∞ Aufträgen enthalten sein (**Bild 3**).

Primary Key:
Primärschlüssel, er dient zur Identifikation von Objekten, z. B. durch Kundennummer.
Foreign Key:
Fremdschlüssel (Bezugsschlüssel), ein Primärschlüssel der in einer anderen Tabelle verwendet wird.

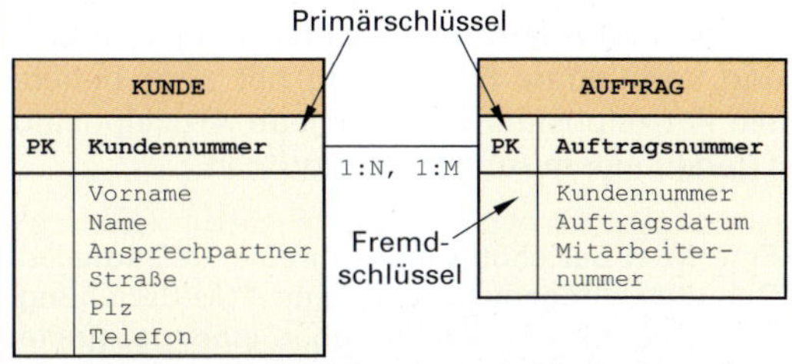

Bild 1: Tabelle KUNDE und Tabelle AUFTRAG in einer 1:M-Beziehung

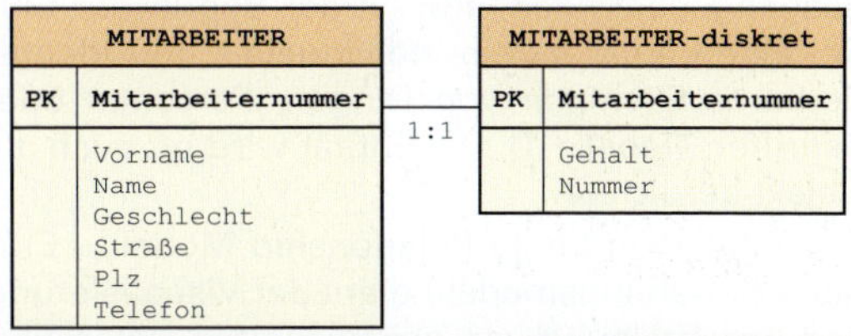

Bild 2: Tabelle MITARBEITER und MITARBEITER-diskret in einer 1:1-Beziehung

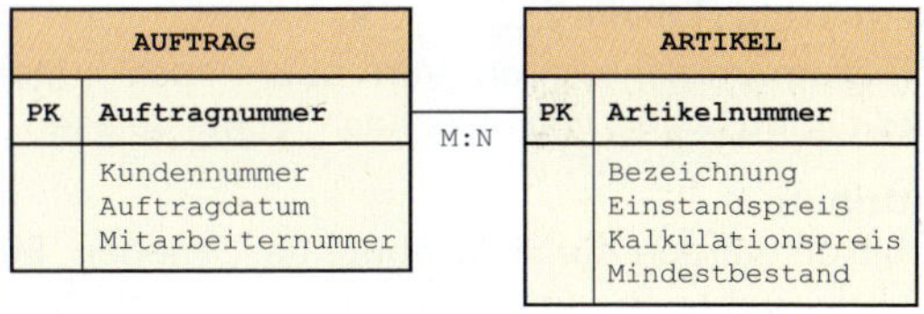

Bild 3: Tabelle AUFTRAG und Tabelle ARTIKEL in einer M:N-Beziehung

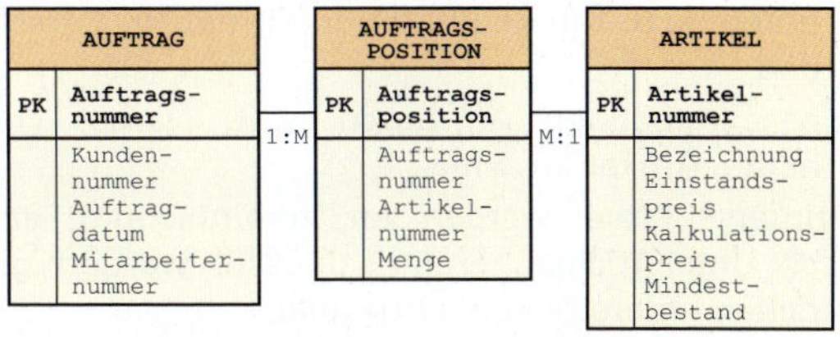

Bild 4: Beziehungen der Tabellen AUFTRAG, AUFTRAGSPOSITION und ARTIKEL

Eine solche M:N-Beziehung zwischen Tabellen kann in einem relationalen Datenbankmodell nicht eindeutig dargestellt werden. Deshalb ist eine Zwischentabelle notwendig, die diese M:N-Beziehung in 1:N-Beziehungen aufteilt (**Bild 4**).

Durch die Tabelle **AUFTRAGSPOSITION** werden zwei 1:M-Beziehungen hergestellt. Ein Artikel, der in einem Datensatz **Auftragsposition** genannt wird, kann eindeutig in der Tabelle **ARTIKEL** identifiziert werden. Umgekehrt kann ein Artikel in mehreren Auftragspositionen angesprochen werden. Somit liegt zwischen den Tabellen **ARTIKEL** und **AUFTRAGSPOSITION** eine 1:M-Beziehung vor. Auch die Tabellen **AUFTRAGSPOSITION** und **AUFTRAG** sind über eine 1:M-Beziehung verbunden. Ein Auftrag hat zwar beliebig viele Artikelpositionen, aber jede Artikelposition ist genau einem Auftrag zuzuordnen.

Eine M:N-Beziehung muss in einer relationalen Datenbankumgebung in je eine 1:M-Beziehung und eine M:1-Beziehung über eine geeignete Zwischentabelle aufgelöst werden.

9.3 Entity-Relationship-Modell (ERM)

Ausgangspunkt des **ERM** ist der Begriff der Entität. Eine Entität ist ein individuelles und identifizierbares Exemplar von Dingen, Personen oder Begriffen (**Tabelle 1**). Die Entität wird oft auch als Objekt bezeichnet.

Das ERM (von Entity Relationship Modell = Entitäten-Beziehungsmodell) dient der Visualisierung und Beschreibung von gespeicherten Daten und ihrer Beziehungen untereinander. Dies nennt man Modellierung. Das Ergebnis der Modellierung ist das ER-Diagramm (ERD). Es wird durch Symbole dargestellt (**Tabelle 2**).

ER-Diagramme werden von oben nach unten beziehungsweise von links nach rechts gelesen.

Attribute

Objekte werden durch Attribute beschrieben. Ein Kunde hat z. B. die Attribute Kundennummer, Name, Vorname, Adresse und Wohnort.

Man unterscheidet zwischen:

- Schlüsselattributen oder identifizierenden Attributen, z. B. Kundennummer, FirmenNr, PersNr und
- beschreibenden Attributen, z. B. Name, Vorname, ArtikelBez, Preis.

Primärschlüssel werden zur Vereinfachung einfach unterstrichen, Fremdschlüssel werden gestrichelt unterstrichen dargestellt.

Attribute sind atomar, d. h. nicht in kleinere Einheiten zerlegbar

Beziehungen

Zwischen Entitäten bestehen Beziehungen (**Bild 1**). Ein Auszubildender 1 ist z. B. beschäftigt bei einer Firma. Umgekehrt beschäftigt aber eine Firma mehrere Auszubildende N. Einer Abteilung 1 sind mehrere Mitarbeiter N zugeordnet, umgekehrt gehört ein Mitarbeiter genau zu einer Abteilung. Im ERM wird diese 1:N-Beziehung neben oder an die Verbindungslinien geschrieben (Bild 1).

Mögliche Beziehungen in einer relationalen Datenbank sind:

1:1	Eins zu Eins
1:M, 1:N, M:1, N:1	Eins zu Viele oder Viele zu Eins
M:N, N:M, ∞ : ∞, M:M, N:N	Viele zu Viele

Tabelle 1: Beispiele für Entitäten

Bezeichnung	**Beispiel**
Individuen	Mitarbeiter Bär, Schüler Helf, Kunde Dehler
Reale Objekte	Maschine 2, Raum 7, Artikel 4711
Ereignisse	Zahlung, Buchung, Start, Landung
Abstraktes	Unterricht, Dienstleistung

Tabelle 2: ERM-Symbole zur Visualisierung nach Chen

Kunde Rechnung Auftrag	Eine Zusammenfassung von Entitäten mit gleichen Eigenschaften unter eindeutigem gemeinsamen Oberbegriff, wird im ER-Modells durch ein Rechteck dargestellt. In dem Rechteck steht der Name der Entität.
ausgestellt für	Die Wechselwirkungen und Abhängigkeiten zwischen Entitäten werden durch Beziehungen (relationships) dargestellt
————	Beziehungen werden durch Verbindungslinien dargestellt.

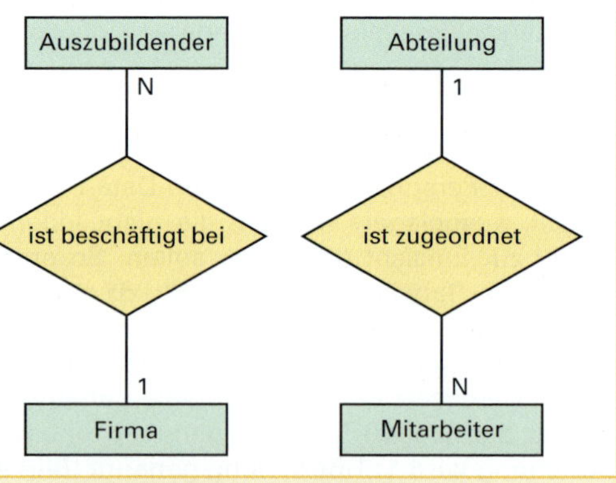

Bild 1: Beispiele für ER-Diagramme

M:N-Beziehung

Eine M:N-Beziehung bedeutet, dass zu jeder Entität von A, z. B. Schüler, mehrere Entitäten von B, z. B. Kurs, in Beziehung stehen, und umgekehrt zu jeder Entität von B mehrere Entitäten von A in Beziehung stehen.

Beispiel 1:
Stellen Sie mithilfe des ERM die Beziehung zwischen Schüler und Kurs dar.
Lösung: **Bild 1**

Ein Schüler muss z. B. mehrere Kurse belegen. Umgekehrt müssen immer mehrere Schüler in einem Kurs sein.

In Tabellenform ist eine M:N-Beziehung nicht darstellbar. Sie muss deshalb in zwei 1:M-Beziehungen aufgelöst werden, d. h. die Beziehung wird in eine eigene Tabelle (Verbindungsentität) ausgelagert.

Für die Auflösung einer M:N-Beziehung ist eine Verbindungsentität erforderlich.

Beispiel 2:
Lösen Sie die M:N-Beziehung aus Bild 1 auf.
Lösung: **Bild 2**

Die Tabelle, welche die Verbindungsentität darstellt (hier: Belegung), nimmt den Primärschlüssel der beteiligten Tabellen (hier: Schüler und Kurs) als Fremdschlüssel auf.

Meist wird ein neuer Primärschlüssel vergeben z. B. BelegungsNr. Abweichend können die beiden Schlüssel zusammen manchmal den Primärschlüssel in der neuen Tabelle bilden. Weitere Attribute in dieser Tabelle sind möglich z. B. Note.

M:N-Beziehungen müssen in einer relationalen Datenbank immer in zwei 1:N-Beziehungen aufgelöst werden, es entsteht hierbei eine neue Tabelle mit zwei Fremdschlüsseln.

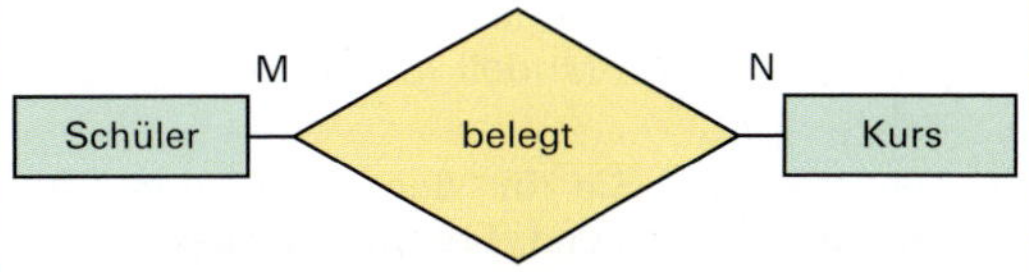

Bild 1: M:N-Beziehung Schüler-Kurs

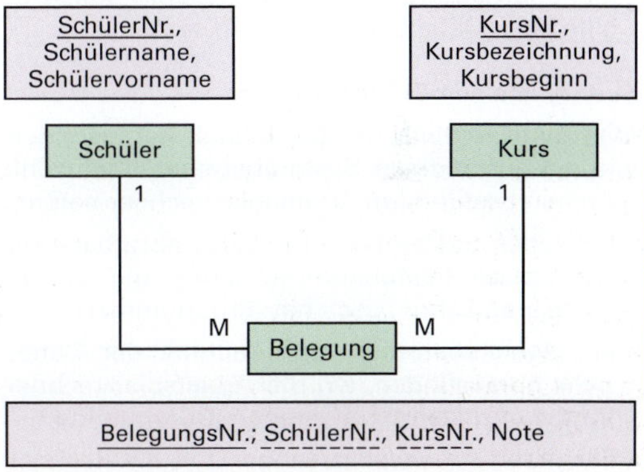

Bild 2: Aufgelöste Beziehung Schüler-Kurs

Aufgaben

① In einem Unternehmen soll die Auftragsbearbeitung mithilfe einer Datenbank erfolgen. Für jeden Auftrag ist jeweils ein Mitarbeiter oder eine Mitarbeiterin (= Personal) zuständig.
   a) Entwerfen Sie für die Entitäten Kunde, Auftrag und Personal Tabellen mit geeigneten Attributen.
   b) Legen Sie geeignete Primärschlüsselfelder fest.
   c) Bestimmen Sie die Beziehungen zwischen diesen Tabellen.

② Ein Unternehmen bezieht seine Artikel von mehreren Lieferanten. Ein Lieferant liefert auch mehrere Artikel an das Unternehmen.
   a) Entwerfen Sie für die Entitäten Lieferant und Artikel Tabellen mit geeigneten Attributen. Eine Tabelle ArtLief soll die M:N-Beziehung lösen.
   b) Legen Sie geeignete Primärschlüsselfelder fest.
   c) Bestimmen Sie die Beziehungen zwischen diesen Tabellen.

③ In einem Schulungsunternehmen kann ein Teilnehmer mehrere Kurse belegen. Gleichzeitig werden Kurse aber auch nur bei einer Mindestteilnehmerzahl von 5 abgehalten.
   a) Entwerfen Sie für die Entitäten Teilnehmer und Kurs Tabellen mit geeigneten Attributen. Eine Tabelle Kursbelegung soll die M:N-Beziehung lösen.

④ Die Gemeinschaftspraxis Medico beschäftigt mehrere Ärzte. Ein Patient kann somit von verschiedenen Ärzten behandelt werden.
   a) Entwerfen Sie für die Entitäten Arzt und Patient Tabellen mit geeigneten Attributen. Eine Tabelle Behandlung soll die auftretende M:N-Beziehung lösen.

Aufgaben

Für jede der folgenden Aufgaben gilt:

1. Erstellen Sie für die gewünschte Datenbank ein ER-Modell, das alle wichtigen Informationen enthält.
2. Lösen Sie auftretende M:N Beziehungen in einem neuen ER-Modell in 1:N Beziehungen auf.
3. Kennzeichnen Sie in den Relationen alle Primärschlüssel und Fremdschlüssel in eindeutiger Weise.

⑤ Sie sind in einem Betrieb angestellt, der eine große Anzahl PCs im Einsatz hat. Wichtige Informationen über die PCs des Betriebes sollen mithilfe einer Datenbank abfragbar sein.

Auszug aus dem Pflichtenheft:

Man kann mithilfe der Datenbank herausfinden, wie die zuständigen Systembetreuer (Mehrzahl) für einen bestimmten Arbeitsplatzrechner heißen.

- Für jeden Systembetreuer muss abrufbar sein, wie dessen Telefonnummer lautet und wo dieser seinen Schreibtisch hat (Büronummer).
- Ein Systembetreuer kann mithilfe der Datenbank herausfinden, wo die Arbeitsplatzrechner, für die er zuständig ist, stehen (Büronummer).
- Für jeden Arbeitsplatzrechner soll die Rechnerkonfiguration festgehalten werden. Auf dieses Weise kann abgefragt werden, welches Betriebssystem installiert ist, welche Netzwerkkarte installiert ist und welche Festplattenkapazität der Rechner besitzt.
- Man kann mithilfe der Datenbank herausfinden, wie viele Stunden ein bestimmter Systembetreuer an einem bestimmten Arbeitsplatzrechner gearbeitet hat.

⑥ Die Firma Faradiso verleiht Fahrräder an Kunden. Die Räder können geliehen oder für einen Termin reserviert werden. Außerdem bietet die Firma Touren an. Die Tourenziele werden von einem Reiseanbieter als Tabelle mit den Attributen Tour, Beschreibung, Tourlänge, Schwierigkeitsgrad, Startort und Zielort übernommen. Faradiso kümmert sich lediglich um die Anmeldung und die Termine der Tour.

Auszug aus dem Pflichtenheft:

Die Datenbank soll in der Lage sein, folgende Informationen zu liefern:

- Man kann mithilfe der Datenbank herausfinden, welche Fahrräder von welchen Kunden zu gewissen Terminen geliehen wurden.
- Man kann mithilfe der Datenbank herausfinden, welche Fahrräder von welchen Kunden reserviert sind.
- Die Anzahl der Kunden, die zu einem gewissen Tourtermin angemeldet sind, kann bestimmt werden.
- Für jedes Rad kann man den Hersteller, die Bezeichnung, die Art (z. B. Tourenrad, Mountainbike, ...), die Rahmengröße, das Anschaffungsdatum, den Anschaffungspreis und den Termin der letzten Wartung abfragen.
- Zu jedem Rad kann der Preis, der beim Ausleihen je Tag gezahlt werden muss, bestimmt werden. Die Räder werden nach Preisgruppen klassifiziert.

⑦ In einem Krankenhaus soll eine Datenbank zur Abteilungsverwaltung eingerichtet werden. Wichtige Informationen über Patienten, Ärzte und Schwestern sollen damit abfragbar sein.

Auszug aus dem Pflichtenheft:

Die Datenbank soll in der Lage sein, folgende Informationen zu liefern:

- Welche Ärzte behandeln welche Patienten?
- Welches Zimmer kann einem neuen Patienten zugeordnet werden?
- Wie viele freie Zimmer hat die Chirurgie heute?
- Welche Ärzte arbeiten in der HNO-Abteilung?
- Für welche Zimmer ist Oberschwester Hildegard zuständig?

Hinweise zum Bearbeiten:

- Ein Zimmer ist mehr als einer Abteilung zugeordnet.
- Jeder Arzt und jedes Mitglied des Pflegepersonals ist genau zu einer Abteilung zugeordnet.

⑧ Der gesamte Buchbestand einer Klosterbibliothek soll in einer Datenbank erfasst werden.

Auszug aus dem Pflichtenheft:

- Von einem Buch existieren z. T. mehrere Exemplare in der Bibliothek.
- Für jedes Buch sollen die Autoren, der Titel, der Verlag, das Erscheinungsjahr gespeichert werden.
- Es existieren relativ alte Bücher, die keine ISBN haben.
- Einige Bücher haben neben einem oder mehreren Autoren noch genau einen Herausgeber.

9.4 Datenbankentwicklung

Eine Datenbank wird in mehreren Schritten entwickelt (**Bild 1**).

Schritt 1: Festlegen der Informationsstruktur

Welche Informationen erwartet der Anwender vom Datenbanksystem? Zuerst erfolgt eine Analyse mit daraus resultierenden Informationsanforderungen.

Schritt 2: Festlegen der Datenstruktur

Welche Beziehungen besitzen die Daten und Tabellen untereinander? Der Entwurf der Objekte (Entitäten) und deren Beziehungen zueinander wird festgelegt.

Das Ergebnis von Schritt 1 und Schritt 2 ist das relationale Datenmodell, das in der dritten Normalform vorliegen sollte (siehe folgendes Kapitel).

Schritt 3: Festlegen der Aufnahmestruktur

Nun werden die Tabellen und die einzelnen Datenfelder mit ihren Datentypen festgelegt und nach der Auswahl eines geeigneten DBMS wird die zukünftige Datenbank mithilfe einer Software programmiert.

Die Informationsstruktur der Datenbank gemäß Schritt 1 kann durch das Bottom-up-Verfahren oder das Top-down-Verfahren ermittelt werden (**Bild 2**). In der Praxis werden meist beide Verfahren kombiniert.

Bottom-up-Verfahren

Beim Bottom-up-Verfahren müssen sämtliche im Unternehmen vorhandene Schriftstücke und Daten untersucht werden, um die Informationen abzuleiten, die das Datenbanksystem liefern soll. Diese Entwurfsmethode kann zu einer Vielzahl sehr unterschiedlicher Lösungen führen. Es besteht die Gefahr, dass sich die Lösungen verschiedener Aufgabenstellungen überschneiden und gleiche Daten mehrfach in verschiedenen Tabellen gespeichert werden (Redundanzen). Bei der Änderung eines Wertes, z. B. einer Adresse, muss die Bearbeitung eines einzigen Datensatzes die entsprechende Änderung in der Datenbank sicherstellen.

Das Vorhandensein gleicher Datensätze nennt man Redundanz. Redundanzen dürfen in relationalen Datenbanken nicht vorkommen.

Top-down-Verfahren

Hier bestimmt nicht die einzelne Anwendung das Datenmodell. Es werden zunächst die Informationsanforderungen aller späteren Datenbankanwender festgestellt. Aus diesen unterschiedlichen Anforderungen wird anschließend abgeleitet, welche Informationen in der Datenbank enthalten sein müssen z. B. über die Kunden. Somit gibt es für alle Datenbankanwendungen z. B. nur eine einzige Tabelle **KUNDEN**.

Bottom-up = von Grund aufwärts
Einzelne Programmbestandteile werden festgelegt und programmiert. Diese werden dann zum Gesamtprogramm zusammengesetzt.

Top-down = von der Spitze abwärts
Dies beginnt mit der Beschreibung des Gesamtsystems, genaue Details werden vernachlässigt. Planung und Realisierung erfolgen mithilfe der Informationen des Auftraggebers und der Anwender.

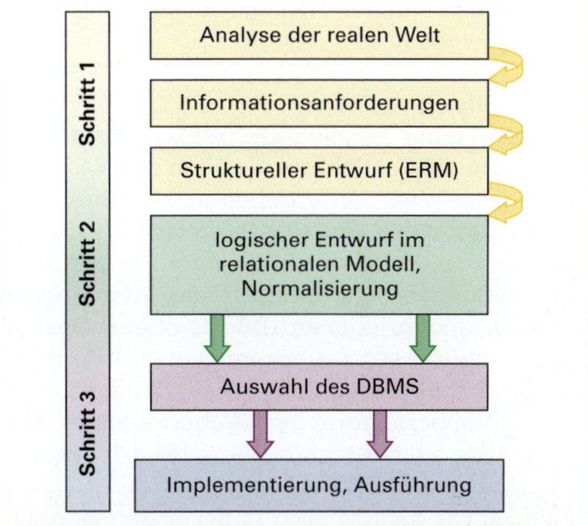

Bild 1: Arbeitsphasen zur Datenbankentwicklung

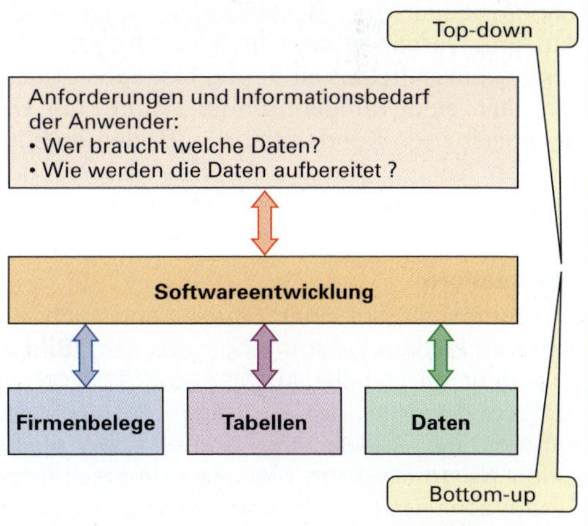

Bild 2: Verfahren der Software-Entwicklung

9.5 Normalisierung

Die durch die Informationsstruktur festgelegten Datenfelder können nicht ohne weitere Vorarbeit in eine Tabelle übernommen werden. Es muss gewährleistet sein, dass keine Mehrfachspeicherungen durchgeführt werden (Redundanzen). Den Vorgang, bei dem die Daten stufenweise in verschiedene Tabellen aufgegliedert werden, bezeichnet man als Normalisierung. Dabei sind unterschiedliche Normalformen möglich.

> Durch die Normalisierung werden Datenfelder schrittweise logisch richtig auf verschiedene Tabellen verteilt.

1. Normalform

Werden in einer Tabelle **PERSONAL** im Feld Wohnort sowohl die Postleitzahl als auch der Name des Ortes gespeichert, so ergeben sich mehrere Probleme. Zum einen sind größeren Orten, z. B. Ulm, mehrere Postleitzahlen zugeordnet, zum anderen ist es dadurch schwierig, nach den Ortsnamen zu sortieren und zu suchen (**Bild 1, oben**). Deshalb müssen zunächst zusammengesetzte Informationen in verschiedenen Feldern als einfache, nicht mehr aufteilbare Werte gespeichert werden. Man nennt diese auch atomare Werte (**Bild 1, unten**).

> Eine Tabelle befindet sich in der ersten Normalform, wenn alle Datenfelder nicht mehr aufteilbare Werte enthalten.

Kunden, Lagerteile, Bestellungen, andere Objekte und Vorgänge sind über die Angabe des Primärschlüsselfeldes eindeutig festlegbar. Sucht man nach einer Kundennummer, kann man alle abgespeicherten Kundendaten, z. B. den entsprechenden Namen und die Adresse des Kunden erhalten. Die Attribute Name, Vorname, Ort sind von der Kundennummer funktional abhängig.

2. Normalform

Der Primärschlüssel einer Tabelle kann auch aus mehreren Feldern zusammengesetzt sein (**Bild 2**). So enthält die Tabelle **AUFTRAGSPOSITION** sowohl die Nummer des Auftrages als auch die Nummer des Artikels. Die Kombination dieser beiden Nummern kann hier als Primärschlüssel (Gesamtschlüssel) vereinbart werden. Weitere Angaben zum Artikel selbst sind nicht mehr nötig, da der Fremdschlüssel ArtikelNr in der Tabelle **ARTIKEL** als Primärschlüssel einen eindeutigen Artikeldatensatz kennzeichnet.

> Eine Tabelle befindet sich in der zweiten Normalform, wenn
> - sie in der ersten Normalform ist und
> - jedes Attribut nicht nur von einem Teil des Primärschlüssels, sondern vom gesamten Primärschlüssel identifiziert wird.

> Bei der Normalisierung werden Daten stufenweise in Tabellen aufgegliedert.

Tabelle: Personal

PNr	Name	Vorname	Wohnort
1	Palmer	Carlo	89348 Jettingen
2	Müller	Herta	86416 Krumbach
3	Mai	Hans	89077 Ulm
4	Schulz	Anna	88471 Laupheim
5	Winter	Susanne	89312 Günzberg

Tabelle: Personal

PNr	Name	Vorname	Wohnort	PLZ
1	Palmer	Carlo	Jettingen	89348
2	Müller	Herta	Krumbach	86416
3	Mai	Hans	Ulm	89077
4	Schulz	Anna	Laupheim	88471
5	Winter	Susanne	Günzberg	89312

Bild 1: Tabelle PERSONAL unnormalisiert und in der ersten Normalform

Tabelle: AUFTRAGSPOSITION

	Feldname	Felddatentyp
🔑	Auftragsnummer	Text
🔑	ArtikelNr	Text
	Auftragsmenge	Text
	Auftragspreis	Text

Zusammengesetzter Primärschlüssel: Auftragsnummer und ArtikelNr.

Bild 2: Tabelle AUFTRAGSPOSITION mit zusammengesetztem Primärschlüssel

Diese Abhängigkeit vom gesamten Schlüssel bezeichnet man als voll funktionale Abhängigkeit.

Tabellen mit zusammengesetztem Primärschlüssel werden beim Entwickeln der 2. Normalform betrachtet.

> Die 2. Normalform ist ausschließlich bei Tabellen mit zusammengesetzten Primärschlüsseln wichtig.

Am Beispiel in **Bild 1, folgende Seite** hängt nur das Attribut Artikelmenge von beiden Schlüsselfeldern ab. Alle Daten zum Artikel selbst werden schon von einem Teil des Schlüssels, nämlich der ArtikelNr festgelegt.

Beispiel 1:
Die Tabelle **AUFTRAGSPOSITION Bild 1, links** soll in die zweite Normalform gebracht werden. Lagern Sie die Felder, die nicht vom gesamten Primärschlüssel abhängen, in weitere Tabellen aus.
Lösung: **Bild 1, rechts**

3. Normalform

Eine Tabelle befindet sich in der **dritten Normalform**, wenn sie in der zweiten Normalform ist und wenn zwischen den Feldern, die nicht den Primärschlüssel bilden, keine Abhängigkeiten bestehen.

Die 3. Normalform bezieht sich auf Tabellen mit einfachem Primärschlüssel. Datenfelder, die von anderen Nichtschlüsselfeldern abhängen, werden in eine eigene Tabelle ausgegliedert.

Dies ist bei der Tabelle **KUNDE** durchführbar. Dort scheint die Postleitzahl abhängig vom Ort zu sein. Für kleinere Orte ist dies richtig, bei größeren Orten wie Hamburg oder Stuttgart gilt dies jedoch nicht. Dort hängt die Postleitzahl auch von der Straße oder dem Postfach des Kunden ab. Es gilt jedoch eine umgekehrte Abhängigkeit: der Ort ist abhängig von der Postleitzahl, jeder Postleitzahl ist genau ein Ortsname zugeordnet. Somit kann das Feld Ort aus dieser Tabelle ausgegliedert und in einer eigenen Tabelle **ORT** gespeichert werden (**Bild 2**).

Bei nicht normalisierten Daten können beim Einfügen (INSERT), Ändern (UPDATE) und Löschen (DELETE) Anomalien entstehen.

Werden alle Tabellen nach den Regeln der Normalisierung erstellt und bearbeitet, sind Redundanzen sicher vermeidbar (**Tabelle 1**). Normalisierung und Design mit ERD stellen sicher, dass die Datenbank richtig ist (**Bild 3**).

Die Aufgliederung der einzelnen Daten in viele Tabellen hat den Nachteil, dass Suchvorgänge durch das DBMS, die sich über mehrere Tabellen erstrecken, viel Zeit benötigen. Deshalb kann es notwendig sein, bestimmte Ausgliederungen, z. B. Postleitzahlen, wieder zurückzunehmen, um die Leistungsfähigkeit (= Performance) des Datenbanksystems zu erhöhen. Diesen Vorgang bezeichnet man als Denormalisierung.

Tabellen, die bis zur 3. Normalform normalisiert sind, enthalten keine Redundanzen.

Denormalisieren ist das Rückgängig machen der Normalisierung.

Tabelle: AUFTRAGSPOSITION	
	Feldname
🔑	Auftragsnummer
🔑	ArtikelNr
	Artikelbezeichnung
	Artikelpreis
	Artikelmenge

Tabelle: POSITION	
	Feldname
🔑	Auftragsnummer
🔑	ArtikelNr
	Artikelmenge

Tabelle: ARTIKEL	
	Feldname
🔑	ArtikelNr
	Artikelbezeichnung
	Artikelpreis

Bild 1: Normalisierung am Beispiel Auftragsposition

Tabelle: ORT		
	Feldname	**Felddatentyp**
🔑	PLZ	Text
	Ort	Text

Bild 2: Tabelle ORT in der dritten Normalform

Tabelle 1: Normalformen NF

	Bedeutung	Anmerkung
1. NF	alle Werte atomar	keine Aufzählungen
2. NF	jedes Nichtschlüsselmerkmal ist abhängig vom gesamten Primärschlüssel	1. NF ist erfüllt, nur bei zusammengesetztem Primärschlüssel zu beachten
3. NF	jedes Nichtschlüsselattribut ist direkt abhängig vom Primärschlüssel	2. NF ist erfüllt, Tabellen sind redundanzfrei

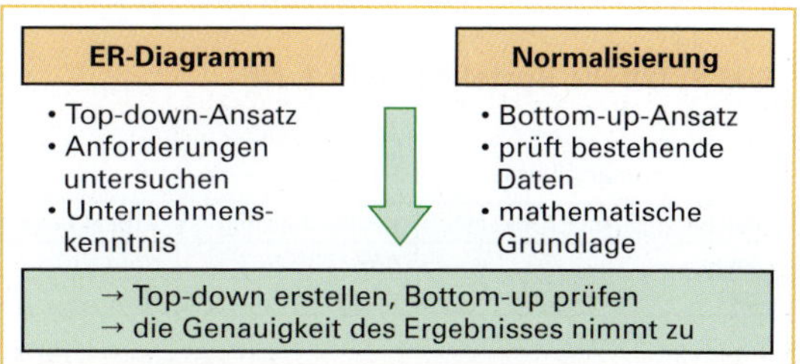

Bild 3: Zusammenhang zwischen Normalisierung und ERD

Aufgaben

① Worin besteht der Unterschied zwischen einem Datenbanksystem und einer Datenbank?

② Beschreiben Sie den grundsätzlichen Aufbau einer relationalen Datenbank.

③ Was versteht man unter einem Primärschlüssel?

Beispiel zur Normalisierung

Ein Versandhandelsunternehmen verwaltet die Rechnungsdaten mit einer Tabellenkalkulations-Software z. B. Excel. **Bild 1** zeigt ein vorhandenes Rechnungsformular. Diese Software wird nun durch eine Datenbank ersetzt. Die Normalisierung bis zur 3. Normalform wird angewendet.

FOODVERSAND

Postfach 1234, 88471 Laupheim, Tel +49739233333, Fax +49739233334

Ralf Bär
An der Heide 7
83262 X-Stadt

Rechnung

Kunden-Nr 110

Datum: 20.12.2010

Rechnungs-Nr 342

Menge	Packung	Artikel-Nr	Bezeichnung	Lager	Preis	Gesamt-preis	
2	0,75 ltr	G2	Rotwein	3	3,99	7,98	€
3	6 x 0,5 ltr	G1	Bier	2	6,59	19,77	€

Summe **27,75 €**
enthält MwSt 5,27 €

Bild 1: Rechnungsformular

Unnormalisierte Tabelle

Zuerst werden alle Daten aus dem Rechnungsformular in eine unnormalisierte Tabelle übernommen (**Bild 2**).

1. Normalform

Die unnormalisierte Tabelle wird durch Auslagern nicht-atomarer Daten in die 1. Normalform überführt. Die Spalten mit nicht-atomaren Daten werden in eine neue Tabelle z. B. Positionsdaten ausgelagert. Das Ergebnis sind die Tabellen Bestelldaten (**Bild 3**) und Positionsdaten (**Bild 4**) in der 1. NF.

In der Tabelle Bestelldaten bildet die Spalte Rechnungs-Nr den Primärschlüssel. In der Tabelle Positionsdaten ist der Primärschlüssel in der Spalte Rechnungs-Nr und Artikel-Nr gemeinsam enthalten. Dies wird zusammengesetzter Primärschlüssel genannt.

2. Normalform

In der Tabelle Positionsdaten hängen die Artikelattribute z. B. Artikel-Packung von einem Teil des zusammengesetzten Schlüssels ab, nämlich von der Artikel-Nr. Somit befindet sich diese Tabelle nicht in der zweiten Normalform. Zur Normalisierung in die 2. NF wird die Artikel-Nr sowie alle davon abhängigen Attribute zu einer eigenen Tabelle mit dem Primärschlüssel Artikel-Nr zusammengefasst (**Bild 5**). Die Tabelle Positionsdaten enthält den Primärschlüssel Rechnungs-Nr, Artikel-Nr und Menge (**Bild 6**).

Die 2. NF ist nur für Tabellen mit zusammengesetztem Primärschlüssel wichtig.

Rechnungs-		**Kunden-**					**Artikel-**						**Menge**
Nr	**Datum**	**Nr**	**Name**	**Strasse**	**PLZ**	**Ort**	**Nr**	**Packung**	**Bezeichnung**	**Lager**	**Preis**	**MwSt**	
342	20.12.2010	110	Bär, Ralf	An der Heide 7	83262	X-Stadt	G2, G1	0,75 ltr, 6 x 0,5 ltr	Rotwein, Bier	3, 2	3,99 6,59	0,19 0,19	2, 3
...	...	...	...	...	...	...	...	...	...	...	...	...	...

Bild 2: Unnormalisierte Tabelle

Primärschlüssel

Rechnungs-Nr	Rechnungs-Datum	Kunden-Nr	Kunden-Name	Kunden-Strasse	Kunden-PLZ	Kunden-Ort
342	20.12.2010	110	Bär, Ralf	An der Heide 7	83262	X-Stadt
...	...	...	...	...	...	...

Bild 3: Tabelle Bestelldaten in 1. NF

Primärschlüssel

Rechnungs-Nr	Artikel-Nr	Artikel-Packung	Artikel-Bezeichnung	Artikel-Lager	Artikel-Preis	Artikel-MwSt	Menge
342	G2	0,75 l	Rotwein	3	3,99	0,19	2
342	G1	6 x 0,5 ltr	Bier	2	6,59	0,19	3
...	...	...	...	...	...	...	...

Bild 4: Tabelle Positionsdaten in 1. NF

Primärschlüssel

Artikel-Nr	Artikel-Packung	Artikel-Bezeichnung	Artikel-Lager	Artikel-Preis	Artikel-MwSt
G2	0,75 l	Rotwein	3	3,99	0,19
G1	6 x 0,5 ltr	Bier	72	6,59	0,19
...	...	...	...	...	...

Bild 5: Tabelle Artikel in 2. NF

Primärschlüssel

Rechnungs-Nr	Artikel-Nr.	Menge
342	G2	2
342	G1	3
...	...	...

Bild 6: Tabelle Position in 2. NF

3. Normalform

Die Tabelle Bestelldaten (Bild 3, vorhergehende Seite) ist nicht in der 3. Normalform, da eine Reihe von Attributen von der Kunden-Nr abhängen. Außerdem können aus Ort und Straße die PLZ, bzw. aus PLZ und Straße der Ort ermittelt werden. PLZ und Ort werden in eine eigene Tabelle Orte ausgelagert. Eine Zusammenfassung der von der Kunden-Nr abhängigen Attribute mit Kunden-Nr als Schlüssel in eine Tabelle Kunden löst dieses Problem (**Bild 1**). In der 3. NF bleiben in der Tabelle Bestelldaten die Attribute Rechnungs-Nr, Rechnungs-Datum und Kunden-Nr übrig.

Im Beispiel Versandhandel ergeben sich fünf Tabellen, die sich alle in der 3. NF befinden (**Bild 2**).

Die Nicht-Schlüsselattribute sind in jeder Tabelle voll funktional abhängig vom gesamten Primärschlüssel. In Bild 2 sind die jeweiligen funktionalen Abhängigkeiten durch Pfeile dargestellt. Die Attribute sind kleingeschrieben.

Kunden-Nr	**Kunden-Name**	**Kunden-Straße**	**Kunden-PLZ**
110	Bär, Ralf	An der Heide 7	83262
...	...	...	...

Bild 1: Tabelle Kunden in der 3. NF

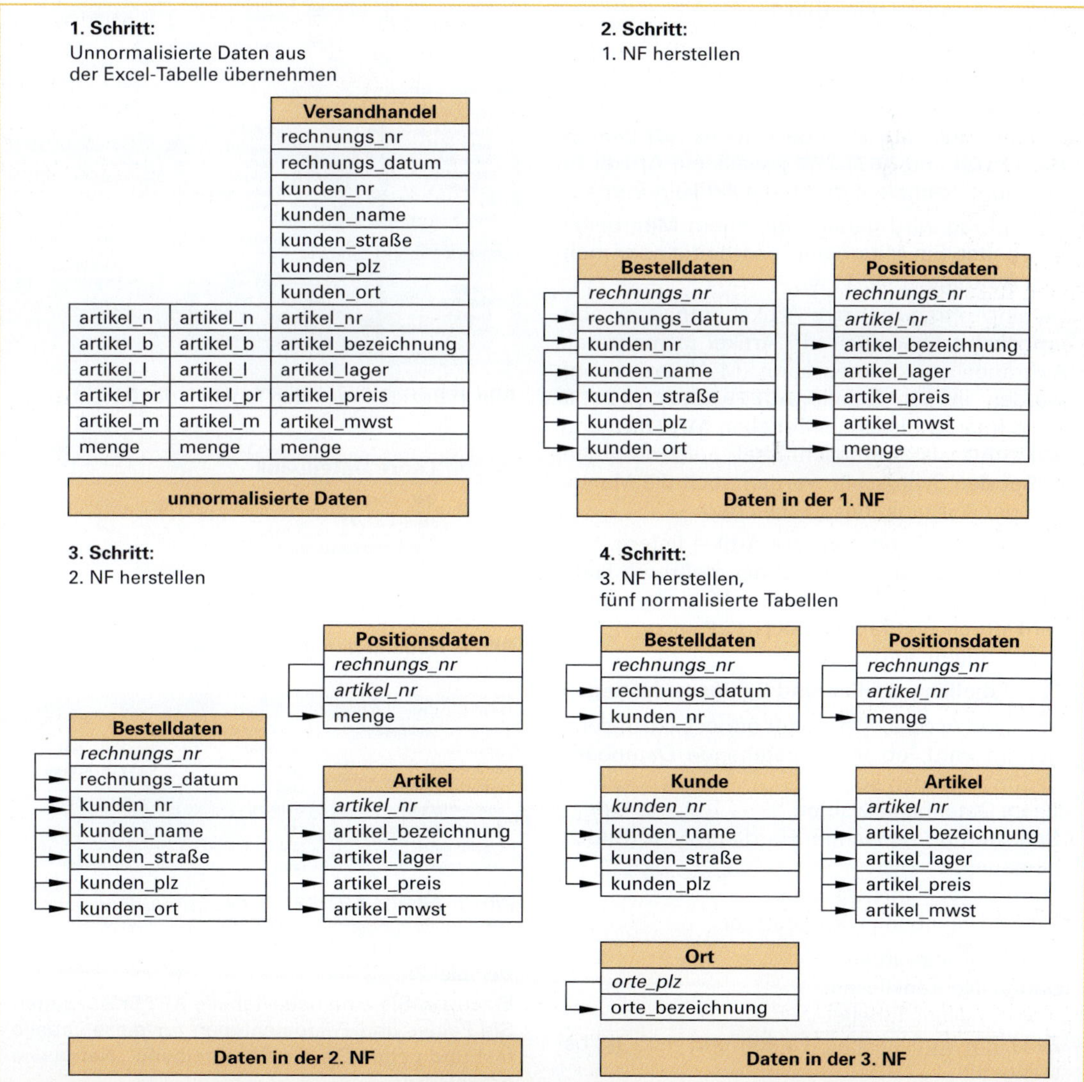

Bild 2: Schematischer Normalisierungsprozess

9.6 Datenbank mit Access

9.6.1 Datenbank erstellen

Mit dem Datenbanksystem Access soll schrittweise eine relationale Datenbank aufgebaut werden.

Beispiel 1:
Die Verwaltung des PC-Händlers Hard-and-Soft soll mithilfe eines relationalen Datenbank-Managementsystems erfolgen. a) Erstellen Sie eine Liste der benötigten Tabellen. b) Geben Sie die Tabellen, Beziehungen und Attribute der relationalen Datenbank an.
Lösung: **Tabelle 1, Bild 1**

Die Tabellen, deren Beziehungen zueinander und mögliche Attribute zeigt **Bild 1**.

- Jeder Auftrag ist genau einem Kunden zugeordnet, dargestellt durch die 1:N-Beziehung (in Access: 1 : ∞).
- Jedem Datensatz ist in der Tabelle **AUFTRAGSPOSITION** und **ARTLIEF** jeweils ein Artikel zugeordnet, festgelegt durch die Artikelnummer.
- Ein Auftrag wird genau von einem Mitarbeiter bearbeitet. Ein Mitarbeiter bearbeitet aber mehrere Aufträge (1:N, 1 : ∞).
- Da ein Auftrag mehrere Artikel enthalten kann, umgekehrt aber auch ein Artikel in mehreren Aufträgen vorkommen kann (M:N-Beziehung), werden in der Tabelle **AUFTRAGSPOSITION** die Primärschlüssel der Tabellen **ARTIKEL** und **AUFTRAG** als Fremdschlüssel aufgenommen. Außer den Schlüsseln werden noch die Menge und der Auftragspreis gespeichert.
- Ein Lieferant kann mehrere Artikel liefern. Umgekehrt ist auch ein Artikel bei mehreren Lieferanten vorrätig (M:N). Diese M:N-Beziehung wird durch die Tabelle **ARTLIEF** in zwei 1:N-Beziehungen aufgelöst.

9.6.2 Tabellen erstellen und Schlüssel festlegen

Start von Access, Fenster öffnet sich, in dem gefragt wird, ob eine bestehende Datenbank geöffnet werden soll.
[Leere Datenbank] wählen.
Speicherort und Namen Hard-and-Soft (**Bild 2**) eingeben.
Button [Erstellen] betätigen.
Die neue Datenbank wird geöffnet.

[Tabellen] auswählen.
Button [Neu] anklicken.
Fenster [Neue Tabelle].
Zeile [Entwurfsansicht] wählen und mit [OK] bestätigen.
Fenster [Tabelle1:Tabelle].
Struktur der Felder dieser Tabelle festlegen.

Tabelle 1: Liste der Tabellen zu Beispiel 1	
Tabellenname	**Beschreibung**
KUNDE	Kundendaten
MITARBEITER	Mitarbeiterdaten
LIEFERER	Lieferantendaten
ARTIKEL	Artikeldaten
EINDEUT_PLZ	Verbindung PLZ mit Ort
AUFTRAG	Auftragsdaten
AUFTRAGS-POSITION	Positionsdaten in den einzelnen Aufträgen
ARTLIEF	Artikellieferungen der Lieferanten

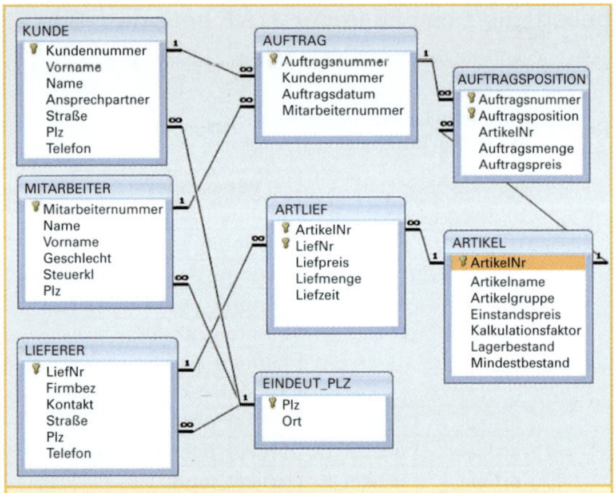

Bild 1: Beziehungen der Tabellen der Datenbank

Bild 2: Neuanlegen der Datenbank

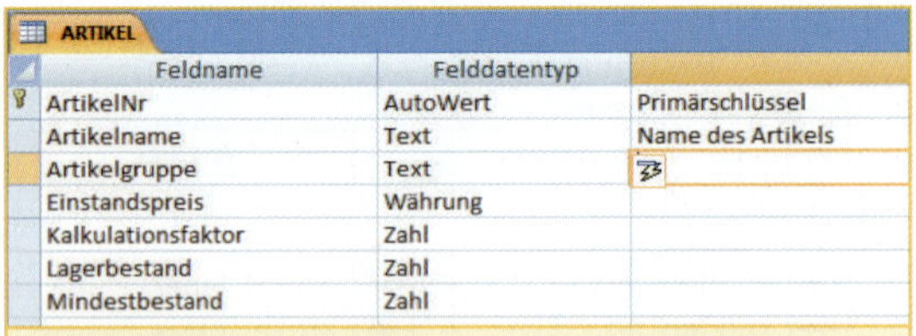

Bild 3: Tabelle ARTIKEL in der Entwurfsansicht

Beispiel 2:
Erzeugen Sie eine neue Tabelle **ARTIKEL**. Legen Sie Felder und Felddatentypen für diese Tabelle fest und geben Sie die Beschreibung „Name des Artikels" an.
Lösung: **Bild 3**

- Feldnamen in der Spalte [Feldname] eingeben.
- Formate der Felder und deren Datentyp festlegen in der Spalte [Felddatentyp].

Um spätere Administrationsarbeiten an der Datenbank zu erleichtern, wird in der rechten Spalte eine Beschreibung des Feldes angegeben.

> Dokumentation und Beschreibungen erleichtern die Administration der Datenbank.

Für jedes Feld einer Tabelle wird ein Felddatentyp ausgewählt (**Tabelle 1**).
Um sicherzustellen, dass bei einem Datenfeld keine Fehleingaben möglich sind, können Gültigkeitsregeln festgelegt werden. Sie werden bei jeder Neueingabe eines Feldinhaltes überprüft. Entspricht der eingegebene Wert nicht der festgelegten Regel, so wird der in der Zeile Gültigkeitsmeldung festgelegte Text am Bildschirm ausgegeben.

Beispiel 1:
Legen Sie für das Feld [Artikelgruppe] den Gültigkeitsbereich auf die Werte Kommunikation-Netzwerk = KN, Kommunikation-Printer = KP, Peripherie = PE, Personal Computer = PC fest. Eine Gültigkeitsmeldung soll auf die zulässigen Eingabewerte hinweisen.
Lösung: **Bild 1**

Der Standardwert legt fest, welcher Wert in einem neuen Datensatz standardmäßig in diesem Feld eingetragen wird. Auf diese Weise kann bei häufig benötigten Werten die Eingabe erleichtert werden. Sind alle Felder definiert, muss noch ein geeigneter Primärschlüssel festgelegt werden. Das Feld ArtikelNr erfüllt die Eigenschaften eines Primärschlüsselfeldes. Unterscheidet sich der Feldinhalt in jedem Datensatz, dann ist dieses Feld zur Identifizierung der einzelnen Artikel geeignet.

Primärschlüssel festlegen:
- in die Zeile ArtikelNr klicken.
- in der Symbolleiste Button [Primärschlüssel] betätigen (**Bild 2**). Vor dem Feldnamen erscheint nun ein Schlüsselsymbol.

Aus mehreren Feldern zusammengesetzte Primärschlüssel definieren:
- entsprechende Zeilen markieren.
- Schalter [Primärschlüssel] betätigen.

9.6.3 Speichern der Tabelle

- im Menü [Datei] die Option [Speichern] wählen, oder
- das Diskettensymbol auf der Symbolleiste betätigen.
- Tabellenname „**ARTIKEL**" eingeben.

Nach dem Schließen ist im Datenbankfenster das Icon für die Tabelle **ARTIKEL** vorhanden.

> Ist in einer Tabelle kein Primärschlüssel festgelegt, dann fügt die Datenbank-Software automatisch ein Primärschlüsselfeld ein.

Tabelle 1: Felddatentypen von Access

Bezeichnung	Beschreibung	Größe
Text	Text oder eine Kombination aus Text und Zahlen	Max. 255 Zeichen
Zahl	Numerische Daten für mathematische Berechnungen	Max. 64.000 Zeichen
Datum/ Uhrzeit	Datums- und Zeitangaben	8 Byte
Memo	Längerer Text und Zahlen	Max. 64.000 Zeichen
Währung	Währungswerte	8 Byte
AutoWert	Eindeutige sequenzielle (jeweils um 1 ansteigende) Zahlen oder Zufallszahlen, die beim Hinzufügen eines Datensatzes eingefügt werden.	4 Byte
Ja/Nein	Felder enthalten nur einen von zwei Werten, z. B. Ja/Nein, True/False, Ein/Aus.	1 Bit

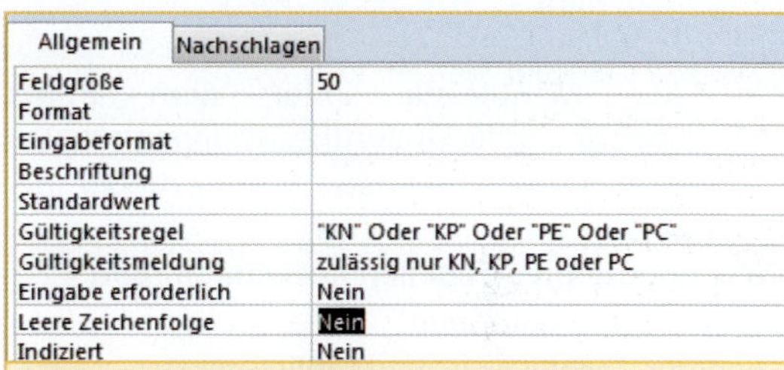

Bild 1: Gültigkeitsbereich zu Beispiel 1

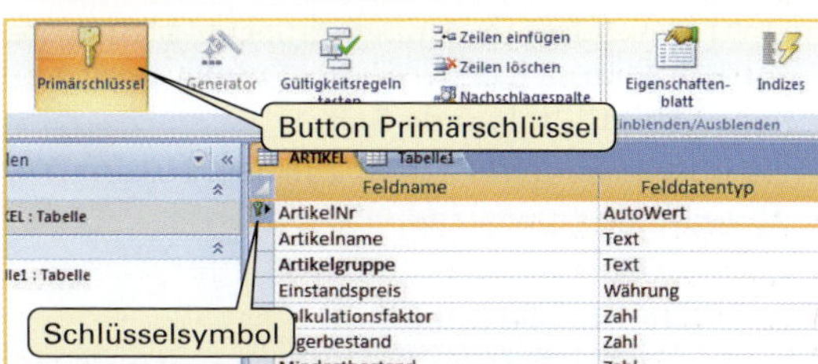

Bild 2: Festlegen des Primärschlüsselfeldes

9.6.4 Eingeben von Daten

- Tabelle durch Doppelklick öffnen, oder
- den Tabellennamen anklicken, oder
- Taste [Öffnen] anklicken.

Solange in einem Datensatz Daten eingegeben werden, erscheint vor der entsprechenden Zeile ein symbolischer Schreibstift. Beim Verlassen des Datensatzes verschwindet dieser Stift und der Datensatz wird automatisch gespeichert.

Nach Eingabe von z. B. 5 Datensätzen in die Tabelle **ARTIKEL** erhält man in der Datenblattansicht die tabellarische Auflistung (**Bild 1**).

> Beziehungen zwischen Tabellen werden auf grafische Weise mit Drag-and-drop erstellt

Beispiel 1:
Entwerfen Sie eine Tabelle **LIEFERER** mit den Feldern LiefNr, FirmBez, Kontakt, Straße, Plz und Telefon. Legen Sie das Feld LiefNr als Primärschlüssel fest und geben Sie 5 Datensätze ein.
Lösung: **Bild 2**

Beispiel 2:
Entwerfen Sie eine Tabelle **ARTLIEF** mit den Feldern ArtLiefNr, ArtikelNr, LiefNr, LiefPreis, LiefZeit. Legen Sie das Feld ArtLiefNr als Primärschlüssel fest und geben Sie 5 Datensätze ein.
Lösung: **Bild 3**

ARTIKEL

ArtikelNr	Artikelname	Arti	Einstandspre
10001	Soundkarte PCI	KP	16,00 €
10006	TV-Karte PCI	KP	23,00 €
10007	TV-Karte Hauppauge	KP	318,00 €
10011	TV-Karte USB	KP	19,00 €
10012	Soundkarte PCI	KP	16,00 €
20001	Modem DSL	KN	71,00 €

Bild 1: Tabelle ARTIKEL in der Datenblattansicht

LiefNr	Firmbez	Kontakt	Straße	Plz
L001	Firma	Neumann	Marienstraße 24	32321
L002	Firma	Leimbach, Frau	Gradestraße 60	10002
L003	Firma		Postfach 1249	23132
L004	Firma		Klaus-Conrad-Str.	84523
L005	Firma	Absolon	Gutenbergstraße	24001
L006	Firma		Nestorstr. 36a	10001

Feldname	Felddatentyp
LiefNr	Zahl
Firmbez	Text
Kontakt	Text
Straße	Text
Plz	Zahl
Telefon	Text

Bild 2: Ausschnitt aus der Tabelle LIEFERER in der Entwurfsansicht und in der Datenblattansicht

Festlegen von Beziehungen

Um dem Datenbanksystem mitzuteilen, dass die Artikelnummern in der Tabelle **ARTLIEF** sich auf die Artikelnummern der Tabelle **ARTIKEL** beziehen, werden in Access Beziehungen auf grafische Weise festgelegt.

- In der Menüleiste unter dem Punkt Datenbanktools die Option Beziehungen wählen.

Es öffnet sich nun ein Fenster zum Festlegen der Beziehungen.

- alle angezeigten Tabellen auswählen (**Bild 4**).
- Hinzufügen betätigen
- Fenster Tabelle anzeigen schließen.

In der Tabelle **LIEFERER**,

- LiefNr anklicken und mit gedrückter Maustaste auf den Eintrag LiefNr in der Tabelle **ARTLIEF** ziehen (**Bild 1, folgende Seite**).
- Es öffnet sich ein Fenster zur Bearbeitung der Beziehungseigenschaften.

ARTLIEF

ArtLiefNr	ArtikelNr	LiefNr	Liefpreis	Liefzeit
1	10001	L007	932,66 €	25
2	10003	L007	896,75 €	30
3	10005	L006	748,13 €	5
4	10006	L006	917,70 €	5

ARTLIEF

Feldname	Felddatentyp
ArtLiefNr	AutoWert
ArtikelNr	Text
LiefNr	Text
Liefpreis	Währung
Liefzeit	Zahl

Bild 3: Tabelle ARTLIEF in der Entwurfsansicht und in der Datenblattansicht

9.6.5 Referenzielle Integrität

Die Option Mit referenzieller Integrität (referenziell = verweisend, sich beziehend auf) veranlasst das Datenbanksystem, die logischen Zusammenhänge zwischen den Datensätzen zu überprüfen. Dadurch kann z. B. ein Artikel, der noch nicht in die Tabelle **ARTIKEL** aufgenommen ist, nicht in die Tabelle **ARTLIEF** eingetragen werden. Umgekehrt kann ein Datensatz in der Tabelle **LIEFERER**, auf den sich Dateneinträger einer anderen Tabelle beziehen, nicht gelöscht werden, wenn er in Beziehung zu einem Datensatz der Tabelle **ARTLIEF** steht.

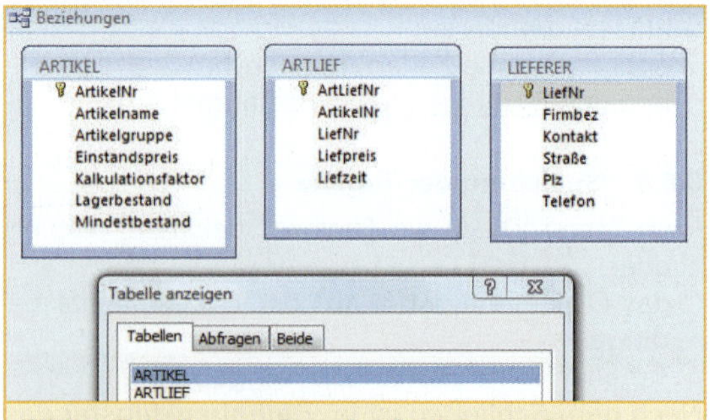

Bild 4: Tabelle anzeigen im Beziehungsfenster

9.6.6 Aktualisierungsweitergabe, Löschweitergabe

Daten löschen, die mit anderen Tabellen in Beziehung stehen:

Kontrollbox Löschweitergabe an verwandte Datensätze aktivieren (**Bild 1**).

Wird nun ein Datensatz aus einer Tabelle gelöscht, dessen Primärschlüsselfeld, z. B. die Kundennummer, auf einen anderen Datensatz verweist, so werden auch alle Datensätze in anderen Tabellen gelöscht, die die gleiche Kundennummer enthalten.

Die Option Aktualisierungsweitergabe an verwandte Datensätze (Bild 1) bewirkt, dass beim Ändern des Bezugsfeldes, z. B. der Kundennummer, auch die Inhalte der anderen Tabellenfelder mit Bezug zu diesem Feld geändert werden.

Die Auswahl der Schalter Löschweitergabe an verwandte Datensätze und Aktualisierungsweitergabe an verwandte Felder muss sorgsam bedacht werden.

9.6.7 Beziehungen bearbeiten abschließen

Wird nun der Button Erstellen betätigt, so wird im Beziehungsfenster die 1:N-Beziehung zwischen den beiden Tabellen mit einer Linie und den Symbolen 1 und ∞ (= 1:N-Beziehung) dargestellt.

Beispiel 1:
Erzeugen Sie eine Beziehung zwischen der Artikelnummer in der Tabelle **ARTIKEL** und der Artikelnummer in der Tabelle **ARTLIEF**. Legen Sie fest, dass die referenzielle Integrität geprüft wird.
Lösung: **Bild 1,** Button Erstellen betätigen.

Formulare

Formulare verwendet man zur Dateneingabe, Datenansicht und Bearbeitung als auch zur Navigation innerhalb der Datenbank.

Zur Eingabe von Daten sind Formulare besser geeignet als die Datenblattansicht einer Tabelle.

9.6.8 Anlegen eines neuen Formulars

im Datenbankfenster die Registerkarte Formulare und den Button Neu wählen (**Bild 2**).

Ein Eingabeformular für die Tabelle **ARTIKEL** soll erstellt werden:

im unteren Bereich des Fensters Tabelle und anschließend die Option Formular-Assistent auswählen.

, Im folgenden Dialog wird das Aussehen des Formulars festgelegt.

Das fertige Formular zeigt **Bild 3**.

Referenzielle Integrität stellt sicher, dass
- Beziehungen zwischen Datensätzen gültig sind,
- verknüpfte Daten nicht versehentlich gelöscht werden und
- verknüpfte Daten nicht versehentlich geändert werden.

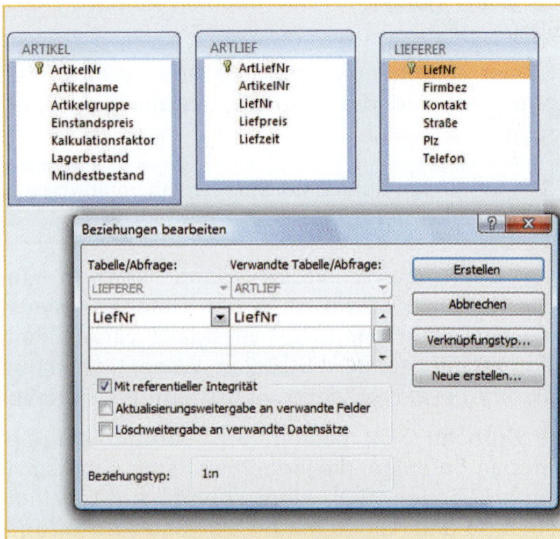

Bild 1: Fenster zum Bearbeiten von Beziehungen

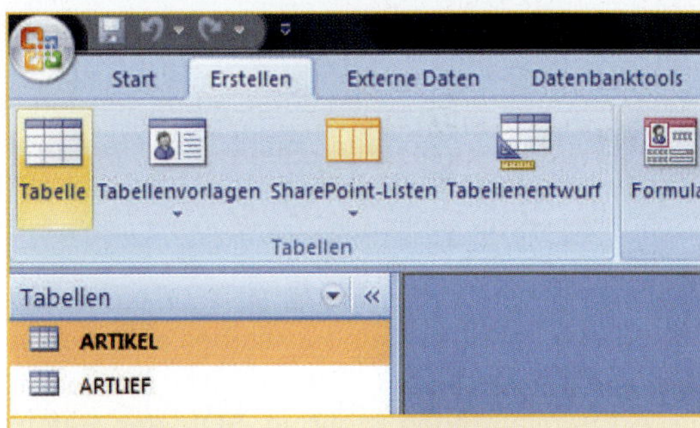

Bild 2: Fenster für Formularassistent

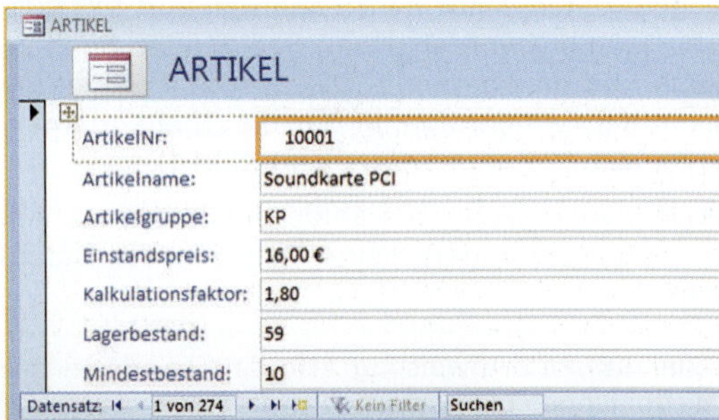

Bild 3: Artikel-Eingabeformular

9.7 Die Datenbanksprache SQL

9.7.1 Einfache Abfragen mit SELECT

SQL (von **S**tructured **Q**uery **L**anguage = strukturierte Abfragesprache) ist eine Datenbanksprache zur Definition, Abfrage und Manipulation von Daten in relationalen Datenbanken.

SQL-Standards

SQL ist von ANSI und ISO standardisiert und wird von allen gängigen Datenbanksystemen unterstützt.

SQL ist unabhängig vom Betriebssystem, der Betriebsart und der benutzten grafischen Oberfläche.

> SQL ist die bedeutendste Sprache für relationale Datenbanksysteme.

Man unterscheidet verschiedene Normen (**Tabelle 1**). Gegenwärtig ist in den Datenbanksystemen vor allem der SQL-1-Standard verwirklicht, während der Standard SQL-2 im Wesentlichen nur im Entry-Level (von entry = Einstieg) realisiert ist.

Die Sprache SQL besteht aus verhältnismäßig wenigen Befehlen, die jedoch vielfältig eingesetzt werden können. SQL dient sowohl zur Tabellendefinition und Felddefinition als auch zur Abfrage und Veränderung von Daten (**Tabelle 2**).

Für SQL ist folgendes vereinbart:

- nur in Ausnahmefällen auf Groß- und Kleinschreibung achten.
- kann auf mehreren Zeilen eingegeben werden.
- Schlüsselwörter können nicht auf mehrere Zeilen aufgeteilt oder abgekürzt werden.
- Schlüsselwörter sollten in Großbuchstaben eingegeben werden. Dies verbessert die Lesbarkeit. Alle anderen Wörter, wie z. B. Tabellennamen und Spalten, sind in Kleinbuchstaben einzugeben.

Abfragen mit SELECT

Für Auswahlabfragen steht in SQL der Befehl `SELECT` zur Verfügung. Dieser besitzt eine umfangreiche Syntax und bietet dadurch vielfältige Möglichkeiten. Nach dem Schlüsselwort `SELECT` (= auswählen) werden die anzuzeigenden Spalten, durch Kommas getrennt. Die Ausgabe erfolgt dabei in der Reihenfolge, in der die Spaltennamen hinter `SELECT` angeordnet sind (**Bild 1**).

`SELECT`-Anweisungen wählen nur Daten zur Ansicht aus. Sie ändern keine Daten in der Datenbank.

> Eine `SELECT`-Anweisung erfordert mindestens die folgenden Elemente:
>
> `SELECT` *Felder* `FROM` *Tabelle*

Tabelle 1: SQL-Standards

Jahr	Norm	Standard
1986	ISO 9075	SQL-1-Standard
1989	ISO 9075	SQL-1 mit Integritätserweiterungen
1992	ISO 9075 • Entry-Level • Intermediate-Level • Full-Level	SQL-2-Standard in drei Stufen
Mai 1992	ISO working draft Database Language SQL3	Arbeitspapier zu SQL-3

ISO International Standards Organisation
ANSI American National Standards Institute

Tabelle 2: SQL-Bereiche

Bereich	Aufgabe
DQL (Data Query Language)	Formulierung von Suchabfragen
DDL (Data Description Language)	Festlegen von Tabellen, Feldern und Schlüsseln sowie deren Eigenschaften
DML (Data Manipulation Language)	Speichern, Lesen, Ändern und Löschen von Daten
DCL (Data Control Language)	Steuerung der Datensicherheit und Festlegung der Zugriffsberechtigungen

```
Geben Sie die Namen der Mitarbeiter
aus.
SELECT name, vorname FROM
Mitarbeiter;

Geben Sie alle Daten aller Kunden aus.
SELECT * FROM Kunden;

Geben Sie die Daten aller Artikel aus.
SELECT * FROM Artikel;
```

Bild 1: Beispiele für SELECT-Abfragen

Der *-Operator kann als Platzhalter für sämtliche Felder einer Tabelle eingesetzt werden.

Die Tabelle oder Tabellenliste, mit der gearbeitet werden soll, z. B. Kunden, wird nach dem Schlüsselwort FROM (= von, aus) angegeben.

Zu beachten ist die übereinstimmende Schreibweise mit den Feldnamen der Tabellen, da sie sonst nicht als Felder erkannt werden.

Einfache SELECT Anweisung

Ein **SELECT * FROM** Tabelle gibt alle Daten der Tabelle aus (**Bild 1**). Einzelne Attribute (Spalten) werden durch Kommas getrennt (**Bild 2**).

In der **SELECT** Anweisung kann mit den gängigen Rechenoperatoren +, –, *,: gerechnet werden (**Bild 3**). Eine Umbenennung der Spaltenüberschrift erfolgt mit dem Alias-Schlüsselwort AS (Alias = Pseudonym). Berechnete Spalten ohne Alias bekommen eine Standardspaltenüberschrift (hier: Expr1002).

WHERE-Anweisung

Mit einer **WHERE**-Zeile können die Ergebnisse der Abfrage weiter eingegrenzt werden.

Die Datensätze, welche die aufgeführten Bedingungen erfüllen, werden ausgewählt und angezeigt. Ohne **WHERE**-Zeile gibt die Abfrage alle Zeilen aus der Tabelle zurück.

WHERE ist optional, muss aber auf **FROM** folgen, wenn es angegeben wird. So können z. B. alle Artikel der Artikelgruppe KP (**WHERE** Artikelgruppe = „KP") oder alle Artikel mit Einstandspreis von 10 Euro bis 50 Euro (**WHERE** Einstandspreis **BETWEEN 10 AND 50**) ausgewählt werden.

Die **WHERE**-Anweisung schränkt die Abfrage weiter ein und bestimmt, welche Datensätze ausgewählt werden.

Die **WHERE**-Anweisung kann Vergleichsoperatoren, z. B. kleiner als enthalten (**Tabelle 1**). Sie kann aus mehreren Suchkriterien, z. B. PLZ = 89077 und Ort = „Ulm" zusammengestellt werden.

Beispiel 1:
Schränken Sie die Abfrage in Bild 1 so ein, dass nur die Artikel mit Artikelnummern zwischen 10 000 und 10 006 angezeigt werden.

Lösung:
```
SELECT *
FROM Artikel
WHERE ArtikelNr >= 10000
      AND ArtikelNr <= 10006
```

In Bild 1 sind dies die Datensätze mit den Nummern 10001 und 10006.

```
SELECT Artikel.Einstandspreis,
Artikel.Einstandspreis * 2 AS „Doppelter
Preis", Artikel.Einstandspreis * 1.1
FROM Artikel;
```

Abfrage: Auswahlabfrage

Einstandspreis	Doppelter Preis	Exprl1002
16 €	32 €	17,6 €
23 €	46 €	25,3 €
318 €	636 €	349,8 €
...	...	...

Bild 3: SELECT-Abfrage mit Attributen und Ergebnis

```
SELECT * FROM Artikel
```

Abfrage: Auswahlabfrage

ArtikelNr	Artikelname	Artikelgruppe	Einstandspreis
10001	Soundkarte PCI	KP	16 €
10006	TV-Karte PCI	KP	23 €
10007	TV-Karte	KP	318 €
...	...	...	...

Bild 1: Einfache Abfrage und Ergebnis

```
SELECT Artikel.ArtikelNr,
Artikel.Artikelname,Artikel.Artikelgruppe
FROM Artikel;
```

Abfrage: Auswahlabfrage

ArtikelNr	Artikelname	Artikelgruppe
10001	Soundkarte PCI	KP
10006	TV-Karte PCI	KP
10007	TV-Karte	KP
...	...	...

Bild 2: SELECT-Abfrage mit Attributen und Ergebnis

Tabelle 1: Vergleichsoperatoren und logische Operatoren

Operator	Beispiel	Erklärung
=	ArtikelNr = 24	gleich
<	Einstandspreis < 100	kleiner als
>	Einstandspreis > 100	größer als
<>	Einstandspreis <> 100	ungleich
<=	Einstandspreis < = 100	kleiner gleich
>=	Einstandspreis > = 100	größer gleich
LIKE	Ort LIKE „Ober*"	Vergleicht das Feld Ort mit dem Textmuster; es werden alle Orte berücksichtigt, die mit Ober beginnen.
AND	PLZ = 89077 AND ORT = „Ulm"	Datensatz wird berücksichtigt, wenn Bedingung 1 UND Bedingung 2 erfüllt ist
OR	PLZ = 89077 OR ORT = „Ulm"	Datensatz wird berücksichtigt, wenn Bedingung 1 ODER Bedingung 2 erfüllt ist
NOT	NOT (PLZ = 89077)	Datensatz wird berücksichtigt, wenn die Bedingung nicht erfüllt ist

NULL-Werte

Wenn in einer Zeile der Datenwert für eine bestimmte Spalte fehlt, d. h. die Zelle nicht belegt ist, gilt dieser Wert als NULL-Wert (sprich: Nallwert). Ein NULL-Wert ist ein nicht verfügbarer, nicht zugeordneter, unbekannter oder nicht zutreffender Wert. Ein NULL-Wert entspricht nicht 0 oder einem Leerzeichen. 0 ist eine Zahl und ein Leerzeichen ist ein Zeichen.

Leere Zellen enthalten den Wert NULL. Nach NULL-Werten sucht man mit Abfragen, deren WHERE-Zeile das Suchkriterium IS NULL enthält.

Spalten jedes beliebigen Datentyps können NULL-Werte enthalten, außer die Spalte wurde beim Erstellen als NOT NULL oder als Primärschlüssel definiert.

Beispiel 1:
Suchen Sie nach Kunden in der Kundentabelle ohne Telefonnummer.
Lösung:
SELECT kundennummer, name, vorname FROM Kunden
WHERE telefon IS NULL

SQL-Aggregatfunktionen

Aggregatfunktionen führen Berechnungen für eine Wertemenge durch und geben einen einzelnen Wert als Integerzahl zurück.

Durch Verwenden von SQL-Aggregatfunktionen können Wertemengen z. B. statistisch ausgewertet werden (**Tabelle 1**).

Alle Aggregatfunktionen, außer COUNT, ignorieren NULL-Werte.

Beispiel 2:
Geben Sie aus der Tabelle Auftragspositionen den kleinsten, größten und durchschnittlichen Auftragspreis aus.
Lösung: **Bild 1**

Ein Feld, das mit Aggregatfunktionen berechnet wird, hat standardmäßig eine Bezeichnung ohne Aussagekraft, z. B. Expr 1001. Um Spalten einer Abfrage bei der Ausgabe mit einer gewünschten Überschrift zu versehen, kann die Alias-Anweisung (von Alias = Pseudonym) AS gefolgt von der neuen Spaltenüberschrift verwendet werden (**Bild 2**).

Aggregatfunktion:
Mathematischer Ausdruck, der mehrere Werte aus einer Spalte zusammenfasst. Das Ergebnis einer Aggregatfunktion ist meist ein einziger Wert.

Tabelle 1: Aggregatfunktionen

Funktion	**Bedeutung**
AVG(Feldname)	Arithmetischer Mittelwert von Werten in einem bestimmten Feld
MAX(Feldname)	Gibt den größten Wert aus einer Menge von Werten aus
MIN(Feldname)	Gibt den kleinsten Wert aus einer Menge von Werten aus
SUM(Feldname)	Gibt die Summe einer Menge von Zahlen aus
COUNT(Feldname)	Gibt die Anzahl einer Menge von Datensätzen aus

```
SELECT Min(Artikel.Einstandspreis),
Max(Artikel.Einstandspreis),
Avg(Artikel.Einstandspreis)
FROM Artikel;
```

Abfrage: Auswahlabfrage

Expr1000	Expr1001	Expr1002
16 €	318 €	119 €

Bild 1: Abfrage mit SQL-Aggregatfunktionen und Lösung

```
SELECT Min(Artikel.Einstandspreis) AS
Minimalpreis, MAx(Artikel.Einstands-
preis) AS Maximalpreis, Avg(Artikel.
Einstandspreis) AS Durchschnitt
FROM Artikel;
```

Abfrage: Auswahlabfrage

Minimalpreis	Maximalpreis	Durchschnitt
16 €	318 €	119 €

Bild 2: Abfrage mit SQL-Aggregatfunktionen und ALIAS-Anweisung und Ergebnis der Abfrage

ORDER BY-Anweisung

Mit **ORDER BY** wird die Zeilensortierung bei Abfrageergebnissen bestimmt.

Ohne Zusatzangabe wird standardmäßig eine aufsteigende (ascending) Reihenfolge angezeigt. Möchte man eine absteigende (descending) Reihenfolge, so kann dies durch die Eingabe von „desc“ hinter dem entsprechenden Attribut erzielt werden.

Ascending (ASC): aufsteigend
Descending (DESC): absteigend

Eine Tabelle ist standardmäßig nach dem Primärschlüssel sortiert. Standardsortierung (auch ohne weitere Zusätze) ist in aufsteigender Reihenfolge.

Beispiel 1:
Suchen Sie nach Kunden in der Kundentabelle und sortieren Sie das Ergebnis nach der PLZ.
Lösung:
SELECT kundennummer, name, vorname, plz
FROM Kunden
ORDER BY plz

```
SELECT kundennummer, name, vorname,
FROM Kunden
ORDER BY 2;
```

Abfrage: Auswahlabfrage

kundennummer	name	vorname
3241	Adelmann	Peter
1251	Borm	Jannik
0432	Dehler	Fabio
0455	Dehler	Andrea
1622	Römer	Joel
1644	Römer	Anton
2744	Römer	Elmar

Bild 1: Abfrage mit ORDER BY-Anweisung und Lösung

Es gilt folgende Sortierreihenfolge:

für ASCII-Codes: 0 bis 9, A bis Z (von links nach rechts Zeichen für Zeichen),
für Zahlen: – unendlich bis + unendlich.

NULL-Werte werden bei aufsteigender Sortierung (ASC) am Ende angezeigt; bei absteigender Sortierung (DESC) werden sie zuerst dargestellt.

Die **ORDER BY**-Anweisung kann neben den Spaltenbezeichnungen auch die Spalten-Folgenummer enthalten (**Bild 1**).

Die Priorität der Sortierung gilt von links nach rechts, d. h. die links stehende Sortierregel wird zuerst abgearbeitet (**Bild 2**).

```
SELECT kundennummer, name, vorname,
FROM Kunden
ORDER BY name DESC, vorname ASC;
```

Abfrage: Auswahlabfrage

kundennummer	name	vorname
1644	Römer	Anton
2744	Römer	Elmar
1622	Römer	Joel
0432	Dehler	Andrea
0432	Dehler	Fabio
1251	Borm	Jannik
3241	Adelmann	Peter

Bild 2: Abfrage mit geschachtelter SQL-ORDER BY-Anweisung

GROUP BY-Anweisung

Um Datensätze nach bestimmten Kriterien zusammenzufassen, wird die Gruppierungsanweisung verwendet. In der Abfrage in **Bild 3** wird die Anzahl der in der Tabelle vorkommenden Personen mit demselben Namen berechnet, zusätzlich soll aber der Name mit angezeigt werden.

Soll in einer Abfrage ein mit Aggregatfunktionen berechnetes Feld1 **und gleichzeitig** ein Feld2 ohne Aggregatfunktion angezeigt werden, dann muss das Feld2 in der **GROUP BY**-Anweisung stehen. Wird obige Regel nicht beachtet, erfolgt eine Fehlermeldung durch den SQL-Compiler.

```
SELECT name, COUNT(name) AS Anzahl
FROM Kunden
GROUP BY name;
```

name	Anzahl
Dehler	2
Borm	1
Römer	3
Adelmann	1

Bild 3: Abfrage mit GROUP BY-Anweisung

9.7.2 Abfragen über mehrere Tabellen

Vereinigung (UNION)

Wegen einer Werbeaktion sollen sowohl Kunden als auch Lieferanten angeschrieben werden. Dies soll durch einen einzigen Zugriff auf die Datenbank realisiert werden.

Das Schlüsselwort UNION kombiniert zwei oder mehr Tabellen oder Abfragen. Die Tabelle Kunde kann so mit der Tabelle Lieferer vereinigt werden.

Beispiel 1:
Erstellen Sie eine Abfrage, die den Namen, die Anrede, Straße und PLZ aller Kunden und aller Lieferanten als Ergebnis liefert.
Lösung: **Bild 1**

Bedingungen für eine Vereinigung mit UNION:

- Die Spalten der einzelnen Hauptteile müssen vom selben Datentyp sein, nicht möglich sind z. B. eine Zeichenkette und ein Zahlenwert.
- Die Unterdrückung von mehrfach vorkommenden Datensätzen (DISTINCT) ist eine Standardeinstellung, mehrfache Datensätze werden automatisch entfernt.

Die Standardeinstellung DISTINCT kann mit dem Schlüsselwort UNION ALL anstelle von UNION umgangen werden. Dann werden gleiche Datensätze nicht entfernt.

Mit UNION ALL werden gleiche Datensätze nicht automatisch aus der Abfrage entfernt.

Verknüpfungen (JOINS)

Für Abfragen, die mehrere relational verbundene Tabellen betreffen, werden Verknüpfungen auf Gleichheit, Equi Joins (equi = gleich, to join = verknüpfen), verwendet.

NATURAL JOIN

Um z. B. alle Auftragsdaten mit den dazugehörigen Kundennamen auszugeben, müssen Felder der Tabellen Kunde und Auftrag gleichzeitig in einer Abfrage angezeigt werden.

Join = Verknüpfung von Schlüsselattributen in Abfragen.

Arten von Joins: Equi Join, Natural Join, Inner Join, Left Join, Right Join.

```
SELECT Name, Anrede, Straße, Plz
FROM Kunde UNION
SELECT Firmenname AS Name, Firmenbez,
AS Anrede, Straße, Plz FROM Lieferer;
```

Abfrage: Auswahlabfrage

Name	Anrede	Straße	Plz
Adelmann	Herr	Ulmerstr	88471
Borm	Herr	Palmenweg	89077
Weber	Bürobedarf	Almstr	77770
...	...	...	...

Bild 1: UNION – Abfrage und Ergebnis

```
SELECT Kunde.Name, Kunde.Anrede, Kunde.
Straße, Kunde.Plz, Auftrag.Auftragsdatum
FROM Kunden, Auftrag
WHERE Kunden.Kundennummer = Auf-
trag.Kundennummer:
```

Abfrage: Auswahlabfrage

Name	Anrede	Straße	Plz	Auftrags-datum
Adelmann	Herr	Ulmerstr	88471	30.1.2014
Borm	Herr	Palmenweg	89077	2.3.2014
Weber	Büro-bedarf	Almstr	77770	31.5.2014
...	...	...	...	...

Bild 2: SELECT – Abfrage mit Attributen und Ergebnis

Beispiel 2:
Erstellen Sie eine Abfrage, die den Namen, die Anrede, die Straße, die PLZ aus der Tabelle Kunde und das Auftragsdatum aller Kunden aus der Tabelle Auftrag als Ergebnis liefert.
Lösung: **Bild 2**

Im Beispiel dürfen nur die Kunden berücksichtigt werden, deren Kundennummer auch in der Tabelle Aufträge aufgeführt ist. Dazu muss eine eindeutige Verknüpfungsvorschrift im SQL-Befehl definiert werden. Dies geschieht durch die Bedingung WHERE Kunden.Kundennummer = Auftrag. Kundennummer.

CROSS JOIN

Werden 2 Tabellen ohne eine Equi-Join-Bedingung miteinander verknüpft, so entsteht ein Kreuzprodukt **(Bild 1)**. Alle Zeilen von TABELLE1 werden mit allen Zeilen der TABELLE2 kombiniert. Man bezeichnet diese Verknüpfung als Cross Join. Es entstehen z. B. 4 mal 3 = 12 Zeilen. Durch die WHERE-Bedingung werden nun die Datensätze entfernt, die der Bedingung nicht entsprechen. So werden z. B. nur Kunden mit den zugehörigen Aufträgen angezeigt **(Bild 2)**.

Um gleichnamige Felder in den verschiedenen Tabellen zu unterscheiden, muss der Tabellenname, gefolgt von einem Punkt, dem Spaltennamen vorangestellt werden.

Die Verknüpfung (Join) mehrerer Tabellen werden in einer SQL-Abfrage in Form einer WHERE-Bedingung beschrieben.

Beispiel 1:

Erstellen Sie für die Datenbank Hard-and-Soft aus **Bild 3** eine Abfrage.

a) Geben Sie alle Aufträge mit den Kundendaten (Kundennummer, Name, Vorname, PLZ), dem Auftragsdatum und die Auftragsdaten (ArtikelNr, Auftragsmenge) aus.

b) Berechnen Sie in einem zusätzlichen Feld Gespreis den Gesamtpreis mit Auftragsmenge *Auftragspreis.

Lösung: a) **Bild 4**
b) **Bild 4** mit Zusatz in Farbe türkis

Da die Tabelle AUFTRAGSPOSITION über einen Equi Join mit der Tabelle AUFTRAG verbunden ist, muss dies ebenso als WHERE-Bedingung angegeben werden. So werden in der WHERE-Zeile die relationalen Beziehungen KUNDE – AUFTRAG und AUFTRAG – AUFTRAGSPOSITION angegeben. Beim Entwurf einer komplexen SQL-Abfrage über mehrere Tabellen hinweg, muss die Art der Beziehungen und der betroffenen Felder bekannt sein.

Bei Abfrage über N relational verbundene Tabellen werden N-1 JOIN-Bedingungen benötigt.

Mit dem ALIAS-Schlüsselwort AS können Tabellennamen zur Vereinfachung der SQL-Syntax innerhalb der Abfrage umbenannt werden. Dazu wird in der FROM-Anweisung dem Tabellennamen ein neuer (temporärer) Name zugewiesen, am einfachsten ein kennzeichnender Buchstabe, z. B. K, A, P. Die Tabelle ist dann in der Abfrage allein durch diesen Buchstaben ansprechbar.

```
SELECT*
FROM TABELLE1

ZEILE BEMERKUNGEN
===== ===========

Zeile1 Tabelle1
Zeile2 Tabelle1
.........
Zeile4 Tabelle1
```

```
SELECT*
FROM TABELLE2

ZEILE BEMERKUNGEN
===== ===========

Zeile1 Tabelle2
Zeile2 Tabelle2
Zeile3 Tabelle2
```

```
SELECT*
FROM TABELLE1, TABELLE2

ZEILE BEMERKUNGEN ZEILE BEMERKUNGEN
===== =========== ===== ===========

Zeile1 Tabelle1 Zeile1 Tabelle2
Zeile1 Tabelle1 Zeile2 Tabelle2
Zeile1 Tabelle1 Zeile3 Tabelle2

Zeile2 Tabelle1 Zeile1 Tabelle2
Zeile2 Tabelle1 Zeile2 Tabelle2
Zeile2 Tabelle1 Zeile3 Tabelle2
Zeile3 Tabelle1 Zeile1 Tabelle2
......
Zeile3 Tabelle1 Zeile3 Tabelle2
Zeile4 Tabelle1 Zeile1 Tabelle2
......
Zeile4 Tabelle1 Zeile3 Tabelle2
```

Bild 1: Kreuzprodukt

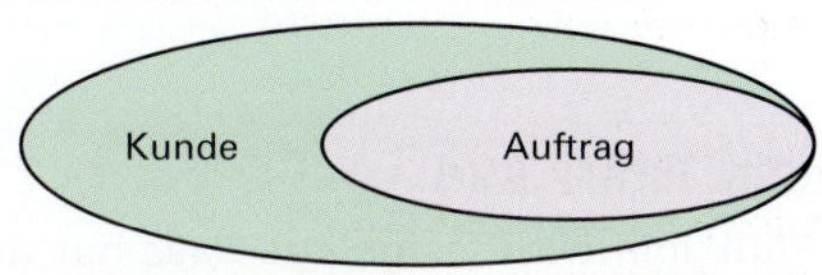

Bild 2: Mengendarstellung von Kunden und Kunden mit Auftrag

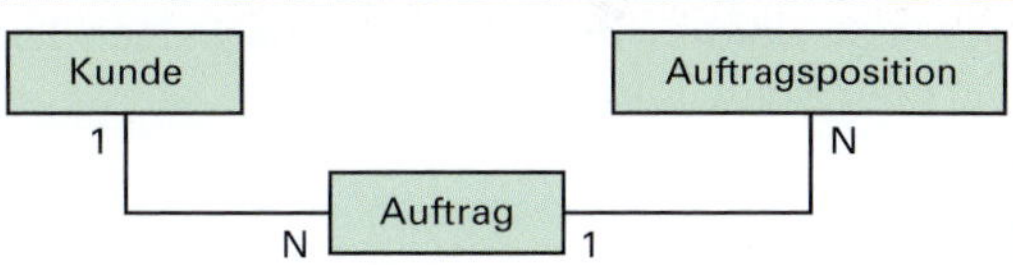

KUNDE: <u>Kundennummer</u>, Vorname, Name, Ansprechpartner, Straße, PLZ, Telefon
AUFTRAG: <u>Auftragsnummer</u>, Kundennummer, Auftragsdatum, Mitarbeiternummer
AUFTRAGSPOSITION: <u>Auftragsnummer, Auftragsposition</u>, ArtikelNr, Auftragsmenge, Auftragspreis

Bild 3: Ausschnitt aus Datenbank Hard-and-Soft

```
SELECT K.Kundennummer, K.Name, K.Vorname,
K.Plz, A.Auftragsdatum, P.ArtikelNr. P.Auf-
tragsmenge,
Auftragsmenge*Auftragspreis AS Gespreis
FROM KUNDE K, AUFTRAG A, AUFTRAGSPOSITION P
WHERE A.Kundennummer = K.Kundennummer
AND A.Auftragsnummer = P.Auftragsnummer
```

Bild 4: Abfrage aus 3 Tabellen

INNER JOIN

Mit der Inner Join-Operation erreicht man dasselbe Ergebnis wie mit dem Natural Join. Im Gegensatz zum Natural Join wird aber nicht zuerst das Kreuzprodukt aller Datensätze in der FROM-Zeile erzeugt und anschließend in der WHERE-Zeile wieder aussortiert. Bereits in der FROM-Zeile werden mit dem Inner Join die relationalen Beziehungen ausgewertet **(Bild 1)**. Dies hat bei Abfragen von umfangreichen Datenbeständen Laufzeitvorteile.

Beispiel 1:

Erstellen Sie mit Inner Join eine Abfrage, die den Namen, die Anrede, die Straße, die PLZ aus der Tabelle Kunde und das Auftragsdatum aller Kunden aus der Tabelle Auftrag als Ergebnis liefert.

Lösung: **Bild 2**

Ein Inner Join kann immer anstelle Natural Joins verwendet werden, wenn der SQL-Compiler dies unterstützt.

Syntax Inner Join

```
SELECT...
FROM Tabelle1 INNER JOIN Tabelle2 ON
Tabelle1.Feld1 VerglOp Tabelle2.Feld2
```

Tabelle1, Tabelle2	Die Namen der Tabellen, aus denen Datensätze kombiniert werden.
Feld1, Feld2	Die Namen der Felder, die verknüpft werden. Nichtnumerische Felder müssen im Datentyp und in der Art der enthaltenen Daten übereinstimmen, können aber unterschiedliche Feldnamen haben.
VerglOp	Ein beliebiger relationaler Vergleichs-operator, meist =

Bild 1: Syntax INNER JOIN

```
SELECT Kunde.Name, Kunde.Anrede, Kunde.
Straße, Kunde.PLZ, Auftrag.Auftragsdatum
FROM Kunden INNER JOIN Auftrag ON Kun-
den.Kundennummer = Auftrag.Kundennummer;
```

Abfrage: Auswahlabfrage

Name	Anrede	Straße	Plz	Auftrags-datum
Borm	Herr	Palmenweg	89077	2.3.2014
Weber	Büro-bedarf	Almstr	77770	31.5.2014
...	...	...	...	...

Bild 2: SELECT-Abfrage mit INNER JOIN

LEFT JOIN, RIGHT JOIN

Beim Equi Join wird festgelegt, dass nur diejenigen Datensätze angezeigt werden, bei denen die Join-Bedingung, z. B. Kundennummer = Kundennummer, erfüllt ist. Sollen nun aber alle Kunden, unabhängig davon, ob mit oder ohne Auftrag, angezeigt werden, dann braucht man einen Left Join oder Right Join.

Beispiel 2:

Erstellen Sie mit Left Join eine Abfrage, die den Namen, die Anrede, Straße, PLZ aller Kunden aus der Tabelle Kunde und das Auftragsdatum aus der Tabelle Auftrag liefert. Hinweis: Es werden auch Kunden ohne Aufträge angezeigt.

Lösung: **Bild 3**

```
SELECT Kunde.Name, Kunde.Anrede, Kunde.
Straße, Kunde.PLZ, Auftrag.Auftragsdatum
FROM Kunden LEFT JOIN Auftrag ON Kun-
den.Kundennummer = Auftrag.Kundennummer;
```

Abfrage: Auswahlabfrage

Name	Anrede	Straße	Plz	Auftrags-datum
Borm	Herr	Palmenweg	89077	2.3.2014
Weber	Büro-bedarf	Almstr	77770	31.5.2014
Dehler	Herr	An der Wang	88471	
...	...	...	...	...

Bild 3: SELECT-Abfrage mit LEFT JOIN

Die Tabelle Kunde wird über den Schlüsselbegriff LEFT JOIN mit der Tabelle Auftrag verbunden. Als Kriterium für die Beziehung dieser beiden Tabellen werden nach dem Schlüsselwort ON die Inhalte der Kundennummern gleichgesetzt. Das Datenbanksystem erkennt somit die Art der Beziehung. Entsprechend dem Left Join kann ein Right Join definiert werden.

Dieselbe Lösung wie in Beispiel 1 wird mit dem Right Join erzielt, wenn man die From-Zeile umdreht, d. h. „FROM Auftrag RIGHT JOIN Kunden ON Kunden.Kundennummer = Auftrag.Kundennummer“.

9.7.3 Unterabfragen (Subqueries, Sub-SELECT)

Eine Unterabfrage ist eine SELECT-Anweisung innerhalb einer anderen Anweisung. Die Unterabfrage ist in der äußeren Abfrage verschachtelt. Eine Unterabfrage muss immer in Klammern stehen. Sie liefert nur solche Daten, die innerhalb des WHERE-Abschnittes zu einer logisch bewertbaren Bedingung führen, sonst erfolgt eine Fehlermeldung.

Unterabfragen benötigt man, wenn die Suchbedingung vom Ergebnis einer anderen Abfrage abhängig ist.

Beispiel 1:

Erstellen Sie eine Abfrage, die alle Artikel ausgibt, deren Einstandspreis höher als der durchschnittliche Einstandspreis ist.

Lösung: **Bild 1**

Zweckmäßig ist es, zunächst eine Abfrage zu bilden, die den durchschnittlichen Einstandspreis errechnet. Die Funktion AVG (Einstandspreis) ermittelt den Durchschnitt, die WHERE-Bedingung Einstandspreis > berechneter Wert selektiert dann die passenden Datensätze.

Das Ergebnis der Unterabfrage muss vom gleichen-Datentyp wie das Vergleichsfeld sein. Eine Unterabfrage darf nur dann mehrere Ergebnisse liefern, wenn sie z. B. Bestandteil einer Bedingung mit dem IN-Operator ist und einer Feldliste entspricht.

Beispiel 2:

Erstellen Sie eine Abfrage, die alle Kunden ausgibt, die im selben Ort wie Mitarbeiter wohnen.

Lösung: **Bild 2**

Einfügen und Löschen von Daten

Häufig müssen in Datenbestände Daten eingefügt oder nicht mehr benötigte Daten gelöscht werden. Dies geschieht mithilfe der SQL-Schlüsselwörter INSERT (Einfügen) und DELETE (Löschen).

Beispiel 3:

Fügen Sie mit einer SQL-Anweisung einen neuen Kunden mit den Daten (007, James, Bond, Moneypenny, MI6-Road, 88471, London) ein.

Lösung: **Bild 3**

```
SELECT Bezeichnung, Einstandspreis
FROM Artikel
WHERE Einstandspreis > (SELECT
AVG(Einstandspreis) FROM Artikel):
```

Bild 1: SELECT-Abfrage mit Unterabfrage

```
SELECT * FROM Kunde WHERE
Kunde.Plz IN (SELECT Mitarbeiter.Plz FROM
Mitarbeiter):
```

Bild 2: Unterabfrage mit IN-Anweisung

```
INSERT INTRO Kunde (Kundennummer, Vorname,
Name, Ansprechpartner, Straße, Plz, Telefon)
VALUES (007, 'James', 'Bond', 'Moneypenny',
'MI6-Road', 88471, 'London');
```

Bild 3: Einfügen eines Datensatzes in Tabelle Kunde

```
DELETE * FROM Kunde
WHERE Plz LIKE 80*;
```

Bild 4: Löschen von Datensätzen

Mit INSERT INTO wird eine neue Zeile in die Tabelle eingefügt. Dies kann auf zwei Arten erfolgen:

1. Ohne Nennung der Attribute der Tabelle, nur Einfügewerte werden angegeben, z. B. INSERT INTO tabellenname VALUES (value1, value2, ...).
2. Die Attribute und die Einfügewerte werden angegeben, z. B. INSERT INTO tabellenname (spalte1, spalte2, ...) VALUES (value1, value2, ...).

Beispiel 4:

Löschen Sie alle Kunden, die in der Umgebung von München wohnen (Postleitzahlenbereich 80*).

Lösung: **Bild 4**

Die SQL-Syntax für den Löschbefehl lautet:

DELETE FROM tabellenname;

Dies löscht den Inhalt der gesamten angegebenen Tabelle. Die Tabelle selbst wird nicht gelöscht, das Ergebnis ist eine leere Tabelle.

DELETE FROM tabellenname WHERE Bedingung;

Dies löscht alle Zeilen der Tabelle, für welche die Bedingung zutrifft.

Aufgaben zur Datenbanksprache SQL

① Entwerfen Sie SQL-Abfragen, die aus der Kundentabelle **Tabelle 1** folgendes ausgeben:

a) alle Kunden,

b) alle Kunden, deren PLZ mit 8 beginnt,

c) alle Kunden, die vor dem Jahr 2000 geboren wurden,

d) nur den Namen und den Vornamen.

② Suchen Sie nach Kunden in der Kundentabelle ohne Eintrag im Feld Postleitzahl.

③ Erstellen Sie eine Abfrage, die alle Kundennummern ausgibt.

④ Erstellen Sie eine Abfrage, die nur die Kundenvornamen ausgibt.

⑤ Erstellen Sie eine Abfrage, die

a) Kunden deren PLZ mit 7 beginnt, ausgibt.

b) Kunden deren PLZ kleiner als 50000, ausgibt.

c) Kunden die an Weihnachten geboren wurden, ausgibt.

d) Kunden deren Vorname mit B beginnt, ausgibt.

⑥ Erstellen Sie eine Abfrage, die

a) Kunden deren Nachname Römer ist, ausgibt.

b) Kunden deren Nachname Dehler und deren Vorname Fabio ist, ausgibt.

c) Kunden ausgibt, deren Kundennummer kleiner als 5 ist.

d) Kunden ausgibt, deren Vorname mit J beginnt.

⑦ Erstellen Sie eine Abfrage, die

a) Kunden deren PLZ größer als 70000 ist, ausgibt.

b) Kunden deren PLZ größer als 40000 und kleiner als 50000 ist, ausgibt.

c) Kunden die an Neujahr geboren wurden, ausgibt.

d) Kunden deren Name einen Selbstlaut enthält, ausgibt.

⑧ Erstellen Sie eine Abfrage, die aus der Tabelle Abteilung

a) die Spalten abteilungsnummer und abteilungsname ausgibt.

b) die Spalten abteilungsnummer und niederlassung ausgibt.

⑨ Erstellen Sie eine Abfrage, die aus der Tabelle Mitarbeiter

a) die Spalten mitarbeiternummer und mitarbeitername ausgibt.

b) die Spalten mitarbeitername und einstellungsdatum ausgibt.

⑩ Erstellen Sie eine Abfrage, die aus der Tabelle Mitarbeiter

a) die Spalten mitarbeitername und die Spalten gehalt und eine neue Spalte mit gehalt * 1,1 ausgibt.

b) die Spalten mitarbeitername, gehalt und gehalt + 100 ausgibt.

Tabelle 1: Kunden

kundennummer	kundenname	kundenvorname	plz	geboren
1	Adelmann	Peter	89077	30.1.1970
2	Borm	Jannik	22344	1.4.1975
3	Dehler	Fabio	88471	27.11.1999
4	Römer	Hans		3.6.1980
5	Römer	Joel	33426	1.11.1999
6	Walter	Johannes	80807	7.7.1990
7	Schiemann	Bernd	77770	1.5.1960
8	Grimm	Bernhard	80809	24.12.2002
9	Kaack	Maik	89077	11.11.2000

Tabelle 2: Abteilung

abteilungsnummer	abteilungsname	Niederlassung
1	Rechnungswesen	Ulm
2	Forschung	München
3	Einkauf	Ulm
4	Einkauf	München
5	Entwicklung	Stuttgart
6	Produktion	Hamburg
7	Produktion	Hannover

Tabelle 3: Mitarbeiter

mitarbeiternummer	mitarbeitername	abteilung	einstellungsdatum	gehalt
1	Adelmann	1	30.1.1990	3000
2	Borm	3	1.4.1995	2800
3	Dehler	5	27.11.1999	3500
4	Römer	7	3.6.1990	3000
5	Christ	2	1.11.1987	4500
6	Walter	2	7.7.2010	5000
7	Schiemann	4	1.5.2015	2900
8	Grimm	6	24.12.2002	6000
9	Kaack	4	11.11.2000	4800

⑪ Erstellen Sie eine Abfrage, die aus der Tabelle Mitarbeiter

a) die Spalten mitarbeitername und die Spalten gehalt und eine neue Spalte mit 12*(gehalt * 1,1) mit der Spaltenüberschrift „erhöhtes Jahresgehalt" ausgibt.

b) die Spalten mitarbeitername, gehalt, gehalt *0,9 mit der Spaltenüberschrift „10 % weniger" ausgibt.

⑫ Erstellen Sie eine Abfrage, die aus der Tabelle Abteilungen

a) die Niederlassungen ohne Duplikate darstellt (Hinweis: Operator DISTINCT).

b) die Abteilungsnamen ohne Duplikate darstellt.

① Entwerfen Sie eine SQL-Abfrage, die den Artikelpreis aus der Artikeltabelle **Tabelle 1** sowohl unverändert ausgibt, als auch um 10 % erhöht ausgibt. Die Spalte mit dem erhöhten Werten soll mit der Überschrift Neupreis bezeichnet werden.

② Geben Sie aus der Tabelle Artikel den kleinsten und den größten Artikelpreis aus.

③ Suchen Sie nach allen Artikeln in der Artikeltabelle und sortieren Sie das Ergebnis absteigend nach dem Preis.

④ Erstellen Sie eine Abfrage, die den durchschnittlichen Artikelpreis ausgibt.

⑤ Erstellen Sie eine Abfrage, die den aufsummierten Artikelpreis ausgibt.

⑥ Erstellen Sie eine Abfrage, welche die Anzahl der Artikel ausgibt.

⑦ Erstellen Sie eine Abfrage, die den durchschnittlichen Artikelpreis aller Artikel teurer als 100 Euro ausgibt.

⑧ Erstellen Sie eine Abfrage, die den Artikelpreis jeweils verdoppelt ausgibt.

⑨ Erstellen Sie eine Abfrage, die den Artikelpreis jeweils halbiert ausgibt.

⑩ Erstellen Sie eine Abfrage, welche die Kunden sortiert nach dem Geburtsdatum ausgibt.

⑪ Erstellen Sie eine Abfrage, welche die Kunden sortiert nach der Postleitzahl absteigen, d. h. höchste zuerst, ausgibt.

⑫ Geben Sie aus der Tabelle Mitarbeiter das kleinste und das größte Gehalt aus.

⑬ Suchen Sie nach allen Gehältern in der Mitarbeitertabelle und sortieren Sie das Ergebnis absteigend nach dem Gehalt.

⑭ Erstellen Sie eine Abfrage, die das durchschnittliche Gehalt ausgibt.

⑮ Erstellen Sie eine Abfrage, die das aufsummierte Gesamtgehalt ausgibt, Spaltenüberschrift „Gesamtgehalt".

⑯ Erstellen Sie eine Abfrage, welche die Anzahl der Mitarbeiter ausgibt, Spaltenüberschrift „Mitarbeiteranzahl".

⑰ Erstellen Sie eine Abfrage, die das durchschnittliche Gehalt aller Mitarbeiter die mehr als 3000 verdienen, berechnet.

⑱ Erstellen Sie eine Abfrage, die das durchschnittliche Gehalt aller Mitarbeiter die weniger als 4000 verdienen, berechnet.

⑲ Erstellen Sie eine Abfrage, welche die Mitarbeiter sortiert nach dem Einstellungsdatum ausgibt.

⑳ Erstellen Sie eine Abfrage, welche die Mitarbeiter sortiert nach dem Einstellungsdatum absteigen.

㉑ Geben Sie aus der Tabelle Mitarbeiter diejenigen an, die zwischen 3000 und 4000 Gehalt haben.

Tabelle 1: Artikel

artikelnummer	artikelbezeichnung	artikelpreis	artikelgruppe
1	Soundkarte	150	PC
2	Festplatte	100	PC
3	Drucker	130	Zubehör
4	Beamer	499	Zubehör
5	Optische Maus	18	PC
6	USB-Stick	22	Speicher
7	Speicherkarte	12	Speicher
8	Tintenpatrone	19	Drucken
9	Scanner	109	Zubehör

㉒ Geben Sie aus der Tabelle Mitarbeiter diejenigen an, die nicht zwischen 3000 und 4000 Gehalt haben.

㉓ Geben Sie aus der Tabelle Mitarbeiter diejenigen an, die genau 3000, 4000, 5000 oder 6000 Gehalt haben (Hinweis: ODER verwenden).

㉔ Geben Sie aus der Tabelle Mitarbeiter diejenigen an, die genau 3000, 4000, 5000 oder 6000 Gehalt haben (Hinweis: IN verwenden).

㉕ Geben Sie aus der Tabelle Mitarbeiter diejenigen an, deren Name mit einem Selbstlaut beginnt.

㉖ Geben Sie aus der Tabelle Mitarbeiter diejenigen an, deren Name mit einem „r" endet.

㉗ Geben Sie aus der Tabelle Mitarbeiter und der Tabelle Abteilung die Mitarbeiternamen und deren Abteilungsnamen an.

㉘ Geben Sie aus der Tabelle Mitarbeiter und der Tabelle Abteilung die Mitarbeiternamen und deren Niederlassung an.

㉙ Suchen Sie nach allen Mitarbeitern aus Ulm die schon länger als 20 Jahre eingestellt sind, geben Sie den Mitarbeiternamen, die Niederlassung und das Einstellungsdatum an.

㉚ Suchen Sie nach allen Mitarbeitern aus München die im Jahr 2000 oder später eingestellt wurden, geben Sie den Mitarbeiternamen, die Niederlassung und das Einstellungsdatum an.

㉛ Erstellen Sie eine Abfrage, die das aufsummierte Gesamtgehalt je Niederlassung ausgibt, Spaltenüberschrift „Gesamtgehalt".

㉜ Erstellen Sie eine Abfrage, welche die Anzahl der Mitarbeiter je Niederlassung ausgibt, Spaltenüberschrift „Mitarbeiteranzahl".

㉝ Erstellen Sie eine Abfrage, die das durchschnittliche Gehalt aller Mitarbeiter je Niederlassung berechnet.

㉞ Erstellen Sie eine Abfrage, die das durchschnittliche Gehalt aller Mitarbeiter je Abteilung berechnet.

9.8 Entwicklung einer Datenbank mit MySQL

Mit dem Datenbanksystem MySQL soll schrittweise eine Datenbank aufgebaut werden.

Installation von XAMPP

Das gepackte Archiv XAMPP (von LINU**X**, **A**PACHE, **M**YSQL, **P**HP und **P**ERL) kann über das Internet bezogen werden, z. B. bei apachefriends.org. Es stehen meist eine Installer-Version, d. h. XAMPP mit komfortabler Installationsroutine, ein ZIP-Archiv und ein selbstextrahierendes ZIP-Archiv zur Verfügung.

Nach der Installation steht das XAMPP Control Panel im Installationspfad zur Verfügung (**Bild 1**). Hier kann der Server einfach durch Mausklicks gestartet und gestoppt werden.
Nach dem Start erfolgt eine Prüfung der Installation durch Eingabe der lokalen Adresse http://localhost , bzw. http://127.0.0.1 in einen Browser.

Beispiel 1:
Installieren Sie das Programmpaket XAMPP auf Ihrem PC.

a) Starten Sie den Webserver Apache und das Datenbanksystem MySQL.

b) Prüfen Sie die Installation durch Aufruf der lokalen Adresse in einem Browser.

Lösung:

a) **Bild 1**, 🖱 Startbutton drücken, grünes Kontrollfeld mit Aufschrift Running sichtbar.

b) **Bild 2**, ⌨ http://localhost/xampp

Datenbank erstellen

Mit der PHP-Applikation phpMyAdmin können MySQL-Datenbanken administriert werden. Die Administration erfolgt über das Protokoll http mit einem Browser. Datenbanken und Tabellen können erstellt und bearbeitet werden.
Für die Nutzung sind keine SQL-Kenntnisse erforderlich.

Beispiel 2:
Erstellen Sie eine Datenbank mit phpMyAdmin.

Lösung:

🖱 ⌨ Start von XAMPP.

🖱 Klick auf Link phpMyAdmin.

🗁 Fenster (**Bild 3**) öffnet sich.

⌨ Geben Sie in das Eingabefeld den Namen der Datenbank ein.

🖱 Anlegen anklicken.

Die neue Datenbank wird geöffnet (**Bild 4**).

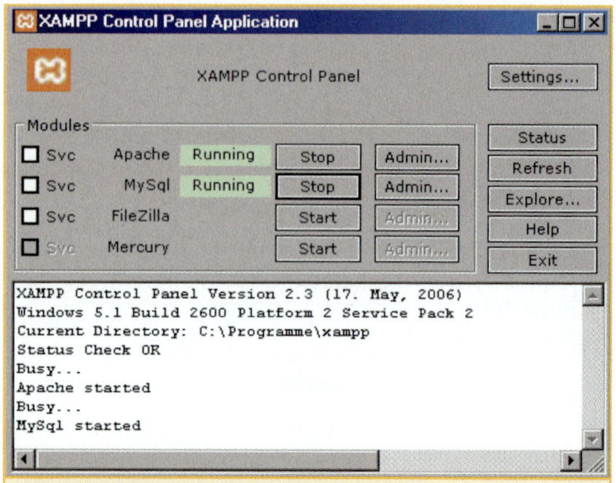

Bild 1: XAMPP Control Panel

Bild 2: Browser mit gestartetem XAMPP

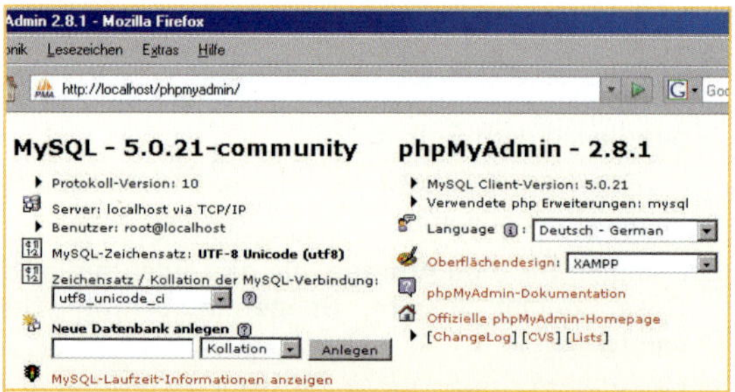

Bild 3: Browser mit gestartetem phpMyAdmin

Bild 4: Datenbank Hard-and-Soft

Tabellen mit phpMyAdmin erstellen

Tabellen können sowohl mithilfe der grafischen Oberfläche, als auch mit SQL erstellt werden.

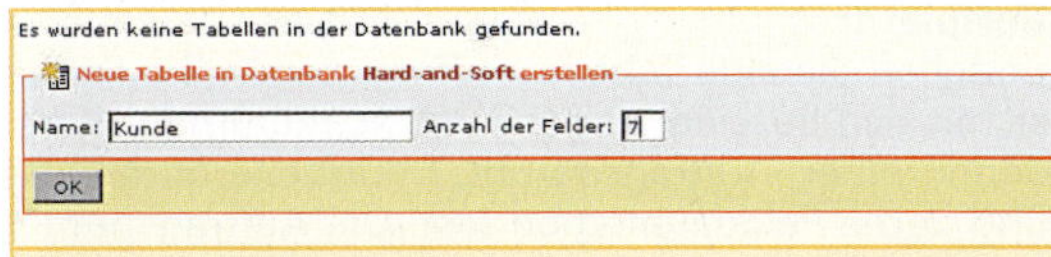

Bild 1: Tabelle erstellen

Tabellen erstellen

Datenbank anlegen und auswählen.

Tabellenname und Anzahl der Felder eingeben.

Button [OK] betätigen.

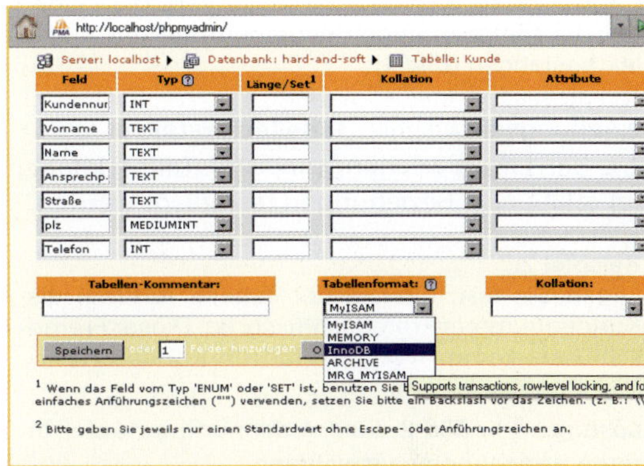

Bild 2: Tabellenspalten erstellen

Beispiel 1:

a) Erzeugen Sie eine neue Tabelle Kunde.

b) Legen Sie Felder und Felddatentypen für diese Tabelle fest.

c) Die Kundennummer soll als Primärschlüssel festgelegt werden.

Lösung:

a) Den Tabellennamen Kunde und 7 Felder eingeben (**Bild 1**), mit [OK] bestätigen.

b) Die Feldnamen eingeben und den Typ wählen (**Bild 2**).

c) In **Bild 3** das Schlüsselsymbol bei der Kundennummer auswählen und mit [Speichern] die Tabelle erstellen.

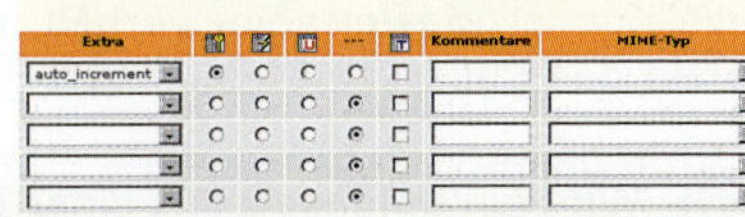

Bild 3: Weitere Optionen zu Tabellenspalten erstellen

Als Tabellenformat ist meist InnoDB auszuwählen, da dann die Überprüfung von referenzieller Integrität möglich ist. Beim Speichern wird von phpMyAdmin das Ergebnis angezeigt (**Bild 4**).

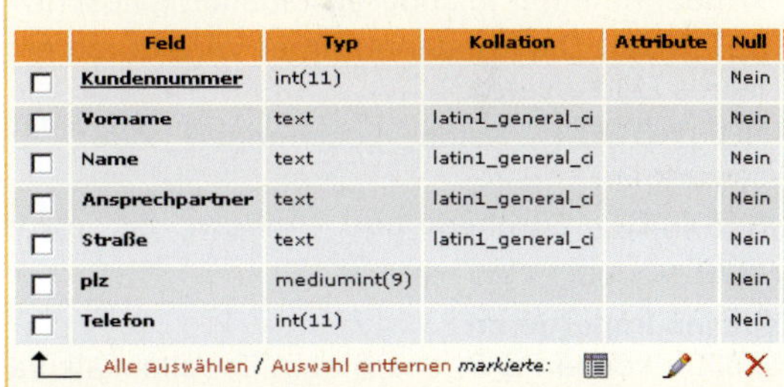

	Feld	Typ	Kollation	Attribute	Null
☐	Kundennummer	int(11)			Nein
☐	Vorname	text	latin1_general_ci		Nein
☐	Name	text	latin1_general_ci		Nein
☐	Ansprechpartner	text	latin1_general_ci		Nein
☐	Straße	text	latin1_general_ci		Nein
☐	plz	mediumint(9)			Nein
☐	Telefon	int(11)			Nein

Bild 4: Tabelle Kunde

Über die Registerkarte Einfügen können nun Datensätze eingegeben und abgespeichert werden (**Bild 5**).

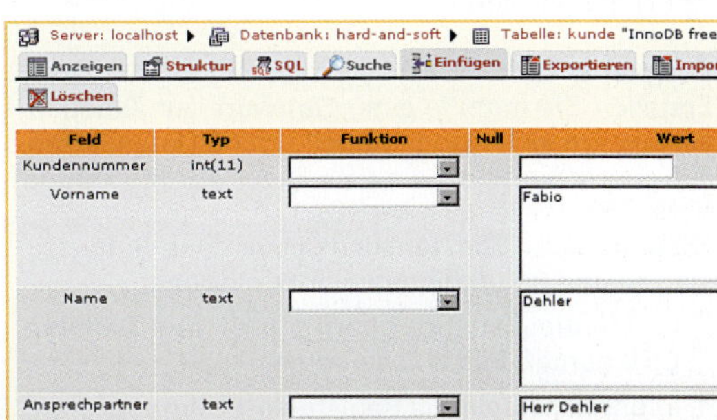

Bild 5: Registerkarte Einfügen

Beispiel 2:

Geben Sie in die Tabelle Kunde einen Datensatz mit den Werten „Fabio, Dehler, Herr Dehler, Ulmerstr. 6, 89077, 073154321" ein.

Hinweis: Der Primärschlüssel Kundennummer ist vom Format auto-increment, wird also automatisch hochgezählt.

Lösung: **Bild 5**, Button [OK] betätigen.

Beispiel 1:
Erstellen Sie eine Tabelle Auftrag. Legen Sie Felder mit den Bezeichnungen Auftragsnummer, Kundennummer, Auftragsdatum, Mitarbeiternummer und deren Felddatentypen fest. Die Auftragsnummer soll als Primärschlüssel dienen.

Lösung: Mit phpMyAdmin eine Tabelle Auftrag erstellen und mit OK bestätigen, die Felder mit den Bezeichnungen eingeben und mit Erstellen bestätigen (**Bild 1**).

Beziehungen zwischen Tabellen erstellen

Über den Link Beziehungsansicht (Bild 1) können nun relationale Beziehungen festgelegt werden.

Beispiel 2:
Legen Sie fest, dass in der Tabelle Auftrag, die Kundennummer Fremdschlüssel ist. Dieser Fremdschlüssel kommt von der Tabelle Kunde und ist dort Primärschlüssel.

Lösung: In **Bild 2** die Kundennummer unter Interne Beziehungen auswählen.

Um festzulegen, wie sich die Tabelle Auftrag (referenzierte Tabelle, Childtable) bei Änderungen in der Tabelle Kunde (Mastertable) verhält, dienen die Aktionen des Pulldown-Menüs ON UPDATE (Bild 3):

- CASCADE: Wird ein Datensatz aus einer Tabelle gelöscht, dessen Primärschlüssel, z. B. die Kundennummer, auf einen anderen Datensatz verweist, werden alle Datensätze mit der gleichen Kundennummer in anderen Tabellen gelöscht.
- SET NULL: Die Kundennummer wird durch ein leeres Feld ersetzt.
- NO ACTION: Keine Löschungen oder Ersetzungen.
- RESTRICT: Löschen und Ändern ist nicht möglich.

Tabellen importieren

Tabellen können z. B. aus einem Tabellenkalkulationsprogramm als CSV-Datei (von character seperated value = durch Zeichen getrennte Werte) importiert werden.

Beispiel 3:
Erstellen Sie mithilfe einer Software zur Tabellenkalkulation eine Kundentabelle mit 8 Datensätzen, speichern Sie diese als CSV-Datei ab und importieren Sie diese nach MySQL.
Lösung: Die Tabellenkalkulations-Software starten und 8 Kundendatensätze eingeben.

Im Menüpunkt Speichern unter den Dateityp CSV gemäß **Bild 3** auswählen.

In phpMyAdmin die Registerkarte Importieren auswählen. Den Dateipfad und das Datenformat gemäß **Bild 4** festlegen, mit OK bestätigen.

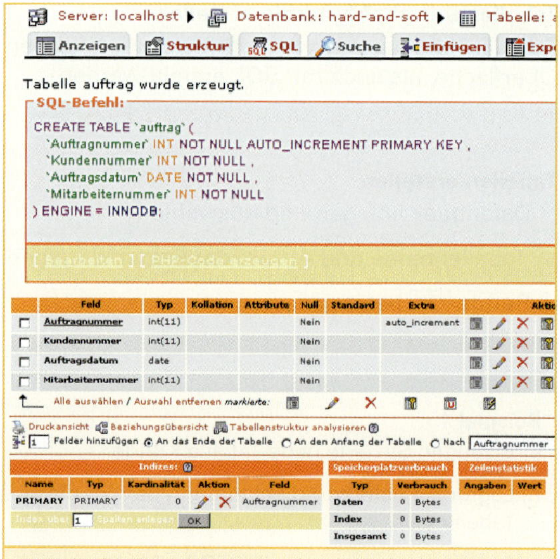

Bild 1: Tabelle Auftrag

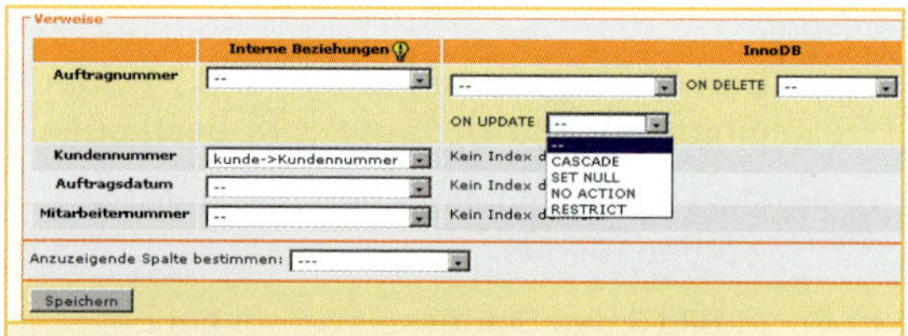

Bild 2: Beziehungsübersicht mit Lösung zu Beispiel 2

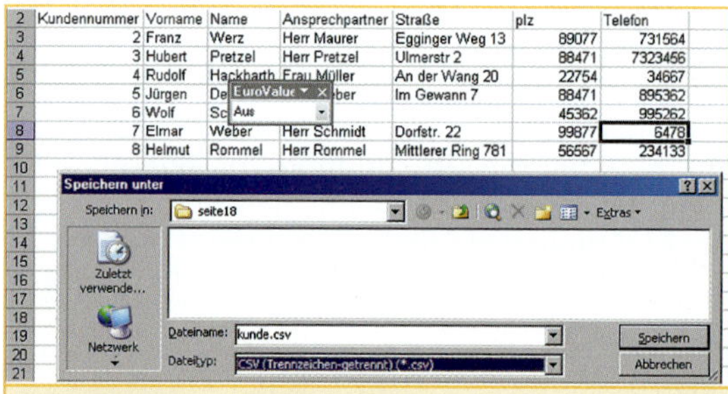

Bild 3: Lösung zu Beispiel 3

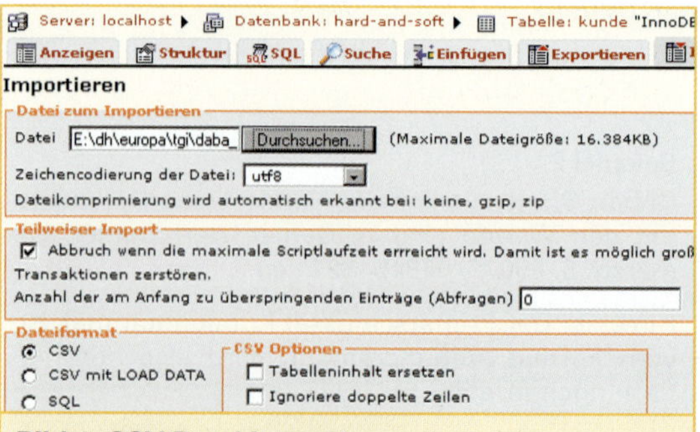

Bild 4: CSV-Datei importieren

Eingabe von SQL-Befehlen

Datenbankoperationen können über die grafische Oberfläche von phpMyAdmin oder über das SQL-Abfragefenster ausgeführt werden **(Bild 1)**.

Bild 1: SQL-Abfragefenster (Ausschnitt)

Beispiel 1:

Erzeugen Sie eine SQL-Abfrage auf die Tabelle Kunde, die alle Kunden anzeigt.

Lösung: **Bild 2**.

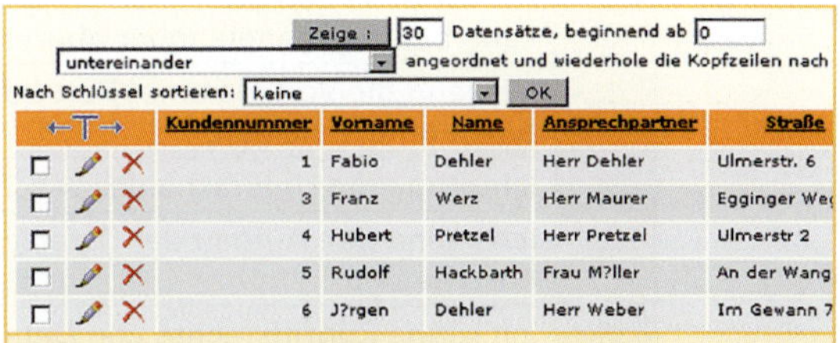

Bild 2: Lösung zu Beispiel 1

Mit dem SQL-Abfragefenster können SQL-Abfragen beliebiger Komplexität erstellt und nach Bestätigung mit OK verarbeitet werden.

Eine komplette SQL-Dokumentation und ein SQL-Tutorial erhält man durch Mausklick auf das Icon SQL im linken Bereich des Browserfensters. Bei jeder Übertragung einer SQL-Abfrage (Query) von phpMyAdmin zum MySQL-Server wird diese interpretiert und eine Rückantwort geliefert. Die Syntax muss hierbei MySQL-Regeln entsprechen. Diese weichen teilweise vom SQL-Standard ab.

Durch Einhalten des SQL-Standards ist sichergestellt, dass Abfragen auf allen SQL-Systemen ausführbar sind.

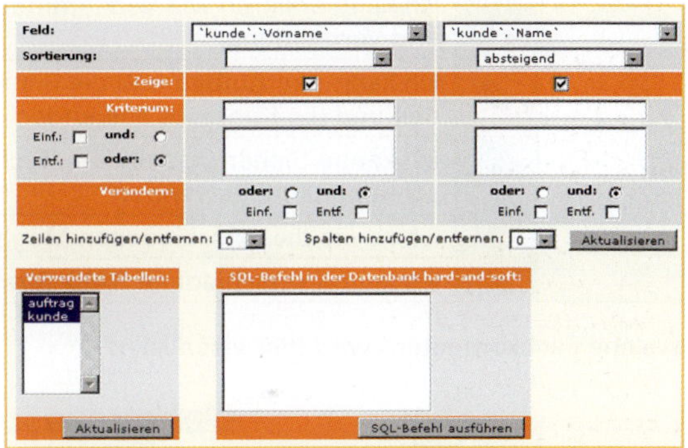

Bild 3: SQL-Abfrageeditor

Mit dem Abfrageeditor können SQL-Abfragen ähnlich wie bei Access als QbE-Abfragen (von Query by Example = Abfrage über Beispielwerte) erstellt werden (**Bild 3**).

Der Abfrageeditor enthält folgende Elemente:

- Kriterienspalten,
- eine Oberfläche zum Hinzufügen von Kriterienzeilen,
- eine Oberfläche zum Hinzufügen von Kriterienspalten,
- ein Tabellenauswahlfeld,
- den Abfragebereich, sowie
- Schaltflächen zum Aktualisieren bzw. Ausführen der Abfrage.

Beispiel 2:

Erstellen Sie mit den SQL Abfrageeditor eine Abfrage, welche die Vornamen und die Nachnamen der Tabelle Kunde anzeigt.

Lösung: Im SQL-Abfrageeditor die Spalten Vorname und Name auswählen (Bild 4), den Button SQL-Befehl ausführen bestätigen. Das Ergebnis zeigt **Bild 4.**

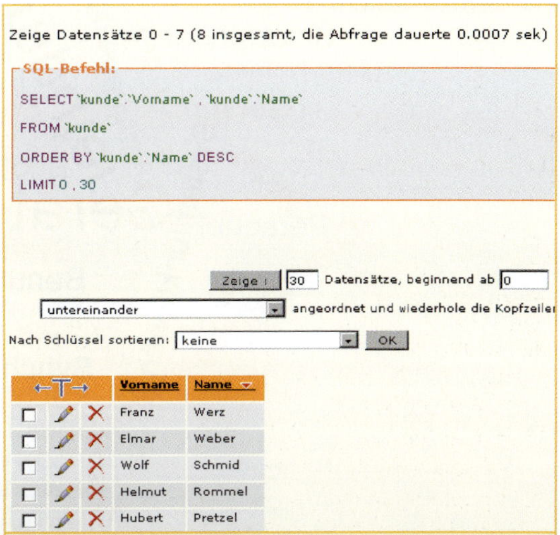

Bild 4: Lösung zu Beispiel 2

Erwerbbare Kompetenzen

Kapitel 10	Betriebssysteme	
	Stufe	**Fachkompetenz**
	2	Ich kann die verschiedenen Aufgaben und Anforderungen eines Betriebssystems nennen und beschreiben.
	3	Ich kenne verschiedene Betriebssystem Architekturen und kann diese gegeneinander abgrenzen.
	3	Ich verstehe den prinzipiellen Aufbau einer Festplatte und eines Solid State Drive und kann beide gegeneinander abgrenzen.
	3	Ich kann die Vorteile einer Partitionierung nennen und die verschiedenen Partitionstypen unterscheiden.
	2	Ich kenne die Unterschiede zwischen BIOS und UEFI und kann diese beschreiben.
	3	Ich kenne den Aufbau der Dateisysteme FAT, NTFS, EXT und ReFS und kann diese beschreiben.
	2	Ich kenne Zugriffsrechte von Dateisystemen und kann diese anwenden.
	2	Ich kann Prozesse gegenüber Threads abgrenzen und das Prozessmodell beschreiben.
	2	Ich kenne verschiedene Scheduling-Stategien und kann diese unterscheiden.
	2	Ich kann erklären wie Verklemmungen entstehen und kenne Prizipien zur Verhinderung und Vermeidung.
	3	Ich kann den Aufbau und die Funktionsweise der virtuellen Speicherkonzepte beschreiben und die Konzepte anwenden.
	2	Ich kenne Sicherungsmedien, Sicherungsverfahren und Strategien. Ich kann diese beschreiben und anwenden.
	2	Ich kenne die verschiedenen Möglichkeiten eines Backups in einer vernetzten Umgebung.
	2	Ich kenne verschiedene RAID-Strategien und kann diese beschreiben.

Welche Fachkompetenz wird hier visualisiert?

10 Betriebssysteme

10.1 Anforderungen und Aufgaben

Unter einem Betriebssystem (operating system, OS) versteht man eine Software, die zusammen mit der Hardware des Computers die Basis zum Betrieb bildet und die Abarbeitung von Programmen steuert und überwacht.

Das Betriebssystem macht die Benutzung des Computers möglich.

Beispiel 1:
Erstellen Sie ein Mindmap gängiger Betriebssysteme.
Lösung: **Bild 1**

Das Betriebssystem hat folgende Aufgaben (**Bild 2**):

Dateiverwaltung

Programme und Daten müssen gespeichert werden, da die Inhalte des Arbeitsspeichers beim Ausschalten verlorengehen. Deshalb werden Daten in Form von Dateien auf Datenträgern gespeichert. Die Logik der Dateiverwaltung wird in einem Dateisystem vom Betriebssystem zur Verfügung gestellt.

Speicherverwaltung

Obwohl Computer über einen großen Arbeitsspeicher verfügen, finden dennoch nicht alle Programme und Daten auf einmal Platz im Arbeitsspeicher. Die Speicherverwaltung sorgt dafür, dass die jeweils benötigten Daten zur Verfügung stehen.

Prozessverwaltung

Die Betriebsmittel (Ressourcen) des Computersystems müssen zwischen den verschiedenen laufenden Programmen und Systemaufgaben verteilt werden. Zu diesem Zweck werden die einzelnen Aufgaben als Prozesse ausgeführt, die vom Betriebssystem verwaltet werden.

Steuerung der Hardware

Computersysteme sind modular aufgebaut. Jede Aufgabe kann durch verschiedene Geräte unterschiedlicher Hersteller erledigt werden. Betriebssysteme lösen dieses Problem durch den Einsatz von Gerätetreibern. Diese enthalten die Steuerlogik für bestimmte Hardwarekomponenten.

Eingabe- und Ausgabesteuerung

Computerprogramme sind auf die Eingabe von Daten angewiesen. Die Benutzer erwarten im Gegenzug die Ausgabe von Ergebnissen. Betriebssysteme steuern die Zusammenarbeit der verschiedenen Eingabe- und Ausgabegeräte wie Tastatur und Bildschirm.

Betriebssysteme sind komplexe Softwarepakete:
In das ständig weiterentwickelte Betriebssystem MVS (Multiple Virtual Storage) der Firma IBM sind seit den 60er Jahren über 50 000 Mannjahre Arbeit eingeflossen.

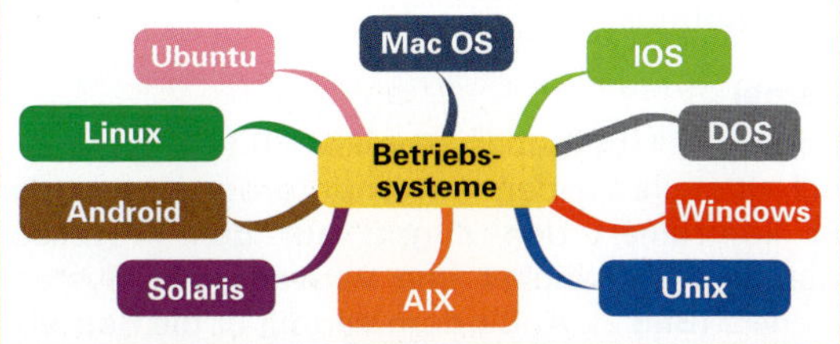

Bild 1: Verschiedene Betriebssysteme

Bild 2: Aufgaben eines Betriebssystems

Tabelle 1: Einteilung von Betriebssystemen	
Anzahl gleichzeitig laufender Programme	Einzelprogrammbetrieb (singletasking) Mehrprogrammbetrieb (multitasking)
Anzahl gleichzeitig arbeitender Benutzer	Einzelbenutzerbetrieb (singleuser mode) Mehrbenutzerbetrieb (multiuser mode)
Anzahl verwalteter Prozessoren	Ein-Prozessor-Betriebssystem Mehr-Prozessor-Betriebssystem
Betriebsart	Stapelverarbeitung, Dialogbetrieb, Netzwerk, Echtzeit.

Bereitstellen der Benutzeroberfläche

Ein Spezialfall der Eingabe- und Ausgabesteuerung stellt die Benutzeroberfläche dar. Das Betriebssystem und alle Programme müssen mit dem Benutzer kommunizieren, um dessen Aufgaben zu erledigen.

Beispiel 2:
Finden Sie Unterschiede in den in Bild 1 dargestellten Betriebssystemen durch Suchen im Internet.
Lösung: **Tabelle 1**

10.2 Architektur, Aufbau und Modelle

Ein Betriebssystem verwaltet die Betriebsmittel. Deshalb muss es, im Gegensatz zu den Anwendungsprogrammen, über einen direkten Zugriff auf die Betriebsmittel verfügen. Um dies zu gewährleisten, ist das Betriebssystem „privilegiert", das heißt es hat Vorrang gegenüber den Anwendungsprogrammen.

DOS, von Disk Operating System
Im August 1981 gaben IBM und Microsoft die Version 1.0 frei. Sie belegte 12 KB von 64 KB des Arbeitsspeichers. Der Quelltext bestand aus 4000 Zeilen Assembler-Code. DOS (Disk Operating System) unterstützte eine einzige, einseitig beschreibbare 5,25-Zoll-Diskette mit einer Kapazität von 160 KB.

Kernel

Der Kernel (Betriebssystemkern **Bild 1**) stellt die Schnittstelle zu den Anwenderprogrammen dar. Er kontrolliert den Zugriff auf den Prozessor, Geräte und Speicher und verwaltet die Systemdienste **(Bild 2)**. Außerdem verteilt er die Betriebsmittel wie die Prozessorzeit auf die Anwendungsprogramme.

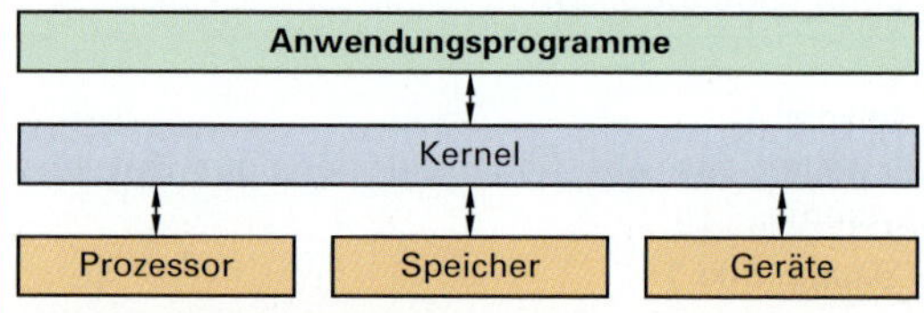

Bild 1: Schichtenmodell

Schalenmodell

Die verschiedenen Betriebssystemkomponenten bauen wie Zwiebelschalen aufeinander auf (**Bild 2**). Schnittstellen bilden die Übergänge zwischen den einzelnen Schichten. Zugriffe, z. B. von einer Anwendung direkt auf die Speicherverwaltung, sind nicht zugelassen. Die Kommunikation erfolgt über die Schnittstellen der einzelnen Zwischenschichten.

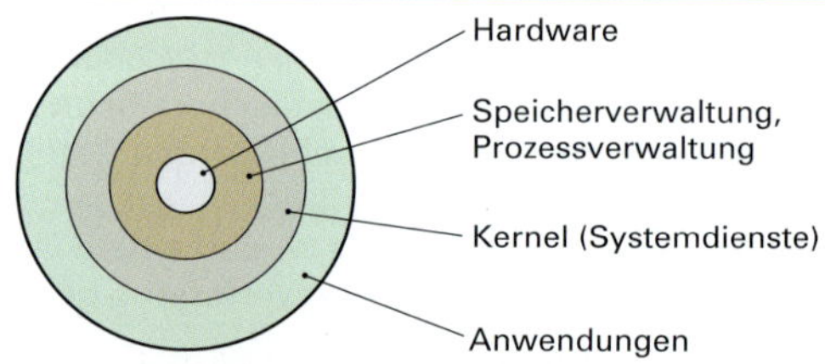

Bild 2: Schalenmodell

Monolithischer Kernel

Alle Programmteile des Betriebssystems laufen im privilegierten Kernel-Modus (**Bild 3**). Dadurch ergeben sich zwischen den einzelnen Systemaufrufen geringe Umschaltzeiten. Bei Änderungen eines Programmteils muss der komplette Kernel neu kompiliert werden.

Mikrokernel

Diese Architektur verkleinert die Anzahl der Funktionen, welche im Kernel-Modus ausgeführt werden. Kritische Bereiche werden kleiner und übersichtlicher. Das System wird dadurch stabiler. Durch die Wechsel zwischen Benutzer-Modus und Kernel-Modus wird das System langsamer.

Hybridkernel

Der Hybridkernel ist nicht so fehleranfällig wie der monolithische Kernel, da nicht alle Treiber im privilegierten Modus arbeiten und bei einem Fehler nicht das ganze System abstürzt. Andererseits sind nicht so viele Kontextwechsel nötig wie bei einem Mikrokernel, wodurch sich die Geschwindigkeit des Kernels erhöht.

Aufgaben

① Finden Sie Beispiele zu den verschiedenen Kernel-Architekturen aus Bild 3.

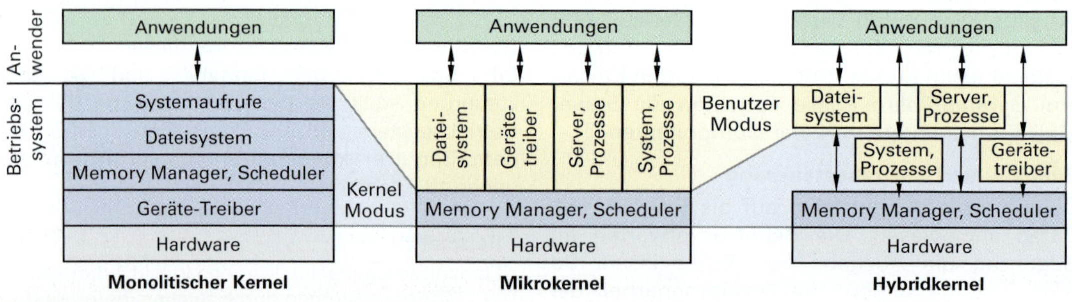

Bild 3: Kernel-Architektur

10.3 Dateisysteme

Mit Dateien werden vielfältige Operationen durchgeführt. Sie werden gelesen, gespeichert oder verschoben. Das leichte Wiederfinden und das sichere Abspeichern von Dateien ist wichtig. Im Computersystem müssen Dateiname und computerinterne Dateiadressen in Einklang gebracht werden. Das Dateisystem als Ordnungs- und Zugriffssystem berücksichtigt die jeweiligen Geräteeigenschaften. Es ist ein Bestandteil des Betriebssystems.

Dateien bestehen aus dem Dateinamen, Dateiendung und Attributen. Die Dateinamen sind in Verzeichnissen abgelegt (**Bild 1**). Über die Verzeichnisse kann ein Dateiname und damit eine Datei vom System gefunden werden. Alle Dateien sind innerhalb des Dateisystems über eine eindeutige Adresse (Dateiname mit Pfad) aufrufbar. Für unterschiedliche Datenträger, z. B. Festplatte, optische Datenträger, Flashspeicher und Betriebssysteme gibt es jeweils verschiedene Dateisysteme (**Bild 2**).

Das Dateisystem stellt eine Schicht des Betriebssystems dar. Alle Schichten darüber können mithilfe von Zugriffsmethoden auf Dateien über deren Namen zugreifen. Erst im Dateisystem werden diese Angaben in physische Adressen auf dem Speichermedium umgesetzt.

10.3.1 Massenspeicher Festplatte

Der wichtigste Massenspeicher in einem Computer ist die Festplatte (**Bild 3**). Die einzelnen Speicherbereiche der Festplatte werden nach dem CHS-Verfahren (Cylinder, Head, Sector, siehe Abschnitt 10.3.3) nummeriert. Spuren sind konzentrische Kreise auf den einzelnen Scheiben, die von innen nach außen durchnummeriert werden (**Bild 4**). Die Sektoren sind Einteilungen der Zylinder in Form von Segmenten. Dadurch nimmt die Datendichte nach außen immer weiter ab und es wird Speicherplatz vergeudet. Ein Sektor ist die kleinste Speichereinheit einer Festplatte, er besitzt eine feste Größe von 512 Byte.

Aus diesem Grund wurde für Festplatten ein Verfahren entwickelt, welches den Platz besser ausnutzt. Jeder Zylinder wird in gleich große Sektoren unterteilt. Die Sektoren werden nacheinander durchnummeriert. Dieses Verfahren wird als LBA (**L**ogical **B**lock **A**ddressing) bezeichnet. **Bild 5** zeigt den Unterschied zwischen CHS- und LBA-Adressierung einer Festplatte.

Aufgabe

① Ordnen Sie den Dateisystemen aus Bild 2 jeweils ein Betriebssystem zu.

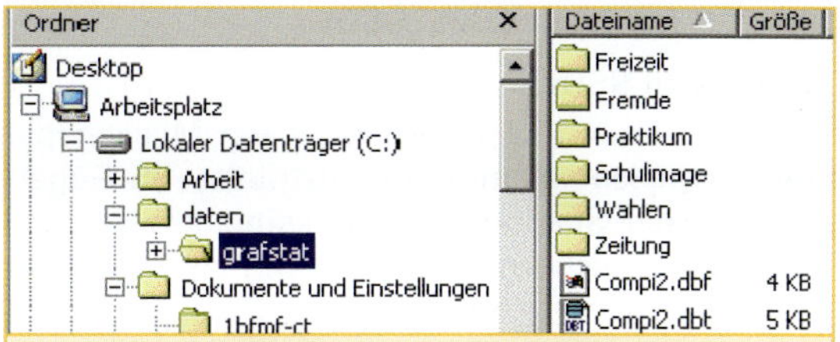

Bild 1: Verzeichnisstruktur als Baum

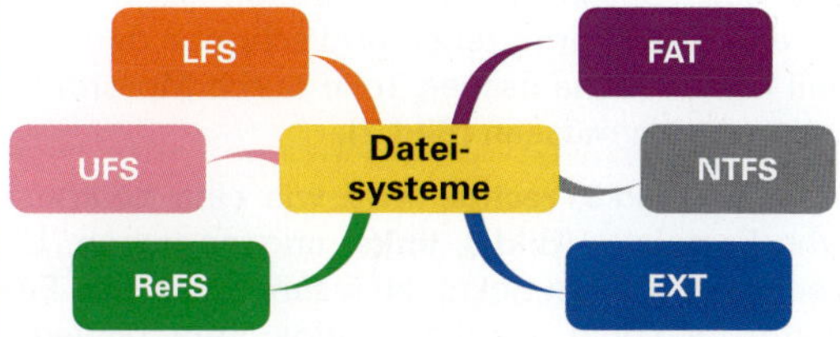

Bild 2: Dateisysteme

Bild 3: Festplattenlaufwerk

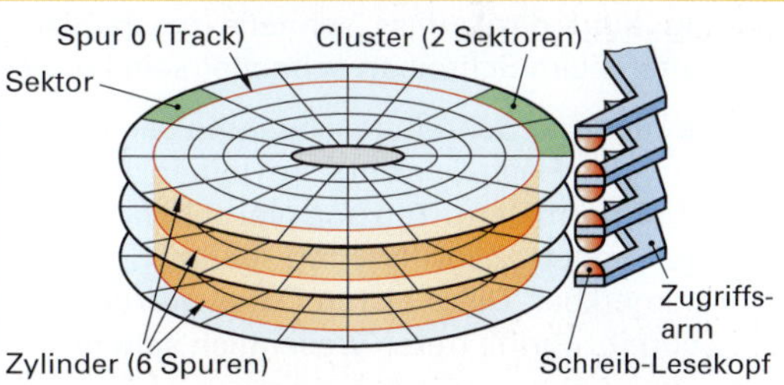

Bild 4: Sektoren und Spuren einer Festplatte

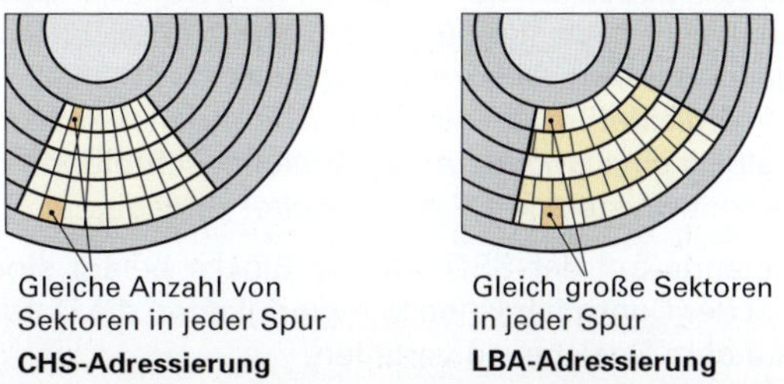

Bild 5: CHS- und LBA-Festplattenadressierung

10.3.2 Solid State Drive (SSD)

Aufbau von SSDs

Ein Solid State Drive **(Bild 1)** ist ein Massenspeicher, vergleichbar mit einer Festplatte. Im Gegensatz zur Festplatte hat eine SSD keine beweglichen Teile, das Speichermedium ist ein Flash-Speicher (EEPROM).

Flash-Speicher werden in mobilen Endgeräten, wie Handys, Digitalkameras und MP3-Playern, eingesetzt. Flash-Speicher arbeiten geräuschlos, haben kurze Zugriffszeiten und schonen den Akku, weil keine mechanischen Teile durch Motoren bewegt werden müssen **(Bild 2)**.

Die SSD **(Bild 3, rechts)** wird wie eine herkömmliche Festplatte **(Bild 3, links)** angesprochen. Um einen bestimmten Sektor zu lesen, muss eine Festplatte die Köpfe auf die richtige Spur bewegen. Diese Bewegung unterliegt einer Trägheit, die überwunden werden muss. Dann vergeht noch Zeit, bis der gewünschte Sektor am Lesekopf vorbeidreht. Dieser Zeitverlust fällt bei der SSD weg.

Beim Lesen holt der Flash-Controller immer 2 kB bis 4 kB aus den Flash-Zellen und schreibt sie in einen Pufferspeicher. Während das Lesen sehr schnell geht, ist das Schreiben von Daten aufwändiger. Der Flash-Speicher ist blockweise organisiert. Typischerweise hat ein Speicherblock 128 kB, 256 kB oder 512 kB. Auch bei wenigen Bit, muss der betreffende Block vollständig geschrieben werden. Vor dem Beschreiben einer Speicherzelle, muss ihr Inhalt gelöscht werden. Erst dann werden die Daten geändert und zurück geschrieben. Dieser Vorgang führt dazu, dass schnelle mechanische Festplatten beim Schreiben schneller sein können.

Um die niedrige Schreibgeschwindigkeit zu erhöhen wird der Flash-Speicher um einen Puffer ergänzt. Bei normalem Nutzungsverhalten machen sich die hohen Zugriffszeiten beim Schreiben nicht bemerkbar. Die meisten Daten werden gelesen. Schreibzugriffe treten wesentlich seltener auf.

Wear-Leveling

Ein Problem von Flash-Speichern ist die begrenzte Lebensdauer. Je nach Flash-Typ geht eine Speicherzelle nach 10000 oder 100000 Speichervorgängen defekt. Dies wird durch das Wear Leveling (= Verschleißgrad verringern) kompensiert. Deshalb ist ein ständig auf den Speicher schreibendes Betriebssystem für Flash-Speicher ungeeignet.

Solange auf der SSD wenige Blöcke belegt sind, hat der Controller keine Schwierigkeiten die Daten auf dem Speicher zu verteilen.

Mit zunehmender Speicherbelegung gehen dem Controller die unbelegten Speicherblöcke aus.

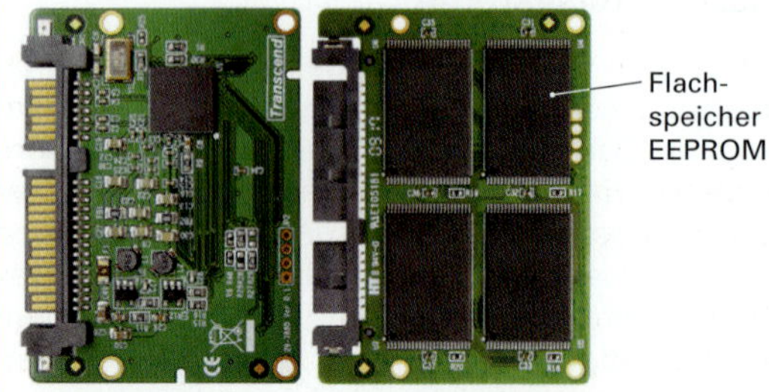

Bild 1: SSD

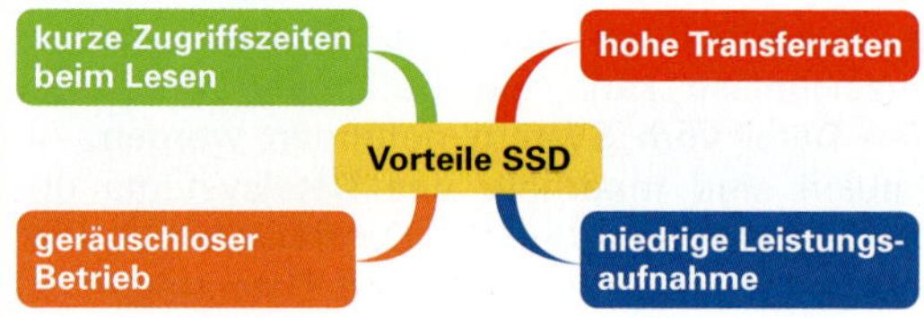

Bild 2: Vorteile von SSD

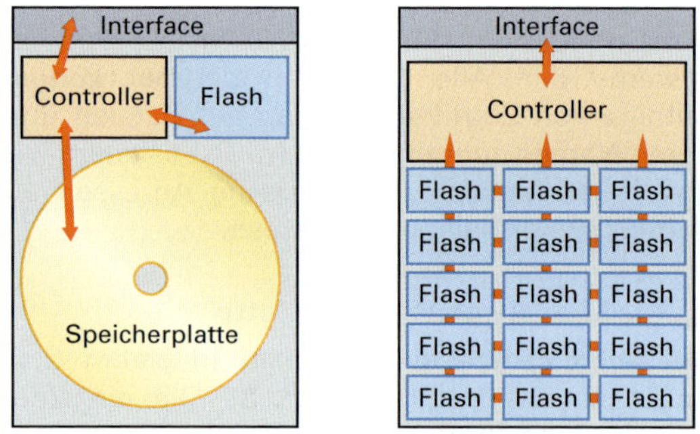

Bild 3: Zugriff magn. Festplatte und SSD

Wenn nur noch teilweise beschriebene Blöcke vorhanden sind, muss der Controller diese Blöcke lesen, modifizieren und wieder zurückschreiben. Das kostet Zeit und macht sich durch Verzögerungszeiten und geringe Transferraten bemerkbar. Aus diesem Grund werden SSDs nach längerer Betriebsdauer beim Schreiben immer langsamer.

> Solid State Drives werden im Laufe der Zeit beim Schreiben immer langsamer.

Hohe Arbeitsgeschwindigkeiten erreichen SSDs mit rechenstarken Controllern, die ausgefeilte Wear-Leveling-Algorithmen beherrschen, viele Flash-Chips parallel anbinden und SDRAM-Cache nutzen.

Eine Zwischenlösung zwischen Festplatten und SSDs sind Hybrid-Festplatten, die neben dem Plattenspeicher einen Chip-Speicher haben, der das Booten des Betriebssystems und den Start von Anwendungen beschleunigen kann.

10.3.3 Partitionen

Um große Festplatten effizienter zu nutzen, ist es sinnvoll, diese zu partitionieren. Eine Partition ist eine Unterteilung der Festplatte, die vom Betriebssystem wie ein eigenständiges Laufwerk behandelt wird. Auf diese Weise lassen sich Daten und Programme logisch sortieren und Festplatten schneller defragmentieren. Sollen mehrere Betriebssysteme auf demselben PC arbeiten, ist in den meisten Fällen eine Partitionierung notwendig.

Man unterscheidet zwischen primären, erweiterten Partitionen und logischen Laufwerken.

Primäre Partitionen

Frühere Betriebssysteme, z. B. DOS konnten nur von einer primären Partition booten. Diese Einschränkung gilt für aktuelle Betriebssysteme nicht mehr. Sie benötigen aber immer noch eine primäre Partition zum Starten.

Primäre Partitionen sind „privilegiert". Sie erhalten als erstes einen Laufwerksbuchstaben zugewiesen und können nicht in mehrere Laufwerke unterteilt werden.

Theoretisch können bis zu 4 primäre Partitionen auf einer Festplatte vorhanden sein. Davon darf jedoch nur eine pro Festplatte aktiv sein.

Erweiterte Partitionen

Muss eine Festplatte in mehr als 4 Partitionen unterteilt werden, kann eine zusätzliche erweiterte Partition eingerichtet werden. Die erweiterte Partition ist nicht bootfähig. Sie kann allerdings in kleinere logische Partitionen unterteilt werden (**Bild 1**).

Partitionstabelle

Die Partitionstabelle gibt die Aufteilung einer Festplatte in Partitionen an. Eine gelöschte oder defekte Partitionstabelle macht es unmöglich, auf die Daten der Festplatte zuzugreifen. Eine Rekonstruktion bzw. Reparatur der Partitionstabelle ist aufwendig und meist unmöglich.

Die Tabelle befindet sich am Ende des ersten Sektors einer jeden Festplatte. Dieser Sektor, CHS 0,0,1 oder LBA 0 ist der Haupt-Bootsektor (MBR).

Tabelle 1 zeigt den Aufbau eines Partitionseintrages. **Bild 2** veranschaulicht die Lage der Partitionstabelle innerhalb des Bootsektors.

Master Boot Record

Auf Festplatten wird standardmäßig der in Bild 2 beschriebene Aufbau benutzt. Der Master Boot Record bezeichnet die ersten 512 Byte einer bootfähigen Partition eines Speichermediums.

MBR von Master Boot Record = Erster Sektor eines Speichermediums

CHS von cylinder/head/sector = Zylinder/Kopf/Sektor. Es handelt sich um eine Adressierungsmethode von Festplatten

Bootloader = Startprogramm, lädt Teile des Betriebssystems

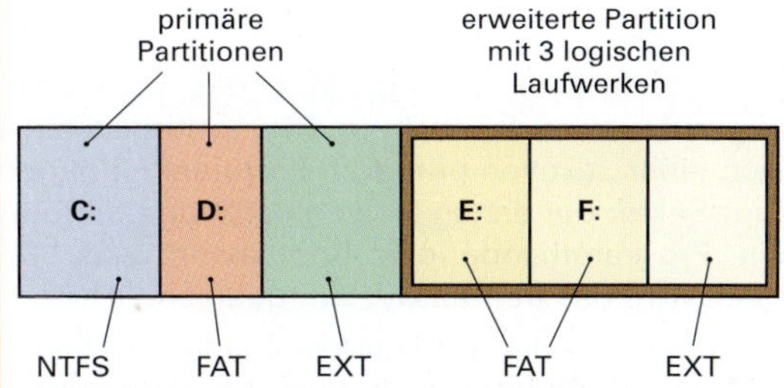

Bild 1: Primäre und erweiterte Partitionen

Tabelle 1: Partitionstabelleneinträge

Adresse	Inhalt
00	80hex = bootfähig Partition, 00hex = nicht bootfähig Partition
01	CHS-Eintrag des ersten Sektors
04	Typ der Partition (Dateisystem/Partitionstyp)
05	CHS-Eintrag des letzten Sektors
08	Startsektor
0C	Anzahl der Sektoren in der Partition

Offset	*0	*1	*2	*3	*4	*5	*6	*7	*8	*9	*A	*B	*C	*D	*E	*F
0000	eb	48	90	10	8e	d0	bc	00	b0	b8	00	00	8e	d8	8e	c0
0010	fb	be	00	7c	bf	00	06	b9	00	02	f3	a4	ea	21	06	00
...																
01a0	10	ac	3c	00	75	f4	c3	00	00	00	00	00	00	00	00	00
01b0	00	00	00	00	00	00	00	00	00	00	00	00	00	00	80	01
01c0	01	00	83	fe	ff	ff	3f	00	00	00	41	29	54	02	00	fe
01d0	ff	ff	82	fe	ff	ff	80	29	54	02	fa	e7	1d	00	00	fe
01e0	ff	ff	83	fe	ff	ff	7a	11	72	02	fa	e7	1d	00	00	fe
01f0	ff	ff	05	fe	ff	ff	74	f9	8f	02	0c	83	6c	04	55	aa

Bild 2: Master Boot Record

Der MBR (**Tabelle 1**) enthält die Partitionstabelle und einen Bootloader, ein Programm, das ein Betriebssystem auf einer der Partitionen startet. Speichermedien, die nicht in Partitionen unterteilt sind, z. B. Disketten oder CDs, enthalten keinen MBR. Hier wird der erste Datenblock als Bootsektor oder auch Boot Record bezeichnet. Auf Speichermedien anderer Betriebssysteme, z. B. Unix Systeme, Mac OS, werden andere Bootsektoren verwendet.

Bootloader

Dies ist ein kleines Programm, das vom BIOS aufgerufen wird. Es sucht in der Partitionstabelle nach einer „aktiven primären Partition", lädt den Boot-Sektor der ersten aktiven Partition und führt den Programmcode des Bootsektors aus. Dadurch wird das Betriebssystem geladen.

Ein fehlender oder defekter Bootloader führt dazu, dass von der Festplatte überhaupt nicht gebootet werden kann, selbst wenn in einer der Partitionen ein Betriebssystem mit intaktem Bootsektor vorhanden ist.

MBR-Signatur

Diese Signatur mit der Adresse 01FE wird Magic Number genannt und besteht aus den zwei Bytes 55h und AAh. Ist die MBR-Signatur vorhanden, so geht das BIOS davon aus, dass ein gültiger MBR vorhanden ist. Wird die Signatur nicht gefunden, vermutet das BIOS einen neuen bzw. gelöschten Datenträger. Der Bootvorgang wird abgebrochen und eine Fehlermeldung, etwa „Non-System or Non-Bootable Disk", wird ausgegeben.

Für die Partitionierung werden je nach Betriebssystem unterschiedliche Programme eingesetzt. Windows und Linux enthalten dazu ein Konsolenprogramm, z. B. fdisk. Unter Windows gibt es außerdem den Festplattenmanager und die Datenträgerverwaltung (**Bild 1**). Mac OS bietet ein Programm namens „Festplatten Dienstprogramm".

Diese Programme haben den Nachteil, dass Änderungen nur vorgenommen werden können, indem eine bestehende Partition mit allen Daten vollständig gelöscht und eine oder mehrere neue angelegt werden. Wenn eine bestehende Partition verkleinert, vergrößert oder getrennt werden soll, benötigt man einen kommerziellen Partitionsmanager. Vor dem Einsatz eines solchen Programms sind alle wichtigen Daten zu sichern, durch einen Stromausfall während der Partitionsänderung kann es sonst zu einem Datenverlust kommen.

Bootmanager

Es sind Programme, die ein Auswahlmenü anzeigen, und das Booten von beliebigen Partitionen erlauben.

Tabelle 1: Schematischer Aufbau eines MBR

Adresse	Größe	Inhalte
0000	440 B	Bootloader
01B8	4 B	Disk-Signatur
01BC	2 B	Zwei Nullbytes (0×0000)
01BE	64 B	Partitionstabelle
01FE	2 B	MBR-Signatur (Magic Number)

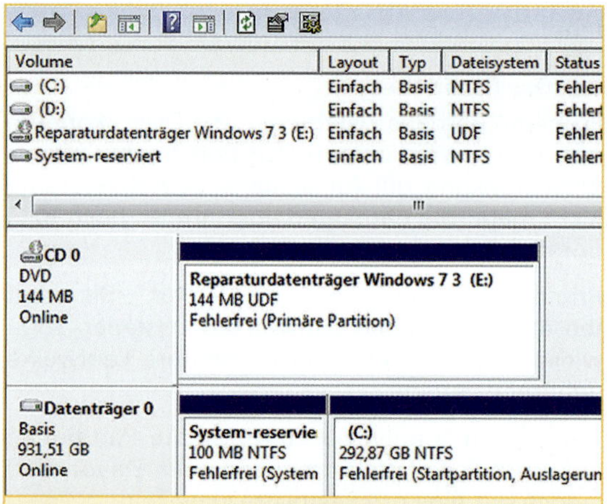

Bild 1: Ausschnitt aus der Datenträgerverwaltung

Tabelle 2: wichtige Partitionstypen

Typ	Dateisystem	Typ	Dateisystem
00	leer/unbenutzt	0F	Erweiterte Partition + BIOS-Extensions
04	FAT16 < 32 MiB	12	EISA Partition
05	erw. Partition	42	dynamischer Datenträger
06	FAT16 > 32 MiB	82	Linux Swap
07	HPFS/NTFS	83	Linux Native
0B	FAT32	A5	FreeBSD
0C	FAT32 + BIOS-Extensions	A6	OpenBSD
0E	FAT16 < 32 MiB + BIOS Extensions	A9	NetBSD

Aufgaben

① Welche Dateisysteme von **Tabelle 2** sind im MBR (Bild 2, vorhergehende Seite) vorhanden?

② Von welcher der vier Partitionen wird gebootet?

10.3.4 BIOS und UEFI

Beim BIOS (basic input/output system) handelt es sich um die Firmware **(Bild 1)** eines PCs. Das BIOS ist in einem nichtflüchtigen Speicher, z. B. einem EEPROM, abgelegt und wird nach dem Einschalten ausgeführt.

Das BIOS hat folgende Aufgaben:

- Power On Self Test (POST)
- Initialisierung der Hardware

Power On Self Test (POST)

Der POST prüft nach dem Einschalten des Computers nacheinander, ob die grundlegenden Komponenten des PCs funktionsfähig sind. Überprüft werden CPU, CPU-Speicher, Grafikkarte, Arbeitsspeicher, Tastatur und weitere Peripherie. Auftretende Fehler werden durch Signaltöne **(Tabelle 1)** gemeldet.

Eine Fehlerdiagnose ist mithilfe einer Steckkarte **(Bild 2)** möglich. Diese zeigt mit einer Ziffernanzeige den aktuellen Status des POST an. Bleibt die Anzeige beim Booten auf einem Wert stehen, kann das Problem mit Hilfe einer zum Mainboard gehörenden Fehlercodetabelle ermittelt werden.

Initialisierung der Hardware

Wichtiger Bestandteil des BIOS ist die Konfiguration und Überprüfung von eingebauten Steckkarten. Dazu werden Informationen über Zustand und Konfiguration von Steckkarten mit dem tatsächlichen Zustand des Systems verglichen und bei Änderungen aktualisiert. Danach übernimmt das Programm im Bootsektor die Kontrolle und startet das Betriebssystem.

UEFI (Unified Extensible Firmware Interface) stellt den Nachfolger des BIOS für 64-Bit-Systeme dar. Es verfügt z. B. über ein Netzwerkbootsystem, eine BIOS-Emulation, direkt im EFI integrierte Treiber, einen Sandbox-Modus und Booten von Festplatten > 2 TB.

Durch das parallele Laden der Treiber **(Bild 3)** und das direkte Booten startet UEFI das Betriebssystem schneller als das BIOS.

Firmware von firm ‚fest':
Die Firmware ist eine „fest" mit der Hardware verbundene Software. Die Hardware lässt sich ohne Firmware nicht nutzen.

Sandbox = Sandkasten:
Es handelt sich um einen isolierten Bereich, der keinerlei Auswirkungen auf die äußere Umgebung, z. B. den PC, hat.

Bild 1: Firmware

Tabelle 1: POST-Signaltöne, Beispiel Award BIOS

Tonfolge	Bedeutung
———	Dauerton: Arbeitsspeicher, Grafikkarte nicht gefunden.
••••••••••	Wiederholende kurze Töne: Stromversorgung auf der Hauptplatine prüfen.
–	Fehler im Arbeitsspeicher, z. B. Module sitzen nicht richtig
– – –	Tastatur nicht erkannt, Hauptplatine defekt.
– – – –	Sitz und Anschluss des Prozessorlüfters prüfen.
– •	Fehler auf dem Motherboard.
– ••	Grafikkarte defekt oder sitzt nicht richtig.
– •••	Tastatur oder Grafikkarte nicht erkannt, auf festen Sitz überprüfen
~~	(Sirenenton) Zu hohe Temperatur, Lüfter ausgefallen, Netzteildefekt.

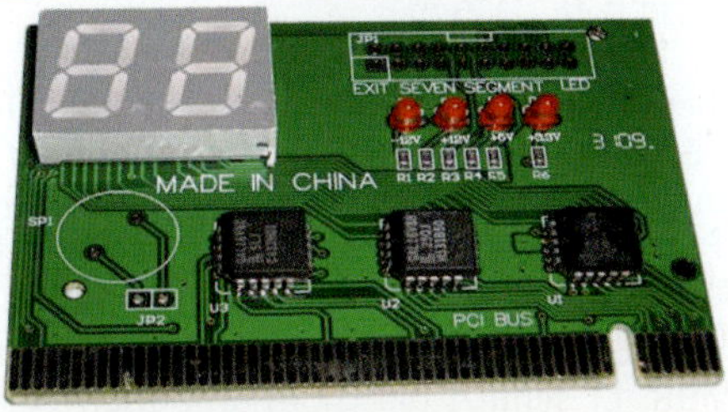

Bild 2: POST PCI-Steckkarte

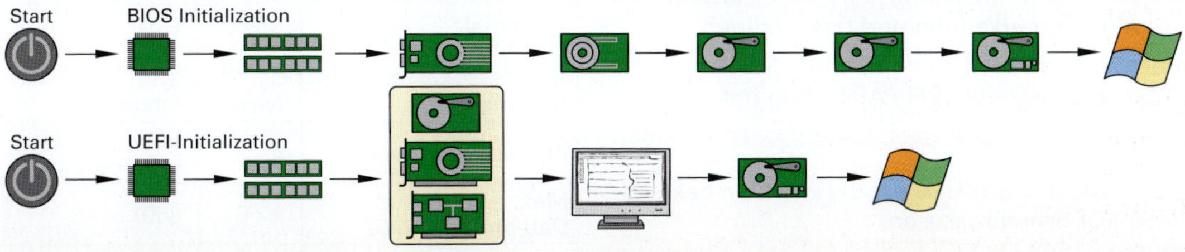

Bild 3: Vergleich UEFI mit BIOS

10.3.5 GPT

Auf einer Festplatte mit MBR-Partitionstabelle lassen sich maximal vier primäre Partitionen einrichten **(Bild 1)**. MBR-Partitionen sind weit verbreitet und werden von allen 32-Bit-Betriebssystemen verwendet.

Mit dem Partitionsschema GPT kann eine Festplatte beliebig viele primäre Partitionen enthalten **(Bild 2)**.

Die GPT - Festplatte enthält eine Systempartition. Diese wird als EFI-Systempartition oder ESP bezeichnet. In dieser steht der Bootcode, d. h. der PC startet über diese FAT32 Partition. ESP dient gleichzeitig als Bootmanager. Jedes zu UEFI kompatible Betriebssystem, das im UEFI-Modus in seine eigene Partition installiert wird, schreibt während des Setups seine Kennung in die EFI-Systempartition. Das Bootmenü wird automatisch erstellt. Hieran erkennt man auch die enge Verwandschaft von UEFI und GPT. Mit GPT formatierte Festplatten können nur mit UEFI booten. Ein Booten über das BIOS ist nicht möglich.

Nach der ESP folgt die 128 MB große MSR-Partition (Microsoft Reserved Partition). Diese Partition dient der Laufwerksverwaltung und enthält keine Benutzerdaten. Anschließend können unter Windows bis zu 128 primäre Partitionen folgen. Erweiterte Partitionen gibt es dagegen nicht mehr.

Beispiel 1:
GPT nutzt zur Adressierung der Sektoren 64 Bit. Berechnen Sie die maximale Größe einer GPT-Festplatte bei einer Sektorengröße von 512 Byte
Lösung:
2^{64} * 512 Byte = 8 Zettabyte

GPT besitzt mehrere Sicherheitsmerkmale **(Tabelle 2)**. So ist die Partitionstabelle am Anfang und am Ende des GPT-Datenträgers vorhanden. Sollte die Partitionstabelle beschädigt werden, lässt sich diese aus dem Backup rekonstruieren.

Auf jeder GPT-Festplatte befindet sich im Sektor 0 ein MBR. Er schützt die GPT-Partitionen vor Programmen, die nur MBR-Partitionstabellen lesen können, und wird daher Schutz-MBR genannt. Ein solches Programm würde eine GPT-Partition als unpartitioniert erkennen und beschädigen.

Direkt im Anschluss an den Schutz-MBR folgt der GPT-Header, der mit „EFI PART" Beginnt.

Beispiel 2:
Geben Sie den GPT-Header „EFI PART" in hexadezimaler Schreibweise an.
Lösung:
45 46 49 20 50 41 52 54

GPT von GUID Partition Table:
GUID von Global Unique Identifier, weltweit eindeutige Kennung. Jeder GPT-Partitionstyp hat eine eindeutige 32-stellige Kennung **(Tabelle 1)**

ESP von Extensible Firmware Interface System Partition

Tabelle 1: Die wichtigsten GPT-Partition-IDs

Partitionstyp	GUID
MBR-Partition	024DEE4133E711D39D6900 8C781F39F
EFI-Systempartition	C12A7328F81F11D2BA4B00A 0C93EC93B
MSR-Partition	E3C9E3160B5C4DB8817DF92 DF00215AE
Wiederherstellungspartition	DE94BBA406D14D40A16ABF D50179D6AC
Windows-Datenpartition	EBD0A0A2B9E5443387C068B 6B72699C7
Linux-Datenpartition	0FC63DAF848347728E793D6 9D8477DE4

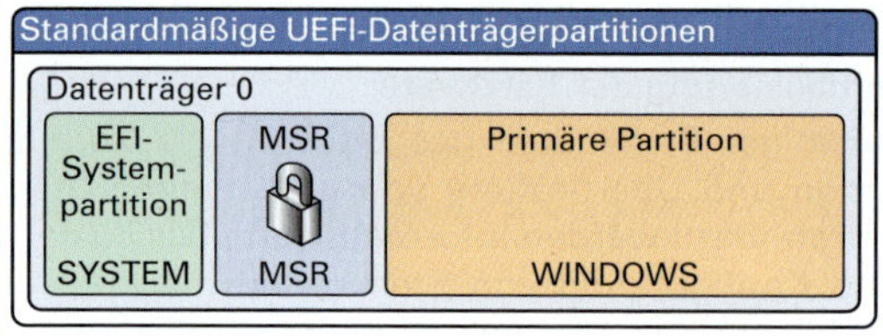

Bild 1: MBR-Partitionstabelle

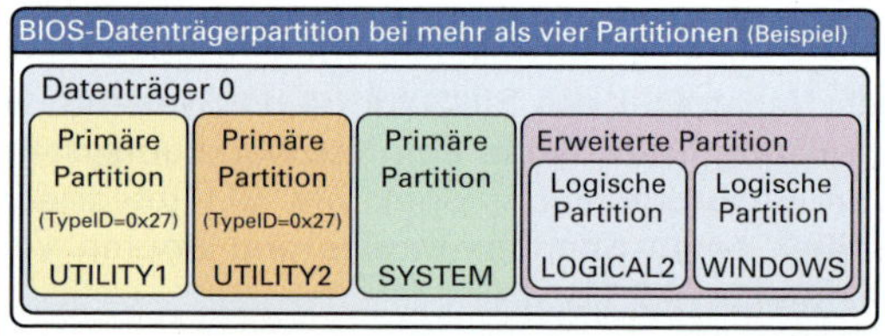

Bild 2: Global Unique Identifier Partition Table

Tabelle 2: Unterschiede zwischen MBR und GPT

Merkmal	MBR	GPT
Betriebssystem	32 Bit	64 Bit
Bootmanager	Nein	Integriert
Primäre Partitionen	4	unbegrenzt (bei Windows 128)
Max. Datenträgergröße	2 TB	8 ZB
Sicherheitsmerkmale	Keine	Prüfsummen und Backup

10.3.6 File Allocation Table-Dateisystem

Die FAT (File Allocation Table, Dateizuordnungstabelle) stellt ein Inhaltsverzeichnis der Festplatte dar und ist notwendig, um die auf dem Datenträger bereitstehenden Daten zu finden.

In einem 16-Bit-System (FAT 16) sind genau 2^{16} (65536) Adressenverwaltungseinträge in der FAT möglich. Bei einer Sektorengröße von 512 Byte beträgt die maximale Partitionsgröße 32 MiB ($2^{16} \times 512$ Byte). Um größere Partitionen zu ermöglichen, werden mehrere Sektoren zu Clustern zusammengefasst (**Tabelle 1**).

Aufgrund der geringen Größe der Cluster können die wenigsten Dateien in einem Cluster gespeichert werden. Das Dateisystem muss die Daten auf mehrere Cluster verteilen. Welche dieser Cluster nun in welcher Reihenfolge zusammengefügt die Datei bilden, wird in der Dateizuordnungstabelle festgelegt.

Die FAT organisiert einen Datenträger, indem es direkt hinter den Systemdaten eine Dateizuordnungstabelle anlegt (**Bild 1**). Aus Sicherheitsgründen folgt eine Kopie dieser FAT. Dann folgt das Hauptverzeichnis und im Anschluss daran der Datenbereich. Ein Nachteil des FAT-Systems liegt darin, dass sich diese Tabellen an einer festen Position auf dem Datenträger befinden.

Die Dateizuordnungstabellen werden vom Dateisystem ständig aktualisiert. Die Köpfe der Festplatte werden zwischen verschiedenen Aktionen ständig auf die Spur 0 bewegt. Dort wird die FAT-Tabelle aktualisiert. Anschließend bewegen sich die Festplattenköpfe wieder in den Datenbereich. Dieses Vorgehen ist besonders bei großen Datenträgern sehr zeitaufwendig.

Aufgrund der Einschränkungen von FAT aus **Bild 2** eignet sich dieses Dateisystem nur eingeschränkt für den Einsatz in modernen Systemen. Trotzdem wird FAT auch heute noch genutzt. So werden USB-Sticks unter Windows wegen des großen Overheads von NTFS mit FAT formatiert.

Beispiel 1:
Welche Cluster belegt die Datei EUROPA.DOC aus **Bild 3**?

Lösung:
Die Datei EUROPA.DOC besteht also aus den Clustern 2 und 3 des Datenbereichs.

Im Hauptverzeichnis wird der Name der Datei EUROPA.DOC **(Bild 3)** gesucht. Das zugehörige „Startcluster" hat die Nummer 2. In der FAT dann den Inhalt (nicht Dateninhalt) von Cluster 2 suchen. Hier steht 3, d. h. die Datei EUROPA.DOC wird in Cluster 3 fortgesetzt. Der FAT Eintrag von Cluster 3 = FF bedeutet, dass die Datei in diesem Cluster endet.

Tabelle 1: Übersicht Clustergrößen

Sektoren pro Cluster	Clustergröße	Partitionsgröße
$2^0 = 1$	512 Byte	32 MiB
$2^1 = 2$	1024 Byte	64 MiB
$2^2 = 4$	2048 Byte	128 MiB
$2^3 = 8$	4096 Byte	256 MiB
$2^4 = 16$	8192 Byte	512 MiB
$2^5 = 32$	16384 Byte	1024 MiB
$2^6 = 64$	32768 Byte	2048 MiB

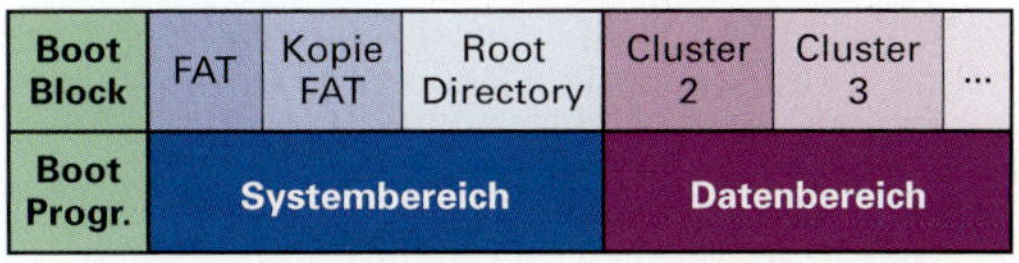

Bild 1: Aufbau des FAT-Dateisystems

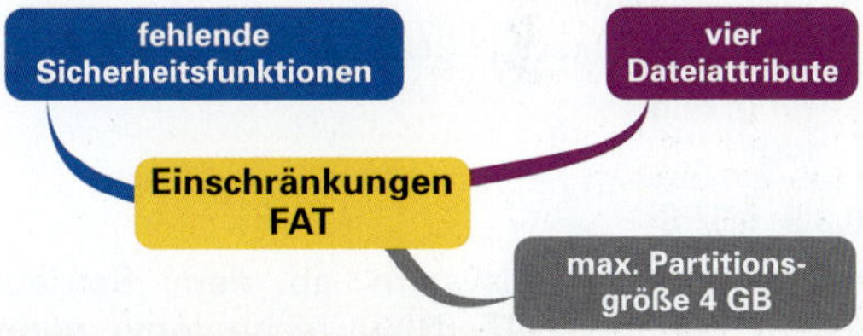

Bild 2: Einschränkungen FAT

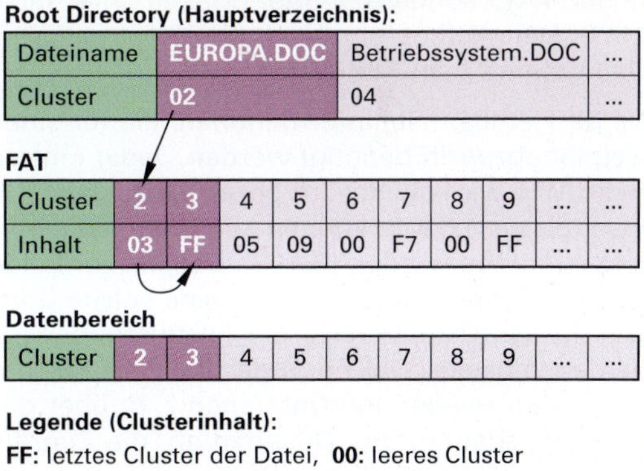

Bild 3: Auffinden einer Datei

Aufgaben

① Wie viele Cluster können bei FAT 16 angesprochen werden?

② Entwickeln Sie eine Formel zur Berechnung der Clustergröße bei gegebener Festplattengröße.

③ Wie groß ist ein Cluster bei Plattengrößen von 512 MiB, 1 GiB, 2 GiB?

④ Wie groß ist eine Datei mindestens/höchstens, wenn sie bei einer Festplattengröße von 512 MiB/ 2 GiB 2 bzw. 4 Cluster belegt?

10.3.7 Fragmentierung

Wenn Dateien nicht zusammenhängend auf einer Festplatte gespeichert, sondern über das gesamte Laufwerk verteilt sind, spricht man von einer Fragmentierung. Es sind nun mehrere Zugriffe erforderlich, um die einzelnen Segmente einer Datei zusammen zu suchen. Die Dateizugriffszeit erhöht sich. Auf der Festplatte muss der Speicherplatz an mehreren Stellen gesucht werden, wenn nicht genügend zusammenhängender freier Speicher vorhanden ist.

Beispiel 1:

Speichern und löschen Sie die Dateien in der angegebenen Reihenfolge. Benutzen Sie pro Cluster ein Kästchen.

1. Speichern Datei 1 (2 Cluster)
2. Speichern Datei 2 (2,8 Cluster)
3. Speichern Datei 3 (1,5 Cluster)
4. Speichern Datei 4 (3 Cluster)
5. Löschen Datei 3
6. Speichern Datei 5 (3 Cluster)

Lösung: **Bild 1**

10.3.8 NTFS

Das Windows-Dateisystem ab dem Betriebssystem Windows NT (New Technology) nennt sich NTFS (New Technology File System). NTFS verwaltet die Dateien eines Datenträgers nicht in der FAT, sondern in der Master File Table (MFT). Den Aufbau eines mit NTFS formatierten Datenträgers zeigt **Bild 2**.

Die MFT enthält alle Informationen, die für einen Festplattenzugriff benötigt werden. Jeder Eintrag in die MFT wird als Record bezeichnet. Kleine Dateien (bis ca. 1,5 KiB) können komplett in die MFT aufgenommen werden (**Bild 3**). Das hat zur Folge, dass die Schreib-/Leseköpfe für eine solche Datei nicht in den Datenbereich der Festplatte bewegt werden müssen. Die Einträge des Records umfassen den Header, Informationen z. B. über das Erstellungsdatum, den Dateinamen, die Zugriffsrechte und die eigentlichen Daten.

Ist der Dateiinhalt zu groß, wird der Verzeichniseintrag ausgelagert und als B-Tree organisiert. Ein B-Tree organisiert die Daten in Form eines Baumes mit einer Wurzel und Knoten. Daten können so sehr schnell durchsucht werden. Das Datenfeld enthält Zeigereinträge, die auf die externen Cluster verweisen (**Bild 4**). Mehrere aufeinander folgende Cluster werden dabei zu einem RUN vereinigt. Es ist jeweils nur eine Adressierung pro Run notwendig. Mittels LCN-VCN-Mapping findet das Dateisystem die entsprechenden physikalischen Cluster auf der Festplatte.

VCN (virtual cluster number = Virtuelle Clusternummer): Nummeriert alle Cluster einer Datei von null ab.

LCN (logical cluster number = Logische Clusternummer): Clusternummer auf dem Speichermedium (physikalischer Ort).

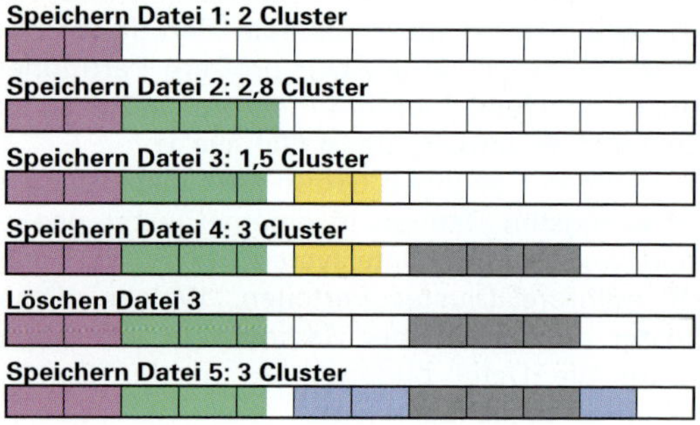

Bild 1: Fragmentierung

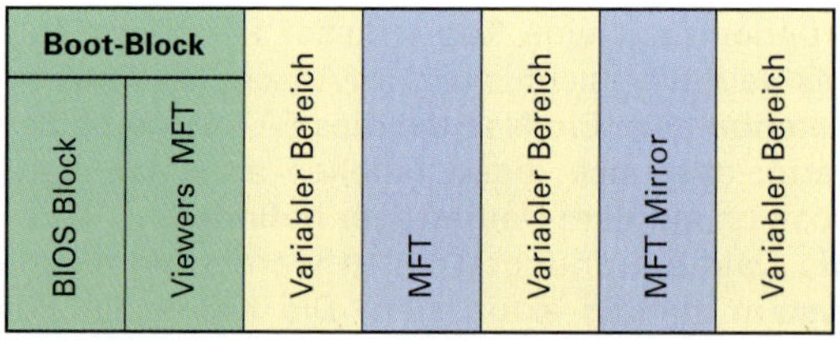

Bild 2: Aufbau einer NTFS-Partition

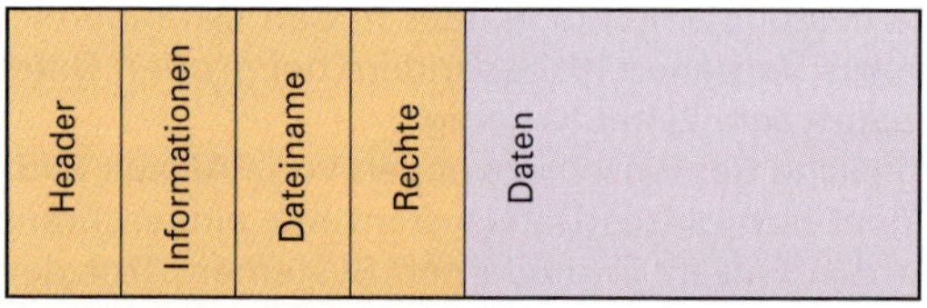

Bild 3: NTFS-Record für Dateien kleiner 1,5 KiB

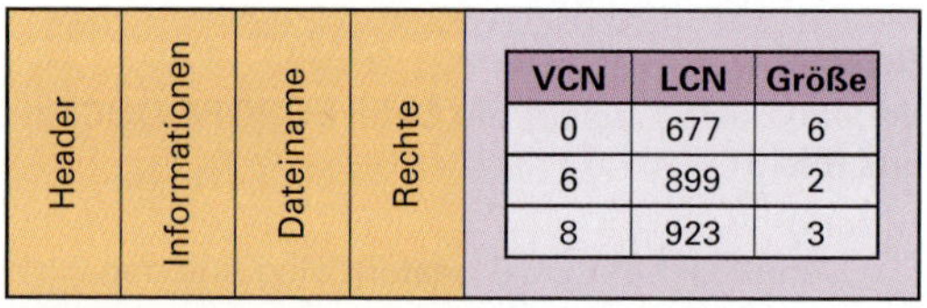

VCN	LCN	Größe
0	677	6
6	899	2
8	923	3

Bild 4: NTFS-Record für Dateien größer 1,5 KiB

Beispiel 2:

Bestimmen Sie die Anzahl der belegten Cluster und die benötigten Runs um die Datei aus Bild 4 vollständig einzulesen.

Lösung: 6 + 2 + 3 = 11 Cluster,
Run 1: 677, Run 2: 899, Run 3: 923 → 3 Runs

NTFS verfügt über eine hohe Fehlertoleranz. Wird eine Datei auf den Datenträger geschrieben, wird der Datensatz mit dem noch im Arbeitsspeicher befindlichen Original verglichen. Bei Differenzen wird der Datenträgerblock als fehlerhaft markiert. Der Schreibvorgang findet dann erneut an einem anderen Block statt (Hot-Fixing). Außerdem verfügt NTFS über ein Transaktionsmanagement. Eine Transaktion ist für NTFS jeder Schreib- und Lesevorgang. Jede Transaktion wird mit den zur Wiederholung oder Rückgängigmachung benötigten Informationen protokolliert. Auf dieses Protokoll greift NTFS nach einem Systemabsturz zurück. Nach der Analyse des Schadens rollt NTFS die zur Reparatur nötigen Transaktionen auf und sorgt so für Integrität der Dateien. Mit dem Einsatz von NTFS entfällt die Beschränkung der Namensgebung für Dateien und Verzeichnisse. NTFS-Dateinamen können bis zu 255 Unicode-Zeichen lang sein.

10.3.9 EXT

Die Informationen über eine Datei werden beim EXT nicht direkt in der Verzeichnisdatei gespeichert, sondern in einer zusätzlichen Datenstruktur (Inode). Standardmäßig verweisen bis zu 12 Einträge im Inode auf je ein Cluster (Datenblocknummer, **Bild 2**), in dem der Inhalt der Datei gespeichert ist. Reichen diese 12 Cluster nicht aus, zeigt ein Eintrag im Inode auf ein Cluster, der dann die Verweise zu den eigentlichen Datenclustern enthält. Ein solcher Verweis wird als einfach indirekter Block bezeichnet. Bis zu dreifach indirekte Blöcke sind möglich, so dass die maximale Dateigröße zwischen 8 GiB und 2 TiB liegen kann.

Ein Inode enthält

- die Größe der Datei in Byte,
- den Dateityp (einfache Datei, Verzeichnis, Link,...),
- die Zugriffsrechte auf die Datei (Eigentümer-, Gruppenrechte und sonstige Rechte),
- einen Referenzzähler (Anzahl der Verweise auf die Datei),
- das Datum der letzten Inode-Änderung, des letzten Zugriffs auf die Datei und der letzten Änderung der Datei und
- einen oder mehrere Verweise auf die Cluster, in denen der Inhalt der Datei liegt.

Der Name der Datei wird nicht im Inode aufgeführt. Dies ermöglicht es, die gleiche Datei (genauer gesagt Inode und Dateiinhalt) unter verschiedenen Namen anzusprechen. Der Inode fungiert als Bindeglied zwischen dem Namen und dem Inhalt einer Datei.

Unicode internationaler Standard, der jedem Schriftzeichen einen digitalen Code zuordnet.

EXT von extended filesystem. Ein erweitertes Dateisystem, das für den Linux-Kernel entwickelt wurde.

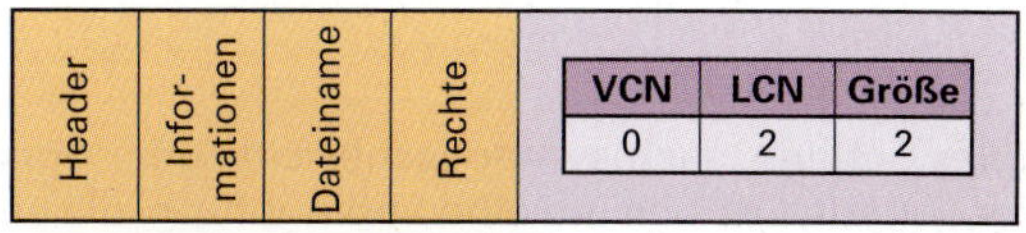

Bild 1: Record EUROPA.DOC

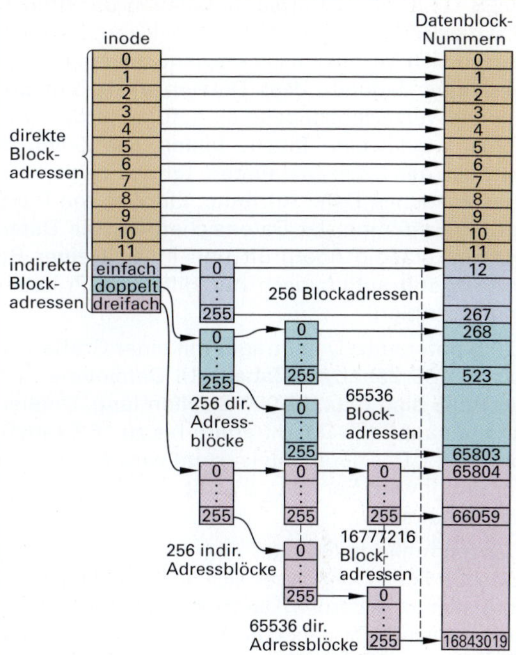

Bild 2: Aufbau Extended File System

Beispiel 1:

Wandeln Sie die Datei EUROPA.DOC aus dem Beispiel FAT unter Beibehaltung der Cluster in einen NTFS-Record > 1,5 KiB um.

Lösung: **Bild 1**

Beispiel 2:

Geben Sie die maximale Dateigröße bei einer Clustergröße von 1 KiB für
a) direkte Blockadressierung,
b) einfach indirekte Blockadressierung,
c) zweifach indirekte Blockadressierung,
d) dreifach indirekte Blockadressierung an.

Lösung:
a) 12 × 1 KiB = 12 KiB b) 256 × 1 KiB = 256 KiB
c) 256 × 256 × 1 KiB = 64 MiB
d) 256 × 64 MiB = 16 GiB

10.3.10 ReFS

ReFS (Resilient File System) ist ein auf NTFS basierendes Dateisystem. Resilient bedeutet unverwüstlich oder belastbar. Das Dateisystem unterstützt z. B. die NTFS-Funktionen:

- BitLocker-Verschlüsselung **(Bild 1)**,
- Zugangskontrolle und
- Softlinks **(Bild 2)**.

Beim Softlink, auch symbolischer Link oder Junction, handelt es sich um eine Verknüpfung, die auf eine andere Datei oder ein anderes Verzeichnis verweist.

ReFS stellt Verzeichnisse in Tabellen dar **(Bild 3)**, diese werden durch B+ Bäume realisiert. Dadurch lassen sich Verzeichnisse effizient skalieren. Dies geschieht dadurch, dass Dateien in die entsprechende Verzeichnistabelle eingefügt werden und selbst wieder eine Tabelle bilden. Die Zeilen innerhalb der Datei Metadaten Tabelle zeigen die verschiedenen Datei-Attribute. Ein Ziel von ReFS ist die Erhöhung der Datensicherheit. Die Daten werden ständig überprüft und im Fall einer Beschädigung automatisch mit Hilfe von Prüfsummen korrigiert.

ReFS unterstützt Datenträger mit einer Größe von bis zu 256 Zettabyte **(Tabelle 1)**. Dateinamen unter ReFS sind max. 32.000 Zeichen lang. Dateien können auf ReFS-Datenträgern bis zu 16 Exabyte groß sein. Das neue Dateisystem wird vorerst nur für Windows-8-Server und nicht auf PC-Systemen verfügbar sein.

Das hat mehrere Gründe:
Wechseldatenträger lassen sich noch nicht mit ReFS formatieren. Außerdem kann von einem ReFS-Datenträger noch nicht gebootet werden. NTFS-Festplatten lassen sich auch nicht einfach in ReFS-Datenträger konvertieren. Sie müssen neu formatiert werden.

Beispiel 1:
Erstellen Sie mit der Freeware ntfslinkview einen symbolischen Link für einen Ordner.
Lösung: **Bild 4**

Bild 4: Junction

Aufgaben

① Wie viele 1 TByte-Festplatten werden benötigt um eine 1 ZByte große Festplatte zu ersetzen?

② Auf eine DIN A4 Seite passen ca. 3200 Zeichen. Wie viele DIN A4 Seiten füllt ein ReFS-Dateiname?

ReFS von Resilient File System = robustes, belastbares Dateisystem

Softlink ist eine Referenz auf eine Zieldatei bzw. ein Zielverzeichnis.

Hardlink bezeichnet die Verknüpfung von Dateiname und Datei.

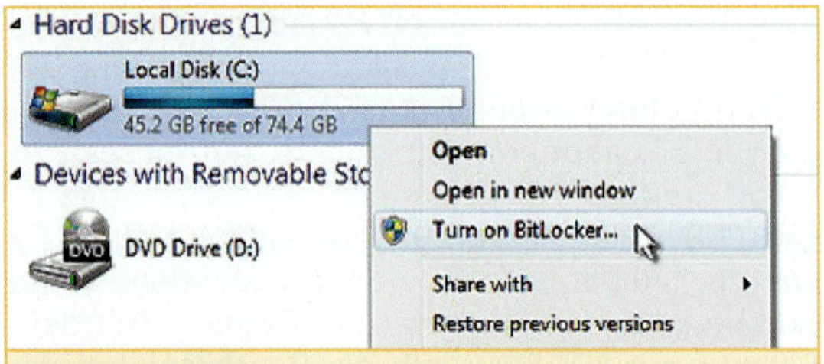

Bild 1: BitLocker

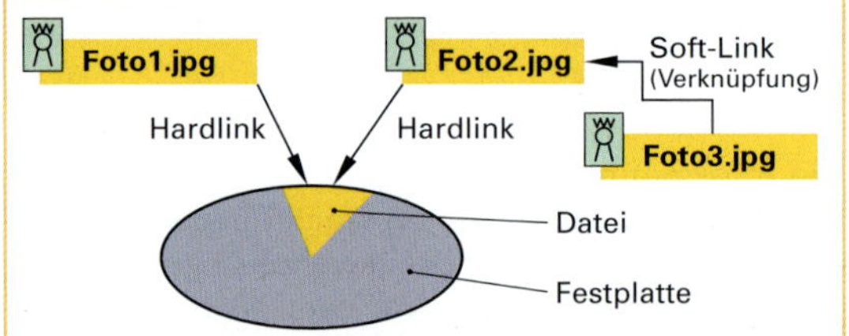

Bild 2: Hardlink und Softlink

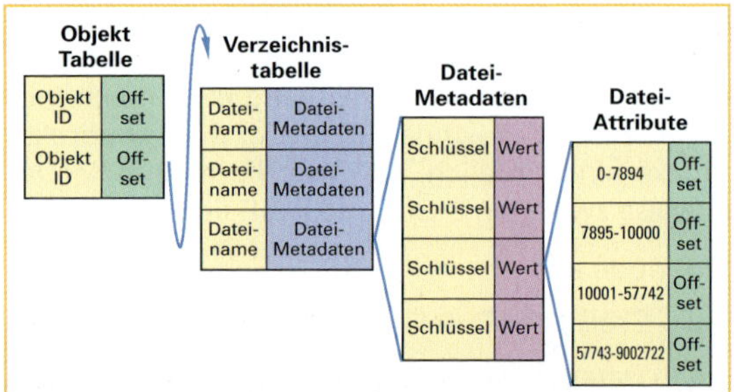

Bild 3: ReFS-Datenstruktur

Tabelle 1: ReFS-Daten

Eigenschaften	Größe
Max. Dateigröße	$2^{64} - 1$ Byte
Max. Partitionsgröße	2^{78} Bytes bei 16-kB-Cluster
Dateianzahl pro Verzeichnis	2^{64}
Verzeichnisanzahl pro Partition	2^{64}
Länge des Dateinamens	32000 Unicode-Zeichen

10.3.11 Zugriffsrechte

Die Dateisysteme NTFS und EXT bieten die Möglichkeit, Verzeichnisse und Dateien gegen Zugriff von Fremden zu schützen. Der Schutz wird durch das Setzen von Zugriffsrechten erreicht.

EXT bietet hierfür drei verschiedene Zugriffsmöglichkeiten:

- r für read (lesen),
- w für write (schreiben),
- x für execute (ausführen).

Die Zugriffsmöglichkeiten werden für den Besitzer der Datei, eine Gruppe und die übrigen Benutzer angegeben (**Bild 1**).

Beispiel 1:
Welche Rechte haben der Besitzer, die Gruppe und alle anderen in den Beispielen aus Bild 1?

Lösung:

rwx: Der Besitzer hat alle Rechte.
r–x: Die Gruppe hat Lese- und Ausführungsrechte.
r––: Die Anderen haben Leserechte.

rwx	r–x	r––
Besitzer	Gruppe	Andere

Bild 1: Beispiele für EXT-Zugriffsrechte

Aufgaben

① Geben Sie die maximale Dateigröße für das EXT-Dateisystem bei einer Clustergröße von 4 KiB für:

a) Direkte Blockadressierung,

b) einfach indirekte Blockadressierung,

c) zweifach indirekte Blockadressierung,

d) dreifach indirekte Blockadressierung an.

② Auf einer formatierten Festplatte werden Dateien in der Reihenfolge von **Tabelle 1** gespeichert und gelöscht. Zeichnen Sie die FAT nach dem 8. Schritt. Ein Cluster ist 512 Byte groß.

Tabelle 1: Dateireihenfolge

1 speichern	Test	1,8 KiB
2 speichern	Hallo	800 B
3 speichern	Tom	250 B
4 löschen	Hallo	
5 speichern	Inge	1,2 KiB
6 speichern	Lina	1,7 KiB
7 löschen	Test	
8 speichern	Dieter	2,6 KiB

③ In einem PC wird eine Festplatte mit 2 GiByte eingesetzt, die mit dem Dateisystem FAT16 formatiert ist. Die verwendeten Cluster wurden manuell auf 8 KiB festgelegt.

a) Berechnen Sie die zur Verfügung stehende Speicherkapazität bei einer Partition.

b) Sie wollen nun die gesamte Festplattenkapazität nutzen. Stellen Sie hierzu drei Möglichkeiten vor.

c) Es sollen 3 größere Dateien mit jeweils 8 KiB und 10 kleinere Dateien mit jeweils 3 KiB Dateigröße abgespeichert werden. Berechnen Sie den jeweiligen Platzbedarf, wenn die Clustergröße 2 KiB beträgt. Erklären Sie die Ergebnisse kurz.

④ Einen Ausschnitt aus dem Dateiverzeichnis eines FAT-Dateisystems zeigt **Tabelle 2**:

Tabelle 2: Dateiverzeichnisausschnitt

Dateiname	Startcluster	Größe in Byte
itg.doc	55	3087
tg.xls	61	1504
wtg.mdb	52	1120

Tabelle 3 zeigt den Ausschnitt aus der dazugehörenden FAT (File Allocation Table):

Tabelle 3: FAT-Ausschnitt

50	51	52	53	54	55	56	57	58	59
51	99	57	FF	66	59	00	58	FF	54
60	61	62	63	64	65	66	67	68	69
FF	53	FF	FF	0F	67	FF	00	00	FF

Ein Cluster besteht aus zwei Sektoren (1 Sektor = 512 Byte).

a) Welche Cluster belegen die drei Dateien? Geben Sie für jede Datei die belegten Cluster in der richtigen Reihenfolge und die minimale bzw. maximale Dateigröße aufgrund der FAT an.

b) Bei einer der drei Dateien liegt ein Fehler vor. Bestimmen Sie diese Datei und begründen Sie Ihre Antwort.

10.4 Prozesse

Ein Prozess ist ein im Computer ablaufendes Programm (**Bild 1**). Zum Prozess gehören der Programmcode und der Prozesskontext. Der Prozesskontext besteht aus den Registerinhalten des Prozessors, Speicherbereichen für die Daten und weiteren Betriebsmitteln (Ressourcen, **Bild 2**).

Windows bezeichnet Prozesse als Tasks. Der Task-Manager (**Bild 3**) zeigt die laufenden Prozesse an.

Ein Task wird häufig auch als Teil eines Prozesses (Subprozess) angesehen.

Zu einem Programm kann es mehrere Prozesse geben, die je nach Anwendung gleichzeitig oder nebenläufig ablaufen. Erzeugt ein Prozess einen oder mehrere andere Prozesse, entstehen Kindprozesse. Dies wird in einem Prozessstrukturbaum dargestellt (**Bild 4**).

10.4.1 Mehrprozessbetrieb

Von einem Prozessor kann immer nur ein Prozess bearbeitet werden. Häufig kann ein Teil der Rechenzeit nicht genutzt werden, da auf langsame, externe Ereignisse gewartet werden muss (beispielsweise eine Tastatureingabe). Würde nur ein Prozess laufen, ginge diese Wartezeit ungenutzt vorbei.

> Durch Mehrprozessbetrieb (Multitasking) kann die Wartezeit eines Prozesses von anderen Prozessen genutzt werden.

Beim Mehrprozessbetrieb führt das Betriebssystem mehrere Prozesse (Tasks) parallel aus. Dabei werden den Prozessen nach einer Umschaltzeit in kurzen Abständen abwechselnd Rechenzeiten zugeteilt (**Bild 5**). In dieser Zeit, wird der alte Prozess aus der CPU in den Speicher und der neue Prozess aus dem Speicher in die CPU geladen. Für den Anwender entsteht der Eindruck der Gleichzeitigkeit.

Die Abarbeitung erfolgt

- parallel, wenn jede CPU genau einen Prozess abarbeitet (Bild 5, links),
- quasiparallel, wenn eine CPU mehrere Prozesse „gleichzeitig" abarbeitet (Bild 5, rechts).

Die Aufteilung der Prozesse und Zuweisung zur CPU führt der Scheduler (Siehe 10.4.3) durch.

Bild 1: Programm und Prozess Hallo_Europa

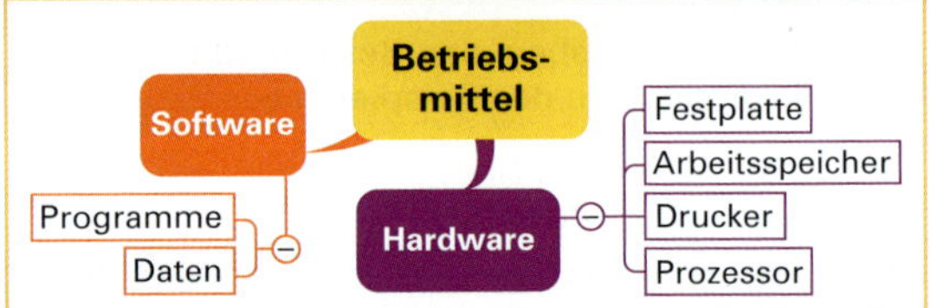

Bild 2: Betriebsmittel

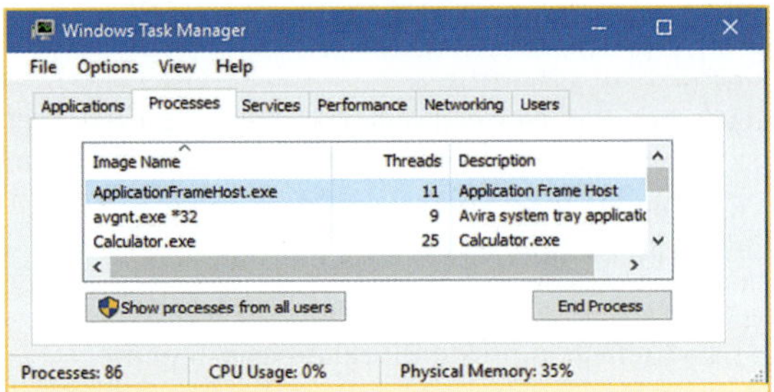

Bild 3: Task-Manager

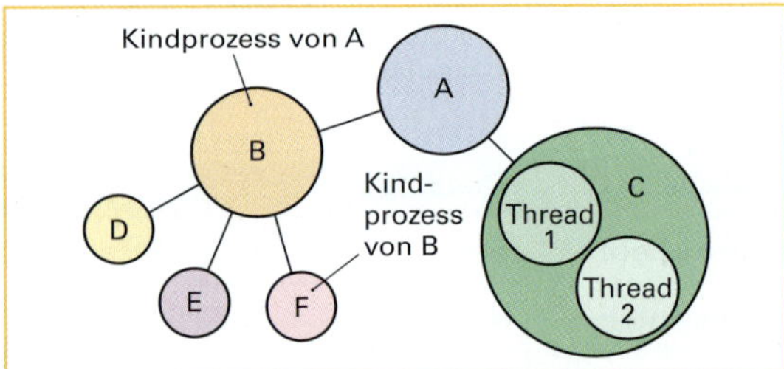

Bild 4: Prozessstrukturbaum

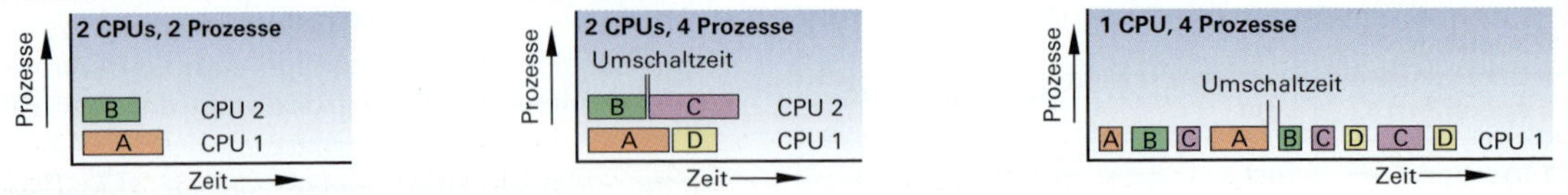

Bild 5: Prozessausführung

Multitasking

Folgende Formen des Multitasking werden unterschieden:

- Kooperatives Multitasking, z. B. Win 3.1, hier ist es jedem Prozess selbst überlassen, wann er die Kontrolle an das Betriebssystem zurückgibt. Das kooperative Multitasking hat einen geringen Verwaltungsaufwand. Es besteht allerdings die Gefahr, dass ein „unkooperativer Prozess" alle anderen Prozesse blockiert.
- Präemptives Multitasking, z. B. Win XP, hier steuert das Betriebssystem die Abarbeitung der Prozesse. Der Scheduler kann zeitgesteuert bzw. ereignisgesteuert einem Prozess die CPU entziehen. Dadurch ist eine Bearbeitung dringlicherer Aufgaben jederzeit möglich, z. B. bei Echtzeit-BS. Fehlerhafte Prozesse können das System nicht blockieren.

Kontext

Wichtige Grundvoraussetzung für Mehrprozessbetrieb ist, dass ein Prozess, der durch einen anderen unterbrochen wird, nichts über diesen anderen Prozess wissen muss. Dies bedingt, dass dem Prozess nach der Unterbrechung wieder eine definierte Umgebung (Kontext) zur Verfügung steht (**Bild 2**). Dies wird erreicht, indem der gesamte Zustand des Prozesses vor der Unterbrechung gespeichert wird. Er bleibt so lange gespeichert, bis der betreffende Prozess wieder Rechenzeit erhält. Unmittelbar bevor dieser Prozess aktiv wird, wird der gespeicherte Zustand geladen. Es erscheint für den Prozess, als sei er überhaupt nicht unterbrochen worden.

Es gibt drei Arten von Kontextinformation:

- Benutzer-Kontext, enthält die Daten (Variablen) des Prozesses.
- Hardware-Kontext, enthält die Inhalte der CPU-Register.
- System-Kontext, enthält die Prozessnummer, die vom Prozess geöffneten Dateien, Informationen über Eltern- oder Kindprozesse und Prioritäten.

> **Leerlaufprozess**
>
> Der Leerlaufprozess (idle task) ist ein „Pseudo"-Prozess, der immer dann Prozessorzeit bekommt, wenn kein anderer Prozess Rechenzeit benötigt. Bei Windows wird der Leerlaufprozess im Taskmanager im Reiter „Prozesse" immer angezeigt (**Bild 1**) und beansprucht scheinbar viel Prozessorleistung. Hierbei handelt es sich um die ungenutzte Rechenzeit.

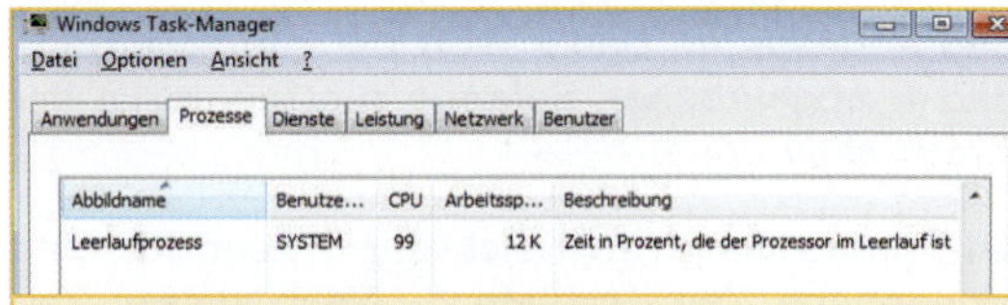

Bild 1: Ausschnitt Leerlaufprozess

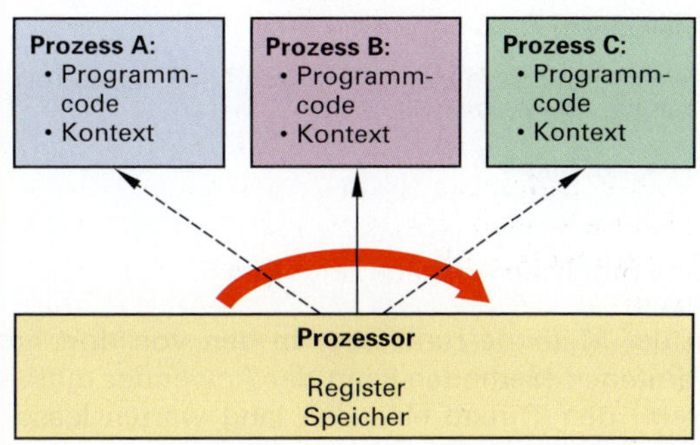

Bild 2: Kontextwechsel

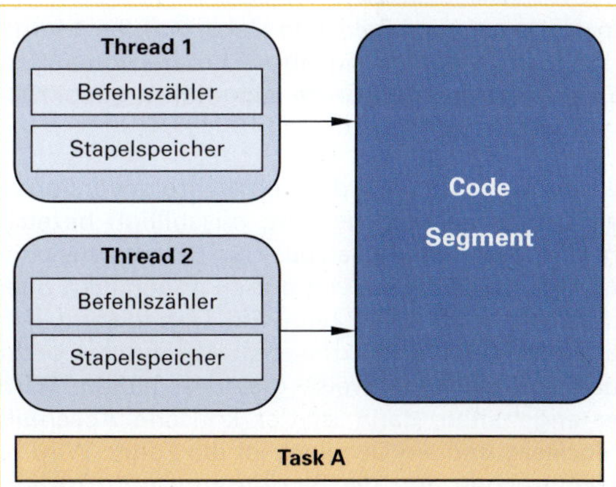

Bild 3: Thread

10.4.2 Thread

10.4.2.1 Wirkungsweise

Ein Thread (leichtgewichtiger Prozess, Programmfaden) teilt sich mit anderen Threads verschiedene Betriebsmittel wie das Codesegment (**Bild 3**). Jeder Thread besitzt einen eigenen Stapelspeicher (Stack) und Befehlszähler.

Threads, die demselben Prozess zugeordnet sind, verwenden den gleichen Adressraum. Dadurch ist eine Kommunikation zwischen diesen Threads möglich. Jeder Programmfaden ist für die Ausführung einer bestimmten Aufgabe verantwortlich.

10.4.2.2 Threads in Java

In Java gibt es im Basis-Package java.lang die Klasse Thread **(Bild 1)**. Thread kann entweder als Basisklasse für eine Anwenderklasse benutzt werden **(Bild 2)**, oder eine Instanz von Thread kennt eine Instanz einer beliebigen Anwenderklasse. Im zweiten Fall muss die Anwenderklasse die Schnittstelle java.lang.Runnable implementieren und eine Methode run() enthalten.

Ein Thread wird mittels Aufruf von thread.start() **(Bild 3)** gestartet. Dabei wird die run()-Methode **(Bild 4)** abgearbeitet. Solange run() läuft, ist der Thread aktiv.

Mit Thread.sleep() legt sich der Thread für eine angegebene Zeit „schlafen“. Nach dieser Zeit wird er wieder aufgeweckt und arbeitet weiter.

Beispiel 1:

Welche Ausgabe kann die Klasse TwoThreadsTest in Bild 3 liefern?

Lösung: **Bild 5**

Eine mögliche Ausgabe zeigt **Bild 5**.

In der Methode run() oder in den von dort aufgerufenen Methoden kann der Anwender mittels wait() den Thread eine Zeit lang warten lassen. Dieses Warten wird mit einem notify() aus einem anderen Thread beendet. Das ist ein wichtiger Mechanismus der Thread-Kommunikation.

In früheren Versionen von Java wurden Methoden zur Unterbrechung eines Threads von außen, Fortsetzung und Abbruch eingeführt: suspend(), resume() und stop().

Diese Methoden wurden in Nachfolgeversionen als Deprecated (ausgedient, missbilligt) bezeichnet. Die Begründung ist, dass ein System unsicher ist, wenn ein Thread von außen angehalten oder abgebrochen werden kann. Ein Thread kann sich in einer Phase eines kritischen Abschnittes befinden und Daten teilweise geändert haben. Wird er angehalten, dann ist der kritische Abschnitt blockiert, und ein Deadlock ist die Folge. Wird er abgebrochen und die Blockierung vom System aufgehoben, dann sind Daten inkonsistent.

Aufgabe

① Erweitern Sie die Klasse TwoThreadsTest um einen weiteren Threadaufruf mit dem Übergabeparameter „IT“. Die neue Klasse erhält den Namen ThreeThreadsTest.

Class Hierarchy

- java.lang.**Object**
  - java.lang.**Boolean** (implements java.lang.Comparable)
  - java.lang.**Character** (implements java.lang.Comparable)
  - ....
  - java.lang.**String** (implements java.lang.CharSequence)
  - java.lang.**StringBuffer** (implements java.lang.CharSequence)
  - java.lang.**StringBuilder** (implements java.lang.CharSequence)
  - java.lang.**System**
  - java.lang.**Thread** (implements java.lang.Runnable)
  - java.lang.**ThreadGroup**
  - java.lang.**ThreadLocal**

Bild 1: Klassenhierarchie java.lang

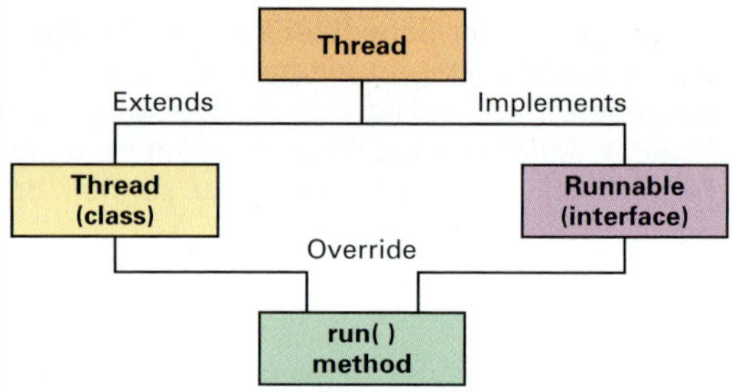

Bild 2: Realisierung von Threads

```
class TwoThreadsTest {
  public static void main (String args[]) {
    new SimpleThread("Europa").start();
    new SimpleThread("Verlag").start();
  }
}
```

Bild 3: Klasse TwoThreadsTest

```
class SimpleThread extends Thread {
  public SimpleThread(String str) {
    super(str);
  }
  public void run() {
    for (int i = 0; i < 10; i++) {
      System.out.println(i + " " + getName());
      try {
          sleep((int)(Math.random() * 1000));
      } catch (InterruptedException e) {}
    }
    System.out.println("DONE! " + getName());
  }
}
```

Bild 4: Klasse SimpleThread

```
0 Europa      0 Europa      0 Europa
0 Verlag      0 Verlag      0 Verlag
1 Verlag      1 Europa      1 Europa
1 Europa      2 Europa      1 Verlag
2 Verlag      1 Verlag      2 Verlag
3 Verlag      3 Europa      2 Europa
2 Europa      4 Europa      3 Verlag
4 Verlag      2 Verlag      3 Europa
3 Europa      5 Europa      4 Verlag
4 Europa      3 Verlag      4 Europa
```

Bild 5: Mögliche Ausgaben

10.4.2.3 Prozessmodell

Ein Prozessor kann immer nur einen Prozess verarbeiten. Früher wurden Programme immer nacheinander als Ganzes verarbeitet, es konnte immer nur ein Programm ablaufen. Daher wurde die Möglichkeit geschaffen, Prozesse nur teilweise auszuführen, zu unterbrechen, und später wieder fortzuführen.

Das Prozessmodell (**Bild 1**) beschreibt die Zustände eines Prozesses:

- rechenbereit (wartend): Der Prozess wartet auf die Zuteilung eines Prozessors.
- rechnend (laufend): Der Prozess ist aktuell einem Prozessor zugeordnet und läuft ab.
- blockiert (unterbrochen): Der Prozess wurde durch einen anderen Prozess unterbrochen.

Ein Betriebssystem benutzt eine bestimmte Strategie, um Zeitabschnitte des Prozessors den Prozessen zuzuordnen. Dabei ändert das Betriebssystem eigenständig den Zustand eines jeden Prozesses zwischen WARTEND und LAUFEND hin und her, bis dieser abgearbeitet ist; pro Zeiteinheit ist immer nur ein Prozess im Zustand LAUFEND. Andere, vom Betriebssystem gestartete Prozesse, können einen Prozess unterbrechen. Dieser Prozess ist dann im Zustand UNTERBROCHEN. Betriebssysteme benutzen unterschiedliche Strategien, ihren Prozessen Zeitabschnitte eines Prozessors zuzuordnen (Scheduling).

Beispiel 1:
Erstellen Sie das Applet Hallo_Europa.java. Starten Sie es und stellen Sie es im Task-Manager dar.

Lösung: **Bild 2**

10.4.3 Scheduling

Konkurrieren mehrere rechenbereite Prozesse zur selben Zeit um die Rechenzeit der CPU, muss entschieden werden, welcher Prozess als Nächster läuft. Der Scheduler (Planer, Zeitplaner) übernimmt diese Aufgabe.

Der Scheduler führt das Prozess-Scheduling (**Bild 3**) mit folgenden Zielen aus:

- **Fairness**: Jeder Prozess erhält einen gerechten Anteil an der Prozessorzeit.
- **Effizienz** (efficiency): Der Prozessor ist immer vollständig ausgelastet.
- **Antwortzeit** (latency): Diese wird für interaktiv arbeitende Benutzer minimiert.

> Programmiersprachen wie C++, C# und Java sehen ein Arbeiten mit mehreren Threads von vornherein vor.

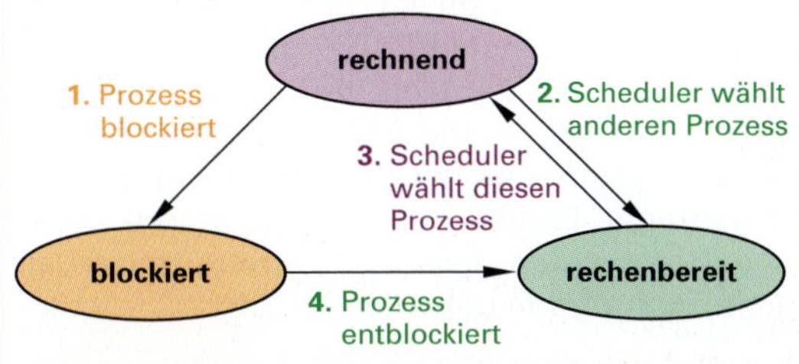

Bild 1: Prozessmodell

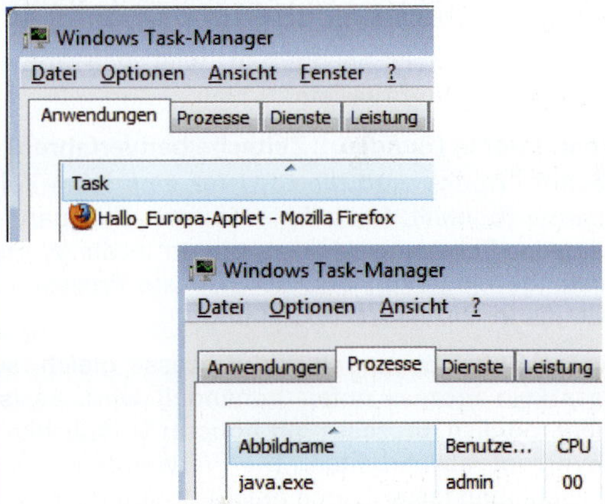

Bild 2: Prozess java.exe im Task-Manager

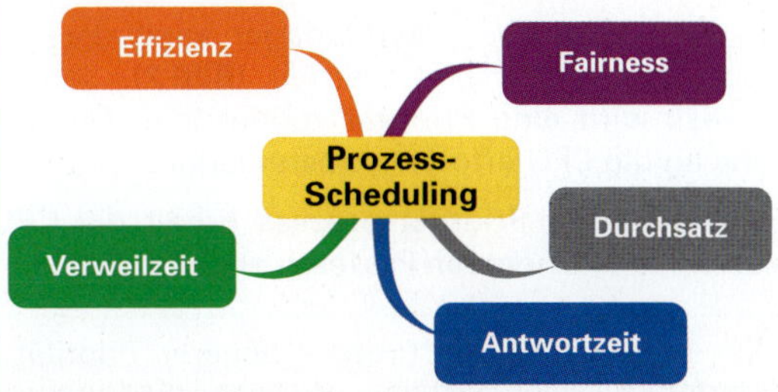

Bild 3: Prozess-Scheduling

- **Verweilzeit** (idle time): Die Wartezeit für die Ausgabe von Stapelaufträgen wird minimiert.
- **Durchsatz** (throughput): Maximierung der Auftragszahl für ein bestimmtes Zeitintervall.

Die Ziele sind teilweise widersprüchlich. Erschwerend kommt hinzu, dass jeder Prozess anders ist. Dadurch ist der Ausführungsverlauf eines Prozesses oft nicht vorhersehbar.

Scheduling-Strategien

Die Scheduling-Strategie entscheidet, wann welcher Prozess ausgeführt wird.

First-Come-First-Served (FCFS)

Die Prozesse werden in der Reihenfolge des Eingangs bearbeitet (**Bild 1**). Dabei werden die Prozesse immer komplett verarbeitet, bevor der nächste Prozess an die Reihe kommt. Für Mehrbenutzersysteme ist die Strategie nicht geeignet, da einzelne Benutzer für längere Zeit ausgeschlossen werden, falls andere Benutzer arbeitsintensive Aufträge haben.

Shortest-Job-First (SJF)

Wenn sich die benötigte Rechenzeit für einzelne Aufgaben aus Erfahrungswerten gut vorhersagen lässt, kann Shortest-Job-First eingesetzt werden. Ein Nachteil ist, dass große Prozesse niemals die CPU zugeteilt bekommen, weil sich immer kürzere Jobs vordrängeln.

Round Robin (Rundlauf, Zeitscheibenverfahren)

Jedem Prozess wird die CPU für eine feste Zeitspanne zugeteilt. Nach Ablauf dieser Zeitspanne wird der Prozess verdrängt, hinten in die Warteschlange eingereiht und der nächste Prozess erhält die CPU (zyklische Zuteilung).

Round-Robin behandelt alle Prozesse gleich, so dass kein Prozess unfair behandelt wird. Es ist nicht möglich, Prozesse mit höherer Dringlichkeit bevorzugt abzuarbeiten. Die Verwendung von Zeitscheiben fester Länge macht Round Robin unflexibel und führt dazu, dass Ressourcen häufig ungenutzt bleiben.

Priority Scheduling (Prioritätssteuerung)

Mit dem Windows Task-Manager kann die Prozesssteuerung verfolgt werden (**Bild 2**). Jedem Prozess wird eine Priorität zugeordnet. Die Vergabe an die CPU erfolgt in absteigender Priorität.

Ein niedrigerer Prioritätsprozess erhält die CPU erst, wenn alle höheren Prozesse abgearbeitet sind.

> Ein bereit stehender Prozess höherer Priorität verdrängt einen aktiven Prozess niedrigerer Priorität.

Bei Prozessen mit gleicher Priorität erfolgt die Abarbeitung nach der Eingangsreihenfolge. Bei Kombination mit einem Zeitscheibenverfahren, werden die Prozesse nach dem Zeitscheibenverfahren abgearbeitet.

Eine weitere Möglichkeit besteht darin, die Priorität wartender Prozesse allmählich zu erhöhen. Dies wird als dynamische Prioritätsvergabe bezeichnet.

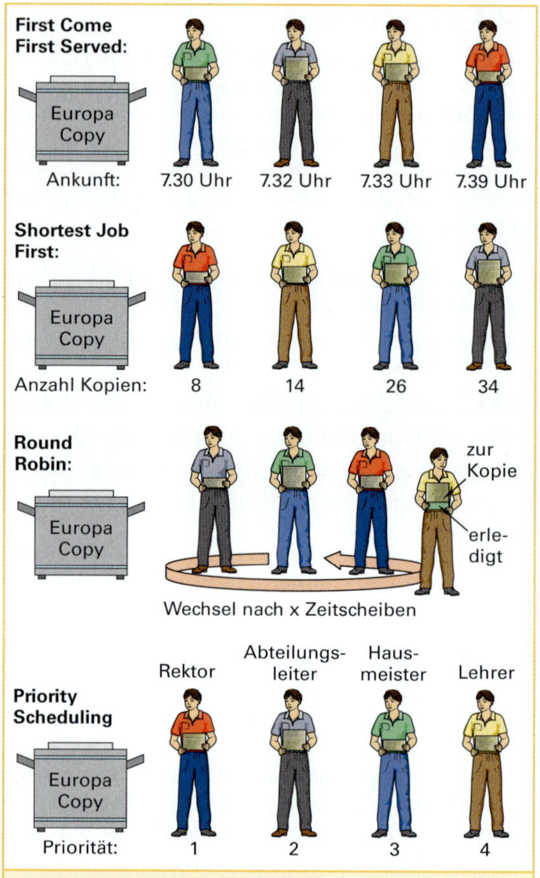

Bild 1: Scheduling-Strategien

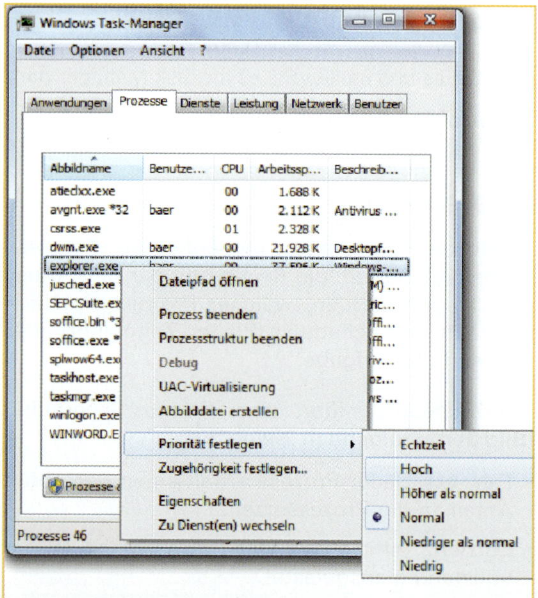

Bild 2: Priorität festlegen

Beispiel 1:
Geben Sie für die Scheduling-Strategie FCFS die Wartezeit, die Endzeit und die mittlere Wartezeit an (**Tabelle 1**).

Lösung:

A		B		C	
0	19	20	27	28	32

$w_A = 0$, $w_B = 20$, $w_C = 28$,
$w_m = (w_A + w_B + w_C)/3 = 48/3 = 16$
$e_A = 20$, $e_B = (20 + 8) = 28$, $e_C = (28 + 4) = 32$

$$w_m = \frac{1}{n} \sum_{i=1}^{n} w_i$$
$$w_i = s_i - a_i + u_i$$
$$e_i = a_i + v_i$$

$$v_m = \frac{1}{n} \sum_{i=1}^{n} v_i$$
$$v_i = w_i + b_i$$

a_i	Ankunftszeit	u_i	Umschaltzeit
s_i	Startzeit	b_i	Bearbeitungszeit
w_i	Wartezeit	v_i	Verweilzeit
w_m	mittlere Wartezeit	v_m	mittlere Verweilzeit
e_i	Endzeit		

Aufgaben

① Erklären Sie den Unterschied zwischen einem Prozess und einem Programm.

② Nennen Sie zwei wesentliche Unterschiede zwischen einem Prozess und einem Thread.

③ Berechnen Sie die die Wartezeit, die Endzeit und die mittlere Wartezeit (Tabelle 1) für:
a) Round Robin,
b) Prioritäten Scheduling.

Hinweis:
Für a) und b): 5 Zeitscheiben, keine Umschaltzeiten, nicht genutzte Zeitscheiben können vom nächsten Prozess genutzt werden.
Für b): nach der CPU-Zeit wird die Priorität um 1 verringert, Minimum Priorität 1

④ Fünf Stapelaufträge treffen in einem Computer fast zur gleichen Zeit ein (**Tabelle 2**).
Die höchste Priorität ist 5. Gesucht ist die grafische Lösung und die durchschnittliche Verweilzeit für:
a) Prioritäten Scheduling,
b) First-Come-First-Served,
c) Shortest-Job-First,
d) Round Robin (1 Zeitscheibe).

⑤ Betrachtet werden folgende Strategien:
- FCFS: von First Come First Served,
- FP_nu: feste Prioritäten, nicht unterbrechend,
- FP_u: feste Prioritäten, unterbrechend,
- RR_100: Round Robin, Zeitscheibe 100 ms.

Gegeben sind vier Prozesse mit Ankunftszeiten, Ausführungsdauern und Prioritäten gemäß **Tabelle 3**:

Tabelle 1: Prozessabfolge

Prozess	Zeiteinheiten	Prioritäten Scheduling
A	20	3
B	8	2
C	4	1

Tabelle 2: Prozessabfolge

Zeit	8	4	10	6	2
Job	A	B	C	D	E
Priorität	3	5	2	1	4

Tabelle 3: Prozessabfolge

Prozess	Ankunftszeit	Ausführungsdauer	Priorität
A	0	150	4
B	50	200	3
C	80	300	2
D	160	100	1

Es gilt Folgendes:
- Je größer die Prioritätszahl, desto niedriger ist die Dringlichkeit.
- Bei RR_100 werden in einem Zyklus die Prozesse in der Reihenfolge A, B, C, D ausgeführt. Ein Umschalten zu einem anderen Prozess ist nur am Ende einer Zeitscheibe oder Terminierung eines Prozesses möglich.
- Bei jedem Wechsel der CPU zu einem anderen Prozess, auch beim Start des ersten Prozesses, fällt eine Umschaltzeit von 1 ms an. Wird bei RR_100 der laufende Prozess am Ende einer Zeitscheibe unterbrochen, dann aber unmittelbar fortgesetzt, fällt keine Umschaltzeit an. Die Zeitscheibe steht immer voll für die Ausführung zur Verfügung; die Umschaltungen finden gesondert statt.

Berechnen Sie für jede Strategie:
a) Bearbeitungszeit und mittlere Bearbeitungszeit,
b) Gesamtdauer der Umschaltvorgänge, absolut in ms und als prozentualer Anteil an der Gesamtdauer (Gesamtdauer = Dauer vom Zeitpunkt 0 bis zur Fertigstellung des letzten Auftrags).

10.4.4 Verklemmung

Eine Verklemmung (deadlock) entsteht an einer Straßenkreuzung (**Bild 1**), wenn von allen vier Seiten Autos kommen. Diese warten nun darauf, dass das jeweils rechts wartende Auto zuerst fährt.

> Ein Deadlock ist eine permanente, gegenseitige Blockierung von Prozessen.

Beispiel 1:

① Prozess A fordert den Drucker an, bekommt diesen zugewiesen

② Prozess B fordert Zugriff auf das DVD-Laufwerk, bekommt dieses zugewiesen

③ Prozess A fordert das DVD-Laufwerk an. Der Zugriff wird verweigert bis B dieses freigibt.

④ Prozess B fordert den Drucker an. Der Zugriff wird verweigert bis A diesen freigibt.

Zeichnen Sie den Zusammenhang zwischen den Prozessen und den Betriebsmitteln auf.

Lösung: **Bild 2**

Bild 1: Kreuzung

Bedingungen 1, 2, 3 und 4 führen zu einem Deadlock im Zustand des zirkulären Wartens.

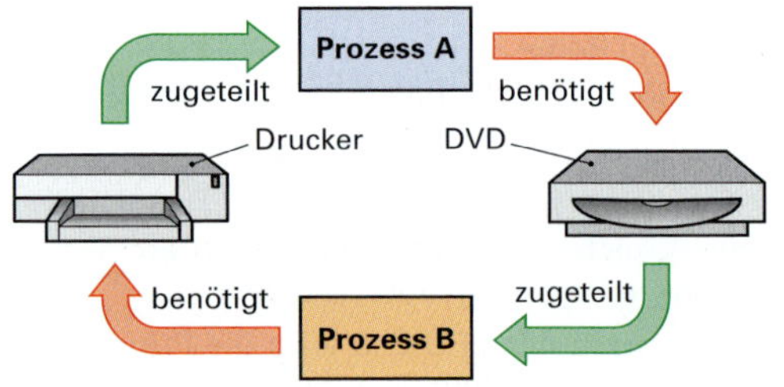

Bild 2: Entstehung eines Deadlocks

Eine grafische Darstellungsmöglichkeit bietet der Betriebsmittelbelegungsgraph. Hierbei wird unterschieden, ob ein Prozess die Ressource bereits besitzt oder auf die Zuteilung der Ressource wartet (**Bild 3**).

Beispiel 2:

Stellen Sie Bild 2 als Betriebsmittelbelegungsgraphen dar.

Lösung: **Bild 4**

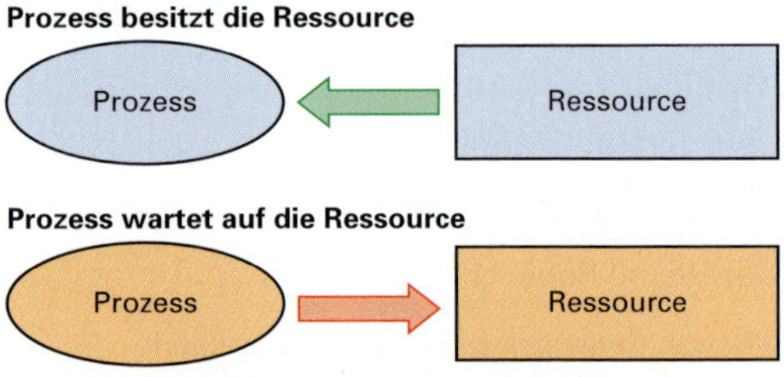

Bild 3: Betriebsmittelbelegungsgraph

Damit eine Verklemmung auftritt, müssen folgende Bedingungen erfüllt sein:

- Die Betriebsmittel werden ausschließlich durch die Prozesse freigegeben (no preemption).
- Die Prozesse fordern weitere Betriebsmittel an, behalten aber zugleich den Zugriff auf andere Betriebsmittel (hold and wait).
- Der Zugriff auf die Betriebsmittel ist exklusiv (mutual exclusion).
- Mindestens zwei Prozesse besitzen bezüglich der Betriebsmittel eine zirkuläre Abhängigkeit (circular wait).

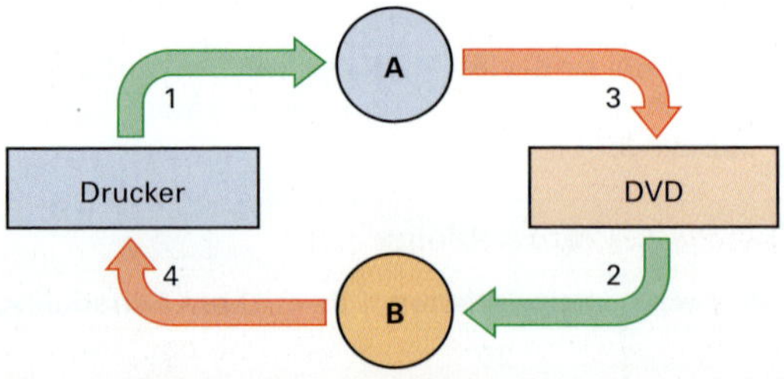

Bild 4: Betriebsmittelbelegungsgraph eines Deadlocks

Verklemmungen treten bei Betriebssystemen auf, die in der Lage sind, mehrere Prozesse parallel ablaufen zu lassen (Multitasksysteme) und bei denen die Reihenfolge der Betriebsmittelvergabe nicht festgelegt ist. Verklemmungen muss man verhindern und gegebenenfalls beseitigen.

Verklemmungen verhindern

Verklemmungen lassen sich nicht einfach beseitigen. Deshalb muss die Betriebsmittelverwaltung versuchen, vorbeugende Maßnahmen anzuwenden. Verklemmungen lassen sich durch folgende Punkte verhindern:

- Einem Prozess werden Betriebsmittel entzogen, um sie einem anderen Prozess zuzuteilen, d. h. dieser Prozess erhält eine Bevorrechtigung.
- Jeder Prozess gibt zu Beginn an, welche Betriebsmittel er benötigt. Wenn alle benötigten Betriebsmittel gleichzeitig frei sind, bekommt ein Prozess diese auf einmal zugeteilt. Dadurch lässt sich verhindern, dass ein Prozess, der bereits Betriebsmittel hält, weitere anfordert und dadurch warten muss.
- Die benötigten Betriebsmittel werden für alle Prozesse zugänglich gemacht, indem man den exklusiven Zugriff auflöst. So lässt sich ein wechselseitiger Ausschluss beseitigen. Dies geschieht z. B. beim Spooling von Druckaufträgen.
- Betriebsmittel werden durchnummeriert und in aufsteigender Reihenfolge vergeben. Dadurch lässt sich eine zyklische Abhängigkeit ausschließen.

Verklemmungen beseitigen

Ist eine Verklemmung aufgetreten, gibt es verschiedene Möglichkeiten, diese zu beseitigen (**Bild 1**).

Prozesse abbrechen

Das gezielte Abbrechen eines Prozesses unter Windows zeigt **Bild 2**, in Linux lautet der Aufruf Kill Process **(Bild 3)**. Dies ist die einfachste Art der Verklemmungsbeseitigung. Hierbei sollte ein Prozess gewählt werden, der die Verklemmung sicher löst. Ansonsten muss das Verfahren wiederholt werden, bis alle Konflikte beseitigt wurden. Der unvermeidliche Datenverlust kann bei geschickter Prozessauswahl minimiert werden. Dadurch kann das Verfahren allerdings schlecht automatisiert werden.

Beseitigung durch Preemption

Verklemmungen können beseitigt werden, indem ein Prozess, der eine Ressource belegt, vom Zustand Rechnend in den Zustand Bereit gesetzt wird und zu einem späteren Zeitpunkt fortgesetzt wird. In der Zwischenzeit können die blockierten Prozesse ihre Aufgabe beenden, wodurch die Verklemmung beseitigt wird. Allerdings muss man genau über die Tätigkeit des zu unterbrechenden Prozesses Bescheid wissen, um Fehler auszuschließen.

Existiert nur ein Prozess in einem geschlossenen System, so kann dieser nicht verklemmen.

Ein Prozess, der nur ein Betriebsmittel benötigt, kann nicht verklemmen.

Verklemmungen verhindern durch:

preemption	Bevorrechtigung
mutual exclusion	wechselseitiger Ausschluss
circular wait	zyklische Abhängigkeit
hold and wait	halten und warten

Bild 1: Verklemmungsbeseitigung

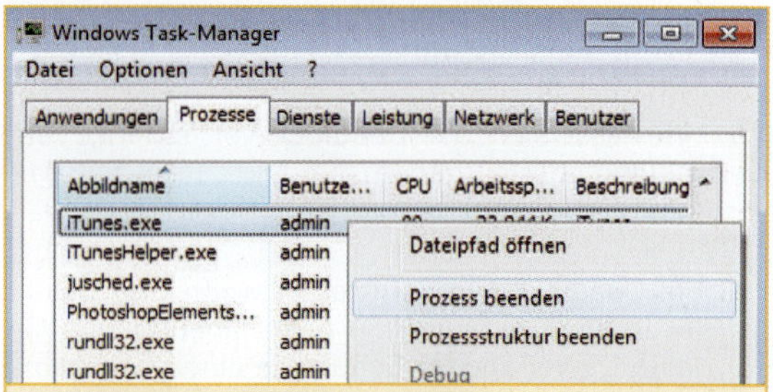

Bild 2: Windows-Prozess beenden

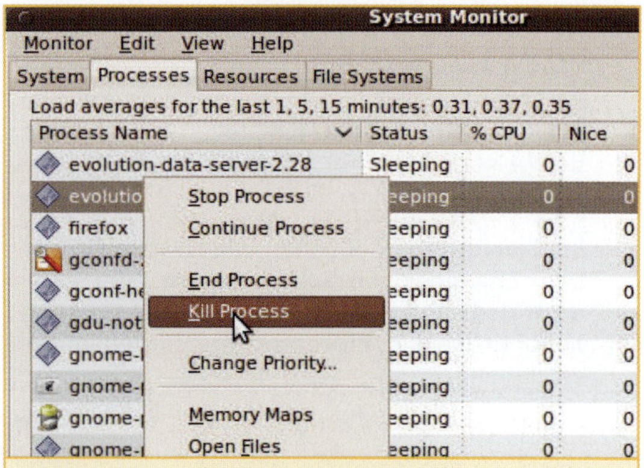

Bild 3: Linux-Prozess beenden

Prozesse zurücksetzen (Rollback)

Bei diesem Verfahren werden von jedem Prozess in festgelegten zeitlichen Abständen Sicherungen angelegt, zu denen bei Bedarf zurückgesprungen werden kann. Tritt eine Verklemmung auf, wird ein Prozess ausgewählt, auf den zuletzt gesicherten Zustand zurückgesetzt und suspendiert, um die Verklemmung zu beseitigen. Nicht alle Arten von Prozessen können problemlos auf diese Weise zurückgesetzt werden, z. B. eignet sich ein Festplatten-Schreibvorgang besser als ein DVD-Brennvorgang. Der unterbrochene Prozess wird seine Ausführung erst fortsetzen, wenn die benötigten Betriebsmittel bereit stehen, wodurch dieser in ungünstigen Fällen „verhungern" kann, d. h. nie ausgeführt wird.

Beispiel 1:

In der Schulbibliothek gibt es von dem Tabellenbuch IT drei Exemplare und von dem Buch Informatik TGI zwei Exemplare. Für ihre Seminararbeit müssen die Schüler von jedem dieser Bücher je ein Exemplar ausleihen, nach der Seminararbeit geben sie diese wieder zurück.

a) Wie kann ein Deadlock auftreten?

b) Wie lässt sich der Deadlock verhindern, vermeiden oder aufheben?

Lösung:

a) Ein Deadlock kann auftreten, wenn drei Schüler je ein Exemplar von dem Tabellenbuch IT leihen, zwei andere Schüler je eines von dem Buch Informatik TGI und auf die Freigabe des jeweils noch fehlenden Buchs warten.

b) **Deadlock-Verhinderung: Bild 1,**

Deadlockvermeidung:

Bei jeder Ausleihe überprüfen, ob eine kritische Situation eintritt, d. h. feststellen, was bereits belegt ist und was noch gefordert werden kann.

Deadlockbehebung:

Schüler zwingen, Bücher wieder zurückzugeben. Entweder alle Schüler sofort oder einer nach dem anderen, bis die Deadlocksituation behoben ist, d. h. Prozessen ihre Betriebsmittel entziehen.

Beispiel 2:

Bild 2 zeigt, wie zwei LKW in einer Straßenkreuzung verklemmen. Nach welcher Regel lässt sich die Verklemmung beseitigen?

Lösung:

Amerikanisch (tangential) abbiegen.

Bild 1: Deadlock-Verhinderung

Bild 2: Lkw verklemmen

Aufgaben

① Zeichnen Sie den Betriebsmittelbelegungsgraph für folgende Situation und begründen Sie, ob ein Deadlock vorliegt:

(1) Prozess A fordert den Drucker an und bekommt diesen zugewiesen.
(2) Prozess B fordert Zugriff auf den Scanner und bekommt diesen zugewiesen.
(3) Prozess C fordert Zugriff auf das Bandlaufwerk und bekommt dieses zugewiesen.
(4) A fordert das Bandlaufwerk an; Zugriff wird verweigert bis C dieses freigibt.
(5) C fordert den Scanner an; Zugriff wird verweigert, bis B diesen freigibt.
(6) B fordert den Drucker an; Zugriff wird verweigert, bis A diesen freigibt.

② Die Prozesse P, Q, R und S benötigen jeweils die Betriebsmittel A, B, C und D.
Gegeben ist folgende Situation:

- Prozess P hat A belegt und möchte B und C belegen.
- Prozess Q hat C belegt und möchte A belegen.
- Prozess R hat B belegt und möchte D belegen.
- Prozess S möchte A und B belegen.

a) Zeichnen Sie den Betriebsmittelbelegungsgraphen.
b) Befindet sich das System in einem Deadlock?
c) Terminieren Sie Prozess Q und geben Sie alle von Q gehaltenen Ressourcen frei. Wie entwickelt sich das System weiter? Entsteht ein neuer Deadlock?

10.5 Speicherkonzepte

Zum Ansteuern des Speichers gibt es verschiedene Konzepte, die abhängig von den Speicherarten Anwendung finden **(Tabelle 1)**.

10.5.1 Speicherarten

Idealerweise sollte die Zugriffsgeschwindigkeit auf den Speicher ähnlich oder gleich hoch sein wie die CPU-Geschwindigkeit. Deshalb ist der Speicher nach der Zugriffszeit wie folgt hierarchisch aufgebaut:

1. Prozessorregister
2. Prozessorcache
3. Hauptspeicher
4. Festplatte
5. Wechseldatenträger (z. B. DVD, CD)

Hierarchie ↓

Beim PC werden häufig benötigte Daten zur Optimierung der Zugriffszeit innerhalb der Hierarchie verschoben (Tabelle 1). So werden z. B. Inhalte des Hauptspeichers, dessen Kapazität begrenzt ist, auf die Festplatte ausgelagert und umgekehrt Inhalte von der Festplatte zur schnelleren Verarbeitung in den Hauptspeicher verschoben.

10.5.2 Hauptspeicher

Der Hauptspeicher (Arbeitsspeicher) ist der Speicherbereich eines Computers, in dem Programme und Daten abgelegt werden.

Der Hauptspeicher des Computers ist ein durch Adressen strukturierter Bereich (**Tabelle 2**). Er kann Binärwörter fester Größe aufnehmen. Die Organisation zeigt z. B. das Programm Hex-Editor MX **Bild 1**.

Der Hauptspeicher ist flüchtig, d. h. alle Daten gehen nach dem Abschalten der Energieversorgung verloren. In Computern ist der Hauptspeicher meist in Form von Speichermodulen realisiert. Man unterscheidet zwischen verschiedenen RAM-Typen. Heute kommen meist DIMMs (von Dual Inline Memory Modul) (**Bild 2**) zum Einsatz.

10.5.3 Speicherverwaltung

Es gibt verschiedene Formen der Speicherverwaltung.

10.5.3.1 Direkte Speicherverwaltung

Betriebssysteme für den Einprogrammbetrieb verwalten den gesamten Speicher als einen Block aus Systembereich und Benutzerbereich (**Bild 3**).

Dabei entsteht folgendes Problem:

Die Programmgröße ist durch die Speichergröße begrenzt. Prozesse einer modernen Standardsoftware haben einen großen Speicherbedarf.

Der Hauptspeicher ist dadurch zu klein für alle aktiven Prozesse. Diese müssen deshalb ganz oder teilweise auf die Festplatte ausgelagert werden.

Tabelle 1: Speicherarten

Begriff	Zugriffszeit	Kapazität
Prozessorregister	< 0,5 ns	< 1 KiB
Prozessorcache	0,5 ns - 1 ns	L1: 128 KiB - 256 KiB L2: 1 MiB - 2 MiB
Hauptspeicher	10 - 60 ns	bis 4 GB
Festplatte	10 ms	bis 1000 GiB
Wechseldatenträger	100 ms	mehrere TiB

Tabelle 2: Zuordnung Adresse zu Speicherplatz

Adresse	Speicherplatz
$FFFF_h$	Datenwort 65535
$FFFE_h$	Datenwort 65534
...	...
0002_h	Datenwort 2
0001_h	Datenwort 1
0000_h	Datenwort 0

Offset	0	1	2	3	4	5	6	7
00000000	19	E8	00	F0	19	E8	00	F0
00000010	19	E8	00	F0	54	FF	00	F0
00000020	A5	FE	00	F0	87	E9	00	F0
Offset	**8**	**9**	**A**	**B**	**C**	**D**	**E**	**F**
00000000	C3	E2	00	F0	19	E8	00	F0
00000010	38	7A	00	F0	19	E8	00	F0
00000020	6F	EF	00	F0	6F	EF	00	F0

Bild 1: Auszug aus dem Hauptspeicher

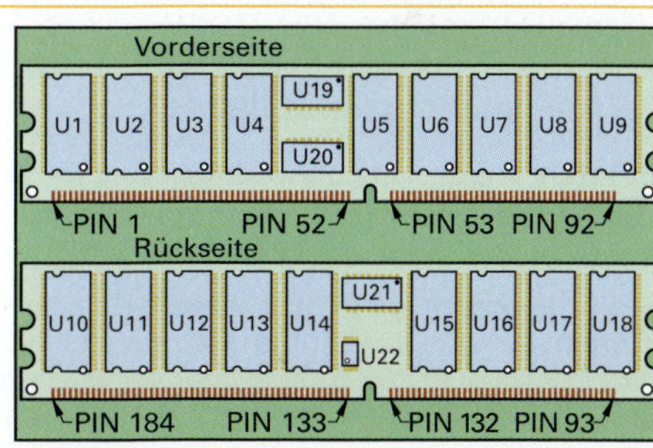

Bild 2: DIMM-Speichermodule

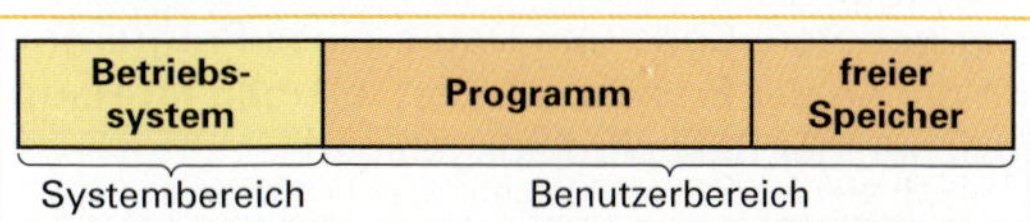

Bild 3: Hauptspeicher für Einprogrammbetrieb

Dies wird mithilfe von Swapping (to swap = austauschen) oder der virtuellen Speicherverwaltung erreicht.

10.5.3.2 Swapping

Beim Swapping (austauschen, auslagern) werden ganze Prozesse ausgelagert. Die Festplatte stellt hierzu einen speziellen Speicherbereich, dem Swap-Space bereit (**Bild 1**). Beim Auslagern werden Daten und Programmcode eines Prozesses vollständig in den Swap- Space gebracht. Im Hauptspeicher verbleiben nur einige Basisinformationen über den Prozess.

> Ein Prozess kann nicht ausgeführt werden, solange er ausgelagert ist.

Ein Prozess wird ausgelagert, wenn:

- Ein Prozess, der neu entsteht, nicht im Hauptspeicher untergebracht werden kann.
- Ein Prozess seinen Hauptspeicherplatz erweitern möchte, jedoch keinen zusätzlichen Speicher bekommt.
- Ein „wichtigerer" Prozess aus dem Swap-Space eingelagert werden muss und für ihn kein Hauptspeicher vorhanden ist.

Mit der Einlagerung und Auslagerung von Prozessen ändert sich die Speicherzuteilung (**Bild 2**). Graue Bereiche bleiben ungenutzt. Die Prozesse A, B und C liegen im Hauptspeicher und können ausgeführt werden. Prozess D, der erst ansteht, nachdem Prozess C eingelagert wurde, kann erst nachdem Prozess A und B beendet bzw. ausgelagert wurden, eingelagert werden.

10.5.3.3 Virtueller Speicher

Hauptspeicher und externer Speicher z. B. Festplatte, werden so vereint, dass diese wie ein einziger, großer Speicher wirken (**Bild 3**).

Da dadurch mehr Speicheradressen zur Verfügung stehen, als der reelle Hauptspeicher besitzt, nennt sich dieser auch virtueller Speicher.

> Im Gegensatz zum Swapping können beim virtuellen Speicher Prozesse auch nur teilweise im Hauptspeicher stehen, während der Rest meist auf dem Festplattenspeicher liegt.

Jedem Prozess wird ein eigener virtueller Speicher geboten. Code und Daten eines Programms, mit denen der Prozess arbeitet, bleiben im Hauptspeicher, der Rest wird ausgelagert.

Greift der Prozess auf seinen Speicher zu, so wird die virtuelle Adresse auf eine reelle Adresse im physischen Adressraum abgebildet. Diese Adressumwandlung erfolgt durch die in **Bild 4** dargestellte MMU (von Memory Management Unit = Speicherverwaltungseinheit).

> Der Begriff Swapping wurde zuerst für die Technologie der Auslagerung ganzer Prozesse verwendet.
>
> Er steht heute auch als Synonym für das Paging.

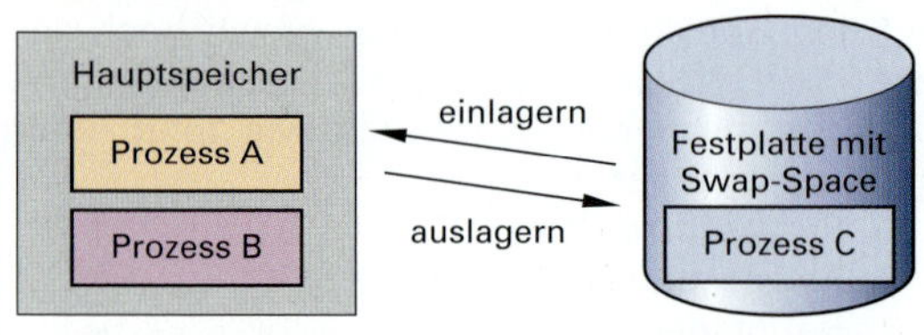

Bild 1: Swapping

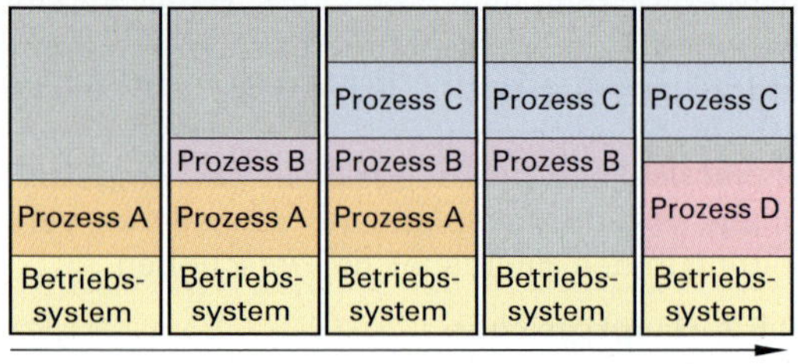

Bild 2: Speicherzuteilung beim Swapping

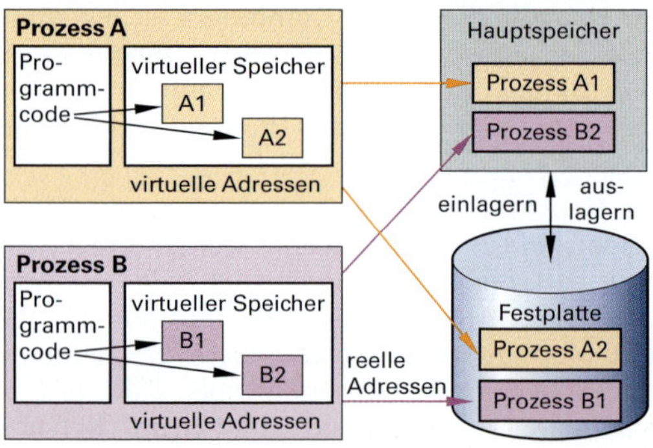

Bild 3: Virtueller Speicher

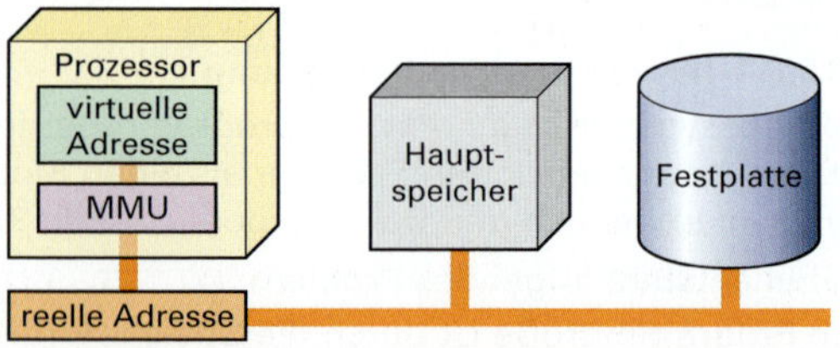

Bild 4: Adressumwandlung durch die MMU

Befinden sich die Daten nicht im Hauptspeicher, so werden diese von dem externen Speicher in den Hauptspeicher übertragen (eingelagert).

Durch den Einsatz eines virtuellen Speichers ergeben sich folgende Vorteile:

- Programmbereiche und Datenbereiche sind in ihrer Länge nicht durch die reelle Größe des Hauptspeichers begrenzt.
- Es können gleichzeitig mehrere Programme ausgeführt werden, deren Gesamtlänge die Hauptspeichergröße überschreitet.

Man unterscheidet zwei Organisationsformen des virtuellen Speichers:

- Segmentorientierter Speicher,
- Seitenorientierter Speicher (Paging).

10.5.3.4 Segmentorientierter Speicher

Der Adressraum wird in Abschnitte variabler Größe entsprechend den logischen Einheiten des Programms z. B. in Unterprogramme, Datenbereiche (**Bild 1**) unterteilt. Die Abschnitte nennt man Segmente.

Jedes Segment des virtuellen Speichers wird auf einen zusammenhängenden reellen Speicherbereich mit entsprechender Länge abgebildet, der sich entweder im Haupt- oder auf dem Plattenspeicher befindet.

Die virtuelle Adresse besteht aus zwei Teilen, der Segmentnummer und dem Offset (**Bild 2**).

> Der Offset stellt die Positionsnummer eines Speicherworts innerhalb des Segments dar.

Der Prozess gibt mit der virtuellen Adresse an, auf welches seiner Segmente und auf welche Position innerhalb dieses Segments er zugreifen möchte.

Die Umrechnung von virtuellen in reelle Adressen geschieht mit der Segmenttabelle (segment table). Jeder Prozess besitzt eine eigene Tabelle.

Die Segmenttabelle eines Prozesses enthält für jedes Segment einen Eintrag mit folgenden Informationen (Bild 2):

- Reelle Anfangsadresse des Segments (im Hauptspeicher oder auf dem Festplattenspeicher),
- Valid-Bit (gibt an, ob sich das Segment auf dem Festplattenspeicher oder im Hauptspeicher befindet),
- Länge des Segments,
- Zugriffsrechte, z. B. Berechtigungen zum Lesen und Schreiben des Segmentinhalts.

Bild 3 zeigt die Adressberechnung des segmentorientierten Speichers. Der Befehl „READ Segment 1, Offset 1" führt bei der Überprüfung zu keinem Segmentfehler, da das Segment bereits im Hauptspeicher ist.

> **Logischer Adressraum:**
> Adressraum, welcher durch den virtuellen Speicher adressierbar ist. Der logische Adressraum beschreibt die Organisation des Speichers aus Programmsicht.
>
> **Physischer Adressraum:**
> Real vorhandener Adressraum. Die Größe des Adressraumes wird durch die Anzahl der Adressleitungen begrenzt. Wird häufig fälschlich als physikalischer Adressraum bezeichnet.
>
> **Linearer Adressraum:**
> Zusammenhängender Adressraum von aufeinanderfolgenden Speicheradressen. Entsteht z. B. durch die Verwendung eines virtuellen Speichers.

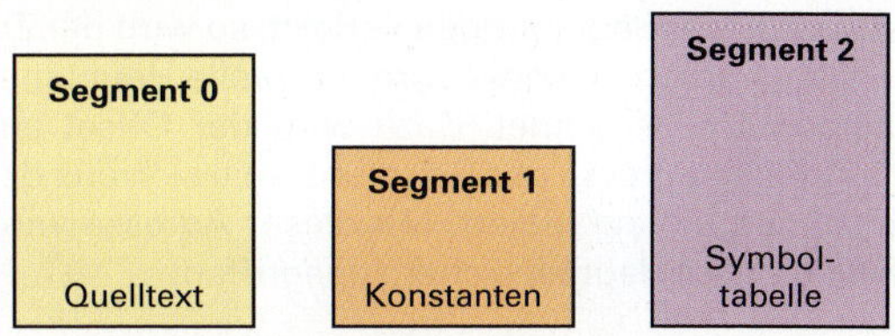

Bild 1: Segmentorientierter Speicher

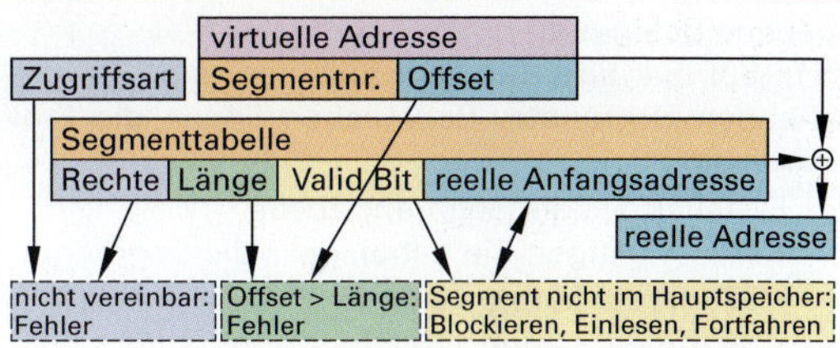

Bild 2: Virtuelle Adresse und Segmenttabelle

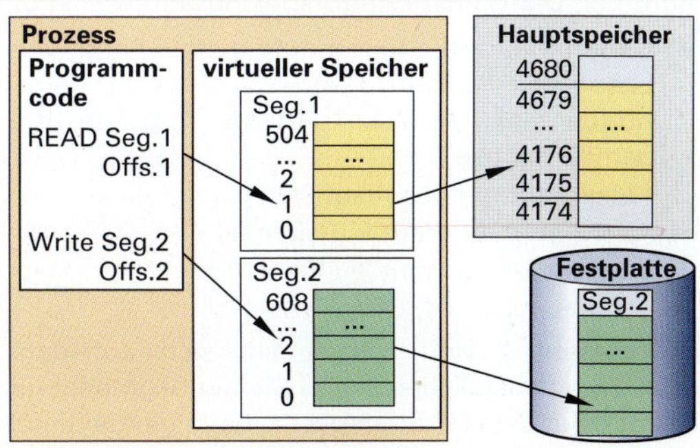

Bild 3: Adressberechnung beim segmentorientierten Speicher

Die reelle Anfangsadresse 4175 wird aus der Segmenttabelle ausgelesen. Durch Addition mit dem Offset ergibt sich die Adresse 4175 + 1 = 4176. Nun kann der Befehl „Daten lesen" ausgeführt werden.

Adressberechnung

Über die Segmentnummer wird in der Segmenttabelle der Eintrag für das Segment ermittelt. Anhand des Valid Bits wird festgestellt, ob sich das Segment momentan auf dem Plattenspeicher befindet.

Ist das der Fall, so tritt ein Segmentfehler (segment fault) auf. Der Prozess wird blockiert, und das Segment in den Hauptspeicher eingelesen.

Anschließend wird die neue Hauptspeicheradresse des Segments in die Segmenttabelle eingetragen, das Valid Bit gesetzt und der Prozess entblockiert. Zudem wird geprüft, ob der angegebene Offset kleiner als die Länge des Segments ist und ob der Zugriff mit den gegebenen Rechten vereinbar ist.

Ist eine dieser Bedingungen verletzt, so wird der Zugriff abgebrochen, sonst wird die reelle Hauptspeicheradresse berechnet. Dazu wird der Offset auf die Anfangsadresse des Segments, die sich aus der Tabelle ergibt, aufaddiert. Mit dieser Adresse wird dann auf den Hauptspeicher zugegriffen.

Beispiel 1:

Ein segmentorientierter virtueller Speicher umfasst insgesamt 1 KiB und hat die in **Bild 1** angegebene Belegung.

S1, S3, S4 und S6 kennzeichnen die entsprechenden Segmente. Dazwischen liegen die Freibereiche F.

a) Erstellen Sie die Segmenttabelle.
Berücksichtigen Sie dabei, dass die Segmente
- S2 mit der Länge 40 und
- S5 mit der Länge 110 ausgelagert sind.

Die Anfangsadresse ist entweder eine Byteadresse im Hauptspeicher oder eine Plattenblocknummer. Die kleinste Hauptspeicheradresse ist 0.

b) Geben Sie für die unten aufgelistete Folge von Lese- und Schreibzugriffen jeweils die zugehörige reelle Adresse und die Zugriffsrechte gemäß **Tabelle 2** an.
- Lies Segment 4, Offset 0;
- Schreibe Segment 6, Offset 90;
- Schreibe Segment 3, Offset 78;
- Lies Segment 1, Offset 155

c) Segment 2 und 5 befinden sich auf dem Festplattenspeicher. Laden Sie die Segmente gemäß der Best-Fit-Strategie (siehe folgende Seite) in den Hauptspeicher und geben Sie die dann berechnete reelle Hauptspeicheradresse an.
- Lies Segment 2, Offset 35;
- Lies Segment 5, Offset 80

Lösung:

a) **Tabelle 2, Spalte Anfangsadresse und Länge**

b) **Tabelle 3**

c) **Tabelle 1, folgende Seite**

Tabelle 1: Vorteile und Nachteile des segmentorientierten Speichers

☺	Segmente lassen sich individuell durch Zugriffsrechte schützen. Da jeder Prozess seine eigene Segmenttabelle und damit auch seine eigenen Segmente besitzt, sind die Prozesse wirksam voneinander abgeschottet.
☺	Segmente können dynamisch wachsen und schrumpfen und so dem aktuellen Bedarf angepasst werden.
☹	Um ein Segment abspeichern zu können, wird ein zusammenhängender Speicherbereich benötigt, der möglicherweise recht groß ist.
☹	Es treten Verschnittprobleme auf, da die Segmente unterschiedlich groß sind. Zwischen den im Hauptspeicher befindlichen Segmenten können Lücken vorhanden sein. Diese entstehen, wenn ein Segment gegen ein kleineres Segment ausgetauscht wird.
☹	Bei einem Zugriff muss das vollständige Segment im Hauptspeicher stehen, obwohl vielleicht nur ein kleiner Teil davon benötigt wird. Das führt bei großen Segmenten zu einem unnötig hohen Bedarf an Hauptspeicherplatz und zu einem unnötig großen Zeitaufwand bei der Einlagerung.

Belegung	S1	S3	F	S4	F	S6	F
Länge	130	200	100	200	200	120	74

Bild 1: Speicherbelegung

Tabelle 2: Segmenttabelle mit Zugriffsrechten

Segmentnummer	Anfangsadresse	Länge	Zugriffsrechte
S1	0	130	Lesen/Schreiben
S2	Plattenblock X	40	Nur Lesen
S3	130	200	Nur Lesen
S4	430	200	Lesen/Schreiben
S5	Plattenblock Y	110	Lesen/Schreiben
S6	830	120	Lesen/Schreiben

Tabelle 3: Zugriffsfolge Hauptspeicher

Anweisung	Adresse	Zugriff
Lies Segment 4, Offset 0	430	zulässig
Schreibe Segment 6, Offset 90	920	zulässig
Schreibe Segment 3, Offset 78	208	nicht zulässig, nur Lesen
Lies Segment 1, Offset 155	155	nicht zulässig, Länge überschritten

Aufgaben

① Berechnen Sie für ein System mit Segmentierung die physischen Adressen für die in der Segmenttabelle (**Tabelle 2**) aufgeführten logischen Adressen. Geben Sie auch die durch die Adresse erzeugten Systemfehler an.

- Lies Segment 0, Offset 89;
- Schreibe Segment 2, Offset 88;
- Schreibe Segment 1, Offset 255;
- Lies Segment 3, Offset 212

Der segmentorientierte Ansatz mit Speicherbereichen unterschiedlicher Größen ist vorteilhaft für die Programmierung, aber aufwendig für die Speicherverwaltung.

10.5.3.5 Seitenorientierter Speicher

Beim Paging wird der virtuelle Speicher in gleich große Stücke, die man als Seiten (pages) bezeichnet, unterteilt. Der physische Speicher wird in gleicher Weise unterteilt. Hier nennt man die einzelnen Stücke Seitenrahmen (pageframe, frame) oder Kacheln (tiles). Eine Seite und der zugehörige Seitenrahmen haben die gleiche Größe. Um Seiten und Seitenrahmen einander zuordnen zu können, wird eine Seitentabelle verwendet (**Bild 1**).

Die Benutzung von Bereichen identischer Länge vereinfacht die Speicherverwaltung erheblich.

Die virtuelle Adresse besteht aus zwei Teilen, der Seitennummer (Seitenadresse) und dem Offset (Zeilenadresse).

Die Adressberechnung wird mithilfe der Seitentabelle (page table) durchgeführt. Jeder Prozess besitzt eine eigene Tabelle.

Die Seitentabelle eines Prozesses enthält für jede Seite einen Eintrag mit folgenden Informationen:

- Anfangsadresse im reellen Speicher, d. h. Nummer des Seitenbereiches im Hauptspeicher oder Adresse des Plattenblocks,
- Valid-Bit,
- Zugriffsrechte,
- Bits für die Speicherverwaltung.

Best-Fit-Strategie:

Bei dieser Strategie wird die gesamte Liste der Speicherlöcher durchsucht, um die kleinste Lücke zu finden, die entweder größer ist als der Prozess oder dessen Größe entspricht.

Der Begriff **Paging** wird oft als Synonym für die gesamte virtuelle Speicherverwaltung verwendet. Das ist unpräzise. Das Paging stellt nur einen Teil der virtuellen Speicherverwaltung dar.

Obwohl die Auslagerungsdatei beim Paging häufig als Swap-Datei bezeichnet wird, unterscheidet sich das Paging deutlich vom Swapping. Beim Swapping werden nicht nur einzelne Speicherseiten, sondern vollständige Prozesse ausgelagert.

Tabelle 1: Zugriffsfolge Plattenspeicher		
Anweisung	**Adresse**	**Zugriff**
Lies Seg. 2, Offs. 35	985	Nach Laden zulässig
Lies Seg. 5, Offs. 80	710	Nach Laden zulässig

Tabelle 2: Segmenttabelle zu Aufgabe 1		
Segmentnummer	**Anfangsadresse**	**Länge**
0	320	128
1	866	221
2	105	95
3	488	304

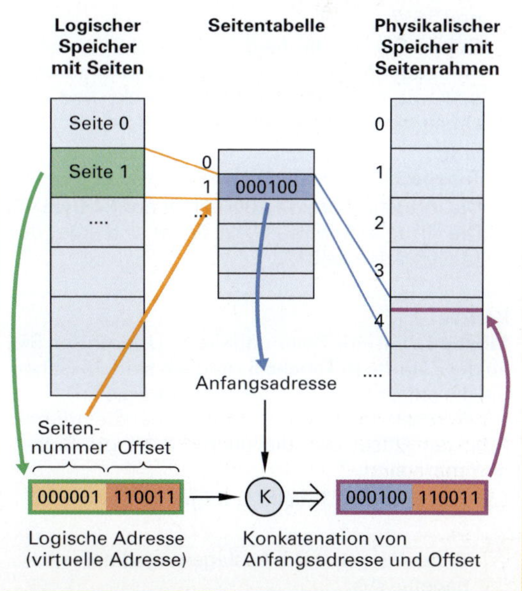

Bild 1: Seitentabelle beim Paging

Adressberechnung

Aus der logischen Adresse wird die Seitennummer entnommen. Befindet sich die Seite im Hauptspeicher, wird aus der Seitentabelle die Anfangsadresse bestimmt. Mittels Konkatenation (von lateinisch catena Kette, Verknüpfung zweier Zahlen) wird aus Anfangsadresse und OFFset die reelle Adresse bestimmt.

Beispiel 1:
Ermitteln Sie für Bild 1, vorhergehende Seite die reelle Adresse.
Lösung:
Anfangsadresse 00 01 00 und Offset 11 00 11 ergibt die reelle Adresse: 00 01 00 11 00 11

Zweistufiger Seitenwechsel

Beim zweistufigen Seitenwechselverfahren **(Bild 1)** wird der Seitentabelle noch ein Seitentabellenverzeichnis vorgeschaltet. Die reelle Adresse setzt sich dann aus Seitentabellenverzeichnis, Seitentabelle und Offset zusammen.

Das Paging ist das meist verwendete Verfahren zur Speicherverwaltung von Prozessen.

Beispiel 2:
Ein Prozess fordert für Code und Daten einen Speicherbedarf von 8 KiB. Dieser Speicherbedarf wird in Seiten zu 2 KiB unterteilt (**Tabelle 2**).

a) Geben Sie für jede Seite des virtuellen Speichers die Anfangs- und Endadresse an.
b) Gegeben ist die Seitentabelle (**Tabelle 3**) des Prozesses. P3 und P4 sind Festplattenblöcke, die anderen Adressen liegen im Hauptspeicher. Der Prozess liest die virtuellen Adressen $100F_h$ und 1812_h.
Geben Sie für die beiden virtuellen Adressen die zugehörige reelle Hauptspeicheradresse bzw. die Nummer des Plattenblocks und den Offset innerhalb des Plattenblocks an.

Lösung:
a) **Tabelle 2**
b) Die virtuelle Adresse $100F_h$ liegt auf P4 Byte 15. Die virtuelle Adresse 1812_h findet sich unter der reellen Adresse 812_h.

Beispiel 3:
Tabelle 4 zeigt eine Seitentabelle. a) Überprüfen Sie, ob die Zugriffe in **Tabelle 5** möglich sind. b) Geben Sie die entsprechende physische Adresse an.
Die Adresslänge beträgt 16 bit, wobei die unteren 8 bit der Offset und die oberen 8 bit die Seitennummern sind.
Lösung: a) und b) **Tabelle 1, folgende Seite.**

Windows nennt die Auslagerungsdatei pagefile.sys.
Linux verwendet eine spezielle Swap-Partition.

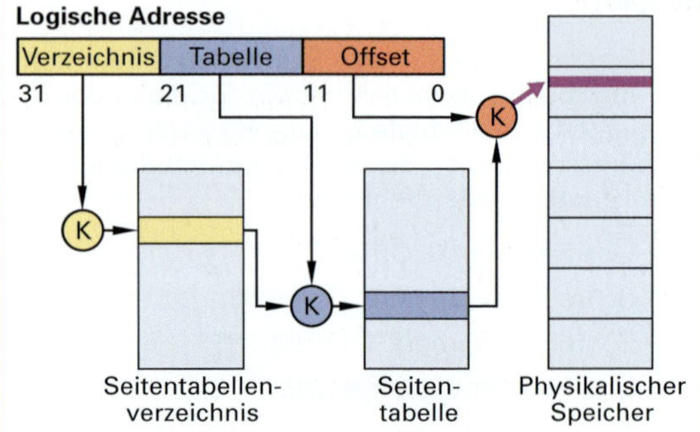

Bild 1: Adressberechnung beim Paging

Tabelle 1: Vorteile und Nachteile des seitenorientierten Speichers

☺	Einfache Speicherverwaltung. Alle Seiten haben eine einheitliche Länge, so dass kein Verschnittproblem auftritt. Es kann jede beliebige Seite aus dem Hauptspeicher verdrängt werden, um Platz für eine beliebige andere einzulagernde Seite zu schaffen.
☺	Die relativ kleine Seitengröße ermöglicht es, nur die benötigten Daten gezielt in den Hauptspeicher zu laden.
☹	Die Struktur des virtuellen Speichers spiegelt nicht den logischen Aufbau des Prozesses wider.
☹	Der Speicherplatz kann nur in ganzen Seiten zugeteilt werden, so dass ein Prozess eventuell mehr Bytes belegt, als er eigentlich benötigt.
☹	Hoher Speicherbedarf für die Seitentabellen.

Tabelle 2: Seitenbelegung des virtuellen Speichers

Seite	Anfangsadresse	Endadresse
0	0_h	$7FF_h$
1	800_h	FFF_h
2	1000_h	$17FF_h$
3	1800_h	$1FFF_h$

Tabelle 3: Seitentabelle des Prozesses

Seitennummer	0	1	2	3
Reale Anfangsadresse	0_h	P3	P4	800_h

Tabelle 4: Seitentabelle des Prozesses

Seitennummer	11_h	01_h	17_h	42_h	05_h
Seitenrahmen	33_h	17_h	20_h	08_h	05_h

Tabelle 5: virtuelle Adressen

$088A_h$	$01FE_h$	0507_h	$066A_h$

Aufgaben

① Ein seitenorientierter virtueller Speicher hat eine Seitengröße von 4096 Bytes. Gegeben ist der Ausschnitt der Seitentabelle **Tabelle 2** eines Prozesses:

P3 und P12 sind Festplattenblöcke, die anderen Adressen liegen im Hauptspeicher.

a) Gegeben sind die virtuellen Adressen:

2000, 21000, 14000, 9000, 5000, 18000

Geben Sie für diese Adressen die zugehörigen reellen Hauptspeicheradressen an bzw. die Nummer des Plattenblocks und den Offset.

b) Es wird nun die virtuelle Seite 2 auf den Plattenblock 23 verdrängt. Sie gibt damit einen Seitenbereich des Hauptspeichers frei, in den nun die virtuelle Seite 5 geladen wird.

Geben Sie die neuen Adressen bzw. Blocknummern und Offsets an.

② Wodurch unterscheiden sich eine virtuelle Adresse und eine physische Adresse?

③ Ein Prozessor besitzt virtuelle Adressen mit 32 Bit, physische Adressen mit 28 Bit und Seiten mit 2 KiB.

Wie viele Bit werden für die virtuellen und physischen Seitennummern benötigt?

④ Ein System besitzt virtuelle Adressen mit 48 Bit, physische Adressen mit 36 Bit und 128 MiB Hauptspeicher.

a) Wie viele virtuelle und physische Seiten unterstützen die Adressräume, wenn das System Seiten von 4 KiB einsetzt?

b) Wie viele Seitenrahmen gibt es im Hauptspeicher?

⑤ Ein System besitzt virtuelle Adressen mit 32 Bit, physische Adressen mit 24 Bit und Seiten mit 2 KiB.

a) Wie viele Seitentabelleneinträge werden in diesem System benötigt?

b) Wie groß ist jeder Seitentabelleneintrag, auf das nächste volle Byte aufgerundet?

c) Wie viel Speicherplatz ist für die Seitentabelle erforderlich?

Tabelle 1: Adresszugriffe

virtuelle Adresse	Reelle Adresse	Bemerkung
$088A_h$	Ungültig	Die Seite 08_h ist in der Seitentabelle nicht vorhanden.
$01FE_h$	$17FE_h$	Seite 01_h befindet sich im Rahmen 17_h.
0507_h	0507_h	Die Seite 05_h befindet sich im Rahmen 05_h.
$066A_h$	Ungültig	Seite 06_h ist in der Seitentabelle nicht vorhanden.

Tabelle 2: Seitentabelle

Seitennummer	0	1	2
Reelle Anfangsadresse	12288	P3	32768
Seitennummer	3	4	5
Reelle Anfangsadresse	0	8192	P12

⑥ Bestimmen Sie die Seitentabelle mit Seitennummer und Seitenrahmen für:

a) 16 MiB virtueller, 4 MiB reeller Speicher, 4 Seitenrahmen.

b) 2 GiB virtueller, 256 MiB reeller Speicher, 16 Seitenrahmen.

c) 2 GiB virtueller, 8 MiB reeller Speicher, 16 Seitenrahmen.

⑦ Für die virtuelle Adressierung verwendet man 16-Bit-Adressen, 4 Bit werden für den Offset genommen. Der physische Speicher ist mit 8 Bit adressierbar, wobei 4 Bit für den Offset genommen werden. Die angeforderte virtuelle Adresse lautet:

1000 0011 0000 1111. Die Seitentabelle verweist für die Seite 1000 0011 0000 auf den Seitenrahmen 0101.

a) Geben Sie die Größe der Adressräume und der Seiten an.

b) Wie lautet die physische Adresse mit Frame-Nummer und Offset?

10.6 Datensicherung

Daten werden gesichert, um sich vor einem möglichen Datenverlust zu schützen. Dies geschieht dadurch, dass man entsprechende Duplikate der Daten herstellt.

Bei einer Datensicherung (Backup) werden die auf einem Computer vorhandenen Daten auf ein alternatives Speichermedium, z. B. DAT (Digital Audio Tape), kopiert.
Die Datensicherung dient als Schutz vor:
- Schadsoftware z. B. Computerviren,
- versehentliches Überschreiben oder Löschen,
- Hardware-Schäden,
- logische Fehler in einer Datei und
- Diebstahl.

10.6.1 Sicherungsmedien

Für private Zwecke bieten sich DVDs, BDs, USB-Sticks oder Wechselfestplatten an.

Firmen nutzen zur Datensicherung Magnetbänder z. B. DLT (Digital Line Tape), DAT und externe Server mittels schneller Internetverbindungen. Die Backupzeit sollte möglichst klein sein.

Beispiel 1:
In einer Firma muss eine Datenmenge von 4,1 GiB gesichert werden. Das Sicherungslaufwerk hat eine Schreibrate von 0,6 GB/h.
Wie lange dauert das Backup?

Lösung: $t_B = \frac{4{,}1\ \text{GiB}}{0{,}6\ \frac{\text{GB}}{\text{h}}} \approx \mathbf{7\ h}$

Eine Aussage über die Haltbarkeit der Medien ist schwierig. Bei DVD-Rohlingen geht man von bis zu 15 Jahren für eine mittlere Betriebsdauer bis zum Ausfall aus.

Die gesicherten Daten müssen wieder gelesen werden können (**Bild 1**). Nach ca. 10 Jahren existieren bestehende Systeme nicht mehr. Informationen, die nicht rechtzeitig in aktuelle Datenformate überführt wurden, lassen sich dann nicht mehr lesen.

Lagerung der Sicherungsmedien
Sicherungsmedien müssen richtig gelagert werden, sonst droht ein Verlust der Daten. Am besten lagert man die Medien
- in der Originalverpackung,
- an einem dunklen Aufbewahrungsort,
- bei Zimmertemperatur,
- nicht in der Nähe von starken Magnetfeldern (insbesondere Bänder) und
- räumlich vom Server getrennt.

Für kleinere Unternehmen eignen sich z. B. Bankschließfächer.

$$t_B = \frac{m}{r_B}$$

t_B Backupzeit
m Datenmenge
r_B Schreibrate in Bit/s

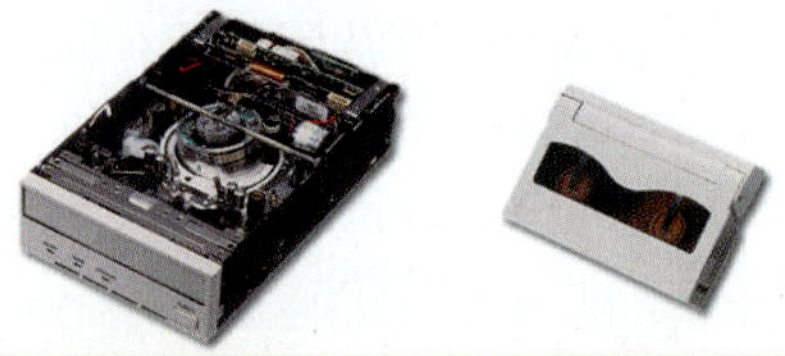

Bild 1: DAT-Laufwerk und Medium DL-Tape

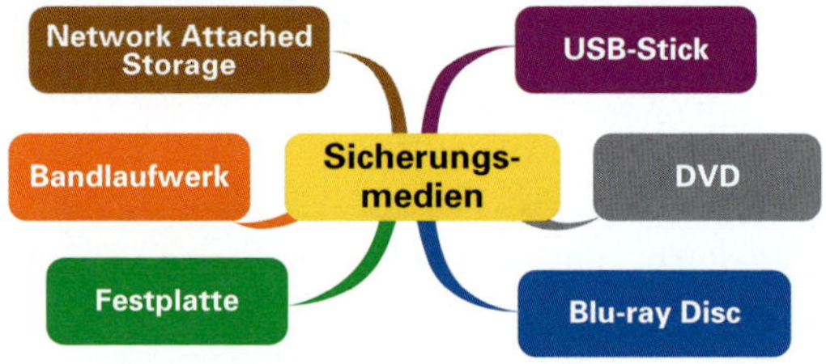

Bild 2: Übersicht Sicherungsmedien

Tabelle 1: Sicherungsmedien

Medium	Speicherkapazität	Merkmale
DL-Tape	40 GiB	schnell und zuverlässig, teuer
DVD	4,7 – 8,5 GiB	Brenner weit verbreitet

Aufgaben

① Ergänzen Sie das Mindmap in **Bild 2** um weitere Sicherungsmedien.

② Klären Sie für die Sicherungsmedien folgende Fragen, indem Sie **Tabelle 1** ergänzen:
- Speicherkapazität des Mediums,
- Mögliche Schreibgeschwindigkeit (Datendurchsatz),
- Haltbarkeit und Lagerung des Mediums,
- Kosten für Laufwerk und Medien.

③ Der Hersteller gibt für sein DAT-Bandlaufwerk (Bild 1) folgende Daten an:
- Kapazität 40 GiB komprimiert
- Datenübertragungsrate komprimiert 6,4 MB/s

Die Datenmenge auf Ihrem Rechner beträgt 33,75 GiB. Wie lange dauert eine komprimierte Sicherung aller Daten?

10.6.2 Datenverlust

Datenträger haben eine Lebensdauer von einigen Jahren bis einigen zu Jahrzehnten. Durch äußere Einflüsse, z. B. mechanische Beschädigungen, elektromagnetische Felder oder Sonnenlicht können Dateien unbrauchbar werden **(Bild 1)**. Die Ursache kann auch im Fehlverhalten von Nutzern liegen, z. B. durch unbeabsichtigtes Überschreiben einer Datei. Außerdem kann die Installation einer neuen Programmversion zu Datenkorruption führen.

Im Fall einer Katastrophe, bei der sowohl die Originaldaten wie auch deren Sicherungskopie zerstört wurden, besteht als Notmaßnahme noch die Möglichkeit der Datenrettung. Dabei wird versucht, von einem nur teilweise beschädigten bzw. veränderten Speichermedium Datenfragmente so gut wie möglich zu restaurieren.

Softwarelösungen versprechen das Zurückholen verloren geglaubter Daten. Technische Grundlage für diese Wiederherstellungsmaßnahmen ist die Tatsache, dass Dateien beim Löschen oder Formatieren bei den meisten Dateisystemen nicht wirklich gelöscht, sondern lediglich „ausgeblendet“ werden. Die Daten selbst verbleiben auf der Festplatte, bis der entsprechende Bereich mit neuen Daten überschrieben wird.

Einfache Rettung

Die Datei ist als gelöscht markiert. In diesem Fall ist der Eintrag über die gelöschte Datei im Inhaltsverzeichnis des Datenträgers noch vorhanden und kann mithilfe einer Rettungssoftware z. B. Recuva wieder hergestellt werden.

Aufwendige Rettung

Der Eintrag im Inhaltsverzeichnis ist nicht mehr vorhanden. In diesem Fall muss die Datei mithilfe spezieller Dateisignaturen, die den Dateityp, den Dateianfang und das Dateiende enthalten, erkannt werden. **Bild 2** zeigt die entsprechenden Kennungen einer JPEG-Datei (JFIF: JPEG Kennung, FFD8: Start der Datei, FFD9: Dateiende).

Schwierige Rettung

Ist die Datei darüber hinaus auch noch fragmentiert, erschwert das die Rettung zusätzlich. Die Rettungssoftware muss die Inhalte der Datenfragmente analysieren und sie dann zusammenfügen. Mit Systemen zur Selbstüberwachung wie S.M.A.R.T. kann drohender Datenverlust durch Erkennung von Verschleißerscheinungen vermieden werden. Die Nutzung eines Antivirenprogramms reduziert die Gefahr von Datenverlust durch Malware.

> **Datenkorruption** = Daten werden durch einen Benutzerfehler unlesbar oder unbrauchbar.
>
> **Malware** von malicious = bösartig, Schadprogramme die unerwünschte und schädliche Funktionen ausführen.
>
> **S.M.A.R.T.** von **S**elf-**M**onitoring, **A**nalysis and **R**eporting **T**echnology = System zur Selbstüberwachung, Analyse und Statusmeldung.
>
> Nicht zu verwechseln mit **SMART HDD**. Hierbei handelt es sich um eine Schadsoftware. Die Namensähnlichkeit ist beabsichtigt um Nutzer zu verwirren.

Bild 1: Beschädigte Bilddatei

```
0x000: FF D8 FF E0 00 10 4A 46 49 46 00 01 01 01 00 55
0x010: 00 55 00 00 FF DB 00 43 00 FF FF FF FF FF FF FF
0x020: FF FF FF FF FF FF FF FF FF FF FF FF FF FF FF FF
0x030: FF FF FF FF FF FF FF FF FF FF FF FF FF FF FF FF
0x040: FF FF FF FF FF FF FF FF FF FF FF FF FF FF FF FF
.....................
0x550: 12 ED 55 9D 57 97 B0 73 01 40 00 59 70 E9 2C AE
0x560: 40 3B 33 76 F9 67 8A AE 73 CE A0 06 62 64 55 66
0x570: D4 15 00 00 00 00 00 00 00 01 65 C3 4C 2C B8 06
0x580: 8E DE C1 15 B1 14 40 00 1C B5 5C D7 4B 71 1C 94
0x590: 00 00 00 00 00 00 00 00 00 00 00 00 00 00 00 00
0x5A0: 00 00 1A CB 20 3A 4B D1 5C 80 75 4B 64 73 01 6D
0x5B0: CA 00 00 03 FF D9
```

Bild 2: Inhalt einer Bilddatei

Bild 3: Vernichtungsverfahren magn. Medien

10.6.3 Datenvernichtung

Datenträger werden beim „sicheren Löschen“ so behandelt, dass eine Rekonstruktion der Daten ausgeschlossen ist. Die Art der Datenvernichtung ist vom Datenträger abhängig **(Bild 3)**. Der Inhalt einer Festplatte kann selbst nach einem Säurebad und anderen Zerstörungsmaßnahmen in vielen Fällen ausgelesen werden. Werden die Daten jedoch mit Zufallsdaten oder Bitmustern überschrieben, so sind nicht einmal professionelle Datenretter in der Lage, diese zu rekonstruieren. Die Wahrscheinlichkeit, ein einzelnes Bit korrekt wieder herzustellen, liegt nach einem einmaligen Überschreiben der Daten bei 56 Prozent.

10.6.4 Sicherungsverfahren

Abhängig vom Rechnertyp, zentralen oder dezentralen Strukturen, sind verschiedene Backup-Konzepte möglich.

Man unterscheidet zwischen der vollständigen, der differenziellen, der inkrementellen Datensicherung und dem Kopieren von Daten.

Vollständige Datensicherung

Alle Daten werden auf dem Backup-Medium, z. B. DAT archiviert (**Bild 1**, Freitag).

Vorteil:
Alle Daten liegen komplett vor.
Keine lange Suche bei der Wiederherstellung.

Nachteil:
Da ein großer Prozentsatz der Daten sich nicht täglich ändert, erfolgen überflüssige Kopiervorgänge. Das Backup dauert relativ lange und benötigt viel Platz auf dem Speichermedium.

Zur Wiederherstellung der Daten wird nur die letzte Vollsicherung benötigt.

Differenzielle Datensicherung

Es werden die Daten gespeichert, die seit der letzten Vollsicherung erstellt oder verändert wurden (Bild 1, Montag bis Donnerstag). Diese Daten werden bei der nächsten Sicherung wieder gespeichert.

Vorteil:
Die Wiederherstellung der Dateien ist unkompliziert und schnell.

Nachteil:
Es wird mehr Zeit und Platz auf dem Speichermedium benötigt als bei der inkrementellen Datensicherung.

Zur Wiederherstellung der Daten wird die letzte Vollsicherung und das letzte differenzielle Backup benötigt.

Inkrementelle Datensicherung (Zuwachssicherung)

Nur die Daten werden gesichert, die seit dem letzten Backup erstellt oder geändert wurden (**Bild 2**, Montag bis Donnerstag).

Vorteil:
Schnelle Datensicherung und wenig Platzbedarf auf dem Speichermedium.

Nachteil:
Hoher zeitlicher Aufwand bei der Wiederherstellung der Daten, da zur Wiederherstellung der Daten die letzte Vollsicherung und alle Zuwachssicherungen benötigt werden.

Windows verwendet zur Kennzeichnung der archivierten Daten ein Archivbit.

Linux verwendet beim Backup das Datumsattribut.

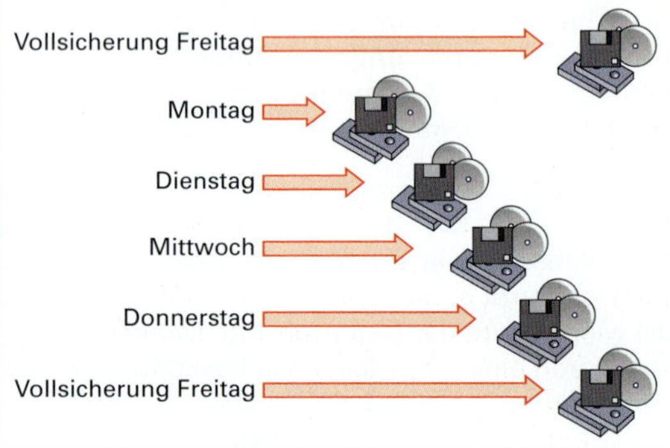

Bild 1: Differenzielle Sicherung

Tabelle 1: Beispiele für Sicherungsverfahren

Art	Sicherung	Wiederherstellung
Vollsicherung	alle Daten	Vollsicherung
Differenzielle Sicherung	seit der letzten Vollsicherung	Vollsicherung und letztes differenzielles Backup
Inkrementelle Sicherung	seit der letzten Sicherung	Vollsicherung und alle inkrementellen Backups

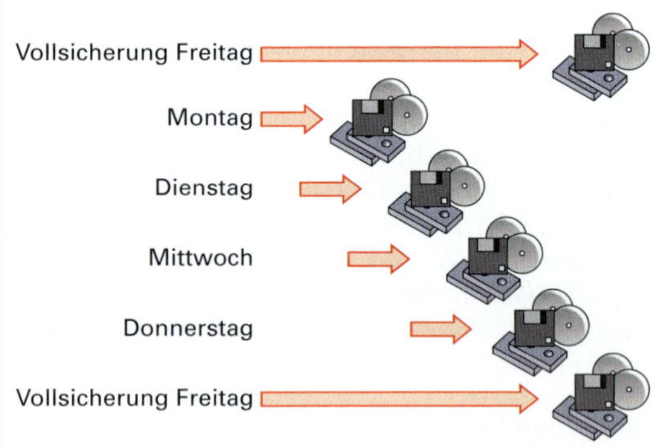

Bild 2: Inkrementelle Sicherung

Kopieren

Alle ausgewählten Dateien werden kopiert. Die Dateien werden aber im Gegensatz zur Vollsicherung nicht als gesichert gekennzeichnet. Diese Sicherungsart bietet sich an, wenn zur regulären Sicherung eine zusätzliche Kopie hergestellt werden soll, z. B. ein monatliches Archivband.

Beispiel 1:

a) Mischen Sie Vollsicherung und Differenzsicherung so, dass nur am Freitag ein großes, zu sicherndes Datenvolumen anfällt. Zur Wiederherstellung sollen zwei Bänder ausreichen.

b) Zeigen Sie die Nachteile des Konzeptes auf.

Lösung:

a) **Bild 1**

b) Das Sicherungsvolumen nimmt am Ende der Woche zu. Dateien, die nur einmal geändert wurden, werden trotzdem mehrmals kopiert.

Beispiel 2:

a) Mischen Sie Voll- und Zuwachssicherung so, dass nur am Freitag ein großes, zu sicherndes Datenvolumen anfällt. Das Sicherungsvolumen soll an den restlichen Wochentagen klein bleiben.

b) Zeigen Sie die Nachteile Ihres Konzeptes auf.

Lösung:

a) **Bild 2**

b) Bei der Wiederherstellung müssen bis zu fünf Bänder verwendet werden. Dafür ist ein größerer Arbeitsaufwand und Zeitaufwand als bei der Differenzsicherung nötig.

Fr.	Mo.	Di.	Mi.	Do.
Voll	Differenz	Differenz	Differenz	Differenz

Bild 1: Mischen von Vollsicherung und Differenzsicherung

Fr.	Mo.	Di.	Mi.	Do.
Voll	Zuwachs	Zuwachs	Zuwachs	Zuwachs

Bild 2: Mischen von Vollsicherung und Zuwachssicherung

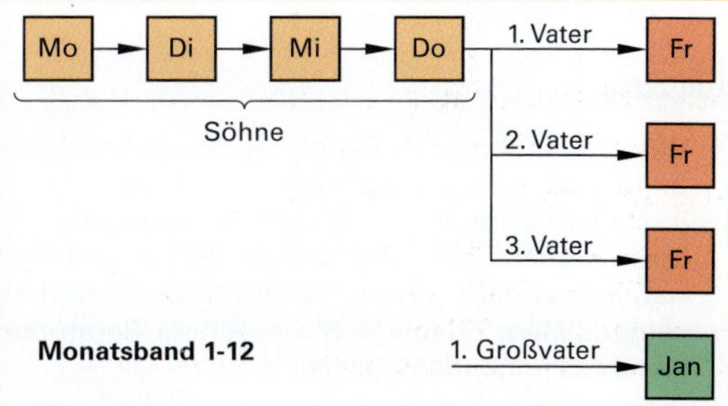

Bild 3: Generationenkonzept

10.6.5 Sicherungsstrategien

Mithilfe von Sicherungsstrategien wie dem Generationenkonzept werden wesentlich größere Zeitspannen abgedeckt. So können mit dem Generationenkonzept Großvater-Vater-Sohn (**Bild 3**, GVS) die Daten eines ganzen Jahres sinnvoll gesichert werden.

Söhne:

Am Abend der Wochentage Montag, Dienstag, Mittwoch und Donnerstag wird ein differenzielles Backup durchgeführt.

Die Beschriftung der Bänder lautet:
Montag, Dienstag, Mittwoch, Donnerstag.
Diese Bänder sind die 4 „Söhne".

Väter:

Am 1., 2. und 3. Freitag eines Monats wird ein Vollbackup durchgeführt.

Die Beschriftung der Bänder lautet:
1. Woche, 2. Woche, 3. Woche
Diese Bänder sind die 3 „Väter".

Großväter:

Am letzten Freitag eines Monats wird ein Vollbackup durchgeführt.

Die Beschriftung der Bänder lautet:
Januar, Februar,... Dezember.
Diese Bänder sind die 12 „Großväter".

Bild 4: Daten sichern

Aufgaben

① Die Datenbestände eines Servers werden mittels Differenzsicherung täglich gesichert (**Bild 4**). Am Mittwoch fällt die Datenfestplatte wegen eines Defektes aus. Sie tauschen die Platte und wollen den Datenbestand wiederherstellen.

a) Erklären Sie die Vorgehensweise zur Wiederherstellung.

b) Sie stellen fest, dass die Montagssicherung defekt ist. Welche Folgen ergeben sich daraus?

Beispiel 3:

a) Wie viele Bänder werden beim Generationenkonzept zur Sicherung der Daten eines Jahres benötigt?

b) Welche Wiederherstellungsgenauigkeit wird erreicht?

Lösung:

a) Es werden 12 + 3 + 4 = 19 Bänder benötigt.

b) Damit lässt sich folgende Wiederherstellungsgenauigkeit erreichen:

- Aktuelle Woche: tagesgenau
- Letzter Monat: Stand der jeweiligen Freitage
- Letztes Jahr: Stand des letzten Freitags im Monat

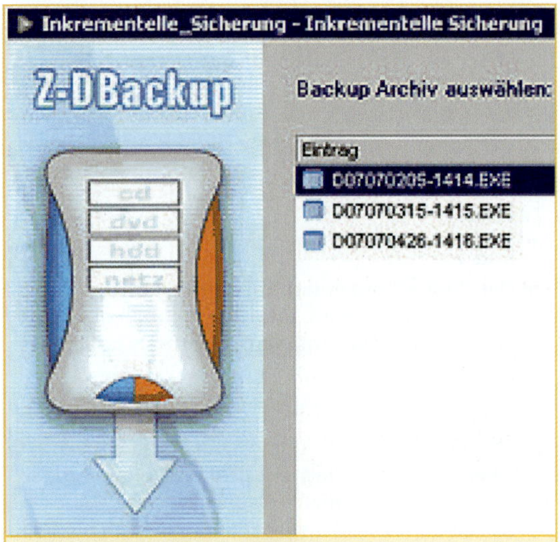

Bild 1: Inkrementelle Sicherung

Aufgaben

① Der Unternehmer Schlaich ist Mediendesigner. Er betreut mehrere Webseiten und testet diese in seinem Büro. Da er sowohl die Webseiten als auch Kundendaten auf seinem PC gespeichert hat, legt er sehr großen Wert auf die Sicherheit seiner Daten. Erläutern Sie in einem Beratungsgespräch folgende Begriffe:

a) Vollständiges Backup,

b) differenzielles Backup,

c) inkrementelles Backup.

② Sie sind für die Sicherung der Daten bei einer Versicherung zuständig. Sie sichern nach dem Großvater-Vater-Sohn Prinzip.

Hierbei verwenden Sie die inkrementelle Sicherungsmethode (**Bild 1**).

Am Donnerstag, den 24. April stellen Sie fest, dass der Computer von einem Virus befallen ist (**Bild 2**). Die Infizierung hat am Mittwochmittag den 23. April stattgefunden. Anti-Viren-Programme können das Problem nicht beheben.

a) Wie gehen Sie vor, um wieder ein virenfreies System zu schaffen? Erklären Sie Ihre Vorgehensweise!

b) Geben Sie an, welcher Generation das verwendete Sicherungsmedium angehört.

③ In einer Firma fallen am Montag 1 GiB an Daten an. Außerdem kommen täglich 100 MiB neue Daten hinzu. Die Datenmenge einer vollständigen Sicherung zeigt **Tabelle 1**.

Berechnen Sie die Datenmenge bei einer inkrementellen und differentiellen Sicherung.

Tabelle 1: Datenmenge einer vollständigen Sicherung in GiB

	Mo	Di	Mi	Do	Fr	Sa	So
Tag	1,0	1,1	1,2	1,3	1,4	1,5	1,6
Gesamt	1,0	2,1	3,2	4,6	6,0	7,5	9,1

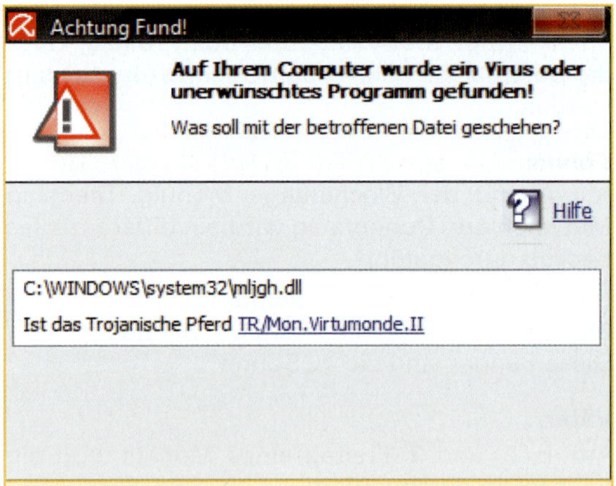

Bild 2: Virusmeldung

④ Herr Schlaich geht am Dienstag, den 22. April in Urlaub und kommt am 30. April erholt zurück. Er stellt fest, dass seine Festplatte defekt ist. Es wird nach dem Großvater-Vater-Sohn Prinzip gesichert. Die Söhne werden inkrementell gespeichert.

Begründen Sie, ob Dokumente vom 21. April mit Hilfe der Sicherung wiederhergestellt werden können.

10.6.6 Backup in vernetzter Umgebung

In Unternehmen arbeiten die Mitarbeiter an PCs, die meist über ein Netzwerk mit einem Server kommunizieren.

Grundsätzlich erzeugt jede Arbeitsstation und jeder Server Daten, die gesichert werden müssen. Man unterscheidet verschiedene Arten der Sicherung (Backup).

Verteiltes oder zentrales Backup

In einer verteilten Umgebung kann, wie in **Bild 1** dargestellt, die Datensicherung lokal auf jedem Arbeitsgruppen-Rechner mittels einer Backup-Client-Software erfolgen oder an einer zentralen Stelle im Netzwerk mit einem dedizierten (zweckgebundenen) Backup-Server (**Bild 2**) und einer Backup-Server-Software.

Lokale Backup-Verfahren

Dieses Verfahren ist unabhängig von zentralen Ressourcen wie z. B. einem Backup-Server. Es kann kein Engpass durch das Gesamtnetzwerk entstehen. Dafür sind die Backup-Geräte schlechter ausgelastet. Sicherungsdaten und Arbeitsstationen sind am selben Ort. Dadurch wird das Risiko des Datenverlustes erhöht.

Netzwerk-Backup mit Backup-Server

Bei diesem Verfahren werden die einzelnen Backup-Ressourcen wie Magnetband-Geräte, Tape-Roboter besser genutzt. Diese sind damit besser ausgelastet. Die räumliche Trennung der Backup-Hardware von den Arbeitsplatzrechnern verbessert die Sicherheit der Daten.

Die Abhängigkeit vom zentralen Backup-Server kann zu Engpässen führen. Das Netzwerk ist unter Umständen zu langsam, um die Datenströme zu bewältigen.

Kapazität des Netzwerks

Eine große Rolle spielt die Transportkapazität des Netzwerks. So lassen sich in einem Ethernet-Netzwerk mit einer Übertragungsleistung von 10 Megabit/s maximal 3,5 Gigabyte Daten pro Stunde übertragen.

Beispiel 1:

Übertragen Sie 20 GiB über ein 10 Mbit/s-Ethernet-Netzwerk. Welche Zeit t benötigen Sie dafür ohne Berücksichtigung von Overhead und Kollisionen?

Lösung:

$$t = \frac{20\ \text{GiB}}{10\ \text{Mbit/s}} = \frac{20 \cdot 1024^3\ \text{B}}{10 \cdot 1000^2\ \text{bit/s}} =$$

$$= \frac{20 \cdot 1024^3 \cdot 8\ \text{bit}}{10 \cdot 1000^2\ \text{bit/s}} \approx \mathbf{4{,}8\ h}$$

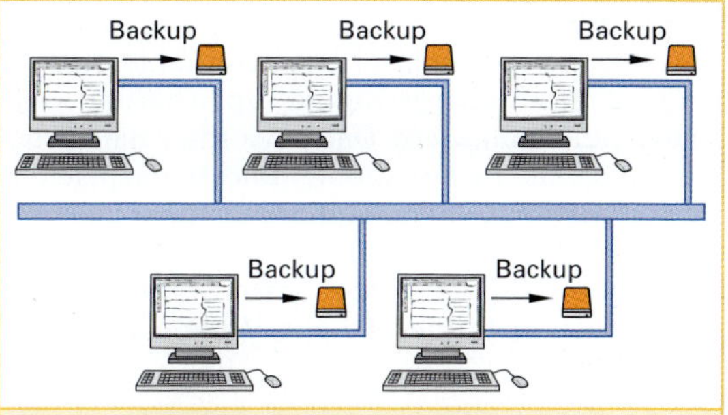

Bild 1: Verteiltes Backup

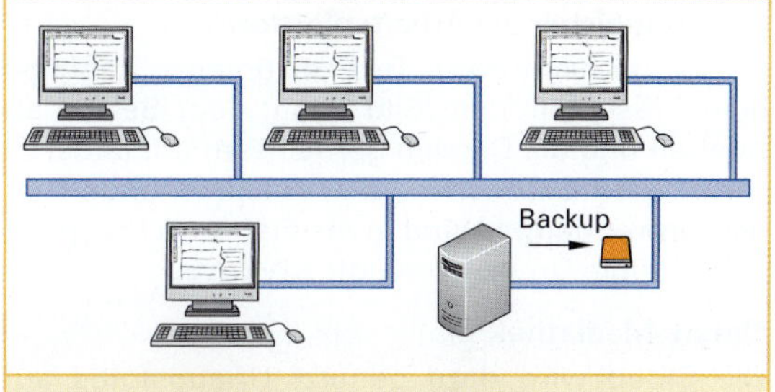

Bild 2: Zentrales Backup mit Server

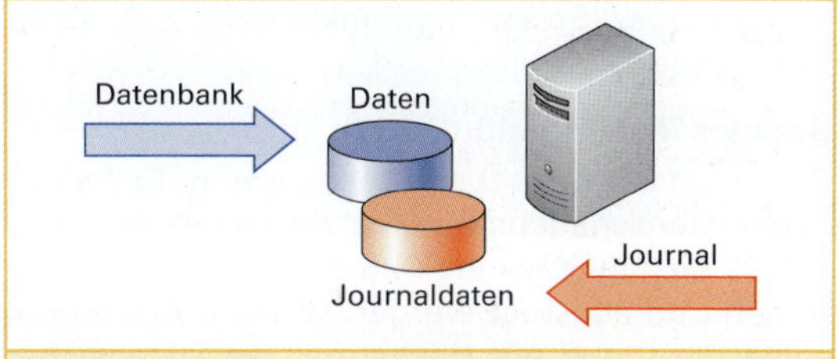

Bild 3: Journal

Für ein zentrales Backup sind schnelle Netzwerke, z. B. Ethernet mit 100 Mbit/s in Kombination mit sinnvollen Backup-Verfahren notwendig. In einem Netzwerk ist es deshalb zweckmäßig, die inkrementelle Datensicherung anzuwenden.

Journale und Logfiles

Alle aufgezeigten Methoden haben den Nachteil, dass im Fehlerfall z. B. durch einen Virus, auf das letzte Backup zurückgegriffen werden muss und dabei die Transaktionsdaten des laufenden Tages verloren gehen.

Dies kann durch die Journalführung vermieden werden. Das Journal, auch Logfile genannt, enthält alle Transaktionsdaten seit dem letzten Backup. Viele Datenbank-Systeme bieten diese Funktionalität an.

Um das Risiko eines Datenverlustes zu minimieren, sollte das Journal auf einem separaten Datenträger geführt werden (**Bild 3**).

10.6.7 Cloud

Die Nutzung von Smartphones und Tablets macht eine plattformübergreifende Speicherung von Daten notwendig. Die Daten werden hierzu auf einem Server in der Cloud **(Bild 1)** gespeichert. Dort stehen sie, unabhängig vom benutzten Betriebssystem, zum Abruf auf dem Smartphone, Tablet oder PC bereit. Eine Synchronisation sorgt dafür, dass stets die aktuelle Version zur Verfügung steht.

Cloud-Speicher unterscheiden sich in ihren Nutzungsmöglichkeiten:

Cloud-Speicher als Arbeitsplattform

Die Cloud dient dazu, Text-Dokumente, Tabellen oder Präsentationen **(Bild 2)** auf dem Server abzulegen und die Dateien gemeinsam mit anderen Nutzern zu bearbeiten. Die entsprechenden Office-Anwendungen sind in die Plattform integriert, z. B. Google Drive, Microsoft Skydrive.

Online-Mediathek

Die Cloud wird dazu genutzt Urlaubsfotos auf dem Tablet zu zeigen oder Musik auf dem Smartphone zu hören. In diesem Fall benötigt der Cloud-Server Streaming-Funktionen, z. B. Dropbox, Apple iCloud.

Backups in der Cloud

Die Cloud dient als Datentresor, um im Fall eines Festplattenschadens Dateien zurückzuholen. Hierbei ist wichtig, dass die Daten verschlüsselt übertragen und abgelegt werden können. Außerdem sollte die Cloud ein Höchstmaß an Datensicherheit bieten, z. B. Strato HiDrive, iDrive, MozyHome.

Zugriff von vielen unterschiedlichen Geräten

Die Cloud unterstützt den Zugriff von unterschiedlichen Betriebssystemen wie Windows, Android, iOS auf zentrale Daten.

Online-Speicher zum Datenversand

Handelt es sich um einen reinen Austausch von Daten, reicht ein Filehoster aus. Dieser ist meist ohne Anmeldung und Account nutzbar.
Beispiele: Rapidshare, Sendspace.

Tabelle 1 zeigt einen beispielhaften Vergleich zwischen drei bekannten Cloud-Diensten. Ein Grundmaß an Sicherheit sollte durch Verschlüsselung der Daten bei jedem Anbieter gegeben sein. Auch wenn der Anbieter hohe Sicherheitsstandards erfüllt, besteht immer die Gefahr, dass Hacker einen Zugang finden. Daten, die sich in einem Netzwerk befinden, sind immer angreifbar. Sensible Dateien sollten daher besser nicht auf einem Online-Speicher abgelegt werden.

Cloud = Wolke. Eine **Cloud** basiert auf Server-Farmen, die über das Internet Rechnerkapazitäten und Speicherplatz bereitstellen.

Filehoster = Datei-„Gastgeber". Eine Dienstleistung, die es ermöglicht, Dateien auf einem zentralen Datenspeicher abzulegen.

Bild 1: Speicherung in der Cloud

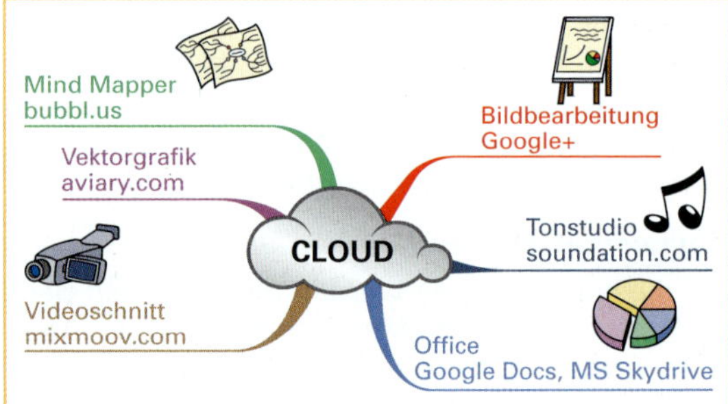

Bild 2: Cloud-Anwendungen

Tabelle 1: Cloud-Dienstanbieter

Telekom	Google	Skydrive
großer Speicherplatz, einfacher Upload, viele BS	automatische Synchronisation, viele BS	großer Speicherplatz, Teilen von Inhalten, viele BS
keine automatische Synchronisation, fehleranfällige App	synchronisiert nicht mit allen Angeboten, teils separate Apps nötig	App ohne Synchronisation, teils separate Apps nötig
ungebundene Nutzer und T-Kunden	Nutzer von Android und Google-Diensten	MS Office Nutzer
Eigentumsrechte an Dateien bleiben beim Nutzer	Google räumt sich und Dritten Rechte an den Dateien ein	Eigentumsrechte an Dateien bleiben beim Nutzer

Verschwindet ein Cloud-Anbieter vom Markt, hat das für den Nutzer unangenehme Folgen. Im schlimmsten Fall droht der Verlust der gespeicherten Daten, ein Umzug auf den Server-Park eines anderen Anbieters wird nötig.

10.6.8 Network Attached Storage

Personal Computer verfügen über einen Festplattenspeicher, der direkt in das Gehäuse des Computers eingebaut ist, dem direkt zugeordnetem Speicher (Direct Attached Storage).

Soll ein Festplattenspeicher mit den darauf abgelegten Dateien netzweit zur Verfügung stehen, muss das Speichersystem zunächst an das Netzwerk angeschlossen sein. Zusätzliche Methoden müssen beherrscht werden, welche die Dateien auf diesem Speicherplatz im Netzwerk zur Verfügung stellen. Dies wird durch Netzwerkprotokolle z. B. SMB/CIFS und NFS realisiert. NAS-Systeme werden direkt am Netzwerk angeschlossen **(Bild 1)** und arbeiten autonom, d. h. ohne einen PC oder Server zu benötigen. Die Dateisysteme des NAS erscheinen auf dem Zielsystem wie ein lokales Dateisystem.

NAS wird eingesetzt, um ohne hohen Aufwand Speicherkapazität in einem Rechnernetz bereitzustellen.

Diese einfache Anbindung ist gleichzeitig ein Nachteil, da die Network Attached Storage-Systeme über Ethernet-Technik mit den Servern beziehungsweise mit den Clients verbunden sind. Die TCP/IP-Protokolle haben einen geringen Durchsatz und verwenden dabei einen großen Protokoll-Overhead. So sind sie im Grunde nicht für den schnellen Zugriff auf Massenspeicher ausgelegt. Der Einsatz von NAS-Systemen kann eine hohe Belastung des LANs zur Folge haben. In vielen Anwendungsfällen reicht jedoch eine Gigabit-Ethernet-Anbindung im Realbetrieb aus. Außerdem lassen sich durch eine geeignete Architektur des LANs Engpässe ebenfalls vermeiden.

Je nach Größe und Art unterstützen die NAS-Systeme RAID 0/1 bis RAID 5 **(Bild 2)**. Um ein geeignetes NAS-System zu finden, bietet **Bild 3** eine Entscheidungshilfe.

Beispiel 1:
Welche theoretische Datenmenge lässt sich über einen Internetzugang mit einer Datenübertragungsrate von 1 Mbit/s ohne Berücksichtigung des Protokolloverheads

a) in der Stunde

b) am Tag übertragen?

Lösung: a) 450 MB pro Stunde b) 10,5 GB pro Tag.

Wegen der relativ niedrigen Datenübertragungsrate sollten die Daten mithilfe der inkrementellen Datensicherung gesichert werden.

NAS von Network Attached Storage = netzgebundener Speicher.

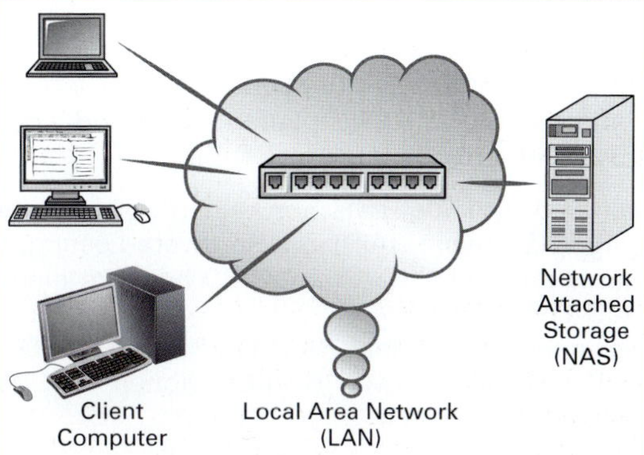

Bild 1: NAS im LAN

Bild 2: NAS-Hardware

Checkliste	Ja	Nein
1. Festplatten Kapazität, Erweiterbarkeit		
2. Verfügbarkeit Datenverfügbarkeit, RAID		
3. Performance Datendurchsatz im Netzwerk, Anzahl der gleichzeitigen Client-Zugriffe		
4. Protokolle homogene oder heterogene Umgebung		
5. Connectivity Verbindungs-, Anschlussmöglichkeiten		
6. Administration Aufwand, Inbetriebnahme und Betreuung		
7. Unterstützung Service, Support durch den Hersteller		
8. Total Cost of Ownership betriebliche Kosten		
9. Unterstützung virtueller Maschinen		

Bild 3: Checkliste NAS-Systeme

10.6.9 RAID-Systeme

Bei RAID-Systemen werden mehrere Festplatten gemeinsam betrieben und bilden dadurch einen Verbund.
Die Ziele sind:
- Erhöhung der Ausfallsicherheit (Redundanz),
- Steigerung der Transferraten (Performance),
- Aufbau großer logischer Laufwerke,
- Austausch von Festplatten während des Systembetriebes.

Man unterscheidet zwischen reinen Software-Lösungen (Software-RAID) und Hardware-Lösungen (Hardware-RAID). Hardware-RAID benötigt einen RAID-Controller.
Die gebräuchlichsten RAID-Level sind RAID 0, RAID 1, RAID 5, sowie Kombinationen der genannten RAID-Level.

RAID Level 0 (Striping)

Die Daten 1 bis 6 werden in Blöcke bzw. Streifen (Stripes) aufgeteilt (**Bild 1**). Jeder Streifen eines Datenblocks wird auf einer separaten Festplatte gespeichert. Dadurch wird vor allem beim sequentiellen Schreiben und Lesen von großen Dateien ein deutlich höherer Datendurchsatz erreicht. RAID 0 bietet keinerlei Datensicherheit. Beim Ausfall einer Festplatte sind die Daten des gesamten RAID-0-Verbandes verloren.

RAID Level 1 (Mirroring)

Die Plattenspiegelung (Mirroring) dient der Erhöhung der Datensicherheit. Alle Daten einer Festplatte werden zusätzlich auf einer zweiten Festplatte gespeichert. Beim Ausfall einer Festplatte arbeitet das System weiter (**Bild 2**). Die fehlerhafte Festplatte wird als defekt gemeldet und kann während des Betriebs mittels Hot-Plug (**Bild 3**) ausgewechselt werden. Findet eine automatische Synchronisation der Festplatte statt, spricht man von Hot-Fix (**Bild 4**).
Bei diesem Verfahren lassen sich allerdings nur 50 % der zur Verfügung stehenden Festplattenkapazität nutzen.

RAID Level 5

Bei diesem Verfahren müssen mindestens 3 Festplatten zur Verfügung stehen. Wie **Bild 5** zeigt, arbeitet RAID Level 5 mit einer blockweisen Verteilung der Daten. Von den Daten 1 und 2 wird die Parität P1 ermittelt usw. und auf einer Festplatte gespeichert (Bild 5). Aus den auf den Festplatten verteilten Paritäten können beim Ausfall einer Festplatte die Daten wieder vollständig rekonstruiert werden. Das System wird allerdings durch den Rechenaufwand beim Rekonstruieren langsamer. Es ist erforderlich, die defekte Festplatte zu wechseln.

RAID von **R**edundant **A**rray of **I**ndependent **D**isks = Verbund unabhängiger Festplatten

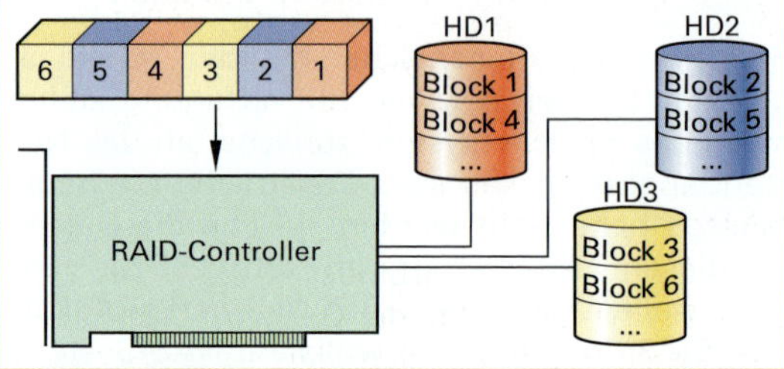

Bild 1: RAID 0

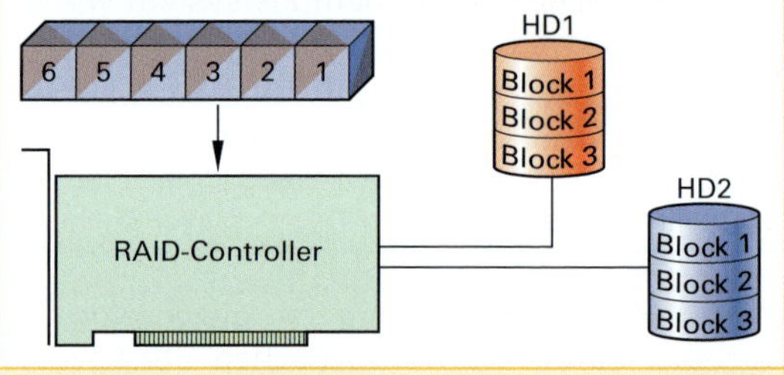

Bild 2: RAID 1, Spiegelung

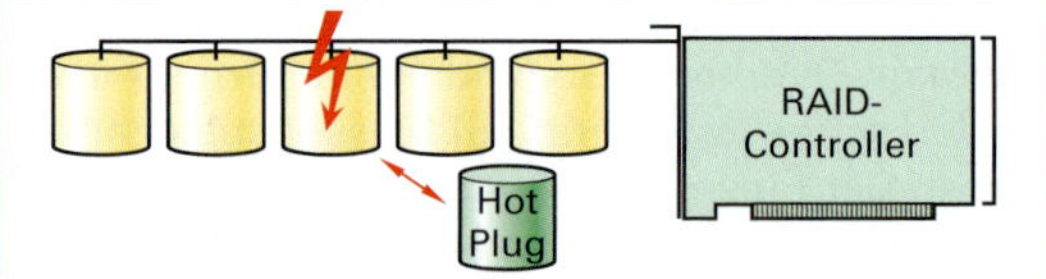

Bild 3: Hot-Plug

Bild 4: Hot-Fix

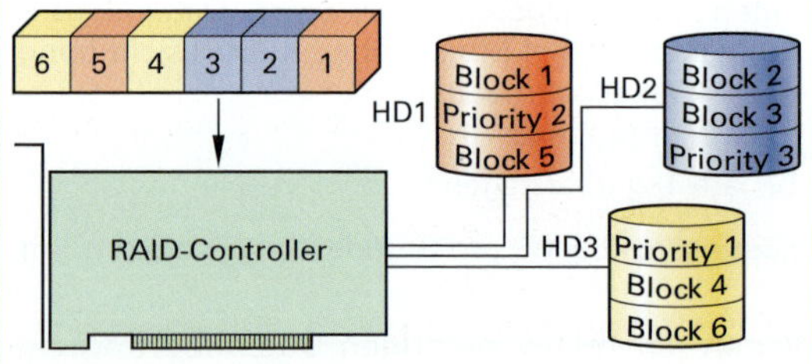

Bild 5: RAID 5

Beispiel 1:
Stellen Sie eine Formel zur Berechung der nutzbaren Festplattenkapazität bei RAID 5 auf.

Lösung: $K_5 = s \cdot (n - 1)$

K_5 = für Daten nutzbare Kapazität bei RAID 5
s = kleinste Platte im Array
n = Anzahl der Platten

RAID 0+1

RAID 0+1 (RAID 10) verbindet Mirroring und Striping (**Bild 1**). Die Hälfte der Gesamtkapazität wird gespiegelt, wodurch sich die hohe Sicherheit der Spiegelung mit der Performance von RAID-0 verbindet. In den meisten Fällen ist dies die schnellste RAID-Lösung.

RAID 5+0

RAID 5+0 (RAID 50) stellt eine Kombination von RAID 5 und RAID 0 dar (**Bild 2**). RAID 50 bietet eine ähnlich gute Performance wie RAID 10. Darüber hinaus steigert sich die Ausfallsicherheit gegenüber einem reinen RAID 5 System. RAID 50 benötigt mindestens 6 Laufwerke.

Beispiel 2:
Stellen Sie eine Formel zur Berechung der nutzbaren Festplattenkapazität bei RAID 50 auf.

Lösung: $K_{50} = s \cdot (n/2 - 1)$

K_{50} = für Daten nutzbare Kapazität bei RAID 5
s = kleinste Platte im Array
n = Anzahl der Platten

Eine Gegenüberstellung der drei grundlegenden RAID Systeme gibt **Tabelle 1** wieder.

Aufgaben

① Berechnen Sie für 5 Festplatten mit 250 GB und 7 Festplatten mit 500 GB jeweils die Gesamtkapazität, die nutzbare Datenkapazität und die Kapazität für die Paritäten bei RAID 5.

② Sie haben 6 Festplatten mit je 250 GB in einem RAID-System.

Berechnen Sie die gesamte Speicherkapazität, die das RAID-System dem Betriebssystem meldet bei:

RAID 0, RAID 1, RAID 5

a) Welcher RAID-Verbund hat die höchste und welcher die geringste Datensicherheit?

b) Welches RAID-System hat die höchste und welches die geringste Performance?

Vertiefung:
Ist ein Backup bei RAID 1 noch nötig?
Auch bei dieser scheinbar ausfallsicheren Lösung muss man sich folgende Fragen stellen:

Was passiert bei Fehlern der Anwender, z. B. irrtümliche Löschung einer Datei? Die beste RAID-Technologie schützt nicht vor diesen Problemen.

Ein sicheres Backup-Konzept ist auch hier absolut notwendig.

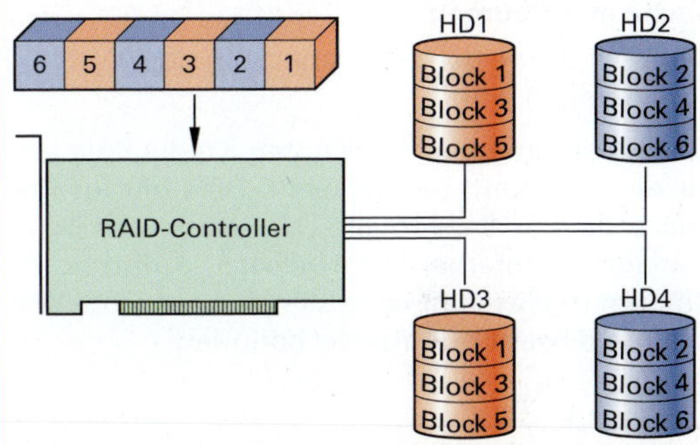

Bild 1: RAID 10

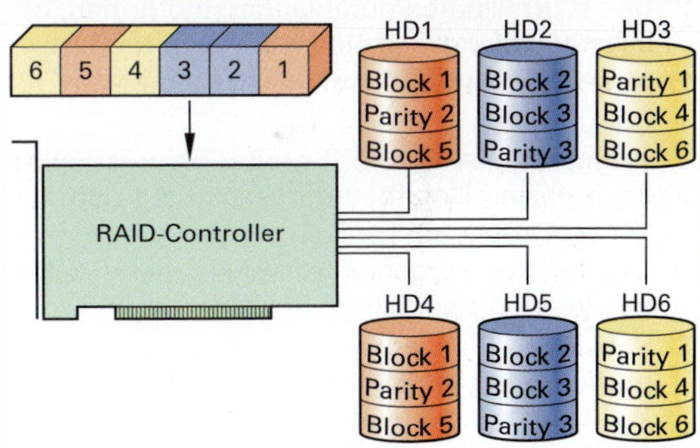

Bild 2: RAID 50

Tabelle 1: RAID-Systeme

System	Kenngrößen
RAID 0	Hoher Datendurchsatz, 100 % Kapazität nutzbar, Keine Sicherheit
RAID 1	Hohe Sicherheit, Kein Perfomancegewinn, 50 % Kapazität nutzbar
RAID 5	Sicherheit, Performancegewinn, > 50 % Kapazität nutzbar

10.6.10 B-Trees

Datenspeicherung in Form eines B-Baumes (B-Trees) wird in Dateisystemen und Datenbanken, die mit großen Datenmengen umgehen müssen, eingesetzt.

Ein Baum besteht aus einem Stamm und Ästen **(Bild 1)**. Beim B-Baum werden diese Knoten und Elemente genannt. Knoten bestehen aus mindestens einem Element **(Bild 2)**. Die Ordnung m gibt die Anzahl der Elemente an. Knoten enthalten außerdem Verweise, welche auf die nächsten Äste zeigen.

Suche in B-Bäumen

Bild 3 zeigt, wie bei der Suche nach dem Wert x=8 vorgegangen wird.

Zuerst wird im aktuellen Knoten Kn die Position j, für die 8 <= Kn[j] gilt, gesucht. Dies gilt für Position 2, da 4 <= 8 <= 14 gilt. Die Suche wird im rot markierten Unterbaum fortgesetzt. Aufgrund der B-Baum-Eigenschaft kann sich der gesuchte Wert 8 nur in diesem Unterbaum befinden.

Beispiel 1:
Formulieren Sie für die Suche in B-Bäumen eine Vorschrift.

Lösung:

1. Den Wurzelknoten durchlaufen und prüfen, ob x kleiner oder gleich einem Element Kn[j] ist.
2. Ist x gleich einem Element, wird der Wert zurückgeliefert.
3. Wenn ein Element Kn[j] größer als x ist, wird im nächsten Unterbaum gesucht, auf den der Verweis zeigt.
4. Das weitere Vorgehen entspricht dem Vorgehen im Wurzelknoten (Punkt 1).
5. Sobald ein Blattknoten erreicht ist, muss überprüft werden, ob x das gesuchte Element ist. Wenn ja, ist das Element gefunden, wenn nein, ist das Element im B-Baum nicht enthalten.

Einfügen in B-Bäume

Ein B-Baum besteht aus den Elementen 3 und 7 und hat die Ordnung m=2 **(Bild 4)**. Nun sollen nacheinander die Elemente 4, 8, 9 und 6 eingefügt werden.

Element 4: Nach der passenden Position für das Element 4 suchen und dieses einfügen.

Danach wird überprüft, ob im Knoten die Ordnung überschritten ist. Wenn die Ordnung nicht überschritten wurde, kann das Element dort bleiben. Sonst muss das mittlere Element einen Knoten nach oben verschoben werden (Schritt c) und dort wieder auf m <= 2 überprüft werden. Evtl. muss rekursiv fortgefahren werden.

Bild 1: Baum

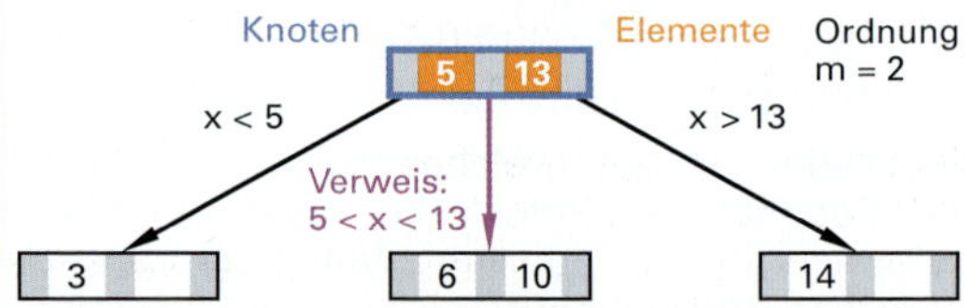

Bild 2: Aufbau eines B-Baums

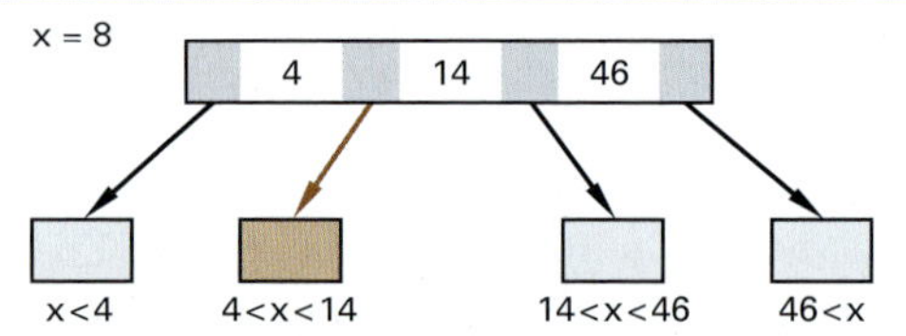

Bild 3: Suchen im B-Baum

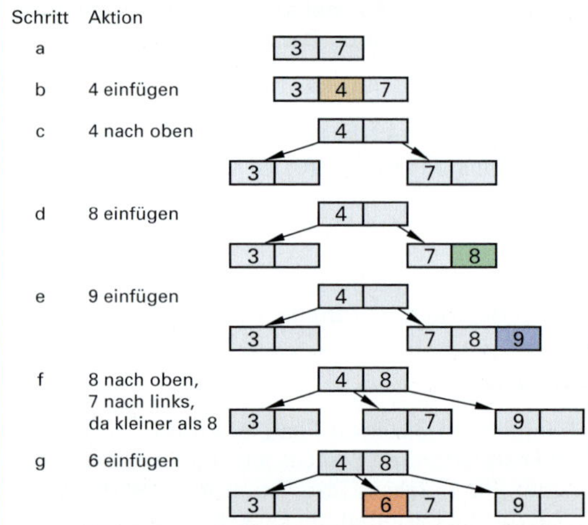

Bild 4: Werte im B-Baum einfügen

Element 8: Nun nach der Position für Element 8 suchen und dieses an der passenden Stelle einfügen (Schritt d). Nach Überprüfung der Ordnung wird mit dem Element 9 fortgefahren (Schritt e). Da die Ordnung überschritten wurde, muss das mittlere Element 8 nach oben verschoben werden. Das hat zur Folge, dass das Element 7 nach links wandert, da es kleiner als 8 ist. Im letzten Schritt wird nun noch ein Platz für das Element 6 gesucht (Bild 4, unten).

10.6.11 Datenrettung

Um die Daten und das System im Notfall wieder herstellen zu können, benötigt man im Vorfeld schon die richtige Strategie und die passenden Speichermedien.

Image
Mit regelmäßigen Backups werden zwar die Daten zuverlässig geschützt, aber das Betriebssystem wird damit nicht geschützt. Wenn das Betriebssystem streikt oder von einer Malware befallen ist, schützt nur ein Systemimage **(Bild 1)** vor einer Neuinstallation.

Neben dem Image, welches sich z. B. auf einer USB-Festplatte befindet, wird noch ein bootfähiges Rettungsmedium benötigt. Unter Windows wird dieses Rettungsmedium Systemreparaturdatenträger **(Bild 2)** genannt und z. B. als bootfähige DVD angelegt. Dieser Datenträger kann mit dem Tool recoverydrive.exe erstellt werden.

Backup
Mit einem Backup werden Daten, wie Musik, Bilder, Textdokumente gesichert. Die Einstellungen dazu finden sich bei Windows unter Update und Sicherheit, Einstellungen **(Bild 3)**. Im einfachsten Fall wird als Backupmedium eine zweite Festplatte gewählt.

Cloud Backup
Neben einer zweiten Festplatte bietet sich auch eine Cloud als Ort für eine Datensicherung an. Je nach Upload-Geschwindigkeit, sollte hierbei auf die zu sichernde Datenmenge geachtet werden. Außerdem analysieren einige Cloudanbieter die hochgeladenen Dateien. Deshalb sollten die Dateien vor dem Upload verschlüsselt werden. Unter Windows kann OneDrive als Cloudspeicher genutzt werden **(Bild 4)**.

NAS Backup
Sollen die Daten z. B. aufgrund des Datenschutzes nicht in einer Cloud abgelegt werden, bietet sich für die Sicherung im Heimnetz ein Network Attached Storage (NAS) als Speicherort an.

Ein NAS wird direkt über einen Switch mit dem Netzwerk verbunden. Dadurch stehen die Daten zentral für alle Nutzer im Netzwerk zur Verfügung. Gleichzeitig kann die NAS für verschiedene Geräte als Backupmedium dienen. Die NAS verfügt über eine eigene Backup Software, welche sich je nach Hersteller unterscheidet.

> 3-2-1 Regel für eine sinnvolle Datenrettung:
>
> 3 Kopien (Backups) auf mindestens zwei verschiedenen Datenträgern, davon eine außer Haus.

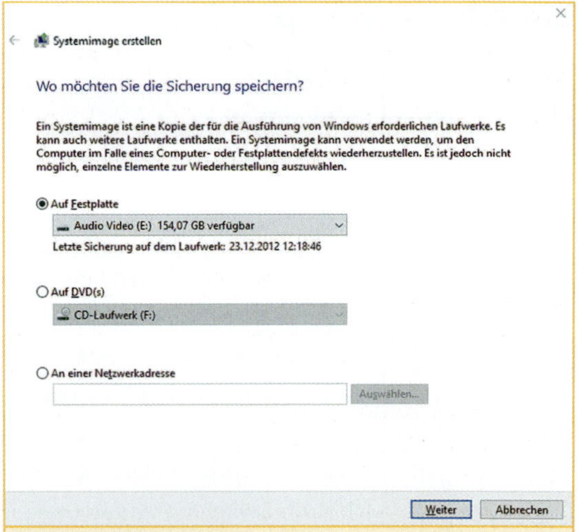

Bild 1: Systemimage

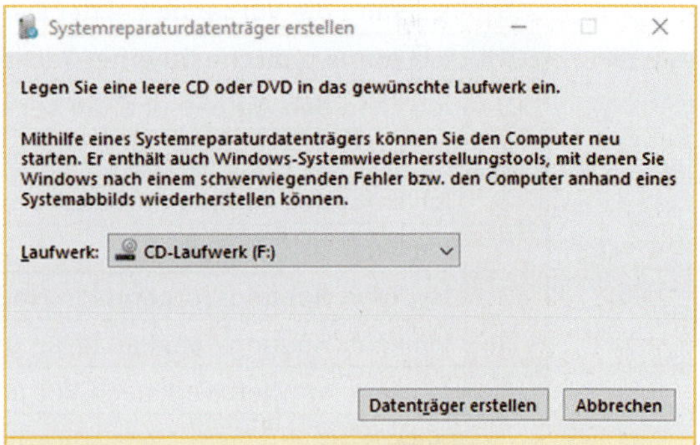

Bild 2: Systemreparaturdatenträger

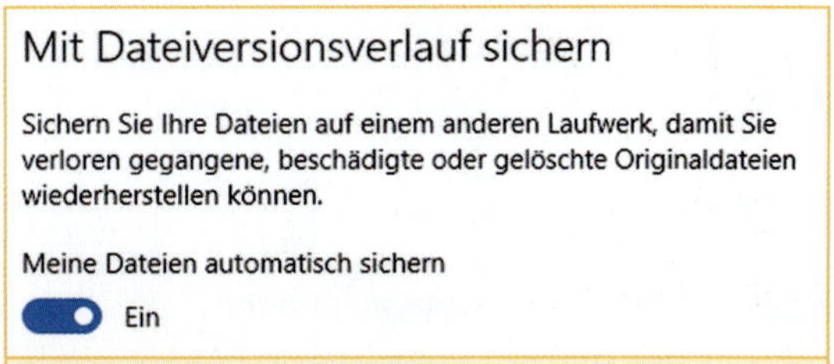

Bild 3: Sicherung

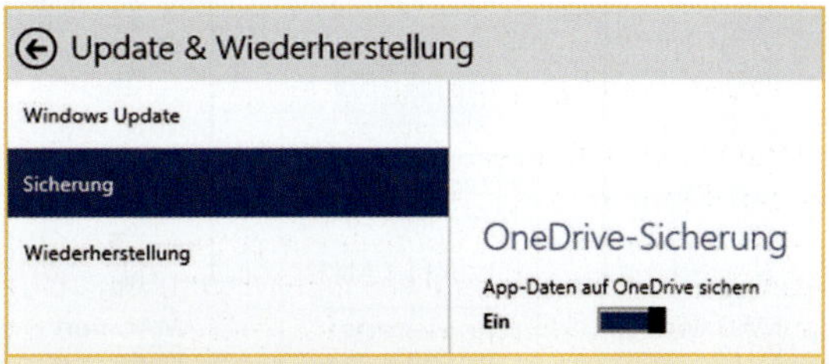

Bild 4: OneDrive-Sicherung

Erwerbbare Kompetenzen

Kapitel 11	Vernetzte Systeme	
	Stufe	**Fachkompetenz**
	1	Ich kann die verschiedenen Aufgaben und Anforderungen von Netzwerken unterscheiden.
	1	Ich kenne Serverdienste und deren Aufgaben.
	3	Ich kann Netzformen beschreiben.
	1	Ich kann Anwendungen begründet den Netzformen zuweisen.
	1	Ich kann logische und physikalische Topologie voneinander unterscheiden.
	1	Ich kenne Übertragungsmedien und deren Aussehen und Einsatzbereiche.
	3	Ich kann Vorteile und Nachteile der typischen Übertragungsmedien nennen.
	1	Ich kann Übertragungsmedien begründet in Linkklassen und Kategorien einteilen.
	1	Ich kenne typische aktive Komponenten und deren Verwendung.
	3	Ich kann Switching und Routing in Netzwerken erklären.
	1	Ich kenne das OSI-7-Schichtenmodell.
	3	Ich kann die Aufgabe der einzelnen OSI-Schichten beschreiben.
	3	Ich kann die Vorgänge bei der Datenkapselung beschreiben.
	1	Ich kenne typische Ethernet-Technolgien.
	3	Ich kann den Aufbau und die Verwendung von IPv4-Adressen beschreiben.
	1	Ich kann das Subnetting durchführen.
	3	Ich kann den Aufbau und die Verwendung von IPv6-Adressen beschreiben.
	3	Ich kann DHCP erklären.
	3	Ich kann Routing-Vorgänge in Netzwerken beschreiben
	3	Ich kann Routing-Tabellen lesen und beschreiben.
	1	Ich kann ein Netzwerk nach Vorgabe planen.

Welche Fachkompetenzen werden hier visualisiert?

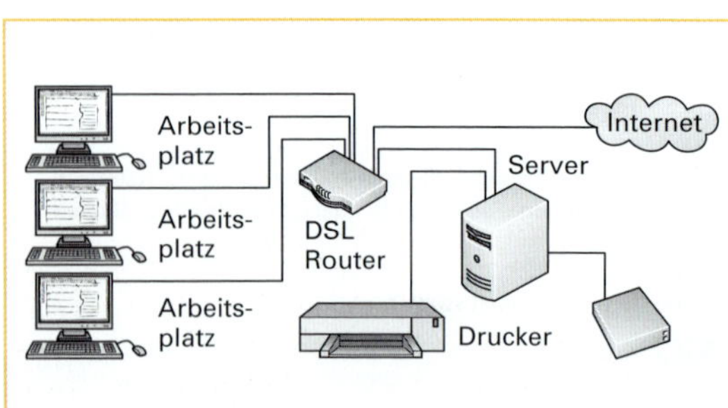

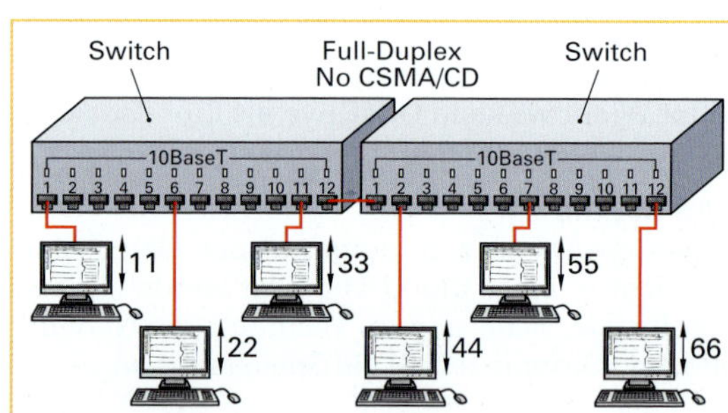

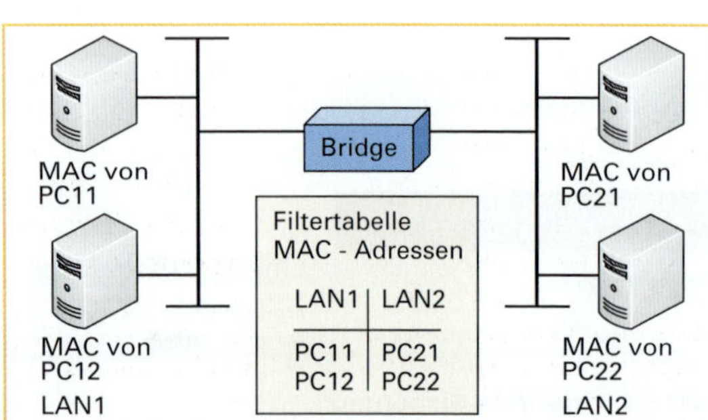

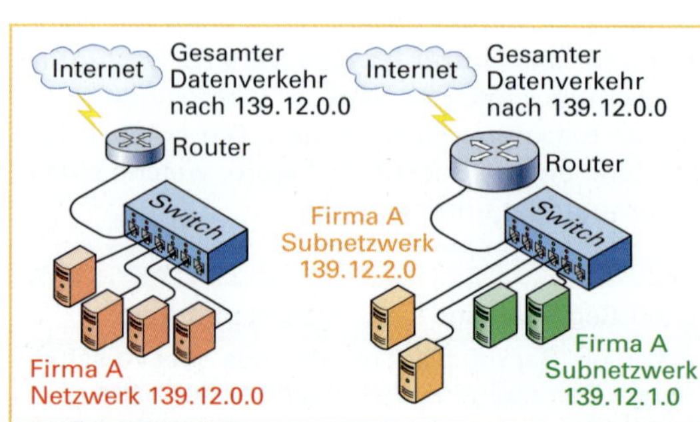

11 Vernetzte Systeme

11.1 Technische und gesellschaftliche Bedeutung

Ein Netzwerk besteht in seiner einfachsten Form aus zwei PCs (**Bild 1**). Sie sind über eine Leitung miteinander verbunden und sind somit in der Lage ihre Ressourcen, z. B. Drucker, Speicher gemeinsam zu nutzen. Ein netzwerkfähiges Betriebssystem ermöglicht den Nutzern die gemeinsame Ressourcennutzung (Ressourcen-Sharing).

Vorteile gegenüber den Einzelplatz PCs:

- zentrale Steuerung von Programmen und Daten,
- Nutzung gemeinsamer Datenbeständen,
- gemeinsame Nutzung der Ressourcen,
- Kosteneinsparung.

Für Unternehmen und Privatpersonen hat die Vernetzung weitreichende Bedeutung.

Die Kommunikation im Unternehmen wird z. B. durch E-Mail, Intranet oder Videokonferenzen optimiert. Mehrere Mitarbeiter können zeitgleich oder zeitversetzt am selben Projekt arbeiten und hierbei über das Netzwerk Daten austauschen.

Privatpersonen haben durch ein weltweites Angebot an Informationen z. B. Zugriff auf Online-Bibliotheken. Auch im Kommunikationsbereich bieten Onlinedienste wie E-Mail, Chat oder Newsgroups die Möglichkeit über das Netzwerk mit anderen Personen in Kontakt zu kommen.

Peer-to-Peer-Netzwerk

In einem Peer-to-Peer-Netzwerk (P2P) ist jeder Computer gleichzeitig Server und Client. Jeder Computer kann den anderen Computern seine Ressourcen zu Verfügung stellen (= freigeben) und gleichzeitig die Ressourcen anderer PCs nutzen.

Einen Netzwerkverwalter und einen zentralen Server gibt es nicht.

> Jeder Netzwerkteilnehmer muss selber bestimmen, welche Ressourcen er freigeben will.

Das Peer-to-Peer-Netzwerk eignet sich für wenige, z. B. 10 Computer. Jeder Nutzer ist für die Administration seines Computers selbst verantwortlich. P2P-Netzwerke sind relativ einfach und kostengünstig aufgebaut. Die Teilnehmer sollten räumlich möglichst dicht beieinander sein. Nachteilig ist die fehlende zentrale Datensicherung. Eine zentrale Benutzerverwaltung ist nicht möglich. PC-Betriebssysteme z. B. Windows XP oder W7, bieten die Möglichkeit, ein P2P-Netzwerk einzurichten.

> **Server**: Ein PC der Dienste im Netzwerk zur Verfügung stellt mithilfe von Server-Software.
> **Client**: Ein PC der Dienste im Netzwerk nutzt.
> **Request**: Anforderung eines Clients an den Server, dessen Dienst er benötigt.
> **Response**: Antwort des Servers auf einen Request

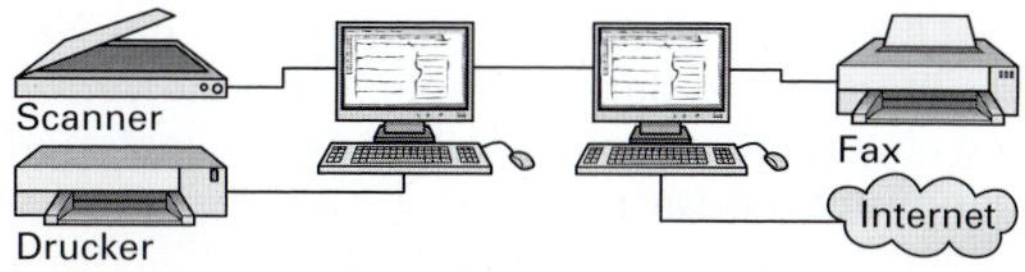

Bild 1: Netzwerk aus 2 PCs

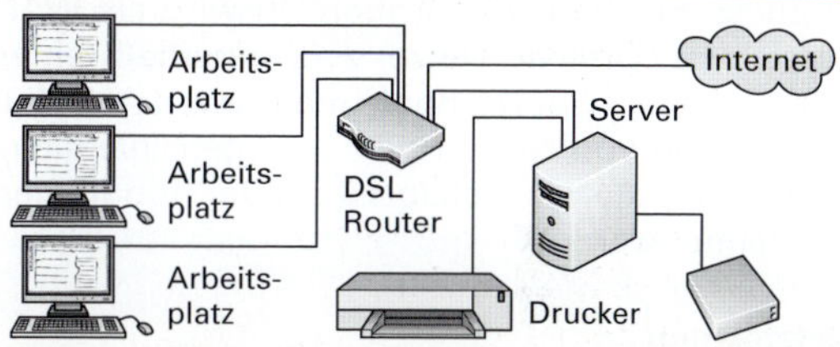

Bild 2: Client-Server-Netzwerk

Tabelle 1: Serverdienste (Beispiele)

Art	Aufgabe, Beschreibung
Fileserver, Dateiserver	ermöglichen die Übertragung von Dateien zwischen Computern.
Datenbankserver	verwalten Datenbanksysteme.
Mailserver	versenden und verwalten E-Mails.
Druckserver	bieten Druckdienste an
Webserver	bieten Webseiten an.

> P2P-Netzwerke eignen sich zum Datenaustausch und Nachrichtenaustausch sowie zur gemeinsamen Nutzung von Ausgabegeräten.

Den Begriff P2P findet man auch im Bereich der Tauschbörsen (Filesharing). Dies sind Systeme, die Dateien untereinander austauschen, z. B. Napster oder Gnutella.

Client-Server-Netzwerk

In einem Client-Server-Netzwerk gibt es einen oder mehrere Server (Anbieter), die Dienste zur Verfügung stellen (**Bild 2**). Die Clients können Dienste von einem Server anfordern, z. B. Drucken einer Datei. Der Serverdienst beantwortet die Anfrage und bietet z. B. den Druckdienst an (**Tabelle 1**).

> Der Begriff Server bezeichnet sowohl den PC, auf dem das Serverprogramm installiert ist, als auch den Serverdienst selbst.

11.2 Netzformen und Topologien

In der Kommunikationstechnik dienen Netze zum Austausch von Daten (**Tabelle 1**). Netze sind durch Leitungen oder Funkverbindungen gebildete Systeme zur Kommunikation zwischen elektronischen Einrichtungen, z. B. Telekommunikationsanlagen, Funkanlagen oder Computer. Die Teilnehmer kommunizieren nicht mehr über eine Übertragungsstrecke, sondern über das Netz. Die Übertragung der Information und die Vermittlung einer Verbindung zwischen den Teilnehmern übernimmt das Netz.

Tabelle 1: Netzbegriffe

Netz	Verbindungssystem zur Kommunikation zwischen elektronischen Einrichtungen.
Host	PC, der an ein Netz angeschlossen ist.
Netzform	Art der Verbindung der elektronischen Einrichtungen.
Festnetz	Aus Leitungen fest verlegtes Netz.
LAN, Local Area Network	Lokales Festnetz, üblicherweise auf einzelne Gebäude beschränkt.
WAN, Wide Area Network	Weitflächiges Netzwerk, das einen großen geografischen Bereich abdeckt. Es verbindet Städte und Länder.

Festnetze

Leitungsgebundene Netze bezeichnet man als Festnetz. Ein Netz im Fernbereich wird als WAN bezeichnet. Örtliche Netze, z. B. innerhalb eines Unternehmens bezeichnet man als LAN. Für den Aufbau von Netzen gibt es unterschiedliche Strukturen, die als Netzformen oder Topologien bezeichnet werden.

Topologien
- Die physikalische Topologie kennzeichnet den realen Aufbau und die Verbindungen eines Kommunikationsnetzes.
- Die logische Topologie kennzeichnet das Zugriffsverfahren, wie ein Teilnehmer den Zugriff zum Netz realisiert.

Netzformen

Die Art der Topologie (Lehre von der Lage und Anordnung) ist von der Anwendung abhängig. In der Praxis sind größere Netze fast immer aus kleineren Einheiten, die sich aus den geografischen oder organisatorischen Randbedingungen ergeben, zusammengesetzt. Aus diesem Grunde ist häufig eine hierarchische Struktur (Anordnung) der Teilnetze anzutreffen.

Bei **Punkt-zu-Punkt-Verbindungen** werden z. B. zwei PCs direkt miteinander verbunden (**Bild 1**). Dies ist die einfachste Verbindungsart. Ständig bestehende Punkt-zu-Punkt-Verbindungen werden als Standleitungen bezeichnet. Sie sind z. B. für Telefonkonferenzen vom Netzbetreiber mietbar.

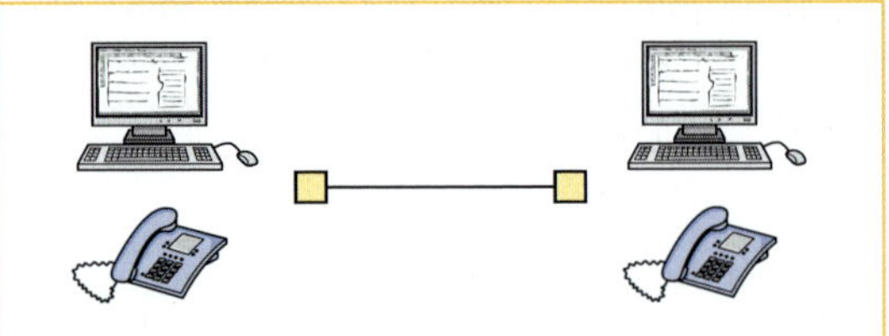

Bild 1: Punkt-zu-Punkt-Verbindung

Die **Busstruktur** verwendet nur ein einziges Übertragungsmedium, an das alle Teilnehmer angeschlossen sind (**Bild 2**). Das Übertragungsmedium, z. B. eine Kabelstrecke, wird auch als Bus bezeichnet. Es wird durch Buszugriffsverfahren den einzelnen Teilnehmern zur Übertragung zugeteilt. Es kann immer nur ein Teilnehmer gleichzeitig senden. Die Signalausbreitung erfolgt ausgehend von der sendenden Station in beide Richtungen. Anwendung findet das Bussystem z. B. bei der ISDN-Übertragung zwischen Netzabschluss und ISDN-Endgerät.

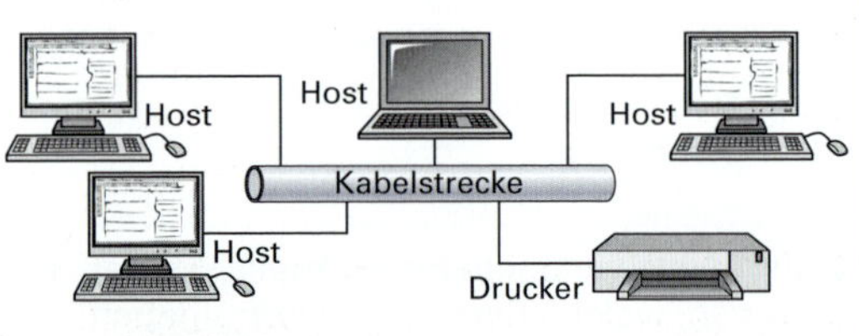

Bild 2: Busstruktur

Die **Baumstruktur** ist eine hierarchische Topologie (**Bild 3**). Ausgehend von einer Wurzel (Zentrale) werden die einzelnen Teilnehmer (Endstellen) über Knoten erreicht.

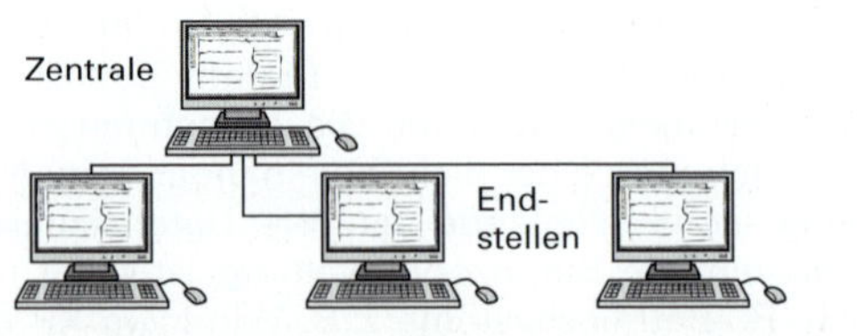

Bild 3: Hierarchische Struktur oder Baumstruktur

Die Baumstruktur erlaubt eine gute Anpassung an bestehende geografische Gegebenheiten. Sie ermöglicht damit die Minimierung von Kabellängen. Ein Ausfall der Zentrale bedeutet einen Signalausfall bei allen Endstellen.

Bei einer **vermaschten Struktur** besteht zwischen zwei Stationen mindestens ein Pfad (**Bild 1**). Die Verbindungswege werden kürzer, der Verkabelungsaufwand nimmt jedoch stark zu. Ein Sonderfall ist die vollständig vermaschte Topologie (fully meshed), bei der jede Station eine direkte Verbindung mit allen anderen Stationen hat. Diese Struktur ist ausfallsicher, weil im Störungsfall ein anderer Weg zu einer Gegenstelle führt. Im Internet hat z. B. jeder PC eigene Verbindungen zu allen anderen PCs.

Stadtnetze oder Firmennetze sind oft als Sternnetze aufgebaut. Alle Teilnehmer werden über ein zentrales Gerät (= Sternverteiler) angeschlossen. Bei Ausfall eines Teilnehmers bleiben die anderen Teilnehmer betriebsbereit. Ein Ausfall der Zentrale setzt das gesamte Teilnetz außer Betrieb. Die Sterntopologie verbindet alle Kabel mit einem zentralen Mittelpunkt z. B. Hub, Switch (**Bild 2**). Die erweiterte Sterntopologie (extended star) verknüpft einzelne Sterne miteinander. So lässt sich die Länge und Größe des Netzes erweitern.

Bei einer Ringtopologie (**Bild 3**) ist jede Endeinrichtung mit jeweils zwei anderen Endeinrichtungen verbunden. Verbindungen werden bis zur Empfangsgegenstelle im Ring geführt (**Tabelle 1**). Jede Endeinrichtung übernimmt hierbei die Verbindungsfunktion und Weiterleitfunktion.

> Die Topologie eines Netzes wird nach Art der Anwendung, Datenübertragungsmenge und Netzverfügbarkeit gewählt.

11.3 Übertragungsmedien

Bei den Übertragungsmedien unterscheidet man leitungsgebundene und nicht-leitungsgebundene Übertragung (WLAN). Für die leitungsgebundene Übertragung verwendet man z. B. Koaxialkabel, Twisted-Pair-Kabel oder Lichtwellenleiter.

Koaxialkabel

Koaxialkabel, sind zweipolige Kabel mit konzentrischem Aufbau. Sie bestehen aus einem Innenleiter und einem in konstantem Abstand um den Innenleiter angebrachten Außenleiter. Der Zwischenraum besteht aus einem Isolator, dem Dielektrikum. Der Außenleiter ist durch einen isolierenden und wasserdichten Mantel nach außen hin geschützt (**Bild 4**). Koaxialkabel werden in der LAN-Technik nicht mehr verwendet.

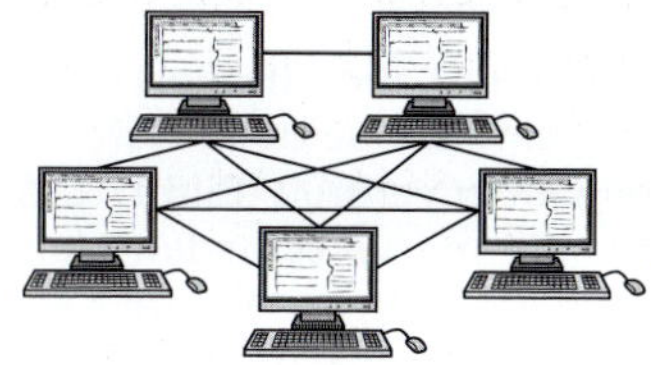

Bild 1: Vermaschte Struktur

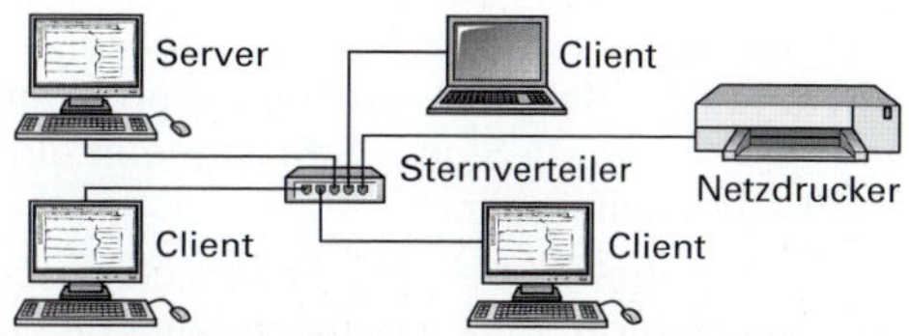

Bild 2: Sterntopologie oder Sternnetz

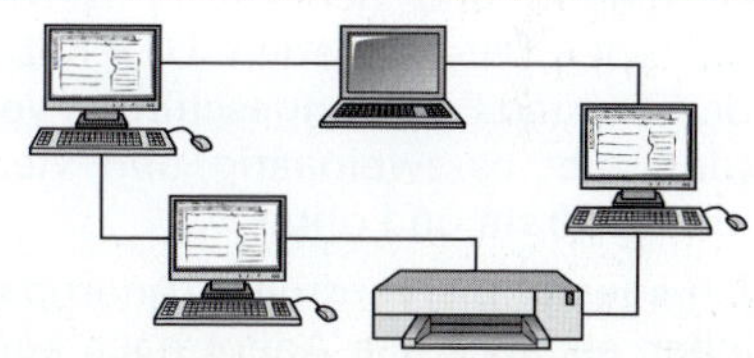

Bild 3: Ringtopologie

Tabelle 1: Vorteile und Nachteile der meist verwendeten Netztopologien

Topologie	Vorteil	Nachteil
Bus	Einfacher Aufbau, einfacher Betrieb.	Leitungsausfall bedeutet Netzausfall.
Ring	Geringer Verkabelungsaufwand, garantierte Übertragungsrate, keine Kollisionen.	Leitungsausfall oder Stationsausfall bedeutet Netzausfall.
Stern	Relativ hohe Ausfallsicherheit, leichte Erweiterbarkeit, einfache Verkabelung.	Ausfall des Sternverteilers bedeutet Netzausfall.

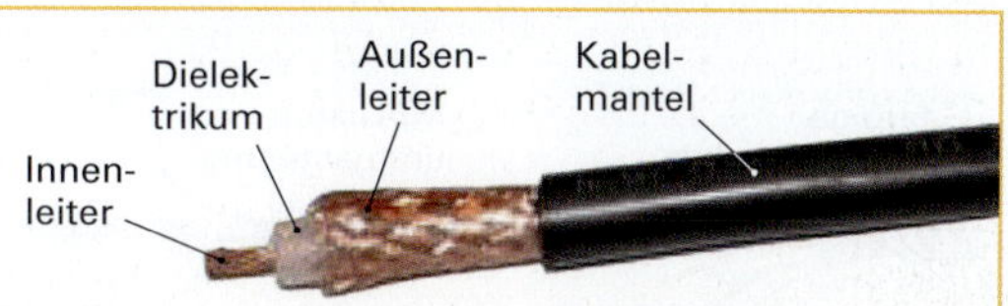

Bild 4: Koaxialkabel

Twisted-Pair-Kabel

Beim Twisted-Pair-Kabel (Kabel mit verdrillten Adernpaaren) sind die beiden Adern eines Adernpaares miteinander verdrillt (**Bild 1**). Die einzelnen Adernpaare sind mit verschieden starker Verdrillung, der Schlaglänge, in einem Kabel verseilt. Verdrillte, verseilte Adernpaare bieten Schutz gegen den störenden Einfluss von äußeren magnetischen Wechselfeldern.

Die Verdrillung der Adernpaare reduzieren dabei ein Nebensprechen zwischen benachbarten Adernpaaren im Kabel. Beim Nebensprechen induziert das sendende Signal Störungen in einem benachbarten Leiterpaar.

Geschirmte Kabel gibt es mit Folienschirm oder mit Geflechtschirm. Eine elektrisch leitende Folie, meist aus Aluminium oder Kupfergeflecht, bietet zusätzlich Schutz gegen EMI.

Je nach Isolation und Schirmung werden verschiedene Typen unterschieden. UTP-Kabel (von Unshielded Twisted Pair = ungeschirmte verdrillte Doppelader) gibt es zweipaarig und vierpaarig (**Bild 2**), mit Beidraht und ohne.

Es werden sowohl die verdrillten Adernpaare gegeneinander, als auch alle Adern nach außen geschirmt (**Tabelle 1**).

RJ-45-Buchsen und RJ-45-Stecker

Twisted-Pair-Kabel verwenden für den Anschluss an die Netzwerkkarte des PCs oder an den Verteiler RJ-45-Stecker (von Regular Jack = genormter Stecker, **Bild 3**), an der Netzwerkkarte befindet sich entsprechend eine RJ-45-Buchse.

Schirmung, auch Abschirmung ist eine Maßnahme gegen elektromagnetische Störungen (EMI, von Electromagnetic Interference). Die Abhörsicherheit wird erhöht. Wechselwirkungen mit anderen Kabeln und Geräten werden vermindert.

Tabelle 1: Twisted-Pair-Kabel

Kabeltyp	Vorteile	Nachteile	Einsatz
UTP	Geringe Kosten, kleine Durchmesser und geringes Gewicht.	Hohes Nebensprechen	ISDN, Ethernet, Fast-Ethernet
S/UTP ScTP FTP	Verbesserte EMV-Eigenschaften	Hohes Nebensprechen	ISDN, Ethernet, Fast-Ethernet
STP S/STP	Geringes Nebensprechen	Höhere Kosten	Fast-Ethernet, Gigabit-Ethernet

S Shielded = geschirmt
U Unshielded = ungeschirmt
TP Twisted Pair = verdrillte Doppelader
Sc Screened = mit Geflecht ummantelt
F Foiled = mit Folie ummantelt
S/S Shielded/Shielded = Einzelschirm und Gesamtschirm

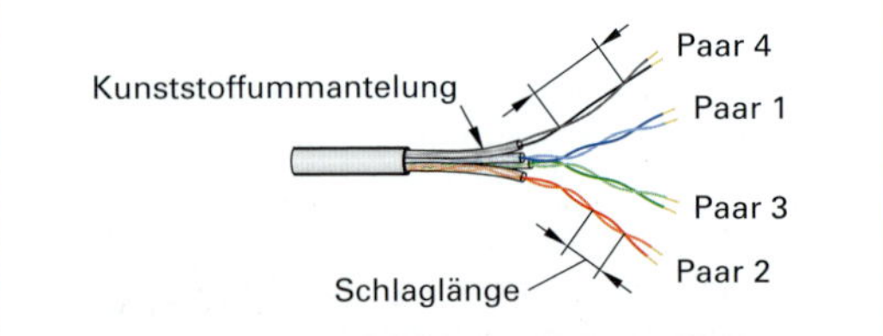

Bild 1: Twisted-Pair-Kabel

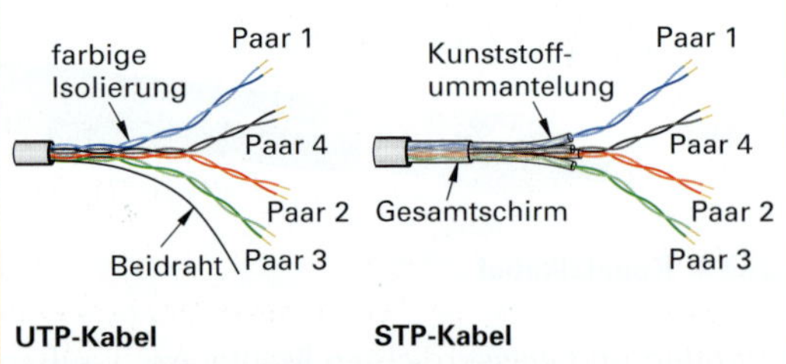

Bild 2: UTP-Kabel und STP-Kabel

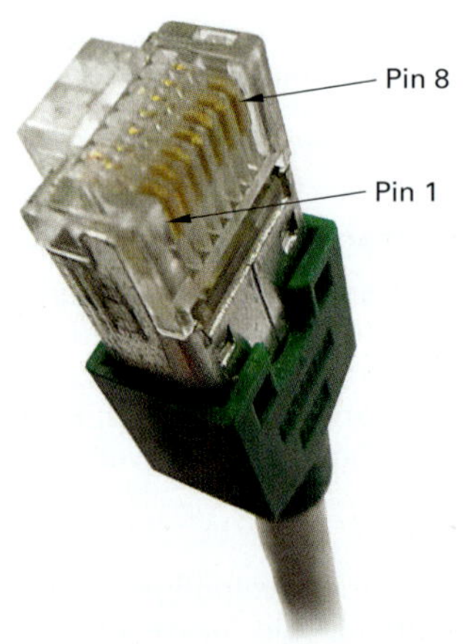

Bild 3: RJ-45-Stecker

Lichtwellenleiter

Lichtwellenleiter (LWL) verwenden zur Signalübertragung sichtbares Licht oder infrarote Strahlung. Das Signal wird in einer Quarzglasfaser oder Kunststofffaser (POF = Polymeroptische Faser) geführt, die mit einem Glas niedrigerer Brechung ummantelt ist. Die Faser besteht aus einem Kern (core), einem Mantel (cladding) und einer Schutzbeschichtung (coating oder buffer, **Bild 1**). Durch Reflexion und Brechung am Cladding werden die Lichtpulse im Innenleiter (Kern) geführt.

Je nach Verlauf der Brechzahl n zwischen Kern und Mantel werden Multimodefasern und Monomodefasern unterschieden (**Bild 2**). Im LWL-Kabel werden mehrere Fasern zusammengefasst (**Bild 3**). Bei Glasfaserkabeln ist die nutzbare Bandbreite umgekehrt proportional zur Entfernung. Das Bandbreiten-Längenprodukt BL (bandwidth-length-product = Produkt aus Bandbreite und Länge) ist ein Maß für die Qualität des LWL. Das BL ist hauptsächlich von der Art des verwendeten LWL abhängig.
Typische Bandbreiten-Längenprodukte:

- 100 MHz · km für Stufenindex-Multimode-Fasern,
- 1 GHz · km für Gradientenindex-Multimode-Fasern und
- 10 GHz · km für Stufenindex-Monomode-Fasern.

Beispiel 1:
Welche Bandbreite kann man bei einem Bandbreiten-Längenprodukt von 625 MHz · km über eine Übertragungsstrecke von 5 km realisieren?

Lösung: $B = \frac{BL}{l} = \frac{625\text{ MHz} \cdot \text{km}}{5\text{ km}} = 125\text{ MHz}$

LWL-Duplexfaser

Zur Duplexübertragung, d. h. gleichzeitig empfangen und senden, braucht man zwei LWL (**Bild 4**).

LWL-Stecker

Stecker ermöglichen bei Bedarf eine lösbare Verbindung zwischen zwei Fasern oder einer Faser und einer Netzwerkkomponente mit LWL-Adapter.

SC-Stecker (von subscriber channel = Teilnehmer Kanal) sind einzeln oder als Duplexeinheit verfügbar (**Bild 5**). SC-Stecker sind durch eine Nut gegen falsches Stecken gesichert und besitzen eine automatische Verriegelung. ST-Stecker (von straight tip = gerades Stück) haben einen Bajonett-Verschluss ähnlich BNC.

Die Stecker und Buchsen werden mit der Faser verschraubt, verklebt oder mit Spezialzangen verpresst.

Vorteile von LWL
- hohe Bitraten (Gigabit- bis Terabit-Bereich).
- sehr große Reichweiten durch geringe Dämpfung.
- kein Nebensprechen (ungewollte Signaleinstreuung auf benachbarte Fasern).
- keine Beeinflussung durch äußere elektrische oder elektromagnetische Störfelder (EMV).
- keine Erdung nötig.

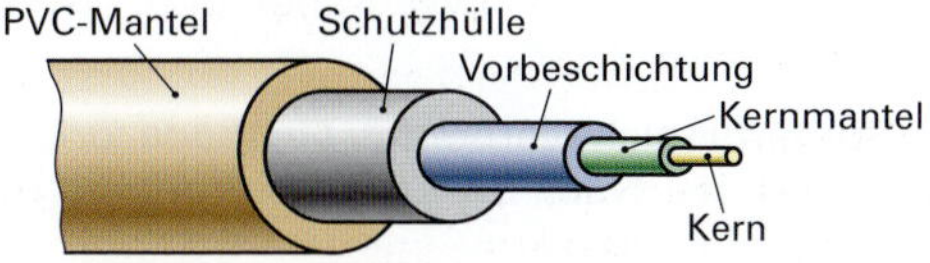

Bild 1: Aufbau eines LWL

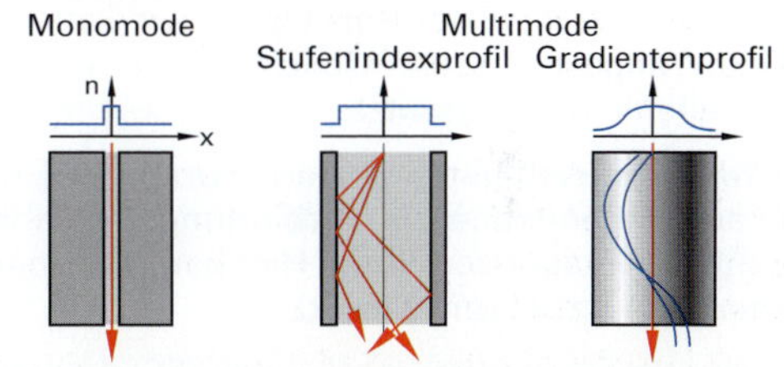

Bild 2: Wellenausbreitung und Modearten bei LWL

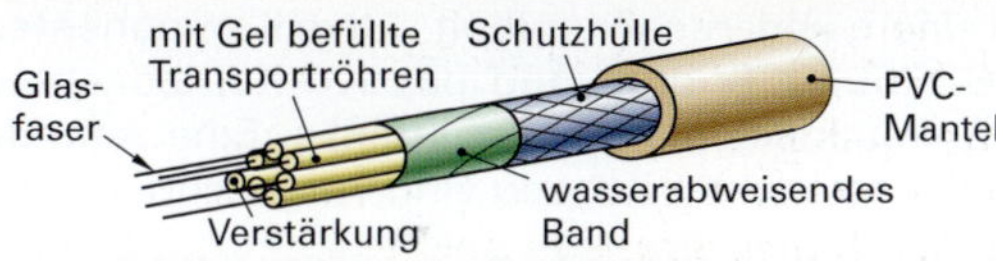

Bild 3: LWL-Kabelaufbau

Bild 4: LWL-Duplexfaser

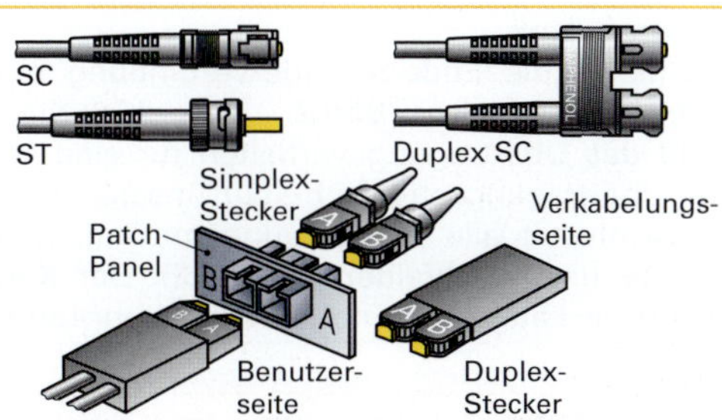

Bild 5: LWL-Stecker

Aufgaben

① Nennen Sie typische Topologien und skizzieren Sie deren Aufbau.

② Beschreiben Sie den Aufbau von Twisted-Pair-Kabeln.

③ Beschreiben Sie den Aufbau eines Lichtwellenleiters.

11.4 Strukturierte Verkabelung

Strukturierte Verkabelung erfolgt innerhalb der Hierarchieebenen Primärbereich, Sekundärbereich und Tertiärbereich. Diese werden in horizontale und vertikale Verkabelungsbereiche gegliedert (**Bild 1**). Eine strukturierte Verkabelung integriert alle LAN-Konzepte und auch WAN-Dienste z. B. Videoübertragung.

Auf den einzelnen Ebenen werden unterschiedliche Kabelarten z. B. LWL-Kabel oder Twisted-Pair-Kabel, verwendet.

Der **Primärbereich** verbindet Gebäude oder Firmen Standorte. Nach EN 50173 beträgt die maximale Ausdehnung 3 km.

Der **Sekundärbereich** verbindet einzelne Etagenverteiler mit den Gebäudeverteilern. Einzelne Stockwerke werden sternförmig an den Gebäudeverteiler angeschlossen. Üblicherweise werden Lichtwellenleiter eingesetzt.

Der **Tertiärbereich** hat eine sternförmige Verkabelung auf Etagenebene, zur Verbindung der Endgeräte mit den Etagenverteilern. Hier kommen meist Twisted-Pair-Kabel zum Einsatz.

Der Verteilerraum (Raum für den Etagenverteiler, bzw. Raum für den Gebäudeverteiler) ist der Übergabepunkt von einem Verkabelungsbereich zu einem anderen. Er enthält aktive Komponenten z. B. Router, Bridges und passive Komponenten z. B. Patchfelder, Verteilerschränke. Eine zentrale Lage und leichter Zugang sind vorgeschrieben.

LAN-Verkabelungstechnik

Kabel-Kategorie

Nach Norm ISO/IEC 11801 dient die Kategorie zur Klassifizierung von verdrillten Kabeln (Twisted-Pair-Kabeln). In jeder Kategorie sind die Übertragungseigenschaften z. B. Bitrate der TP-Kabel festgelegt (**Tabelle 1**).

Linkklasse, Link

Ein Link ist die Ende-zu-Ende-Verbindung einer Übertragungsstrecke (**Bild 2**). Die Link-Klasse enthält das Übertragungsverhalten für eine komplette Übertragungsstrecke bis zur Anschlussdose. Dies beinhaltet alle Übertragungsmedien, Steckelemente und Patchfelder (**Tabelle 2**). Der Kanal definiert die Länge von Endgerät zu Übertragungsgerät.

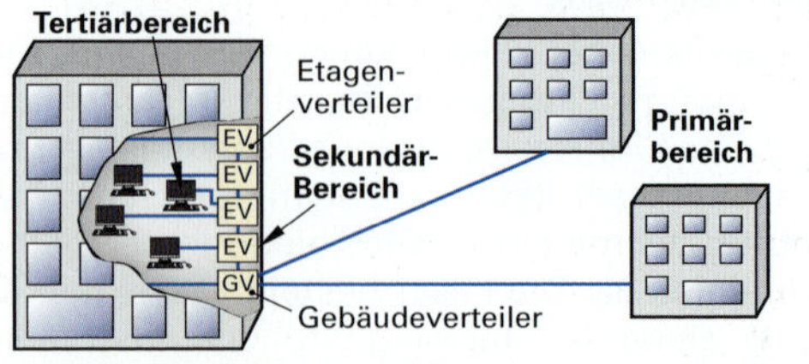

Bild 1: Strukturierte Verkabelung

Tabelle 1: Kabelkategorien, cable categories, Cat

Cat	Beschreibung	Bitrate
1	Kabel für analoge Sprachübertragung	< 1 Mbit/s
2	Kabel für mittlere Entfernungen z. B. ISDN	< 4 Mbit/s
3	UTP/STP Kabel für z.B. Ethernet 10 Base-T	bis 10 Mbit/s
4	UTP/STP Kabel für z.B. Ethernet	bis 20 Mbit/s
5	UTP/STP Kabel für z.B. Ethernet	bis 100 Mbit/s
6	UTP/STP Kabel für z.B. Ethernet	bis 200 Mbit/s
7	UTP/STP Kabel für z.B. Ethernet	bis 600 Mbit/s
8	S/FTP Kabel für z.B. Ethernet	bis 40 Gbit/s

Tabelle 2: Linkklassen

Klasse	Beschreibung	Übertragungsfrequenz
A	Niedrige Datenraten und Frequenzen z. B. ISDN Basisanschluss	100 kHz
B	Sprachanwendungen z. B. ISDN	1 MHz
C	Sprach- und Datenübertragung z. B. 10 Base-T	16 MHz
D	Sprach- und Datenübertragung z. B. Fast Ethernet	100 MHz
E	Sprach- und Datenübertragung z. B. Multimedia	200 MHz
F	Sprach- und Datenübertragung	600 MHz
G	Sprach- und Datenübertragung	bis 2000 MHz

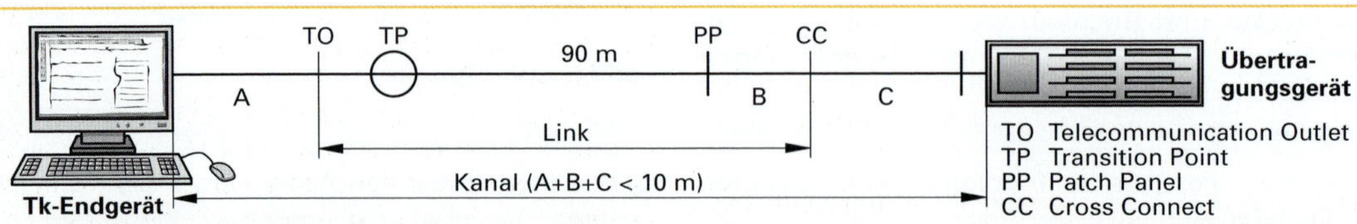

Bild 2: Definition von Link und Kanal

11.5 Aktive Netzwerkkomponenten

Aktive Netzwerkkomponenten sind Geräte, die mit elektrischer Energie versorgt werden (**Tabelle 1**).

Netzwerkkarte

Eine Netzwerkkarte (NIC von Network Interface Card) ist eine Steckkarte, die auf dem Motherboard in einen Erweiterungssteckplatz gesteckt wird. Eine Netzwerkkarte kann auch auf dem Motherboard integriert sein (onboard). Mithilfe der Netzwerkkarte und z. B. einem RJ-45-Kabel können Komponenten verbunden werden. Die Netzwerkkarte stellt eine Verbindung zwischen Rechner und Netzwerkmedium her.

Netzwerkkarten verfügen über eine Netzwerkschnittstelle, welche für den jeweiligen Netzwerktyp bzw. die Netzwerk-Architektur ausgelegt ist, und eine Bus-Schnittstelle, welche an die jeweilige Computer-Architektur angepasst ist.

Jede Netzwerkkarte hat eine eindeutige, 6 B große MAC-Adresse (von Media Access Control-Adresse, **Bild 1**). Mit der MAC-Adresse wird die Datenkommunikation des PCs im Netz gesteuert.

Netzwerkkarten werden der OSI-Schicht 2 zugeordnet. Die Netzwerkkarte steuert den Zugriff des Hosts auf das Netzwerkmedium.

In der Netzwerktechnik werden oft Symbole für die Darstellung von Komponenten verwendet (Tabelle 1).

Repeater

Mit Repeatern (Signalregenerator) werden Signale regeneriert, verstärkt und synchronisiert. Die räumliche Ausdehnung eines Netzwerkes kann mithilfe von Repeatern erweitert werden.

Repeater haben zwei Anschlüsse (Ports), von denen einer als Eingangs- und der andere als Ausgangsport bezeichnet wird.

Repeater arbeiten nur auf Bitebene und werten keine anderen Daten aus.

Hub

Ein Hub wird auch als Multiport-Repeater bezeichnet. Ein Sendesignal am Port 1 wird an allen angeschlossenen Ports 2 bis Port 8 verstärkt und regeneriert ausgegeben (**Bild 2**).

Beim Ausfall eines einzelnen Kabels kann das gesamte Netz ohne Unterbrechung weiterarbeiten. Hubs werden der OSI-Schicht 1 zugeordnet.

> Hubs können wegen der Datenlaufzeiten in einem Ethernet nicht beliebig oft hintereinander geschaltet (kaskadiert) werden.

> Der Betriff Segment hat je nach OSI-Schicht verschiedene Bedeutungen:
> **OSI-Schicht 1**: die gemeinsame Leitung = Kollisionsdomäne.
> **OSI-Schicht 2**: die Netze an den Schnittstellen (Interfaces).
> **OSI-Schicht 3**: Segment gleichbedeutend mit einem Subnetz oder einem Gesamtnetz.

Tabelle 1: Symbole für Netzwerkkomponenten

 Verstärker, Repeater	 Hub, Multiport-Repeater
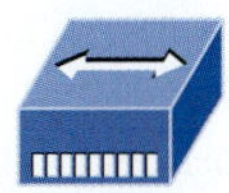 Hub	 Brücke, Bridge
 Schalter, Switch	 Router

0011E3AB4DEF

3 B für Herstellerkennung z. B. 3 COM | 3 B für Seriennummer der Karte

Bild 1: Aufbau einer MAC-Adresse

Bild 2: Hub

Die maximale Round-Trip-Delay-Time (RTDT, Rundlaufverzögerungszeit) darf nicht überschritten werden. Die RTDT ist die Zeit, die ein Netzwerkpaket benötigt, um von einem Ende des Netzes zum anderen Ende des Netzes zu gelangen – und umgekehrt. Dies wird als 5-4-3-Regel bezeichnet. Es dürfen maximal 5 Segmente mit 4 Hubs verbunden werden. Nur in 3 Segmenten dürfen Geräte angeschlossen sein.

Bridge

Eine Bridge verbindet zwei LAN-Segmente (Teilnetze) miteinander (**Bild 1**). Die beiden verbundenen Segmente bilden hierbei zwei Kollisionsdomänen. Der Verkehr in einem LAN wird anhand der MAC-Adressen gefiltert. Die Bridge stellt sicher, dass sich lokaler Datenverkehr auch nur innerhalb lokaler Grenzen bewegt. Jedes Teilnetz empfängt nur die Pakete, deren Empfänger sich auch in diesem Netz befindet. Gleichzeitig ermöglicht sie aber die Verbindung zu anderen Teilen (Segmenten) des LANs für Daten, die dorthin gesendet wurden.

Die Bridge speichert welche MAC-Adressen sich an welchem Anschluss befinden und trifft Entscheidungen auf der Basis der Filtertabelle.
Da Bridges MAC-Adresse verwenden, werden sie der Schicht 2 zugeordnet.

Switch

Ein Switch wird auch als Multiport-Bridge bezeichnet (**Bild 2**). Die MAC-Adressen und der zugehörige Port werden in der Filtertabelle (SAT von Source-Address-Table), die sich im RAM-Speicher befindet, verwaltet. Netzwerkpakete (Frames) werden nur an den Port weitergeleitet, der für die entsprechende Zieladresse in der Filtertabelle gelistet ist und an den der entsprechende Host angeschlossen ist.

- Switches tragen entscheidend zu einer höheren Effizienz von lokalen Netzen bei.
- Switches ermöglichen den Anschluss vieler Geräte an einen Punkt im Netz.
- Ein Switch leitet Datenpakete mit der gesamten Bitrate (Bandbreite) von den Eingängen an die Ausgänge weiter.

Gibt es in der Filtertabelle keine passenden Einträge, wird der Frame an alle angeschlossenen Ports weitergeleitet (Flooding).

> Die Verzögerungszeit, die ein Switch zur Weiterleitung braucht, bezeichnet man als Latenz (latency). Die Latenz wird in Bit angegeben.

Switching-Operationen

Die Weiterleitung von Daten kann beim Switch auf unterschiedliche Arten erfolgen (**Bild 2**).

Beim Cut-Through-Verfahren liest der Switch beim eingetroffenen Frame nur die Ziel-MAC-Adresse, trifft eine Forwarding-Entscheidung und schickt den Frame entsprechend weiter. Es findet keine Fehlerüberprüfung statt. Die Latenz ist sehr gering.

> **Kollisionsdomäne:**
> der Bereich eines Netzwerkes, in dem bei gleichzeitigem Senden zweier Stationen Kollisionen auftreten. Kollisionen entstehen, da beide Stationen auf einem gemeinsamen physikalischen Medium (Kabel) senden.

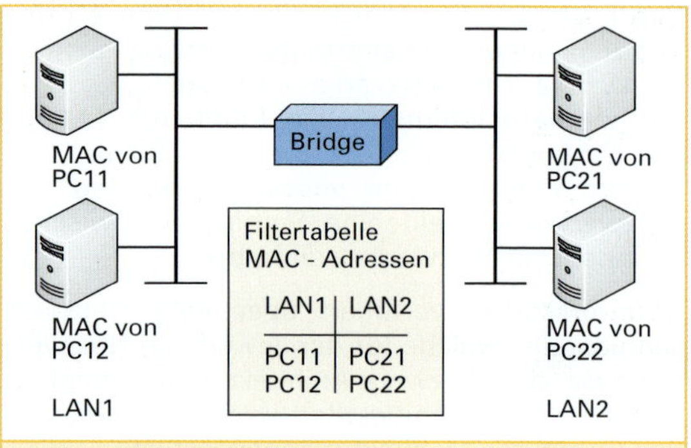

Bild 1: Netzwerk mit Bridge

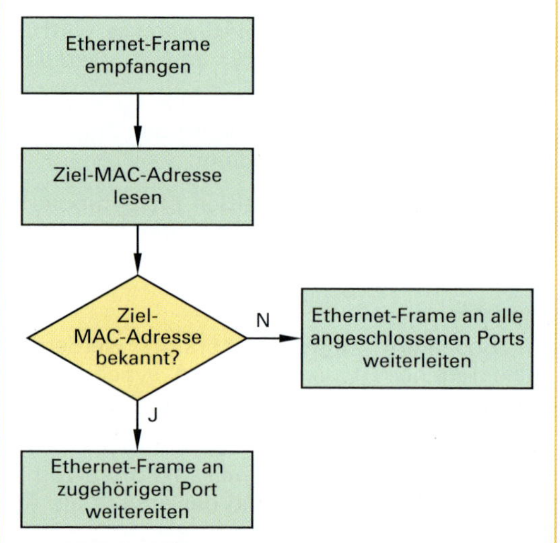

Bild 2: Switch-Operationen

Beim Store-and-Forward-Verfahren wird der ganze Frame empfangen (Store). Die Forwarding-Entscheidung wird anhand der Ziel-MAC-Adresse getroffen. Der ganze Frame wird anhand des CRC-Wertes auf Fehler überprüft Bei Fehlern wird der Frame verworfen. Die Latenz ist so groß wie das gesamte Datenpaket lang ist.
Das Fragment-Free-Verfahren ist schneller als Store-and-Forward, aber langsamer als Cut-Through. Geprüft wird lediglich, ob ein Frame die angegebene Länge in Bytes hat. Weitergeleitet wird ohne eine CRC-Prüfung. Fragmente sind meist „Trümmer" einer Kollision, die kein sinnvolles Paket mehr ergeben.

Router

Der Router ist ein Gerät, das Netzwerke miteinander verbindet (**Bild 1**). Dies entspricht der OSI-Vermittlungsschicht 3. Vermittlungsentscheidungen werden auf der Grundlage von IP-Adressen getroffen (im Gegensatz zum Switch, der MAC-Adressen der Schicht 2 nutzt).
Der Router leitet Pakete weiter (Pakete werden geroutet) oder er blockt diese. Weitergeleitete Pakete gelangen entweder in ein direkt angeschlossenes Zielnetz (auch Ziel-Subnetz) oder werden zu einem, ebenfalls in einem direkt angeschlossenen Netz liegenden, weiteren Router weitergereicht.
Router können verschiedene Technologien der Schicht 2, z. B. Ethernet, Token-Ring und FDDI, verbinden.

Ein Router überprüft ankommende Datenpakete (Schicht-3-Daten), wählt den besten Pfad innerhalb des Netzes (Routing) und leitet sie dann zum richtigen Ausgangsport weiter (Switching).

Ein Router hat verschiedene Arten von Schnittstellenanschlüssen, z. B.
- serielle Anschlüsse für WAN-Verbindungen,
- FastEthernet Ports zur Verbindung mit dem LAN,
- Console Ports zur direkten Verbindung mit einem PC,
- Auxiliary Ports zur Verbindung mit einem Modem

und meist einen Ein-Aus-Schalter sowie einen Anschluss für das Stromnetz (**Bild 2**).

Bei Verbindung mit anderen Netzen kennzeichnen LEDs an den entsprechenden Ports den Status der Verbindung.
Folgende Statusmeldungen sind üblich:
- Blinkende LED kennzeichnet die Aktivität der zugehörigen Schnittstelle.
- LED AUS bei aktiver und korrekt verbundener Schnittstelle, deutet auf ein Konfigurationsproblem hin.
- LED AN, Schnittstelle ist extrem belastet, die LED bleibt dauernd an.
- Eine grüne LED leuchtet nach korrekter Initialisierung des Systems, d. h. alles OK.

Die Direktverbindung Router mit PC zur einfachen Routerkonfiguration erfolgt z. B. mit einem Konsolenkabel oder Rollover Cable, das vom Hersteller geliefert wird (**Bild 3**). Mit derselben Leitung kann der Router mit einem Modem verbunden werden (**Bild 4**).

Anhand von Routing-Protokollen, z. B. RIP, tauschen Router Informationen über angeschlossene Netzwerke und Pfade untereinander aus. Beim Eintreffen von Datenpaketen bestimmt ein Router den Weg zum Ziel und damit die passende Schnittstelle, über welche er die Daten weiterleitet. Es kann auch eine Default-Route in der Routingtabelle festgelegt sein, diese verbindet meist mit einem Router höherer Ordnung (Standard-Gateway oder Default-Gateway).

Routen = Weiterleiten von Datenpaketen

Routing-Protokolle, z. B. RIP, sind Protokolle, mit denen Router untereinander Informationen austauschen.

Geroutete Protokolle, z. B. TCP/IP, sind Protokolle, deren Datenpakete von Routern weitergeleitet werden.

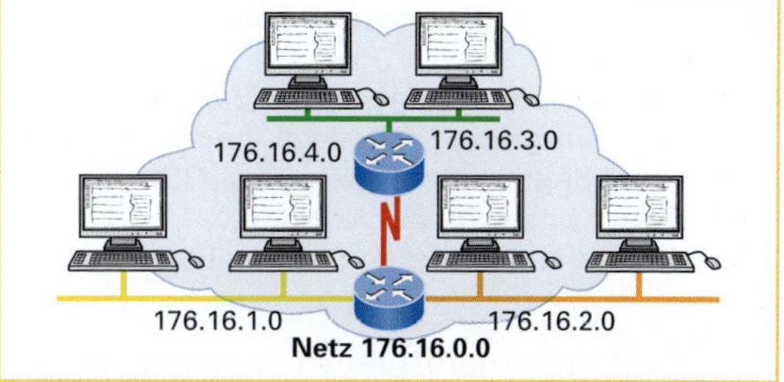

Bild 1: Router und angeschlossene Netze

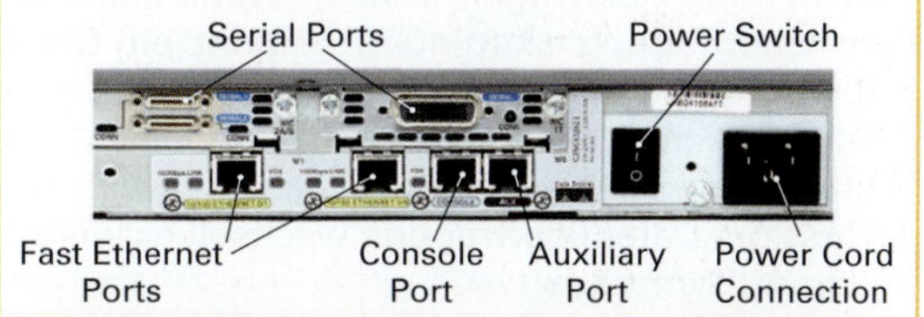

Bild 2: Anschlüsse auf Router-Rückseite

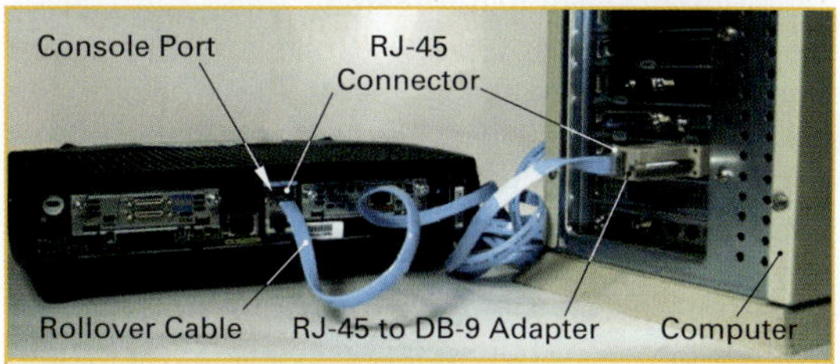

Bild 3: Verbindung Router mit PC

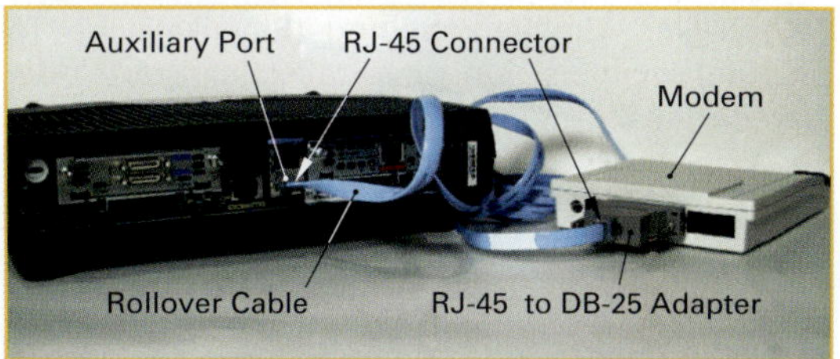

Bild 4: Verbindung Router mit Modem

11.6 Logische Topologie, Zugriffsverfahren

Die logische Topologie definiert den Zugriff auf die Leitung und bestimmt, wie die PCs über die Leitung kommunizieren.

CSMA/CD

Das Zugriffsverfahren CSMA/CD (von Carrier Sense Multiple Access/Collision Detection), das bei Ethernet verwendet wird, erfüllt drei Funktionen:

1. Übertragen und Empfangen von Datenpaketen (= Frames).
2. Decodieren von Datenpaketen und deren Überprüfung auf gültige Adressen, bevor die Daten an die höheren Schichten des OSI-Referenzmodells weitergegeben werden.
3. Ermitteln von Fehlern in Datenpaketen oder im Netz.

Beim CSMA/CD-Zugriffsverfahren hören die Netzkopplungselemente den Übertragungskanal erst ab (Carrier Sense), bevor sie ihre Daten über das Netzmedium übertragen (**Bild 1**). Wenn keine andere Übertragung stattfindet, beginnt ein Gerät, z. B. ein PC mit seiner Übertragung (**Bild 2**). Während es seine Daten übermittelt, hört das Gerät weiterhin den Übertragungskanal ab. Nach Abschluss der Datenübertragung wechselt es wieder in den Abhörmodus.

Senden zwei Geräte gleichzeitig, kommt es zu einer Kollision (**Bild 3**). Durch ein 32-Bit-langes JAM-Signal wird sichergestellt, dass alle Geräte die Kollision bemerken (Collision Detection). Nachdem alle Geräte im Netz die Kollision bemerkt haben, ruft jedes Gerät einen Algorithmus auf, der eine unterschiedlich lange Sendepause erzwingt (Backoff-Verfahren). Nachdem alle Geräte im Netz eine Übertragungspause von einer bestimmten Zeit (die für jedes Gerät unterschiedlich ist) gemacht haben, kann jedes Gerät erneut versuchen, Zugang zur Leitung zu erlangen.

Anwendung findet CSMA/CD bei allen Ethernet-Techologien, die Verkabelung (Physikalische Topologie) ist meist ein physikalischer Stern oder erweiterter Stern.

Token-Ring

Netze mit Token-Zugriff lassen einen kleinen Frame, der als Token bezeichnet wird, im Netz kreisen (**Bild 4**). Der Besitz des Tokens gewährt das Recht zur Datenübertragung. Wenn ein PC, der das Token erhält, keine Daten zu übermitteln hat, gibt er das Token an die nächste Station weiter. Jeder PC kann das Token für eine bestimmte Höchstdauer behalten.

Bei Token-Ring-Netzen kommt es zu keinen Kollisionen. Der sendende PC kann überprüfen, ob die Zielstation das Datenpaket erhalten und die Informationen übernommen hat.

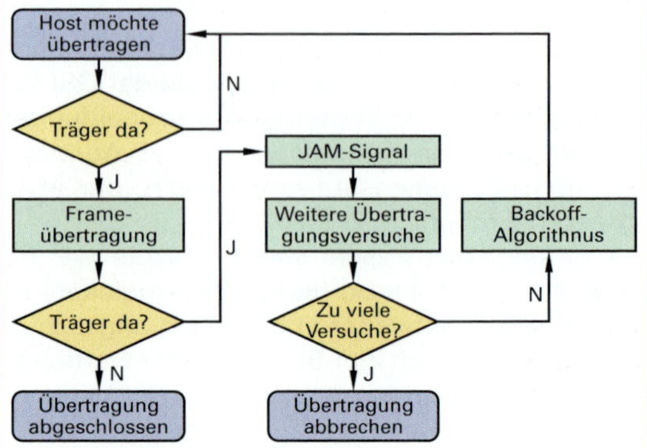

Bild 1: CSMA/CD

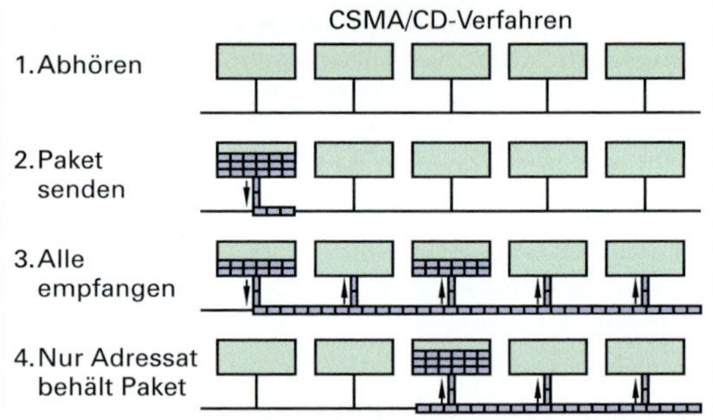

Bild 2: Ungestörte Datenübertragung

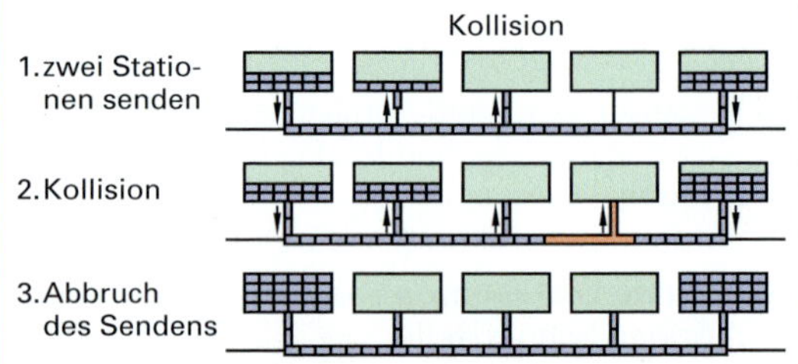

Bild 3: Datenübertragung mit Kollision

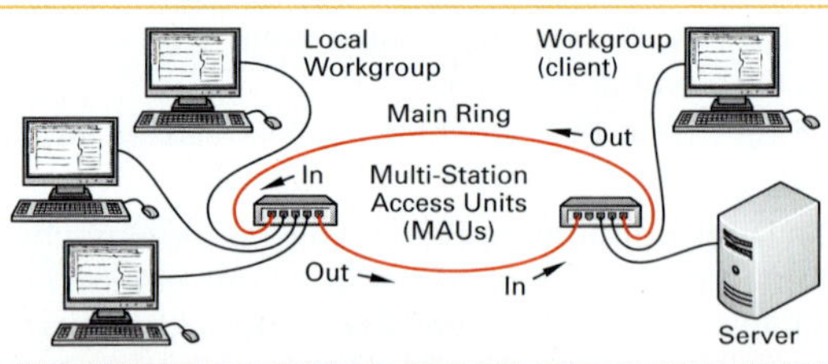

Bild 4: Prinzip Token-Ring

Bei Netzen mit Token-Zugriff kann man die maximale Zeit berechnen, die jede Endstation warten muss, bevor sie eine Übertragung vornehmen kann.

11.7 OSI-7-Schichtenmodell

Um die Kompatibilität und Kommunikation von Netzen untereinander zu gewährleisten, hat die ISO das OSI-Modell der Kommunikation in offenen Systemen entwickelt (**Bild 1, Tabelle 1**). Auf der Grundlage des 7-Schichten-Netzmodells können die verschiedenen Netze miteinander kommunizieren. Jede Schicht (Layer) im OSI-7-Schichtenmodell nutzt Dienste der darunter liegenden Schichten und stellt den höheren Schichten Dienste zur Verfügung.

ISO International Standardization Organisation
OSI Open Systems Interconnection

Merksatz für die 7 Schichten:
all people seem to need data processing
oder von unten nach oben
please do not throw salami pizza away.

7	Anwendungsschicht	Telnet, HTTP, FTP, Browser
6	Darstellungsschicht	ASCII, JPEG, MPEG, MIDI
5	Sitzungsschicht	SQL, NFS, RPC
4	Transportschicht	TCP, UDP, SPX
3	Vermittlungsschicht	IP, IPX
2	Sicherungsschicht	IEEE 802.3/802.2, ATM, HDLC
1	Bitübertragungsschicht	EIA/TIA 232, RJ45, NRZ

Bild 1: OSI-7-Schichtenmodell und Protokolle (Beispiele)

Tabelle 1: Schichten des OSI-7-Schichtenmodells

Art	Schicht	Bezeichnung	Beschreibung
Anwendungsprotokolle	7 **A**	Anwendungsschicht, Application Layer	Die Anwendungsschicht ist die OSI-Schicht, mit der der Benutzer in Berührung kommt. Den Anwendungen des Benutzers werden Netzdienste zur Verfügung gestellt. Sie stellt keiner anderen OSI-Schicht Dienste zur Verfügung, sondern nur den Anwendungen, z. B. Browser oder Officeprogrammen. Sie realisiert die Verfügbarkeit von Kommunikationspartnern, synchronisiert Prozeduren und sorgt für die Einigung auf Verfahren zur Fehlerbehebung und Steuerung der Datenintegrität.
	6 **P**	Darstellungsschicht, Presentation Layer	Die Darstellungsschicht gewährleistet, dass Daten, die von der Anwendungsschicht eines Systems gesendet werden, von der Anwendungsschicht eines anderen Systems gelesen werden können (Übersetzerfunktion in ein verständliches Datenformat).
	5 **S**	Sitzungsschicht, Kommunikations-Steuerungsschicht, Session Layer	Die Sitzungsschicht baut die Sitzungen zwischen zwei kommunizierenden Hosts auf, verwaltet und beendet diese. Sie synchronisiert Dialoge zwischen den Darstellungsschichten der beiden Hosts und verwaltet den stattfindenden Datenaustausch. Die Sitzungsschicht bietet Möglichkeiten für die effiziente Datenübertragung und die Dienstgüte (Quality of Service).
	4 **T**	Transportschicht, Transport Layer	Die Transportschicht segmentiert vom sendenden Host-System empfangene Daten und setzt sie auf dem System des empfangenden Host wieder zu einem Datenstrom zusammen (Realisierung eines zuverlässigen Datentransports zwischen zwei Hosts). Virtuelle Verbindungen werden aufgebaut, verwaltet und ordnungsgemäß beendet. Transportfehler können erkannt und behoben und der Datenfluss gesteuert werden.
Transportprotokolle	3 **N**	Vermittlungsschicht, Netzwerkschicht, Network Layer	Die Vermittlungsschicht sorgt für den Verbindungsaufbau und die Pfadauswahl (Routing) zwischen zwei Hostsystemen, die sich in Netzen an verschiedenen geografischen Standorten befinden können (Internetworking). Sie stellt die Adressierung der Zielsysteme (IP-Adressen, logische Adressen) sicher.
	2 **D**	Sicherungsschicht, Data Link Layer	Die Sicherungsschicht sorgt für die zuverlässige Übertragung der Daten über eine physikalische Verbindung. Sie ist für die physikalische Adressierung (MAC-Adressen), die Netztopologie, den Netzzugang, die Benachrichtigung bei Fehlern, die Übertragung der Frames in der richtigen Reihenfolge und die Flusskontrolle zuständig.
	1 **P**	Bitübertragungsschicht, physikalische Schicht, Physical Layer	Die Bitübertragungsschicht definiert die elektrischen, mechanischen, prozeduralen und funktionalen Spezifikationen für die Aktivierung, Aufrechterhaltung und Deaktivierung der physikalischen Verbindung zwischen Endsystemen. Hierzu gehören Spannungspegel, Datenraten, Entfernungen, Anschlüsse.

Kapselung von Daten mit OSI-7-Schichtenmodell

Bei der Datenkapselung (Encapsulation) werden die Daten mit den Protokollinformationen gepackt (**Bild 1**). Jede OSI-Schicht fügt hierbei Protokollinformationen an den Anfang (Header) und Protokollinformationen an das Ende (Trailer) an und reicht anschließend die gesamten Informationen eine Schicht weiter nach unten. Damit Datenpakete von der Quelle zum Ziel übertragen werden, muss jede Schicht des Senders mit der gleichrangigen Schicht des Zieles kommunizieren.

Jede Schicht tauscht hierbei Protokollinformationen (PDU = Protocol-Data-Unit) mit der gleichrangigen Schicht aus.

Im TCP/IP-Modell werden die OSI-Schichten zum Teil zusammengefasst (**Bild 2**).

> Vor der Übertragung werden die Daten schrittweise von oben nach unten, von Schicht zu Schicht gekapselt und dann versendet. Beim Empfang werden die Daten von unten nach oben entkapselt und der Anwendung zugeführt.

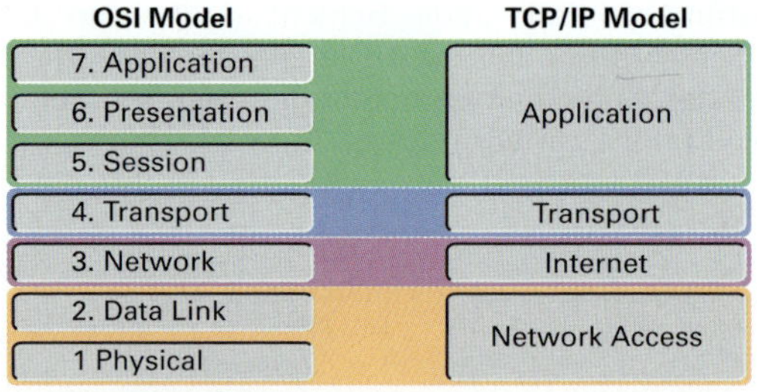

Bild 2: Vergleich OSI-7-Schichtenmodell mit TCP/IP Modell

Schritte bei der Datenkapselung (Senden)

Schritt 1: Daten erzeugen
Ein Benutzer, der z. B. eine E-Mail schreibt und versendet, verwendet alphanumerische Zeichen. Diese werden in Daten, die auf dem Netzwerk transportiert werden können, gewandelt. Die beteiligten Schichten sind meist die Sitzungsschicht, die Darstellungsschicht und die Anwendungsschicht.

Schritt 2: Daten für den Transport packen
Die Daten werden für den Ende-zu-Ende-Transport in Segmente verpackt. Durch die Segmentierung garantiert die Transportschicht, dass Sender und Empfänger zuverlässig miteinander kommunizieren können.

Schritt 3: Netzwerkadressen hinzufügen.
Die Segmente werden in ein Paket, das die Netzwerkadressen der Quelle und des Senders enthält, eingepackt. Die Pakete werden auch Datagramme genannt. Durch die Netzwerkadressen können die Netzwerkkomponenten einen Pfad zum Versenden bestimmen.

Schritt 4: MAC-Adressen hinzufügen
Jede Netzwerkkomponente packt die Pakete in einen Rahmen (Frame), welcher die Ziel-MAC-Adresse und die Sender-MAC-Adresse enthält. Der Rahmen ermöglicht eine Verbindung zum nächsten direkt angeschlossenen Netzwerk.

Schritt 5: Konvertierung in Bits
Die im Rahmen enthaltenen Daten werden in Bits konvertiert. Die einzelnen Bits werden über das Medium versandt.

Schritt 1 bis 5 bei Empfang:
Beim Empfang werden die Schritte in umgekehrter Reihenfolge durchlaufen, die Daten werden schrittweise entkapselt (Decapsulation).

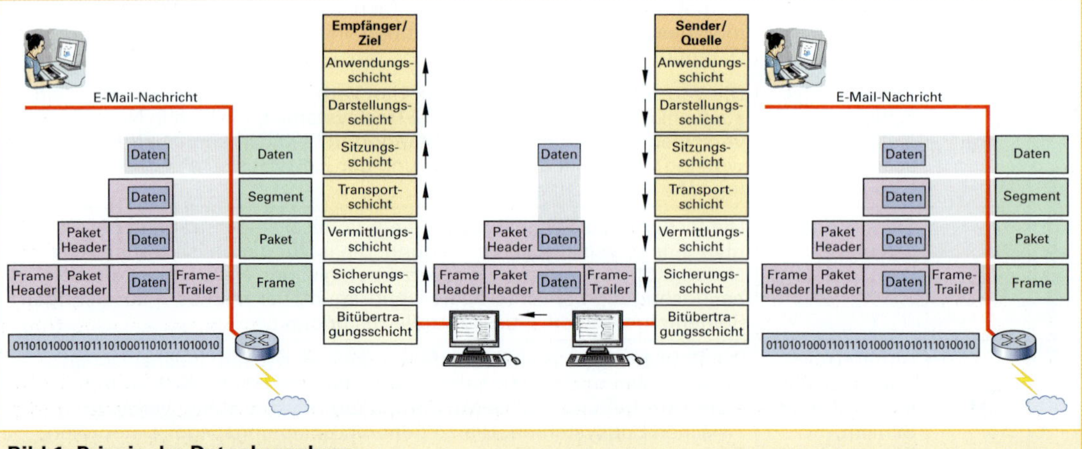

Bild 1: Prinzip der Datenkapselung

11.8 Ethernet

Ethernet ist eine Netzwerktechnologie für lokale Netze (LANs). Der erste Standard wurde von den Firmen Digital, Intel und Xerox (DIX) entwickelt, man bezeichnet den Ethernet-Frame deshalb auch als DIX-Frame. Durch IEEE wurde der Firmenstandard unter der Bezeichnung 802.3 standardisiert. Die Bitrate beträgt bei Standard-Ethernet 10 Mbit/s, bei FastEthernet 100 Mbit/s, bei Gigabit-Ethernet 1 Gbit/s und bei 10GbE 10 Gbit/s. Das Ethernet verwendet das Zugriffsverfahren CSMA/CD (von Carrier Sense Multiple Access with Collision Detect).

Der Ethernet-Frame

Beim Datenaustausch werden die Daten nicht in einem Stück übertragen, sondern in kleinere Pakete, Frames (frame = Rahmen, Block) zerlegt. Dies hat den Vorteil, dass bei der Übertragung einer großen Datenmenge der Netzwerkzugriff für die anderen Teilnehmer nicht gesperrt ist. Zudem muss bei einem Übertragungsfehler nicht die gesamte Datei wiederholt werden, sondern nur der fehlerhafte Frame erneut gesendet werden.

Die Kopfdaten beginnen mit der Präambel (**Bild 1**). Das ist eine Folge von 7 Oktetten, d. h. 56 Bits = 7 B mit wechselnder Folge der Signalwerte 1 und 0. Die Signalfolge wird im Manchestercode mit einer Periodendauer von 200 ns gesendet. Eine Periodendauer von $T = 200$ ns entspricht einer Frequenz $f = 1/T = 5$ MHz (**Bild 2**). Dieses 5 MHz-Signal wird verwendet, um die Empfangselektronik der Netzwerkkarte auf den 100-ns-Takt zu synchronisieren.

> Ein Frame besteht aus Kopfdaten (header), Nutzdaten (data) und Abschlussdaten (trailer). Kopfdaten und Abschlussdaten sind der Overhead, die Nutzdaten sind die Payload.

Den Kopfdaten folgt ein SFD-Byte (Start of Frame Delimiter = Rahmen-Anfangskennzeichen). Das SFD-Byte hat die Bitfolge 10101011. Die beiden letzten Bits mit dem Wert 1 kennzeichnen den Beginn des Adressfeldes. Die 7 Bytes der Präambel und das SFD-Byte werden bei den Größenangaben eines Rahmens nicht mit berechnet.

MAC-Adressen werden im lokalen Netz für die Adressierung und Zustellung der Frames verwendet. Das DA-Adressfeld (von Destination Address = Zieladresse) hat eine Länge von 6 B und enthält die MAC-Adresse der Zielstation, zu der die Daten gelangen sollen. Nach der Zieladresse folgt mit weiteren 6 B die MAC-Adresse der Quelle SA (Source Address = Quelladresse).

Ethernet-Bitraten:

Standard-Ethernet	10 Mbit/s
Fast-Ethernet	100 Mbit/s
Gigabit-Ethernet	1 Gbit/s
10 GE, 10 GbE, 10 GigE	10 Gbit/s

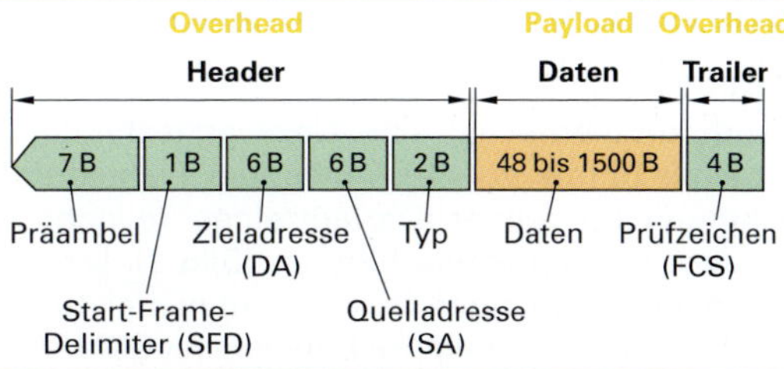

Bild 1: Ethernet-Frame

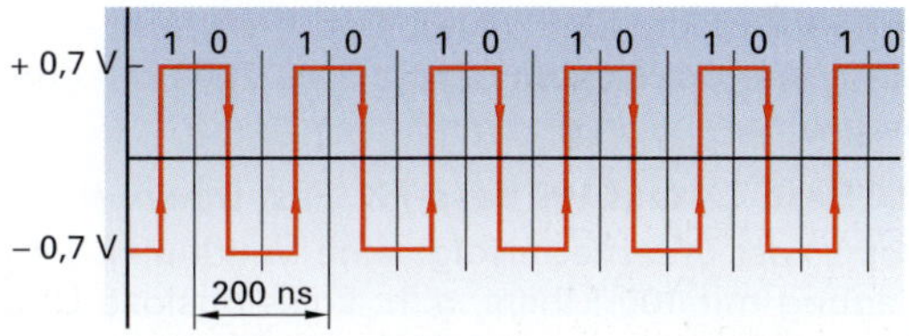

Bild 2: Präambel in Manchester-Codierung bei einer Bitrate von 10 Mbit/s

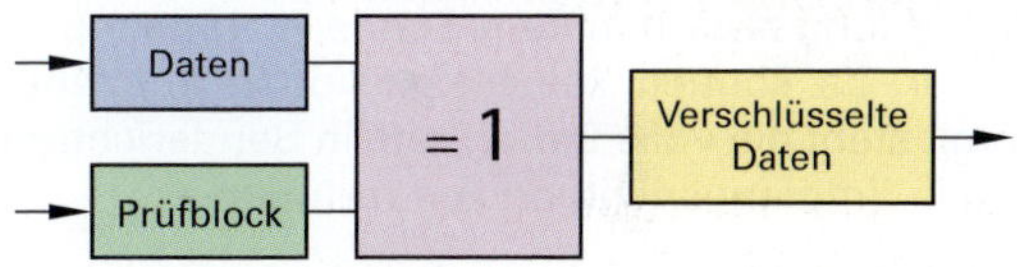

Bild 3: Prinzip CRC

Sie gibt an, wer der Absender dieses Datenpaketes ist. Im 2-Byte großen Typ-Feld wird die Art des verwendeten Protokolls angegeben. Schließlich folgen die eigentlichen Daten.

Im Datenbereich sind alle Bitmuster zulässig. Die Anzahl der Datenbytes hat eine Größe von mindestens 48 B und maximal 1500 B.

An das Datenfeld schließt sich das Prüfzeichenfeld FCS (Frame Check Sequence field) an. Dieses Feld enthält 4 B mit Prüfbits, die nach dem CRC-Verfahren (Cyclic Redundancy Check = zyklische Blockprüfung) berechnet werden. Das Verfahren beruht auf einer Polynomdivision mit der XOR-Funktion (bei der Addition wird kein Übertrag berücksichtigt). Stimmen die gesendeten und berechneten Prüfzeichen nicht überein, fordert der Empfänger das Datenpaket erneut an.

Ethernet-Technologien

Bei Ethernet stehen verschiedene Übertragungsmedien zur Verfügung (**Tabelle 1**). Verdrillte Doppeladern (Twisted-Pair) sind aufgrund ihres günstigen Preises und ihrer einfachen Konfektionierung und Verlegung weit verbreitet. Lichtwellenleiter LWL bieten höhere Bitraten sind aber teurer und schwieriger zu konfektionieren.

10 Base-T

Standard-Ethernet ist eine Netzwerktechnologie mit einer Bitrate von 10 Mbit/s, die Twisted-Pair-Leitungen verwendet. Die einzelnen Teilnehmer sind sternförmig angeschlossen (**Bild 1**). Die einzelnen Segmentlängen betragen maximal 100 m. Die Übertragung erfolgt Halbduplex mit CSMA/CD.

10 Base-F

Bei diesem Standard werden als Übertragungsmedien Lichtwellenleiter (fiber) eingesetzt. Dies ermöglicht aber eine deutlich größere Reichweite. Mit Monomodefasern sind bis zu 2000 m Länge möglich.

100 Base-TX und 100 Base-FX (Fast Ethernet)

Beim Fast Ethernet erfolgt eine Vollduplex-Übertragung mit 100 Mbit/s, d. h. kollisionslose Übertragung zwischen zwei Stationen mithilfe von Switches (**Bild 2**).

Der Vollduplex-Ethernet-Switch verwendet zwei Adernpaare und schaltet (switcht) eine direkte Verbindung zwischen dem Sender und dem Empfänger. Es können keine Kollisionen entstehen, somit steht die volle Bandbreite in Senderichtung und in Empfangsrichtung zur Verfügung.

Es gibt unterschiedliche Verkabelungs-Standards. 100 Base-T4 verwendet Kategorie 3 Twisted-Pair-Leitungen, wobei auf 4 Adernpaaren 25 Mbit/s übertragen werden.

Zur Übertragung werden beim 100 Base-TX Twisted-Pair-Leitungen der Kategorie 5 und höher mit Bitraten von 100 Mbit/s eingesetzt.

Halbduplex: Senden eines Paketes und Empfangen eines anderen Paketes nicht gleichzeitig möglich.

Vollduplex: Senden eines Paketes und das Empfangen eines anderen Paketes zur selben Zeit möglich.

Tabelle 1: Ethernet-Standards

Standard	Kabeltyp	Max. Leitungslänge	Adernpaare
10 Base-5	Dickes Koaxialkabel, 50 Ω	500 m	–
10 Base-2	Dünnes Koaxialkabel, 50 Ω	185 m	–
10 Base-T	UTP, Kategorie 3, 4 oder 5	100 m	2
10 Base-FL (Fiber Link)	Multimode Glasfaser 62,5 µm/125 µm	2000 m	1
10 Base-FB (Fiber Backbone)	Multimode Glasfaser 62,5 µm/125 µm	2000 m	1
10 Base-FP (Fiber Passive)	Multimode Glasfaser 62,5 µm/125 µm	1000 m	1
100 Base-TX	UTP, Kategorie 5	100 m	2
100 Base-T4	UTP, Kategorie 3, 4 oder 5	100 m	4
100 Base-T2	UTP, Kategorie 3, 4 oder 5	100 m	2
100 Base-FX	Multimode Glasfaser 62,5 µm/125 µm	400 m – 2000 m	1
100 Base-FX	Monomode Glasfaser	10000 m	1

Bei 100 Base-FX werden zwei Lichtwellenleiter eingesetzt, eine für jede Richtung. Vollduplexübertragung ist somit möglich.

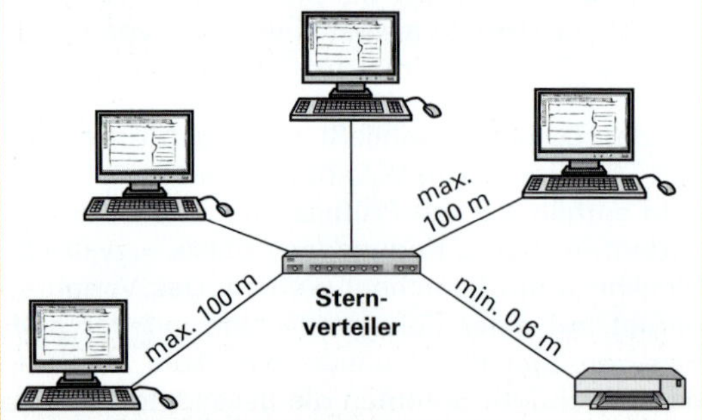

Bild 1: Sternförmige Verkabelung

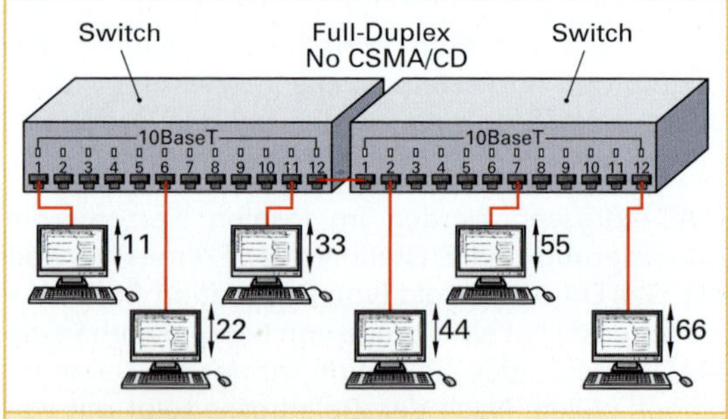

Bild 2: Verbindung zweier Netzsegmente mit Switches

Gigabit-Ethernet

Gigabit-Ethernet (GbE) verwendet meist zwei verschiedene Codiervarianten.

Bei 1000 Base-X wird der Datenstrom in 8-Bit breite Einheiten zerlegt und mit einem 10 Bit blockcodiert (8B/10B-Code). Damit wird ein gleichspannungsfreier Datenstrom erzeugt aus dem der Takt zurückgewonnen werden kann. Der Datenstrom gelangt auf einem verdrillten Adernpaar als elektrische Signale oder bei LWL 1000 Base-SX/LX/ZX als Lichtwelle moduliert zum Empfänger.

Bei 1000 Base-T wird der Datenstrom in vier Teilströme mit je 500 Mibit/s unterteilt, die Übertragung erfolgt im Vollduplex über vier Adernpaare. Die Leitungscodierung erfolgt über eine Puls-Amplitudenmodulation mit 5 Amplitudenstufen (PAM-5).

Somit können mit unterschiedlichen Übertragungsmedien maximale Distanzen überbrückt werden (**Tabelle 1**).

Ausgedehnte Netzwerk-Topologien lassen sich mit 10 Gigabit-Ethernet realisieren (Tabelle 1). Durch die Beibehaltung von Format und Längen der Ethernet-Frames ergibt sich gegenüber bestehenden WAN-Techniken, z. B. ATM ein schnelleres Switching, da weder eine Anpassung der Frames (Segmentation & Reassembly) noch der MAC-Adressen vorgenommen werden muss.

Wie bei 1000 Base-T werden bei der Übertragung von 10 Gbit/s über Twisted-Pair-Kupferleitungen alle vier Paare für die gleichzeitige Übertragung (Vollduplex) in beiden Richtungen verwendet (**Bild 1**). Der Datenstrom wird vom Sender Tx 1 mit 2 × 5 Gbit/s (10 Gbit/s) gesendet und von Empfänger Rx 1 mit 2 × 5 Gbit/s (10 Gbit/s) empfangen. Die Daten sind auf die vier Adernpaare verteilt und werden beim Empfänger wieder zusammengesetzt.

40 Gigabit-Ethernet und 100 Gigabit-Ethernet

Über mehrere 10 Gigabit-Ethernet-Verbindungen lassen sich die Bitraten weiter erhöhen. Die Verbindungen werden über 4 oder 10 LWL je Übertragungsrichtung mithilfe von Wellenlängen-Division-Multiplex-Verfahren im Backbone-Bereich realisiert.

Tabelle 1: Gigabit-Ethernet Standards

Standard	Kabeltyp	Max. Leitungslänge	Steckverbinder
1000 Base-SX	Multimode Glasfaser (770 nm - 860 nm)	220 m - 550 m	Duplex-MIC (SC)
1000 Base-LX	Monomode Glasfaser (10 µm) oder Multimode Glasfaser (1270 nm - 1355 nm)	3000 m	Duplex-MIC (SC)
1000 Base-CX	Twinax-Cu-Kabel	25 m	RJ-45
1000 Base-TX	UTP Kategorie 5	100 m	RJ-45
10 Gbase-EX	Monomode Glasfaser (1550 nm)	40000 m	Duplex-MIC (SC)
10 GbaseL-W	Monomode Glasfaser (1310 nm)	10000 m	Duplex-MIC (SC)
10 Gbase-EX	Monomode Glasfaser (1310 nm)	10000 m	Duplex-MIC (SC)
10 GBase-LX4	Monomode Glasfaser (1550 nm)	40000 m	Duplex-MIC (SC)
40 GBase-KR4	Twinax-Cu-Kabel mit 4 Adernpaaren	1 m	RJ-45
40 GBase-CR4	Twinax-Cu-Kabel mit 4 Adernpaaren	10 m	RJ-45
40 GBase-SR4	Multimode Glasfaser mit 4 Faserpaaren	100 m	Duplex-MIC (SC)
40 GBase-LR4	Monomode Glasfaser mit 4 Wellenlängen	10 km	Duplex-MIC (SC)
100 GBase-CR10	Twinax-Cu-Kabel mit 10 Adernpaaren	10 m	RJ-45
100 GBase-SR10	Multimode Glasfaser mit 10 Faserpaaren	100 m	Duplex-MIC (SC)
100 GBase-SR10	Monomode Glasfaser mit 4 Wellenlängen	10 km	Duplex-MIC (SC)
100 GBase-ER4	Monomode Glasfaser mit 4 Wellenlängen	40 km	Duplex-MIC (SC)

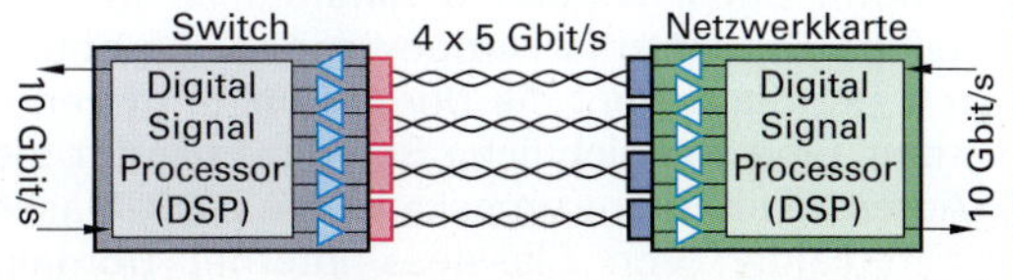

Bild 1: 10 Gigabit-Ethernet-Standard

Aufgaben

① Beschreiben Sie den Aufbau eines Ethernet-Frames.

② Welche Aufgabe hat das Prüfzeichenfeld FCS?

③ Welchen Vorteil bietet die Verbindung zweier Netzsegmente mit Switches gegenüber dem Einsatz von Hubs

④ Wie wird bei Gigabit-Ethernet Vollduplexübertragung realisiert?

11.9 IP-Adressen

Um einen Computer in einem Netzwerk zu adressieren, ist die weltweit einmalige MAC-Adresse der Netzwerkkarte nicht praktikabel. Bei einem Austausch einer defekten Netzwerkkarte müsste die Adressänderung sofort im gesamten Netz bekannt gegeben werden. Es werden daher logische Adressen verwendet, die zwischen der Netzwerk-Hardware und der Netzwerk-Software vermitteln. Um Computer im Internet oder in einem Intranet unterscheiden zu können, werden ihnen IP-Adressen (von Internet Protokoll) zugeteilt. Die IP-Adresse besteht bei IPv4 aus 32 Bit (**Bild 1**).

Die Subnetzmaske unterteilt die IP-Adresse in einen Netzwerkanteil (Net-ID) und einen Hostanteil (Host-ID). Der erste Teil adressiert das Netzwerk, in dem sich der Computer befindet, der zweite Teil adressiert den Computer selbst. Dies ist vergleichbar mit einer Telefonnummer, bestehend aus der Vorwahl für das Ortsnetz und der eigentlichen Rufnummer für den Teilnehmer.

Durch bitweise UND-Verknüpfung von IP-Adresse und Subnetzmaske werden Netzanteil und Hostanteil ermittelt. Die Subnetzmaske legt außerdem die Anzahl der Hostbits fest. Es gibt verschiedene Netzwerkklassen (**Tabelle 1**).

Zwei Adressen finden keine Verwendung. IP-Adressen mit lauter Nullen im Hostanteil sind die Netzwerkadresse, IP-Adressen mit lauter Einsen im Hostanteil sind die Broadcastadresse für das Teilnetz.

Beispiel 1:

Geben Sie zu der IP-Adresse 199.46.36.5 die Netzwerkklasse, die Netzadresse, mögliche weitere Hostadressen, die Anzahl der möglichen Hosts und die Broadcast-Adresse an.

Lösung: **Bild 2**

IP-Adressen und Subnetzmasken werden, z. B. in Eingabefeldern von Betriebssystemen, nicht in der Binärschreibweise angegeben, sondern in Dezimalschreibweise (DDN von Dotted Decimal Notation). Dabei werden 8 Binärstellen in eine 3-stellige Dezimalziffer umgewandelt. Es entstehen 4 Dezimalzahlen, die durch Punkte getrennt werden. Eine übersichtliche Schreibweise für die IP-Adresse mit Subnetzmaske ist die CIDR-Maske (sprich caidar; von Classless Internet Domain Routing). CIDR verwendet Routingprotokolle, die ohne Netzwerkklassen auskommen. Statt eine Subnetzmaske zu verwenden, wird beim CIDR der IP-Adresse nach einem Schrägstrich (Slash) eine Dezimalzahl angefügt z. B. 198.0.0.0/8. Der Wert 8 legt fest, dass die ersten 8 Bit den Netzanteil darstellen und die folgenden 24 Bit zu Adressierung der Hosts verwendet werden. In Beispiel 1 ist die IP-Adresse 199.46.36.5/24.

IP-Adressen sind 32-Bit-Worte, die das Interface eines Computers oder anderer Netzkomponenten eindeutig identifizieren. Sie werden in Dezimalform mit Punkten getrennt ausgegeben z. B. 117.100.2.5.

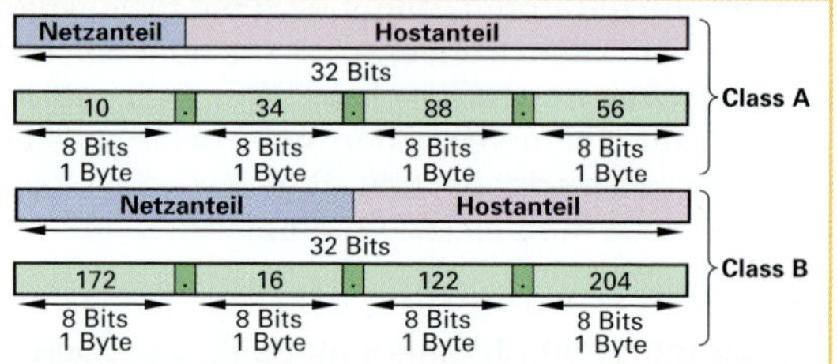

Bild 1: IPv4-Adressen mit Netzwerkanteil und Hostanteil

Tabelle 1: Netzwerkklassen A, B und C

Klasse	A	B	C
Werte des ersten Oktetts	Dezimal 1 bis 126, dual 0XXXXXXX	Dezimal 128 bis 191, dual 10XXXXXX	Dezimal 192 bis 223, dual 110XXXXX
Gültige Netzwerknummern	1.0.0.0 bis 126.0.0.0	128.1.0.0 bis 191.254.0.0	192.0.1.0 bis 223.255.254.0
Anzahl möglicher Netzwerke	2^7 minus zwei spezielle Fälle	2^{14} minus zwei spezielle Fälle	2^{21} minus zwei spezielle Fälle
Anzahl Hosts je Netzwerk	2^{24} minus zwei spezielle Fälle	2^{16} minus zwei spezielle Fälle	2^8 minus zwei spezielle Fälle
Standard Subnetzmaske	255.0.0.0	255.255.0.0	255.255.255.0
Größe von Netzwerkanteil und Hostanteil	Netzwerkanteil 8 Bit, Hostanteil 24 Bit	Netzwerkanteil 16 Bit, Hostanteil 16 Bit	Netzwerkanteil 24 Bit, Hostanteil 8 Bit

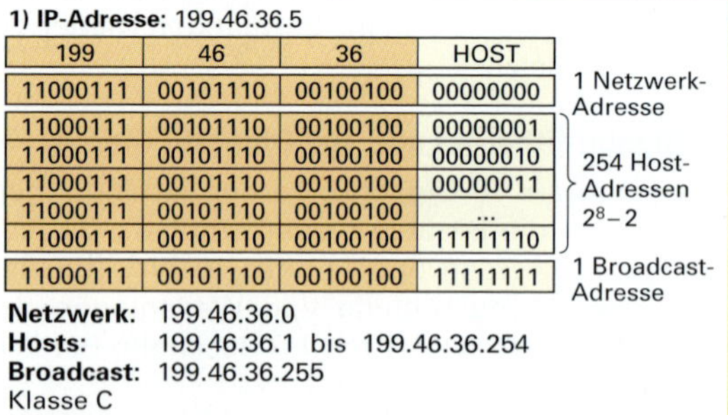

Bild 2: IP-Adressen als Lösung zu Beispiel 1

Bei der CIDR-Maske X.X.X.X/Y gibt X die IP-Adresse in Dezimalschreibweise an und Y die Anzahl der Bits der IP-Adresse, die zur Net-ID gehören.

Private IP-Adressen

Private IP-Adressen sind IP-Adressen, die im Internet nicht weitergeleitet (geroutet) werden. Diese können im eigenen Netzwerk an die Hosts verteilt werden. Wollen Hosts mit privaten IP-Adressen mit dem Internet verbunden werden, dann muss ein Router mit Network Address Translation (NAT) die private Adresse in eine öffentliche IP-Adresse umwandeln.

Private Adressbereiche sind:
Klasse A: 10.0.0.0 bis 10.255.255.255.
Klasse B: 172.16.0.0 bis 172.31.255.255.
Klasse C: 192.168.0.0 bis 192.168.255.255.

Ein Router muss die IP-Adresse des zugehörigen Netzwerks auf seiner entsprechenden Schnittstelle (Interface) zugewiesen haben.

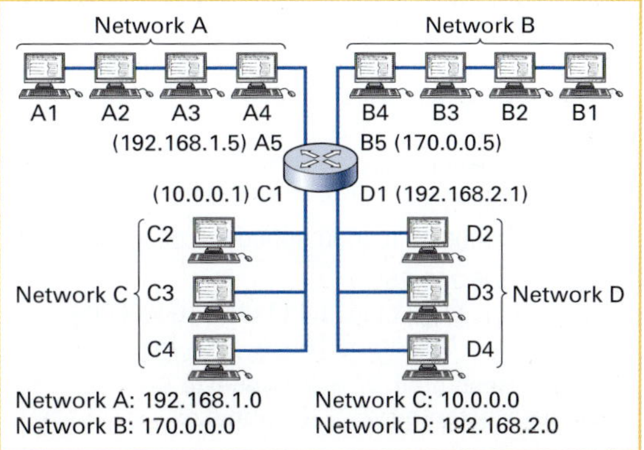

Bild 1: Adressierung von Netzwerken und Hosts

Beispiel 1:

Der Router in **Bild 1** verbindet die Netzwerke A, B, C und D. Geben Sie mögliche IP-Adressen der Router-Schnittstellen an und beschreiben Sie wie Host A1 mit Host C4 kommuniziert.

Lösung:

Ein Router-Interface hat immer eine IP-Adresse des zugehörigen Netzwerkes z. B. A5 192.168.1.5, B5 170.0.0.5, C1 10.0.0.1 und D1 192.168.2.1.

Diese IP-Adresse des Router-Interfaces wird bei den Hosts jeweils als Standard-Gateway eingetragen. Will nun Host A1 mit dem Host C4 im Netzwerk C kommunizieren, dann wird ein IP-Paket mit Sender-IP des Host A1 z. B. 192.168.1.1 und der Ziel-IP des Standard-Gateways z. B. 192.168.1.5 versendet.

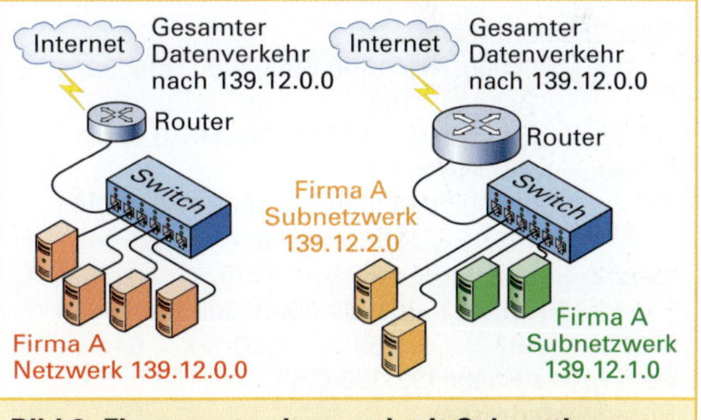

Bild 2: Firmennetz ohne und mit Subnetting

Subnetting

Beim Bilden von Unternetzen (Subnetting) kann ein physikalisches Netz in kleinere Unternetze geteilt werden. So können z. B. Bereiche und/oder Räume eines Unternehmens mithilfe der IP-Adressräume abgebildet werden (**Bild 2**). Die IP-Adresse besteht aus einem Netzwerkanteil N und einem Hostanteil H, der weiter unterteilt wird. Betrachtet wird beim Subnetting nur der Hostanteil der Subnetzmaske. Es ergeben sich folgende Vorteile:

- Subnetting ermöglicht das Routing innerhalb großer Teilnetze.
- Aufteilung in Subnetze ist für den Rest des Internets unsichtbar.
- Die Hosts der einzelnen Subnetze werden weiterhin von externen Hosts und Routern als Teile des Gesamtnetzes betrachtet.
- Andere Router müssen nicht umkonfiguriert werden.
- Trennung der Zugriffsrechte zwischen Subnetzen.
- Geringere Netzwerklast.

Das Subnetting erfolgt nach RFC 1878.

Erstes Host-oktett	Anzahl Sub-netze	Host-anzahl Klasse A	Host-anzahl Klasse B	Host-anzahl Klasse C
.192	2	4,194,302	16,382	62
.224	6	2,097,150	8,190	30
.220	14	1,048,574	4,094	14
.248	30	524,286	2,046	6
.252	62	262,142	1,022	2
.254	126	131,070	510	–
.255	254	65,534	254	–

Bild 3: Anzahl Hosts je Subnetz

Es ergeben sich ausgehend von den Standardsubnetzmasken in der Klasse A, B und C eine entsprechende Anzahl von möglichen Hosts je Subnetz (**Bild 3**).

Regeln für die Subnetzberechnung:
RFC 1878: 2^n Subnetze,
n Anzahl der für den Netzwerkanteil genutzten Bits des Hostanteils.
RFC (von Request for Comments) sind Dokumente über Standards im Internet

Beispiel 1:
Eine Firma nutzt einen privaten Klasse C Adressbereich mit der Netzwerkadresse 192.168.0.0. Das bisherige Netz soll in 4 Subnetze, passend zu den Abteilungen, Einkauf, Verkauf, Personal und Fertigung, unterteilt werden (**Bild 1**).

a) Geben Sie ein mögliches Adressschema beim Subnetting nach RFC 1878 an.

Lösung
a) mit Kommentaren:

Dezimal: 192.168.0.1
Dual: 11000000.10101000.00000000.00000001

Dezimal: 255.255.255.0
Dual: 11111111.11111111.11111111.00000000
-----------Netzanteil-N-------------.-Hostanteil-H

1 Bit aus Hostanteil 2^1 = 2 Subnetze
2 Bit aus Hostanteil 2^2 = 4 Subnetze

Die Subnetzmaske lautet:
Dual: 11111111.11111111.11111111.**11**000000
Dezimal: 255. 255. 255. **192**

Netz 1: Subnetzadresse:
11000000.10101000.00000000.00000000
192. 168. 0. 0
verfügbare Hosts:192.168.0.1-192.168.0.62
Broadcastadresse:
11000000.10101000.00000000.00111111
192. 168. 0. 63

Netz 2: Subnetzadresse:
11000000.10101000.00000000.01000000
192. 168. 0. 64
verfügbare Hosts:192.168.0.65.-192.168.0.126
Broadcastadresse:
11000000.10101000.00000000.01111111
192. 168. 0. 127

Netz 3: Subnetzadresse:
11000000.10101000.00000000.10000000
192. 168. 0. 128
verfügbare Hosts:192.168.0.129-192.168.0.190
Broadcastadresse:
11000000.10101000.00000000.10111111
192. 168. 0. 191

Netz 4: Subnetzadresse:
11000000.10101000.00000000.11000000
192. 168. 0. 192
verfügbare Hosts:192.168.0.193-192.168.0.254
Broadcastadresse:
11000000.10101000.00000000.11111111
192. 168. 0. 255

„Leihbits"

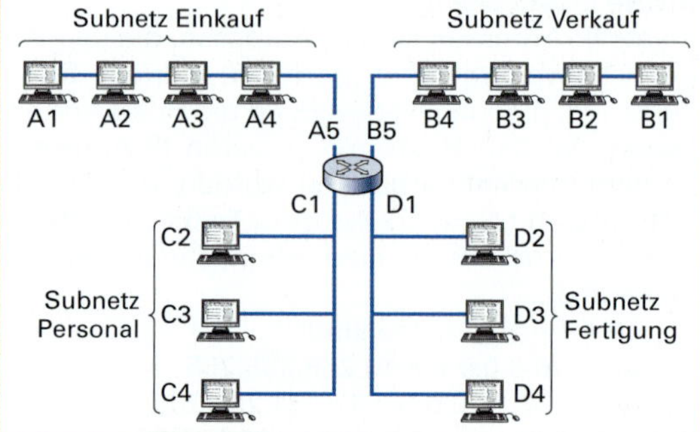

Bild 1: PC-Netz mit 4 Subnetzen

Es sollen 4 Subnetze eingerichtet werden. 2 Bits werden von der Standard-Subnetzmaske geliehen.

Die Anzahl der Subnetze legt auch die Anzahl der möglichen Hosts je Subnetz fest.

Beim Hinzunehmen („Leihen") von Bits des Hostanteils werden die Bits von links nach rechts gezählt (links höherwertigstes Bit, rechts niederwertigstes Bit).

Es verbleiben 6 Bits für die Adressierung von Hosts. Somit ergeben sich 2^6 - 2 mögliche Rechner je Subnetz.

Zwei Adressen sind belegt:
alle Hostbits 0 steht für die Subnetzadresse, alle Hostbits 1 ergibt den Broadcast für das Subnetz.

Private IP-Adresse Klasse C
Die Anzahl der benötigten Subnetze legt fest, wie viele Bits von der Standard-Subnetzmaske geliehen werden.

Aufgaben

① Das Netzwerk mit der Adresse 192.168.10.0 soll in 4 gleich große Subnetze aufgeteilt werden. Geben Sie a) die Subnetzmaske, b) die Anzahl der adressierbaren Hosts, c) die möglichen Subnetzadressen je Subnetz, d) die Subnetzadresse und e) die Broadcastadresse je Subnetz an.

② Das Netzwerk eines Unternehmens soll in zwei Subnetze aufgeteilt werden. Für das Firmennetzwerk steht die Netzwerkadresse 134.212.32.0/19 zur Verfügung.

Geben Sie a) die Subnetzmaske, b) die Anzahl der adressierbaren Hosts, c) die möglichen Subnetzadressen je Subnetz, d) die Subnetzadresse und e) die Broadcastadresse je Subnetz an.

③ Ein Netzwerk mit der Adresse 10.0.0.0 soll in Subnetze aufgeteilt werden. Insgesamt sollen mindestens 2000 Host je Subnetz zur Verfügung stehen.

a) Wie viele Bits muss der Host-anteil besitzen?
b) Wie lautet die Subnetzmaske in CIDR-Notation?

IPv6 Internet Protokoll Version 6

IPv6 ist für die Vermittlung von Datenpaketen durch ein paketvermittelndes Netz, die Adressierung von Netzknoten und -stationen, sowie die Weiterleitung von Datenpaketen zwischen Teilnetzen zuständig. IPv6 vermittelt auf der Schicht 3 des OSI-7-Schichtenmodells.

IPv6 ist der Nachfolger von IPv4 und Teil der Protokollfamilie TCP/IP.

Die Aufgabe des Internet-Protokolls besteht im Wesentlichen darin, Datenpakete von einem System über verschiedene Netzwerke hinweg zu einem anderen System zu vermitteln (Routing).

Eine IPv6-Adresse besteht aus 128 Bit. Diese Adresslänge bietet 2^{128} oder $3{,}4 \times 10^{38}$ Adressen.

Damit haben IPv6-Adressen genügend Raum, um möglichst viele Netzwerk-Topologien abbilden zu können.

Die 128 Bit der IPv6-Adresse werden in 8 Blöcke zu jeweils 16 Bit unterteilt **(Bild 1)**. Je 4 Bit werden als eine hexadezimale Zahl dargestellt. Jeweils 4 Hexadezimalzahlen werden gruppiert und durch einen Doppelpunkt (":") getrennt.

Um die Schreibweise zu vereinfachen, können führende Nullen in den Blöcken wegfallen. Eine Folge von 8 oder mehr Nullen kann man einmalig durch zwei Doppelpunkte ("::") ersetzen.

Eine IPv6-Adresse besteht aus dem Network-Prefix (Präfix oder Netz-ID) und dem Interface-Identifier (Suffix, IID oder EUI). Der Network-Prefix kennzeichnet das Netz, Subnetz bzw. den Adressbereich. Der Interface-Identifier kennzeichnet einen Host in diesem Netz. Er wird aus der 48-Bit-MAC-Adresse des Interfaces gebildet und dabei in eine 64-Bit-Adresse umgewandelt. Es handelt sich dabei um das Modified-EUI-64-Format.

Die Netzwerkmaske bzw. Subnetzmaske fällt ersatzlos weg. Um den Adressbereich bzw. das Subnetz zu kennzeichnen wird ein Präfix verwendet, z. B. /64.

Meist stehen die ersten 64 Bit einer IPv6-Adresse für das Netz und die restlichen 64 Bit für den Host. Somit beträgt die Präfix-Länge /64.

Link-lokale Adresse, globale Adresse und temporäre Adresse

Ein IPv6-Host hat nicht nur eine IPv6-Adresse, sondern meist drei IPv6-Adressen.

Ein IP-Host hat meist eine link-lokale Adresse, eine globale Adresse und eine temporäre Adresse.

Jede der Adressen hat einen anderen Gültigkeitsbereich. Die link-lokale Adresse ist nur im lokalen Netzwerk gültig. Sie entsteht ohne manuelle

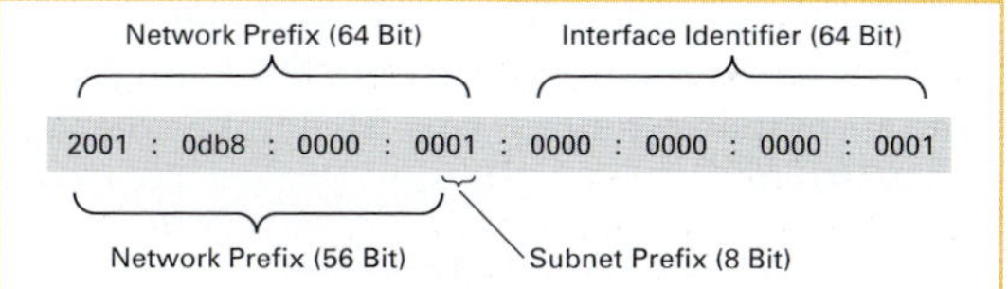

Bild 1: IPv6-Adressbeispiele

Konfiguration. Somit sind immer Verbindungen im lokalen Netzwerk möglich. Die link-lokale Adresse wird auch benötigt, um eine globale IPv6-Adresse zu bekommen, damit Verbindungen ins öffentliche Netz möglich sind. Eine temporäre IPv6-Adresse enthält anstelle der MACAdresse der Schnittstelle eine zufällig erzeugte 64-Bit-Zahl als Schnittstellen-ID. Die temporären Adressen können für alle Schnittstellen verwendet werden, die anonym bleiben sollen, z. B. beim Zugriff auf öffentliche Webserver.

Regeln für IPv6-Adressen:

Führende Nullen innerhalb eines Blockes dürfen ausgelassen werden:
2001:0db8:0000:08d3:0000:8a2e:0070:7344
ist gleichbedeutend mit
2001:db8:0:8d3:0:8a2e:70:7344.

Ein oder mehrere aufeinander folgende Blöcke, deren Wert 0 (bzw. 0000) beträgt, dürfen ausgelassen werden. Dies wird durch zwei aufeinander folgende Doppelpunkte angezeigt:
2001:0db8:0:0:0:0:1428:57ab
ist gleichbedeutend mit
2001:db8::1428:57ab.[20]

Die Reduktion darf nur einmal durchgeführt werden, es darf höchstens eine zusammenhängende Gruppe aus Null-Blöcken in der Adresse ersetzt werden.

Die Adresse 2001:0db8:0:0:8d3:0:0:0 darf demnach entweder zu
2001:db8:0:0:8d3:: oder 2001:db8::8d3:0:0:0 gekürzt werden;
2001:db8::8d3:: ist unzulässig, da dies mehrdeutig ist und fälschlicherweise z. B. auch als
2001:db8:0:0:0:8d3:0:0 interpretiert werden könnte.

Es empfiehlt sich, die Gruppe mit den meisten Null-Blöcken zu kürzen.

Ebenfalls darf für die letzten vier Bytes (also 32 Bits) der Adresse die herkömmliche dezimale Notation verwendet werden.
So ist ::ffff:127.0.0.1 eine alternative Schreibweise für ::ffff:7f00:1.
Diese Schreibweise wird vor allem bei Einbettung des IPv4-Adressraums in den IPv6-Adressraum verwendet.

Vergabe von IP-Adressen und Protokolle

IP-Adressen können manuell am PC konfiguriert, oder automatisiert durch spezialisierte Server verteilt werden.

Manuelle Vergabe von IP-Adressen

Die IP-Adressen können an den einzelnen PCs in einem Netzwerk manuell vom Netzwerkadministrator vergeben werden. Dies ist sehr aufwändig und fehleranfällig. Sowohl Fehleingaben als auch doppelte Vergaben von IP-Adressen können auftreten. Besser ist eine automatisierte Vergabe der IP-Adressen im Netzwerk.

Automatisierte Vergabe von IP-Adressen

Bei der automatisierten Vergabe von IP-Adressen werden drei Verfahren unterschieden (**Tabelle 1**).

RARP

Der PC sendet einen RARP Request-Broadcast mit der eigenen MAC-Adresse als Inhalt an die am Netzwerk angeschlossenen Rechner. Ein Server, der die Zuordnungen von IP-Adressen zu MAC-Adressen kennt, sendet daraufhin eine IP-Adresse an den anfragenden PC (RARP-Reply).

Broadcasts sind auf Subnetze beschränkt, so dass RARP nur in einem Subnetz eingesetzt werden kann. Wird ein lokales Netzwerk (LAN) in Subnetze aufgeteilt, muss in jedem Subnetz ein RARP-Server vorhanden sein. Durch RARP erfährt ein Rechner nur seine IP-Adresse.

BOOTP

Auch beim BOOTP versendet der PC einen Broadcast, um vom Server eine IP-Adresse zu erhalten. Der Server sendet die IP-Adresse per Broadcast zurück. BOOTP besitzt eine ganze Reihe von Parametern mit denen z. B. die Subnetzmaske, das Standard-Gateway sowie ein Bootserver übermittelt werden können.

DHCP

Das Dynamic Host Configuration Protocol ermöglicht die Zuweisung der Netzwerkkonfiguration an Geräte durch einen DHCP-Server anhand von Kommandos (**Bild 1**).

Anschließend erfolgt die automatische Einbindung des PCs in das bestehende Netzwerk ohne weitere manuelle Konfiguration. Am PC muss der automatische Bezug der IP-Adresse eingestellt sein. Beim Start des PCs am Netz können z. B. die IP-Adresse, die Netzmaske, das Standard-Gateway und ein DNS-Server vom DHCP-Server bezogen werden (**Tabelle 2**).

DHCP wird meist in großen Netzwerken mit wechselnder Topologie und bei wechselnden Anwendern eingesetzt.

Tabelle 1: Protokolle zur IP-Adressvergabe

Protokoll	Beschreibung
RARP (Reverse Address Resolution Protocol)	Ein RARP-Server teilt den PCs über eine vorhandene Adresstabelle (Adresspool) eine IP-Adresse zu.
BOOTP (Bootstrap Protocol)	Jeder PC fordert beim Booten eine IP-Adresse beim BOOTP-Server an.
DHCP (Dynamic Host Configuration Protocol)	Ein PC sendet eine Konfigurationsanfrage an den DHCP-Server.

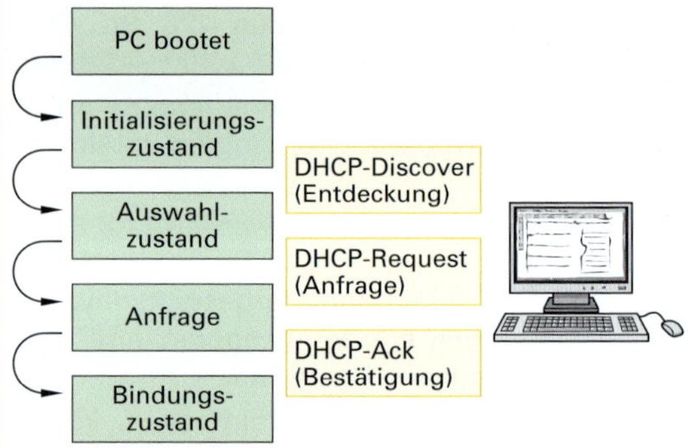

Bild 1: Ablauf einer DHCP-Anfrage

Tabelle 2: DHCP-Kommandos (Beispiele)

Kommando	Beschreibung
DHCPDISCOVER	Ein Client ohne IP-Adresse sendet eine Anfrage an den DHCP-Server.
DHCPOFFER	Der DHCP-Server antwortet mit entsprechenden Werten.
DHCPREQUEST	Der Client fordert eine IP-Adresse, weitere Daten sowie die Verlängerung der Lease-Zeit vom DHCP-Server.
DHCPACK	Bestätigung des DHCP-Servers zu einer DHCPREQUEST-Anforderung.
DHCPNAK	Ablehnung einer DHCPREQUEST-Anforderung durch den DHCP-Server.

Vorteile von DHCP:

- Bei Topologieänderungen müssen die betroffenen PCs nicht von Hand konfiguriert werden.
- PCs mit häufig wechselndem Standort, z. B. Notebooks, werden an das Netzwerk angeschlossen und erhalten ihre Netzwerkeinstellungen vom DHCP-Server.

11.10 Routing in IP-Netzen

In einem beliebigen Netzwerk mit 2 Routern will Host PC0, verbunden mit dem Router0 eine Nachricht z. B. E-Mail, an Host PC1, verbunden mit Router1, senden (**Bild 1**).

Die Daten der oberen OSI-Schichten werden in Schicht 2 gekapselt: z. B. mit der Sender-IP-Adresse und der Empfänger-IP-Adresse (**Tabelle 1**).

Auf der Schicht 2 werden die eigene MAC-Adresse von PC0 und die MAC-Adresse von Router0 (Standard-Gateway) eingetragen (**Bild 2**).

Router0 nimmt nun die Daten, da seine MAC-Adresse im Header steht, er entfernt den MAC-Header in Schicht 2. In Schicht 3 steht die Ziel-IP-Adresse von Host PC1.

Router0 ermittelt anhand seiner Routing-Tabelle den Pfad für das Paket und ermittelt eine neue MAC-Adresse, die von Router1. Diese wird in dem IP-Paket von Router0 an Router1 gekapselt (**Bild 3**).

Router1 nimmt die Daten, da seine MAC-Adresse im Header steht, entfernt den MAC-Header in Schicht 2 und in Schicht 3 wird die IP-Adresse von Host PC1 erkannt. Anhand der Routingtabelle erkennt Router1, dass PC1 am Fa0/0-Port verbunden ist. Router1 ermittelt die MAC-Adresse von Host PC1 und sendet die Daten an die MAC-Adresse von Host PC1. Die neue Sender-MAC-Adresse ist die von Router1 (**Bild 4**). PC1 empfängt das Paket und nimmt es entgegen.

In der Routing-Tabelle der verbundenen Router nach **Bild 5** stehen die direkt verbundenen Netzwerke (C = connected) und die durch Datenübertragung mittels Protokoll erlernten (z. B. R = RIP von Routed Internet Protocol). Außerdem beinhaltet sie die jeweils verwendete Schnittstelle (Port) und Daten zur Entfernung des Netzwerkes (Metric).

> Die Quell- und Ziel-IP-Adresse wird niemals geändert, nur die MAC-Adressen.
> Ein **Switch** ist der Schicht 2 zugeordnet und prüft nur die MAC-Adressen.
> Ein **Router** ist der Schicht 3 zugeordnet und prüft die IP-Adressen und ändert die MAC-Adressen.

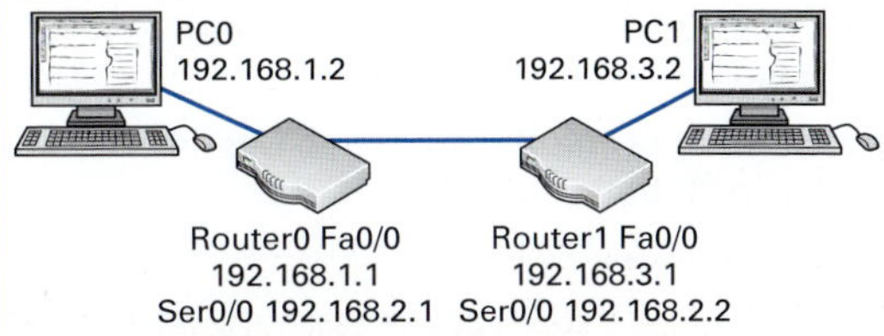

Bild 1: Netzwerk mit 2 Routern

Tabelle 1: Adressen zu Bild 1

Name	IP-Adresse	MAC-Adresse
PC0	192.168.1.2/24	0001.9625.1AC6
Router0 Fa0/0 Ser0/0	192.168.1.1/24 192.168.2.1/24	0001.C903.E378 0001.C928.B5D1
Router1 Fa0/0 Ser0/0	192.168.3.1/24 192.168.2.2/24	000B.BED3.15C4 0040.0B3D.3825
PC1	192.168.3.2/24	0001.C9B3.09C0

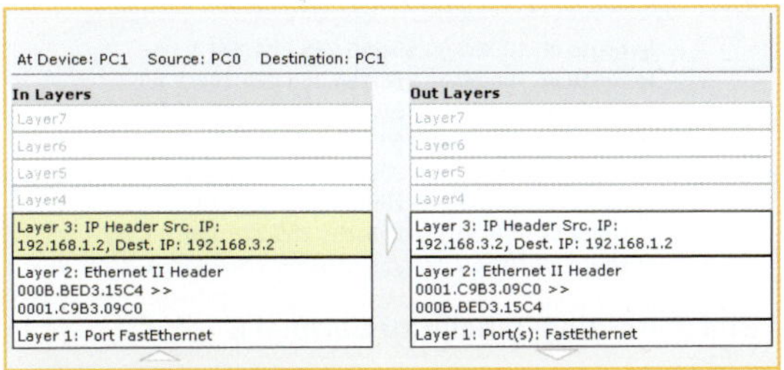

Bild 2: IP-Paket von PC1

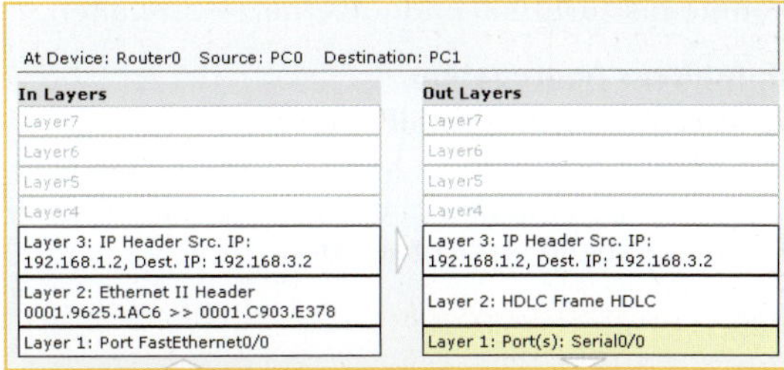

Bild 3: IP-Paket von Router0

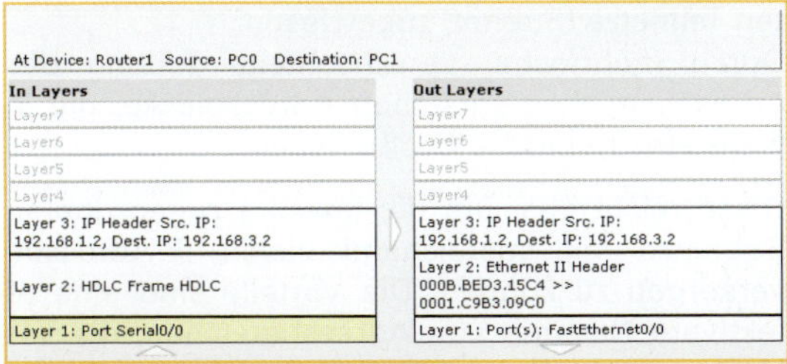

Bild 4: IP-Pakete von Router1

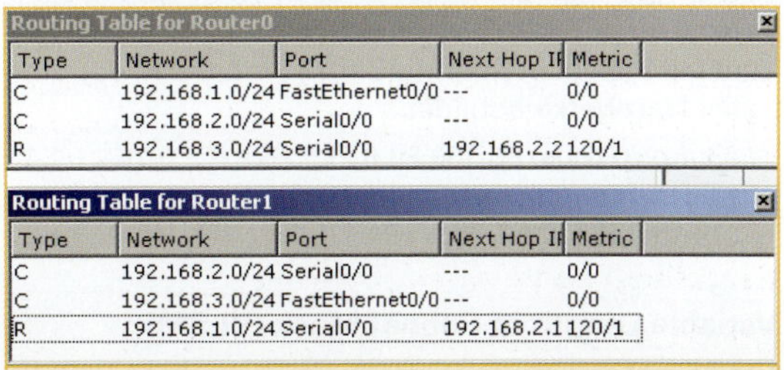

Routing Table for Router0

Type	Network	Port	Next Hop IP	Metric
C	192.168.1.0/24	FastEthernet0/0	---	0/0
C	192.168.2.0/24	Serial0/0	---	0/0
R	192.168.3.0/24	Serial0/0	192.168.2.2	120/1

Routing Table for Router1

Type	Network	Port	Next Hop IP	Metric
C	192.168.2.0/24	Serial0/0	---	0/0
C	192.168.3.0/24	FastEthernet0/0	---	0/0
R	192.168.1.0/24	Serial0/0	192.168.2.1	120/1

Bild 5: Routing-Tabellen von Router0 und Router1

Classless Inter-Domain Routing (CIDR)

CIDR nutzt den bestehenden 32-Bit-IP-Adress-Raum (IPv4) effizienter. Die Größe der Routingtabellen wird reduziert und die verfügbaren Adressbereiche werden besser ausgenutzt.

Mit CIDR entfällt die feste Zuordnung einer IP-Adresse zu einer Netzklasse und die eventuelle Unterteilung (Subnetting) in weitere Netze oder die Zusammenfassung (Supernetting) mehrerer Netze einer Klasse.

Das Suffix gibt die Anzahl der 1-Bits in der Netzmaske an (**Tabelle 1**).

Beispiel 1:
Die IP-Adresse 213.144.143.192 soll mit einer /27-Maske maskiert werden. Geben Sie die niedrigste und die höchste Hostadresse, die Broadcastadresse dual und dezimal, und die Anzahl der möglichen Hosts an.
Lösung: **Bild 1**

Bei hierarchischem Routing sind über nur einen Routereintrag eine große Anzahl von Netzen erreichbar.

Hierarchisches Routing ist nur mit CIDR möglich. In **Bild 2** hat Router A nur den Eintrag für Router B in seiner Routingtabelle für 6 verschiedene Endnutzernetze, die über die Router F bis Router K erreicht werden. Router B hat nur 3 Einträge für Router C, Router D und Router E, für die verschiedenen Endnutzernetze (in der Realität ist das Verhältnis hier z. B. 1:10 000). Router C, D, E bedienen jeweils die Endnutzernetze. Jeder dieser Router könnte bis zu 10 000 Endnutzernetze verwalten.

IP Address Aggregation, Zusammenfassung von IP-Adressen

IP Address Aggregation heißt, verschiedene Netzwerke können mit einem einzigen Eintrag in einer Routing-Tabelle erreicht werden.

Beispiel 2:
Ein Router verbindet durch ein Gateway mit der IP-Adresse 194.1.1.1 acht Netzwerke. Die mögliche Routing-Tabelle ohne CIDR zeigt **Bild 3**, ein einzelner Eintrag für jedes individuelle Netz. Erstellen Sie einen Routing-Eintrag mit CIDR, der die acht Netzwerke abbildet.
Lösung: ip route 66.100.50.0 255.255.255.0 194.1.1.1
in CIDR-Schreibweise:
ip route 66.100.50.0/24 194.1.1.1

Variable Length of Subnet Mask (VLSM)

VLSM ist eine Subnetzmaske mit variabler Länge für ein erweitertes Subnetting. Dieses Verfahren erlaubt eine effizientere Nutzung von Subnetzen. Individuelle Teilnetzmasken werden an die erstellten Teilnetze (Subnet) zugewiesen.
Durch mehrfache, verschachtelte Teilung des Adressbereiches entstehen Adressblöcke, die jeweils eine minimale Größe haben.

Diese reicht aus, um die jeweilig zugeordneten Subnetze mit ausreichend vielen IP-Adressen versorgen zu können. Die Vorteile sind eine effektivere Nutzung von Adressbereichen, die Verkleinerung der Routing-Tabellen und eine erhöhte Anzahl möglicher Subnetze.

> Die IP-Adresse in der CIDR-Schreibform ersetzt die Dotted Decimal Notation.

Tabelle 1: Schreibformen

Anzahl 1-Bits	CIDR	Dotted Decimal Notation
17	172.17.0.0/17	172.17.0.0/255.255.128.0
24	192.168.2.7/24	192.168.2.7/255.255.255.0
28	10.43.8.67/28	10.43.8.67/255.255.255.240

Adresse: 213.144.143.192
11010101.10010000.10001111.110 00000
Netzmaske: 255.255.255.224 = 27
11111111.11111111.11111111.111 00000
Netzwork: 213.144.143.192/27
11010101.10010000.10001111.110 00000
Broadcast: 213.144.143.223
11010101.10010000.10001111.110 11111
Niedrigster Host: 213.144.143.193
11010101.10010000.10001111.110 00001
Höchster Host: 213.144.143.222
11010101.10010000.10001111.110 11110
Hosts/Netz: 30

Bild 1: Subnetting mit CIDR (Beispiel)

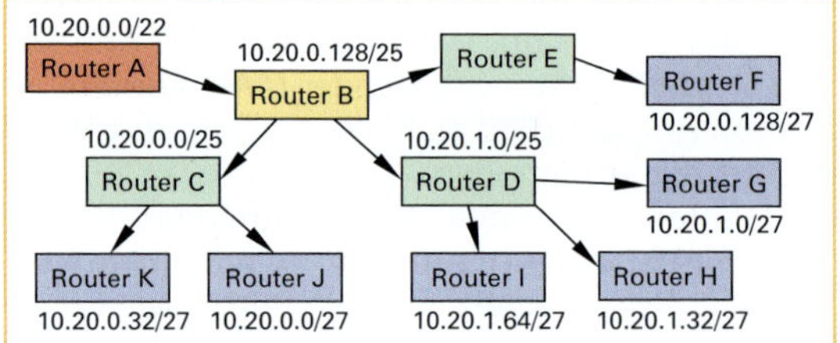

Bild 2: Hierarchisches Routing (Beispiel)

ip route 66.100.50.0 255.255.255.224 194.1.1.1
ip route 66.100.50.32 255.255.255.224 194.1.1.1
ip route 66.100.50.64 255.255.255.224 194.1.1.1
ip route 66.100.50.96 255.255.255.224 194.1.1.1
ip route 66.100.50.128 255.255.255.224 194.1.1.1
ip route 66.100.50.160 255.255.255.224 194.1.1.1
ip route 66.100.50.192 255.255.255.224 194.1.1.1
ip route 66.100.50.224 255.255.255.224 194.1.1.1

Bild 3: Routing-Tabelle zu Beispiel 2

Aufgabe 1

Der Netzplan in Bild 1 beschreibt das Netzwerk einer Firma, die von Ihrer IT-Firma betreut wird.

ⓐ Beschreiben Sie den Aufbau des Netzwerkes.

ⓑ Welche Funktion haben Router 1, Router 2 und Router 3?

ⓒ Welche Fehler befinden sich in Bild 1?

ⓓ Verbessern Sie die Fehler mithilfe der Tabelle 1.

Tabelle 1: Fehler und Korrekturen

PC	Fehlerbeschreibung	Korrekturvorschlag	Bemerkung

Aufgabe 2

Die Routingtabelle in Bild 2 gehört zu einem PC im Netzwerk.

ⓐ Zu welchem PC gehört diese Routingtabelle?

ⓑ Begründen Sie Ihre Auswahl.

ⓒ Erläutern Sie die Bedeutung der Zeilen 02 und 11.

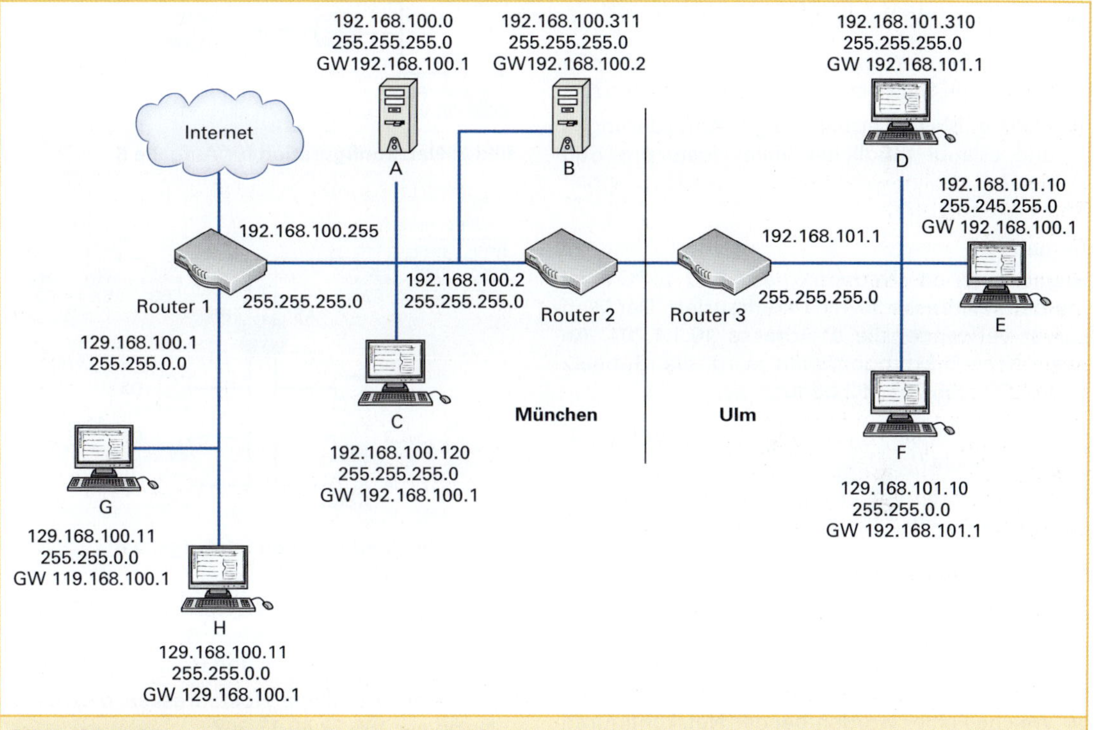

Bild 1: Netzplan

01 Netzwerkziel	Netzwerkmaske	Gateway	Schnittstelle	Anzahl
02 0.0.0.0	0.0.0.0	192.168.100.120	192.168.100.120	1
03 127.0.0.0	255.0.0.0	127.0.0.1	127.0.0.1	1
04 192.168.100.0	255.255.255.0	192.168.100.120	192.168.100.120	20
05 192.168.100.120	255.255.255.255	127.0.0.1	127.0.0.1	20
06 192.168.100.255	255.255.255.255	192.168.100.120	192.168.100.120	20
07 224.0.0.0	240.0.0.0	192.168.100.120	192.168.100.120	20
08 255.255.255.255	255.255.255.255	192.168.100.120	192.168.100.120	1
09 Standardgateway:	192.168.100.1			
10 Ständige Routen:				
11 192.168.101.0	255.255.255.0	192.168.100.2		4

Bild 2: Routingtabelle

Aufgabe 3

Gegeben ist ein Netzwerk mit der IPAdresse 220.8.9.0.

ⓐ Wie viele IP-Adressen kann man den PCs im Subnetz zuweisen, wenn die Subnetzmaske 255.255.255.240 verwendet wird?

ⓑ Wie viele Subnetze gibt es, wenn für alle Subnetze die gleiche Subnetzmaske verwendet wird?

Aufgabe 4

Erstellen Sie das Netzwerkdesign für einen Kunden der in jedem Subnetzwerk dieselbe Subnetzmaske verwenden möchte. Der Kunde verwendet Netzwerk 11.0.0.0 und braucht 200 Subnetze mit jeweils bis zu 200 Hosts.

ⓐ Welche Subnetzmaske setzen Sie ein um möglichst viele Subnetze einrichten zu können?

ⓑ Welche Maske erfüllt obige Anforderungen und erlaubt möglichst viele Hosts pro Subnetz?

Aufgabe 5

Gegeben sei das Netzwerk nach Bild 1. PC A ist mit der IP-Adresse 10.1.1.1 konfiguriert. Der Webserver verwendet die IP-Adresse 10.1.1.201. An allen Netzwerkkomponenten wird die Subnetzmaske 255.255.255.192 benutzt.

ⓐ Welcher Fehler wurde bei der Netzkonfiguration gemacht?

ⓑ Wie kann der Fehler am einfachsten behoben werden?

Aufgabe 6

PC A in Bild 2 hat die IP-Adresse 10.1.1.1/24. Der Webserver verwendet die IP-Adresse 10.1.1.201/27.

ⓐ Welche Fehler wurden bei der Netzkonfiguration gemacht?

ⓑ Wie kann der Fehler am einfachsten behoben werden?

Aufgabe 7

Fragen zu Subnetting

ⓐ Welche Netzwerkadresse hat ein PC der die IP-Adresse 191.168.12.6 und die Subnetzmaske 255.255.255.0 konfiguriert hat?

ⓑ Die IP-Adresse 162.53.21.12 soll in einem Netzwerk mit nicht mehr als 126 PCs je Subnetz verwendet werden. Welche Subnetzmaske ist zu wählen?

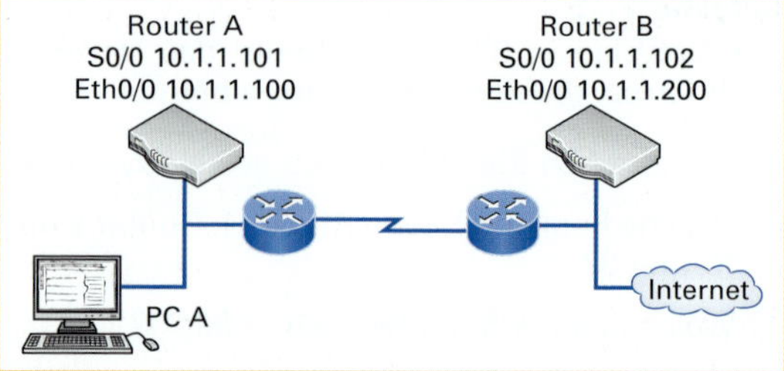

Bild 1: Netzkonfiguration für Aufgabe 5

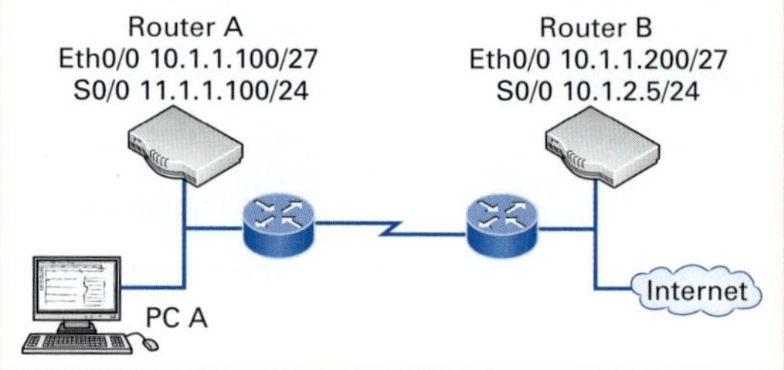

Bild 2: Netzkonfiguration für Aufgabe 6

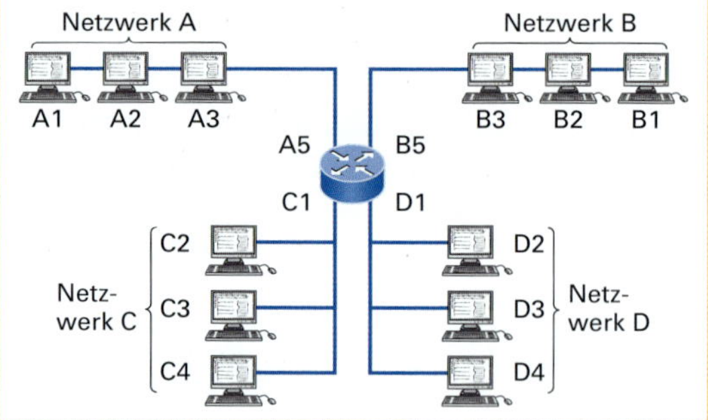

Bild 3: Netzkonfiguration für Aufgabe 8

ⓒ In einem Klasse-B-Netzwerk ist die Subnetzmaske 12 Bit lang. Geben Sie die Anzahl der verfügbaren Subnetze und Hosts je Subnetz an.

ⓓ Wie viele mögliche Hostadressen gibt es im Netzwerk 166.22.40.17/30?

ⓔ Welcher Adressbereich ist bei einer IP-Adresse 169.70.3.55/12 möglich?

Aufgabe 8

Gegeben ist das Netzwerk Bild 3. Folgende Adressen wurden vergeben: Netzwerk A 192.168.1.0, Netzwerk B 170.0.0.0, Netzwerk C 10.0.0.0 und Netzwerk D 192.168.2.0.

ⓐ Welche Aufgabe hat der Router im Netzwerk?

ⓑ Geben Sie mögliche IP-Adressen der Router-Schnittstellen an.

ⓒ Beschreiben Sie wie Host A1 mit Host C4 kommuniziert.

Berühmte Ingenieure, Mathematiker und Informatiker

Herrmann Hollerith (Bild 1)

* 29. Februar 1860 in Buffalo, New York; † 17. November 1929

Hermann Hollerith war ein US-amerikanischer Unternehmer und Ingenieur. Er ist Erfinder des nach ihm benannten Hollerith-Lochkartenverfahrens in der Datenverarbeitung. Dies Verfahren bestand aus der Tabelliermaschine, dem Lochkartensortierer, dem Lochkartenlocher und dem Lochkartenleser. Am 9. Dezember 1888 installierte er die Erfindung im US-Kriegsministerium. Am 8. Januar 1889 meldete er sein System zum Patent an. Die Maschinen von Herman Hollerith konnten nur mit positiven Zahlen rechnen, das machte sie für den wissenschaftlichen Einsatz unbrauchbar. 1924 wurde Holleriths Firma CTR in International Business Machines Corporation (IBM) umbenannt.

Bild 1: Herman Hollerith

Howard Hathaway Aiken (Bild 3)

* 8. März 1900 in Hoboken, New Jersey; † 14. März 1973

Howard Aiken, ist ein amerikanischer Computerpionier, der den ersten digitalen Großrechner der Welt entwickelte. Von 1939 bis 1944 konstruierte er mit Grace Hopper, die den Computer programmierte, den ersten digitalen Großrechner der Welt, den Automatic Sequence Controlled Calculator (ASCC). Er wurde später in Mark I umbenannt. Dieser 17 Meter lange und 2,50 Meter hohe Computer bestand aus 760.000 Einzelteilen, darunter 3000 Kugellagern und 80 Kilometer Leitungsdraht. Aiken verwendete als Rechenelemente und zum Speichern elektrisch angetriebene dekadische Zählräder. Das Programm war auf einem 24-spurigen Lochstreifen gespeichert. Dem Nachfolgemodell Mark II verdankt die Computerwelt den Ausdruck Debugging. Diese erste Wanze (bzw. Motte) existiert heute noch, sie kann im Museum des Naval Surface Weapons Center in Dahlgren, Virginia, besichtigt werden. Sie wurde mit einer Pinzette aus Relaiskontakten des Mark II entfernt. Nach Aiken ist auch der Aiken-Code, ein komplementärer BCD-Code benannt.

Bild 2: Howard Hathaway Aiken

Konrad Ernst Otto Zuse (Bild 2)

* 22. Juni 1910 in Berlin; † 18. Dezember 1995

Konrad Zuse war ein deutscher Bauingenieur, Erfinder und Unternehmer. Der erste Rechner war der 1938 fertiggestellte, elektrisch angetriebene mechanische Rechner Z1 mit begrenzten Programmiermöglichkeiten, der die Befehle von Lochstreifen ablas. Mit seiner Entwicklung des Z3 im Jahre 1941 gilt er als der Erfinder des Computers. 1956 der erste Computer mit Magnetspeicher der Z22 auf den Markt. Zuse hat die Methode der computergerechten Gleitkommazahlen auf Basis der Komponenten von Mantisse und Exponent theoretisch entwickelt und praktisch realisiert. Mit diesem Verfahren berechnet heute jeder gängige Computer Gleitkommazahlen, vom Taschenrechner bis zum Großrechner. Auch die weithin verwendete IEEE-754-Normierung, d. h. die Festlegung auf ein bestimmtes Gleitkommazahlenformat, ist eine Folge von Zuses Grundlagenarbeit.

Bild 3: Konrad Ernst Otto Zuse

Erwerbbare Kompetenzen

Kapitel 12	Internet und Datenschutz	
	Stufe	**Fachkompetenz**
	1	Ich kenne den Aufbau des Internets als globales Netzwerk.
	1	Ich kenne die Gremien zur Verwaltung des Internets.
	3	Ich kann den Aufbau des Internets beschreiben.
	1	Ich kenne die typischen Protokolle die im Internet verwendet werden.
	1	Ich kenne die Anwendungen und Dienste des Internets.
	1	Ich kann das DNS beschreiben.
	1	Ich kann Internetadressen mithilfe des DNS beschreiben.
	1	Ich kann Netzwerkbefehle anwenden.
	1	Ich kenne die möglichen Zugänge zum Internet.
	1	Ich kenne die Aufgabe der Internetdienste.
	3	Ich kann die Aufgabe des Datenschutzes beschreiben.
	1	Ich kenne die Bereiche des Datenschutzes.
	1	Ich kenne die Bedrohungen durch fehlenden Datenschutz.
	1	Ich kenne die Aufgaben eines Datenschutzbeauftragten.
	1	Ich kenne die Schutzgrade.
	1	Ich kann Probleme des Datenschutzes schematisch lösen.

Welche Fachkompetenzen werden hier visualisiert?

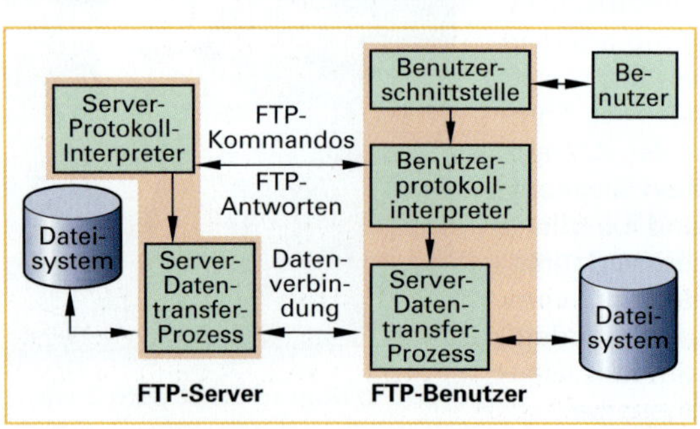

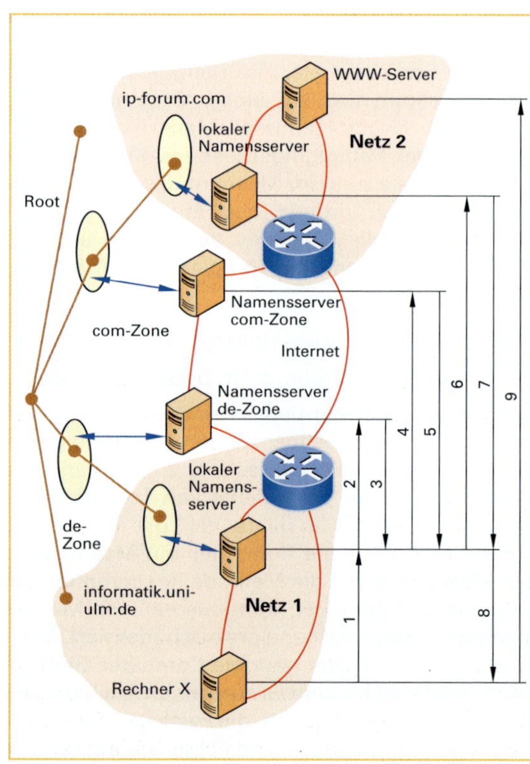

12 Internet und Datenschutz

12.1 Internet

Das Internet ist ein weltweiter Zusammenschluss lokaler Computernetzwerke (**Bild 1**) von Firmen, Bildungseinrichtungen, Regierungen und privaten LANs. Es besteht aus der Hardware und der Software.

Internet-Hardware: Millionen von Routern, Servern und Clients, die durch ein erdumspannendes Netz aus Kupferkabeln und Glasfaserkabeln, Erd- und Satellitenfunkstrecken verbunden sind.
Internet-Software: durch Hyperlinks verknüpfte Internetseiten, mit unterschiedlichen Programmen, z. B. HTML-Editoren, erstellt.

Über alle geographischen und kulturellen Grenzen hinweg bietet das Internet einen universellen Informationsraum, den Cyberspace. Für den Nutzer bietet das Internet eine große Anzahl an Diensten, welche durch verschiedene Programme z. B. Webbrowser oder E-Mail-Clients genutzt werden können.

Verwaltung des Internets

Das höchste Verwaltungsgremium des Internets ist das IAB, das unter anderem über Standards und Adressvergaben entscheidet. Diese Standards sind in RFCs (von Request for Comments = Anfrage nach Kommentaren) niedergeschrieben. Die RFCs sind Textdokumente und werden durch vierstellige Nummern gekennzeichnet. Als ausführende Institutionen arbeiten verschiedene Organisationen. So ist z. B. die Aufgabe des ICANN (Internet Corporation for Assigned Names and Numbers) die Koordination der Endungen der Domainnamen (Top-Level-Domains = Hauptgebiet, z. B. de) von Internetadressen. Das NIC vergibt eindeutige Adressen und Namen im Internet.

Aufbau des Internets

Die PCs, Switches und Router der einzelnen LANs sind im Internet durch weitere Router miteinander verbunden und dies weltweit (**Bild 2**). Router, am Rand eines LANs, bezeichnet man als Edge-Router. Router, die eine leistungsfähige Verbindung zu weiteren LANs herstellen, sind die Backbone-Router (backbone = Rückgrat).
Lokale Netze, z. B. Firmennetze oder Universitätsnetze werden so in größere Netze eingebunden. Die Verbindungsleitungen, welche die größeren Netze miteinander verbinden, werden Backbone genannt. Die Internet-Provider oder Internet-Service-Provider ISP sind die Betreiber des Backbones und stellen leistungsfähige Datenleitungen zur Verfügung. Typische deutsche ISP sind die Deutsche Telekom, 1und1 oder Vodafone.

Cyberspace: Synonym für das Internet, Kunstwort aus cyber = Kybernetik, Steuerungstechnik und space = Raum
IAB: Internet Architecture Board
IETF: Internet Engeneering Task Force
ICANN: Internet Cooperation for Assigned Names and Numbers
NIC: Network Information Center
Top-Level-Domain: Hauptgebiete für Domänennamen z. B. de
POP: Point of Presence = Knotenpunkt

Bild 1: Das Internet als weltweiter Netzwerkverbund

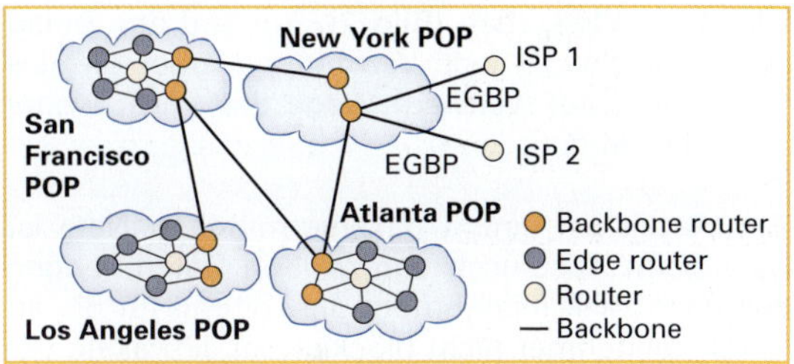

Bild 2: Einzelne Netze zum Internet zusammengefasst

Bild 3: Backbone-Knoten in Zentraleuropa

Der wichtigste deutsche Backbone-Knotenpunkt befindet sich in Frankfurt. Er verbindet die deutschen Internetnutzer weltweit mit anderen Nutzern (**Bild 3**).

12.2 Technik des Internets

Paketvermittlung

In einem Netzwerk kann jeder angeschlossene PC mit einem anderen am Netzwerk angeschlossenen PC Verbindung aufnehmen und Daten austauschen.

Bei paketvermittelten Verbindungen wird für die Verbindung (Session) keine feste Leitung zwischen Sender und Empfänger aufgebaut (**Bild 1**). Für die Paketvermittlung eignen sich nur digitalisierte Informationen (Sprache oder Daten). Diese Informationen werden beim Sender in einzelne IP-Pakete mit in der Regel fester Bit-Länge zerlegt und über im Netz verfügbare Leitungen geschickt.

> Die Daten werden in kleinere Einheiten, Pakete, zerlegt und übertragen. Jedes IP-Paket wird einzeln geroutet.

Damit die einzelnen IP-Datenpakete über verzweigte Netzwerke zum richtigen Ziel geleitet werden können, wird ihnen die Absenderadresse und die Zieladresse in einem Vorspann des Paketes (Header) mitgegeben (**Bild 2**). Anhand der Zieladresse entscheidet jede Vermittlung, über die das Paket läuft, auf welchem Wege das Paket weiter geschickt wird.

Ein Vorteil bei einem paketvermittelten Netz ist, dass beim Austausch von großen Datenmengen zwischen zwei Teilnehmern die Leitung für die anderen Teilnehmer nicht blockiert ist. IP-Pakete verschiedener Absender können zeitlich hintereinander über eine Leitung verschickt werden. Wenn bei der Datenübertragung ein Fehler auftritt, muss nicht die gesamte Datenmenge wiederholt gesendet werden, sondern nur das fehlerhafte Paket.

Protokolle im Internet

Damit verschiedene PCs, z. B. WINDOWS-PCs, Apple-Macintosh-PCs oder UNIX-PCs, in einem Netzwerk miteinander kommunizieren können, müssen sie gemeinsame Protokolle verwenden.

Die Datenformate und Codes der Steuernachrichten sind festgelegt oder die Reaktion auf bestimmte Ereignisse, wie z. B. auf fehlerhafte Informationsübertragung. Das TCP (Transmission Control Protocol = Übertragungs-Kontrollprotokoll) zerlegt die zu übertragenden Daten in handliche Pakete und nummeriert sie. Anhand der Portnummer werden den IP-Paketen die jeweiligen Dienste, z. B. E-Mail, zugeordnet. Zusätzlich berechnet TCP eine Prüfsumme, die ebenfalls in das TCP-Paket geschrieben wird. Das IP (Internet Protocol) hängt an jedes Paket die Absenderadresse und die Empfängeradresse.

> - Ein Protokoll ist eine technische Vorschrift, die Computer beim Informationsaustausch einhalten müssen.
> - Ein Protokollstack sind alle Protokollschichten eines PCs zusammen.

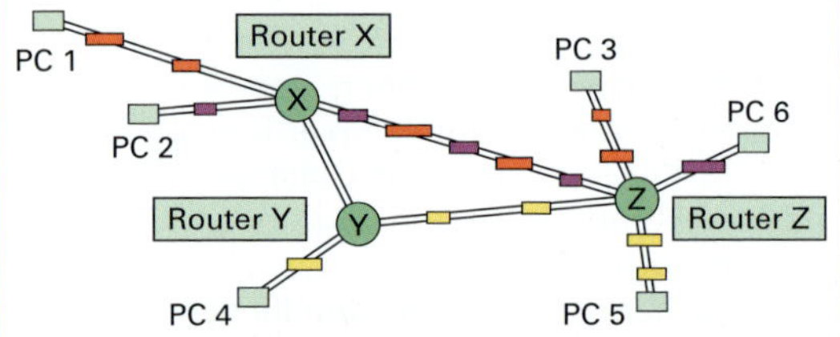

Bild 1: Beispiel zur Paketvermittlung

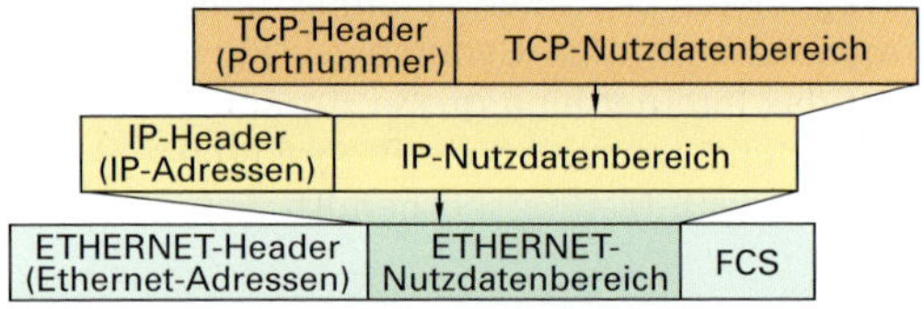

Bild 2: Aufbau eines TCP/IP-Paketes

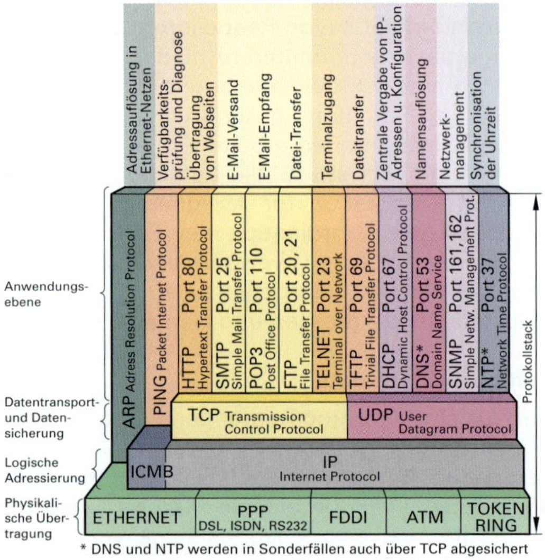

Bild 3: Protokolle im Internet

> Als Standard hat sich im Internet das TCP/IP-Protokoll durchgesetzt.

Neben TCP gibt es noch für verschiedene Anwendungen das UDP-Protokoll (**Bild 3**). UDP ermöglicht ebenfalls einen paketvermittelten Datentransport, beinhaltet jedoch keine Fehlerkorrektur.

Aufbau einer IP-Adresse

Jeder Computer, der mit dem Internet verbunden ist, erhält eine weltweit gültige Adresse, die nur einmal vorkommt. Diese Adressen bestehen, beim Internet Protokoll Version 4 (IPv4), aus einem Binärwort der Länge 32 bit (**Bild 1**). Bei der Dezimalschreibweise werden die vier Gruppen durch Punkte (dots) von einander getrennt und heißen DDN-Adressen (von Dotted Decimal Notation = gepunktete dezimale Schreibweise). Durch das rasche Wachstum des Internets werden die freien Adressen knapp. Das Internetprotokoll IPv6 (Internet Protokoll Version 6) benutzt ein 128-Bit-Wort für die Adressierung. IP-Adressen in Zahlenform sind schlecht zu handhaben, deshalb werden im Internet häufig symbolische Namen verwendet (Bild 1).

Das Protokoll http (von Hypertext Transfer Protocol) ist das meistverwendete Protokoll zur Übertragung im Internet. Eine einheitliche Adressierung, die URL-Adresse (von Universal Resource Locator) wird verwendet (**Bild 2**).

Domain-Name-System

Das Domain-Name-System DNS (Domain = Gebiet, Bereich) ordnet jedem weltweit eindeutigen Rechnernamen eine IP-Adresse zu. Die Namen im DNS sind hierarchisch aufgebaut. Das gesamte Internet ist in Domains aufgeteilt, welche wieder durch Subdomains strukturiert werden. Diese Hierarchie spiegelt sich im Namen wieder. Die entsprechenden Domains werden durch Punkte getrennt. Die Top-Level-Domain steht ganz rechts und gibt das Land bzw. den Bereich an (**Tabelle 1**).

Für die Verbindung zwischen zwei Rechnern muss der Rechnername in eine zugehörige IP-Adresse umgewandelt werden.

Ein Vorteil der Rechnernamen ist, dass die IP-Adresse in Binärschreibweise bzw. DDN-Schreibweise geändert werden kann, der symbolische Namen aber für den Anwender erhalten bleibt.

Auf speziellen Rechnern, den Name-Servern oder DNS-Servern, laufen Programme, die Namen in IP-Adressen und IP-Adressen in Namen umwandeln („auflösen") können.

Das Domain Name System DNS übernimmt die Umwandlung von Domänennamen in IP-Adressen.

Eine URL-Adresse (von Universal Resource Locator) adressiert weltweit eindeutig eine Ressource, z. B. PC im Internet.
DDN Dotted Decimal Notation
DNS Domain Name System

IP-Adresse als 32-Bit-Wort	11010100 00111111 10011111 11001000
DDN-Adresse	212.63.159.200
Rechnername	Europa-lehrmittel.de

Bild 1: Schreibweisen für IP-Adressen

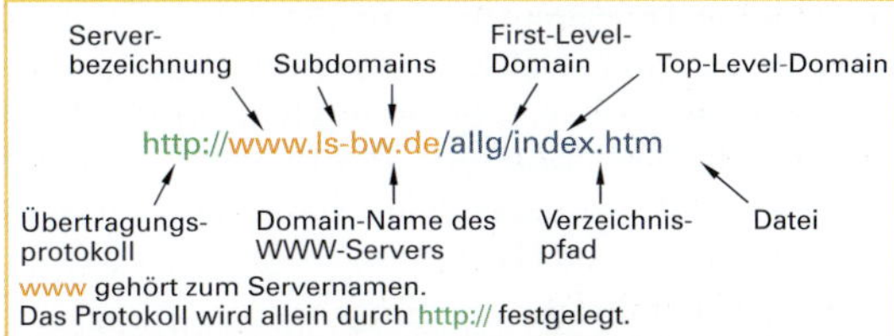

Bild 2: Allgemeiner Aufbau einer URL

Tabelle 1: Beispiele für Top-Level-Domains

Abk.	Land bzw. Organisation
com	Kommerzielle Organisationen
edu	(education) Schulen und Hochschulen
gov	(government) Regierungsinstitutionen
net	Netzwerk betreffende Organisationen
org	Nichtkommerzielle Organisationen
at	Austria
ca	Canada
de	Deutschland
gb	Great Britain (UK)

Client-Server-Prinzip

Die meisten Internet-Anwendungen nutzen das Client-Server-Prinzip (Client = Kunde, Server = Diener). Auf einem PC läuft ein Client-Prozess und auf dem anderen ein Server-Prozess. Der Clientprozess ist z. B. ein Browser, der es ermöglicht, URL-Adressen abzurufen. Durch Eingabe von z. B. www.tagesschau.de wird ein Auftrag an den entsprechenden Server geschickt. Von diesem erhält der Client-PC dann die Ergebnisse des Auftrags, die entsprechende Webseite zurückgeliefert und stellt diese im Browser dar.

Beispiel 1:
Überprüfen Sie mithilfe des Konsolenbefehls nslookup, welche IP-Adresse der URL www.web.de zugeordnet ist.

Lösung: Öffnen Sie die Eingabeaufforderung Ihres PCs, geben Sie den Befehl nslookup www.web.de und anschließend RETURN ein.

Name: web.de Adress: 217.72.195.42

Prüfen Sie die Richtigkeit des Ergebnisses durch Eingabe der IP-Adresse in den Browser.

Domain Name System (DNS)

Das Domain Name System ist hierarchisch organi-siert, ähnlich einer Baumstruktur aufgebaut und setzt Computernamen, z. B. europa-lehrmittel.de in IP-Adressen um. DNS ist einer der wichtigsten Dienste in IP-basierten Netzwerken. Seine Hauptaufgabe ist die Beantwortung von Anfragen zur Namensauflösung.

Der DNS-Dienst wandelt den Namen in die zugehörige IP-Adresse um.

Informationen über eine Domäne findet man, indem man von der Root-Domäne durch die untergeordneten Domänen bis zur Ziel-Domäne geht **(Bild 1)**. Es gibt weltweit 13 Root-Nameserver (Root-Server) zur Namensauflösung an der Wurzel (Root). Die Zone der Root-Server umfasst Namen und IP-Adressen aller Namensserver aller Top-Level-Domains (TLD).

Schritte der Namensauflösung:

1. PC X in der Domäne informatik.uni-ulm.de leitet eine DNS-Anfrage an den lokalen Namensserver der Universität: Welche IP-Adresse hat www.ipforum.com?
2. Der lokale Namensserver findet keine Zuordnung und richtet nun die Anfrage an den übergeordneten Namensserver der de-Zone.
3. Der Namensserver der de-Zone antwortet mit einem Verweis auf die com-Zone.
4. Der lokale Namensserver richtet die Anfrage an den Namensserver der com-Zone.
5. Der Namensserver der com-Zone antwortet mit Verweis auf den Namensserver der Domäne ipfo-rum.com.
6. Der lokale Namensserver richtet die DNS-Anfrage an den Namensserver der Domäne ipforum.com.
7. Der Namensserver ipforum.com antwortet mit der gesuchten Zuordnung www.ipforum.com -> IP-Adresse.
8. Der lokale PC erhält die IP-Adresse.
9. Das IP-Paket mit der Anfrage an den WWW-Server im Netz 2 kann versendet werden.

Namensserver (Nameserver) enthalten die Informationen der Domänen, für die sie den Name-Service übernehmen.

Direkt unterhalb der Root-Domäne befinden sich die Top-Level-Domänen. Man unterscheidet geographische Top-Level-Domänen z. B. .de oder organisatorische Top-Level-Domänen **(Bild 2)**. Die höchste Organisation für die Zuweisung der Domänennamen ist ICANN. Für die deutschen de-Domänen ist die DENIC in Frankfurt zuständig (www.denic.de)

Domäne (Domain) = ein zusammenhängender Teilbereich des Internets.

DNS von Domain Name System = Domänennamenssystem

FQDN von Fully Qualified Domain Name = voll qualifizierten Domänenname

ICANN Internet Cooperation for Assigned Numbers and Names = Organisation für die Zuweisung von Nummern und Namen im Internet.

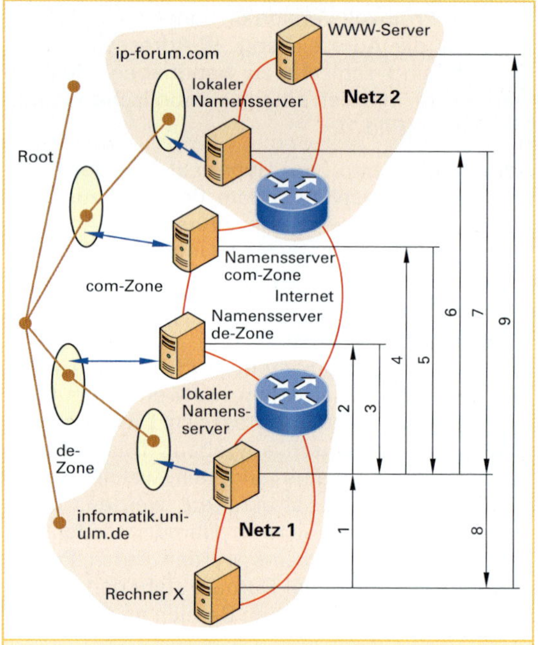

Bild 1: Namensauflösung mit DNS

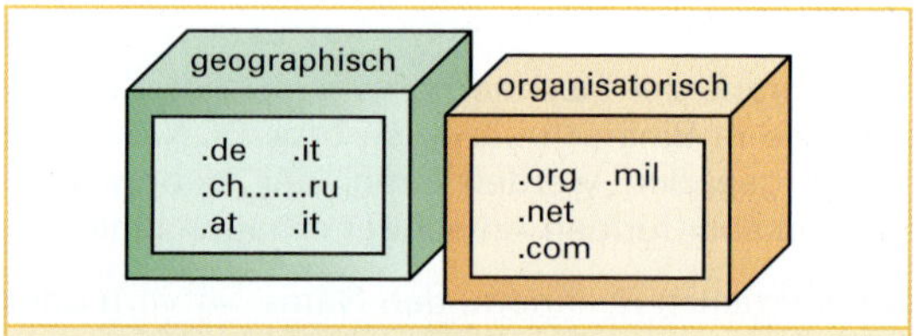

Bild 2: Top-Level-Domänen (Beispiele)

Die Regeln für die Namensvergabe legt die Vergabestelle (NIC = Network Information Center) der jeweiligen Top-Level-Domain fest. Eine Domäne kann beliebig in durch Punkte getrennte Subdomains unterteilt werden z. B. www.informatik.uni-ulm.de. Mit jedem so gebildeten voll qualifizierten Domänennamen (FQDN) kann ein beliebiger PC weltweit eindeutig adressiert werden. Die Verbindung zwischen dem FQDN und dem tatsächlichen Aufenthaltsort des Objektes wird über Einträge in Namensservern hergestellt.

12.3 Internet-Zugänge

Internet Service Provider

Ein Internet-Service-Provider ISP (to provide = versorgen) ist ein Dienstleister, der Privatanwendern oder Firmen einen Zugang zum Internet anbietet. Die Provider unterscheiden sich zum Teil erheblich in Bezug auf den Umfang ihrer Dienstleistungen und der Tarifstruktur (**Tabelle 1**). Damit ein Provider seinen Kunden eine sichere und stabile Internetverbindung garantieren kann, benötigt er eine eigene, ständig verfügbare und schnelle Datenanbindung ans Internet. Weiterhin besitzt der Provider mehrere IP-Adressen, die er seinen Kunden für die Dauer der geschalteten Internetverbindung zuweist. Diese Zuweisung erfolgt automatisch bei der Anmeldung am Zugangsrechner des Providers und wird als dynamische Adressvergabe bezeichnet.

DSL-Zugang

Zur Übertragung von Daten über Fernsprech-Kupferleitungen für kurze Entfernungen, bis etwa 5 km, ermöglicht die DSL-Technologie (Digital Subscriber Line = Digitaler Teilnehmeranschluss) eine sehr hohe Bitrate. Bei dieser Technologie nimmt die Übertragungsleistung mit der Länge des Kabels stark ab. Daher kann die DSL-Technologie bei Kupferleitungen nur über kurze Entfernungen zur Vermittlungsstelle verwendet werden. An der verlegten Teilnehmeranschlussleitung muss für DSL meist nichts geändert werden, denn die eingesetzten DSL-Verfahren nutzen auf der bereits verlegten Kupfer-Doppelader des Telefonnetzes ein Frequenzband, das oberhalb des für analoge Sprachtelefonie/ISDN genutzten Frequenzbereiches liegt. Durch einen Splitter werden die Telefonsignale und die DSL-Signale getrennt (**Bild 1**).

Abhängig vom ISP gibt es DSL-Anschlüsse mit unterschiedlichen Bitraten im Download und im Upload (**Tabelle 2**). Eine neue Generation von DSL-Anschlüssen mit VDSL2-Technologie erreicht noch höhere Geschwindigkeiten. Die Telekom bietet in manchen Gegenden VDSL 25 und VDSL 50 an. VDSL 50 ist die Grundlage für das Internet-Fernsehen IPTV (Internet Protocol Television) in HD-Qualität.

UMTS

Durch die Nutzung der UMTS Mobilfunknetze ist mobiles Internet möglich. Mit bis zu 7,2 Mbit/s sorgt das Übertragungsverfahren HSDPA (von HighSpeed Downlink Packet Access, Marktname UMTS-Broadband) für mobiles Internet mit Datenraten, die noch über denen von DSL 6000 liegen können.

> Ein DSL-Modem verbindet den Kunden-PC mit dem Splitter.
>
> DSL-Router sind Router mit integriertem DSL-Modem.

Tabelle 1: Auswahlkriterien für Internet Service Provider

Kriterium	Merkmale
Qualität	Zuverlässigkeit, Übertragungsgeschwindigkeit, Stabilität, Verfügbarkeit.
Preis	Grundgebühr für die Bereitstellung des Zugangs, Gebühr für die Dauer einer Verbindung, Gebühr für übertragenes Volumen, Gebühr für Flatrate.
Dienstleistungen	Bereitstellung von Software, Erstellen von Web-Seiten, Datenbankanbindung, Softwareerstellung, Hilfe bei Problemen, Hotline, Support.
Zusatzleistungen	Bereitstellung einer Mailadresse mit Postfach, Bereitstellung eines Domain-Namens, Bereitstellung von Webspace, FTP-Zugriff.

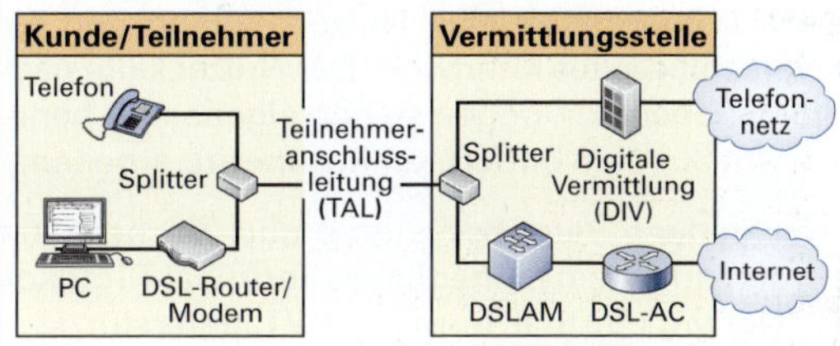

Bild 1: Aufbau einer DSL-Verbindung

Tabelle 2: DSL Anschlüsse

Bezeichnung	Max. Downloadgeschwindigkeit in kBit/s	Max. Uploadgeschwindigkeit in kBit/s
DSL 2000	2048	192 – 384
DSL 4000	4096	256
DSL 6000	6000	512 – 640
DSL 16000	16000	800 – 1024
VDSL 50	50000	10000

Ein Internetzugang über UMTS kann so auch eine DSL-Alternative für Zuhause darstellen, gerade in Gebieten mit geringer DSL-Verfügbarkeit.

Um am PC mobiles Internet nutzen zu können, ist spezielle UMTS-Hardware nötig. Verwendet wird eine UMTS-Karte am PCMCIA-Anschluss, oder ein UMTS-Stick, der in den USB-Anschluss am PC gesteckt wird. Alternativ kann auch ein an den PC angeschlossenes UMTS-Handy als UMTS-Modem eingesetzt werden.

Kabel-DSL, Multimedia mit Kabelanschluss

Kabel-DSL bzw. Kabel-Internet sowie Kabel-Telefonie sind möglich, wenn die entsprechende Infrastruktur mit modernen Fernsehkabeln vorhanden ist. Es wird eine Multimedia-Dose verwendet, der TV-Kabelanschluss wird zum universellen Datenanschluss für Telefon, TV, Radio und Internet.

Am neuen dritten Steckplatz der Multimedia-Dose, wird ein spezielles Kabelmodem benötigt (**Bild 1**). Soll kabellos gesurft werden, kann nach dem Kabelmodem zusätzlich ein herkömmlicher WLAN-Router geschaltet werden. Die verfügbaren Bitraten liegen zwischen 6 MBit/s und 100 MBit/s je nach Anbieter und Wohnort.

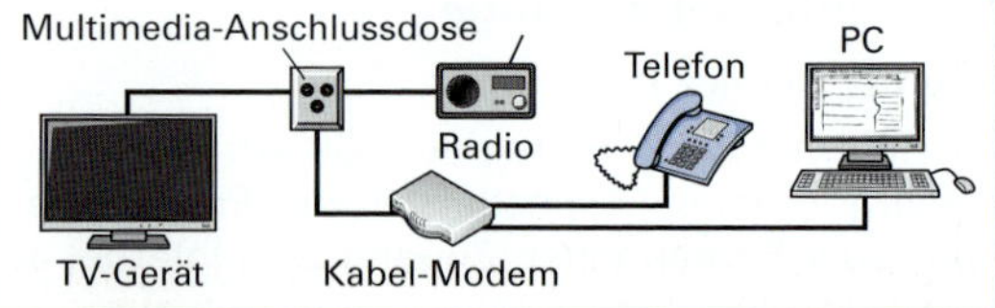

Bild 1: Prinzip einer Kabel-DSL-Verbindung

12.4 Internet-Dienste

TELNET

TELNET erlaubt das Einloggen und Arbeiten auf einem entfernten, über TCP/IP erreichbaren Computer. Der TELNET-Client baut eine Verbindung zum TELNET-Server (Port 25) auf (**Bild 2**).

TELNET übermittelt eine Nutzerkennung und ein unverschlüsseltes Kennwort. Der Nutzer kann nach erfolgreichem Einloggen seinen eigenen PC benutzen, um auf dem entfernten Rechner zu arbeiten.

Verschiedene Betriebssysteme und Zeichensätze werden durch ein einheitliches Terminal-Protokoll, das Network Virtual Terminal NVT, unterstützt.

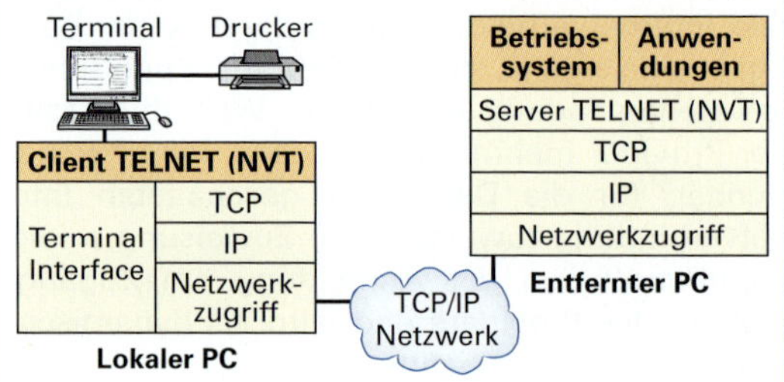

Bild 2: Prinzip einer TELNET-Sitzung

FTP

Das File Transfer Protocol FTP ist ein Protokoll zur Übertragung von Dateien (**Bild 3**). FTP bietet auch bei schlechten Übertragungsstrecken sichere Datenübertragung. FTP nutzt getrennte TCP-Verbindungen für den Sitzungsaufbau und anschließende Aufrechterhaltung der Sitzung (Port 21) und für die Datenübertragung (Port 20).

FTP setzt voraus, dass der Anwender auf dem entfernten Rechner einen Benutzer-Account und ein Verzeichnis besitzt. Das Betriebssystem und der FTP-Server führen eine Authentisierung durch.

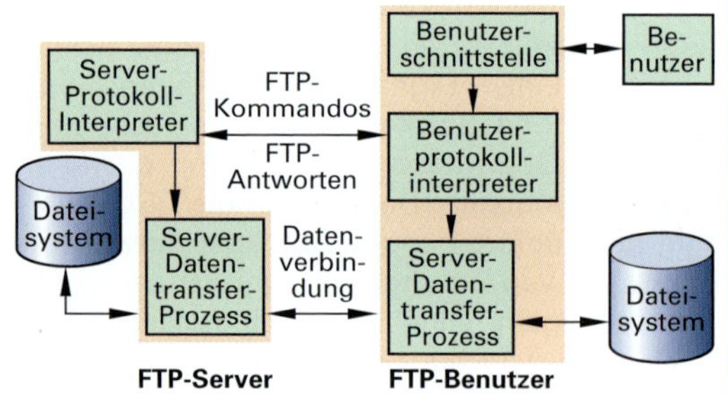

Bild 3: Prinzip einer FTP-Datenverbindung

E-Mail

Internetnutzer können eigene E-Mail-Adressen z. B. vorname.nachname@web.de anmelden und sind, wenn sie ihr elektronisches Postfach abrufen, unter dieser Adresse zu erreichen.

Die E-Mail-Nachrichten werden zum Abruf im Postfach auf einem Mail-Server zwischengespeichert. Für den Fernzugriff auf E-Mail-Verzeichnisse wird das Post Office Protocol POP oder das Internet Message Access Protocol IMAP verwendet (**Bild 4**).

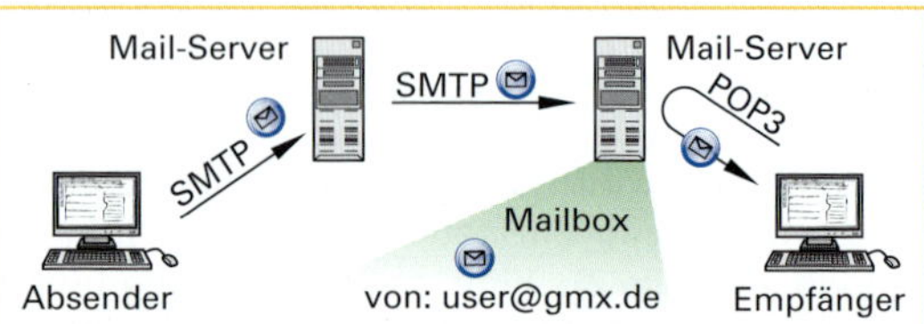

Bild 4: E-Mail empfangen und versenden

Zum Senden von E-Mails wird das SMTP-Protokoll verwendet. Nach dem Client-Server-Konzept bedient der Anwender eine Mail-Software z. B. Outlook und übergibt die Nachricht an den eigenen Mail-Server. Dieser speichert die Nachricht und übergibt die Daten an den Mail-Server des Empfängers, wenn der Empfänger seine E-Mails lesen möchte.

Das Versenden von E-Mails ist ein Internetdienst, bei dem keine direkte Verbindung zwischen Sender und Empfänger besteht.

12.5 Datenschutz

Der Datenschutz regelt den Schutz personenbezogener Daten vor Missbrauch durch Dritte (**Bild 1**).

Der Datenschutz schützt den Einzelnen davor, dass er durch den Umgang mit seinen personenbezogenen Daten in seinem Recht auf informationelle Selbstbestimmung beeinträchtigt wird (**Bild 2**). Das Erheben, Nutzen und Verarbeiten von personenbezogenen Daten wird geschützt.

Jeder Mensch kann grundsätzlich selbst entscheiden, wem, wann und in welchem Umfang seine persönlichen Daten zugänglich sein sollen.

Der Datenschutz will den gläsernen Menschen verhindern

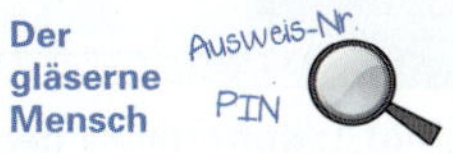

Der Datenschutz ist nach der Rechtsprechung des Bundesverfassungsgerichts ein Grundrecht (Recht auf informationelle Selbstbestimmung). Danach kann der Betroffene grundsätzlich selbst darüber entscheiden, wem er welche persönlichen Informationen bekannt gibt.

Auf Bundesebene regelt das Bundesdatenschutzgesetz (BDSG) den Datenschutz für die Bundesbehörden und den privaten Bereich, d. h. für alle Wirtschaftsunternehmen und Privatperson gegenüber Privatperson. Daneben regeln die Landesdatenschutzgesetze der Bundesländer den Datenschutz in Landesbehörden und Kommunalbehörden.

Die öffentlichen Stellen des Bundes sowie die Unternehmen, die geschäftsmäßig Telekommunikations- oder Postdienstleistungen erbringen, unterliegen der Aufsicht durch den Bundesbeauftragten für den Datenschutz.

Im Sinne der Gesetzgebung ist Datenschutz mehr als das Wegsperren von Daten. Er erfordert in seiner praktischen Umsetzung die gleichberechtigte Berücksichtigung organisatorischer, technischer und wirtschaftlicher Aspekte, sowohl bei der verarbeitenden Stelle als auch beim Betroffenen. Neben der Datensicherheit im Bezug auf die EDV gehören beispielsweise ebenso Faktoren wie Rechtssicherheit, Personalsensibilität, Wertschöpfung und Ressourcenerhalt zu einem guten Datenschutzkonzept.

Der Datenschutz gliedert sich in einen öffentlichen und einen nicht-öffentlichen Bereich (**Tabelle 1**).

Zu den öffentlichen Stellen zählen Behörden, Organe der Rechtspflege und andere öffentlich-rechtlich organisierte Einrichtungen des Landes, der Gemeinden, der Landkreise und sonstige der Aufsicht des Landes unterstehenden juristischen Personen des öffentlichen Rechts sowie deren Vereinigungen, ungeachtet ihrer Rechtsform.

Privacy: Schutz der Privatsphäre.
Data Privacy: Datenschutz personenbezogener Daten.
Data Protection: Datenschutz allgemein.
Informelle Selbstbestimmung: Jeder Mensch kann über die Verarbeitung seiner persönlichen Daten selbst bestimmen.

Bild 1: Datenschutz

Bild 2: Datenschutz personenbezogener Daten

Tabelle 1: Bereiche des Datenschutzes

Öffentlicher Bereich	Nicht-öffentlicher Bereich
Das Datenschutzgesetz der Länder schützt den Einzelnen davor, dass er durch den Umgang öffentlicher Stellen des Landes mit seinen personenbezogenen Daten in seinem Persönlichkeitsrecht beeinträchtigt wird.	Das Bundesdatenschutzgesetz (BDSG) bewahrt den Einzelnen davor, durch unsachgemäßen Umgang mit seinen personenbezogenen Daten beeinträchtigt zu werden.

Die Einhaltung des Datenschutzes im öffentlichen Bereich überwacht der Landesbeauftragte für den Datenschutz. Ihm obliegt landesweit die Kontrolle des Datenschutzes gegenüber öffentlichen Stellen.

Natürliche Personen, gleichgültig ob sie als Privatpersonen auftreten oder eine selbständige Tätigkeit ausüben, z. B. die Einzelfirma oder freie Berufe, gelten als nicht-öffentliche Stellen, ebenso wie alle privatrechtlich organisierten Unternehmen und Vereinigungen, z. B. GmbH, OHG, KG, Vereine, Stiftungen, Parteien.

Das BDSG findet keine Anwendung, sofern die Erhebung, Verarbeitung oder Nutzung von Daten ausschließlich für persönliche oder familiäre Tätigkeiten erfolgt.

Bundesdatenschutzgesetz

Öffentliche Stellen, z. B. Behörden und nicht-öffentliche Stellen, z. B. Firmen, Vereine, Rechtsanwaltskanzleien, sind verpflichtet, einen Datenschutzbeauftragten zu bestellen, wenn sie personenbezogene Daten erheben, verarbeiten oder nutzen.

Bei nicht-öffentlichen Stellen fällt diese Verpflichtung allerdings erst an, wenn

- bei einem automatisierten Verfahren mindestens 10 Personen mit der Verarbeitung dieser Daten beschäftigt sind,
- bei einem automatisierten Verfahren mindestens 10 Personen Zugriff auf diese Daten haben,
- bei einer nicht automatisierten Datenverarbeitung 20 Beschäftigte obige Kriterien erfüllen.

Bei der Berechnung der Mitarbeiteranzahl gibt es keine Unterschiede zwischen Teilzeitkraft und Vollzeitkraft, einzig die Zahl der Personen ist ausschlaggebend.

Der bestellte Datenschutzbeauftragte (DSB) muss die notwendige Fachkunde und Zuverlässigkeit besitzen. Das Gesetz macht hier keine genauen Ausführungen (**Bild 1**).

Firmen und Institutionen ohne ausreichenden Datenschutz setzen sich fahrlässig zahlreichen Bedrohungen aus (**Bild 2**).

Es gibt Seminare zur Fortbildung zum Datenschutzbeauftragten. Wer im Unternehmen niemanden hat, der sich eignet, kann auch externe Datenschutzbeauftragte bestellen. Wichtig ist, dass die Bestellung schriftlich erfolgen muss, der Beauftragte dem Arbeitgeber direkt unterstellt ist und sich für ihn keine Nachteile aus seiner Berufung ergeben. Zusätzlich muss er unabhängig sein, also nicht direkt in die verarbeitenden Prozesse integriert sein und auch nicht zur Geschäftsführung gehören.

Wer es versäumt, einen DSB zu bestellen obwohl es nötig ist, macht sich nach §43 I BDSG bußgeldpflichtig. Das Bußgeld kann bis zu 25 000 Euro betragen.

Der Datenschutzbeauftragte hat zahlreiche Aufgaben, diese ergeben sich sowohl aus den Gesetzen, als auch aus dem Geschäftsbereich der jeweiligen Institution (**Bild 3**).

Das Bundesdatenschutzgesetz (BDSG) ist die rechtliche Grundlage für den Datenschutzbeauftragten und die Durchführung des Datenschutzes. Weblink: www.datenschutz-aktuell.de.

> Personenbezogene Daten sind z. B. Kundendaten, Mitgliederdaten oder Arbeitnehmerdaten in der Personalabteilung.

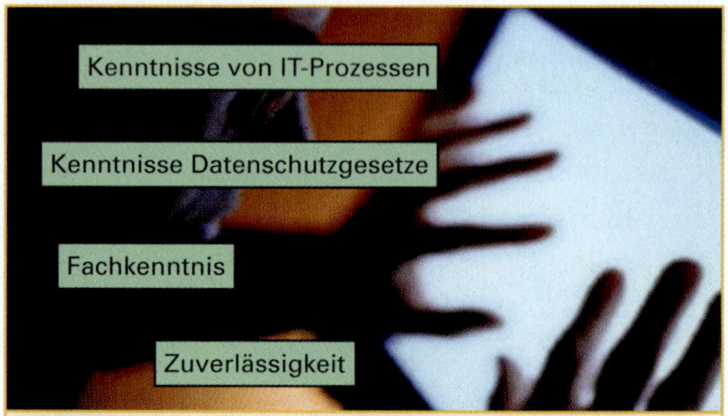

Bild 1: Kenntnisse des Datenschutzbeauftragten

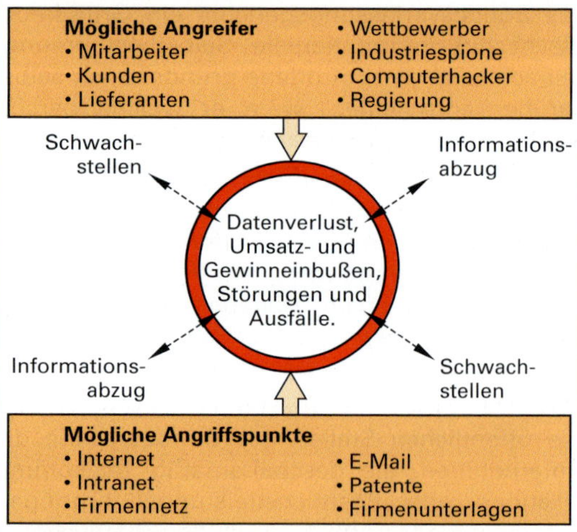

Bild 2: Bedrohungen bei fehlendem Datenschutz

Bild 3: Aufgaben des Datenschutzbeauftragten

Prinzipien des Datenschutzes

Das Bundesverfassungsgericht legt fest was man als legitime Eingriffe in das informationelle Selbstbestimmungsrecht versteht. Der Datenschutz orientiert sich an diesem rechtsgrundlegenden Prinzip. Die entsprechenden Prinzipien finden sich in allen bereichsspezifischen Datenschutzregelungen wieder.

Subsidiaritätsprinzip

In §1 Abs. 3 BDSG ist festgelegt, dass andere Rechtsvorschriften des Bundes, z. B. Telekommunikationsgesetz, die sich auf personenbezogene Daten beziehen, Vorrang vor den Vorschriften des BDSG haben (**Bild 1**). Ähnliches gilt auch in den jeweiligen Landesdatenschutzgesetzen.

Erlaubnisvorbehalt

Das Erheben, Verarbeiten oder Nutzen personenbezogener Daten ist im deutschen Datenschutzrecht verboten, wenn keine ausdrückliche, persönliche Gestattungserlaubnis vorliegt.

Größte Rechte liefert nach §4a BDSG die persönliche, freiwillige Einwilligung des Betroffenen. Außerdem muss eine umfassende Information über den geplanten Zweck erfolgen (**Bild 2**).

Zweckbindung

Der Datenschutz legt fest, dass der geplante Zweck bereits bei der Erhebung festzulegen und der betroffenen Person mitzuteilen ist. Der Zweck ist dabei abhängig von der geplanten Verwendung der erhobenen und gespeicherten personenbezogenen Daten. So sollte von Anfang an klar sein, wie mit datenschutzrelevanten Daten, z. B. Lieferantendaten oder Kundendaten im Gegensatz zu Personaldaten verfahren wird.

Jegliche Verarbeitung von datenschutzrelevanten Daten unterliegt der Zweckbindung.

Transparenz

Um das informationelle Selbstbestimmungsrecht überhaupt nutzen zu können, muss ein Betroffener die ihn betreffenden Verfahren kennen. Deshalb hat eine verantwortliche Stelle einige Vorschriften zur Nachvollziehbarkeit für Betroffene einzuhalten. Jede verantwortliche Stelle hat nach §4g Abs. 2 BDSG eine Übersicht über die durchgeführten Verfahren mit personenbezogenen Daten zu erstellen (Verfahrensverzeichnis).

Datenschutzrisiko

Das Datenschutzrisiko kann abhängig vom Schutzgrad in **Tabelle 1** und von der Eintrittsstufe in **Tabelle 2** berechnet werden.

Datenschutzrisiko = Eintrittsstufe · Schutzgrad

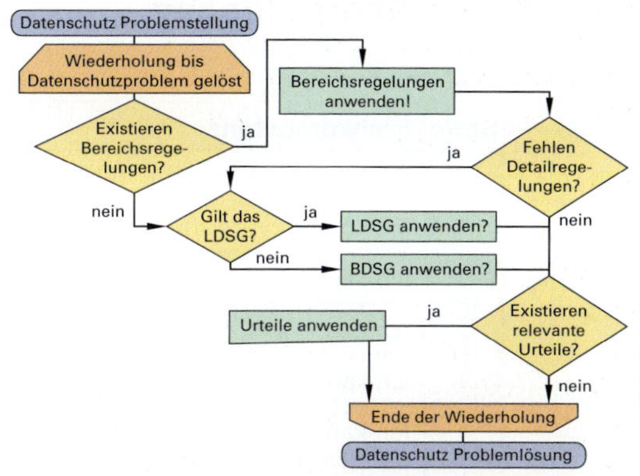

Bild 1: Schema zur Datenschutz-Problemlösung

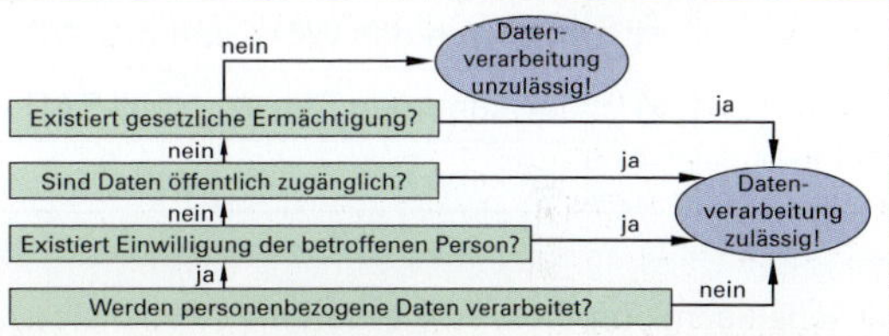

Bild 2: Datenverarbeitung mit Erlaubnisvorbehalt

Tabelle 1: Schutzgrade

Schutzgrad	Beispiel
1	Die Daten weisen keinen Personenbezug auf (kein Schutzbedarf).
2	Ein Personenbezug kann nur mit erheblichem Aufwand hergestellt werden (niedriger Schutzbedarf).
3	Die Daten sind mit vertretbarem Aufwand repersonalisierbar oder weisen bereits einen Personenbezug auf (mittlerer Schutzbedarf).
4	Die Daten sind personenbezogen und stammen nicht aus allgemein zugänglichen Quellen (hoher Schutzbedarf).
5	Die Daten sind personenbezogen und besonders sensibel, z. B. Amtsgeheimnisse (sehr hoher Schutzbedarf).

Tabelle 2: Eintrittsstufen

Stufe	Bedrohungswahrscheinlichkeit
1	Große technische und organisatorische Maßnahmen bzw. hoher Schutzaufwand.
2	Angreifer braucht erhebliche Ressourcen oder Kenntnisse.
3	Angreifer braucht begrenzte Ressourcen oder Kenntnisse.
4	Keine Ressourcen oder Kenntnisse sind erforderlich, die nicht jeder leicht beschaffen kann.
5	Bereits mit üblichen Basisausstattungen können Kenntnisse erlangt werden.

Erwerbbare Kompetenzen

Kapitel 13	Wahlthemen	
	Stufe	**Fachkompetenz**
	1	Ich kenne die Begriffe der Kryptologie und kann diese erklären.
	1	Ich kann Kryptografie und Kryptoanalyse voneinander unterscheiden.
	1	Ich kann einfache Verschlüsselungsalgorithmen anwenden.
	1	Ich kann komplexe Verschlüsselungalgorithmen erklären.
	1	Ich kann symmetrische und unsymmetrische Verschlüsselung voneinander unterscheiden.
	1	Ich kann an einem Beispiel das RSA-Verfahren erklären.
	1	Ich kenne elektronische und digitale Signaturverfahren.
	1	Ich kenne Verschlüsselungsverfahren im WLAN.
	1	Ich kann das WEP- und das WPA-Verfahren erklären.
	1	Ich kann den Einsatz eines RADIUS-Servers begründen.
	1	Ich kann den Aufbau und die Technologie eines Powerline-Netzwerkes beschreiben.

Welche Fachkompetenzen werden hier visualisiert?

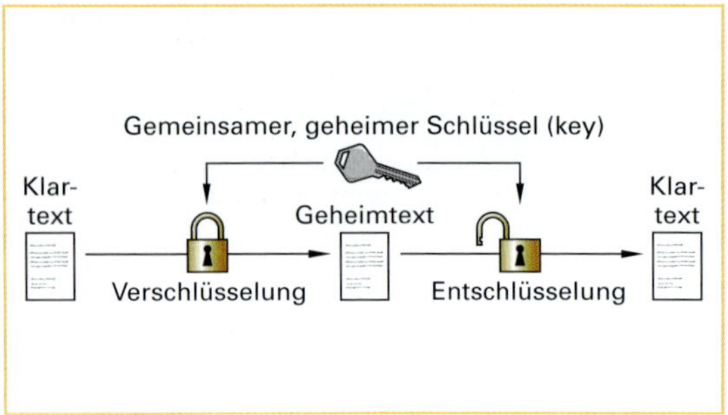

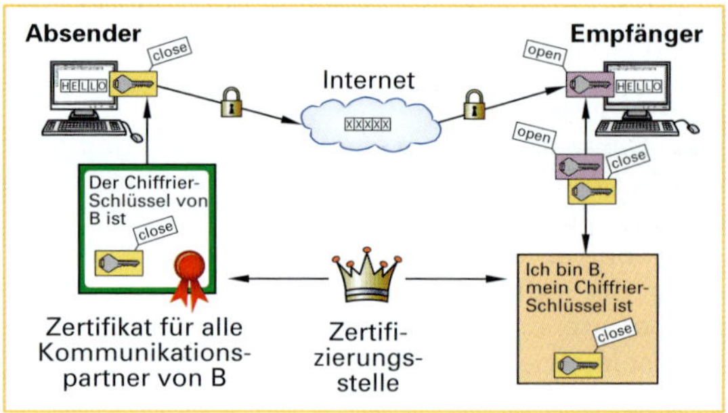

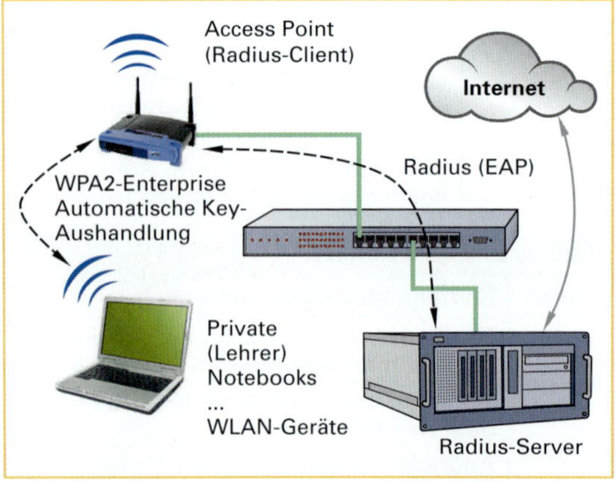

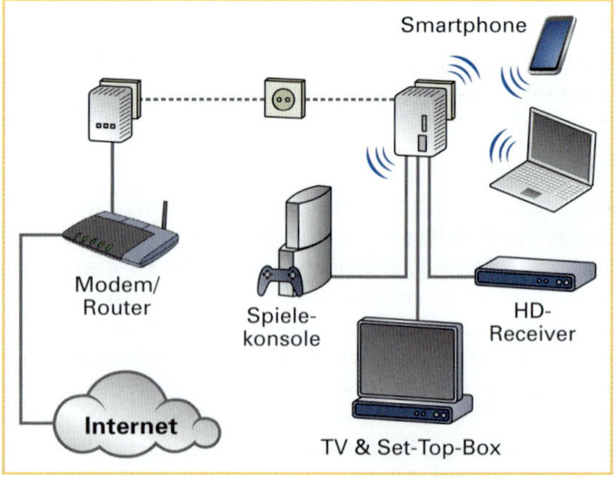

13 Wahlthemen

13.1 Einführung in die Kryptografie und Kryptoanalyse

Die Kryptologie befasst sich mit der Verschlüsselung und mit der Entschlüsselung von Daten. Sie besteht aus den zwei Teilbereichen Kryptografie und Kryptoanalyse (**Bild 1**).

- **Kryptografie**: Die Wissenschaft von der Datenverschlüsselung. Ein Klartext wird mithilfe eines Schlüssels in einen Geheimtext umgewandelt (**Tabelle 1**).
- **Kryptoanalyse**: Brechen der Verschlüsselung ohne Kenntnis des Schlüssels.

Die Kryptografie wird überall im modernen Leben verwendet (**Bild 2**). Die kryptografischen Verfahren findet man z. B. bei

- Telefonkarten, Handys, Fernbedienungen,
- Geldautomaten, Geldverkehr zwischen Banken,
- Electronic cash, Online-Banking, E-Mail,
- Satellitenfernsehen, PayTV,
- Wegfahrsperren im Auto.

Ziele der Kryptografie sind
Vertraulichkeit (Confidentiality), d. h. das Lesen des eigentlichen Inhalts ist für Unbefugte unmöglich,
Authentifizierung (Authentication), d. h. die Identität des Senders gegenüber dem Empfänger einer Nachricht ist bewiesen,
Integrität (Integrity), d. h. die Nachricht wurde inhaltlich nicht verändert und
Verbindlichkeit (Non-Repudiation), d. h. der Empfänger kann den Nachweis erbringen, dass der Sender die Nachricht mit identischem Inhalt abgeschickt hat.

13.1.1 Einfache Verschlüsselungsverfahren

Einfache Verschlüsselungsverfahren lassen sich mit geringem technischem Aufwand realisieren.

Transpositionsalgorithmen

Eine alte Verschlüsselungsmethode ist die Skytale von Sparta (**Bild 3**). Um an die geheimen Daten zu gelangen, mussten der Sender und der Empfänger eine Skytale (Holzstab mit einem bestimmten Durchmesser) besitzen. Dies waren zwei Zylinder mit dem gleichen Radius. Der Zylinder des Senders wurde mit einem schmalen Band aus Pergament, auf dem die verschickten Nachrichten geschrieben wurden, spiralförmig gewickelt. Zur Entschlüsselung des verschlüsselten Textes auf dem abgewickelten Band musste der Empfänger einen Zylinder mit dem genau gleichem Umfang besitzen.

Substitutionsalgorithmen (Cäsar Codierung)

Ein anderes Verfahren, Nachrichten geheim zu halten, bestand darin, alle Buchstaben des Textes um die gleiche Anzahl von Buchstaben in der Position im Alphabet zu verschieben. Der Schlüssel ist dann genau diese Zahl, um welche die Buchstaben verschoben werden.

Kryptologie		
Kryptografie		Kryptoanalyse
Unverschlüsselte Nachricht	Verschlüsseln → ← Entschlüsseln	Verschlüsselte Nachricht
Klartext (message)	Schlüssel (key)	Geheimtext, Chiffretext (code)

Bild 1: Teilbereiche der Kryptologie

Tabelle 1: Begriffe der Kryptologie

Begriff	Erklärung
Klartext	Unverschlüsselter Text
Geheimtext	Verschlüsselter Text
Chiffre	Regel, nach der Zeichen des Klartexts gegen andere Zeichen vertauscht werden, damit ein Geheimtext entsteht.
Schlüssel 	Zeichenkette, die den Verschlüsselungs- oder Entschlüsselungs-Algorithmus steuert.
Codebrecher	Versuchen, Geheimtext zu entschlüsseln, ohne im Besitz des Schlüssels zu sein.
Digitale Signatur	Bestätigt, dass der Text während der Übertragung nicht verändert wurde und vom Besitzer des öffentlichen Schlüssels stammt.
Zertifizierung 	Soll sicherstellen, dass ein Schlüssel wirklich zu einer bestimmten Person oder Institution gehört.

Bild 2: Einsatzbereiche der Kryptografie

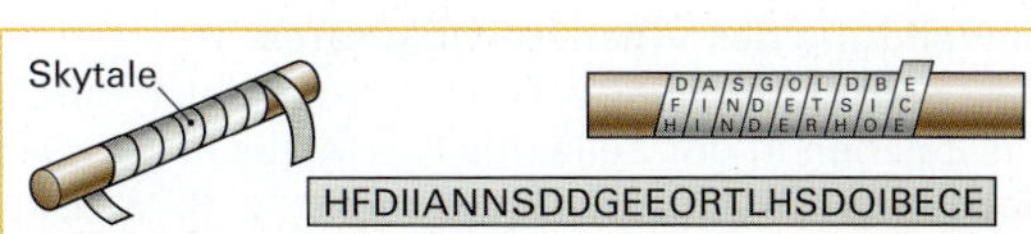

Bild 3: Skytale von Sparta

Beispiel 1:
Verschlüsseln Sie das Wort „Europaverlag“ mit dem Schlüssel 5.

Lösung: Alphabet und verschobenes Alphabet
ABCDEFGH I JKL MNOPQR STUVWXYZ
FGH I JKLMNOPQRST UVWX YZABCDE
JZWTUFAJWQFL

Werden alle Möglichkeiten der Verschiebung durchprobiert, so erhält man irgendwann den Klartext. Dieser Aufwand, der letztlich immer genügt, um den Code zu brechen, war in der Antike noch verhältnismäßig groß. Mithilfe eines PCs kann der lesbare Text in Millisekunden erzeugt werden.

Das Durchprobieren aller möglichen Schlüssel wird brute force genannt.
Will man ohne brute force auskommen, kann man die Häufigkeitsverteilung von einzelnen Buchstaben in einem verschlüsselten Text analysieren. Vergleicht man diese mit der Häufigkeitsverteilung von nichtverschlüsselten Texten, kann man den Schlüssel erkennen.
In der deutschen Sprache tritt z. B. der Buchstabe e mit 18,0 %, n mit 11,1 %, r mit 8,0 % und das s mit 7,5 % Häufigkeit auf.

Bereits im 15. Jahrhundert gab es einfache Maschinen zum Verschlüsseln von Informationen (**Bild 1**).

Alberti-Verfahren

Das Alberti-Verfahren verschlüsselt eine Nachricht mit zwei oder mehr Geheimtextalphabeten so, dass den Klartextbuchstaben alternierend der entsprechende Buchstabe der Geheimtextalphabete 1 und 2 zugeordnet wird (**Bild 2**).

Beispiel 1:
Verschlüsseln Sie das Wort „Europaverlag" mit dem Alberti-Verfahren.
Lösung: **KCOJHGQFOPGT**

Vigenère-Verfahren

Das Vigenère-Verfahren verwendet ein Schlüsselwort, dessen Buchstaben die Verschiebung der Geheimtextbuchstaben bestimmen. Jeder Buchstabe des Schlüsselworts verweist auf ein anderes Geheimtextalphabet im Vigenère-Quadrat (**Bild 3**). Bei einem Schlüsselwort der Länge sieben z. B. „chiffre" kommen also sieben verschiedene Geheimtextalphabete zur Anwendung.

Anwendung des Vigenère-Quadrates:

Das Klartextzeichen, z. B. V, wird ersetzt durch das Zeichen in der Zeile des Klartextes und in der Spalte des Schlüsselwortzeichens, z. B. c. Das verschlüsselte Zeichen ist ein X.
Sobald man beim letzten Zeichen des Schlüsselwortes angekommen ist, beginnt man wieder mit dem ersten Zeichen des Schlüsselwortes.

Beispiel 2:
Verschlüsseln Sie das Wort „Europaverlag" mit dem Vigenère-Verfahren. Das zu verwendende Schlüsselwort sei Chiffre.
Lösung: **GBZTURZGYTFL**

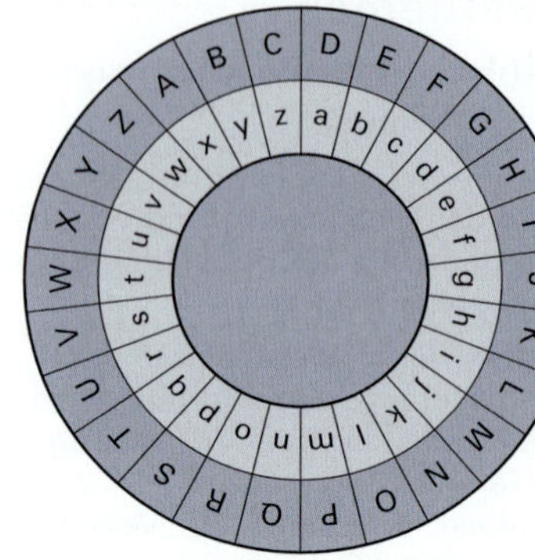

Bild 1: Einfache Chiffriermaschine

Klartextalphabet	a	b	c	d	e	f	g	h	i	j	k	l	m	n
Geheimtextalphabet 1	F	Z	B	V	K	I	X	A	Y	M	E	P	L	S
Geheimtextalphabet 2	G	O	X	B	F	W	T	H	Q	I	L	A	P	Z

Klartextalphabet	o	p	q	r	s	t	u	v	w	x	y	z		
Geheimtextalphabet 1	D	H	J	O	R	G	N	Q	C	U	T	W		
Geheimtextalphabet 2	J	D	E	S	V	Y	C	R	K	U	H	A		

Bild 2: Alberti-Verfahren

Schlüsselwort

	a	b	c	d	e	f	g	h	i	j	k	l	m	n	o	p	q	r	s	t	u	v	w	x	y	z
A	A	B	C	D	E	F	G	H	I	J	K	L	M	N	O	P	Q	R	S	T	U	V	W	X	Y	Z
B	B	C	D	E	F	G	H	I	J	K	L	M	N	O	P	Q	R	S	T	U	V	W	X	Y	Z	A
C	C	D	E	F	G	H	I	J	K	L	M	N	O	P	Q	R	S	T	U	V	W	X	Y	Z	A	B
D	D	E	F	G	H	I	J	K	L	M	N	O	P	Q	R	S	T	U	V	W	X	Y	Z	A	B	C
E	E	F	G	H	I	J	K	L	M	N	O	P	Q	R	S	T	U	V	W	X	Y	Z	A	B	C	D
F	F	G	H	I	J	K	L	M	N	O	P	Q	R	S	T	U	V	W	X	Y	Z	A	B	C	D	E
G	G	H		J	K	L	M	N	O	P	Q	R	S	T	U	V	W	X	Y	Z	A	B	C	D	E	F
H	H	I	J	K	L	M	N	O	P	Q	R	S	T	U	V	W	X	Y	Z	A	B	C	D	E	F	G
I	I	J	K	L	M	N	O	P	Q	R	S	T	U	V	W	X	Y	Z	A	B	C	D	E	F	G	H
J	J	K	L	M	N	O	P	Q	R	S	T	U	V	W	X	Y	Z	A	B	C	D	E	F	G	H	I
K	K	L	M	N	O	P	Q	R	S	T	U	V	W	X	Y	Z	A	B	C	D	E	F	G	H	I	J
L	L	M	N	O	P	Q	R	S	T	U	V	W	X	Y	Z	A	B	C	D	E	F	G	H	I	J	K
M	M	N	O	P	Q	R	S	T	U	V	W	X	Y	Z	A	B	C	D	E	F	G	H	I	J	K	L
N	N	O	P	Q	R	S	T	U	V	W	X	Y	Z	A	B	C	D	E	F	G	H	I	J	K	L	M
O	O	P	Q	R	S	T	U	V	W	X	Y	Z	A	B	C	D	E	F	G	H	I	J	K	L	M	N
P	P	Q	R	S	T	U	V	W	X	Y	Z	A	B	C	D	E	F	G	H	I	J	K	L	M	N	O
Q	Q	R	S	T	U	V	W	X	Y	Z	A	B	C	D	E	F	G	H	I	J	K	L	M	N	O	P
R	R	S	T	U	V	W	X	Y	Z	A	B	C	D	E	F	G	H	I	J	K	L	M	N	O	P	Q
S	S	T	U	V	W	X	Y	Z	A	B	C	D	E	F	G	H	I	J	K	L	M	N	O	P	Q	R
T	T	U	V	W	X	Y	Z	A	B	C	D	E	F	G	H	I	J	K	L	M	N	O	P	Q	R	S
U	U	V	W	X	Y	Z	A	B	C	D	E	F	G	H	I	J	K	L	M	N	O	P	Q	R	S	T
V	V	W	X	Y	Z	A	B	C	D	E	F	G	H	I	J	K	L	M	N	O	P	Q	R	S	T	U
W	W	X	Y	Z	A	B	C	D	E	F	G	H	I	J	K	L	M	N	O	P	Q	R	S	T	U	V
X	X	Y	Z	A	B	C	D	E	F	G	H	I	J	K	L	M	N	O	P	Q	R	S	T	U	V	W
Y	Y	Z	A	B	C	D	E	F	G	H	I	J	K	L	M	N	O	P	Q	R	S	T	U	V	W	X
Z	Z	A	B	C	D	E	F	G	H	I	J	K	L	M	N	O	P	Q	R	S	T	U	V	W	X	T

Tableau carré, dit «Carré de Vigenère»

Klartextzeichen verschlüsseltes Zeichen

Bild 3: Vigenère-Quadrat

Auch hier kann die Verschlüsselung geknackt werden. Beim Kasiski-Test können gleiche Klartextzeichenkombinationen mit jeweils der gleichen Geheimtextzeichenkombination auftreten. Der Abstand dieser Muster kann nun genutzt werden, um die Schlüsselwortlänge zu bestimmen. Eine anschließende Häufigkeitsanalyse kann dann den Schlüssel bestimmen.

13.1.2 Komplexe Verschlüsselungsverfahren

Allgemeines

Eine berechnungssichere, starke Kryptografie zeichnet sich dadurch aus, dass bekannte Algorithmen zur Verschlüsselung und Entschlüsselung eingesetzt werden.
Die Entschlüsselung der verschlüsselten Nachricht ist in vertretbarer Zeit ohne Kenntnis des Schlüssels nicht möglich.

> Die Publikation von Verschlüsselungsalgorithmen und Entschlüsselungsalgorithmen garantiert Verfahren ohne Schwachstellen.

Alle Kryptoalgorithmen können durch Ausprobieren überwunden werden. Ob ein Kryptoalgorithmus sicher ist, hängt davon ab, ob der zum Knacken des Algorithmus notwendige Aufwand in Relation gesehen höher ist, als der Wert der verschlüsselten Nachricht.

> Ein Algorithmus gilt als sicher, wenn das Ausprobieren weitaus länger dauert, als die Zeit in der die zu lesende Nachricht bedeutsam ist.

So ist z. B. die Geheimhaltung der Konstruktionspläne eines neuen Autos spätestens nach dessen Markteinführung bedeutungslos. Somit kann die Schlüssellänge auch gering sein (**Tabelle 1**).

Da in jeder Sprache die verschiedenen Buchstaben unterschiedlich häufig vorkommen, kann bei langen Geheimtexten (Chiffretexten) durch statistische Analysen entschlüsselt werden. Um dies zu verhindern, komprimieren moderne Verschlüsselungsverfahren den Text, bevor sie ihn chiffrieren. Die Kompression entfernt einen großen Teil der Redundanz des Textes und macht somit statistische Kryptoanalyseverfahren weitgehend sinnlos.

Symmetrische Verschlüsselung

Bei symmetrischen Algorithmen sind Chiffrierschlüssel und Dechiffrierschlüssel entweder identisch, oder der Dechiffrierschlüssel lässt sich aus dem Chiffrierschlüssel berechnen und umgekehrt.

Bei symmetrischen Algorithmen benutzen Sender und Empfänger einen gemeinsamen (geheimen) Schlüssel (**Bild 1**). Dieser geheime Schlüssel muss vor Beginn der verschlüsselten Kommunikation auf eine sichere Weise vereinbart und ausgetauscht werden.

Symmetrische Verfahren mit einem Schlüssel sind schnell und, solange der Schlüssel geheim bleibt, auch sicher (**Tabelle 2**).

Die Schwäche des Systems liegt darin, dass dieser Schlüssel zwischen den Beteiligten ausgetauscht werden muss und dabei abgehört werden kann (**Bild 2**). Wenn sich die Teilnehmer an verschiedenen geographischen Orten befinden, müssen sie einer dritten Person oder einem Kommunikationsmittel vertrauen.

> Jede Person, die den Schlüssel bei der Übertragung abfängt, kann die mit diesem Schlüssel verschlüsselten oder authentifizierten Informationen lesen, verändern und fälschen.

Tabelle 1: Schlüssellängen

Information	Lebensdauer	Minimale Schlüssellänge
Produktankündigungen	Tage/ Wochen	56 Bit – 64 Bit
Wirtschaftsgeheimnisse	Jahrzehnte	112 Bit
Personenbezogene Daten	> 50 Jahre	128 Bit – 256 Bit

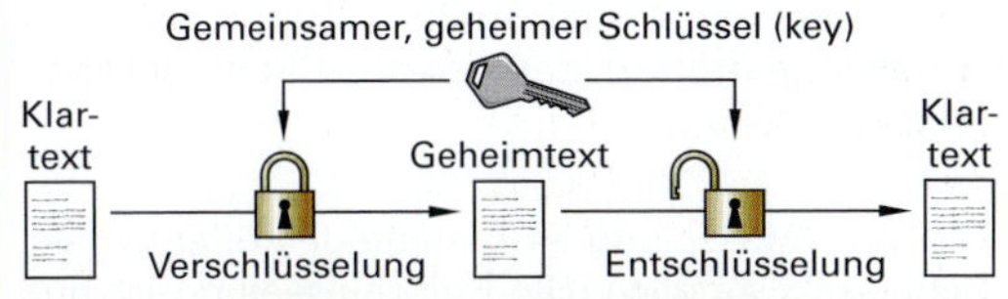

Bild 1: Symmetrische Verschlüsselung

Tabelle 2: Symmetrische Verschlüsselungsverfahren

Bezeichnung	Beschreibung	Bewertung
DES Data Encryption Standard	verschlüsselt immer Blocks von jeweils 64 Bit, Schlüssellänge 56 Bit, also $2^{56} = 7 \times 10^{16}$ Kombinationen.	Code durch Ausprobieren mit hohem Rechenaufwand zu entschlüsseln.
Triple DES	verwendet DES drei Mal mit zwei verschiedenen Schlüsseln, womit der Schlüssel auf 112 Bit verlängert wurde.	Nach heutigem Wissen nicht zu entschlüsseln.
AES Advanced Encryption Standard	Schlüssellänge 128 Bit und schneller als Triple DES	Nach heutigem Wissen nicht zu entschlüsseln.

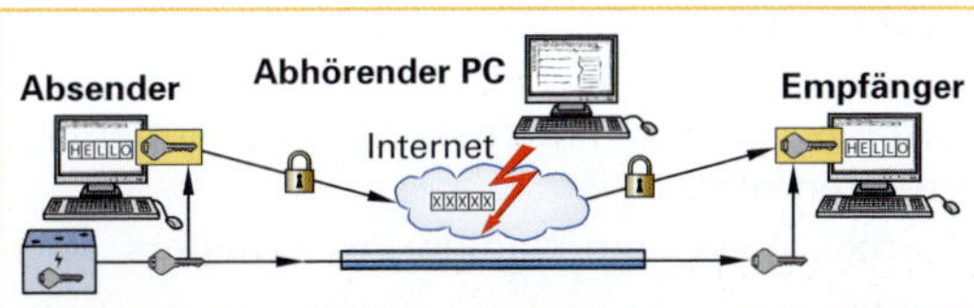

Bild 2: Datenübertragung mit symmetrischer Verschlüsselung

Asymmetrische Verschlüsselung

Bei der asymmetrischen Verschlüsselung (Public-Key-Verfahren) gibt es einen öffentlichen und einen persönlichen (privaten, geheimen) Schlüssel. Mit einem öffentlichen Schlüssel werden die Daten verschlüsselt, mit einem privaten oder geheimen Schlüssel werden die Daten entschlüsselt (**Bild 1**).

Der öffentliche Schlüssel wird weitergegeben, der private Schlüssel muss geheim gehalten werden. Jeder Benutzer, der den öffentlichen Schlüssel kennt, kann Informationen verschlüsseln, die nur der Eigentümer des privaten Schlüssels entschlüsseln kann.

> Die Verschlüsselung ist mithilfe des öffentlichen Schlüssels möglich. Die Entschlüsselung ist nur mit dem privaten Schlüssel möglich.

Der private Schlüssel lässt sich nicht mithilfe des öffentlichen Schlüssels herausfinden.

Die asymmetrische Verschlüsselung ermöglicht den sicheren Austausch von Nachrichten, ohne dass hierfür ein spezieller Sicherheitsmechanismus erforderlich ist. Sender und Empfänger müssen keine geheimen Schlüssel über einen sicheren Übertragungsweg austauschen. Für die Kommunikation sind lediglich öffentliche Schlüssel erforderlich. Ein privater Schlüssel wird nicht mehr übertragen bzw. ausgetauscht (**Tabelle 1**).

Die für Public-Key-Verfahren verwendeten Schlüssel müssen deutlich länger sein, um die gleiche Sicherheit zu gewährleisten wie symmetrische Verschlüsselungsverfahren.

> Die Verschlüsselung mit öffentlichem Schlüssel ermöglicht jedem Bürger Daten sicher zu verschlüsseln.

Beispiele für asymmetrische Verschlüsselungsverfahren sind:

Elgamal, nach dem Namen des Erfinders Taher Elgamal,

RSA, nach dem Namen der Erfinder Ron Rivest, Adi Shamir und Leonard Adleman,

Diffie-Hellman, nach den Namen der Erfinder benannt und

DSA, der Algorithmus für die digitale Signatur, entwickelt von David Kravitz.

Schaltet sich ein Dritter so in die Kommunikation zwischen den beiden Kommunikationspartnern ein, dass er Nachrichten von beiden entschlüsseln kann (Man-in-the-Middle), dann kann die Verschlüsselung geknackt werden. Wichtig ist, dass die Information über den öffentlichen Schlüssel und den zugehörigen Besitzer von einer vertrauenswürdigen Quelle (Trust Center oder Zertifizierungsstelle) stammt (**Bild 2**).

Merkmale Public-Key-Verfahren:
- Jeder Kommunikationsteilnehmer besitzt einen öffentlichen Schlüssel (Public Key) und einen persönlichen Schlüssel (Private Key).
- Der **Public Key** darf öffentlich bekannt sein, der **Private Key** muss geheim gehalten werden.
- Es ist unmöglich, aus dem Public Key den Private Key zu berechnen.
- Der Sender einer vertraulichen Nachricht muss den Public Key des Empfängers kennen.

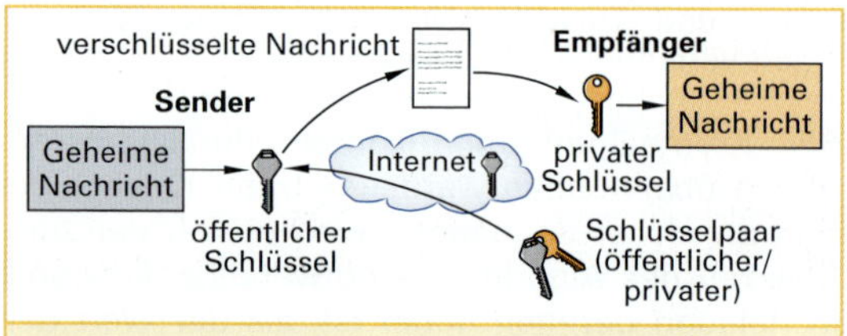

Bild 1: Asymmetrische Verschlüsselung

Tabelle 1: Vorteil und Nachteil des Public-Key-Verfahrens

Vorteil	Nachteil
Jeder Kommunikationspartner benötigt nur einen Schlüssel (Private Key).	hohe Komplexität der durchzuführenden mathematischen Operationen
Hohe Sicherheit	nicht eindeutige Zuordnung des öffentlichen Schlüssels zu seinem Besitzer.

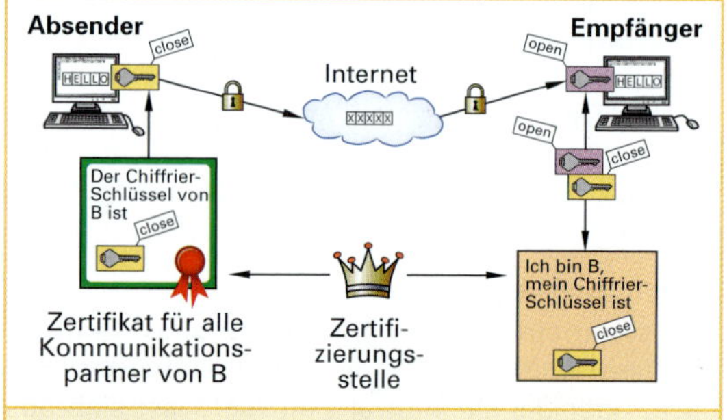

Bild 2: Einsatz einer Zertifizierungsstelle

Möglichkeiten zur Schlüsselübertragung im Rahmen einer Public Key Infrastructure (PKI):
- Übertragung des öffentlichen Schlüssels über ein sicheres Medium, z. B. persönliche Übergabe, Brief oder Fax,
- Einsatz einer Zertifizierungsstelle um die Identität des Schlüsselinhabers zu bestätigen,
- Veröffentlichung über einen Public-Key-Server.

RSA-Verfahren

RSA ist ein asymmetrisches Verschlüsselungsverfahren, das sowohl zur Verschlüsselung als auch zur digitalen Signatur (folgende Seite) verwendet wird.

Das RSA-Verfahren basiert auf der Tatsache, dass die Faktorisierung einer großen Zahl, also ihre Zerlegung in ihre Primfaktoren, eine sehr aufwändige Angelegenheit ist, während das Erzeugen einer Zahl durch Multiplikation zweier Primzahlen recht einfach ist. Wenn nun eine Nachricht verschlüsselt wird, generiert der Sender einen öffentlichen Schlüssel. Der Nachrichtensender verwendet diesen öffentlich bekannten Schlüssel, indem er damit seine Botschaft verschlüsselt. Nur der Empfänger kann diese entschlüsseln, da nur er die „Zusammensetzung" des von ihm erzeugten (öffentlichen) Schlüssels kennt.

Die Verschlüsselung mit RSA wird in **Bild 1** allgemein und anhand eines vereinfachten Beispieles dargestellt. Mit der Software Cryptool www.cryptool.de kann die RSA-Verschlüsselung getestet werden.

- **Einwegfunktionen** (one-way function), Funktionen wie die Multiplikation/Faktorisierung, bei denen eine Richtung leicht, die andere schwierig zu berechnen ist.
- **Falltürfunktionen** (trap door one-way function) sind mithilfe einer Zusatzinformation auch rückwärts leicht zu berechnen, um die Entschlüsselung tatsächlich möglich zu machen.
- Der **öffentliche Schlüssel** (public key) ist ein Zahlenpaar (E, N) und der private Schlüssel (private key) ein Zahlenpaar (D, N), wobei N bei beiden Schlüsseln gleich ist.
- N RSA-Modul,
E Verschlüsselungsexponent,
D Entschlüsselungsexponent.

Schlüsselpaar generieren					
Schritt	**Algorithmus**	**Stark vereinfachtes Beispiel**			
1.	Wahl zweier Primzahlen P und Q	$P = 5;\ Q = 7$			
2.	Berechnung $P \cdot Q = N$ Berechnung $(P - 1) \cdot Q - 1) = M$	$N = 5 \cdot 7 = 35$ $M = 4 \cdot 6 = 24 = 2 \cdot 2 \cdot 2 \cdot 3$			
3.	Wahl einer Zahl E, wobei gelten soll: $\rightarrow E < N$ $\rightarrow E$ hat keine gemeinsamen Teiler mit M	$E < 35$ E darf nicht durch 2 und 3 teilbar sein $\rightarrow \{5, 7, 11, 13, 17, 19, 23, 25, 29, 31\} \rightarrow E = 11$			
4.	Wahl von D bzw. X, wobei gelten soll: $D \neq E$ $\rightarrow \frac{D \cdot E}{M} = X$ Rest 1 Wahl von D bzw. X, wobei gelten soll: $D \neq E$ $D = \frac{X \cdot M + 1}{E}$ $\rightarrow$ d. h. $D \cdot E$ lässt bei Division durch M den Rest 1	für X kommt in Frage: $\{16, 27, 38, 49 \ldots\}$ Wahl: $X = 27 \rightarrow D = \frac{27 \cdot 24 + 1}{11} = 59$ Probe: $11 \cdot 59/24 = 27$ Rest 1			
5.	$\rightarrow P, Q, X$ löschen	$\rightarrow P = 5, Q = 7, X = 27$ löschen			
6.	Public Key: N und E (allen Interessierten mitteilen)	$N = 35, E = 11$			
7.	Private Key: N und D (geheim halten!!!)	$N = 35, E = 59$			
Schlüsselpaar generieren					
1.	zu verschlüsselndes Wort	D	A	C	H
2.	Umwandlung Buchstaben in Zahlen	04	01	03	08
3.	Besorgen des öffentlichen Schlüssels des Mitschülers	(nur hier auch) $N = 35, E = 11$			
4.	Berechnung des Chiffre-Textes mit folgender Vorschrift: $C = K^E \bmod N$ C – Chiffre – Text, K – Klartext, E, N – Public Key Windows-Taschenrechner Eingabe: 4 x^y 11 Mod 35 = Lösung	$\rightarrow C_1 = 04^{11} \bmod 35 = 09$ $\rightarrow C_2 = 01^{11} \bmod 35 = 01$ $\rightarrow C_3 = 03^{11} \bmod 35 = 12$ $\rightarrow C_4 = 08^{11} \bmod 35 = 22$			
5.	Übermittlung des Chiffre-Textes an Mitschüler	09	01	12	22
Text entschlüsseln					
1.	Berechnung nach der Vorschrift: $K = C^D \bmod N$ C – Chiffre – Text, K – Klartext, D, N – Private Key	$\rightarrow K_1 = 09^{59} \bmod 35 = 04$ $\rightarrow K_2 = 01^{59} \bmod 35 = 01$ $\rightarrow K_3 = 12^{59} \bmod 35 = 03$ $\rightarrow K_4 = 22^{59} \bmod 35 = 08$			
2.	RSA-entschlüsselte Zahlen Zeichenfolge zuordnen	04	01	03	08
		D	A	C	H

Bild 1: Beispiel RSA-Verfahren

13.1.3 Elektronische und digitale Signaturen

Eine elektronische Signatur dient der Authentifizierung des Unterzeichners.

Signieren von Nachrichten

Um eine Nachricht zu signieren, wird diese vom Sender mit dem eigenen privaten Schlüssel verschlüsselt. Zum Prüfen entschlüsselt der Empfänger die Nachricht mit dem öffentlichen Schlüssel des Senders und vergleicht diese mit der zusätzlich übermittelten, unverschlüsselten Nachricht. Wenn sie übereinstimmen, ist die Signatur gültig und der Empfänger kann sicher sein, dass derjenige, der das Dokument signiert hat, auch den privaten Schlüssel besitzt und dass niemand seit der Signierung das Dokument geändert hat. Es wird also die Integrität und Authentizität garantiert, vorausgesetzt der private Schlüssel ist wirklich geheim geblieben.

Die Software PGP (von Pretty Good Privacy) ist eine Kombination aus 2 Methoden um die Sicherheit möglichst hoch zu halten: Konventionelle Verschlüsselung und Public-Key-Verschlüsselung. Digitale Signaturen werden in PGP eingesetzt, um zu kontrollieren, ob:

1. die empfangene Nachricht wirklich vom Absender stammt.
2. die Nachricht auf dem Wege verändert worden ist.

Mit mathematischen Operationen wird anhand des zu verschickenden Textes ein Hash-Wert generiert (**Tabelle 1**). Dieser Wert ist für jeden Text einmalig und wird mit dem Private Key des Absenders verschlüsselt. Dieser wird in den normalen Zeichensatz (ASCII-Code) umgewandelt und an die Nachricht angehängt. Der Empfänger kann anschließend mithilfe des Public Keys des Absenders diesen Hash-Wert dechiffrieren. PGP bildet nun beim Empfänger ebenfalls einen Hash-Wert anhand der angekommenen Nachricht und vergleicht beide Werte miteinander. Nur wenn beide Werte übereinstimmen, kann gewährleistet sein, dass die Nachricht auch vom Absender stammt und dass sie zwischendurch nicht verändert wurde.

Die Signatur mit Hash-Werten kann mit unchiffrierten oder mit chiffrierten Texten verwendet werden. Sie stellt sicher, dass die Nachricht nicht verändert wurde und mit dem zum Public Key gehörigen Private Key verschlüsselt wurde.

Im Signaturgesetz SigG sind elektronische Signaturen hinsichtlich Authentifizierung, Zuordnung und Kontrolle geregelt.

Unterschieden werden:

- qualifizierte elektronische Signaturen (**Bild 1**),
- fortgeschrittene elektronische Signaturen und
- elektronische Signaturen.

- Zertifizierungsdiensteanbieter (ZDA, §2 Nr. 8 [SigG]) = natürliche oder juristische Personen, die qualifizierte Zertifikate oder qualifizierte Zeitstempel ausstellen.
- Qualifiziertes Zertifikat (§2 Nr. 7 [SigG]) = elektronische Bescheinigung, die von einem ZDA ausgestellt wird.
- Qualifizierte Zeitstempel (§2 Nr. 14 [SigG]) = elektronische Bescheinigungen eines ZDAs, dass Daten zu einem bestimmten Zeitpunkt vorgelegen haben.
- Sichere Signaturerstellungseinheit (SSEE, §2 Nr. 10 [SigG]) = Software- oder Hardware zur Speicherung und Anwendung der Signaturschlüssel.

Tabelle 1: Häufig verwendete Hash-Funktionen

Name	Größe	Beschreibung
MD5	128 Bit	Benutzt bei PGP 5.0, kann vollständig gebrochen werden.
SHA-1	160 Bit	SHA von secure hash algorithm, wird in PGP 5.0 und in OpenPGP verwendet, um Sicherheitslücken von MD5 zu korrigieren.
RIPE-MD/160	160 Bit	Wie SHA-1 aber vom europäischen Réseaux IP Européens entwickelt.
SHA-256 SHA-384 SHA-512	256 Bit 384 Bit 512 Bit	Ab PGP 5.0 verwendete, standardisierte Hash-Funktionen. Es soll praktisch unmöglich sein, zwei verschiedene Nachrichten mit dem gleichen SHA-Wert zu finden.

Hash einmaliger, mit mathematischen Operationen generierter Wert.

Bild 1: Elektronische Signatur

Digitale Signatur,
ist eine elektronische Signatur, erzeugt unter Verwendung asymmetrischer Kryptoalgorithmen.

Bei der digitalen Signatur kann die Authentizität des öffentlichen Schlüssels durch X.509-Zertifikate oder wie beim PGP-Verfahren durch ein „Web of Trust“ sicher gestellt werden. Außerdem kann entweder ein hardware-basiertes PSE (von Personal Security Environment), z. B. Chipkarte, oder ein software-basiertes PSE eingesetzt werden.

13.1.4 Sicherheit im Wireless LAN (WLAN)

Ein Funknetzwerk (WLAN) soll genauso abhörsicher sein wie ein kabelgebundenes Netzwerk. Trotz des offenen Übertragungsmediums mit Funkwellen darf ein Angreifer nicht ungestört eine Verbindung zum Netzwerk aufbauen. Verschlüsselungsverfahren stellen Funktionen für die Paketverschlüsselung und zur Authentifizierung der Netzteilnehmer zur Verfügung.
Wenn man einen PC mit einer Funknetzwerkkarte und entsprechender Software startet, werden die verfügbaren Netzwerke in der Umgebung angezeigt. **Bild 1** zeigt die verfügbaren Netzwerke, deren Namen, die Art der Verschlüsselung und mithilfe mehrerer grüner Balken die verfügbare Feldstärke. Der Access Point in **Bild 2** entscheidet aufgrund der eingestellten Verschlüsselung, mit welchem Algorithmus die Daten verschlüsselt werden. In jedem WLAN-Endgerät ist ein Schlüssel als Passwort hinterlegt. Der Schlüssel soll niemandem bekannt und auch nicht nachvollziehbar sein. Nur Teilnehmer, denen der Schlüssel bekannt ist, sollen über das WLAN kommunizieren können.

WEP Wired Equivalent Privacy

Die Verschlüsselung erfolgt mit dem Verschlüsselungsverfahren RC4 (von Ron's Code Nummer 4, benannt nach dessen Erfinder Ronald Rivest). Es handelt sich dabei um eine Datenstromchiffrierung von RSA Data Security. Das WLAN-Datenpaket besteht aus einem geheimen WEP-Schlüssel mit 40 (WEP40/WEP64) oder 104 (WEP104/WEP128) Bit Länge und einem 24-Bit Initialisierungsvektor (IV) der den WEP-Schlüssel zum Gesamtschlüssel mit 64 Bit oder 128 Bit macht (**Bild 3**). Der Klartext wird zusammen mit einer 32-Bit-Prüfsumme (Integrity Check Value, ICV) und dem Schlüsselstrom über eine Exklusiv-ODER-Schaltung zum Chiffretext verschlüsselt. Chiffretext und Initialisierungsvektor werden übermittelt. WEP kann in kurzer Zeit entschlüsselt werden, ist somit abhörbar und wird nur noch selten verwendet.

WPA WiFi Protected Access

Zusätzlich zu den von WEP bekannten Verschlüsselungsalgorithmen wird bei WPA das Temporal Key Integrity Protocol (TKIP) verwendet (**Bild 4**). TKIP bietet erhöhte Sicherheit durch:

- 48 Bit Initialisierungsvektor (IV)
- 64 Bit Message-Integrity-Code (MIC) als kryptografische Prüfsumme
- Per-Packet-Key.

IV	Initialisierungsvektor
ICV	Integrity-Check-Value
MIC	Message-Integrity-Code
TSC	TKIP-Sequence-Counter
CRC	Cyclic-Redundancy-Check

Bild 1: Verschlüsselte WLAN

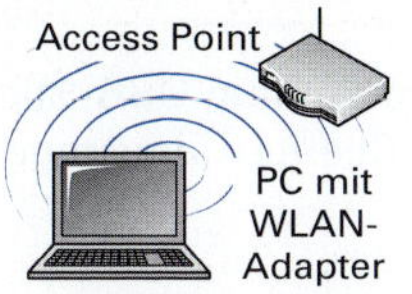

Protokoll	Verschlüsselung
WEP	RC4
WPA	TKIP/RC4
WPA2	TKIP/RC4, AES
802.11.i	TKIP/RC4, AES

Bild 2: Prinzip WLAN

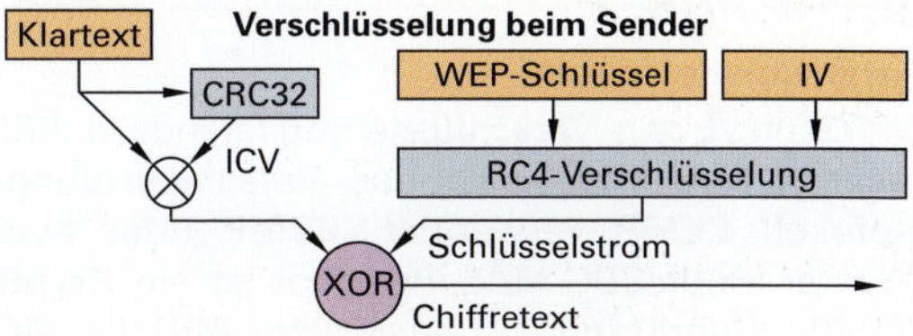

Bild 3: Prinzip WEP-Verschlüsselung

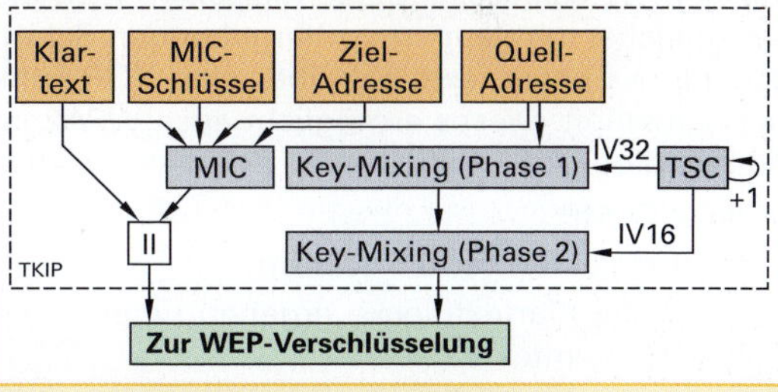

Bild 4: Prinzip WPA-Verschlüsselung

Durch Key-Mixing wird für jedes Datenpaket ein temporärer Schlüssel aus der MAC-Adresse des Senders und dem TSC (TKIP Sequence Counter = TKIP Ablaufzähler) generiert.

WPA2

Bei Verschlüsselungen mit WPA2 kommt der AES (Advanced Encryption Standard) zum Einsatz. Neben größerer Sicherheit bringt AES mehr Datendurchsatz als TKIP. Moderne WLAN-Chipsätze enthalten einen Hardware-Beschleuniger für AES. Der Standard nach 802.11i ist mit dem WPA2-Standard fast identisch.

WPA2

Bei Verschlüsselung mit WPA2 kommt der AES zum Einsatz. Die Herstellervereinigung Wi-Fi Alliance zertifiziert WLAN-Geräte mit WPA2. Alle Geräte, die für WPA2 von der Wi-Fi Alliance zertifiziert sind, erfüllen den Standard IEEE 802.11i.

Die einzige bekannte Schwachstelle von WPA2 sind schwache Passwörter. Aus diesem Grund ist ein ausreichend langes Passwort zu verwenden. Das Passwort sollte nicht vollständig aus sinnvollen Wörtern bestehen.

> Ein Passwort sollte mindestens 20 Zeichen lang sein und Groß- und Kleinbuchstaben, Sonderzeichen und Zahlen enthalten.

Der Passwortschlüssel kann mit einem USB-Stick auf die anzuschließenden Clients übertragen werden.

> Ein mit ausreichend langem Passwort geschützter Wireless-Router mit WPA2-Verschlüsselung gilt aus heutiger Sicht als praktisch unknackbar.

Unterschiede zu WPA

WPA2 nutzt den Verschlüsselungsstandard AES. Zusätzlich zu TKIP wird das Verschlüsselungsprotokoll CCMP verwendet. CCMP oder auch Counter-Mode/CBC-MAC Protocol ist ein Kryptographie-Algorithmus. Er basiert auf AES. Es wird ein 128 Bit langer Schlüssel mit einem 48 Bit langen Initialisierungsvektor verwendet **(Bild 1)**. Vor dem Verschlüsseln eines Klartextes wird dieser zunächst mit dem im vorhergehenden Schritt erzeugten Geheimtextblock über eine XOR-Funktion verknüpft. Dieses ermöglicht auch WPA2 im Ad-hoc-Modus.

Vorteile CCMP:

- Klartextmuster werden zerstört.
- Identische Klartextblöcke ergeben unterschiedliche Geheimtexte.

> Durch ein Firmware-Update können die meisten WLAN-Router auf WPA2 umgestellt werden.

Zur Authentifizierung des Clients am Access Point und umgekehrt kann sowohl ein geheimer Text, der Pre-Shared Key (PSK), als auch ein RADIUS-Server verwendet werden.

RADIUS-Server

In größeren Netzen bietet ein RADIUS-Server zentrale Benutzeradministration **(Bild 2)**.

RADIUS ist ein Client-Server-Protokoll zur Authentifizierung und Autorisierung von Nutzern. Er bietet die Überprüfung von Nutzername und Kennwort für alle Einwahlverbindungen über Modem, ISDN, VPN, WLAN und DSL.

Der Access-Point leitet die Authentifizierungsanfrage des Clients an den RADIUS-Server weiter und lässt den Zugriff zu oder verhindert diesen. WPA2 per RADIUS ermöglicht zusätzliche Authentifizierungsmethoden durch die Verwendung von EAP. EAP setzt z. B. Nutzername und Passwort oder digitale Zertifikate ein. Diese Variante von WPA2 wird meist als „Enterprise" bezeichnet.

> **WPA** von WiFi Protected Access = Gesicherter Zugriff auf Funkverbindung
> **TKIP** von Temporal Key Integrity Protocol = zeitabhängiges Protokoll zur Schlüsselintegrität
> **AES** von Advanced Encryption Standard = Fortschrittlicher Verschlüsselungs-Standard
> **CCMP** von Counter Mode with Cipher Block Chaining Message Authentication Code Protocol = Zählmodus mit blockchiffriertem Nachrichten-Authentifizierungsprotokoll
> **RADIUS** von Remote Authentication Dial-In User Service = Authentifizierungsdienst für sich einwählende Benutzer
> **EAP** von Extensible Authentication Protocol = erweiterbares Authentifizierungsprotokoll
> **Adhoc** lat. „für den Augenblick gemacht"

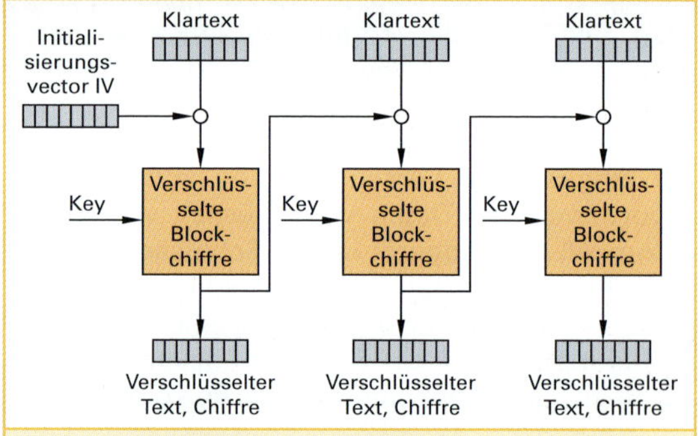

Bild 1: Verschlüsselung mit CBC

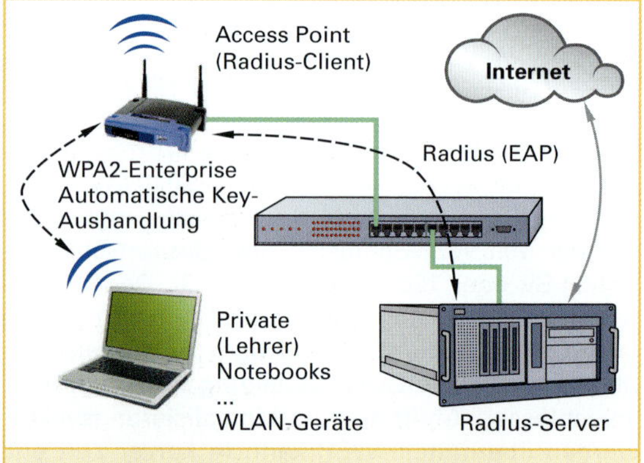

Bild 2: RADIUS-Server mit Access Point

13.2 Internet über Stromkabel, Powerline

Als Alternative zu WLAN oder zur Verkabelung mit Datenleitungen oder Glasfaser können Sprache und Daten auch über Stromleitungen übertragen werden. Diese Technik nennt man Powerline **(Bild 1)**.

> Das Stromnetz kann als Datenübertragungsmedium für die bidirektionale Kommunikation zwischen PCs oder zwischen PC und Internet verwendet werden. Jede Steckdose kann als Netzwerkanschluss dienen.

Zusätzlich zur festen Stromfrequenz von 50 Hz werden weitere Frequenzen zur Datenübertragung auf die Stromleitung moduliert. Die Powerline-Technik wird als Alternative zu den herkömmlichen Netzwerktechniken, z. B. Ethernet und WLAN verwendet und als Strom-LAN oder dLAN (direct LAN) bezeichnet.

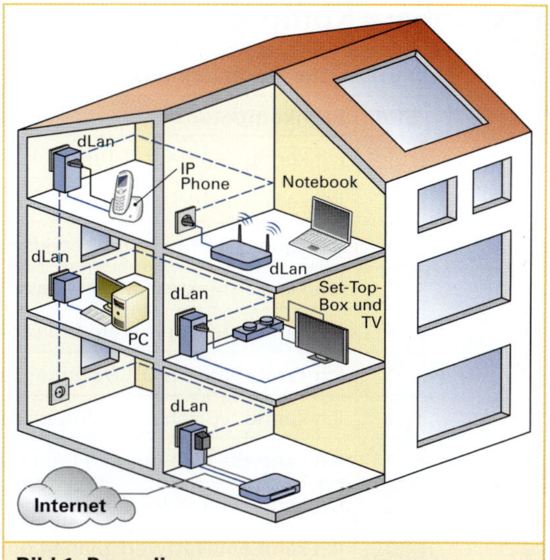

Bild 1: Powerline

Aufbau und Technologie

Die Verbindung zwischen Stromnetz und PC erfolgt über einen Adapter mit Netzwerkanschluss **(Bild 2)**. Dieser wird Powerline-Bridge genannt. Es werden mindestens zwei Adapter benötigt. Einer für die Verbindung von DSL-Modem oder Router mit der Steckdose und einer für die Verbindung zwischen PC und Stromnetz **(Bild 3)**. Powerline-Adapter werden mit RJ-45-Buchsen und mit W-LAN-Funksendern angeboten. Es werden Übertragungsgeschwindigkeiten bis zu 1,5 Gbit/s erreicht. Die Übertragungsgeschwindigkeit nimmt mit steigender Adapteranzahl ab. Laut Herstellerangaben können 10 bis 15 Adapter in einem Netzwerk betrieben werden, in der Praxis sind maximal 2 bis 3 Adapter sinnvoll. Die maximale Leitungslänge zwischen zwei Steckdosen beträgt laut Firmenangabe 300 Meter. Die Adapter sollten auf der gleichen Netzphase betrieben werden, andernfalls muss ein Phasenkoppler eingesetzt werden.

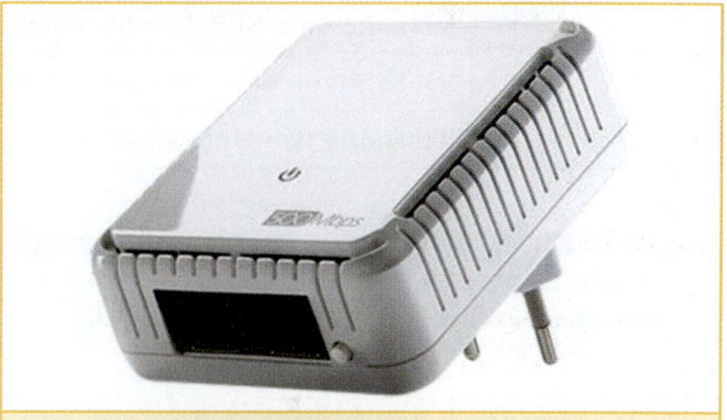

Bild 2: Powerline-Adapter

Das Netz hat Busstruktur, d. h. alle Geräte sind an derselben Leitung angeschlossen (Bild 3). Es kann immer nur ein Gerät senden oder empfangen. Verlängerungskabel und Mehrfachsteckdosen dämpfen das Signal stark und sollten deshalb nicht verwendet werden.

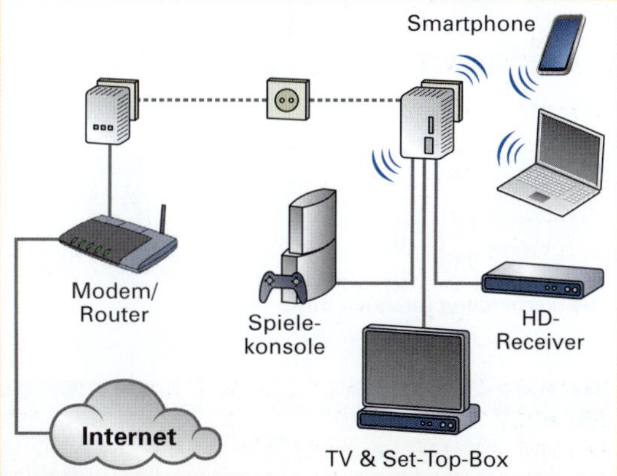

Bild 3: Powerline Anwendungsbeispiel

Sicherheit

Jeder der Zugriff zur selben Stromleitung hat, kann mithören. Die Powerline-Adapter verwenden deshalb zur Authentifizierung ein Netzwerkkennwort und verschlüsseln dieses mit z. B. 128 Bit. Außerdem kann die Abstrahlung von Powerline-Frequenzen im Kurzwellenbereich abgehört werden.

An ihre Grenzen stößt die Übertragungstechnik bei getrennten Stromkreisen, unterschiedlichen Phasen oder wenn ein Spannungsfilter eingesetzt wird. Zwischen Sender und Empfänger sollte außerdem kein aktiver Stromzähler sitzen. Wegen deren Netz-Filterfunktion werden Frequenzen ausgefiltert und es kommt zu Übertragungsfehlern.

Erwerbbare Kompetenzen

Kapitel 14	Aus der Theorie und Praxis	
	Stufe	**Fachkompetenz**
	1	Ich kenne den Begriff Turingmaschine aus der theoretischen Informatik.
	1	Ich kenne historische Daten zu IT-Innovationen.
	1	Ich kann mit Entwicklungszyklen mit verschiedenen IDE ausführen.
	1	Ich kann Projekte mit Git verwalten.
	1	Ich kann eine App für ein Smartphone erstellen.
	1	Ich kann mit dem DB-Designer Tabellen erstellen.
	1	Ich kenne typische Kabelmesswerte in LAN.
	1	Ich kann die Messung im LAN beschreiben.
	1	Ich kenne Netzwerk-Konsolenbefehle und kann sie auswerten.
	1	Ich kann ein Netzwerk planen und einrichten.
	1	Ich kenne Operatoren und Kontrollstrukturen für das Mikrocontroller-C.
	1	Ich kann eine SFR-Tabelle auswerten.
	1	Ich kann mit einer ASCII-Code-Tabelle arbeiten
	1	Ich kenne den Unicode-Standard und seine wichtigsten Ebenen.

Welche Fachkompetenzen werden hier visualisiert?

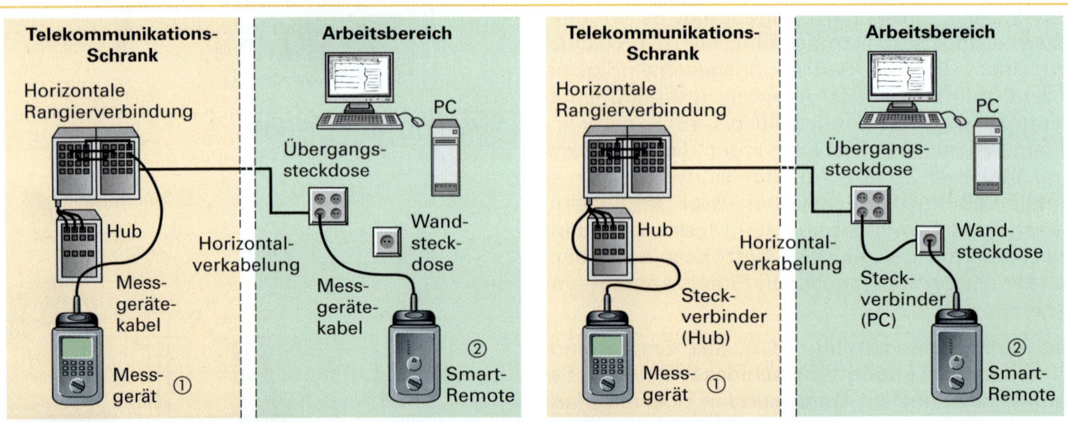

Testverbindung für einen Basic-Link **Testverbindung für einen Kanal**

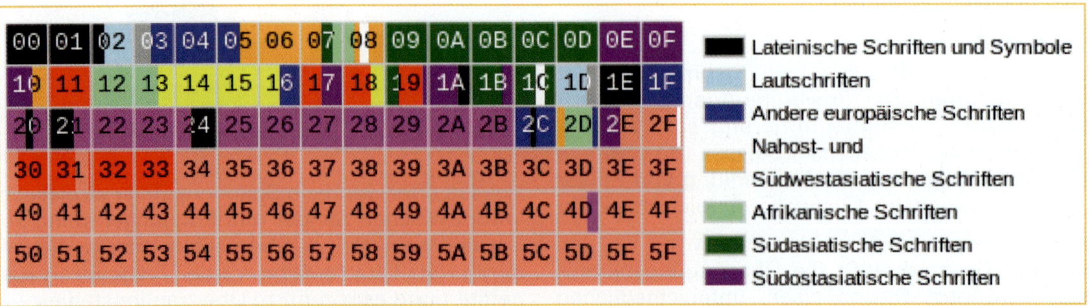

14 Aus Theorie und Praxis

14.1 Wissenswertes zur theoretischen Informatik und IT-Technik

14.1.1 Turingmaschine

Eine Turingmaschine ist ein Rechnermodell der Theoretischen Informatik. Allan Turing beschrieb das Modell 1937 in seinem Aufsatz „Über berechenbare Zahlen". Turingmaschinen stellen genau einen Algorithmus dar.

Eine Turingmaschine ist ein abstraktes Modell eines Automaten. Sie besteht aus den Komponenten:

- Schaltwerk, mit einer endlichen Zahl von Zuständen,
- Speicherband, das unendlich lang ist und aus nebeneinanderliegenden Speicherzellen besteht, die leer sind oder 1 Zeichen eines Alphabets enthalten,
- Antrieb, der das Speicherband je um eine Position vorwärts oder rückwärts bewegt und einem
- Schreib-Lesekopf, der den Inhalt einer Speicherzelle liest, verändert oder unverändert lässt.

Das Modell einer Turingmaschine zeigt **Bild 1**. Die Schaltzustände werden durch eine rote und eine grüne LED angezeigt.

Die Steuerung erfolgt über eine Zustandsübergangstabelle, die für jeden Schaltzustand angibt, welche Aktion durch welches Zeichen auszulösen ist **(Bild 2)**.

14.1.2 Können Maschinen denken?

Turingtest. Der Turingtest soll feststellen, ob eine Maschine ein dem Menschen gleichwertiges Denkvermögen hat. Bei der üblichen Form des Turingtests versucht eine Person zu entscheiden, ob es sich bei A oder B jeweils um einen Computer oder einen Menschen handelt **(Bild 3)**. A und B versuchen C zu überzeugen, dass sie selbst Menschen sind. Der Computer benutzt ein entsprechendes Diagnosesystem (Chatbot). Die Erfolgsquote liegt derzeit bei etwa 60 %.

ELIZA. Das Computerprogramm ELIZA[1] wurde 1966 von Joseph Weizenbaum[2] entwickelt, um die Möglichkeiten der Kommunikation in natürlicher Sprache zwischen einem Menschen und einem Computer zu zeigen. ELIZA formt Aussagen des menschlichen Partners anhand von Schlüsselwörtern in Fragen um. So wird eine Reaktion auf die Aussage simuliert.

CAPTCHA. CAPTCHAs verwendet man zur Unterscheidung, ob man es mit Menschen oder Computern, d. h. Robotern (Bots) zu tun hat. Anwendung finden sie z. B. bei Eingaben in Internet-Formulare. CAPTCHAs sind meist Frage-Antwort-Tests, bei denen der Befragte eine Aufgabe lösen muss, z. B. verzerrte Zeichen erkennen oder etwas berechnen **(Bild 4)**. CAPTCHAs werden auch als SPAM-Filter verwendet.

"On computable Numbers with an Application to the Entscheidungsproblem"

"Computing Machinery and intelligence"

Veröffentlichungen von Allan M. Turing 1936, 1950

CAPTCHA von **C**ompletely **A**utomated **P**ublic **T**uring test to tell **C**omputers and **H**umans **A**part = Vollautomatischer öffentlicher Turing-Test zur Unterscheidung von Menschen und Computern.

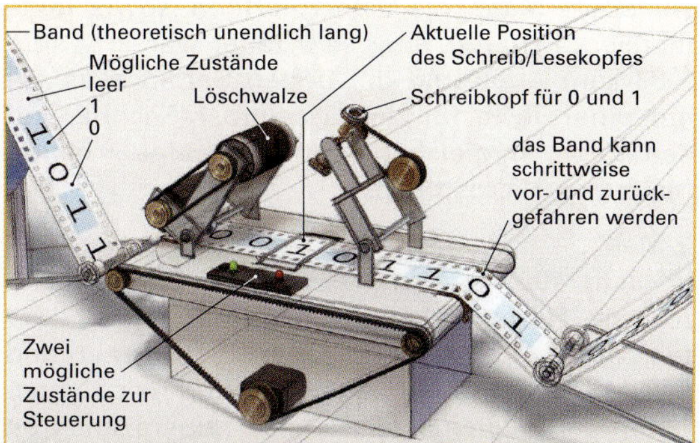

Bild 1: Modell einer Turingmaschine

		🔴			🟢		
		⇦	🟢	1	⇨	🔴
0	0	⇨	🔴	0	⇨	🔴
1	1	⇨	🔴	1	⇦	🟢

Bild 2: Zustandsänderungstabelle für einen Binärzähler

Bild 3: Turingtest

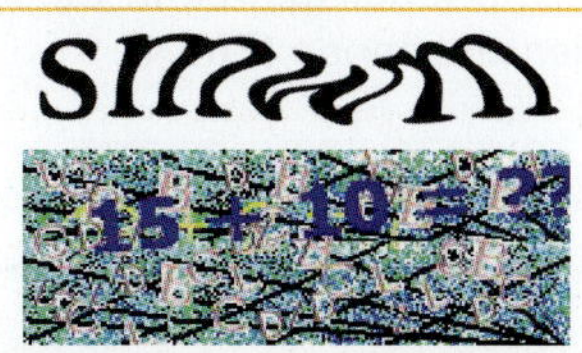

Bild 4: CAPTCHA

[1] **ELIZA** von *Eliza Doolittle*, Blumenverkäuferin aus My Fair Lady von Bernard Shaw,

[2] *Joseph Weizenbaum*, deutsch-amerikanischer Informatiker 8.1.1923 bis 5.3.2008

14.1.3 Wissenswertes zur IT-Technik

Maus

Die Idee zu einem Steuergerät für Bildschirme stammt von Douglas Engelbart[1] aus dem Jahr 1962. Der erste Prototyp einer Maus entstand 1964. Diese erste Maus war ein Holzkästchen mit einem Taster und einem Rad, das die Bewegungen in Cursorbewegungen auf dem Bildschirm umsetzte **(Bild 1)**. 1979 zeigte die Firma XEROX eine verwendbare Maus, die Dateien öffnen sowie Texte markieren konnte, aber sehr teuer war. Im Jahre 1983 kam Apple mit der ersten Serienmaus mit nur einer Taste für den Macintosh-Rechner auf den Markt. Im gleichen Jahr folgte eine 2-Tasten-Maus von Microsoft.

E-Mail

Im Jahr 1969 entstand ARPANET, das erste dezentrale Netzwerk mit Paketvermittlung der Daten. Mit den Programmen CPYNET (Copynet) und SNDMSG (Send Message) konnten von einem Computer Daten in eine Datei auf einem anderen Computer kopiert werden. Diese Datei wurde als Mailbox bezeichnet. Ray Tomlinson[2] hatte dann 1971 die Idee, Nutzernamen und Namen des jeweiligen Computers durch das Sonderzeichen @ zu kombinieren **(Bild 2)**. Die Herkunft des Schriftzeichens @ ist unklar. In Deutschland kam die erste E-Mail am 3.8.1984 an der Uni Karlsruhe an.

Smileys

Smileys (von to smile = lächeln) sind grafische Darstellungen von Gesichtsausdrücken. Das erste Smiley wurde von Harvey Ball[3] im Jahre 1963 gezeichnet **(Bild 3, links)**. Im Schriftsatz zu Unicode 6.0 sind 63 Smileys enthalten.

Emoticons

Emoticons (Verbundwort von Emotion und Icon) sind Zeichenfolgen aus ASCII-Zeichen, die ein Smiley nachbilden **(Bild 3, rechts)**. Damit sind in der schriftlichen Kommunikation Stimmungen und Gefühlszustände ausdrückbar.

Scott E. Fahlman[4] schlug 1982 vor, aus ASCII-Zeichen das Smiley-Signet nachzubilden, um humorvolle und ernst gemeinte Beiträge besser unterscheiden zu können **(Bild 4)**.

Douglas, C. Engelbart erhielt 1970 das Patent „XY-Positionszeiger für ein Bildschirmsystem"

Apple erhielt 1984 für seine Maus mit Rollkugel ein Patent.

ARPANET von **A**dvanced **R**esearch **P**rojects **A**gency **N**etwork = Agentur für moderne Forschungsprojekte

Bild 1: Bauform der 1. Maus

```
tomlinson@bbntenexa

   QWERTYUIOP¹
   ...   ...
```

Ray Tomlinson, Ende 1971

[1]vermuteter Textteil, obere Tastaturzeile

Bild 2: Erste E-Mail der Welt

:-)

Bild 3: Smiley und Emoticon für Lächeln

[1] *Douglas, C. Engelbart,* * 30. Jan.1925 in Portland, Ohio USA bis 2.7.2013

[2] *Ray Tomlinson,* * 1941 in Amsterdam, New York USA

[3] *Harvey Ball* 10. Juli 1921 bis 12. April 2001

[4] *Scott E. Fahlman,* * 21.März 1948 in Medina, Ohio USA

```
19-Sep-82 11:44    Scott E  Fahlman              :-)
From: Scott E  Fahlman <Fahlman at Cmu-20c>

I propose that the following character sequence for joke markers:

:-)

Read it sideways.  Actually, it is probably more economical to mark
things that are NOT jokes, given current trends.  For this, use

:-(
=
```

Bild 4: Ursprungstext des ersten Emoticons

14.2 Entwicklungszyklus in einer Integrierten Entwicklungsumgebung

Eine Integrierte Entwicklungsumgebung (IDE, von **I**ntegrated **D**evelopment **E**nvironment) stellt auf ihrer Oberfläche alle Werkzeuge zur Verfügung, die zur Erstellung und Erprobung von Programmen benötigt werden (**Bild 1**).

Der Programmentwicklung liegt ein Zyklus zugrunde, der in **Bild 2** dargestellt ist.

Auf der Grundlage des Befehlssatzes des Mikrocontrollers bei Assemblerprogrammen bzw. Standardoperationen bei C-Programmen, wird der Quellcode mit einem Editor ① erstellt. Mithilfe eines Assemblers bzw. eines Compilers kann der Quellcode „auf Knopfdruck" in die Maschinensprache übersetzt werden ②. Dabei wird z. B. die korrekte Syntax des Quellcodes überprüft ③. Neben dem Maschinencode (*.hex) werden weitere Dateien erzeugt, die in der IDE weiterverarbeitet werden können (**Bild 3**).

Die Objektdateien (*.cof bzw. *.obj) dienen z. B. einem Debugger (von bug: Floh) als Grundlage zur Simulation des Programms in einem Modellrechner ④. Dabei wird der Programmablauf und seine Auswirkungen auf einzelne Variablen oder Register visualisiert. In Einzelschritten kann das Programm durchlaufen, die unmittelbare Auswirkung auf die „Hardware" beobachtet werden.

Neben der Simulation ist auch eine Emulation möglich. Dazu muss der Mikrocontroller aus der Schaltung entfernt und durch einen Adapter ersetzt werden. Dieser Adapter ist mit dem PC verbunden. Der PC übernimmt alle Funktionen des Mikrocontrollers und ermöglicht so den Programmablauf in der realen Schaltung, z. B. in Einzelschritten.

Wenn der Quellcode für fehlerfrei befunden wurde, kann der Maschinencode in den Programmspeicher des Mikrocontrollers übertragen werden ⑤. Dies erfolgt wieder „per Knopfdruck" innerhalb der IDE. Der Ausgang des Programmtests führt entweder zum erfolgreichen Abschluss der Programmierung oder zu einem Wiedereintritt in den Entwicklungszyklus.

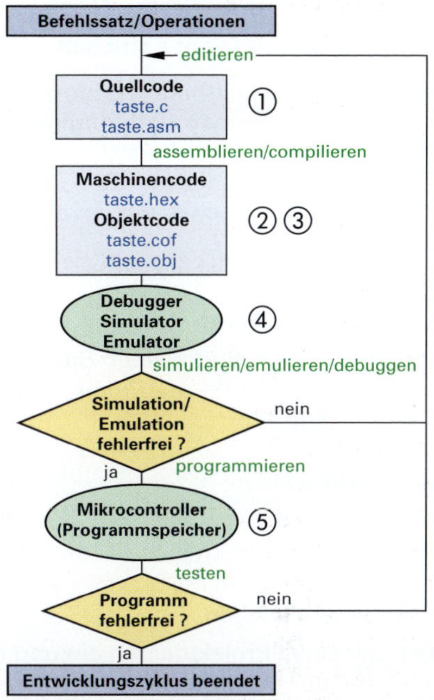

Bild 2: Entwicklungszyklus

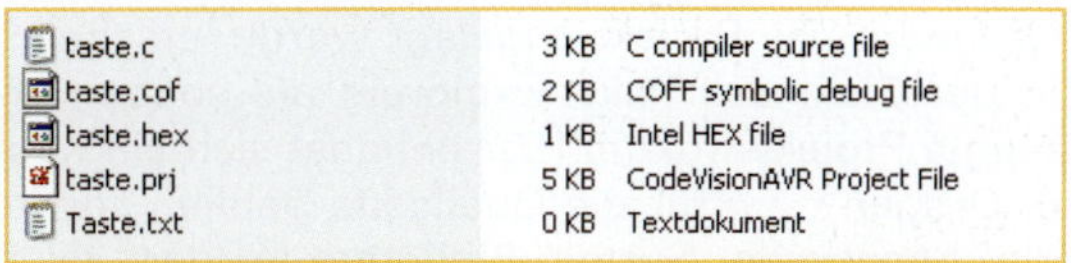

Bild 3: Erzeugte Dateien nach einem Compiliervorgang

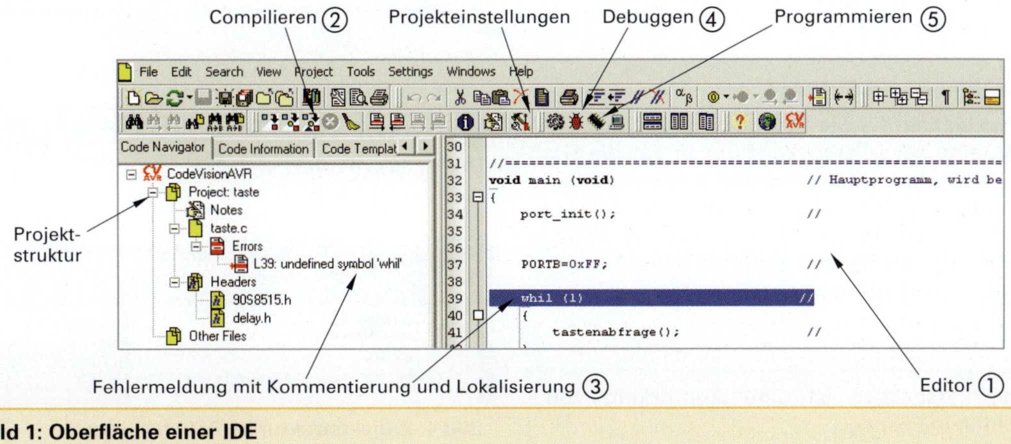

Bild 1: Oberfläche einer IDE

14.3 Arbeiten mit Eclipse

14.3.1 Ein Projekt mit Eclipse anlegen

Eclipse ist eine erweiterbare Plattform zur Entwicklung von Programmen und Plugins verschiedener Sprachen. Programme werden in Form von Projekten angelegt. In diesem Fall ist dies ein Java-Programm, für welches ein Java-Projekt angelegt werden muss.

1. **Neues Projekt wählen:**

   Starten Sie Eclipse und wählen Sie unter dem Menübefehl `Datei` → `Neu` den Menüpunkt `Projekt...` (**Bild 1**).

2. **Java-Projekt wählen:**

   Wählen Sie nun `Java Projekt` und bestätigen Sie mit der Schaltfläche `weiter` (**Bild 2**).

3. **Projektname festlegen:**

   Geben Sie einen Projektnamen ein und bestätigen Sie mit der Schaltfläche `Fertig stellen` (**Bild 3**).

Nachdem das Projekt angelegt wurde, erscheint in der Sicht des Paket-Explorers die soeben erzeugte Projektstruktur. Hier befindet sich ein neuer Ordner `\src` für die Quellcode-Dateien sowie die benötigten System-Bibliotheken der Java-Laufzeitumgebung (**Bild 4**).

Importieren bestehender Projekte

Ein Projekt aus dem Arbeitsbereich kann kopiert und an anderer Stelle wiederverwendet werden. Um ein bestehendes Projekt zu importieren, wählen Sie `Datei` → `importieren` → `Allgemein` → `bestehendes Projekt in Arbeitsbereich.`

Perspektiven und Sichten

Eclipse schlägt für die Bearbeitung von Java-Projekten eine Java-Perspektive vor in der die wichtigsten Sichten bereits sinnvoll angeordnet sind. Die einzelnen Sichten können per Doppelklick maximiert und wieder minimiert werden. Jede neue Anordnung von Sichten kann als neue Perspektive gespeichert werden.

> Eine Perspektive ist eine Anordnung von Sichten in Eclipse.

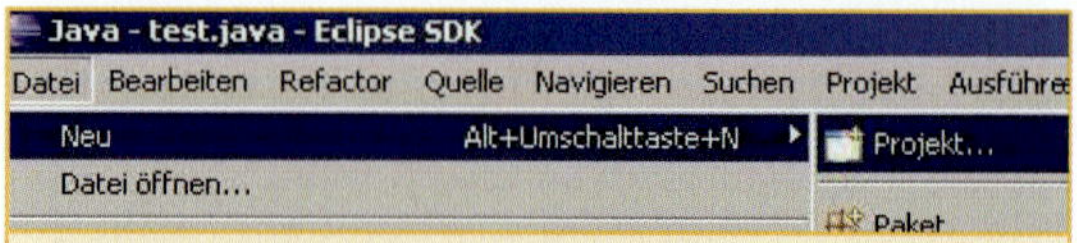

Bild 1: Projekt anlegen in Eclipse

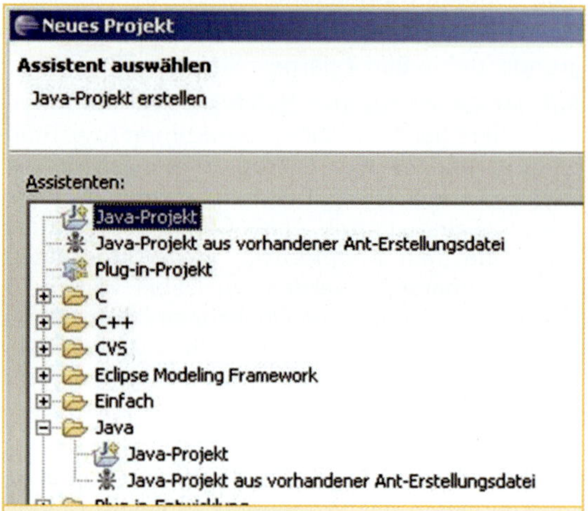

Bild 2: Projekttypen in Eclipse

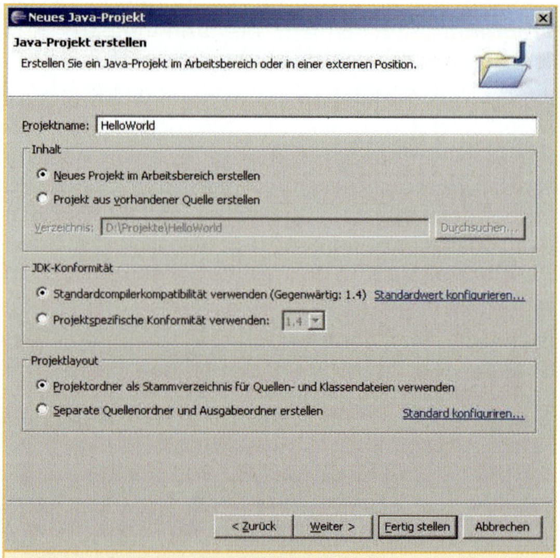

Bild 3: Java-Projekt erstellen

Bild 4: Projektstruktur im Paketexplorer

14.3.2 Erstellen einer Java-Klasse mit Eclipse

1. Unter dem Menüpunkt `Datei` den Befehl `Neu` und darin den Befehl `Klasse` wählen oder das entsprechende Symbol in der Symbolleiste (**Bild 1**) anklicken.
2. Der Klasse einen Namen geben. Darauf achten, dass Klassennamen immer mit einem Großbuchstaben beginnen. Checkbox bei `public static void main()` aktivieren (**Bild 2**).
3. Mit dem Button `Fertig stellen` bestätigen.

Eclipse erzeugt eine Klasse mit dem angegebenen Namen und speichert den Quelltext in einer Datei mit exakt dem gleichen Namen und der Endung `.java`. Das Ergebnis der erzeugten Klasse sieht dann aus wie in **Bild 3** dargestellt.

Dokumentation im Quelltext

Die blau dargestellten Kommentare nennt man `javadoc`. Man verwendet sie in größeren Projekten zur ausführlichen Dokumentation des Quelltextes (siehe folgende Seite).

Die grün dargestellten Kommentare dienen der lokalen Dokumentation des Programmierers.

Die main()-Methode

Diese Methode ist der Einstiegspunkt für ein Programm. Nur Klassen mit einer main()-Methode sind übersetzt als Java-Anwendung ausführbar.

Jedes Java-Programm hat mindestens eine Klasse mit einer main()-Methode.

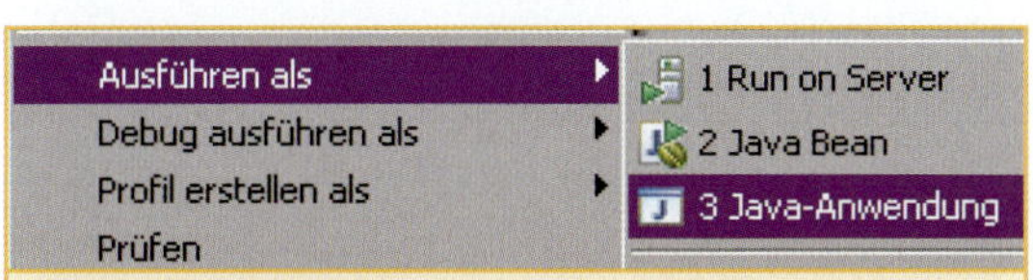

Bild 4: Ausführen eines Programms

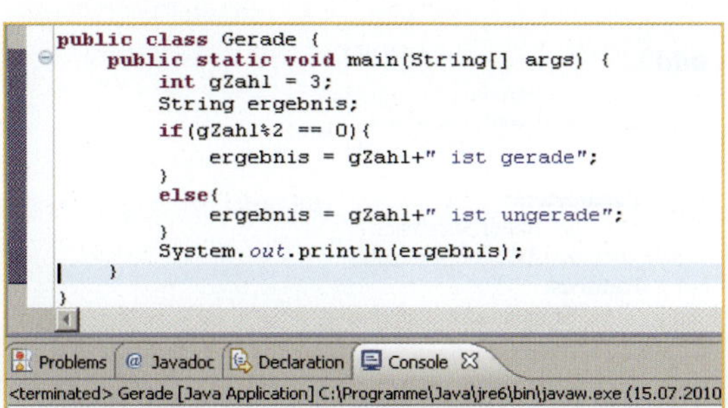

Bild 5: Ausgabe

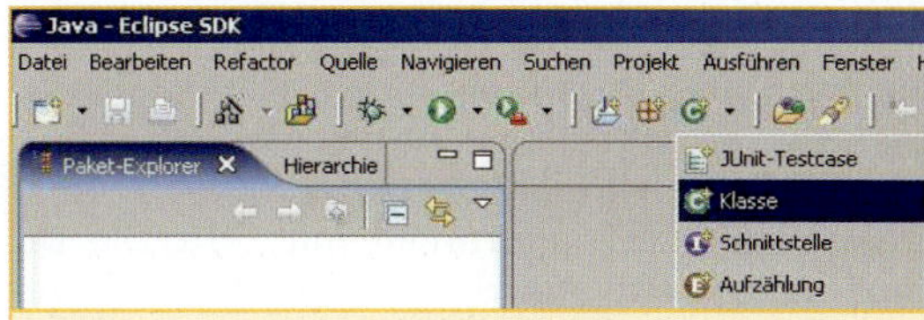

Bild 1: Eine neue Klasse anlegen

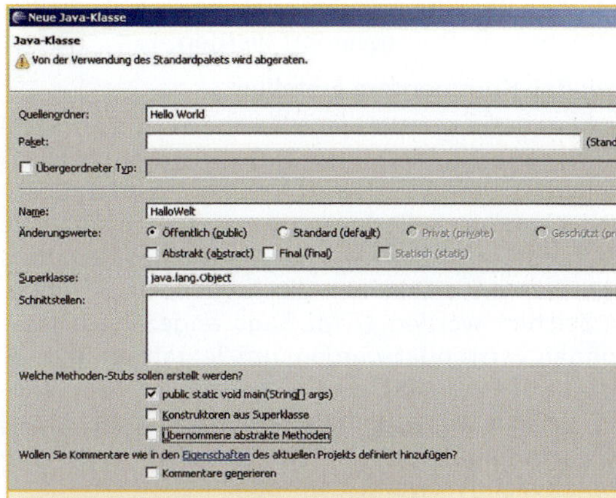

Bild 2: Wizard für eine neue Klasse

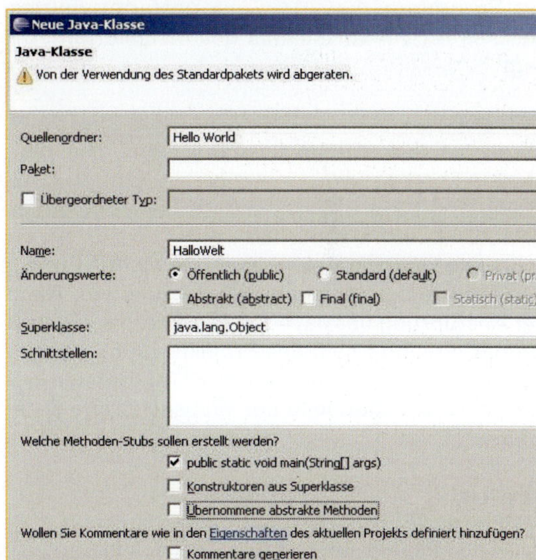

Bild 3: Grundgerüst eines Java-Programms

Übersetzen und starten des Programms

Nachdem die main()-Methode programmiert wurde, kann nun übersetzt und gestartet werden. Hierzu markiert man die Java Datei `<Dateiname>.java` in der Sicht des Paket-Explorers und wählt mit einem Rechtsklick aus dem Kontextmenü den Befehl `Ausführen als` → `Java Anwendung` (**Bild 4**). Daraufhin erscheint die Ausgabe auf der Konsole (**Bild 5**).

14.3.3 Dokumentation mit Javadoc

Javadoc ist ein Programm zur Erzeugung einer lokalen HTML-Website, in welcher Java-Software dokumentiert wird. Ein Javadoc-Kommentar beginnt mit "/**" und endet mit "*/". Die Dokumentation wird mithilfe von HTML-Tags und Javadoc-Tags im Quelltext erstellt. Das Standard Doclet erzeugt daraus HTML-Seiten. Mithilfe von externen Doclets können auch andere Ausgabeformate, z. B. PDF, generiert werden.

Javadoc-Kommentare erstellen

Kommentare werden jeweils oberhalb von Klassen, Interfaces, Methoden, Konstruktoren, usw. erstellt. Mithilfe der `Strg+Leertaste` wird in Eclipse die integrierte Codevervoll ständigung aktiviert. Nach einem @-Zeichen innerhalb eines Javadoc-Kommentars erscheinen die Javadoc-Tags. Ohne @-Zeichen werden HTML-Tags angezeigt. Diese können verwendet werden, um Textattribute, z. B. `<b>fett\b>`, zu setzen. Die Formatierungen werden in die Dokumentation übernommen. Überschriften-Tags `<h1>..</h1> und <h2>..</h2>` sollten nicht verwendet werden.

Für die Übersetzung der Kommentare muss das Programm `javadoc.exe` gestartet werden, welches im bin-Verzeichnis des installierten JDK liegt.

Beispiel 1:
Erzeugen Sie ein Javadoc-Dokument für die Klasse `Europa.java`.

Lösung: `javadoc.exe Europa.java`

In Eclipse kann der Befehl über das Menü „Project -> Generate Javadoc" ausgewählt werden. Nach der Ausführung des Javadoc-Programms wird ein Ordner `doc` innerhalb des Projektordners erstellt. In diesem Ordner werden die HTML-Dateien gespeichert. Die Startseite der Website ist die Datei `index.html`.

Beispiel 2:

a) Erzeugen Sie einen Javadoc-Kommentar für eine Methode, welche zwei Zahlen addiert.
b) Generieren Sie eine Javadoc-Website.
c) Öffnen Sie die Javadoc-Website mit dem Eclipse-Browser.

Lösung:
a) Bild 1, b) Bild 2, c) Bild 3 und **Bild 4**

Doclet = Werkzeug zur Erstellung einer Dokumentation
tag = Auszeichner für Daten mit zusätzlichen Informationen.

```
/**
 *
 * @param a
 * Erster Summand
 *
 * @param b
 * Zweiter Summand
 *
 * @return
 * Summe aus a und b
 */
public double add(double a, double b){
    return a+b;
}
```

Bild 1: Javadoc-Beispiel

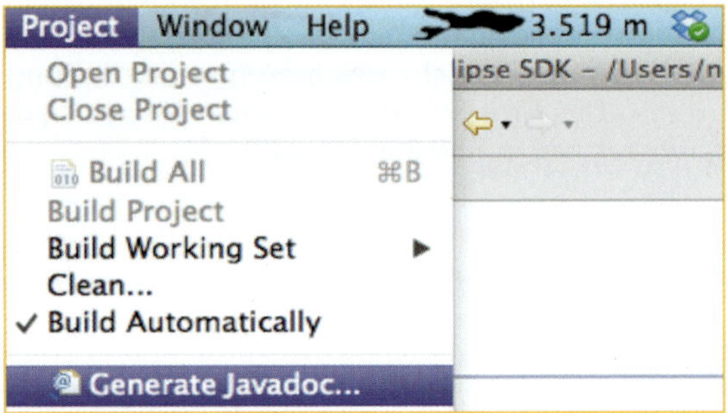

Bild 2: Javadoc erzeugen

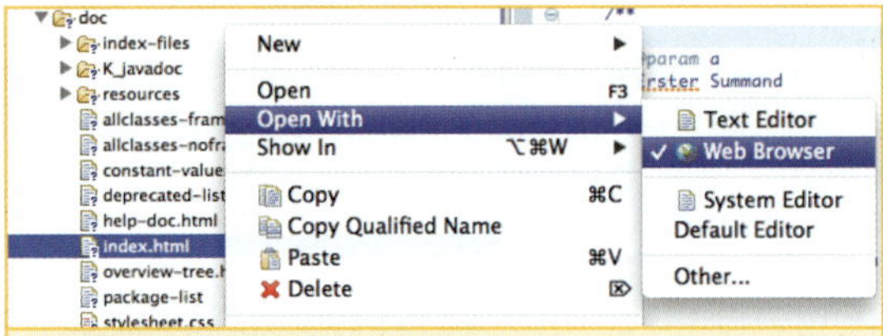

Bild 3: Javadoc-Ergebnis prüfen

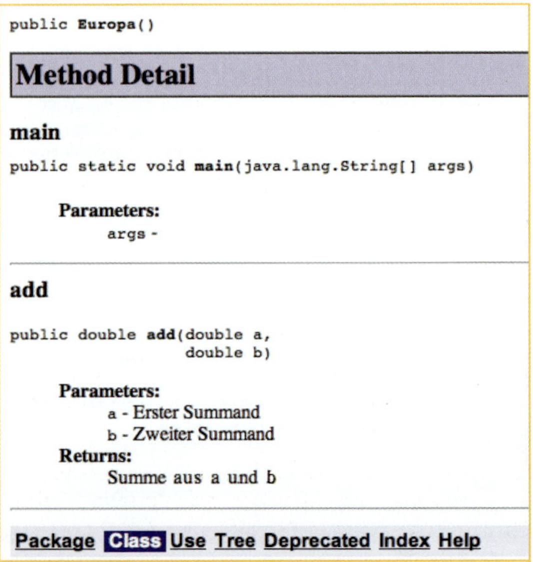

Bild 4: Teil einer Javadoc-Webseite

14.3.4 Versionsverwaltung mit Git

Für die Entwicklung von Software im Team werden Versionskontrollsysteme eingesetzt. Die Entwickler sind damit in der Lage, unabhängig voneinander an Teilen der Software zu entwickeln. Mithilfe von Git werden übermittelte (commit) Ergebnisse geprüft und mit der Gesamtsoftware verbunden (merge). Auslieferungsfähige Zwischenstände werden gekennzeichnet (release). Alle Schritte in Versionskontrollsystemen sind reversibel.

Repository = verwaltetes Verzeichnis zur Speicherung digitaler Objekte
CVS von **C**oncurrent **V**ersions **S**ystem
SVN = von Apache Subversion
Git = engl. Blödmann, Versionskontrollsystem von Linus Torvalds
EGit = **E**clipse-**Git**-**P**lugIn

Verteilte Repositories

Die Daten eines Projektes werden in Repositories gespeichert. Dieses kann klassisch zentral über einen SVN-Server, oder verteilt mit Git verwaltet werden. In Git werden Repositories geklont. Jeder Klon beinhaltet ein vollwertiges Abbild des gesamten Projektes. Git-Repositories können auf www.github.com zentral hochgeladen werden. Ein hochgeladenes Git-Repository kann direkt in Eclipse als Projekt importiert werden **(Bild 1)**. Git bietet damit die Vorteile aus beiden Welten.

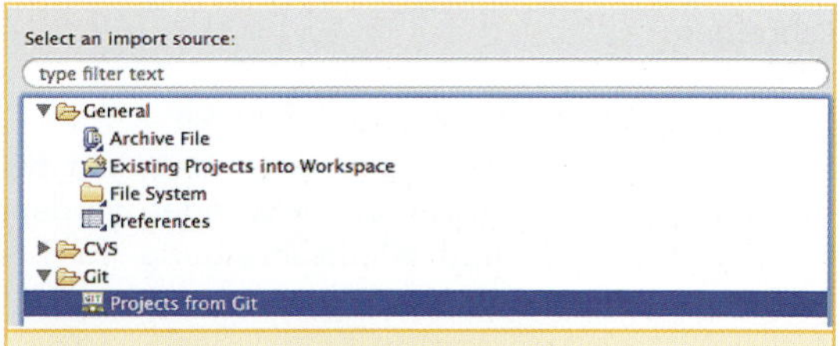

Bild 1: Import von Git Projekten

Git in Eclipse

Das Plugin EGit integriert die Versionsverwaltung in Eclipse mit grafischen Bedienelementen **(Bild 2)**. Die Installation erfolgt über die Internetadresse:

http://download.eclipse.org/egit/updates

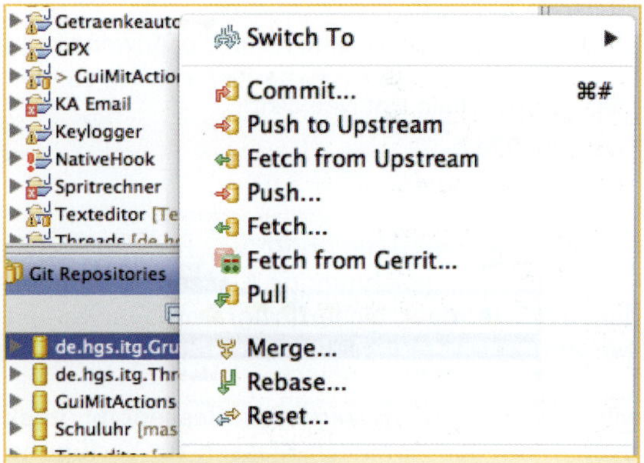

Bild 2: EGit-Kontext-Menü

Ein Projekt mit Git verwalten

Ein Git-Repository für ein Eclipse-Projekt kann über das Kontextmenü des Projektes mit Team -> Share Project -> Git und einem Klick auf den Button Create angelegt werden. Kleine Projekte können auf USB-Sticks verwaltet werden.

Arbeitsablauf in Git

Die wichtigsten Arbeitsschritte in Git sind in **Bild 3** dargestellt. Mit `commit -a` werden alle Dateien des „workspace“ in den „index“ aufgenommen und in das lokale Repository übertragen. Dateien oder Ordner können mit `add` dem "index" hinzufügt werden. Änderungen an Dateien im „index“ werden als solche registriert. Erst durch den Befehl `commit` werden durchgeführte Änderungen in das lokale Repository übernommen und kommentiert. In der Datei `.gitignore` stehen Dateien oder Ordner die nicht überwacht werden sollen, auch wenn der übergeordnete Ordner im „index“ steht.

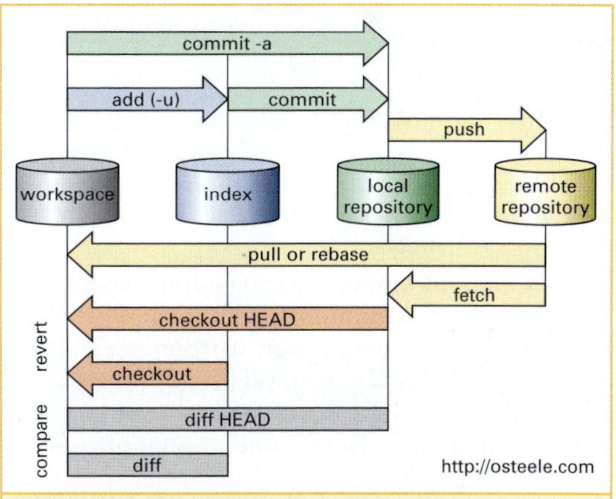

Bild 3: Git-Data-Transport-Kommandos

Mit `push` werden die Änderungen in das Remote Repository übertragen. Um ein aktuelles Repository zu holen wird `pull` oder `fetch` verwendet.

"Branches" dienen der parallelen Bearbeitung von Projektinhalten. Mit `checkout` kann zwischen verschiedenen Branches gewechselt werden. Der Zeiger `HEAD` zeigt dabei immer auf den letzten `commit` des aktuell eingestellten `Branches`. Mit `merge` werden parallele Branches wieder zusammengeführt. Das Kommando `diff` zeigt die Änderungen zwischen zwei `commits` an.

14.4 Programmieren in C#

Visual Studio ist eine Entwicklungsumgebung für Hochsprachen, z. B. BASIC, C++ und C#. Die Basis bildet die Plattform .NET Framework. Das Framework enthält den CIL-Compiler, der den IL-Code erzeugt und den CLR-Interpreter, der den Native Code erzeugt (**Bild 1**). Der Programmierer kann sein Programm in Visual Basic (VB), C++ oder C# schreiben.

- **.NET** sprich Dot-Net
- **.NET Framework** = Dot-Net-Rahmengerüst
- **CIL** von **C**ommon **I**ntermediate **L**anguage = gemeinsame Zwischensprache
- **CLR** von **C**ommon **L**anguage **R**untime = gemeinsame Laufzeitsprache
- **Native Code** = ursprünglicher Code, hier in ausführbarer Maschinensprache
- **C#** sprich Si sharp

C#-Programmerstellung an der Konsole

Für die Erstellung des Quelltextes kann ein beliebiger Editor, z. B. **Notepad** verwendet werden. Hierbei ist Groß- und Kleinschreibung zu beachten.

Beispiel 1:
Schreiben Sie den Quelltext für die Anwendung mit dem Namen `HalloEins.txt`, zur Ausgabe des Textes „Hallo Dot.Net-Welt!".
Lösung: **Bild 2**

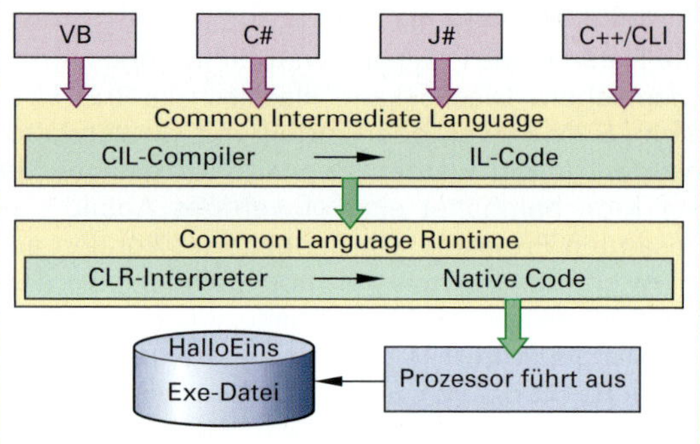

Bild 1: .Net-Programmierung

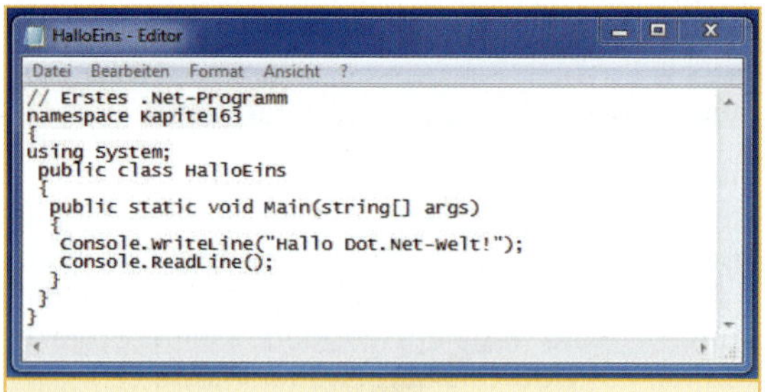

Bild 2: Fenster mit Quelltext `HalloEins.txt`

Durch Namensräume, z. B. `namespace Kapitel63`, können gleichnamige Klassen in verschiedenen Dateien des gleichen Programms verwendet werden.

Mit `using System` wird die Klassenbibliothek System mit den Konsolen-Klassen zur Verfügung gestellt. Diese enthalten die Schreib- und Lesemethoden `WriteLine()` und `ReadLine()`. Mit `public class HalloEins` wird eine öffentlich zugängliche Klasse vereinbart.

Zwischen geschweiften Klammern folgt die Methode `Main()`, die mit Strichpunkt abgeschlossene Anweisungen oder Methoden zwischen geschweiften Klammern enthält.

`Main()` enthält einen `string[]` mit der Bezeichnung `args` als Argument. Damit können Werte über die Tastatur eingelesen werden. `Main()` ist der Startpunkt für den Compiler.
Nach dem Speichern unter `HalloEins.txt` kopiert man die Datei und benennt sie in `HalloEins.cs` um.

Zum Compilieren öffnet man das Fenster **Visual Studio-Eingabeaufforderung** (**Bild 3**) Die Datei wird durch Aufruf von `csc HalloEins.cs` compiliert. Es entsteht die Datei `HalloEins.exe`, die automatisch im Arbeitsverzeichnis gespeichert wird und durch Eingabe von `HalloEins.exe` ausgeführt wird (**Bild 4**).

Bild 3: Ausschnitt aus der Eingabeaufforderung

Bild 4: Ausgabefenster `HalloEins.exe`

14.5 Programmieren in Visual C#

Visual C# ist eine Entwicklungsumgebung zur Erstellung von Programmen in C#. Die Schritte der Programmentwicklung für Konsolenanwendungen zeigt **Bild 1**.

Programmentwicklung in Visual C#

1. Startseite → Neues Projekt... → Konsolenanwendung wählen
2. Projektdaten eingeben →
   Name: HalloEins2
   Ort: C:\C#-Programme
   Projektmappenname: Hallo-Programme → OK
3. Quelltext im Editorfenster schreiben.
4. Programm compilieren: Menü Erstellen → Projektmappe erstellen → F6 oder F6
5. Programm ausführen: Menü Debuggen → Starten ohne Debugging Strg oder F5 → Konsolenfenster zeigt die Ausgaben des Programms.

Bild 1: Schritte der Programmentwicklung

Prinzipieller Programmaufbau

C# fasst die Klassenbibliotheken unter dem Begriff Namensraum System zusammen. Die ausführliche Schreibweise ist:

`Namensraum.Klasse.Methode`

Am Anfang von C#-Programmen findet man die Namensvereinbarungen, z. B. `using System`. Statt `System.Console.WriteLine()` wird verkürzt `Console.WriteLine` geschrieben (**Bild 2**). Die Methode `WriteLine()` der Klasse `Console` gibt den Text von **Bild 3** aus.

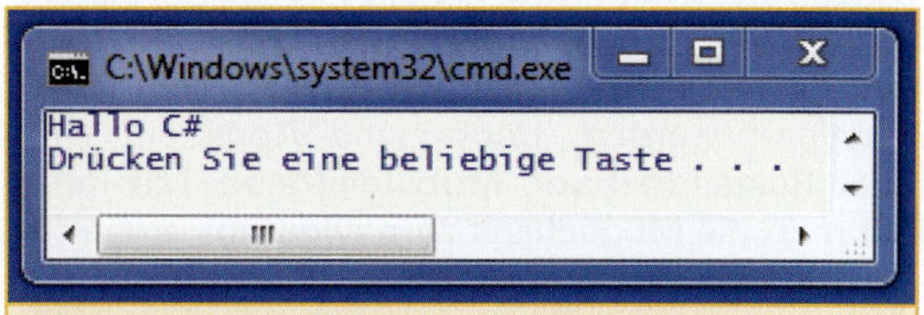

Bild 3: Ausgabefenster von `HalloEins2`

Nach Erstellen des Quelltextes wird dieser compiliert. Dadurch werden automatisch viele Dateien im Ordner `HalloEins2` erzeugt (**Bild 4**). Die Datei `Program.cs` enthält den Quelltext. Im Ordner `bin` befindet sich z. B. `HalloEins2.exe`. Anders als bei der Programmausführung aus der Entwicklungsumgebung wird das Programm durch Doppelklick ausgeführt und sofort wieder beendet.

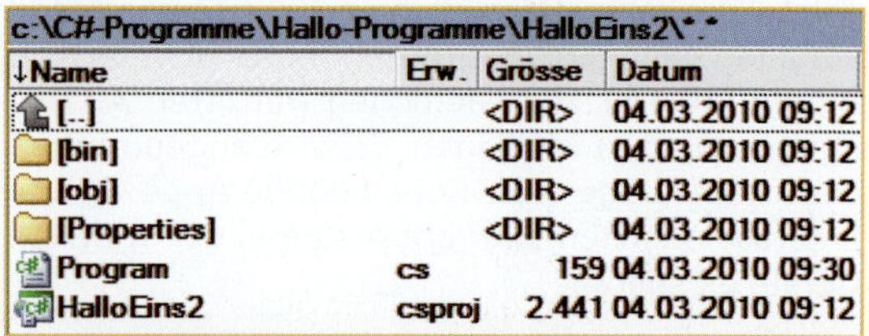
c:\C#-Programme\Hallo-Programme\HalloEins2*.*

↓Name	Erw.	Grösse	Datum
[..]		<DIR>	04.03.2010 09:12
[bin]		<DIR>	04.03.2010 09:12
[obj]		<DIR>	04.03.2010 09:12
[Properties]		<DIR>	04.03.2010 09:12
Program	cs	159	04.03.2010 09:30
HalloEins2	csproj	2.441	04.03.2010 09:12

Bild 4: Dateien von `HalloEins2`

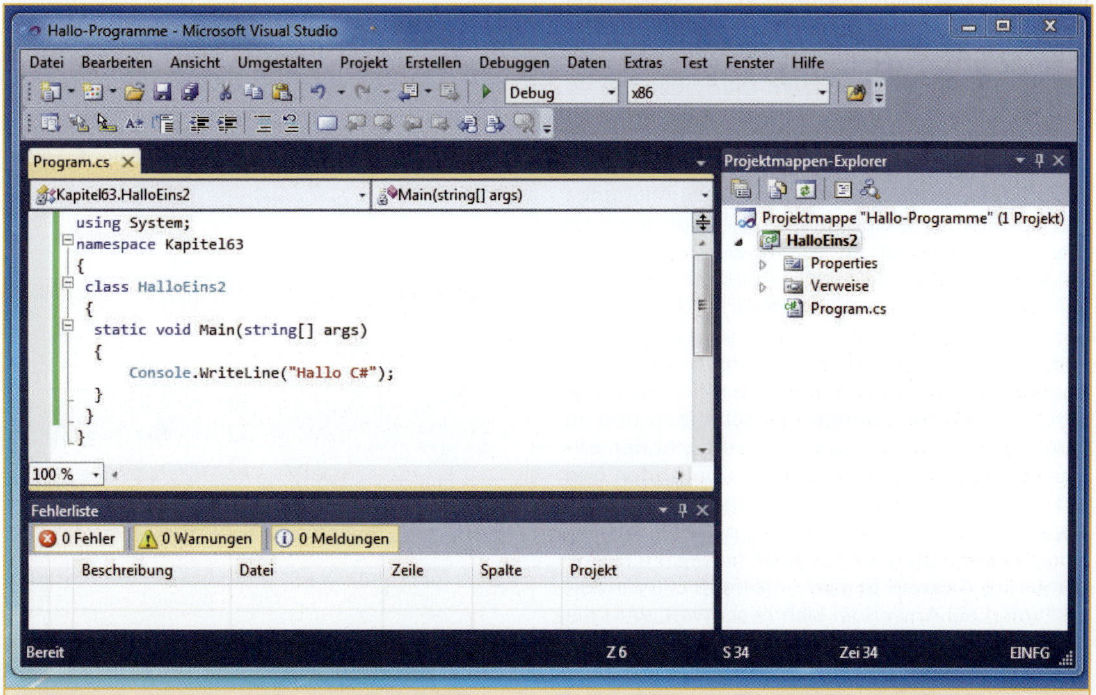

Bild 2: Entwicklungsumgebung von Visual C#

14.6 Apps

14.6.1 Anwendungen für mobile Geräte

Seitdem es Mobiltelefone gibt, gibt es auch die ersten Apps. App steht hier für das englische Wort „application", was übersetzt „Anwendung" bedeutet. Die ersten Apps waren Programme zum Rechnen, ein Wecker, ein Kalender oder einfache Spiele **(Bild 1)**. Sie gehörten fest zum Betriebssystem des jeweiligen Mobiltelefons und konnten weder nachgeladen noch gelöscht werden.

Durch die Einführung von Java auf Mobiltelefonen waren die Anwendungen nicht mehr Teil des Betriebssystems und konnten nachträglich installiert werden. Heute sind Apps ein wichtiger Bestandteil von Mobiltelefonen. Mit ihnen hat man die Möglichkeit zu navigieren, zu surfen, die letzte „Tagesschau" anzuschauen oder seinen kleinen Modellhubschrauber zu steuern. Mit Apps ist heute fast alles möglich, was man sich vorstellen kann. Da sich hier ein riesiger Markt aufgetan hat, gibt es immer mehr private App-Programmierer, die versuchen mit ihren Anwendungen Geld zu verdienen. Es wird angenommen, dass heutzutage weit über 500000 Apps für die unterschiedlichen Betriebssysteme der mobilen Geräte existieren.

14.6.2 Mobile Betriebssysteme

Viele Firmen haben für ihre mobilen Geräte eigene Betriebssysteme entwickelt **(Tabelle 1)**. Davon teilen sich Android und iOS ca. 87 % des Weltmarktes **(Bild 2)**. Apps werden speziell für ein Betriebssystem entwickelt. So ist es nicht möglich, eine iOS-App, die für ein iPhone entwickelt wurde auf einem Smartphone mit Android-Betriebssystem bzw. umgekehrt zu installieren. Allerdings gibt es auch Crosscompiler, mit denen man Android-Anwendungen in iOS-Anwendungen und umgekehrt umwandeln kann. Apps kann man sich vom Apple Store bzw. vom Android Market herunterladen. Apps für das iPhone sind meist nicht kostenlos, während es für Android ein großes Angebot an Gratis-Apps im Store gibt. Google ermöglicht es Anwendungen zu schreiben und zu veröffentlichen. Apple dagegen versucht den Einsatz seiner Apps genauestens zu überprüfen und zu kontrollieren. Dabei werden sogar nachträglich Apps verboten und aus dem App-Store entfernt. Google überprüft die Apps grundsätzlich nicht bevor sie im Android-Market veröffentlicht werden. Erst wenn ein Anwender sich beschwert, wird die App geprüft und unter Umständen vom Markt genommen. Dadurch haben private App-Entwickler die Möglichkeit, ihre eigenen Apps weitgehend ungestört auf den Markt zu bringen.

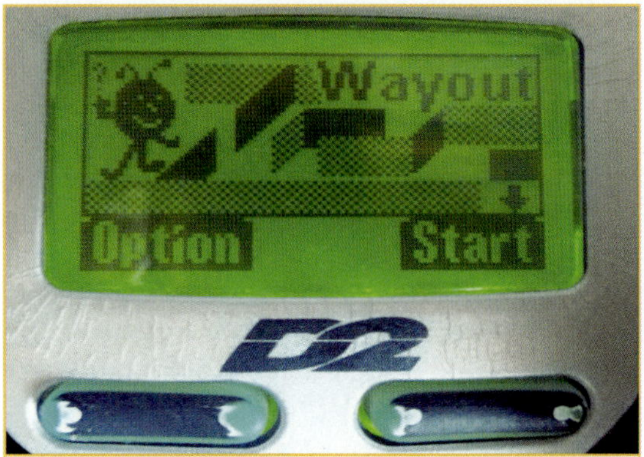

Bild 1: Einfache Spiele-App

Tabelle 1: Betriebssysteme mobiler Geräte

Betriebs-system	Bemerkungen
Android	Wird von Google federführend entwickelt. Es handelt sich um ein open-source-Betriebssystem, für das jeder eigene Anwendungen entwickeln kann.
Bada	Ist von Samsung entwickelt und läuft auch nur auf Samsung-Geräten.
BlackBerry-OS	Ist von Research in Motion für größere Unternehmen entwickelt worden.
iOS	Ist von Apple für das iPhone, den iPod Touch und das iPad entwickelt worden. Apps können nur aus dem „App Store" von Apple bezogen werden.
Symbian	Ist von Nokia entwickelt und wird auch nur noch von Nokia eingesetzt.
Windows Phone	Ist von Microsoft entwickelt und wird gegen Lizenzgebühren von verschiedenen Firmen genutzt. Apps können nur aus dem „Windows Phone Store" von Microsoft bezogen werden.

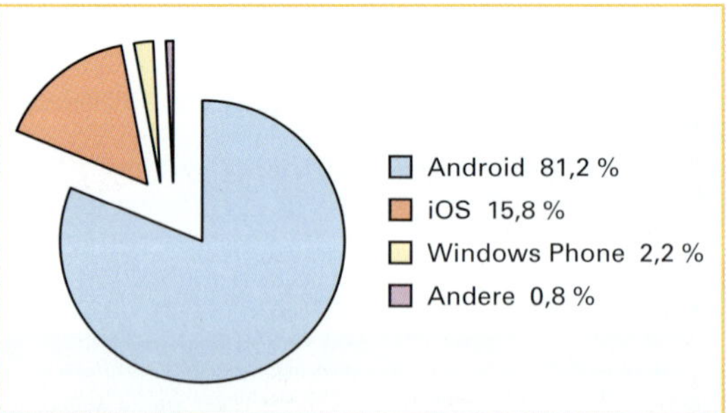

Bild 2: Marktanteile der Betriebssysteme weltweit

Im Folgenden wird nur auf die App-Entwicklung für Android eingegangen, da Android weltweit das verbreitetste Betriebssystem ist und es dafür Crosscompiler zu anderen Betriebssystemen gibt.

14.6.3 Die Entwicklungsumgebung installieren

Um Android Studio nutzen zu können, muss das *Java Development Kit* (JDK) installiert werden.

Java-JDK

Das Java-JDK (Java Development Kit) kann kostenlos von der Webseite

`www.oracle.com`

bezogen und installiert werden. Es ist die Grundlage für das Android-SDK. Damit es sicher von allen Anwendungen gefunden werden kann, sollte der Speicherort in einer Umgebungsvariablen gespeichert werden **(Bild 1)**.

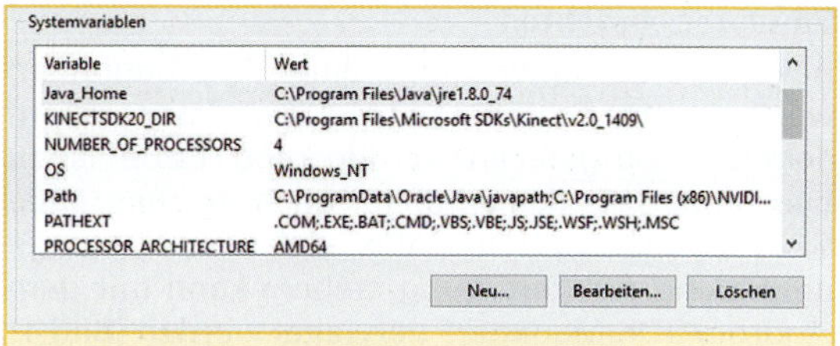

Bild 1: Systemvariable für JDK anlegen

Android Studio

Android Studio kann kostenlos von der Webseite

`http://developer.android.com/index.html`

bezogen werden. Es enthält alle Komponenten, die für die Entwicklung von Apps benötigt werden. Hierbei ist *Android Studio* die Entwicklungsumgebung, während die *SDK* die Entwicklungswerkzeuge sowie den *Android*-Emulator bereit stellt, auf dem die Android-App getestet werden kann. Durch den Download erhält man eine exe-Datei, die nach dem Start nach dem Installationsordner für Android Studio und für die SDK fragt. Nach dem ersten Programmstart muss oft noch der Pfad für das SDK eingegeben werden.

Wenn man über

`File → New → New Project`

ein neues Projekt anlegt, sind neben den Namen für die App, das Projekt und das Java-Package auch die gewünschten Android-API Versionen einzugeben **(Bild 2)**. Danach erscheint die Entwicklungsumgebung mit einer grafischen Oberfläche der neuen App **(Bild 3)**.

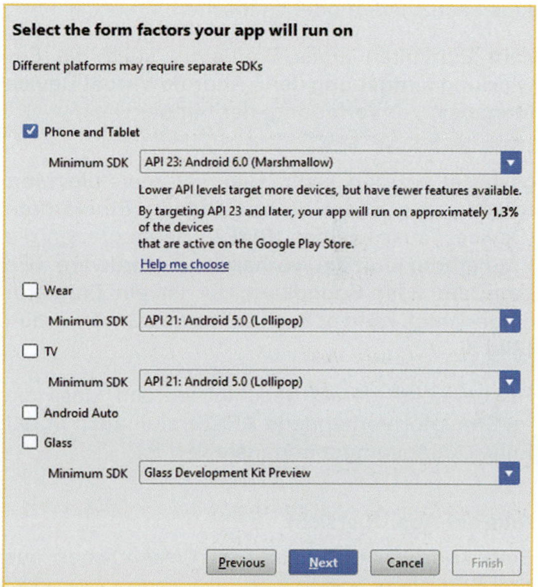

Bild 2: New Android Application Dialog

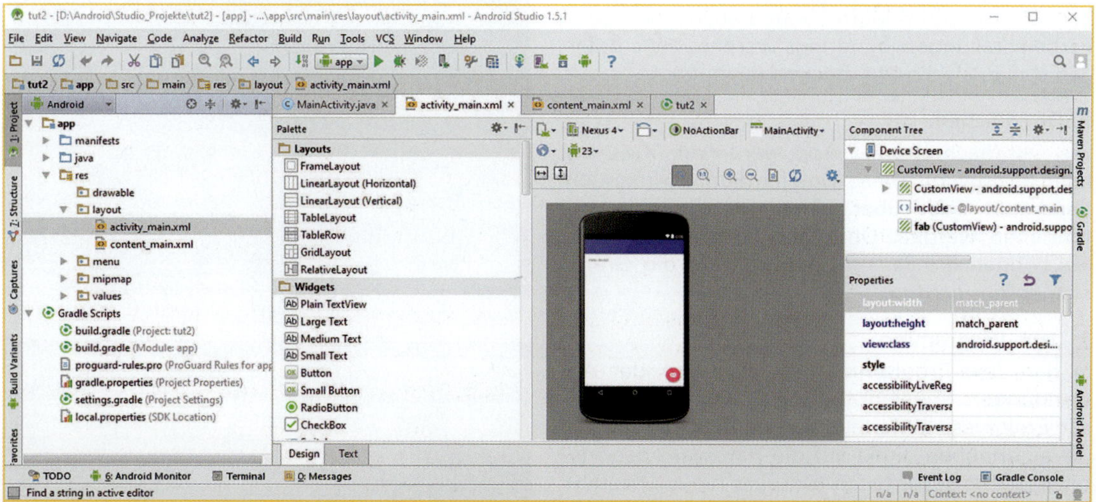

Bild 3: Entwicklungsumgebung für Android-Apps

Emulator einrichten

Bevor mit der Entwicklung einer App begonnen werden kann, richtet man einen Emulator ein, auf dem die App getestet werden kann. Dabei ist zu beachten, dass der Emulator auch das passende API verwendet. Welche APIs in der Entwicklungsumgebung zur Verfügung stehen, kann mit dem „Android SDK Manager“ verwaltet werden **(Bild 1)**.

Dieser Dialog kann mit der Datei

```
SDK Manager.exe
```

gestartet werden. Hier hat man die Möglichkeit APIs nachzuladen oder zu löschen.

Zum Einrichten eines Emulators stellt die Entwicklungsumgebung den „Android Virtual Device Manager“ zur Verfügung, der mit der Datei

```
AVD Manager.exe
```

gestartet werden kann. Hier hat man die Möglichkeit, aus vielen vorgegebenen Emulatoren (Devices) auszuwählen **(Bild 2)**. Dabei greifen die Emulatoren auf die vorhandene Hardware wie WebCam oder Soundkarte zu. Ist ein Emulator eingerichtet, kann er auch sofort gestartet werden **(Bild 3)**.

Hierbei sollte darauf geachtet werden, dass die im Emulator vorhandene API-Version auch in der Entwicklungsumgebung installiert ist.

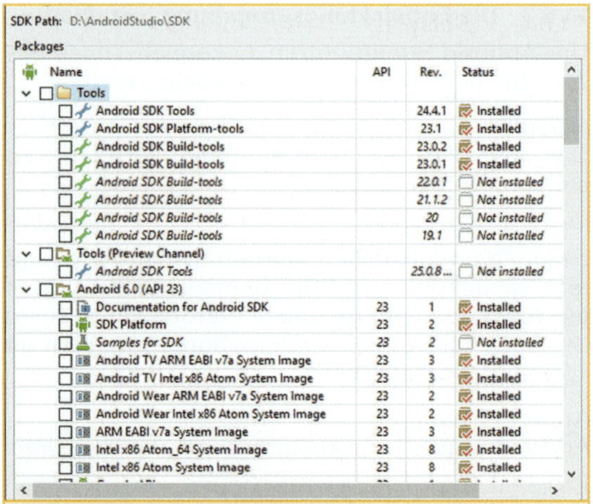

Bild 1: Android SDK Manager

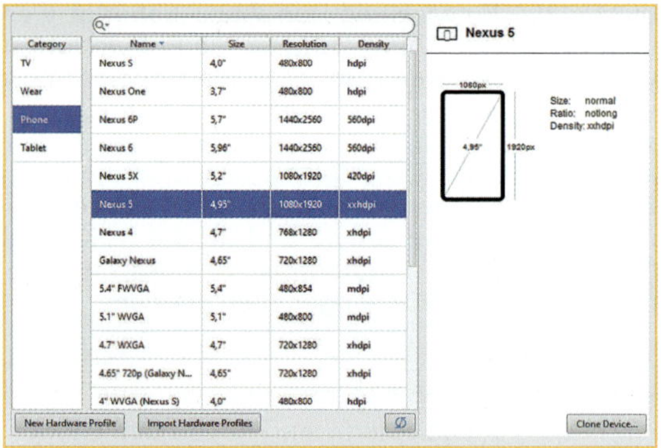

Bild 2: Emulatorenauswahl

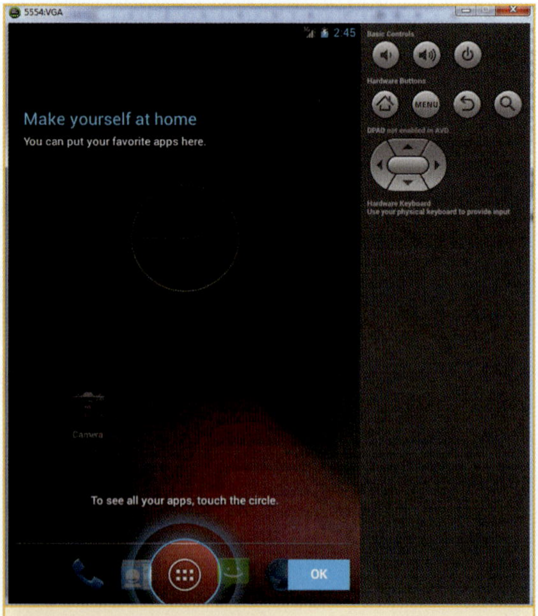

Bild 3: Device 5.1" WVGA

Android-App Übersicht

Eine Android-App besteht im Wesentlichen aus drei Bereichen:

1. Ressourcen

Unter Ressourcen findet man alle Dateien, die mit der Oberfläche der App in Zusammenhang stehen. Neben den Bildern können auch Texte oder Farbeinstellungen hinterlegt werden. Hier befinden sich auch die Oberflächen (layouts).

2. Oberflächen

Die Oberflächen einer App werden in XML-Dateien festgelegt. Diese Dateien können manuell bearbeitet oder über einen GUI-Designer beschrieben werden. Über die darin festgelegten IDs können die Java-Programme auf die Grafikelemente zugreifen.

3. Java-Programme

In den Java-Programmen ist die Logik der Anwendungen abgelegt. Hier kann Quellcode für alle Ereignisse hinterlegt werden. Es gibt Klassen, die es erlauben direkt auf die Hardware des mobilen Geräts zuzugreifen. Darüber hinaus besteht auch die Möglichkeit mit OpenGL 2D- bzw. 3D-Programme zu schreiben.

14.6.4 Beispiel einer Rechner-App

Nachdem man über
`File->New->New Project`
ein neues Projekt gestartet und im „New Android Application Dialog“ Namen vergeben hat, muss man sich über eine sinnvolle Auswahl der APIs Gedanken machen. Dabei sollte man das „Minimum Required SDK“ nicht zu hoch ansetzen, da sonst die App nur auf den modernsten Geräten ausgeführt werden kann. Im gezeigten Beispiel wird der Name „Rechner“ vergeben und es werden die APIs 8 und 22 gewählt.

Als Vorgabe erhält man ein Layout mit einem „Hello world“-Text, den man löschen kann. In der so entstandenen XML-Datei wird ein Layout mit den Voreinstellungen erzeugt, das den gesamten Bildschirm (match_parent) belegt und das mit der MainActivity.java verbunden ist **(Bild 1)**.

```
<RelativeLayout xmlns:android="http://schemas.android.com/apk/res/android"
    xmlns:app="http://schemas.android.com/apk/res-auto"
    xmlns:tools="http://schemas.android.com/tools"
    android:layout_width="match_parent"
    android:layout_height="match_parent"
    android:paddingBottom="16dp"
    android:paddingLeft="16dp"
    android:paddingRight="16dp"
    android:paddingTop="16dp"
    app:layout_behavior="android.support.design.widget.AppBarLayout$ScrollingVie..."
    tools:context="com.example.user.rechner.MainActivity"
    tools:showIn="@layout/activity_main">
</RelativeLayout>
```

Bild 1: content_main.xml

14.6.4.1 Gestaltung der Oberfläche

Um einen einfachen Rechner programmieren zu können, benötigt man eine Oberfläche mit zwei Eingabe- und einem Ausgabe-Element sowie für jede Rechenart einen Button **(Bild 2)**. Dazu kann man sich Elemente aus einer Palette auswählen und auf die Oberfläche platzieren. Mit Rechtsklick auf das Element können weitere Einstellungen vorgenommen werden **(Bild 3)**. So entsteht in der „Graphical Layout“-Ansicht die Oberfläche des Rechners. Der grafische Designer für die Oberfäche ist jedoch nicht ganz ausgereift, so dass man alle Einstellungen auch durch Editieren der XML-Datei für das Layout umsetzen kann.

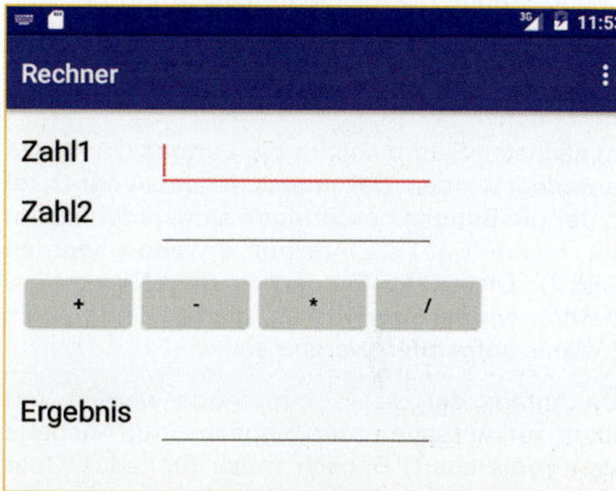

Bild 2: Einfache Rechner-App

In Android Studio sollten Texte für die Oberflächenelemente nie direkt eingegeben, sondern immer in String-Ressourcen hinterlegt werden. Dadurch hat man die Möglichkeit, auch Texte für andere Sprachen zu hinterlegen, die dann automatisch je nach erkanntem Land angezeigt werden. Im „Package Explorer“ findet man `unter res->values` die Datei `strings.xml`, die über einen Dialog **(Bild 4)** oder mit einem Editor editiert werden kann.

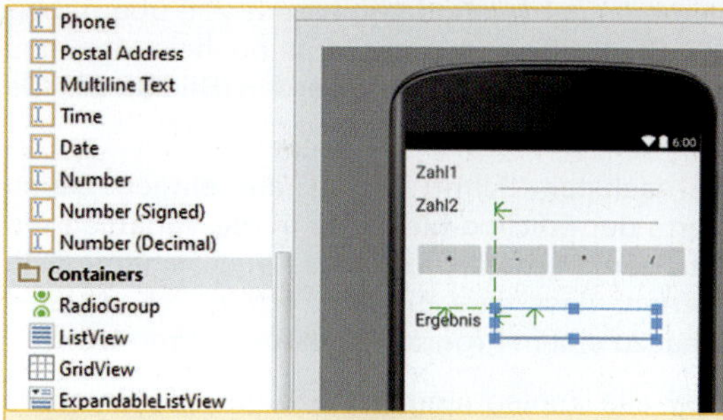

Bild 3: Gestaltung der Oberfläche

Die Warnzeichen am Rand der EditText-Elemente zeigen an, dass dem Element noch kein „inputType“ zugewiesen wurde. Das zweite EditText-Element wird in der XML-Datei wie fogt beschrieben:

```
<EditText
    android:id="@+id/EditText01"
    android:layout_width="150dp"
    android:layout_height="wrap_content"
    android:layout_alignLeft="@+id/editText1"
    android:layout_alignTop="@+id/TextView01"
    android:ems="10"
    android:inputType="numberDecimal" />
```

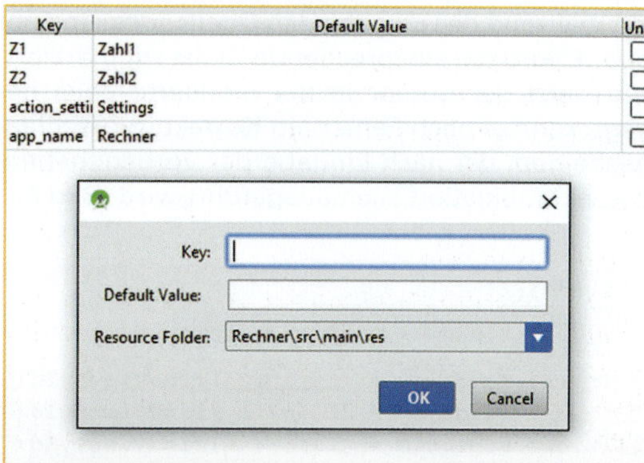

Bild 4: Strings-Dialog

14.6.5 Der Quellcode zur App

Neben der Layout-Datei wird für jedes Projekt auch eine neue Java-Klasse angelegt **(Bild 1)**. Diese Datei – MainActivity.java – findet man im Verzeichnis java unter dem `package`-Namen.

Hier erbt die neue Klasse `MainActivity` von der Klasse `AppCompactActivity`. Bei der Methode `onCreate` handelt es sich um den Eintrittspunkt der App. In ihr wird die `onCreate` der Basisklasse aufgerufen, die für die Initialisierung der App sorgt. Danach wird der Methode `setContentView` die Layout-Datei übergeben, die als Programmoberfläche angezeigt werden soll.

Im nächsten Schritt soll für die Buttons Quellcode hinterlegt werden. Dazu muss in der Layout-Datei, in der die Buttons beschrieben sind, jeder Button mit einem `onClick`-Attribut erweitert werden **(Bild 2)**. Dieses Attribut erhält den Namen der Methode in der Java-Klasse, die bei einem Klick-Ereignis aufgerufen werden soll.

Am Anfang der `onClick`-Methode werden Variablen zur Aufnahme der Eingabe- und Ausgabewerte vereinbart. Danach muss für jedes Oberflächenelement, auf das zugegriffen werden soll ein Objekt des entsprechenden Datentyps erzeugt werden. Dazu wird die ID des entsprechenden Elements der Methode `findViewById` übergeben. Der Rückgabewert muss nun noch in den passenden Typ umgewandelt werden **(Bild 3)**. Die IDs wurden in der Layout-Datei vereinbart.

Im nächsten Schritt sollen die eingegebenen Werte der EditText-Elemente in die Variablen eingetragen werden. Dazu muss erst sichergestellt werden, dass eine Eingabe erfolgt ist, da dies sonst zu einem Programmabsturz führen würde.

Sind alle Zahlen eingelesen, kann das Ergebnis berechnet und ausgegeben werden **(Bild 4)**.

Fehlerbehebung

Tritt während der Eingabe des Quellcodes ein Fehler auf, wird die entsprechende Stelle rot markiert. Wird jetzt der Cursor in die markierte Zeile bewegt, kann je nach Fehler ein Korrekturvorschlag erscheinen, der nach Eingabe der vorgegebenen Tastenkombination auch ausgeführt wird **(Bild 5)**.

```
int zahl1;
int zahl2;   ? android.widget.EditText? Alt+Eingabe
int erg=0;
EditText feld1     = (EditText)findViewById(
EditText feld2     = (EditText)findViewById(
EditText ergebnis = (EditText)findViewById(
```

Bild 5: Fehlerbehebung

```
package com.example.rechner;

import android.os.Bundle;
import android.app.Activity;

public class MainActivity
                    extends AppCompactActivity {

  @Override
  protected void onCreate(Bundle
                         savedInstanceState) {
  super.onCreate(savedInstanceState);
  setContentView(R.layout.activity_main);
  }
}
```

Bild 1: MainActivity.java

```
<Button
  android:id="@+id/button1"
  android:layout_width="50dp"
  android:layout_height="wrap_content"
  android:layout_alignLeft="@+id/TextView01"
  android:layout_below="@+id/EditText01"
  android:layout_marginTop="30dp"
  android:text="@string/plus"
  android:onClick="button1Click"
  />
```

Bild 2: onClick-Erweiterung des Buttons

```
public void button1Click(View view){
  int zahl1;
  int zahl2;
  int erg=0;
  EditText feld1    =
      (EditText)findViewById(R.id.EditText01);
  EditText feld2    =
      (EditText)findViewById(R.id.EditText02);
  EditText ergebnis =
      (EditText)findViewById(R.id.editText1);
```

Bild 3: Zugriff auf XML-Element

```
if(feld1.getText().toString().length() == 0){
  return;
  }
zahl1 = Integer.parseInt(feld1.getText().
                                toString());

if(feld2.getText().toString().length() == 0){
  return;
  }
zahl2 = Integer.parseInt(feld2.getText().
                                toString());
erg = zahl1 + zahl2;

ergebnis.setText(String.valueOf(erg));
```

Bild 4: Verarbeitung und Ausgabe

14.7 DB-Designer

DB-Designer ist eine Software zur Datenbankmodellierung und unterstützt den Datenbank-Designer im Entwicklungsprozess. Mit geeigneten Software-Paketen wird der gesamte Entwicklungsprozess EDV-gestützt durchgeführt. Das MySQL-Workbench Programmpaket kann über das Internet bezogen werden. Mit der Software wird die Datenbankenmodellierung durchgeführt **(Bild 1)**.

Beispiel 1:

Erstellen Sie mit dem DB-Designer 2 Tabellen Kunden und Orte und verknüpfen Sie diese relational.

Lösung: **Bild 2, Bild 3**

Zur Datenmodellierung wird der Menüpunkt Create New EER Model (erzeuge ein neues erweitertes Entity-Relationship Model) angeklickt (Bild 1). Standardmäßig ist hier die Datenbank mydb schon angelegt (Bild 2). Nach dem Doppelklick erscheint die neue Tabelle als table1. Diese kann individuell, z. B. als Tabelle Kunden, angepasst werden. Mit Add Table wird ebenso eine Tabelle Orte erstellt und anschließend relational verknüpft (Bild 3).

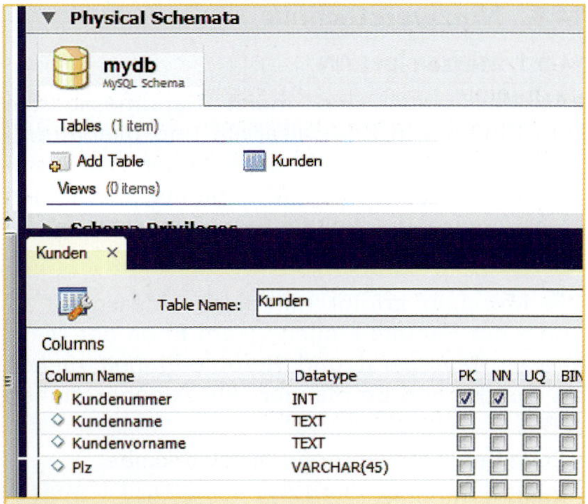

Bild 2: Erstellen einer Tabelle

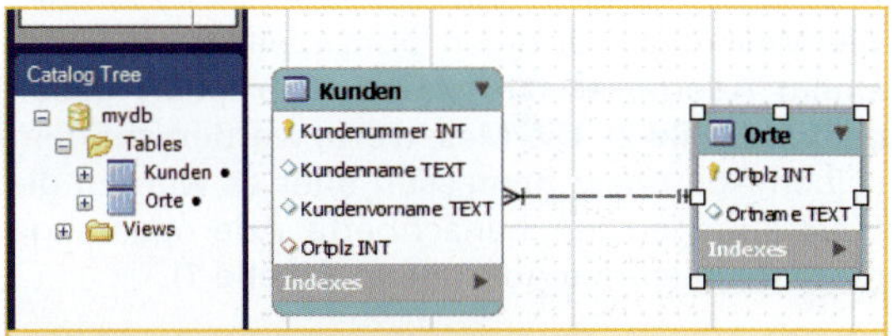

Bild 3: ERM von Kunden und Orte

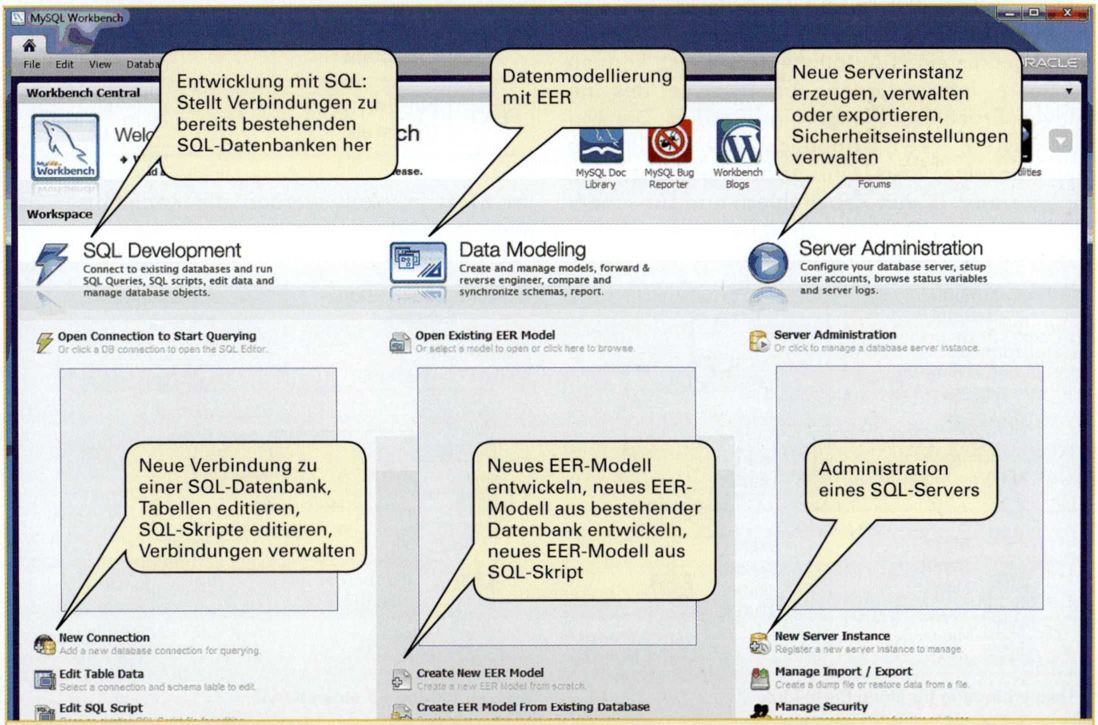

Bild 1: MySQL Workbench

14.8 Netzwerktechnik

14.8.1 Messen im LAN

LAN-Messgeräte sind meist Handmessgeräte zum Prüfen von Koaxialkabeln und paarverdrillten Kabeln und zur Fehlerbehebung in LAN-Installationen (**Bild 1**). Diese Messgeräte verwenden Messimpulse, die digitale Signalverarbeitung für LAN-Tests bis zu 1 GHz ermöglichen.

Die Messung erfolgt mit einem Messgerät ① und einer Remote-Einheit ② am Ende der Messstrecke. Messgerät und Remote-Einheit dienen als Sender und Empfänger. Als Zubehör stehen z. B.

- Schnittstellenadapter für Netzwerkkabel,
- Kalibriermodule,
- Software und
- Schnittstellenkabel für PC zur Verfügung.

Die Messungen erfolgen prinzipiell so, dass auf einem Adernpaar (störendes Adernpaar) gesendet wird (**Bild 2**). Die Messwerte werden auf demselben Adernpaar gemessen oder es werden die Einstreuungen auf benachbarte Adernpaare gemessen (gestörtes Adernpaar, **Tabelle 1**).

Das Messgerät führt im Autotest-Modus selbstständig eine Reihe von Messungen durch. Für die meisten Fehler zeigt das Messgerät die Entfernung zum Fehler an und weist darauf hin, was in der Verbindung überprüft werden sollte. Wenn das Ergebnis eines Autotests negativ ist, können genauere Informationen zur Ursache des negativen Ergebnisses angezeigt werden. Der Modus SINGLE TEST ermöglicht die Ausführung vieler einzelner Tests. Einzeltests eignen sich zum Eingrenzen z. B. von Kabelfehlern und zur schnellen Prüfung der Qualität von Reparaturen.

> Schnittstellenadapter liefern die, zum Prüfen von verschiedenen Typen von LAN-Kabeln erforderlichen Verbindungen und Schnittstellenschaltungen.

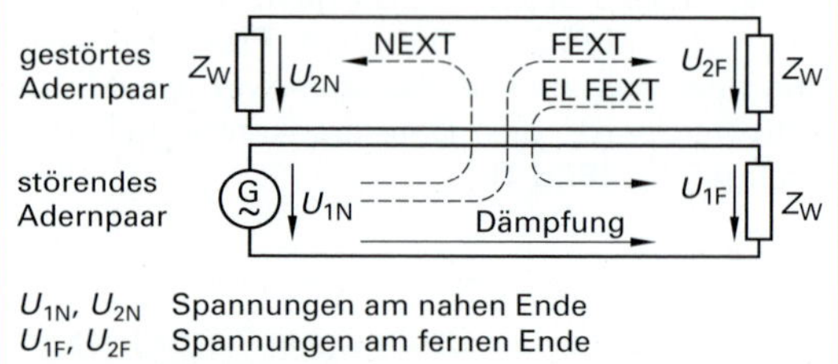

Bild 2: Kabelmessung

Tabelle 1: Kabelmesswerte (Beispiele)

Messwert	Erklärung	Formel
ACR	Attenuation to Crosstalk Ratio = Dämpfung-Nebensprech-Verhältnis	$ACR = 20 \lg \frac{U_{2F}}{U_{1N}}$ [dB]
A	Dämpfung	$A = 20 \lg \frac{U_{1N}}{U_{1F}}$ [dB]
NEXT	Near End Crosstalk	$NEXT = 20 \lg \frac{U_{1N}}{U_{2N}}$ [dB]
FEXT	Far End Crosstalk	$FEXT = 20 \lg \frac{U_{1N}}{U_{2F}}$ [dB]

Im Messprotokoll werden die Kabelmesswerte anschließend ausgegeben.

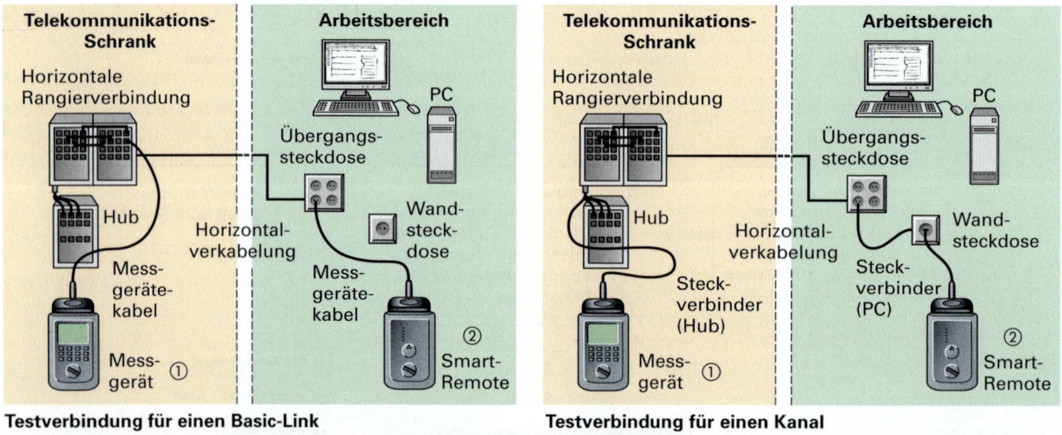

Bild 1: LAN-Messgerät für Basic-Link-Messungen und Kanalmessungen

14.8.2 Netzwerk-Befehle

Kommandos für das LAN und für das Internet ermöglichen die Diagnose des Netzwerkes. Die Befehle können nach Starten der Befehlskonsole mit der Tastatur eingegeben und mit Return ausgeführt werden (**Bild 1**).

Zu Beginn der Fehlersuche (Troubleshooting) sollte die IP-Konfiguration geprüft werden. Mit dem Befehl ipconfig werden die IP-Adresse, die Subnetzmaske und das Default Gateway angezeigt (**Bild 2**).

Mit dem ping-Kommando können die Verbindungen zu anderen PCs geprüft werden (**Tabelle 1**). Mit ping 127.0.0.1 oder ping localhost wird geprüft, ob die eigene Netzwerkkarte zusammen mit dem Protokoll TCP/IP funktioniert. Mit ping können Laufzeiten und Verbindungsprobleme lokalisiert werden. Ping ist der wichtigste TCP/IP-Befehl für das Durchführen von Problembehandlungen für Konnektivitat, Erreichbarkeit und Namenauflösung. Wenn ping ohne Parameter verwendet wird, wird die Hilfe angezeigt.

Der Befehl arp zeigt Einträge des ARP-Cache (Address Resolution Protocol) an oder ändert solche Einträge. Dieser Cache enthält Tabellen, in denen IP-Adressen und deren zugehörige physische Ethernet-Adressen gespeichert sind. Für jeden Ethernet-Netzwerkadapter, der im Computer installiert ist, gibt es eine eigene Tabelle. Der Befehl arp ohne Parameter zeigt die Hilfe an.

Weitere Befehle zur Diagnose von Netzwerken sind z. B. tracert, netstat, nbtstat und nslookup.

Mithilfe von Netzwerkmonitor-Software oder Servermonitor-Software, z. B. Wireshark, können die Befehle zur Diagnose auch mithilfe einer GUI (von Graphical User Interface) verwendet werden (**Bild 3**).

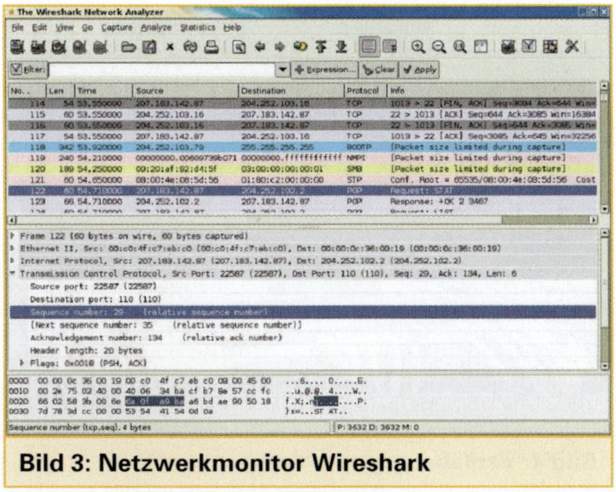

Bild 3: Netzwerkmonitor Wireshark

> Vor der Fehlersuche sollte die Firewall abgeschaltet werden.

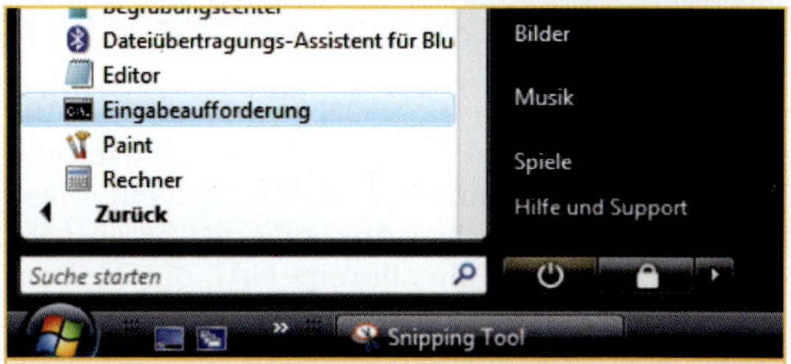

Bild 1: Starten der Befehlskonsole

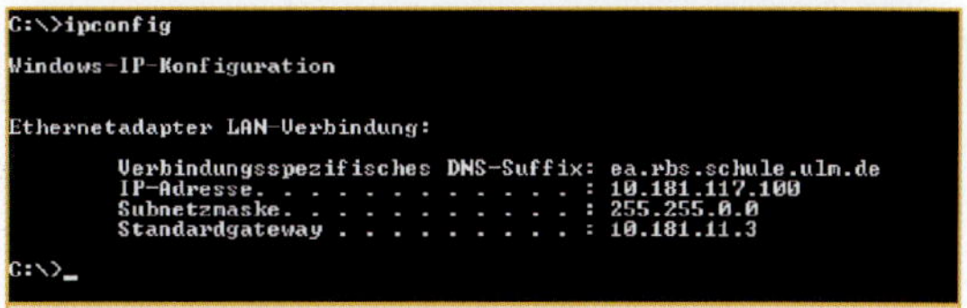

Bild 2: Konsolenbefehl ipconfig

Tabelle 1: Konsolenbefehle zur Netzwerk-Diagnose

Befehl	Erklärung	Parameter (Auswahl)
ipconfig	zeigt alle aktuellen Konfigurationswerte des TCP/IP-Netzwerkes an und aktualisiert DHCP-Protocol und DNS-Einstellungen. Ohne Parameter wird die IP-Adresse, die Subnetzmaske und das Standardgateway angezeigt.	/ALL - Alle Informationen werden angegeben. /renew_all - Aktualisiert alle Adapter. /release_all - Gibt alle Adapter frei. /renew N - Aktualiesiert Adapter N. /release N - Gibt Adapter N frei.
ping	überprüft Konnektivität mit einem anderen TCP/IP-Computer auf IP-Ebene durch Senden von ICMP-Echoanforderungen (Internet Control Message Protocol). Der Empfang entsprechender Echoantworten wird zusammen mit Zeitangaben angezeigt.	-t - Gibt an, dass ping fortfährt, bis zu einer Unterbrechung Echoanforderungen an das Ziel zu senden. -a - Gibt an, dass an der Ziel-IP-Adresse umgekehrte Namenauflösung durchgeführt wird. -n - Gibt an, wie viele Echoanforderungen gesendet werden sollen.
arp	zeigt Einträge des ARP-Cache	-d Löscht einen Eintrag mit einer bestimmten IP-Adresse. -a Zeigt die aktuellen ARP-Cachetabellen für alle Schnittstellen an.

14.8.3 Netzwerk planen und einrichten

Bei der Planung eines Netzwerkes sind verschiedene Gesichtspunkte zu berücksichtigen **(Bild 1)**. In einem Kundengespräch wird sowohl im privaten wie auch im geschäftlichen Umfeld die jeweils optimale Lösung besprochen. Meist steht ein DSL-, Kabel- oder ISDN-Anschluss zur Verfügung. Von einem Provider, z. B. der Telekom bekommt der Kunde eine IP-Adresse zugeteilt. Diese kann aus dem privaten Adressbereich stammen, d. h. der Provider führt bereits NAT durch. Oder die Adresse ist eine offizielle IP-Adresse, die über DHCP zugewiesen wird.

Internet Connection-Sharing

Beim Internet Connection Sharing (= Teilen eines Internet-Anschlusses) muss ein Zugangs-PC als NAT-Router aufgesetzt werden **(Bild 2)**. Die weiteren angeschlossenen PCs bekommen IP-Adressen aus dem privaten Adressbereich. Diese können konfiguriert werden oder per DHCP verteilt werden. Der Zugangs-PC hat zwei aktive IP-Adressen, eine vom Server im Privatnetz und eine vom Provider im öffentlichen Netz. Nachteil dieser Lösung ist, dass der Server für eine Internetnutzung immer laufen muss.

Anschluss mit einem Router

Meist werden Kombi-Geräte vom Provider angeboten. Diese bieten z. B. Switch, Router, WLAN-Router und diverse Firewall-Funktionen in einem Gerät **(Bild 3)**. Die Verkabelung erfolgt wie vom Hersteller vorgesehen, die entsprechenden Kabel werden meist mitgeliefert. Sollen weitere PCs angeschlossen werden, kann ein Switch mit z. B. 8 Ports zur Erweiterung verwendet werden.

Büros vernetzen

Im gewerblichen Umfeld muss, im Gegensatz zum privaten Bereich, mehr auf Sicherheit geachtet werden. Eine bestehende Kupferverkabelung sollte aus Sicherheitsgründen genutzt und im Bedarfsfall erweitert werden. Bei Verwendung von WLAN muss eine sichere Verschlüsselung, z. B. WPA2, eingesetzt werden. Die Kupferkabel der einzelnen Netzwerkdosen enden im Serverraum und werden auf ein Rangierfeld gepatcht und von dort mit Netzwerkleitungen an den jeweiligen Switch angeschlossen **(Bild 4)**. Kleine Netze werden meist vom WAN-Anschluss beginnend geplant. Bei großen Netzen muss die komplette Planung bei den Enddosen in den Räumen beginnen. Nicht nur die Verkabelung sondern auch die Auswahl der benötigten Verteiler und Geräte ist davon abhängig.

Kleine Netze werden vom WAN-Anschluss her geplant, große Netze werden von den Enddosen her geplant.

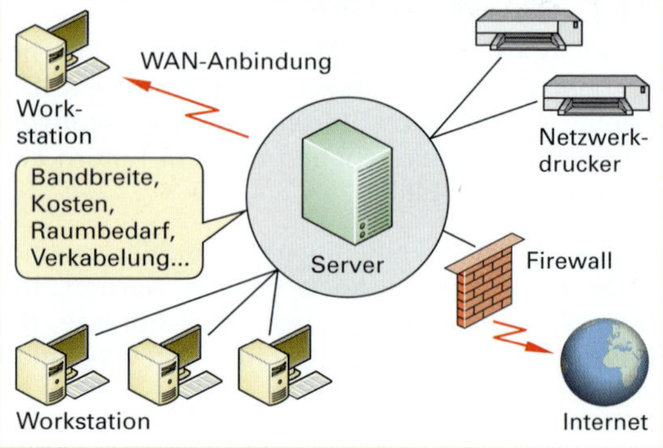

Bild 1: Netzwerkplanung

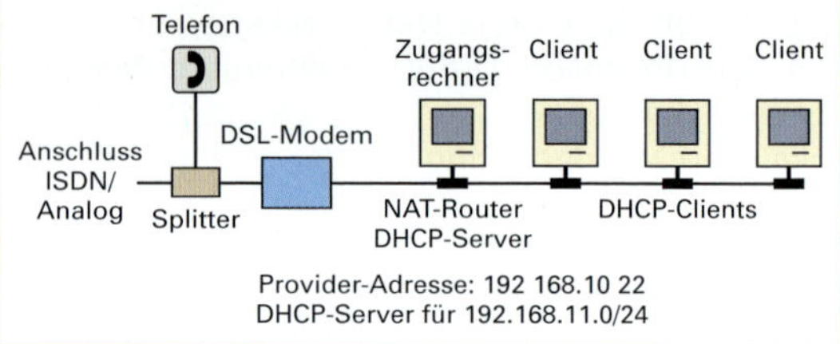

Bild 2: Internet Connection-Sharing mit NAT-Router

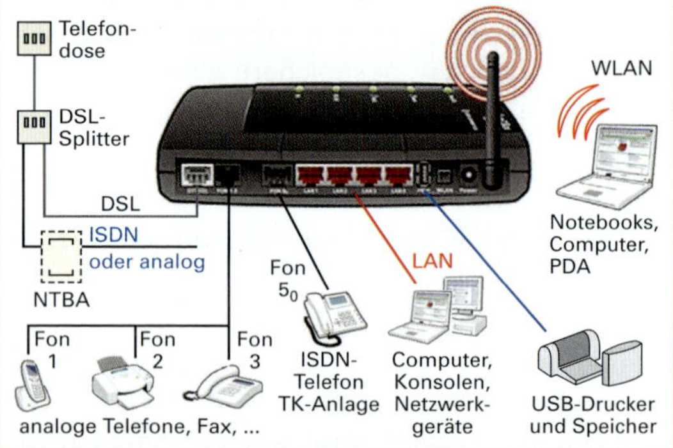

Bild 3: Anschlüsse eines Kombigerätes

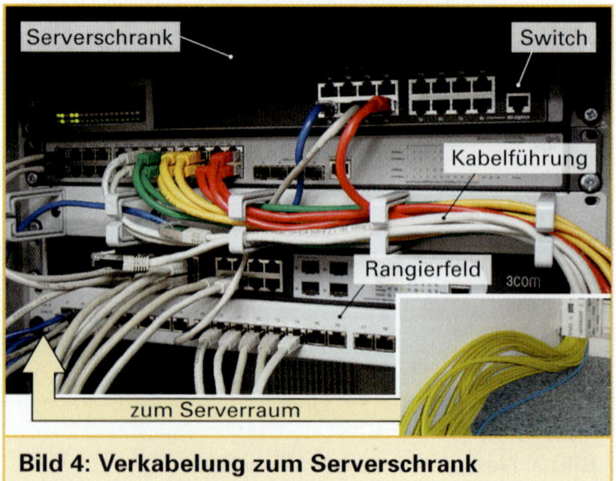

Bild 4: Verkabelung zum Serverschrank

14.9 Operatoren in C

Arithmetische Operatoren	**Beispiel**	**Erläuterung**
++	i++ oder ++i	ähnlich i = i + 1, Inkrement
– –	i– – oder – –i	ähnlich i = i – 1, Dekrement
+	a = +b;	Vorzeichen plus
+	a = b + c;	Addition. Auch möglich: **a + = b (a = a + b)**
–	a = –b;	Vorzeichen minus
–	a = b – c;	Subtraktion. Auch möglich: **a – = b**
*	a = b * c;	Multiplikation. Auch möglich: **a * = b**
/	a = b / c;	Division. Auch möglich: **a/= b**
%	a = b % c;	Rest der Division (modulo). Auch möglich: **a % = b**
Logische Operatoren	**Beispiel**	**Erläuterung**
!	if (!(a > b)) ...	logisches NICHT (NOT)
<	if (a < b) ...	kleiner als
<=	if (a <= b) ...	kleiner oder gleich
>=	if (a >= b) ...	größer oder gleich
>	if (a > b) ...	größer
==	if (a == b) ...	gleich
!=	if (a != b) ...	ungleich
&&	if ((...)&&(...))...	logisches UND
||	if ((...)||(...))...	logisches ODER
?:	a = (b > c) ? b : c;	bedingter Ausdruck (wenn-dann)
Bit-Operatoren	**Beispiel**	**Erläuterung**
~	a = ~ b	bitweise NICHT (NOT)
<<	a = b << 3;	Linksschieben (um 3 Bits), 0-Bits werden nachgeschoben. Auch möglich: **a << = 3**
>>	a = b >> 2;	Rechtsschieben (um 2 Bits), 0-Bits werden nachgeschoben. Auch möglich: **a >> = 2**
&	a = b & c;	bitweise UND. Auch möglich: **a & = b**
^	a = b ^ c;	bitweise Antivalenz (EXOR). Auch möglich: **a ^ = b**
|	a = b | c;	bitweise ODER. Auch möglich: **a | = b**
Allgemeine Operatoren	**Beispiel**	**Erläuterung**
()	main (void)	Funktion, Parameterliste, Klammer
[]	Feld [22]	Array, Index
->	Zeiger -> Mitglied	Zeigerzugriff, Pointerzugriff
.	Jahr.Monat	Auswahl einer Strukturkomponente
(typ)	a = (long) b+c;	casting: als long auswerten
*	a = *ptr;	Verweisoperator oder Zeigerdefinition
&	scanf(„%d",&ind);	Adressoperator
sizeof	a = sizeof (long);	liefert Länge eines Typs in Anzahl Bytes
=	a = b;	Zuweisung
+= usw.	a + = b;	entspricht a = a + b; -= *= /= %= <<= >>= &= ^= |=
,	int a, b;	Auflistung

14.10 Kontrollstrukturen in C

while(<Test-Ausdruck>)
{
<Anweisung>;
}
	while(i > limit)
	{
	summe += i;
	i++;
	}
		Solange der Test-Ausdruck den Wert TRUE (ungleich 0) annimmt, wird die Anweisung ausgeführt.
		
		Die Anweisung wird ggf. nicht ausgeführt.
		Bei mehr als einer Anweisung ist ein Anweisungsblock zu bilden {..}.

do
{
<Anweisung>;
}
while(<Test-Ausdruck>);
	do
	{
	summe += i;
	i--;
	}
	while(i > limit);
		Anweisung wird immer mindestens einmal ausgeführt.

for(<Init>;<Test>;<Neu-Init>)
{
<Anweisung>;
}
	for (i = 0; i < 5; i++)
	{
	summe += i;
	}
		Schleife wird ggf. nicht ausgeführt.

if(<Test-Ausdruck>)
{
<Anweisung1>;
}
else
{
<Anweisung2>;
}
	if (a>b)
	{
	max = a;
	}
	else
	{
	max = b;
	}
		Alternative Ausführung,
		else kann auch entfallen.

switch(<Ausdruck>) { **case** Konstante_1: <Anweisung>; ... **case** Konstante_N: <Anweisung>; }	**switch(i)** { case 0: PORTB.7=0; break; case 1: PORTB.3=0; break; default: PORTB.1=0; }	Wahl zwischen mehr als zwei Alternativen. „default": steht für alle anderen Fälle „break": beendet die Abfrage.
break	siehe **switch**	Kann verwendet werden, um eine übergeordnete **switch-case-, while-, do-while- oder for-**Schleife abzubrechen.

continue	**while**(i !=0)
	{...
	i--;
	if(i%3==0)
	continue;
	...
	}
		Bewirkt innerhalb einer **while-, do-while-** oder **for-**Schleife das Einleiten der nächsten Wiederholung (Iteration), d. h. bei **while** und **do-while** wird der **while** Testausdruck ausgewertet und bei TRUE wird die Schleife wieder durchlaufen.
		Bei **for** hingegen wird wieder initialisiert, getestet und bei TRUE die Schleife durchlaufen.

14.11 Datenblätter zum Mikrocontroller AT89C5131

14.11.1 Liste der SFR-Register des AT89C5131

The Special Function Registers (SFRs) of the AT89C5131 fall into the following categories:

- C51 core registers:
  ACC, B, DPH, DPL, PSW, SP
- I/O port registers:
  P0, P1, P2, P3, P4
- Timer registers:
  T2CON,T2MOD, TCON, TH0, TH1, TH2, TMOD, TL0, TL1, TL2, RCAP2L, RCAP2H
- Serial I/O port registers:
  SADDR, SADEN, SBUF, SCON
- PCA (Programmable Counter Array) registers:
  CCON, CMOD, CCAPMx, CL, CH, CCAPxH, CCAPxL (x: 0 to 4)
- Power and clock control registers:
  PCON
- Hardware Watchdog Timer registers:
  WDTRST, WDTPRG
- Interrupt system registers:
  IEN0, IPL0, IPH0, IEN1, IPL1 , IPH1
- Keyboard Interface registers:
  KBE, KBF, KBLS
- LED register:
  LEDCON
- Two Wire Interface (TWI) registers:
  SSCON, SSCS, SSDAT, SSADR
- Serial Port Interface (SPI) registers:
  SPCON, SPSTA, SPDAT
- USB registers:
  Uxxx (17 registers)
- PLL registers:
  PLLCON, PLLDIV
- BRG (Baud Rate Generator) registers:
  BRL, BDRCON
- Flash register:
  FCON (FCON access is reserved for the Flash API and ISP software)
- EEPROM register:
  EECON
- Others:
  AUXR, AUXR1 , CKCON0, CKCON1

14.11.2 Beschreibung der SFR des AT89C5131

The table below shows all SFRs with their address and their reset value.

Tabelle 1: SFR Descriptions

	Bit Adressable	Non-Bit Adressable							
	0/8	1/9	2/A	3/B	4/C	5/D	6/E	7/F	
F8h	UEPINT 0000 0000	CH XXXX XXXX	CCAP0H XXXX XXXX	CCAP1H XXXX XXXX	CCAP2H XXXX XXXX	CCAP3H XXXX XXXX	XXAP4H XXXX XXXX		FFH
F0h	B 0000 0000	LEDCON 0000 0000							F7h
E8h		CL 0000 0000	CCAP0L XXXX XXXX	CCAP1L XXXX XXXX	CCAP2L XXXX XXXX	CCAP3L XXXX XXXX	CCAP4L XXXX XXXX		EFh
E0h	ACC 0000 0000		UBYCTHX 0000 0000	UBYCTHX 0000 0000					E7h
D8h	CCON 00X0 0000	CMOD 00XX X000	CCAPM0 X000 0000	CCAPM1 X000 0000	CCAPM2 X000 000	CCAPM3 X000 0000	CCAPM4 X000 000		DFh
D0h	PSW 0000 0000	FCON (1) XXXX 0000	EECON XXXX XX00		UEPCONX 1000 0000	UEPRST 0000 0000			D7h
C8h	T2CON 0000 0000	T2MOD XXXX XX00	RCAP2L 0000 0000	RCAP2H 0000 0000	TL2 0000 0000	TH2 0000 0000	UEPSTAX 0000 0000	UEPDATX 0000 0000	CFh
C0h	P4 XXXX 1111		UEPIEN 0000 0000	SPCON 0001 0100	SPSTA 0000 0000	SPDAT XXXX XXXX	USBADDR 1000 0000	UEPNUM 0000 0000	C7h
B8h	IPL0 X000 000	SADEN 0000 0000	UFNUML 0000 0000	UFNUMH 0000 0000	USBCON 0000 0000	USBINT 0000 0000	USBIEN 0000 0000		BFh
B0h	P3 1111 1111	IEN1 X0XX X000	IPL1 X0XX X000	IPH1 X0XX X000				IPH0 X000 0000	B7h
A8h	IEN0 0000 0000	SADDR 0000 0000						CKCON1 0000 0000	AFh
A0h	P2 1111 1111		AUXR1 XXX X0X0	PLLCON XXXX XX00	PLLDIV 0000 0000		WDTRST XXXX XXXX	WDTPRG XXXX X000	A7h
98h	SCON 0000 0000	SBUF XXXX XXXX	BRL 0000 0000	BDRCON XXX0 0000	KBLS 0000 0000	KBE 0000 0000	KBF 0000 0000		9Fh
90h	P1 1111 1111			SSCON 0000 0000	SSCS 1111 1000	SSDAT 1111 1000	SSADR 1111 1110		97h
88h	TCON 0000 0000	TMOD 0000 0000	TL0 0000 0000	TL1 0000 0000	TH0 0000 0000	TH1 0000 0000	AUXR XX0X 0000	CKCON0 0000 0000	8Fh
80h	P0 1111 1111	SP 0000 0111	DPL 0000 0000	DPH 0000 0000				PCON 00X1 0000	87h
	0/8	1/9	2/A	3/B	4/C	5/D	6/E	7/F	

1 FCON access is reserved for the Flash API und ISP software

Reserved

14.11.3 7-Bit-ASCII-Code mit Erweiterung

ASCII-Code (dezimal)					Erweiterung (dezimal)				
0	26 →	52 4	78 N	104 h	128 Ç	154 Ü	180 ┤	206 ╬	232 Φ
1 ☺	27 ←	53 5	79 O	105 i	129 ü	155 ¢	181 ╡	207 ╧	233 Θ
2 ☻	28 ∟	54 6	80 P	106 j	130 é	156 £	182 ╢	208 ╨	234 Ω
3 ♥	29 ↔	55 7	81 Q	107 k	131 â	157 ¥	183 ╖	209 ╤	235 δ
4 ♦	30 ▲	56 8	82 R	108 l	132 ä	158 ₧	184 ╕	210 ╥	236 ∞
5 ♣	31 ▼	57 9	83 S	109 m	133 à	159 ƒ	185 ╣	211 ╙	237 φ
6 ♠	32	58 :	84 T	110 n	134 å	160 á	186 ║	212 ╘	238 ε
7	33 !	59 ;	85 U	111 o	135 ç	161 í	187 ╗	213 ╒	239 ∩
8	34 "	60 <	86 V	112 p	136 ê	162 ó	188 ╝	214 ╓	240 ≡
9	35 #	61 =	87 W	113 q	137 ë	163 ú	189 ╜	215 ╫	241 ±
10	36 $	62 >	88 X	114 r	138 è	164 ñ	190 ╛	216 ╪	242 ≥
11 ♂	37 %	63 ?	89 Y	115 s	139 ï	165 Ñ	191 ┐	217 ┘	243 ≤
12 ♀	38 &	64 @	90 Z	116 t	140 î	166 ª	192 └	218 ┌	244 ⌠
13	39 '	65 A	91 [	117 u	141 ì	167 º	193 ┴	219 █	245 ⌡
14 ♫	40 (	66 B	92 \	118 v	142 Ä	168 ¿	194 ┬	220 ▄	246 ÷
15 ☼	41)	67 C	93]	119 w	143 Å	169 ⌐	195 ├	221 ▌	247 ≈
16 ►	42 *	68 D	94 ^	120 x	144 É	170 ¬	196 ─	222 ▐	248 °
17 ◄	43 +	69 E	95 _	121 y	145 æ	171 ½	197 ┼	223 ▀	249 ∙
18 ↕	44 ,	70 F	96 `	122 z	146 Æ	172 ¼	198 ╞	224 α	250 ·
19 ‼	45 -	71 G	97 a	123 {	147 ô	173 ¡	199 ╟	225 ß	251 √
20 ¶	46 .	72 H	98 b	124 ¦	148 ö	174 «	200 ╚	226 Γ	252 ⁿ
21 §	47 /	73 I	99 c	125 }	149 ò	175 »	201 ╔	227 π	253 ²
22 ▬	48 0	74 J	100 d	126 ~	150 û	176 ░	202 ╩	228 Σ	254 ■
23 ↨	49 1	75 K	101 e	127 ⌂	151 ù	177 ▒	203 ╦	229 σ	255
24 ↑	50 2	76 L	102 f		152 ÿ	178 ▓	204 ╠	230 µ	
25 ↓	51 3	77 M	103 g		153 Ö	179 │	205 ═	231 τ	

Steuerzeichen (dezimal)							
Bell (BEL)	07	<STRG>G	erzeugt ein „beep"	**Carriage Return** (CR)	13	<STRG>M	setzt den Cursor an den Zeilenanfang (selbe Zeile)
Backspace (BS)	08	<STRG>H	setzt den Cursor um eine Position zurück (meist umgesetzt auf DEL 127)	**Dataline Escape** (DLE)	16	<STRG>P	schaltet aus dem Daten-übertragungsmodus in den Kommandomodus
Horizontal Tab (TAB)	09	<STRG>I	setzt den Cursor auf das nächste Tabulator Zeichen	**Xon**	17	<STRG>Q	Flowcontrol: es dürfen Zeichen gesendet werden
Linefeed (LF)	10	<STRG>J	setzt den Cursor eine Zeile tiefer (bei UNIX und zusätzlich an den Zeilenanfang)	**Xoff**	19	<STRG>S	Flowcontrol: es dürfen keine Zeichen gesendet werden
Form Feed (FF)	12	<STRG>L	setzt den Cursor auf die nächste Seite (bei Drucker: spult Papier bis auf die nächste Seite vor)				

14.12 Unicode

Unicode ist ein Standard, der sämtliche Zeichen aller auf der Erde vorkommenden und vorgekommenen Schriften zusammenzufasst und jedem Zeichen eine Nummer zu gibt. Jedem Zeichen ist ein eindeutiger Zahlenwert (code point) zwischen 0 und H10FFFF zugeordnet. Dies sind dezimal 1114111 Zeichen.

Der Zeichenvorrat ist in 17 Ebenen (planes) zu je 65536 Zeichen eingeteilt. Derzeit werden vier Ebenen benutzt **(Tabelle 1)**. Aktuelle Schriftsysteme verwenden hauptsächlich Ebene 0. Seltene Zeichen und Bildschriftzeichen (Emojis) finden sich in Ebene 1. Ebene 3 und 4 enthalten Zeichen aus chinesischer, japanischer und koreanischer Herkunft.

Ebenen

Die erste Ebene (plane 0) enthält fast alle heute verwendeten Zeichen. Sie ist in Blöcke unterteilt, von denen jeder die Zeichen einer Schrift enthält. Lateinische Schriften und Symbole sind z. B. in den Blöcken 00 und 01 enthalten **(Bild 1)**. Für die Darstellung z. B. in Word wird für die Auswahl eines Zeichens das Format U+0000 bis U+FFFF verwendet **(Bild 2)**.

Schriftarten

Für die Blöcke 00 und 01 gibt es hunderte verschiedener Schriftarten (Fonts). Für jedes Zeichen eines Fonts gibt eine Glyphe (griech. Eingeritztes) die grafische Darstellung des Zeichens an.

Beispiel 1: Darstellung des Zeichens U+0041

Zeigen Sie die unterschiedliche Dartellung des Unicode-Zeichen U+0041 für die Schriftarten Arial, Cambria, Courier, Wingdings und Lucida Handwriting.

Lösung:

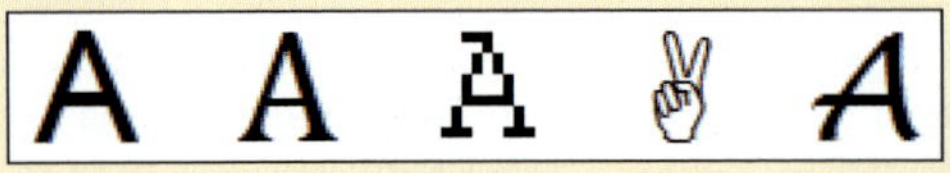

Aus historischen Gründen und bei knappem Speicherplatz werden auch Codierungen mit 2 Bytes oder einem Byte verwendet **(Tabelle 2)**.

Unicode des Unicode-Konsortiums ist in ISO 10646 als UCS von Universal Character Set = Universaler Zeichensatz genormt.

BMP von Basic Multilingual Plane = Mehrsprachige Basis-Ebene,

SMP von Supplementary Multilingual Plane = Ergänzende mehrsprachige Ebene

SIP von Supplementary Ideographic Plane = Ergänzende Ebene für geschriebene Zeichen.

UTF von Unicode Transmission Format = Unicode Übergabe-Format **(Tabelle 2)**.

Tabelle 1: Unicode-Ebenen (planes)

Name	plane	Inhalt, Anwendung
BMP	0	Aktuelle Schriftsysteme, Satzzeichen, Symbole, Kontrollzeichen.
SMP	1	Aktuelle Schriftsysteme, Satzzeichen, Symbole, Kontrollzeichen.
SIP3+	2,3	Schriftzeichen CJK der Länder China, Japan, Korea.

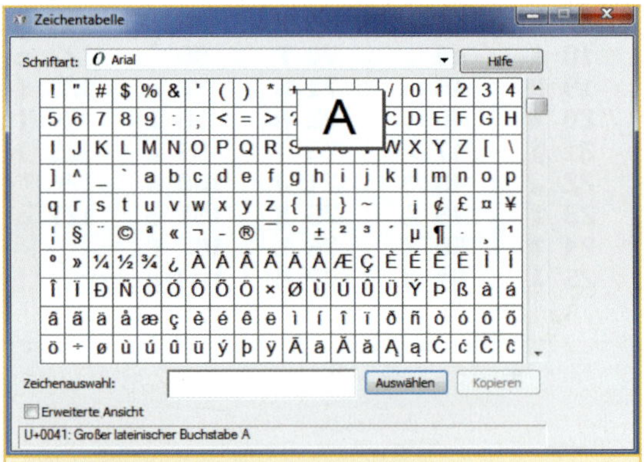

Bild 2: Zeichentabelle charmap.exe

Tabelle 2: Codierungsform des Zeichenwertes

Codierung	Bytes, Erklärungen
UTF-32	4 Bytes, benötigt viel Speicherplatz.
UTF-16	2 Bytes, für Sonderzeichen 4 Bytes.
UTF-8	1 Bytes (ASCII) zusätzlich bis 4 Bytes

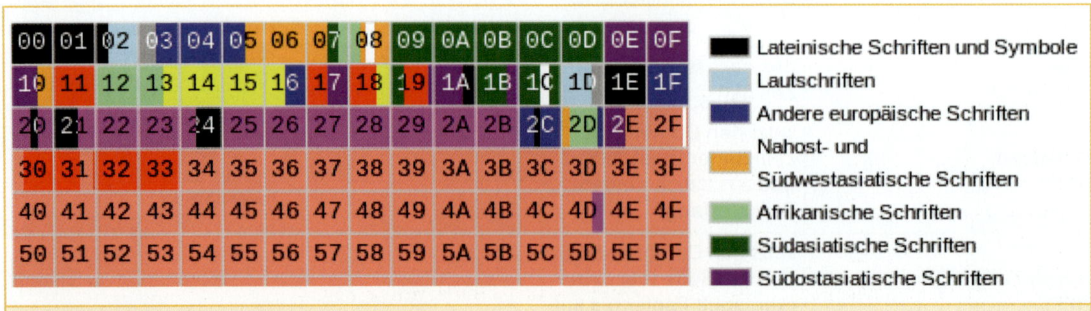

Bild 1: Auszug aus der Ebene 1

Vorsätze, Größen und Einheiten der IT-Technik – Prefixes, Quantities and Units of IT-Technology

Vorsätze für physikalische Größen im SI-System

Vorsatzzeichen	Vorsatz	Bedeutung	Vorsatzzeichen	Vorsatz	Bedeutung
y	Yokto	10^{-24}	da	Deka	10^{1}
z	Zepto	10^{-21}	h	Hekto	10^{2}
a	Atto	10^{-18}	k	Kilo	10^{3}
f	Femto	10^{-15}	M	Mega	10^{6}
p	Piko	10^{-12}	G	Giga	10^{9}
n	Nano	10^{-9}	T	Tera	10^{12}
μ	Mikro	10^{-6}	P	Peta	10^{15}
m	Milli	10^{-3}	E	Exa	10^{18}
c	Zenti	10^{-2}	Z	Zelta	10^{21}
d	Dezi	10^{-1}	Y	Yotta	10^{24}

Vorsätze für Größen der Computertechnik (nach IEC 60027-2)

Faktor (binär)	IEC-Name	Vorsatz-zeichen	Ursprung	SI-Herkunft	Vorsatz-zeichen	Faktor (dezimal)
2^{10}	kibi	Ki	kilobinary	Kilo	k	$(10^3)^1$
2^{20}	mebi	Mi	megabinary	Mega	M	$(10^3)^2$
2^{30}	gibi	Gi	gigabinary	Giga	G	$(10^3)^3$
2^{40}	tebi	Ti	terabinary	Tera	T	$(10^3)^4$
2^{50}	pebi	Pi	petabinary	Peta	P	$(10^3)^5$
2^{60}	exbi	Ei	exabinary	Exa	E	$(10^3)^6$
2^{70}	zebi	Zi	zettabinary	Zetta	Z	$(10^3)^7$
2^{80}	yobi	Yi	yottabinary	Yotta	Y	$(10^3)^8$

Größen und Einheiten

Größe	Einheit	Einheits-zeichen	Bemerkungen
Informations-gehalt	1 Shannon = 1 Bit	Sh, bit	Kleinste Informationsmenge. Ein Bit hat den Wert 0 oder 1.
	Dibit		Informationsmenge 2 Bit mit 2^2 Zuständen (lat. di = 2).
	Tribit		Informationsmenge 3 Bit mit 2^3 Zuständen (lat. tri = 3).
	Quadbit (Nibble)		Informationsmenge 4 Bit mit 2^4 Zuständen (lat. quattro = 4).
	Byte		8 bit = 1B. Bytes weisen meist eine Stellenwertigkeit von 2^7 bis 2^0 auf.
	Oktett		Ein Oktett umfasst 8 bit, ohne Stellenwertigkeit (lat octus = 8).
	Wort		Wortlänge = Anzahl der Bits, die der Maschinenzyklus verarbeitet.
Bitrate	Bit je Sekunde	bits/s	Auch als Übertragungsrate bezeichnet.
Digitrate	Digit je Sekunde	digits/s	Ziffer oder Ziffernschritt. Keine genormte Definition.
Leitungs-digitrate	Digit je Sekunde	digits/s	Veraltet. Bezeichnet die Schrittgeschwindigkeit mit der Einheit Baud.
Befehlsge-schwindigkeit	Befehle je Sekunde	MIPS MFLOPS	Millions instructions per second = Millionen Befehle pro Sekunde. Millions Floatingpoint-Operations per second = Millionen Gleit-kommaoperationen je Sekunde
Länge	Inch, Zoll	″, in	1 inch oder 1″ haben die Länge von 25,4 mm.
Zeichendichte	Zeichen je Zoll	cpi	Character per Inch = Zeichen je Zoll.
Spurendichte	Spuren je Zoll	tpi	Track per Inch = Spuren je Zoll.
Aufzeich-nungsdichte	Bit je Zoll	bpi	Bit per Inch = Bit je Zoll.
Punktdichte	Punkte je Zoll	dpi	Dots per Inch = Bildpunkte je Zoll.
Bildpunkt	Pixel, Dot	–	Pixel von Picture Element, Dot = Bildpunkt.

Anhang

1. Literaturverzeichnis
2. Verzeichnis der Firmen und Dienststellen
3. Softwareverzeichnis
4. CD-Inhalte
5. Sachwortverzeichnis

1. Literaturverzeichnis

Askemper, A.: Cisco Networking Academy Program, Markt und Technik 2007

Bergmann, G.: Handbuch der Telekommunikation, Hanser-Verlag 2000

Berleb, P.: Projekt Magazin München, www.projektmagazin.de

Blazek, A.: Projekt-Controlling, Verlag C. H. Beck 2001

Chandler, D.: Elenor Roosevelt Community Learning Center Visalia, California

Daenzer, W. F.: Systems Engineering. Kurz und bündig, Zürich 1989

Doktor, F., Steinbauer, J.: Digitale Elektronik in der Messtechnik und Datenverarbeitung Bd. 1, Philips, 1973

Hubka, V.: Theorie technischer Systeme, Springer Verlag Berlin 1984

Kicherer, W.: Das Informationstechnische Gymnasium in Baden-Württemberg, 2001

Kofler, K.: PHP5&MySQL5, Addison-Wesley 2005

Mann, B.: C für Mikrocontroller, Franzis-Verlag 2000

Neufang, O., Rühl, H.: Digitale Systeme Teil 1 Schaltnetze, Teil 2 Schaltwerke, Hüthig 1976

Oracle University: Professioneller Einstieg in SQL, Schulungsunterlagen I und II, 2004

Parnell, P., Metha, N.: Introduction to Programmable Logic, Xilinx 2004

TU Berlin, Institut für Mathematik, Binäre Suche

Züst, R.: System Engineering – kurz und bündig, Zürich 1999

2. Verzeichnis der Firmen- und Dienststellen

Die nachfolgend aufgeführten Firmen und Dienststellen haben die Bearbeiter durch Beratung, durch das Zurverfügungstellen von Druckschriften, Fotos und Retuschen, sowohl bei der Textbearbeitung als auch bei der bildlichen Ausgestaltung des Buches unterstützt. Hierfür wird Ihnen herzlich gedankt.

Aristo, Dennert und Pape, Rechenschieber

ATMEL Germany GmbH

Deutsche Bahn AG

Fluke, Deutschland

IBM Zürich, Zuse-Schaltelement, Lochkartenabbildung

IHK Berlin, Handreichungen für die Projektarbeit

REFA Bundesverband e.V.: Modellbildung nach REFA Darmstadt

VDI-Richtlinie 2221: Systematische Zerlegung und Verknüpfung, Düsseldorf 1986

Virtual University, www.virtualuniversity.ch

SRI vom Stanford Research International, San Francisco, www.sri.com

3. Softwareverzeichnis

Im Buch werden Programme und Software-Pakete folgender Firmen verwendet.

#develop (short for SharpDevelop) is a free IDE for C#, VB.NET and Boo projects on Microsoft's .NET platform. community.sharpdevelop.net

Atmel Flip, www.atmel.com

Creative Wave Studio, Creative Labs GmbH, 85574 Unterföhring, www.creative.com

Digital-Profilab Demoversion, ABACOM Ingenieurbüro GbR, 27777 Ganderkesee www.abacom-online.de

Eclipse, IBM Armonk NY, www.ibm.com

Hex-Editor MX, Next-Soft, Christian Fuchs, 58285 Gevelsberg, Kiefernweg 1

Java Development Kit, Oracle, Cal. www.oracle.com

Keil µVision3, www.Keil.com

Microsoft Office 2010, Visio und Microsoft Betriebssysteme Microsoft GmbH, 85716 Unterschleißheim, www.microsoft.com/germany

Mindjet 10, Mindjet GmbH, 63755 Alzenau, www.mindjet.com

MySQL Sun Microsystems GmbH, Sonnenallee 1, 85551 Kirchheim-Heimstetten

Structorizer, structorizer.fish.Lu

www.nextsoft.de

XAMPP, Kai 'Oswald' Seidler, Chausseestr. 105 10115 Berlin

4. CD-Inhalte

1. Animierter Modellrechner, Modellrechner.pps Autor Thomas Wolf
2. Digital-ProfiLab 4.0, Demoversion
3. Simulations-Software SimSoft, 88709 Meersburg mit u. a. Digital-Simulator DIG/winXL, Mikrocontroller-Simulator 8051 winXL, www.simsoft.de.
4. Aufgabenlösungen aller Kapitel

5. Sachwortverzeichnis

N

O

P